INGER MERETE HOBBELSTAD

Die Queen

Unsere Jahre mit Elizabeth II.

Aus dem Norwegischen von
Ebba D. Drolshagen

Insel Verlag

Titel der Originalausgabe: *Årene med Elizabeth*
First published by Kagge Forlag AS, Oslo 2019
Die deutsche Ausgabe wurde von der Autorin 2021 aktualisiert

Der Verlag dankt NORLA – Norwegian Literature Abroad
für die großzügige Förderung der Übersetzung.

N
NORLA
NORWEGIAN LITERATURE ABROAD

Die Übersetzerin dankt dem Deutschen Übersetzerfonds
für die großzügige Förderung der Arbeit am vorliegenden Text.

Satz: Greiner & Reichel, Köln
Druck und Bindung: GGP Media GmbH, Pößneck
Printed in Germany
ISBN 978-3-458-17937-5

Die Queen

INHALT

VORWORT

Im Sommer 1996, ich war fünfzehn Jahre alt, besuchte ich im südenglischen Berkshire, einer flachen Landschaft mit weitem Himmel, vier Wochen lang eine Sprachschule. Auf einem Ausflug kaufte ich Spielkarten mit Abbildungen englischer Könige und Königinnen, die Reihe begann mit Alfred dem Großen. Damals interessierte ich mich für die weit zurückliegende und dramatisch bewegte Geschichte, für Shakespeares Königsdramen, Elizabeth I., Aufstände und die Rosenkriege. Der Herzdame des Kartenspiels schenkte ich wenig Aufmerksamkeit: Königin Elizabeth II.

Dreiundzwanzig Jahre später fasziniert mich diese Herzdame mehr als alle anderen. Bilder ihres Lebens fügen sich zu einer Diashow aneinander, die einhundert Jahre umspannt, nahezu alle historisch bedeutenden Menschen tauchen früher oder später auf, sagen Guten Tag und verschwinden wieder. Die Herzdame aber bleibt, sie sitzt in der ersten Reihe und verfolgt all diese historischen Ereignisse. Sie ist so berühmt, dass man ihr Gesicht möglicherweise schneller erkennen würde als das eines engen Freundes. Sie ist Gegenstand zahlloser Zeitungsartikel, die Aufschluss darüber versprechen, was die Königin wirklich über ein Mitglied ihrer Familie oder über einen Staatsführer denkt, und es wurden viele Bücher über sie geschrieben, die ein persönliches und wahrhaftiges Porträt verheißen, einen Blick hinter die Kulissen, das Lüften von Geheimnissen. Und doch ist Königin Elizabeth II. ein Rätsel geblieben. Seit der Zeit ihrer Thronbesteigung, als Angehörige des Königshauses vor allem ehrwürdig und distanziert auftraten, bis in unsere Tage, in denen von ihnen Nahbarkeit und Anteilnahme erwartet wird, hat sie ihre Integrität gewahrt, sich weder von Ruhm noch von Kritik verführen und selten erkennen lassen, was sie selbst möchte.

Seit neunundsechzig Jahren ist sie eine sehr hart arbeitende und pflichtbewusste Monarchin, kein anderer Regent hat je so lange mit dieser speziellen Verantwortung – und immer im Scheinwerferlicht – gelebt. In den Entscheidungen, die sie getroffen hat, und in den Erzählungen und Einschätzungen von Angehörigen ihres Stabs, von Freunden und Familienmitgliedern, wird ein Mensch erkennbar, der, wie alle Menschen, höchst vielschichtig ist, Talente, Vorlieben, blinde Flecken hat. Sie ist fraglos pragmatisch, frei von Neurosen und recht uneitel, sie fühlt sich der Natur und deren Rhythmus eng verbunden – gute Voraussetzungen für eine Frau, die sich ein Jahrzehnt nach dem anderen als Staatsoberhaupt und Symbol präsentieren muss.

Es gab immer wieder Situationen, in denen ihre Entscheidungen kritisiert wurden. Sie hat Stürme und Krisen überstanden und mehrfach erlebt, dass der Monarchie – die sie bewahren muss – vorgeworfen wurde, als Institution überholt, irrelevant und extravagant zu sein. Nun, da ihr Leben dem Ende entgegengeht, kann sie konstatieren, dass sich keine der düstersten Prophezeiungen erfüllt hat und sie dafür geschätzt wird, alles ausgehalten und nie aufgegeben zu haben, nicht ausgewichen oder zusammengebrochen zu sein. Zu erleben, wie sie einen völlig unmodernen Weg gewählt hat, wie sie ihr Leben ganz und gar in den Dienst einer Berufung und eines Auftrags stellte, hat mich nachdenklich gemacht, aber auch tief beeindruckt.

Mit diesem Buch möchte ich einen genaueren Blick auf die Geschichte von Königin Elizabeth II. und ihrer Familie werfen, wollte sehen, wie diese Geschichte heute auf uns wirkt und wie sie gegen Ende des zweiten elisabethanischen Zeitalters interpretiert werden kann. Seit Elizabeth' Geburt im Jahre

1926 hat Großbritannien sich dramatisch verändert, nicht nur die sozialen Hierarchien, die damals die Gesellschaft beherrschten, sondern auch die Stellung des Landes in der Welt und das damit verbundene Selbstbild befanden sich in fast unablässigem Wandel. Die Geschichte des Hauses Windsor ist eng verbunden mit der Geschichte Großbritanniens vom Empire bis zum Brexit. Und sie ist eng verbunden mit dem Volk, das seine Königsfamilie an immer neuen Kriterien misst und immer neue Erwartungen an sie hat. Der Blick der Briten auf ihr Königshaus, so vielfältig und unbeständig es sein mag, steht in enger Wechselwirkung dazu, wie die Briten auf sich selbst schauen.

Besonders hervorheben möchte ich Fiona MacCarthys Buch *Last Curtsey. The End of the Debutantes* über den letzten Debütantinnen-Jahrgang, Richard Davenport-Hines' *An English Affair* über den Profumo-Skandal sowie Tom Quinns *Backstairs Billy* über das verborgene Leben homosexueller Männer am königlichen Hof im Allgemeinen und im Haushalt von Queen Mother im Besonderen. Diese Autoren und ihre Arbeit waren für mich sehr wichtig.

Während der Arbeit an dem Manuskript haben mich einige großartige Leserinnen und Leser begleitet, mein Dank geht an Marie Aubert, Sissel Gran, Mette Hobbelstad, Peder Kjøs, Cornelia Kristiansen, Ian Mucklejohn, Nina Ryland, Henriette Thommesen, Guri Vindegg und Andreas Økland für ihre Lektüre und ihre wichtigen und klugen Kommentare. Ein besonderer Dank gebührt meinem Lebensgefährten Eirik Vassenden, der nicht nur gelesen und zugehört, diskutiert und gescherzt, sondern auch laut geäußerte Autorenklagen und lange Vorträge über uralte Dynastien ertragen hat. Dank an den beratenden Historiker Trond Norén Isaksen und meinen Lektor Hans Petter Bakketeig für ihre unschätzbare Hilfe bei den vielen mühevollen, anstrengenden und peniblen Aspekten einer Autorenschaft. Ein großer Dank an Stilton Agency dafür, mein Buch in die Welt hinaus gebracht zu haben.

In dem Jahr, in dem Elizabeth II. ihren fünfundneunzigsten Geburtstag feiert, reichen die Reaktionen auf das Haus Windsor immer noch von Ergebenheit bis Verärgerung, es sorgt weiterhin für Kontroversen. Noch weiß niemand, welche Konsequenzen Prinz Andrews Sturz, Prinz Harrys Rückzug aus der Familie oder gar der Tod ihres Gemahls Prinz Philip haben werden, noch ist nicht abzusehen, wohin die vergessen geglaubten, durch den immensen Erfolg der Netflix-Serie *The Crown* wieder aufgewühlten Gefühle führen werden. Aber was sehr viele Menschen tief bewegt, findet immer unser Interesse, denn es sagt etwas aus: nicht nur über die Briten, sondern über uns alle. Das rätselhafte Band zwischen dieser sehr speziellen Familie und allen, die ihren Weg mitverfolgen, wird uns noch lange faszinieren, auch, vielleicht vor allem in einer Zeit, in der alles im Wandel zu sein scheint.

1

Eine behütete Kindheit

Ende März 1945 standen in einem militärischen Trainings-
zentrum in Surrey zwölf junge Frauen in einer Reihe. Sie
hatten sich zum Kriegseinsatz gemeldet, trugen Khaki-Uni-
formen und sollten in den kommenden drei Monaten lernen,
Militärfahrzeuge zu steuern und zu warten, Räder zu wechseln und Zündkerzen zu reinigen. Ein Mädchen mit Locken,
schüchtern und klein, wirkte anfangs mit den Fahrzeugen
noch unvertrauter als die anderen. Sie war auch die Jüngste,
während des Kurses wurde sie neunzehn. Wie alle salutierte
auch »Second Subaltern Elizabeth Alexandra Mary Windsor«
mit der Dienstnummer SGV 230 873 vor ihren Vorgesetzten.
Aber vor ihrer Ankunft waren die Mitschülerinnen zu abso-
lutem Stillschweigen darüber verpflichtet worden, dass auch
Großbritanniens Prinzessin und Thronerbin an dem Kurs teilnehmen werde. Sie waren gespannt, wie sie war und wie sie
aussah. »Sie benutzt Lippenstift!«, notierte eine Kursteilneh-
merin in ihr Tagebuch.

Aber die Neuigkeit sickerte dennoch durch. Zeitungsbilder
der über eine offene Motorhaube gebeugten Prinzessin sollten
in der letzten Kriegsphase den Zusammenhalt und Einsatz der
Nation stärken. Doch sie und die anderen Schülerinnen waren nicht gleich; im Unterricht saß sie, von zwei Sergeanten
flankiert, in der ersten Reihe, die Mahlzeiten nahm sie im Of-
fizierskasino ein, abends wurde sie nach Windsor zurückgefah-
ren, während die anderen Frauen in Baracken übernachteten.
Hin und wieder konnte sie ihren Aufpassern entkommen und

sich mit den Mitschülerinnen beim Tee unterhalten. Die stellten fest, dass sie sicherer und gesprächiger wurde, als sie sich etwas an sie gewöhnt hatte. In dem erwähnten Tagebuch steht, sie habe jede aufmerksam angesehen und »sich sehr für uns interessiert«.

Keinen Monat nach dem Ende des Kurses war der Krieg vorbei, *Junior Commander* 230 873 würde ihre Kenntnisse nicht mehr anwenden können. Aber sie war eine sichere Autofahrerin geworden und konnte kundig über Automechanik sprechen, was sie ihr Leben lang tun sollte, sobald sich die Gelegenheit bot. Über zwanzig Jahre später erzählte sie der Labour-Politikerin Barbara Castle, dass dieser Kurs die einzige Gelegenheit bleiben sollte, »meine Fähigkeiten im Vergleich mit anderen in meiner Altersgruppe messen« zu können.

Elizabeth musste sich diesen Kriegsbeitrag erbetteln, denn ihr ängstlicher, beschützender Vater war zunächst dagegen gewesen. Der Krieg zehrte an ihm, das Kettenrauchen belastete seine Gesundheit zusätzlich, er starb nur sieben Jahre später an Lungenkrebs. Seither ist das Mädchen mit den Locken und dem Lippenstift Königin Elizabeth II., Oberhaupt der britischen – und berühmtesten – Königsfamilie der Welt. Sie ist seit neunundsechzig Jahren Regentin, länger als jeder andere Monarch vor ihr, auch länger als Königin Victoria, die im vierundsechzigsten Jahr ihrer Regentschaft starb. Bislang sind vierzehn Premierminister gekommen und dreizehn gegangen, die Queen blieb. Stehend absolvierte sie Stunde um Stunde zahllose Paraden und Repräsentationspflichten – ihre Standfestigkeit ist legendär –, eine monochrome Säule in Kostümen und Kleidern, die nie der letzte Schrei, aber aus den besten Stoffen gefertigt sind, die es gibt. Und über dem linken Arm immer eine viereckige schwarze Handtasche.

Sie hat ihre offiziellen Verpflichtungen erfüllt, Repräsentationsreisen gemacht, Staatsbesucher bewirtet, Orden,

Medaillen, Ritterwürden und Auszeichnungen verliehen, zu Gartenfesten eingeladen, offizielle Dokumente verlesen, Gesetzen zugestimmt, das Parlament eröffnet und den jeweiligen Premier zu den wöchentlichen Audienzen empfangen. Sie ist Oberbefehlshaberin der britischen Streitkräfte und Schirmherrin zahlreicher karitativer Einrichtungen. Sie hat Räume betreten, in denen Menschen sie stehend erwarteten und mit gierigen Augen musterten, einige Meter hinter ihr, loyal, mitunter murrend, folgte Ehemann Prinz Philip. Sie ist um die Welt gereist, hat Staatsführer, Künstler und Friedenskämpfer getroffen. Sie hat etwa zweihundert Künstlern für offizielle Porträts Modell gesessen.

Pietro Annigoni, der sie mehrfach gemalt hat, erinnerte sich an ein Gespräch unmittelbar nach der Krönung. Die Sitzungen fanden in einem Salon des Buckingham Palace statt, den er als »goldenen Käfig voller chinesischer Kunstgegenstände« empfand. Sie unterhielten sich auf Französisch und die Königin erzählte, sie habe als Kind viele Stunden in diesem Raum verbracht, oft am Fenster gesessen und die Menschen und Autos auf der Mall, der vom Palast wegführenden Straße, betrachtet: »Sie schienen alle so beschäftigt. Ich fragte mich immer, was sie wohl taten, wohin sie wohl gingen und was sie da draußen über den Palast denken mochten.«

Als Prinzessin Elizabeth Alexandra Mary am 21. April 1926 durch Kaiserschnitt zur Welt kam, war es wenig wahrscheinlich, dass sie einmal in den Buckingham Palace umziehen und sich auf das Amt der Königin vorbereiten würde. Sie war das erstgeborene Kind von Albert Frederick Arthur George, Herzog von York, zweitältester Sohn von König George V., und seiner lebhaften Gemahlin, der Herzogin von York. Die hieß vor ihrer Heirat Lady Elizabeth Bowes-Lyon, das Haus im Londoner Stadtteil Mayfair, in dem sie Elizabeth zur Welt brachte, war die Londoner Stadtresidenz ihrer Eltern. Thronerbe war zu jener Zeit Alberts älterer Bruder, der schillernde und sehr populäre Prinz Edward, die Familie nannte ihn *David*, was einer seiner Taufnamen war. Onkel David sollte im Hause seines Bruders noch einige Jahre lang ein gern gesehener Gast sein, der Elizabeth immer Geschenke mitbrachte, unter anderem A. A. Milnes *Pu der Bär*-Bücher.

Elizabeth und ihre vier Jahre jüngere Schwester Margaret Rose erwartete ein ruhiges und beschütztes Leben. Sie würden einen Mann aus dem Hochadel heiraten und mit den Jahren auf den Gruppenaufnahmen der vielköpfigen Königsfamilie immer weiter an den Rand rücken. Aber sie waren Royals, und da der Prinz von Wales lange keine Neigung zur Gründung einer Familie erkennen ließ, begeisterten sich die Briten für die Töchter seines Bruders Albert, der in der Familie *Bertie* hieß. Wenn die Prinzessinnen im Garten ihres Elternhauses 145 Piccadilly, direkt am Hyde Park, spielten, drängten sich oft Schaulustige am Zaun und spähten durch das Gitter. Es entstand ein Mythos um sie, den die ergeben patriotische BBC ebenso förderte wie die Zeitungen, die aus Furcht vor verärgerten Lesern und sinkenden Auflagezahlen jede Andeutung einer antimonarchistischen Haltung mieden. Man berichtete sogar von Ausfahrten der Kinderwagen, Zeitungen und Illustrierte druckten Fotos der Schwestern in identischen, hellen Kleidchen und umgeben von Spielzeug und Stofftieren. Immer sah es aus, als lebten sie unter einer goldschimmernden Glocke, geschützt vor einer problematischen Außenwelt, wo es Arbeitslosigkeit, Armut und Unruhen gab. Solche Bilder der Prinzessinnen hatten etwas von hübschen, etwas klaustrophobisch anmutenden Kinderbuch-Illustrationen, in denen Kinder ihre Geheimnisse nur miteinander und nie mit Außenstehenden teilten. Die Schwestern wurden Gegenstand von Liedern, Gedichten und Erzählungen, Erwachsene meinten, sie zu kennen und Verantwortung für sie zu haben; Kinder schrieben ihnen Briefe.

Viele Briten fühlten sich persönlich stark mit ihrem Königshaus verbunden. Das lag im Wesentlichen daran, dass sich die Monarchie in den hundert Jahren vor Elizabeth' Geburt dramatisch verändert hatte – selbst wenn sie als Institution noch immer auf der Suche nach sich selbst zu sein schien.

Zu Beginn des 20. Jahrhunderts war das britische Empire die bedeutendste Großmacht der Welt, von allen europäischen Königshäusern genoss das britische das größte Ansehen. Aber Königin Victoria hatte im Laufe ihrer Regentschaft ihre politische Macht als Monarchin nahezu völlig verloren, die »konstitutionelle Monarchie« war so stark ausgeweitet worden, dass der König beziehungsweise die Königin in allem den Anweisungen der Regierung folgen musste. 1867 veröffentlichte der Verfassungsrechtler und Zeitungsherausgeber Walter Bagehot das Standardwerk *The English Constitution*, das aber eigentlich nur beschrieb, was bereits Realität war. Doch in einem Land ohne geschriebenes Grundgesetz, in dem der Präzedenzfall von entscheidender Bedeutung ist, wird die Beschreibung dessen, *wie es ist*, schnell zu einer Beschreibung, *wie es sein soll*. Das Beschriebene wird normativ. Bagehot schrieb, dass sich der Einfluss des Monarchen auf drei Rechte beschränke: Er habe das Recht, von Politikern konsultiert zu werden, das Recht, zu ermuntern, und das Recht, zu warnen, und er fügte hinzu, ein König würde, sofern er über genug Gespür und Verstand verfügt, auch keine weiteren anstreben. Zunehmend wird von einem Monarchen völlige Neutralität in allen politischen Fragen erwartet. Die Politiker sollen Entscheidungen treffen, das Königshaus soll die erhabene und »ehrwürdige« Seite der Staatsmacht repräsentieren, ein einigendes Band sein, im Volk das Gefühl von Zusammenhalt und gemeinsamen Zielen stärken.

Ein Monarch hat also kaum Entscheidungsbefugnisse und keine formale Macht. Als diese Veränderungen sukzessive einsetzten, musste das Königshaus andere Wege finden, um sichtbar zu sein, und das geschah durch eine Verschiebung von der großen auf die kleine Bühne. Der Monarch als Heerführer und Staatsoberhaupt verschwand, an seine Stelle trat der Monarch als fürsorgliches Oberhaupt seiner eigenen Familie und seines Volkes. Die Fotografie wurde erfunden, Zeitungen fanden immer mehr Leser, Aufnahmen von Königin Victoria samt charmantem Gemahl und neun adrett arrangierten Kindern waren weit verbreitet und fanden in britischen Haushalten auf Kommoden und Kaminsimsen direkt neben Bildern der eigenen Angehörigen ihren Platz. Der Historiker David Cannadine nennt es paradox, dass sich eines der ältesten und glanzvollsten Königshäuser der Welt ein betont nicht-majestätisches, ja geradezu penetrant bürgerliches Image verpassen wollte. Die viktorianischen Grundwerte waren Schicklichkeit und Anstand, ihr Zentrum war die britische Kernfamilie. Die Königsfamilie wurde zur Verkörperung dieser Ideale.

Dabei war sie in Wahrheit keineswegs eine idyllische Familie. Königin Victoria war ihrem Mann, dem umtriebigen deutschen Prinz Albert von Sachsen-Coburg und Gotha, tatsächlich völlig ergeben, und ihr Nachfolger, König Edward VII., wurde ein selbstsicherer, verantwortungsvoller und erfolgreicher König. Allerdings versagte der sich weder vor noch nach der Amtsübernahme irgendwelche Genüsse, wovon sein wachsender Leibesumfang ebenso zeugte wie seine zahlreichen Mätressen, meist attraktive Schauspielerinnen, die er insgeheim, aber auch gar nicht so insgeheim traf. Zu ihnen gehörte die adlige »society lady« Alice Keppel, deren Urenkelin Camilla Parker Bowles ebenfalls viele Jahre ein Verhältnis mit einem Prinzen von Wales hatte. Charles ist Edwards Ururenkel.

Edwards Gemahlin, die dänische Prinzessin Alexandra, fühlte sich durch das Verhalten ihres Mannes entehrt; nachdem sie aufgrund einer Krankheit fast gehörlos geworden war, zog sie sich immer mehr zurück, ließ den König sein Leben leben und kümmerte sich um die fünf Kinder, darunter Tochter Maud, die 1904 Königin von Norwegen wurde.

Diese nicht gerade mustergültige Familie war überdies nicht sehr englisch. Königin Victoria stammte von dem deutschen Adelsgeschlecht Hannover ab, das 1714 auf den englischen Thron gekommen war, nachdem Königin Anne, die letzte britische Königin des Hauses Stuart, ohne lebende Nachkommen gestorben war. Fast zweihundert Jahre lang waren Britanniens Monarchen mindestens ebenso sehr Deutsche wie Engländer, viele wählten deutsche Ehepartner. Sowohl Königin Victoria als auch König Edward VII. sprachen Englisch mit deutschem Akzent, die Nachkommen von Victorias Gemahl Albert gehörten auch dem Haus Sachsen-Coburg und Gotha an. Sechs von Victorias neun Kindern heirateten deutsche Prinzen beziehungsweise Prinzessinnen, deren Kinder landeten nicht nur auf den Thronsesseln deutscher Herzogtümer und Kleinstaaten, sondern auch auf denen von Rumänien, Spanien und Norwegen, König Edward VII. war der Onkel von Kaiser Wilhelm II. Und da der Vater von Edwards Gemahlin Alexandra, König Christian IX. von Dänemark, ein mindestens ebenso geschickter Heiratsdiplomat war wie Königin Victoria, war Edward VII. auch noch mit den Königshäusern von Griechenland, Dänemark und der russischen Zarenfamilie verschwägert. Europas regierender Hochadel war, kurz gesagt, ein großer, internationaler Clan, dessen zahlreiche Mitglieder vertraut und loyal miteinander umgingen – nicht selten vertrauter und loyaler als mit den Untertanen des Landes, auf dessen Thron sie saßen. Doch als Anfang des 20. Jahrhunderts großpolitische Gewitterwolken aufzogen, waren die Tage der royalen Großfamilie gezählt.

Edwards älteste Kinder Albert Victor und George kamen 1864 und 1865 im Abstand von nur siebzehn Monaten zur

Welt. Der Thronerbe Albert Victor, von allen Eddy genannt, gab schon früh Anlass zur Sorge. Sein soziales Verhalten war gestört, er quälte kleine Tiere, lernte nur mit Mühe lesen und schreiben. Bruder George, auch er konnte sein Leben lang nur schlecht schreiben, war schüchtern und hing sehr an der Mutter. Er war gern allein, konnte aber mit Menschen, die er mochte, durchaus lebhaft und redselig werden. Einer dieser Vertrauten war Großfürst Nikolaus, der spätere Zar von Russland. George und Nikolaus waren mütterlicherseits Vettern und sahen sich so ähnlich, dass die Dienerschaft sie nur mit Mühe auseinanderhalten konnte.

Prinz George ging zur Marine, Prinz Albert Victor wurde erst zur Marine, dann in ein Husarenregiment geschickt. Er schien außerstande, selbst einfachste Aufgaben auszuführen, handelte sich aber dank unbekümmerter Frauenkontakte nicht nur Gonorrhö, sondern auch einige Erpressungsversuche ein. 1889 führte die Polizei in einem Londoner Schwulen-Bordell eine Razzia durch, wo sie, so wurde kolportiert, auch den Prinzen antraf. Stichhaltige Beweise gibt es bis heute keine; sicher ist, dass seine Eltern und die Großmutter Königin Victoria kurz darauf meinten, er müsse dringend verheiratet werden.

Die Wahl fiel auf Maria von Teck, genannt May, Tochter eines deutschstämmigen Herzogs und einer britischen Prinzessin. May war alles andere als glamourös und entstammte zudem einer morganatischen Ehe. Diese Verbindung, auch Ehe der linken Hand genannt, war ein juristisches Konstrukt, das es einem Mann königlichen Geblüts erlaubte, eine Frau von niederem Rang zu heiraten, ohne dass diese und die gemeinsamen Kinder den Rang und die Privilegien des Mannes erbten. Mays königlich geborener Großvater hatte eine Frau gewählt, die nur Gräfin war, wodurch die Kinder des Paares einen niederen gesellschaftlichen Stand hatten. Das hätte Mays Heiratschancen sehr beinträchtigen können, denn mit dieser Abstammung war sie für einen königlichen Ehepartner nicht blaublütig genug, für jeden anderen hingegen zu blaublütig. Aber Königin Victoria mochte May, die junge Frau war realistisch und pflichtbewusst, belesen und gebildet, man hoffte, dass sie den flatterigen Prinzen erden würde. May sah das pragmatisch: Sie hatte eine unglückliche Liebe zu einem Mann hinter sich, den sie nicht hatte haben können, womit sich, wie man munkelte, ihre Liebesfähigkeit erschöpft hatte.

Sie und Eddy kannten sich seit gemeinsamen Kindertagen, als er ein berüchtigter Plagegeist gewesen war. Sie willigte ein, ihn zu heiraten und Königin von Großbritannien zu werden. Doch sechs Wochen nach der Verlobung starb der achtundzwanzigjährige Eddy an einer Lungenentzündung. Die Familie atmete erleichtert auf und trug May, die weiterhin als ausgezeichnetes Königinnenmaterial galt, die Ehe mit dem neuen Thronerben, dem schüchternen George, an. Wieder sagte sie ja.

Den Abend vor der Hochzeit verbrachte George mit seinem Vetter Nikolaus, der für die Feierlichkeiten aus Russland angereist war. Sie standen an der Schwelle zweier überaus unterschiedlicher Regentschaften; Nikolaus wurde ein autokratischer Herrscher, George Galionsfigur und Landesvater eines Staates, der immer demokratischer wurde. Aber sie verstanden sich weiterhin gut, beide trugen Bart und wurden auch weiterhin miteinander verwechselt.

Zu Beginn ihrer Ehe taten George und May sich schwer, überhaupt ein Gespräch miteinander zu führen. Aber im Gegensatz zu seinem Vater war George ein treuer Ehemann, das Paar bekam fünf Söhne und eine Tochter. George führte, wenn auch mit einigen Mühen, sein Leben lang ein Tagebuch, in dem er seine Hoffnungen und Befürchtungen in Hinblick auf die Kinder festhielt. Von diesen Notizen abgesehen, interessierte er sich allerdings wenig für sie. Selbst in einer Ära, in der blaublütige Mütter und Väter gewöhnlich die Kindheit und Jugend ihrer Kinder aus der Distanz zu verfolgen pflegten, galten George und May als furchtbare Eltern. May war nicht gern schwanger und mochte Säuglinge nicht, wenn eine Geburt überstanden war, wollte sie kein Wort mehr darüber hören. Überhaupt verabscheute sie Krankheit und Invalidität, von Freunden mit schwacher Gesundheit zog sie sich sofort zurück. Ihr jüngster Sohn John litt an Epilepsie, er wurde mit einer Gouvernante in ein Häuschen auf dem königlichen Landsitz Sandringham House verfrachtet, wo er, weit weg von der Familie, mit vierzehn Jahren starb. Seine Mutter sagte später traurig, er sei das schönste ihrer Kinder gewesen.

Es heißt, Prinz George habe seine Kinder wie der Marineoffizier behandelt, der er einmal war, und wie Rekruten herumkommandiert. Er schrie sie an; Thronerbe Edward wurde von einem Kindermädchen misshandelt, sie kniff ihn, bis er weinte, um ihn anschließend vor den Eltern zu trösten und ihnen zu zeigen, wie liebevoll sie sich um ihn kümmerte. Oft schlug sie die Kinder ohne erkennbaren Anlass mit einem Stock. Das wurde erst nach drei Jahren aufgedeckt, das Kindermädchen entlassen. Den zweitältesten Sohn Albert, der stotterte, brüllte der Vater an: »Krieg's raus! Los, raus damit!« Albert, den die Familie *Bertie* nannte, war Linkshänder, musste aber mit der rechten Hand schreiben. Weil man befürchtete, er könne x-beinig werden, wurden ihm nachts metallene Beinschienen angelegt.

George wurde 1910 König, seine Gattin mischte sich in seine brutale Kindererziehung nicht ein, da sie, wie sie einmal sagte, niemals vergesse, dass der Vater der Kinder auch ihr König sei. Da sie wusste, dass bei Hofe viele wegen ihrer Herkunft auf sie herabsahen, wurde sie zum rigidesten Mitglied der Familie. Im hohen Alter wurde sie gefragt, ob es etwas gebe, das sie gern einmal gemacht hätte. Sie wünschte, sagte sie, sie wäre einmal im Leben über einen Zaun geklettert.

Die Söhne waren allesamt keine guten Schüler. Sie wurden von mittelmäßigen Hauslehrern unterrichtet und erhielten eine viel schlechtere Ausbildung als in ihrer Schicht üblich, sie wurden zu jungen Männern, die immer angespannt wirkten. Der drittälteste, der Herzog von Gloucester, erinnerte sich noch Jahrzehnte später an endlose, todlangweilige Mahlzeiten, bei denen sich die Erwachsenen unterhielten und die Kinder mucksmäuschenstill dabeisitzen mussten. Er selbst wurde ein trinkfreudiger Militär mit schlichten Neigungen, der nicht begriff, warum ihm seine Mutter ständig Bücher über jene Orte aufdrängen wollte, an die er reisen sollte: »Wenn ich so viel über die Orte lese, kann ich nicht mehr die dummen Fragen stellen, die ich den Leuten stellen muss, weil ich die Antworten schon kenne.« Am nächsten stand die Königin ihrem vierten Sohn George, Herzog von Kent. Er war der kultivierteste von ihnen, hatte einen betörenden Charme und wusste sich herausragend zu kleiden. Allerdings war er alkohol-, morphium- und kokainabhängig, er war bisexuell und hatte eine starke Libido – es hieß, wer sich, ob Frau oder Mann, mit ihm in ein Taxi setze, tue das auf eigene Verantwortung.

Der zweite Sohn Bertie kämpfte auch als Erwachsener noch mit seinem Stottern, er litt unter Depressionen und hatte, obwohl er im Grunde ein sanfter Mensch war, immer wieder furchterregende Wutausbrüche. Am schwersten aber hatte es der Erstgeborene, Edward, der 1910, als sein Vater den Thron bestieg, Prinz von Wales wurde. Er war körperlich wie mental ein Spätentwickler und wirkte mit seinen leuchtend blonden Haaren auch als Erwachsener noch bubenhaft. Er hatte seit frühester Kindheit Angst, abends zu Bett zu gehen, er trieb phasenweise wie unter Zwang übermäßig viel Sport und fastete; in seinem Tagebuch vermerkte er, dass dicke Menschen ihn anwiderten. Diese Tagebücher und auch seine Briefe strotzen schon früh vor Selbstverachtung, die sich vertiefte, sobald er als Thronfolger Repräsentationsaufgaben wahrnehmen musste, die ihm sinnlos erschienen. Aber die Menschen, die ihn in großer Zahl umdrängten und in Aktion erlebten, fanden ihn wunderbar. Sein engelgleiches, leicht androgynes Aussehen erinnerte an berühmte Stummfilmstars; da er das strenge Protokoll unerträglich fand, suchte er im Gegensatz zu anderen Royals die Nähe derer, die gekommen waren, um ihn zu sehen, und drückte unentwegt Hände. Er sprach auf eine ungekünstelte, bescheidene und etwas verlegene Art, die alle bezauberte. Er hatte ein starkes Charisma.

Der Erste Weltkrieg veränderte die Beziehung zwischen König und Thronfolger ebenso dramatisch wie das Verhältnis zwischen Königsfamilie und Volk. Großbritannien war mit Frankreich und Russland das als *Triple Entente* bekannte Bündnis eingegangen, um den Mittelmächten Deutschland und Österreich-Ungarn etwas entgegenzusetzen. Dadurch wurde das Land in die Ereignisse hineingezogen, die auf den Mord an dem österreichisch-ungarischen Thronfolger Franz Ferdinand folgten und die den Konflikt zwischen Österreich-Ungarn und Russland verschärften. Großbritannien hatte Deutschland lange als Bedrohung wahrgenommen. Und als sich im August 1914 mit Deutschlands Einmarsch in Belgien und Luxemburg alle Befürchtungen bestätigten, meldeten sich junge Briten in Scharen zum Militär. Alle Seiten rechneten damit, dass der Krieg schnell vorbei sein werde. Prinz Albert zog als Marineoffizier in den Krieg und nahm unter anderem an der Seeschlacht vor dem Skagerrak teil. Sein Vater, der seinen Söhnen sonst kritisch und missgelaunt zu begegnen pflegte, schrieb in sein Tagebuch, er bete zu Gott, dass er Berties Leben verschonen möge.

Auch Edward wollte aktiv am Krieg teilnehmen und war wütend, als die Regierung ihm das untersagte; er durfte nur einige Schützengräben besuchen. Dass ihm dafür auch noch eine Tapferkeitsmedaille verliehen wurde, verstärkte seine

Selbstverachtung. Er wollte sie nicht, sein Vater befahl ihm, sie zu tragen – der König achtete streng auf Kleiderordnung und Protokoll und scheute auch offene Kritik nicht, wenn Regierungsmitglieder, die in den Kriegsjahren rund um die Uhr arbeiteten, nicht korrekt gekleidet vor ihm erschienen.

Das Königspaar beteiligte sich am Kriegseinsatz, schränkte den eigenen Verbrauch ein, besuchte Krankenhäuser, Fabriken und die Soldaten an der Westfront. Aber der König war ein altmodischer Mann, Reisen und Unbekanntes interessierten ihn nicht, allem Neuen, seien es moderne Kunstwerke oder Frauen mit rotlackierten Fingernägeln, begegnete er mit Argwohn. Selbst Winston Churchill tat er als »Sozialisten« ab. Thronfolger Edward sagte, sein Vater befinde sich im permanenten Krieg mit dem 20. Jahrhundert.

Ausgerechnet dieser George V. aber nahm notwendige und einschneidende Neuerungen in Angriff, als sie ihm unumgänglich schienen. Alle wussten, wie eng der König durch Verwandtschaft mit deutschen Adelshäusern verbunden war, und gegen Deutschland und alles Deutsche herrschte tiefes Misstrauen. Aufgrund des Krieges stellte sich nun in bisher nie dagewesener Eindeutigkeit und Schärfe die Frage, ob die Mitglieder des Königshauses wirklich Großbritannien gegenüber loyal waren. Doch als der englische Schriftsteller H. G. Wells den König »fremd und einfallslos« nannte, konterte George mit der berühmt gewordenen Replik, er sei möglicherweise einfallslos, »aber der Teufel soll mich holen, wenn ich ein Fremder bin«.

Er begriff, dass die Königswürde nicht mehr zwangsläufig mit Respekt einherging. Er und Mary legten großen Wert auf das Bild einer makellosen Familie, die sich eher an den biederen Werten der Mittelschicht als an den Extravaganzen der Aristokratie orientierte. Und so änderte der König 1917 seinen Familiennamen *Sachsen-Coburg und Gotha* und erklärte, man sei künftig das *Haus Windsor*. Auch andere deutschstämmige

Aristokraten tauschten ihre deutschen Adelstitel gegen britische und anglisierten ihre Namen. Die Eltern von Prinz Louis von Battenberg, der mit einer Cousine des Königs verheiratet und Oberbefehlshaber der Royal Navy war, stammten aus dem Hause Hessen, und so wurde er 1917 wegen seiner deutschen Abstammung zum Rücktritt gezwungen. Noch im selben Jahr änderte er, einer Aufforderung des Königs folgend, seinen Namen in Mountbatten, verzichtete auf den Prinzentitel und erhielt stattdessen den erblichen Adelstitel *Marquess of Milford Haven.* Sein Sohn, der energische Louis »Dickie« Mountbatten, war beim Rücktritt seines Vaters vierzehn Jahre alt. Die Demütigung dieses erzwungenen Rücktritts prägte den Jungen stark, er tat als Erwachsener alles, die Ehre seiner Familie wiederherzustellen – mit beträchtlichen Folgen für das Haus Windsor.

Bis dahin hatte sich die britische Königsfamilie, sobald für eines der Kinder ein protestantischer und königlicher Ehegatte gebraucht wurde, gern in Deutschland umgeschaut. Da das nun nahezu unmöglich geworden war, verfügte der König, dass seine Nachkommen künftig auch nicht-königliche Briten ehelichen durften. Das Königshaus, das sich bislang nach außen gewandt hatte, wandte sich nun nach innen. Man könnte sagen, dass es sich in gewisser Weise nationalisierte.

Mindestens so stark wie die Angst vor den Deutschen war die Angst vor dem Kommunismus. Der Sturz von Georges Vetter Nikolaus, Zar Nikolaus II., sorgte bei den europäischen Herrscherhäusern für Panik, im Frühjahr 1917 bat der Zar um Hilfe, um mit seiner Familie Russland verlassen zu können. Die britische Regierung war geneigt, dem stattzugeben, doch George V. befürchtete negative Folgen für seine Familie, falls er einen totalitär regierenden Verwandten in Großbritannien willkommen hieße, und empfahl, das Gesuch abzulehnen. Im Juli 1918 wurde die ganze Zarenfamilie hingerichtet, ein erschütterter George schrieb in sein Tagebuch: »Ein feiger Mord … Ich hatte Nicky gern, niemand war so freundlich wie er, ein Gentleman durch und durch.« Er hasste die Kommunisten sein Leben lang und musste mit der Gewissheit leben, dass es in seiner Hand gelegen hatte, das Leben seiner Verwandten zu retten und den Gang der Geschichte zu verändern.

Die beiden älteren Königssöhne standen sich nah, bei Kriegsende war jeder von ihnen in eine verheiratete Frau verliebt. Die Beziehung des Prinzen von Wales mit der unglücklich verheirateten Freda Dudley Ward sollte sechzehn Jahre dauern, Bertie verzichtete 1920 auf seine Liebe, als der Vater ihm im Tausch den Titel des Herzogs von York anbot. Wieder zeigte der barsche König seine Fürsorge schriftlich, hier in einem Brief an seinen Sohn: »Ich weiß, dass du in einer für einen jungen Mann schwierigen Situation richtig gehandelt hast. […] Ich hoffe, Du wirst mich immer als Deinen besten Freund sehen und spüren, dass Du mir alles sagen kannst, dass Du weißt, dass ich immer da bin, um Dir zu helfen und zu raten.« Die Historikerin Miranda Carter hat die Frage aufgeworfen, ob der Grund für diese hilflos wirkenden Ausbrüche von Vaterliebe eines oft so furchterregenden Mannes in der Kindheit mit einer gehörlosen Mutter liegen könnte. Wenn er ihr seine Gefühle schildern wollte, *musste* er schreiben.

Im selben Jahr, als er seine Geliebte aufgegeben und Herzog geworden war, besuchte Albert einen Ball. Er hatte immer noch kein Selbstvertrauen und galt als nicht besonders interessanter Mann, manchen fiel auf, dass er Gesprächen über abstraktere Themen nur schwer folgen konnte; aber er war freundlich, sportlich und »Londons bester Walzertänzer«. Auf dem erwähnten Ball tanzte er mit der neunzehnjährigen Elizabeth Bowes-Lyon, einer gesprächigen und lebhaften jungen Frau. Sie war das zweitjüngste von zehn Kindern des schottischen Earl of Strathmore and Kinghorne und unter anderem auf Schloss Glamis aufgewachsen, Macbeth' Schloss in Shakespeares gleichnamigem Drama.

Während sie ihrem königlichen Tanzpartner keine besondere Beachtung schenkte, verliebte der sich Hals über Kopf in sie. Er besuchte sie in Schottland und begeisterte sich für den heiteren und informellen Ton der Strathmore-Familie, wo alle ungezwungen plauderten und scherzten. Das war so ganz anders als die düstere Stimmung seiner eigenen Kindheit. Elizabeth und er korrespondierten, Elizabeth' Briefe waren warmherzig und hatten einen Witz, dem ihr königlicher Verehrer nicht ganz gewachsen war. Als Bertie ihr einen Heiratsantrag machte – sie hatte schon andere Anträge bekommen –, lehnte sie ab, entschuldigte sich aber in einem langen Brief, ihn damit traurig zu machen. Ihre Gedanken waren vermutlich bei einem anderen jungen Mann namens James Stuart; daraus wurde nichts, weil Stuart ein berufliches Angebot in den USA annahm. Stuart war zeitlebens überzeugt, dass Königin Mary sehr daran gelegen war, ihn außer Landes zu schaffen, weil sie wollte, dass Elizabeth und Bertie heirateten.

Außerdem schwärmte Elizabeth, wie so viele andere, für den Thronfolger. Der allerdings bevorzugte einen völlig anderen Frauentyp: urban, mondän, sehr schlank und sexuell erfahren. Und so entzückend Elizabeth sein mochte, sie verkörperte nichts davon.

Zwei Jahre später versuchte Bertie es noch einmal, wieder lehnte Elizabeth ab. Ein Leben als Royal lockte sie nicht, für eine junge Frau, die bereits alle Privilegien des Hochadels genoss, war ein streng reglementiertes Hofleben mit seinen zahllosen Einschränkungen nicht erstrebenswert. Der unglückliche Bertie sagte einem Freund, er habe die einzige Frau verloren, die er heiraten wolle, der Freund sagte, wenn es wahre Liebe sei, müsse er weiterkämpfen. Das tat er, beim dritten Antrag sagte Elizabeth ja.

Am 26. April 1923 heirateten Prinz Albert und Lady Elizabeth Bowes-Lyon in der Westminster Abbey. Bekannten fiel auf, dass es ihm nach der Heirat offenkundig viel besser ging, dass seine junge Frau beruhigend auf ihn einwirkte, wenn er nervös wurde oder auf einen seiner Wutausbrüche zusteuerte. Wenn er mitten in einer Rede plötzlich die Worte nicht mehr hervorbrachte, suchte er sie mit panischem Blick, auf den sie mit einem aufmunternden Kopfnicken reagierte. 1926 brachte sie ihn mit dem australischen Sprachtherapeuten Lionel Logue zusammen, zu dessen Behandlung unter anderem Atemübungen gehörten, die ihm das flüssige Sprechen erleichterten.

Einmal ging das Paar vor einer Zugreise auf einem Bahnsteig durch einen Pulk von Menschen, die gekommen waren, um sie zu verabschieden. Der schüchterne Herzog bestieg den Zug und begann, die Rollos hinunterzuziehen, Elizabeth zog sie sofort wieder hoch und sagte mit Nachdruck: »Bertie, du musst *winken*.« Sie war, wie sich schnell zeigte, bedingungslos loyal und sehr willensstark, es zeigte sich auch, dass man sich besser nicht gegen sie stellte, denn so etwas vergaß sie nie. Das galt auch für all jene, die einen ihrer empfindsamen Schützlinge attackierten, sei es ihren eigenen Ehemann oder, viele Jahre später, ihren Enkelsohn Charles. Sowohl Wallis Simpson als auch Diana bekamen die Unversöhnlichkeit der sonst so strahlenden und verbindlichen Elizabeth zu spüren. Der Fotograf Cecil Beaton nannte sie ein »mit dem Schweißgerät hergestelltes Marshmallow«.

König George V. war von seiner Schwiegertochter so bezaubert, dass er für sie, die immer zu spät erschien, sogar seine militärischen Pünktlichkeitserwartungen lockerte: »Käme sie pünktlich, sie wäre perfekt. Aber wäre das nicht schrecklich?« Von Prinzessin Elizabeth, seiner 1926 geborenen Enkelin, war der König völlig hingerissen Von ihm stammt der Kosenamen *Lilibet*, den sie in der Familie behalten sollte, sie nannte ihn

»Grandpa England«. Als er sich nach einer Lungenoperation erholen musste, empfahlen ihm die Ärzte zur schnelleren Genesung die Gesellschaft seiner inzwischen dreijährigen Enkelin. Er reiste mit ihr ins südenglische Seebad Bognor und sah zu, wie sie im Sand spielte.

Nach dem gewonnenen Krieg konnten sich die Königsfamilie und Großbritanniens politische Institutionen – getragen von einer Welle neuen Patriotismus – gegenseitig ihres Einsatzes rühmen. Dass die britische Monarchie im Gegensatz zu den Monarchien der Kriegsteilnehmer Deutschland, Russland und Österreich-Ungarn diese Jahre überlebte, lag einerseits an Georges Modernisierungen, andererseits an der langen Erfahrung, die Königshaus und Aristokratie in der Zusammenarbeit mit einem parlamentarischen System hatten.

Auf den ersten Blick wirkte alles wie vorher: die Lebensweise der verschiedenen Gesellschaftsschichten schien sich nicht verändert zu haben, für den Adel und das Establishment war es immer noch selbstverständlich, dass Frauen sich dreimal am Tag umzogen, dass man im Frühjahr von den Landsitzen nach London kam, wo man Empfänge besuchte und dafür sorgte, dass sich die Kinder miteinander verlobten – man nannte das *the season*.

Doch in Wahrheit war die Aristokratie sehr geschwächt. Unverhältnismäßig viele der 750 000 britischen Gefallenen stammten aus der Oberschicht. Der Einfluss des Adels schrumpfte, neue Steuergesetze erschwerten das Vererben der großen Landgüter an die nächste Generation. Angesichts ihres Kriegseinsatzes und ihrer großen Opfer war es unmöglich, volljährigen Briten weiterhin das Wahlrecht zu verweigern. 1918 erhielten zunächst alle Männer über einundzwanzig, Frauen unter gewissen Bedingungen das Wahlrecht, die Folge war, dass die Wählerschaft über Nacht von acht auf einundzwanzig Millionen anwuchs. Ab 1928 konnten auch alle Frauen über einundzwanzig wählen. Das adlige Oberhaus verlor an Einfluss, blaublütige Landbesitzer, die das Parlament kontrolliert hatten, sahen ihr bislang kaum beschnittenes politisches Machtmonopol in Gefahr. Neue, jüngere und weniger wohlhabende Gruppierungen betraten die politische Bühne und niemand wusste, wie sie die nutzen würden. Nun kamen achtzig Prozent der Wahlberechtigten aus der Arbeiterklasse, plötzlich war die Labour-Partei ein immenser Machtfaktor. Königshaus und Regierung sahen die Entwicklung mit Sorge.

Anfangs reagierte das Establishment entsetzt auf die urbane Party-Szene der 1920er Jahre. Viele Menschen wollten die Angst und die Ungewissheiten der vier Kriegsjahre vergessen, ihre Traumata abschütteln, nicht mehr an die zahllosen Kriegsinvaliden denken, die die Straßen bevölkerten. In London entstand vor allem in den Stadtteilen Chelsea und Mayfair eine Szene, die das schnelle Vergnügen suchte: Man wollte schlagfertig sein, über die Stränge schlagen, spielerisch Grenzen austesten. Junge Frauen rauchten und tranken in der Öffentlichkeit, trugen Haare und Röcke kurz, tanzten Charleston nach wildem Jazz – die älteren Generationen waren entsetzt. Die Musik trug so bezeichnende Titel wie »I Want to be Bad« und »Let's Misbehave«, das angesagte Verhalten war ebenso weltgewandt wie kindlich, ausgelassen wie distanziert. Wer zur Stimmung beitragen konnte, war als »Bright Young Thing« willkommen, es spielte keine Rolle, ob es sich um die Söhne und Töchter des Hochadels, neureiche Lebemänner oder begabte Künstler aus der Mittelschicht handelte, die sich mitreißen ließen und oft über ihre Verhältnisse lebten.

Wichtig in Londons Zirkeln waren Schriftsteller wie Evelyn Waugh oder Noël Coward, doch der Mittelpunkt des dortigen Nachtclublebens war der Prinz von Wales. Edward rauchte und trank mehr als alle anderen, er trug karierte Anzüge und zweifarbige Schuhe, was ihn nicht nur zur unangefochtenen

Modeikone machte, sondern auch, was ihm gut gefiel: seinen Vater ungeheuer aufbrachte. Als er mit modischen Hosenaufschlägen beim Vater auftauchte, fragte dieser spitz, ob die königlichen Gemächer unter Wasser stünden.

Zur Aura des Thronerben trug bei, dass er inzwischen auch global zum Star geworden war; als er 1919 und 1920 Kanada bzw. Australien besuchte, waren die großen Menschenmengen, die seinetwegen gekommen waren, kurz vor der Hysterie. In den Filmzeitschriften jener Jahre wurde er als Star gefeiert, die Kameras liebten sein hübsches, fast kindliches Gesicht. 1927 tanzte ganz London nach dem Lied, »I've danced with a man, who's danced with a girl, who's danced with the Prince of Wales.«

Wer ihn zu den offiziellen Terminen begleiten musste, war oft weniger begeistert. Seine einzige Aufgabe war es, das Königshaus zu repräsentieren und dessen Beliebtheit zu festigen, eine Betätigung, die er hohl und heuchlerisch fand. Er bezeichnete seine Auftritte als »Propaganda« oder »*Princing*«. Zugleich aber nahm er zu viele Termine wahr und wollte bei Fabrik- oder Krankenhausbesuchen mit möglichst vielen Menschen sprechen. Er fand, dass er die Begeisterung, die ihm entgegenschlug, nicht verdiente, den Kriegsveteranen, die er traf, fühlte er sich immer unterlegen.

Aber er war unstet; um Bücher oder offizielle Dokumente zu lesen, fehlte ihm die Konzentration. Er aß und schlief zu wenig, brach oft aus Erschöpfung oder Traurigkeit in Tränen aus und erlebte depressive Verstimmungen, die ihn mitunter tagelang handlungsunfähig machten. Seiner Geliebten Freda Dudley Ward schrieb er, er sehne den Tod herbei, das Beste wäre, er würde sich erschießen oder ertränken, um allem zu entkommen. In hektischen Briefen voller Schreibfehler und Ausrufezeichen bat er sie, streng und *schlimm* zu ihm zu sein. Manchmal schrieb er in einer gekünstelten Kleinkindersprache, nannte sie »Mama« und sich selbst ihren »little boy«. Er bettelte um Anerkennung und bekannte im nächsten Moment, wie sehr es ihn beschäme, dass er so viel Lob und Komplimente brauche: »Ich bin ein Fiasko im Leben, immer mache ich die idiotischsten Dinge.«

Bertie hatte seinen Bruder lange treu von einem Nachtclub zum nächsten begleitet, auch noch in den ersten Ehejahren mit Elizabeth. Doch das York-Paar zog sich immer mehr zurück, führte ein zunehmend häusliches Leben im Kreis von Familie und Kindern. Ihre traute und geborgene Viersamkeit – das Paar und die beiden Töchter – wurde fast zu einer Religion. Der Herzog von York liebte dieses Leben so sehr, dass er zu Nadel und Faden griff und für einen ihrer Salons zwölf Stuhlbezüge bestickte – Sticken hatte er von seiner Mutter gelernt.

Es war ihm sehr wichtig, dass seine Töchter anders aufwuchsen als er und seine Geschwister. Die Herzogin ließ Aspekte ihrer eigenen Kindheit und Jugend in die Erziehung einfließen, sie stammte aus einer eher altmodischen, religiösen Familie, sprach jeden Abend kniend ein Gebet und erzog ihre Töchter dazu, das auch zu tun. Sie war der Ansicht, dass eine Dame beim Sitzen niemals die Rückenlehne eines Stuhles berühren dürfe, mit der Folge, dass ihre ältere Tochter bei Veranstaltungen zur Verblüffung aller ewig lange kerzengerade auf einem Stuhl sitzen kann. Und sie schärfte den Mädchen ein: »Wenn dich etwas langweilt, liegt der Fehler bei dir« – eine Ermahnung, die sie selbst von ihrer Mutter bekommen hatte.

145 Piccadilly war ein prächtiges Stadthaus mit fünfundzwanzig Schlafzimmern, einem Ballsaal, einer Bibliothek und etwa zwanzig Angestellten. Dennoch wuchsen die Prinzessinnen, bedenkt man ihre königliche Herkunft, eher bescheiden auf. Sie trugen schlichte Kleider, gingen früh zu Bett und unternahmen selten etwas außerhalb der eigenen vier Wän-

de. Ihre Gouvernante, die Schottin Marion Crawford, von den Kindern *Crawfie* genannt, erwähnte besonders, dass die Mädchen nicht einmal die jährliche Reise ans Meer machten, die für reiche britische Kinder üblich geworden war.

Crawfie erzog die Mädchen zusammen mit den Kinderfrauen Clara Knight, die Allah genannt wurde und schon das Kindermädchen ihrer Mutter gewesen war, sowie Margaret MacDonald, genannt Bobo. Großmutter Queen Mary schwebte als strenger Geist über den Kinderzimmern, sie brachte den Schwestern bei, in der Öffentlichkeit eine ernste Miene zu zeigen, und bereitete sie darauf vor, dass zum Leben eines Royal stundenlanges Stehen gehörte. Die Eltern hingegen waren nachsichtiger, immer wieder gab es gemeinsame Kissenschlachten. Elizabeth hatte die Schüchternheit des Vaters geerbt, Margaret hingegen war extrovertiert und künstlerisch begabt, trat gern auf und zeigte ihr komisches Talent. Sie suchte auch körperliche Nähe, kletterte Erwachsenen auf den Schoß und umarmte sie. Dem Herzog gefiel es, wie natürlich und selbstsicher die Kinder agierten, er und seine Geschwister seien in diesem Alter scheu und unsicher gewesen, wie er Crawfie einmal anvertraute. »Ich verstehe gar nicht, wie sie das hinbekommen.« Vor allem Margaret erfreute ihn. Mark Bonham-Carter, ein Freund, sagte, es habe Bertie geradezu überwältigt, dass er ein so strahlendes Kind hatte.

Das alles berichtete Marion Crawford in einem Buch über ihre Jahre in Elizabeth' und Margarets Elternhaus. Es erschien 1950 und hieß *Die kleinen Prinzessinnen*. Crawford hatte den beiden Mädchen sechzehn Jahre lang gedient und mit achtunddreißig Jahren einen Mann geheiratet, der fand, sie sei dafür nicht angemessen entlohnt worden und könne mit dem, was sie gesehen und gehört hatte, Geld verdienen. Als Mutter Elizabeth von dem Plan erfuhr und das Manuskript zu lesen bekam, bat sie Crawfie dringend, es nicht zu veröffentlichen.

Es ging weniger darum, dass nichts über die Kindheit ihrer Töchter bekannt werden sollte, schließlich hatte sie selbst bereits Artikel und Bücher über ihre Tochter Elizabeth autorisiert, als vielmehr darum, dass sie die absolute Kontrolle über alle Veröffentlichungen haben wollte. Möglicherweise missverstand Crawfie ihre Rückmeldung dahingehend, dass es ihrer früheren Arbeitgeberin nur um einige sachliche Fehler und nicht etwa um das Buch als solches ging. Jedenfalls brachte sie es heraus.

Das Buch zeichnet eine süßliche Puppenhaus-Idylle, die Prinzessinnen sind niedliche kleine Erwachsene, Margaret wird als ungestümer Gegenpart zur verantwortungsbewussten Elizabeth gezeichnet. Aber die bloße Existenz des Buches genügte dem Ehepaar York, um sofort und unwiderruflich mit Crawfie zu brechen. Danach verdiente sie ihren Lebensunterhalt, indem sie für Frauenzeitschriften über royale Themen schrieb. Das fand 1955 ein abruptes Ende, als sie berichtete, wie würdevoll die Königin bei der jährlichen Militärparade *Trooping the Colour* gewesen sei – die Veranstaltung war wegen eines Eisenbahnerstreiks abgesagt worden. Crawfie geriet in Verruf. Nach dem Tod ihres Mannes zog sie 1977 in ein kleines Cottage an der Straße, die vom schottischen Aberdeen zum königlichen Landsitz Balmoral führte, manchmal sah sie die Königsfamilie vorbeifahren. Nach ihrem Tod im Jahr 1988 stellte sich heraus, dass sie ihre unschätzbare Sammlung von Kinderzeichnungen und Briefen der Königsfamilie komplett Königin Elizabeth vermacht hatte.

Crawfie schilderte die kleine Elizabeth als ungewöhnlich ordentliches und pflichtbewusstes Kind, das ihre Schwester Margaret bemutterte. »Was sollen wir nur mit Margaret *machen*, Crawfie«, sagte sie, wenn diese etwas Verbotenes getan hatte. Elizabeth war extrem ordnungsliebend, Crawfie machte sich Sorgen, weil das Kind immer wieder nachts aufstand, um nachzuschauen, ob seine Schuhe ordentlich aufgestellt waren. Elizabeth, sagten Kindheitsfreundinnen später, war immer bewusst, dass für sie andere Verhaltensregeln galten; so habe sie nie geweint, wenn sie sich beim Spielen wehgetan hatte, weil es mit der königlichen Würde unvereinbar sei, Gefühle zu zeigen. Manchmal bat Crawfie die Freundinnen der Prinzessinnen, nur Elizabeth einzuladen: »Wir versuchten, sie hin und wieder zu trennen, Prinzessin Margaret zieht alle Aufmerksamkeit auf sich und Prinzessin Elizabeth lässt das zu.«

Elizabeth' Ordnungssinn erstreckte sich auch auf ihre etwa dreißig Spielzeugpferde, die vor dem Schlafengehen alle abgesattelt und versorgt werden mussten. Bertie besaß Rennpferde und seine ältere Tochter konnte kaum laufen, als ihre lebenslange, innige Liebe zu Pferden begann. Zu ihrer Gouvernante sagte sie, wenn sie groß sei, wolle sie auf dem Land leben, mit einem Bauern verheiratet sein und »viele Kühe, Pferde und Kinder« haben. Manchmal war sie im Spiel selbst ein Pferd und wenn sie bei einem solchen Spiel auf Fragen nicht antwortete, erklärte sie danach: »Ich konnte ja nicht antworten, weil ich ein Pony war.« Am liebsten legte sie ihrer Gouvernante ein improvisiertes Zaumzeug an, erklärte, sie sei jetzt das Pferd, das ihre Kutsche ziehe, mit der sie Waren an ihre Kundschaft ausliefere. Die Gouvernante musste auch das ungeduldige Pferd mimen, das mit den Hufen scharrte, während sie selbst mit den imaginären Kunden lange Gespräche führte.

Aus Crawfords Buch entsteht das Bild eines Mädchens, das einerseits auf die Welt da draußen und die Menschen, die sich in ihr bewegen, ungeheuer neugierig ist, andererseits aber erlebt, dass zwischen ihnen und ihr selbst eine unüberwindbare Kluft lag. Sie hatte nur wenige Freundinnen. Wie viele Töchter der Oberschicht besuchte auch Elizabeth keine Schule, weil ihr Vater eine Beeinflussung durch »falsche Leute« fürchtete.

Wenn Lilibet und Margaret unterwegs waren, schauten sie oft anderen Kindern nach, Crawfie machte kein Geheimnis daraus, dass man sie ihrer Ansicht nach stärker zu Kontakten mit anderen Kindern hätte ermuntern sollen.

2

Edwards Abdankung und der Ausbruch des Krieges

1931 hatte Elizabeth' Onkel David, der Prinz von Wales, bei einem Empfang im Schloss ziemlich laut herumgetönt, die Beleuchtung mache »alle Frauen hässlich«. Am späteren Abend stand er vor einer dunkelhaarigen, eleganten Frau und machte ihr ein Kompliment für ihr Kleid. Sie sah ihn – wenig geschmeichelt – direkt an und sagte: »Sir, ich hatte es so verstanden, dass Sie uns alle hässlich finden.« Er zuckte zusammen und musterte diese Frau mit neuem Interesse. Es war Wallis Simpson.

Zu Zeiten, als Frauen kaum eine Chance auf eine berufliche Karriere hatten, konnte weibliche Schönheit als Stufe zum sozialen Aufstieg dienen. Wallis Simpson aber war im konventionellen Sinne nicht »schön«, was jeder erwähnt, der darüber staunt, welch umwälzende Veränderungen ihretwegen stattfanden.

Wallis wurde am 19. Juni 1896 geboren, gerade mal sieben Monate nach der Heirat ihrer Eltern. Die stammten aus angesehenen, allerdings praktisch mittellosen Südstaatenfamilien, der Vater starb an Auszehrung, als Wallis fünf Monate alt war. Sie wuchs in Baltimore auf, die Mutter wurde von einem Verwandten des Ehemanns unterstützt, aber die Höhe der Beträge variierte von Mal zu Mal, damit Mutter und Tochter nicht vergaßen, dass sie von ihm abhängig waren. Wallis hatte nie so schönes Spielzeug wie ihre gleichaltrigen Vettern und Cousinen und nie so hübsche Kleider wie die Töchter der Gesellschaftsschicht, der sie im Grunde angehörte. Aber sie hatte andere Qualitäten: Sie war schlagfertig, selbstbewusst und absolut stilsicher. Sie ließ sich angeblich als erstes junges Mädchen in Baltimore den hochmodernen, kurzen Bob schneiden und wagte es sogar, Krawatte, Monokel und Herrenhemd zu tragen.

Ihr Taufname war Bessie nach einer Tante, Wallis war der zweite Vorname ihres Vaters. *Bessie* strich sie früh mit der Begründung, so hießen Kühe, und es ist bemerkenswert, dass sich die junge Frau mit den großen Händen und der ausgeprägten Kinnpartie für den männlichen ihrer beiden Vornamen entschied.

Mit zwanzig heiratete sie – vielleicht aus Abenteuerlust, vielleicht, um den einfachen Verhältnissen zu entkommen, in denen sie lebte – Winfield Spencer, einen betont maskulin auftretenden Offizier des amerikanischen Marine-Fliegerkorps. Aber Spencer trank und war gewalttätig, er soll Wallis oft stundenlang im Badezimmer eingeschlossen haben. Sie gingen zunehmend getrennte Wege – er hatte seine Einsätze als Pilot, sie lebte meist in Washington, D.C., wo sie die Fassade ehelicher Treue schon bald aufgab. Aber weil sie die Unsicherheit ihrer sozialen Stellung belastete, fuhr sie 1924 zu ihrem Mann nach China, um die Ehe zu retten. Das misslang, aber sie reiste über ein Jahr lang durch das Land. Diese Reise führte zu Gerüchten, sie verdanke ihre starke Anziehungskraft gewissen exotischen Sexualpraktiken, die sie sich in dubiosen Etablissements des Fernen Ostens angeeignet habe.

Wallis ließ sich Anfang 1928 scheiden und vergeudete keine Zeit: Ein halbes Jahr später heiratete sie Ernest Simpson. Der konventionelle, britisch-amerikanische Schiffsmakler stammte aus einer wohlhabenden Reeder-Familie und hatte für Wallis seine Ehefrau verlassen. »Ich mag ihn, er ist, und das ist eine willkommene Abwechslung, ein lieber Mann«, schrieb sie an ihre Mutter. »Ich kann nicht ein Leben lang umherirren, es erschöpft mich so, immer allein und ohne Geld gegen die Welt zu kämpfen.«

Wallis und Ernest wollten sozial aufsteigen. Bald waren sie in London als Gastgeber ebenso beliebt wie als Gäste, wobei es von Vorteil war, dass sie immer ein wenig über ihre Verhältnisse lebten.

Als der Prinz von Wales Wallis an jenem Abend das zweifelhafte Kompliment machte, war das nicht die erste Begegnung zwischen den beiden. Diese hatte schon zwei Jahre früher stattgefunden. Er hatte damals gerade eine neue Geliebte, die verheiratete Thelma Furness. Die hatte Wallis bereits kennengelernt und weil sie ihr gefiel, lud sie Wallis zu einer Gesellschaft nach Leicestershire ein, wo auch der Prinz sein würde. Wallis hatte auf der Zugfahrt einen tiefen Hofknicks geübt, doch damals deutete nichts darauf hin, dass die Begegnung oder der Knicks bei Edward einen bleibenden Eindruck hinterlassen hätten.

Jetzt hatte der Prinz Mr. und Mrs. Simpson überraschend zu seinem Empfang eingeladen, bald gehörte das Paar zu seinem engeren Kreis. In seinen Memoiren schrieb Edward, Wallis habe als Einzige interessiert gewirkt, wenn er von seinen royalen Verpflichtungen erzählte – alle Männer, denen Wallis im Lauf ihres wechselvollen Lebens begegnete, fühlten sich von ihrer uneingeschränkten Aufmerksamkeit geschmeichelt. Edward war auch von ihrer Furchtlosigkeit fasziniert, die sich mitunter in einer Keckheit äußerte, die er nicht gewohnt war. Er rief sie immer häufiger an, sie verbrachten immer mehr Zeit miteinander, erste Gerüchte machten die Runde. In ihren Briefen bestreitet Wallis, dass sie ihn Thelma habe ausspannen wollen. »Ich glaube, ich amüsiere ihn«, schrieb sie. Als Thelma von einer langen USA-Reise zurückkehrte, sah sie bei einer

Abendesseneinladung die beiden miteinander scherzen, als der Prinz mit den Fingern ein Salatblatt hochhob, klopfte Wallis ihm spielerisch auf die Hand. Thelma begriff sofort, dass sie ersetzt worden war. Bald sah man die neue Favoritin »rubinenbeladen« in der Stadt und im Theater.

Ein Freund des Prinzen spottete, er folge ihr wie ein Hündchen. Sie sagte ihm, er solle weniger trinken und weniger rauchen, und er gehorchte, als habe er, der sich selbst eher durch sein Aufbegehren gegen den Vater definierte, sich nur nach einem neuen Befehlshaber gesehnt. Wie schon bei Freda Dudley Ward, nahm er auch in Briefen an Wallis die Rolle eines Kindes oder kleinen Jungen ein. Er schien ihre Maßregelungen zu genießen, die an Erniedrigung grenzen konnten, so, wenn sie ihn im Beisein anderer dazu brachte, sie um eine Zigarette regelrecht anzuflehen.

In der Anfangszeit mit Wallis entwickelte Edward politische Neigungen, die sich als fatal erweisen sollten. Die Briten waren gegen Rechtsextremismus nicht immun, in den 1920er und 1930er Jahren gewann der Faschismus in Großbritannien ebenso viel Zulauf wie in anderen Ländern. Extrem rechtslastige Gedanken waren seit Jahrzehnten in der Oberschicht und vor allem unter Großgrundbesitzern an der Tagesordnung. Sie erlitten wegen eines freieren Handels und des Imports landwirtschaftlicher Produkte finanzielle Einbußen, waren einerseits mächtig, fühlten sich aber andererseits in der Minderzahl und unter Druck. Die Ausweitung des Wahlrechts ließ sie fürchten, dass die Politiker künftig mehr um die vielen Arbeiter als um die wenigen Landbesitzer buhlen würden. Nach dem Ersten Weltkrieg misstrauten viele Veteranen und Angehörige der unteren Schichten den Politikern, die das Land in den Krieg geführt hatten, und den Geistlichen, die die jungen Männer zum Fronteinsatz ermuntert hatten. Sie fühlten sich von der Arbeitslosigkeit ebenso bedroht wie von den emanzipierten Frauen, die wählen durften, in die Städte zogen und ein sexuell befreites Leben der Abhängigkeit von einem Mann offenbar vorzogen. In dieser Situation entwickelten mehrere Gruppierungen Sympathien für ein bestimmtes Weltbild und für faschistische Organisationen, deren wichtigste, die *British Union of Fascists*, wegen ihrer Kleidung auch Blackshirts (Schwarzhemden) genannt wurde. Ihr Anführer, der athletische und selbstsichere Oswald Mosley, Sohn eines Barons, war davor sowohl Tory- wie Labour-Politiker gewesen.

Die Unzufriedenen einte ihre Angst vor dem Fragmentierten, Degenerierten und Verwässerten, davor, dass die Nation von innen verfaulen könnte. Ihre besondere Ablehnung galt den jungen Menschen, die in London Charleston tanzten und Cocktails tranken, denn auch das war eine Art von Protest – gegen unflexible und überholte Institutionen. Sie begehrten mit Freiheitswünschen und Hedonismus auf, wofür sie von konservativen Zeitungen immer wieder gemaßregelt wurden. Man diskutierte, ob die Fortpflanzungsorgane junger Frauen nicht unter dem Charleston-Gehopse litten – ganz zu schweigen von den Folgen ihrer Bemühungen um eine moderne, schlanke und jungenhafte Figur durch Diät und Sport. Solche Frauen zählten bald ebenso selbstverständlich zu den Feindbildern der Rechten wie die »ausländische« Jazzmusik, nach der sie tanzten, und die Homosexuellen, in deren Gesellschaft sie sich wohl fühlten. Der allgemeine Verfall von Moral und Anstand sowie ein ungezügelter Individualismus, hieß es, bedrohten die Gesellschaft und den gesellschaftlichen Zusammenhalt, ohne den eine Nation der Unterwanderung durch Juden und Bolschewiken schutzlos preisgegeben war.

Die Faschisten fanden die parlamentarische Ordnung zu schwach, sie schürten die Sehnsucht nach einem feudalen System, in dem jeder seinen Platz kannte, und einem starken Führer, dem sie mit kultartiger Hingabe huldigen konnten. Das

Königshaus wurde zum Ziel einer hoffnungsvollen Verehrung, weil sie in ihm die Bastion der Traditionswahrung sahen. Mehrere Aristokraten bei Hofe waren erklärte Faschisten. Königin Mary und König George V. misstrauten Bolschewiken, Ausländern und jungen Mädchen, die beim Tanzen Knie zeigten, und das so gründlich, dass sie extremen Gedanken nicht sehr fernstanden. Aber sie teilten nicht den Antisemitismus der Bewegung und standen loyal zum Parlamentarismus.

Als Labour 1924 eine Minderheitsregierung bildete, fanden es viele regelrecht schockierend, wie hervorragend sich der König mit dem Labour-Führer und Premierminister Ramsay MacDonald verstand. MacDonald war der uneheliche Sohn einer Näherin, die ihn allein großgezogen hatte. Er eignete sich unter anderem durch Abendkurse und Selbststudium eine solide Bildung an, machte die Labour-Partei zu einem Faktor im Parlament und schaffte es an die Spitze der politischen Welt. »Er imponiert mir sehr; er will das Richtige tun«, schrieb der König in sein Tagebuch.

Der Thronfolger gab den Faschisten mehr Grund zu Optimismus. Er interessierte sich zunächst kaum für Politik, engagierte sich aber für die Kriegsveteranen und war nach Besuchen in Gegenden, die von der Arbeitslosigkeit betroffen waren, tief berührt – deren Zahl wuchs nach der Finanzkrise von 1929 und der folgenden Depression, 1932 gab es drei Millionen Arbeitslose. Etwa um diese Zeit begann Edward, sich anerkennend über Hitler und die Methoden zu äußern, mit denen Nazi-Deutschland die Arbeitslosigkeit bekämpfte. 1933 sympathisierte er offen mit der deutschen Diktatur und meinte, auch Großbritannien brauche eine Diktatur, um die Gefahren des Kommunismus zu bannen.

In privaten Gesprächen ließ er eine Nähe zu den Blackshirts erkennen, auch wenn er den prahlerischen Oswald Mosley nicht mochte. Er teilte die Auffassung, dass Frankreich die

Schuld am Großen Krieg von 1914./18 trug und der Vertrag von Versailles ungerecht gegenüber Deutschland sei. Und er vertrat, wie viele Angehörige der britischen Oberschicht, eindeutig antisemitische Ansichten. Als die ersten Berichte über die Verfolgung der Juden aus Deutschland kamen, schloss er sich der Verurteilung nicht an, sondern tat sie als kommunistische Propaganda ab. Er äußerte sich nicht nur antisemitisch, sondern auch eindeutig rassistisch; über Schwarzafrikaner und australische Aborigines, die er auf seinen Reisen traf, sprach er mitunter äußerst herabsetzend. Er war grundsätzlich der Meinung, dass es Großbritannien nicht zustehe, sich in die inneren Angelegenheiten Deutschlands oder eines anderen Staates einzumischen. Als Mussolini 1935 völkerrechtswidrig Abessinien, das heutige Äthiopien, überfiel und besetzte, riet Prinz Edward dem Premierminister der Konservativen, dem besonnenen Stanley Baldwin, von Sanktionen gegen Italien abzusehen.

Man hatte den Mann, der so plötzlich und so eifrig Schurkenstaaten verteidigte, in seiner Kindheit und Jugend abwechselnd ausgeschimpft und ihm nach dem Mund geredet, er hatte immer unter dem Gefühl gelitten, in einem Morast aus Formalitäten und Hofprotokoll festzustecken. Er sehnte sich nach Handlungskraft und Führung, er wollte frei sein, aber auch beherrscht werden, er war ebenso empfindsam wie narzisstisch. Er hatte Elend aus der Nähe gesehen, aber ihm fehlte die Geduld, sich, in welchem Bereich auch immer, ein fundiertes Wissen anzueignen. Vielleicht sprach ihn gerade darum eine Regierungsform an, die ein Großreinemachen wollte, die die Jungen, Starken und Virilen feierte und ihnen versprach, dass sie ihren Weg gradlinig würden verfolgen können, ohne sich um die Rechte und Bedürfnisse anderer Menschen kümmern zu müssen.

Der Faschismus fasste in Großbritannien niemals auf gleiche Weise Fuß wie in anderen Ländern. Mosleys Faschisten bekamen keinen einzigen Abgeordneten ins Unterhaus, was wohl auch daran lag, dass die Inhalte der konservativen britischen Politik nicht so furchtbar weit von denen der Faschisten entfernt waren. Hinzu kam, dass das parlamentarische System nach zweihundert Jahren tief in der Gesellschaft verwurzelt und daher offenbar widerstandsfähiger war als in europäischen Ländern mit einer kürzeren parlamentarischen Tradition.

Die meisten politischen Schwergewichte Großbritanniens waren der Ansicht, dass sie ihre Anliegen durchaus auf parlamentarischem Wege erkämpfen konnten, zudem wirkte der wutschnaubende Grundton der faschistischen Rhetorik vermutlich eher abschreckend. Oswald Mosley wurde, wie Hitler, in den Zwischenkriegsjahren zum Gegenstand gnadenloser Parodien. Die berühmteste Parodie war wohl P. G. Wodehouse' Romanfigur Sir Roderick Spode, ein apoplektischer Aristokrat und der Führer der Black Shorts, dessen geheimes Leben als Designer von Damenunterwäsche von Bertie Woosters Diener enthüllt wurde.

Die Stimmung im Großbritannien der Zwischenkriegsjahre und die Haltung der Oberschicht zum Faschismus wurde 2015 erneut Thema einer öffentlichen Debatte, nachdem eine kurze Filmsequenz aus dem königlichen Archiv an die Öffentlichkeit gelangt war. Die nur siebzehn Sekunden lange Aufnahme zeigt Edward, seine Schwägerin Elizabeth, Herzogin von York, und deren Töchter Elizabeth und Margaret, die auf einem Rasen spielen, bevor sie mit dem Hitlergruß in die Kamera salutieren. Gedreht hat die Aufnahme vermutlich der Vater der Kinder, der Herzog von York, sie stammt aus dem Jahr 1933, als die Prinzessinnen sieben und drei Jahre alt waren. Damals machte sich noch ganz Europa über Hitlers Marotten und seine Sprechweise lustig, aber die Sequenz wirft einen düsteren Schatten auf den Prinzen von Wales, der tatsächlich mit Deutschland sympathisierte.

Das taten die anderen Mitglieder seiner Familie nicht. George VI. mochte weder Kommunisten noch Faschisten. Seine Ehefrau, die Herzogin von York und spätere Königin Elizabeth, hatte im Krieg ihren Bruder Fergus verloren; streitbar, wie sie war, hegte sie noch Jahrzehnte lang eine Aversion gegen alle und alles, was mit Deutschland in Verbindung gebracht werden konnte. Aber als die Kriegsgefahr wuchs, befürwortete das Königspaar, wie viele ihrer aristokratischen Freunde und Verwandten und wie große Teile der Bevölkerung, entschieden alle Versuche, eine friedliche Lösung mit Deutschland zu finden. Viele Familien des Hochadels pflegten enge verwandtschaftliche Beziehungen nach Deutschland und hatten ihre Töchter dorthin geschickt, um Deutsch zu lernen und auf die Jagd zu gehen – nach Rehen und Hasen, vielleicht auch nach einem Ehemann. Sie wollten keinesfalls, dass Deutschland erneut zum Feind wurde. Die größten Zeitungen unterdrückten Nachrichten, um die Bevölkerung nicht gegen Hitler aufzuhetzen. In dieser Abwägung zogen die sich häufenden Geschichten über die Brutalität des deutschen Regimes gegen seine eigenen Bürger oft den Kürzeren. Solche Prioritäten in der offiziellen Betrachtung und Berichterstattung nahmen sich im Rückblick nicht gut aus.

Als die sechsjährige Prinzessin Elizabeth von York begann, etwas über die Welt zu lernen, wurde diese gerade viel komplizierter. Ihre Mutter konnte sich durchaus vorstellen, die Töchter auf eine Schule zu schicken, doch für den König – ihren Großvater – war ein normaler Schulbesuch der Mädchen neumodischer Kram, dem mit tiefem Misstrauen zu begegnen war. Daher wurde Lilibet im Kinderflügel von 145 Piccadilly unterrichtet, erst von der Gouvernante und Erzieherin Crawfie, später kam Vicomtesse de Bellaigue hinzu, die Französisch und europäische Geschichte lehrte. Die Herzogin und der Herzog von York wollten einen Schulbesuch mit praktischem Nutzen, sie wünschten sich für ihre Töchter eine unbeschwerte Kindheit ohne große Anforderungen, vor allem sollten sie keinesfalls Intellektuelle oder gar Blaustrümpfe werden. George V. hatte Crawfie zugebrummt, ihm sei nur wichtig, dass sie Elizabeth und Margaret eine schöne Handschrift beibringe, auch in dieser Hinsicht hatten seine eigenen Kinder ihn enttäuscht.

Das Ergebnis solcher Überlegungen waren schließlich neun Unterrichtsstunden pro Woche sowie täglich eine Stunde Lesen und Vorlesen. Nachmittags erhielten die Mädchen Tanz-, Musik- und Zeichenunterricht. Königin Mary, eine begeisterte Leserin, sorgte sich, ob den Mädchen ausreichend substantielle Lektüre geboten wurde. Sie schrieb den Gouvernanten, die Prinzessinnen sollten anspruchsvolle Kinderliteratur lesen, Gedichte auswendig lernen und mehr Unterricht in Geschichte bekommen. Das fand sie wichtiger als Mathematik, was in aller Welt sollten die Kinder mit Mathematik? Die Großmutter nahm die Mädchen auch mit ins Museum und machte andere Ausflüge an Orte mit ihnen, die sie für lehrreich hielt.

Nachdem Elizabeth Thronerbin geworden war, ging sie zweimal pro Woche zum Vize-Direktor der Privatschule Eton, Sir Henry Marten, der sie in den Fächern Verfassung und konstitutionelle Monarchie unterrichtete. Sie lauschte mit großen Augen einem eingefleischten Junggesellen, der in seinem Büro einen zahmen Raben hielt, geistesabwesend am Zipfel seines Taschentuchs kaute und die Prinzessin manchmal mit »meine Herren« ansprach, weil er vergessen hatte, dass er nicht vor seiner üblichen Klasse stand.

Crawfie schrieb, Elizabeth und Margaret seien aufgeweckte Schülerinnen gewesen, als Königin bewies Elizabeth in Gesprächen mit ihren Premierministern fundierte Kenntnisse in allen Fragen, die das Unter- und das Oberhaus betrafen. Sie war als Kind und Jugendliche gewissenhaft und ernst, zeigte aber keine herausstechenden intellektuellen oder kreativen Talente; Ideale und Pflichten, die man an sie herantrug, pflegte sie unkommentiert zu akzeptieren. Aber sie dachte schnell und wirkte mental stabil; die Aufmerksamkeit und mitunter unterwürfige Verehrung, die man ihr unentwegt entgegenbrachte, konnten sie weder damals noch später aus dem Gleichgewicht bringen. Ihr Leben im Luxus bezahlte sie mit einem stark eingeschränkten Handlungsspielraum und dem Wissen, dass viele grundlegende Entscheidungen ihres Lebens bereits von anderen getroffen worden waren und auch künftig getroffen werden würden. Elizabeth reagierte darauf mit einer Haltung, die sie mit anderen erfolgreichen Monarchen teilt: mit Stoizismus und der Bereitschaft, die ihr zugeteilten Karten zu akzeptieren und im Spiel bestmöglich zu nutzen.

1934 trat eine neue Heldin in das Leben der Prinzessinnen: Ihr Onkel, der ziemlich wilde Herzog von Kent, heiratete die schöne und elegante Prinzessin Marina von Griechenland und Dänemark. Während der Trauung in der Westminster Abbey zog der Prinz von Wales die Aufmerksamkeit auf sich, als er sich während des griechisch-orthodoxen Teils der Zeremonie an einer Kerze eine Zigarette anzündete. Marina war so umschwärmt, dass die Ehe der Beliebtheit des Königshauses insgesamt zugutekam. Günstig wirkte sich auch aus, dass sich ein widerstrebender König George V. von seinen Ratgebern überreden ließ, aus der Residenz Sandringham House in Norfolk, wo die Familie Weihnachten feierte, per Rundfunk eine persönliche Weihnachtsbotschaft an seine Untertanen in Großbritannien und im Empire zu schicken. Die BBC war sofort dazu bereit, und so klang am 25. Dezember 1932 die Stimme von George V. aus vielen Millionen Radiogeräten: »Eines der Wunder der modernen Wissenschaft bietet mir die Möglichkeit, an diesem Weihnachtstag zu allen meinen Völkern im gesamten Empire zu sprechen ...«

Er erwähnte die Verpflichtung, sich derjenigen anzunehmen, die von der Last der vergangenen Jahre entmutigt und überwältigt seien. »Es war immer mein Bestreben, diesen Zielen zu dienen. Ihre Loyalität und Ihr Vertrauen in mich waren mein überreicher Lohn. Ich spreche jetzt aus meinem Zuhause zu Ihnen und aus ganzem Herzen. Zu Männern und Frauen, die durch Schneefälle, die Wüste oder das Meer so abgeschnitten sind, dass nur Stimmen aus der Luft sie erreichen können; zu denen, die durch Blindheit, Krankheit oder Gebrechlichkeit von einem erfüllteren Leben weit entfernt sind; zu denen, die den heutigen Tag mit ihren Kindern und Enkelkindern feiern. Ich wünsche Ihnen allen – und jedem Einzelnen von Ihnen – frohe Weihnachten. Gott segne Sie!«

Autor des Textes war der Schriftsteller Rudyard Kipling, und es zeigte sich, dass George V. das Medium, dem er so skeptisch begegnet war, mit seiner kräftigen, feierlichen Stimme verblüffend gut beherrschte. Die jährliche Weihnachtsansprache des Regenten wurde eine von den Briten geliebte Tradition. Im Mai 1935 fuhr der König aus Anlass seines fünfundzwanzigsten Thronjubiläums durch jubelnde Menschenmengen, die die Straßen säumten. Aus dem Londoner Osten kehrte er mit Tränen in den Augen nach Hause zurück: »Ich hatte keine Ahnung, dass sie solche Gefühle für mich hegen. Ich beginne zu glauben, dass sie mich als den mögen, der ich bin.« Am Ende des Tages hielt er eine weitere hochemotionale Radioansprache: »Wie kann ich von dem sprechen, was ich empfinde? Ich kann Ihnen nur sagen, meine über alles geliebten Untertanen, dass die Königin und ich Ihnen aus tiefstem Herzen für die Treue und – wenn ich das sagen darf – für die Liebe danken, die Sie uns heute und schon immer entgegengebracht haben.«

Er litt an einer chronischen Bronchitis, die sich im Herbst 1935 verschlimmerte; am 20. Januar 1936 starb er in Sandringham im Kreis seiner Familie. Der Arzt hatte den Eintritt des Todes durch tödliche Morphium- und Kokaindosen beschleu-

nigt, damit das Ableben des Monarchen von den als loyal gel-
tenden Morgenzeitungen gemeldet wurde und nicht von den
dubioseren Abendzeitungen.

Als Monarch hatte George V. sehr darauf geachtet, niemals
zu spalten, als Konservativer hatte er oft andere Standpunkte
vertreten als das konservative Establishment. Er hatte die Politiker ersucht, von der Zwangsernährung der hungerstreiken-
den Suffragetten abzusehen, beim Generalstreik von 1936 gebeten, nicht auf unangemessene Weise gegen die Streikenden
vorzugehen, er war mit der Königin in eine Grube eingefahren.
Er meinte es ehrlich, als er sagte, man müsse auf die weniger
Begünstigten in der Gesellschaft mehr Rücksicht nehmen –
aber es wäre ihm niemals in den Sinn gekommen, die Struktu-
ren zu überdenken, anzuprangern oder gar verändern zu wollen, die für die schlechten Lebensbedingungen vieler Briten
verantwortlich waren.

Paradoxerweise war es zwar der Prinz von Wales, der die
neue Zeit mit ihren neuen Ideen und Lebensweisen enthusiastisch, optimistisch und aufgeschlossen begrüßte, aber es war
sein Vater, der die Institution erneuerte, die sie beide vertraten. George V. formte in hohem Maße das Königtum, das seine
Lieblingsenkelin eines Tages erben würde. In den Jahren seiner
Regentschaft waren in Europa fünf Kaiser und acht Könige
vom Thron gestoßen worden; das Empire, das er repräsentierte,
war zwar geschwächt, doch sein eigener Thron war gestärkt.
Nach seinem Tod schrieb der antimonarchistische Journalist
Kingsley Martin, dass ihn alle wirklich aufrichtig zu betrauern
schienen, sie redeten von dem Mann, den sie nie persönlich
getroffen hatten, wie von einem engen Familienangehörigen.
Als Prinzessin Elizabeth vom Tod ihres »Grandpa England« erfuhr, stellte sie ihre Spielzeugpferde in eine Reihe und fragte
ihre Gouvernante Crawfie, ob sie und Margaret nun wirklich
spielen sollten.

In dem Moment, als George V. für tot erklärt wurde, küsste Königin Mary die Hand ihres ältesten Sohnes, des neuen Königs. Dieser brach zunächst in Tränen aus, warf sich aber dann energisch auf seine Aufgaben als Edward VIII. Dabei beflügelte ihn, so der Schriftsteller Philip Gibbs, dass er »der populärste Mann der Welt« war.

Aber er blieb Wallis Simpson verfallen. Wenn sie ihn sehen wollte, konnte es vorkommen, dass der neue König Minister stundenlang warten ließ und nicht zu Banketts erschien. Im Herbst sagte er die Einweihung eines Krankenhauses in Aberdeen mit der Begründung ab, er trauere noch um seinen Vater. Er ließ sich von Bertie mit Gemahlin Elizabeth vertreten – und fuhr am selben Tag von Schloss Balmoral zum Bahnhof von Aberdeen, um Mrs. Simpson abzuholen. Selbstverständlich wurde er erkannt und fotografiert, die Lokalzeitung publizierte das Foto des Königs, der seinen privaten Gast abholte, neben dem seines Bruders im Krankenhaus. Elizabeth wusste, wie sich das ausnahm, ihre Abneigung gegenüber Wallis Simpson wuchs, nicht zuletzt, weil diese im königlichen Schloss mit großer Selbstverständlichkeit als Gastgeberin und Innenarchitektin auftrat.

Die politische Führung fand es äußerst besorgniserregend, dass ihr König seiner Geliebten offenkundig Staatspapiere zeigte und sie um ihre Meinung bat. Einige Dokumente kamen mit ringförmigen Flecken von Gläsern zurück, man wusste nicht, ob und wer alles aus dem privaten Kreis des Königs diese Papiere gesehen hatte. Wallis war beispielsweise gut mit Joachim von Ribbentrop bekannt, damals deutscher Botschafter in London und später Hitlers Außenminister. Er machte ihr den Hof, es gab Gerüchte, sie hätten eine sexuelle Beziehung und dass Wallis geheime Informationen an Nazideutschland weiterleite. Es soll eine Überprüfung im Auftrag von Premierminister Baldwin gegeben haben, aber man fand keine Hinweise, dass sie wirklich für die Deutschen arbeitete, und wenn sie, was selten vorkam, über Politik sprach, schien sie die Ansichten des Königs zu teilen. Aber Hitler hatte von Ribbentrop gegenüber den ausdrücklichen Wunsch geäußert, dass er versuchen solle, sich bei Wallis und ihrem Geliebten einzuschmeicheln. Das schien umso wichtiger, als deutlich wurde, dass das Ehepaar Simpson auf eine Scheidung zusteuerte.

Während amerikanische Zeitungen ständig und ausführlich über den britischen König und seine Amerikanerin berichteten, brachten die loyalen heimischen Zeitungen keine Zeile über die Liaison. Niemand wollte dem Königshaus schaden, der Zeitungsmagnat Lord Beaverbrook, ein persönlicher Bekannter des Königs, sorgte dafür, dass auch über die Simpson-Scheidung nur dürre Fakten veröffentlicht wurden.

Die politische Führung begriff, dass Edward fest entschlossen war, Mrs. Simpson zu heiraten. Abgesehen von Romantikern wie Winston Churchill, dem die Liebesgeschichte ebenso gefiel wie die Chance, anderer Meinung zu sein als der amtierende Premierminister Stanley Baldwin, stellte sich die politische Elite geschlossen gegen eine solche Ehe. Das Establishment werde Mrs. Simpson ablehnen, weil sie amerikanische Staatsbürgerin, der Rest der Bevölkerung, weil sie geschieden war. Scheidungen waren in urbanen und wohlhabenden Kreisen üblicher geworden, aber die Widerstände gegen eine Vereinfachung von Ehescheidungen waren noch sehr groß. Vor allem Frauen, die von ihrem Ehemann wirtschaftlich völlig abhängig waren, fürchteten jede Schwächung der Institution Ehe. Die anglikanische Kirche erlaubte Scheidung nicht, und Wallis hatte nicht nur eine, sondern in kurzer Zeit zwei Scheidungen hinter sich gebracht. Widerwillig brachte der König die Möglichkeit einer morganatischen Ehe ins Spiel, die ihm die Heirat gegen die Zusicherung ermöglichen würde, dass Wallis nicht Königin würde. Baldwin konsultierte die Opposition sowie die politischen Führer der sich selbst verwaltenden Kolonien Kanada, Australien und Südafrika und kam mit dem Bescheid zurück, falls der König auf der Heirat bestehe, werde die Regierung abdanken, die Opposition lehne es ab, eine neue Regierung zu bilden, in den Kolonien sei mit Unruhen zu rechnen.

Der König war besiegt. Im Dezember 1936 berichteten endlich auch die britischen Zeitungen über den Konflikt und waren geteilter Meinung, ob man Edward diese Heirat erlauben sollte oder nicht. Der Historiker Philip Ziegler hält es bis heute für ungeklärt, ob es wirklich einen breiten Widerstand gegen Mrs. Simpson gab oder ob das nur eine von den kritischen Zeitungen geschürte Kampagne war. Jedenfalls bekam Wallis Hassbriefe, Pflastersteine flogen durch ihre Fenster; sobald sie das Haus verließ, wurde sie von wütenden Briten bedrängt. Sie hatte Angst, floh an die französische Riviera und bat den König, sich lieber von ihr zu trennen als abzudanken. Er beteuerte, er werde sie niemals aufgeben.

Die Geschichte von Edward VIII. und Wallis Simpson kann auf viele unterschiedliche Arten erzählt werden; manchmal ist Wallis das Opfer verstaubter, liebesfeindlicher Normen, manchmal eine ruchlose und ehrgeizige »Hasardeurin«, die mit hohem Einsatz spielte, um Königin zu werden. Vielleicht war sie vor allem eine Frau, die die Kontrolle verloren und einen emotionalen und politischen Tsunami ausgelöst hatte, den sie nicht mehr abwenden konnte. In erhalten gebliebenen Briefen klingt es, als habe sie mit Ernest zusammenbleiben wollen, als sehe sie in Edward im Grunde nur eine vorübergehende Eskapade: »Noch nie hatte ich so viel Spaß, noch nie war alles so einfach, warum soll ich nicht die Jugend, die mir bleibt, schwungvoll zu Ende bringen.« In ihren Memoiren behauptet sie, das alles lange nicht ernst genommen zu haben, weil es ihr undenkbar schien, dass sie für einen Mann, der jede

54

haben konnte, so anziehend sein könne. An Edward, schrieb sie, habe sie dessen Charme und Zugewandtheit fasziniert: »Er war der Sesam, öffne dich! zu einer neuen, verheißungsvollen Welt, die mich erregte wie nichts zuvor in meinem Leben.« In dieser neuen Welt lebte sie mit einem Mann, dessen Wunsch oft Gesetz war, plötzlich bewegte sie sich in einer Welt ohne jede Reibungsfläche. Das sollte nicht lange so bleiben.

Am 10. Dezember 1936 unterzeichnete König Edward VIII. die Abdankungsurkunde, am folgenden Abend hielt er eine Radioansprache an das völlig entsetzte Volk, mit dem berühmten Satz: »Bitte glauben Sie mir, wenn ich Ihnen sage, dass es mir unmöglich war, die schwere Bürde der Verantwortung auf mich zu nehmen und meine Pflichten als König wie von mir gewünscht zu erfüllen, ohne die Hilfe und die Unterstützung der Frau, die ich liebe.« Aus dem König wurde Seine Königliche Hoheit Prinz Edward von Windsor, er verließ das Land auf einem Zerstörer der Kriegsmarine. Dabei war er, wie seine Begleiter sagten, so unbeschwert wie lange nicht mehr, nun konnte er Wallis heiraten, sobald sie rechtskräftig geschieden war.

So mancher fragte sich, ob Premierminister Baldwin aus Sorge um Monarchie und Empire handelte oder ob er die Chance nutzte, einen lästigen König loszuwerden. Zu Baldwins politischen Unterstützern zählten auch Grubenbesitzer und Industrielle, und die fanden einen Regenten durchaus beunruhigend, der laut äußerte, dass man etwas für die Arbeiter tun müsse, und so deutschfreundlich war, dass er der Regierungspolitik widersprach. Ein solcher König konnte zu einem ernsten Problem werden.

Für Edwards Familie war die Abdankung katastrophal. Als der Herzog von York begriff, dass er der nächste König sein würde, reagierte er völlig panisch. Er soll eine Stunde lang an der Schulter seiner Mutter geweint haben. »Es ist furchtbar«, klagte er seinem Cousin Dickie Mountbatten. »Ich bin völlig unvorbereitet. Ich habe noch nie ein Staatspapier in der Hand gehabt, ich bin doch nur ein einfacher Marine-Offizier, das ist das Einzige, wovon ich etwas verstehe.«

Aber nun war er König. Er wählte den gleichen Namen wie sein tatkräftiger Vater und wurde König George VI. Vielleicht wollte er dadurch Kontinuität demonstrieren, vielleicht etwaige Befürchtungen zerstreuen, er könne seiner Aufgabe nicht gewachsen sein. Am Tag von Edwards Abdankung hatten Elizabeth und Margaret von Crawfie erfahren, dass ihr Vater am Abend als der britische König nach Hause kam. Als er durch die Tür trat, standen da zwei Mädchen, zehn und sechs Jahre alt, und machten einen tiefen Hofknicks. Crawfie schrieb: »Ich glaube, das führte ihm die Umwälzungen in seinem Leben deutlicher vor Augen als alles, was zuvor geschehen war. Er war sichtlich gerührt und überwältigt. Aber dann beugte er sich zu ihnen hinab und küsste sie herzlich.«

Margaret erinnerte sich, dass sie Elizabeth fragte, ob das bedeute, dass sie Königin werde, und Elizabeth antwortete: »Ich nehme es an.« Sie machte nicht den Eindruck, als wolle sie das nicht, aber ihre schottische Großmutter berichtete, sie habe begonnen, »glühend um einen Bruder zu beten« – denn der hätte in der Thronfolge vor ihr gestanden. Die Familie zog von 145 Piccadilly in den Buckingham Palace, die Hauptresidenz der britischen Krone. Der Palast war älter und weniger bequem als ihr bisheriges Haus, die langen, kalten Korridore und die 775 Räume, darunter neunzehn Prunksäle, zweiundfünfzig Schlafzimmer, achtundsiebzig Bäder und zweiundneunzig Büros, waren von einem Heer von Dienstboten und Sekretären bevölkert. Elizabeth' Freundinnen mussten ab sofort vor ihr knicksen und sie mit »Ma'am« ansprechen.

Der gerade zum Herzog von Windsor ernannte Edward rechnete fest damit, dass er und Wallis in nicht allzu ferner Zukunft nach England zurückkehren und dass sie dort ein ähnliches Leben führen würden wie seine beiden jüngeren Brüder. Aber er unterschätzte, wie ruchlos sich seine Familie von ihm verraten fühlte; das Vertrauen zwischen ihm und seinem Nachfolger blieb weiterhin und dauerhaft beschädigt, weil er einen Teil seiner Einkünfte und seines Vermögens verschwieg, um von der Krone mehr Geld zur Finanzierung von Wallis' Luxusleben zu bekommen. Kein englischer Verwandter reiste am 3. Juni 1937 zu ihrer Hochzeit, die in einem Loire-Schloss stattfand. Das berühmte Foto des Brautpaares – zwei schmale Säulen in Schwarz und Weiß, ein blonder, etwas mädchenhafter Mann und eine dunkelhaarige Frau mit scharfen Ecken und Kanten – verrät nicht, dass mehr Fotografen als Gäste anwesend waren.

Besonders tief traf Edward, dass Wallis nicht den Titel »Königliche Hoheit« tragen durfte, obwohl sie Herzogin von Windsor war. Für Edward war das eindeutig: Wallis stand der Titel zu, denn sie war ebenso eine Schwiegertochter von George V. wie seine anderen Schwiegertöchter. Die Königsfamilie hingegen vertrat den Standpunkt, dass Wallis, die von zwei noch lebenden Männern geschieden war, niemals Königin werden könne und folglich auch keine Königliche Hoheit sei. Ihr den gleichen Rang wie ihren Schwägerinnen zuzugestehen, hätte, so George VI., »die Abdankung sinnlos gemacht«. Die Entscheidung, wer als *Königliche Hoheit* zu seiner engsten Familie zählt, gehört zu den Privilegien des Königs – und der wollte nicht. Dahinter stand auch die Befürchtung, Wallis könne im Fall einer Scheidung von Edward den Titel zum nächsten Ehemann mitnehmen. Ausschlaggebend aber war die tiefe Abneigung, die Queen Mary und die neue Königin Elizabeth für eine Frau empfanden, derentwegen die Monarchie fast zerbrochen wäre und durch die dem geliebten Bertie eine so ungeheure Verantwortung aufgebürdet wurde. Beide Seiten beriefen sich auf Prinzipien, keine Seite sah sich zum Einlenken veranlasst.

Ausgeprägter Individualismus war schwer vereinbar mit einem ebenso ausgeprägten Pflichtgefühl und der Forderung nach Unterordnung. Man kann die Abdankung als Abbild der Zwischenkriegsjahre sehen: Der Anspruch, nach eigenen Wünschen leben und die eigenen Bedürfnisse befriedigen zu können, ließ sich nicht vereinbaren mit den bisher gültigen Anstandsregeln und Traditionen, mit der klaglosen Akzeptanz eines Lebens, in das man hineingeboren wurde. Der Erzbischof von Canterbury beschuldigte Edward nach der Abdankung in einer flammenden Predigt, er habe sich »von der Gier nach persönlichem Glück« leiten lassen. Das hätten Edwards Verwandte sofort unterschrieben. Pflichterfüllung stand über allem. Wer seinen royalen Pflichten nicht nachkam, bürdete sie den anderen auf.

Auch wenn die Königsfamilie keine politische Macht mehr hatte, verfügte sie in Umbruchzeiten über einen starken indirekten und symbolischen Einfluss, man vertraute ihr, weil sie als Garant für Stabilität und Verlässlichkeit galt. Angesichts eines um sich greifenden Gefühls von Auflösung, das viele tief beunruhigte, präsentierte sie sich als ideale, eng verbundene Familie und als Hüter moralischer Werte. Indem er sich nicht an diese Werte hielt, beschädigte der abgedankte König die Autorität der Institution. Die Krise nährte Zweifel, die es im Volk durchaus gab, ob sich die Mitglieder der Königsfamilie immer so verhalten würden, wie man es von ihnen erwartete. Allerdings hatte die Krise auch bewiesen, wie rabiat eine Regierung diese Familie zur Ordnung rufen konnte, wenn sie ihren Part des als heilig empfundenen Kontraktes nicht erfüllte.

Die Erfahrung schreckte die Monarchie so sehr auf, dass sie sich daraufhin noch stärker um Traditionswahrung bemühte. König Edward VIII. hatte beim Volk Begeisterung und Hoffnungen ausgelöst, die Enttäuschung über seinen Abgang war groß. Die Familie wollte ihn auch deshalb jenseits der Landesgrenzen wissen, damit die Bevölkerung Edward nicht mit seinem weniger charismatischen jüngeren Bruder vergleichen und zu dem Schluss kommen könnte, dass dieser nur der Zweitbeste sei. Das unglückselige Jahr 1936 sollte schnellstmöglich vergessen werden. Für den Historiker Ben Pimlott büßte die Monarchie in jenem Jahr viel von ihrer symbolischen Macht ein; sie vermittelte nicht mehr den Eindruck, dass sie jenseits und unabhängig von der politischen Führung des Landes existierte.

George VI. wurde im Mai 1937 zum König gekrönt. Die elfjährige Elizabeth hatte die Hausaufgabe bekommen, ihren Eltern von der Krönung zu berichten. Unter der Überschrift: »Für Mama und Papa zur Erinnerung an ihre Krönung, von Lilibet selbst verfasst«, schrieb sie, sie habe die Krönung »ganz, ganz wunderbar« gefunden, die Bögen und Balken in der Abtei seien »wie in wunderbare Schleier gehüllt gewesen, als Papa gekrönt wurde, jedenfalls kam es mir so vor«. Der König selbst sagte, er sei zu durcheinander gewesen, um wirklich mitzubekommen, was im Einzelnen vorgegangen sei. Die offiziellen Bilder zeigen ihn und die Königin stocksteif, sie klammern sich an ihre Zepter und blicken verschreckt in die Kamera. Und es gab tatsächlich viel, was sie schrecken konnte: Nicht nur galt George noch lange als unwilliger und ungelenker Ersatzmann für den strahlenden Bruder; er war auch König eines Landes geworden, das auf einen Krieg zusteuerte. Der Mann, der das ruhige Leben mit seiner Familie liebte, hatte kaum noch Zeit für sie und kam abends erschöpft und sorgenvoll nach Hause.

Wie viele seiner Untertanen wollte er unbedingt Frieden und ging so weit, Premierminister Neville Chamberlain 1938 mit einer Einladung auf den Balkon von Buckingham Palace dafür zu ehren, dass er mit dem Versprechen »Frieden in unserer Zeit« aus München zurückgekehrt war, wo Deutschland, das Vereinigte Königreich, Frankreich und Italien übereingekommen waren, Hitler das zur Tschechoslowakei gehörende Sudetenland zu überlassen. Diese eklatante Unterstützungsgeste für ein äußerst kontroverses Abkommen, das die Opposition ablehnte, lief jeder Forderung nach königlicher Unparteilichkeit in politischen Fragen zuwider. Mehr noch: Der König äußerte sogar die Überzeugung, dass die Tschechen in den betroffenen Gebieten eines Tages selbst einsehen würden, dass die Abtretung an Deutschland zu ihrem Besten gewesen sei.

Der Widerstand des Königspaares gegen einen Konfrontationskurs mit Deutschland hatte auch mit ihrer distanzierten Haltung zu Winston Churchill zu tun, der den abgedankten König unterstützt hatte. Doch als abzusehen war, dass ein Krieg unvermeidbar wurde, bezog es eindeutig Stellung. Der Historiker Andrew Roberts schrieb, König George VI. und Königin Elizabeth seien hart arbeitende und äußerst gewissenhafte Menschen gewesen, die zu einer Zeit in konventionellen Denkmustern verharrten, als das ebenso unangemessen wie gefährlich war. Doch nachdem das Ehepaar in politischen Fragen lange sehr naiv gewesen war, wurden sie in den Kriegsjahren zum unumstrittenen Symbol einer geeinten Nation.

In den ersten Kriegsmonaten warf die Bevölkerung der Königsfamilie mitunter vor, sie lebe besser als ihre Untertanen. Die Rationierungen galten zwar auch für sie, aber sie konnte ihre Verpflegung durch die Jagd auf ihren Ländereien ergänzen; da spielte es wirklich keine Rolle, dass ein Hofangestellter witzelte, es sei angesichts zahlloser Hirsch- und Rehgerichte nur eine Frage der Zeit, wann allen Geweihe wachsen. Als im September 1940 Buckingham Palace von einer deutschen Bombe getroffen wurde, begann die Bevölkerung, die Königin und ihren Mann stärker als »Menschen wie du und ich« zu sehen. Königin Elizabeth sagte den berühmten Satz, sie sei froh um die Bombardierung, nun könne sie »dem East End ins Auge schauen« – das Londoner Arbeiterviertel war schwer zerstört worden. Das Paar schickte seine Töchter nach Schloss Windsor, wo sie relativ sicher waren, blieb selbst aber auch während der Bombardierungen in London.

George und Elizabeth fuhren immer sofort in die zerstörten Stadtteile, zum Beispiel ins East End, und sprachen mit den Ausgebombten, zwei Tage nach der Bombardierung Conventrys stand der König dort in den Trümmern. Er erwies sich in der Begegnung mit normalen Briten als sympathisch und zugewandt. Politiker und Akademiker mochten ihn naiv und etwas langweilig finden, doch wer ihn in den Kriegsjahren traf, schätzte, wie einfach und unverstellt er war und welch starkes, ganz unmittelbares Pflichtgefühl er bewies. Die Königin behandelte alle, die sie traf, sehr zuvorkommend, wenn das Paar gemeinsam auftrat, gaben sie Männern wie Frauen das Gefühl, Teil ihrer Familie zu sein.

Der König schuf eine Auszeichnung für Zivilcourage und erklärte öffentlich, er werde sich im Falle einer Invasion auf die Seite der britischen Widerstandsbewegung stellen. Das wäre ihm keinesfalls erlaubt worden, aber Berichten zufolge übten er und die Königin im Schlosspark den Umgang mit Schusswaffen. Die Königin schickte auf Französisch aufmunternde Grüße an die Frauen im besetzten Frankreich, sie war eine so talentierte Propagandistin, dass Adolf Hitler sie schon 1938 als »die gefährlichste Frau Europas« bezeichnet haben soll – das Zitat ist allerdings nicht belegt. Auf die Frage, ob es nicht besser wäre, die Prinzessinnen Elizabeth und Margaret ins sichere Kanada zu schicken, gab sie die berühmte Antwort: »Die Prinzessinnen können ohne mich das Land nicht verlassen, ich kann das Land nicht ohne den König verlassen, und der König wird sein Land niemals verlassen.«

Das Paar wurde immer begeisterter, ja ekstatisch empfangen. Gab es in den zwanziger Jahren einen Schlager über Bruder Edward, der davon handelte, dass jemand mit einem Mann getanzt hatte, der mit einer Frau getanzt hatte, die einmal mit dem Prinzen von Wales getanzt hatte, bekam George VI. in den 1940er Jahren ein Lied, das nicht den Spaß besang, sondern des Königs Standhaftigkeit: *The King is still in London, in London, in London, and he would be in London Town, if London Bridge was falling down.* Auch die Beziehung zu Churchill wurde besser und enger; der König bezeichnete ihn in seinem Tagebuch als den richtigen Mann für die Aufgabe, Churchill musste einräumen, dass das Königspaar populärer, hilfreicher und inspirierender war, als es »die anderen« – die Windsors – gewesen wären.

Die Bombardierung von Buckingham Palace war nicht der einzige Schlag für die Familie. Einer von Elizabeth' Neffen fiel; im August 1942 kam der Herzog von Kent, der lebensfrohe jüngste Bruder des Königs, beim Absturz einer Militärmaschine ums Leben, Grund für das Unglück war ein Navigationsfehler. Er hinterließ Prinzessin Marina und drei Kinder, das jüngste war gerade sieben Wochen alt.

Elizabeth und Margaret lebten auf Schloss Windsor in einiger Entfernung vom Kriegsgeschehen, bejubelten aber die geglückten Bombenangriffe der Royal Air Force mit einer Begeisterung, die ihre Mutter besorgte. Kunstwerke des Schlosses waren ausgelagert, die Rasenflächen, auf denen die Schwestern spielten, mit Stacheldraht umzäunt. Dennoch blieb für sie vieles unverändert – sie beschäftigten sich mit ihren Hunden, ritten und waren in einer Pfadfinder-Gruppe aktiv, zu der evakuierte Mädchen aus dem Londoner Ostend gehörten. Die sprachen die Thronfolgerin einfach mit »Lilibet« an und behandelten sie auch sonst weniger ehrfurchtsvoll als Elizabeth' gleichaltrige Freundinnen aus den Adelsfamilien. In Windsor wurden die Mädchen von Soldaten bewacht, das war ihr erster Alltagskontakt mit fremden Jungen und Männern, denn bis dahin waren sie vor allem mit Mädchen zusammen gewesen. Margaret sagte später, dass gerade diese Jahre auf Schloss Windsor zu ihren schönsten Kindheitserinnerungen gehörten. Gemeinsam mit ortsansässigen und aus den Städten evakuierten Kindern veranstalteten die Schwestern auch Konzerte und Theateraufführungen, unter anderem »Aschenbrödel« und »Aladin«.

Kaum jemand kannte den Aufenthaltsort der Prinzessinnen, es gab – vor neutralem Hintergrund – nur wenige Fotos von ihnen. Die aber entwickelten einen eigenen Sog; die Unschuld, die sie seit jeher umgab, trat noch deutlicher hervor: Die in Sicherheit gebrachten Prinzessinnen in identischen, hellen Kleidern wurden zum Symbol für alles, was schützenswert war, wofür die Soldaten kämpften, weswegen die Bevölkerung litt. Auf den Fotos waren auch ihre Hunde zu sehen, darunter mehrere Corgis, eine walisische Hunderasse, diese Tiere waren aus Elizabeth' Leben nicht mehr wegzudenken.

Elizabeth wurde bis ins Teenageralter wie ein Kind gekleidet und als solches präsentiert; dahinter stand auch der Wunsch der Eltern, sie und ihre vier Jahre jüngere Schwester gleichzubehandeln. Als sich die vierzehnjährige Thronfolgerin 1940 in ihrer ersten Radioansprache an die britischen Kinder wandte, tat sie dies mit übertrieben kindlichem Ernst; viele Kinder lebten wegen der Bombardierungen von ihren Eltern getrennt auf dem Land, viele hatten Angst um ihre Väter, die als Soldaten im Krieg waren. Langsam, mit heller Stimme und überaus deutlicher Betonung erklärte die Prinzessin, auch sie und ihre Schwester wüssten, was es heiße, »fern von denen zu leben, die wir lieben«, sie sprach von einem Morgen, das »wir Kinder« zu einem besseren Ort machen würden. Am Ende durfte die zehnjährige Margaret noch ein ernstes »Gute Nacht, Kinder« hinzufügen.

Der Herzog und die Herzogin von Windsor hingegen blieben unberechenbar. Im Oktober 1937 machten sie einen von einem großen Presseaufgebot begleiteten Deutschland-Besuch, sie reisten in Hitlers *Führersonderzug* und besichtigten Fabriken und Gedenkstätten, die das Regime vorzeigen wollte. Hitler und Göring achteten darauf, dass von Wallis immer als »Königliche Hoheit« die Rede war und erwiesen ihr auch sonst alle Ehrbezeugungen, die der britische Hof ihr vorenthielt; der Herzog, der seine Gemahlin der Welt und seiner Verwandtschaft unbedingt als königlich vorführen wollte, zeigte sich erkenntlich, indem er begeistert den Hitler-Gruß machte. Bei Kriegsausbruch schrieb er Hitler und flehte ihn an, den Frieden mit Großbritannien zu wahren. Er war überzeugt, dass Deutschland den Krieg gewinnen werde, mahnte in Reden zum Frieden. Noch bevor die Deutschen anfingen, über englischen Städten Bomben abzuwerfen, äußerte er in privatem Kreis sogar die Auffassung, vielleicht müssten die Briten bombardiert werden, um einzusehen, dass ein deutscher Sieg das Beste sei. Sein Kammerdiener hingegen schrieb, der Herzog habe nach Kriegsausbruch Churchills Werke und ein Buch mit dem Titel *Warum der Nationalsozialismus nicht siegen kann* gelesen und sich eine Aufgabe gewünscht, die es ihm ermöglicht hätte, zum britischen Kriegseinsatz beizutragen. Doch als er sich bei seinem königlichen Bruder zum Dienst meldete, wurde er zur Truppeninspektion nach Frankreich geschickt, geheime Informationen glaubte man ihm nicht anvertrauen zu können.

Als Frankreich im Juni 1940 kapitulierte, flohen Edward und Wallis erst nach Spanien und dann nach Portugal, allerdings nicht, ohne zuvor bei der deutschen Besatzungsarmee anzufragen, ob sie einige persönliche Dinge aus ihrem Haus holen könnten – was nicht nur auf eine gewisse Nähe zu Großbritanniens Kriegsgegnern schließen lässt, sondern auch auf bemerkenswerten Kooperationswillen. Gleichzeitig gab es in Deutschland Pläne, das Paar aus Portugal nach Spanien zu locken und dort zu internieren. Die Idee war, Edward – nach der

Eroberung Großbritanniens durch die Deutschen – als Hitlers Marionettenkönig wieder auf den britischen Thron zu setzen. Es gibt keinerlei Belege dafür, dass Edward von diesen Plänen wusste, sein Biograph Philip Ziegler meint, dass der Herzog, so deutschfreundlich er gewesen sein mochte, niemals einen solch eindeutigen Landesverrat begangen hätte. Doch er hatte bereits – ob aus Bestätigungsdrang oder ideologischen Gründen – mehrere rote Linien überschritten. Als das Herzogspaar von Portugal nach Großbritannien zurückbeordert wurde, weigerte sich Edward zunächst: Er komme nur, wenn Wallis als Königliche Hoheit anerkannt und bei Hofe empfangen werde. Churchill erinnerte ihn spitz daran, dass er britischer Offizier sei, und ließ die Folgen einer Befehlsverweigerung durchblicken.

Wenig später wurde Edward – das war Churchills Idee – gegen seinen Willen als Gouverneur auf die Bahamas geschickt. Wallis bezeichnete die Kronkolonie verbittert als ihr »St. Helena«, und der Vergleich mit Napoleons Verbannung war durchaus zutreffend: Das Herzogspaar sollte fort, bevor es noch mehr Schwierigkeiten machen konnte. Edward und Wallis fanden den neuen Job deutlich unter ihrer Würde, während die Königin ihn zu gut für sie fand; ein britischer Gouverneur und seine Familie, schrieb sie besorgt in einem Brief, müssten Vorbild sein. Und das könnte man von der ehemaligen Mrs. Simpson unmöglich sagen.

In anderen Briefen beschrieb sie die großen Belastungen eines Lebens im Krieg. Bei einem sonntäglichen Kirchgang dachte sie an all die Menschen, die ihr Leben verloren, und begann zu weinen, »da spürte ich eine kleine Hand in der meinen, Margaret Rose blickte mich mit sorgenvollen Augen an. Als sie mich berührte, erinnerte ich mich mit großem Schmerz daran, dass auch ich meine Mutter einmal so berührt habe, als ich in Margarets Alter war. Ich erinnerte mich so lebhaft daran, wie ich in der Kirche zu ihr aufsah & Tränen auf ihren Wangen sah & mich fragte, wie ich sie trösten könnte. Vier ihrer Söhne waren in der Armee & sie war sehr tapfer. Die Vorstellung, dass meine Tochter in fünfundzwanzig Jahren dasselbe auch wieder erleben muss, war unerträglich. Das darf nicht geschehen.«

Für Prinzessin Elizabeth rückte der sogenannte Ernst des Lebens näher und das nicht nur wegen des Krieges. 1944, ihr Vater hatte sie an ihrem achtzehnten Geburtstag zum Counsellor of State ernannt, musste sie in seiner Abwesenheit die Begnadigung eines Mörders mitunterzeichnen, was sie in tiefe Grübeleien stürzte. »Warum tun Menschen so schreckliche Dinge?«, fragte sie sich. »Das sollte man wissen. Man sollte ihnen doch irgendwie helfen können. Ich muss noch so viel über Menschen lernen!«

Dann kapitulierte Deutschland, der Krieg war vorbei. Am 8. Mai feierten die Menschen dicht an dicht in Londons Straßen, König und Königin grüßten vom Schlossbalkon, Churchill stand daneben und machte das Victory-Zeichen, Elizabeth und Margaret waren auch da, Elizabeth in Uniform. Spät am Abend durften die Prinzessinnen in die Stadt und mitfeiern. Elizabeth zog die Uniformkappe ins Gesicht, fast niemand erkannte sie. Sie mischten sich, in Begleitung einiger weniger Freunde und eines einzigen Leibwächters, unter die Menge, wo Fremde zusammen lachten, weinten und sich küssten. Sie liefen den Piccadilly hinunter, in die Hotels Ritz und Dorchester hinein und wieder hinaus, sangen aus vollem Hals mit allen »Run Rabbit Run« und »Roll out the Barrel«. Sie drängten sich mit den Londonern vor dem Buckingham Palace und riefen mit ihnen »Wir wollen den König« und »Wir wollen die Königin«, bis ihre Eltern sich ein weiteres Mal auf dem Balkon zeigten.

Nie zuvor waren die Prinzessinnen in einer Menschenmenge aufgegangen. Sie erlebten, wie es ist, ganz selbstverständlich zu einer Gruppe zu gehören, eine von vielen zu sein – nicht

zwei Schritte vor anderen oder zwei Schritte hinter den Leibwächtern, nicht exponiert auf einem Podium, sondern auf Augenhöhe. Sie zogen am nächsten Abend noch einmal los, London war immer noch in Volksfeststimmung. Elizabeth notierte:
»Gegessen, gefeiert, um 3 ins Bett!«

3

Ehefrau und Königin

Prinzessin Elizabeth wuchs mit Werten und Idealen auf, gegen die sie nicht aufbegehrte. Sie nahm sich den ängstlichen Vater zum Vorbild und beugte sich allen Pflichten und Anforderungen, allen Regeln und Erwartungen.

Sie war die berühmteste Jugendliche der Welt. Ihr Foto zierte die Titelseiten internationaler Magazine und Zeitungen, die oft fantasievoll über dieses junge Mädchen berichteten, das im Grunde genauso war wie jedes andere Mädchen.

Aber die wahre Elizabeth war weit davon entfernt. Die alte Hofgarde empörte sich zwar, wenn Elizabeth und Margaret ihre Schallplatten zu laut spielten und zu lange mit den Wachen plauderten; aber Elizabeth' Interessen – Reiten, Pferdezucht und die Jagd – passten eher zu der Elite, in die sie hineingeboren wurde, als zu den Bedürfnissen und Träumen einer Nachkriegsjugend im Aufbruch. Sie interessierte sich überhaupt nicht für Mode, lange trug sie die gleichen Kleider wie ihre jüngere Schwester, so dass sie aussah wie ein zu groß geratenes Kind, modisch folgte sie auch später noch dem Rat ihrer Mutter, als Teenager sah sie viel zu erwachsen und gesetzt aus.

Doch bei der wichtigsten Entscheidung ihres Lebens ließ sie sich nicht hineinreden. Im Juli 1939 sollte sie mit ihren Eltern das Dartmouth Royal Naval College besuchen, aber weil einige Marinekadetten an Mumps erkrankt waren, blieben sie und Margaret im Haus von Bekannten. Dort spielten die Mädchen, dreizehn und neun Jahre alt, mit einer elektrischen Eisenbahn, als ein »Cadet Captain« der Akademie den Raum betrat, achtzehn Jahre alt, hoch gewachsen, blond und blauäugig. Er sollte ihnen Gesellschaft leisten, nahm eher gelangweilt an dem Spiel teil und ging dann mit ihnen zum Tennisplatz, wo sie sich damit vergnügten, über die Netze zu springen. Die Erzieherin Crawfie fand, dass der sportliche Junge »ziemlich angab«. Aber Lilibet hat er imponiert. »Sie konnte den Blick nicht von ihm wenden«, schrieb Crawfie. Dabei war das nicht ihre erste Begegnung mit Prinz Philip von Griechenland; sie hatten sich mehrfach bei Familientreffen gesehen, denn Philip war (über König Christian IX. von Dänemark) ein Cousin zweiten Grades ihres Vaters und (über Königin Victoria) ein Cousin dritten Grades von Elizabeth selbst.

Aber sie hat nie ein Geheimnis daraus gemacht, dass sie sich an diesem Tag in ihn verliebte. Plötzlich stand er vor ihr, der Auserwählte, und sie verstummte. »Du warst so verlegen«, sagte Philip später, »ich konnte kein Wort aus dir herausbekommen.« Seit dieser Begegnung stand sein Foto in ihrem Zimmer.

Der auf der griechischen Insel Korfu geborene Prinz sah aus wie ein Wikinger, denn er war kein Grieche, sondern seiner Herkunft nach mütterlicher- wie väterlicherseits Deutscher. 1862 hatte die junge Monarchie Griechenland ihren König Otto vor die Tür gesetzt und sich in Europas Königshäusern nach einem neuen Monarchen umgesehen. Schließlich willigte der siebzehnjährige Prinz Vilhelm von Dänemark ein und bestieg den Thron als König Georgios I. Bei einer Russland-Reise verliebte sich der junge König in Großfürstin Olga, eine Nichte des Zaren, bei der Hochzeit war er einundzwanzig, sie sechzehn Jahre alt. Sie lebten in Athen, wo die junge Königin manchmal unter einer der Schlosstreppen saß, ihren Teddybären umklammerte und vor Heimweh schluchzte.

Georgios und Olga bekamen acht Kinder. Das siebte Kind, Prinz Andreas, kam zwar zu früh und winzig klein zur Welt, überragte aber später die meisten seiner Geschwister an Größe und Attraktivität. Bei einem London-Besuch aus Anlass der Krönung von König Edward VII. im Juni 1902 lernte er Prinzessin Alice von Battenberg kennen, die älteste Tochter jenes George von Battenberg, der viele Jahre später seinen Marineposten verlieren und seinen allzu deutschen Namen in Mountbatten ändern sollte. Alice war praktisch gehörlos, aber eine energische und extrovertierte junge Frau, die mühelos mehrere Sprachen von den Lippen anderer ablesen konnte. Sie war die Schönheit in der Familie, Andreas und sie waren sehr verliebt und heirateten schnell, auch wenn ihre Eltern das zu früh fanden − er war zwanzig, sie achtzehn. Sie bekamen vier Töchter und 1921 einen Sohn, den sie Philippos tauften. Philip.

Er kam auf einem Küchentisch der Villa Mon Repos zur Welt, wohin Alice vor Aufständen auf dem Festland geflohen war. In den Jahren vor Philips Geburt hatte es zwischen dem Königshaus und der politischen Führung sowie zwischen Griechenland und den Nachbarstaaten Konflikte gegeben, die immer weiter eskalierten. Griechenland musste in den sogenannten Balkankriegen und bei bewaffneten Auseinandersetzungen mit der Türkei Niederlagen einstecken, die alle Träume von einem großen autonomen Griechenland beendeten. Alice hatte während der Balkankriege in Frontnähe in einem Feldlazarett gearbeitet, sie war von der Not und dem Elend erschöpft, außerdem hatte sie gerade enge Angehörige verloren, darunter ihre Lieblingstante Elisabeth von Hessen-Darmstadt, durch Heirat russische Großfürstin. Sie war 1918 von Bolschewiken gefangen genommen, in einen stillgelegten Bergwerkschacht hinabgestoßen und mit Handgranaten ermordet worden.

Als der griechisch-türkische Krieg 1922 verloren war, setzte die Suche nach Schuldigen ein. Die Königsfamilie mit Andreas' Bruder König Konstantin I. an der Spitze geriet schnell ins Visier des Volkszorns, er dankte ab, das Militär putschte. Prinz Andreas wurde beschuldigt, während des Türkei-Feldzugs nur halbherzig gekämpft zu haben, er und seine Familie kamen unter Hausarrest. Als sechs führende Politiker und Generäle zum Tode verurteilt und hingerichtet wurden, musste auch Andreas um sein Leben fürchten. Doch dann schaltete sich Großbritannien ein, um den Verwandten von König George zu retten, Andreas wurde des Landes verwiesen. Er ging mit Alice und den fünf Kindern an Bord eines britischen Kreuzers, eine Obstkiste musste als Bett für den achtzehn Monate alten Prinz Philip herhalten. Die Familie ließ sich in Paris nieder, wo sie weitgehend von Philips Onkeln finanziert wurde – genauer gesagt mit Hilfe der Vermögen, die deren reiche Gattinnen mit in die Ehe gebracht hatten.

Alice' Bruder Dickie Mountbatten war mit der hochvermögenden Edwina Ashley verheiratet. Sie verstand, dass die exilierte Familie nicht von milden Gaben leben mochte, und half ihnen so diskret wie möglich, indem sie beispielsweise ihre eigenen Kleider mit großzügigen Nahtzugaben bestellte, damit sie an Alice weitergereicht und problemlos umgenäht werden konnten. Andreas' Bruder Georgios war seit 1907 mit der ebenfalls sehr reichen Marie Bonaparte verheiratet, einer Urenkelin von Napoleons Bruder. Sie hatte sehr verliebt geheiratet und erlebte in der Hochzeitsnacht eine bittere Enttäuschung: Georgios betrat ihr Zimmer, sagte, »Ich hasse das ebenso sehr wie Sie, aber wenn wir Kinder haben wollen, muss das sein«, und führte einen äußerst kurzen Geschlechtsakt durch. Er näherte sich Marie danach nur noch zur Zeugung zweier Kinder, dann zog er sich aus der Ehe zurück, um möglichst viel Zeit mit seiner wahren Liebe zu verbringen: seinem Onkel, Prinz Vilhelm von Dänemark. Aufgrund ihrer sexuellen Erfahrungen begann Marie, das Phänomen der Frigidität zu studieren, und machte schließlich eine Ausbildung zur Psychoanalytikerin. Als die griechischen Flüchtlinge in Paris ankamen, übersetzte sie die Werke Sigmund Freuds ins Französische und finanzierte deren Herausgabe; später half sie Freud, vor den Nationalsozialisten aus Wien zu fliehen. Ihr gehörte das Haus, in das Philips Familie einzog, und anfangs bezahlte sie das Schulgeld der Kinder.

1930 und 1931 heirateten Philips vier ältere Schwestern in Familien des deutschen Hochadels ein. Während der ehemalige Offizier Andreas in Paris keine Beschäftigung fand und in depressive Untätigkeit verfiel, eröffnete die umtriebige Alice ein Kunstgeschäft und begann, ein Buch ihres Ehemannes ins Englische zu übersetzen. Aber sie fiel immer häufiger durch merkwürdiges Verhalten auf. Sie entfremdete sich von ihrem Ehemann und suchte Zuflucht in der Religion, begann sich für Spiritismus und automatisches Schreiben zu interessieren, irgendwann sprach sie davon, dass sie heilende Hände habe und göttliche Botschaften empfange. Sie vernachlässigte den Haushalt, sprach nicht mehr mit ihren Angehörigen, aß fast nichts; sie sagte, sie sei eine Heilige und die einzig auserwählte Braut Jesu Christi, mit dem sie eine sexuelle Beziehung habe.

Sie wurde mehrfach psychoanalytisch behandelt und auch von Sigmund Freud begutachtet, schließlich veranlassten Andreas und seine Mutter ihre Zwangseinweisung. Am Morgen des 2. Juli 1930 wurden Philip und zwei seiner Schwestern zum Spazierengehen aus dem Haus geschickt; als sie zurückkamen, war ihre Mutter fort. Alice hatte zu fliehen versucht, wurde dann aber mit Morphium betäubt und in einem Auto auf die Schweizer Seite des Bodensees in die Nervenheilanstalt Bellevue gebracht. Die Diagnose lautete paranoide Schizophrenie, später war von einer möglichen bipolaren Störung die Rede.

Prinz Andreas ließ sich mit einer Geliebten in Monte Carlo nieder. »Die Familie zerbrach«, sagte Philip später. »Meine Mutter war krank, meine Schwestern verheiratet, mein Vater in Südfrankreich. Ich musste eben weitermachen. So ist das. Man macht weiter.«

Die Schwestern gründeten eigene Familien, Philip wurde mit neun Jahren zum Nomaden. Er pendelte zwischen den Schwestern in Deutschland, der Großmutter mütterlicherseits im Kensington Palace und seinen Onkeln Georgie und Dickie Mountbatten.

Die beiden zogen Philip immer stärker in ihre Familien hinein, was sein Leben entscheidend prägen sollte. Dass er auf eine englische Schule geschickt wurde, und zwar auf die von den Mountbattens bevorzugte Cheam School, geschah, wie er selbst sagte, nicht mit Blick auf seine Erziehung, sondern weil seine britischen Verwandten das Schulgeld zahlten.

Manche Angehörige der königlichen Familie fanden die Mountbattens dubios, sie sahen sie nicht als vollwertige »Königliche Hoheiten«, weil die Familie auf eine morganatische Verbindung des Prinzen Alexander von Hessen zurückging. Ein etwas blaublütigerer Verwandter sagte dem Historiker James Pope-Hennessy: »Ich glaube, der Erste war Friseur oder etwas in dieser Art. Nun, vermutlich spielt das keine Rolle, solange sie ihre Aufgaben ordentlich erledigen.« Die Distanzierung war auch eine Reaktion darauf, dass die Mountbattens auf eine Weise *bohème* lebten, die unter Königin Victorias Nachkommen mehr als unüblich war. Die engste Beziehung hatte Philip zu Alice' Bruder George Mountbatten, der nach dem Tod seines Vaters Marquess of Milford Haven wurde, und zu dessen russischen Ehefrau Nada. George vertrat an der Schule Philips Eltern, Nada kümmerte sich warmherzig um ihn, was Philip in dankbarer Erinnerung behielt.

George und Nada waren einander ergebene Eheleute, enthusiastische Sammler pornographischer Literatur und in vielerlei Hinsicht Freigeister. Er besuchte regelmäßig eine Domina namens Alice Kerr-Sutherland, Nada pflegte recht unverhohlen sexuelle Beziehungen zu Frauen. Das führte unter anderem dazu, dass sie in den »Prozess des Jahrhunderts«

hineingezogen wurde, bei dem Gloria Morgan-Vanderbilt das Sorgerecht für ihre Tochter mit der Begründung entzogen wurde, sie sei als Mutter ungeeignet. Ausschlaggebend dafür war die Aussage von Glorias Kammermädchen, sie habe gesehen, wie Gloria und Nada sich in einem Hotelzimmer in Cannes »wie Geliebte« küssten. Cannes war auch der Ort, wo Nada einen Charleston-Wettbewerb gewann und sich danach die Füße in einem Champagnerkübel kühlte. Das Paar kümmerte sich herzlich um Philip und auch um Nadas bipolaren Künstler-Bruder, der sich mitunter höflich entschuldigte, er müsse sich leider zurückziehen, was in aller Regel bedeutete, dass er einen Depressionsschub hatte und umgehend in ein psychiatrisches Krankenhaus gebracht werden musste. Georges und Nadas Sohn David wurde Philips Trauzeuge.

Als George Milford Haven 1938 an Krebs starb, übernahm der jüngere Bruder Dickie die Vaterrolle für Philip. Dickie sah aus wie ein Filmstar und sprühte vor Lebensfreude. Seine Ehefrau Edwina war eine große Verführerin und widmete sich einem Harem von Liebhabern, während ihr Mann mit anderen Dingen beschäftigt war. Dickie war intensiv, begeisterungsfähig, an technischen Neuerungen interessiert und in allem *schnell*: Nach der Abdankung Edwards VIII. übertrug er seine Loyalität mühelos auf George VI., er mochte Sportwagen, die er mit lebensgefährlichem Tempo fuhr. Er war verspielt und hatte in einer Zeit, als aristokratische Väter ihren Kindern sehr distanziert begegneten, ein enges und warmherziges Verhältnis zu seinen Töchtern. Später wurde er zum engen Vertrauten seines Großneffen Charles.

In Adelskreisen sah man mit Argwohn, dass Mountbatten im spanischen Bürgerkrieg die Republikaner unterstützt und in der Labour-Partei viele Freunde hatte. Seine Militärkarriere war von mehreren Niederlagen gezeichnet, so gehörte er zu den Verantwortlichen hinter der »Operation Jubilee« von 1942.

Diese Landungsoperation der Westalliierten an den Stränden rund um die französische Stadt Dieppe wurde nach wenigen Stunden vereitelt, die Alliierten erlitten sehr hohe Verluste.

An dem Tag, an dem sich Elizabeth in Philip verliebte, begleitete Dickie das Königspaar nach Dartmouth, er soll seinem Neffen vorgeschlagen haben, mit den Prinzessinnen zu spielen. Mountbattens Biograph Philip Ziegler meint, Dickie habe immer einen klaren Blick für Aufstiegschancen gehabt, es sei durchaus denkbar, dass er die beiden als mögliches Paar sah.

Louise Mountbatten, die zurückhaltendste der vier Geschwister, brachte es in Sachen Titel am weitesten: Mit vierunddreißig Jahren heiratete sie den schwedischen Thronfolger Gustaf Adolf, einen Witwer mit fünf Kindern. Sie kam weiterhin nach London, wo sie inkognito und ohne Aufhebens im Hyde Park Hotel wohnte. Für den Fall, dass sie einmal ohnmächtig werden sollte, lag in ihrer Handtasche ein Zettel mit dem Text: »Ich bin die Königin von Schweden«; ihre Familie hatte Zweifel, dass er seinen Zweck erfüllen würde.

Im britischen Hochadel galt es als vulgär, zu viel Ehrgeiz zu zeigen – die rastlosen Mountbatten-Geschwister aber, insbesondere Dickie, galten als *sehr* ehrgeizig. Er suchte Kontakte gerne nach ihrem Nutzen aus; Elizabeth missfiel, wie umstandslos er seine Freundschaft von Edward VIII. auf den König und sie übertragen hatte.

1937 starb Philips hochschwangere Schwester Cecile. Sie war mit ihrem Ehemann und den zwei kleinen Söhnen auf dem Weg zu einer Hochzeit in London, als das Flugzeug im dichten Nebel abstürzte, alle Insassen starben. Philip war zu dieser Zeit Schüler auf der schottischen Privatschule Gordonstoun, sein Rektor, der dem Jungen die Nachricht überbrachte, sagte, dieser habe »getrauert wie ein Mann«. 1944 starb sein Vater in Monte Carlo an den Folgen eines Herzinfarkts, Philip fuhr hin, um sein Erbe abzuholen: Bücher, Bilder, ein Rasierpinsel mit elfenbeinernem Griff, den Philip weiterbenutzte, einen goldenen Siegelring, den er überstreifte und nie mehr ablegte, sowie einige Schrankkoffer voller abgetragener Anzüge, die seinem Vater gehört hatten.

Onkel, Schwester, Vater: Philip verlor einen Angehörigen nach dem anderen und begann, zwischen verschiedenen herrschaftlichen Anwesen zu pendeln. Dickie Mountbattens Dienerschaft bemerkte, dass er außer seinen Uniformen nahezu keine Kleidung besaß. Es beschämte ihn, wenn das Personal sein kümmerliches Gepäck auspackte.

Als Hausgast war er zugewandt, fröhlich und charmant, er hatte einen etwas spitzbübischen Sinn für Humor, zeigte sich umgänglich. Oft war er in der Familie seiner gleichaltrigen Verwandten Alexandra von Griechenland, der späteren Königin von Jugoslawien, zu Gast. Sie beschrieb ihn als »großen, hungrigen Hund, vielleicht ein lieber Collie, der nie einen eigenen Korb hatte und auf jede Zuwendung mit eifrigem Schwanzwedeln reagiert«. Sie erinnerte sich auch, dass er schon in jungen Jahren entschlossen wirkte, sich gut zu verheiraten; vielleicht wollte er einfach einen eigenen Ort, wo er nicht Gast war und keine Geldsorgen mehr hatte.

Wenn Onkel Dickie und Tante Edwina verreist waren, übernachtete Philip manchmal in deren Haus, dann gab er sich große Mühe, der Dienerschaft keine Umstände zu machen, wofür diese ihn sehr schätzte. Ein Klassenkamerad entdeckte eines Tages, dass Philip eine Fotografie von König George V. mit der Widmung »Von Onkel George« besaß, die er nie zeigte, es erstaunte ihn, dass Philip nie mit seiner Nähe zum Königshaus prahlte.

Prinzessin Elizabeth mag sich Knall auf Fall in ihn verliebt haben, aber ein achtzehnjähriger Marinekadett schenkte einer Dreizehnjährigen mit Söckchen sicherlich keine größere Beachtung. Außerdem hatte er bald anderes im Kopf: Da sowohl Großbritannien als auch Griechenland im Zweiten Weltkrieg auf Seiten der Alliierten kämpften, wurde Philip rekrutiert. 1941 nahm er auf dem Kriegsschiff *HMS Valiant* an der Schlacht bei Kap Matapan teil, bei der mehrere italienische Zerstörer versenkt wurden. Der Kapitän lobte Philip für seinen Einsatz, der aber kommentierte die Schlacht, in deren Verlauf italienische Schiffe zu Feuerbällen geschossen worden waren, mit den Worten: »Das war so nah an Mord, wie man im Krieg nur kommen kann.« Auch bei weiteren Einsätzen erwies er sich als findig und selbstlos, reagierte aber aufbrausend und gereizt, sobald jemand seine Aufgaben nicht ebenso gewissenhaft und pflichttreu versah wie er.

Auf der gegnerischen Kriegsseite standen Philips Schwäger, drei aristokratische Nationalsozialisten, die alle an der Front kämpften. Zur gleichen Zeit beherbergte seine Mutter Alice, die aus dem Sanatorium entlassen worden war und in Athen lebte, eine jüdische Familie. Als die Gestapo dem nachging, gab sie die Ehefrau als ihre ehemalige Gouvernante aus und übertrieb ihre Gehörlosigkeit in einem Maß, dass die Deutschen schließlich aufgaben.

In der Marine freundete Philip sich mit dem Australier Mike Parker an, der rasch merkte, dass der Prinz »genauso ein gottverdammt elternloser Kerl ist wie ich«. Da sie kein Zuhause hatten, wohin sie bei Landurlauben fahren konnten, blieben sie zusammen in den Häfen, wo sie, so Parker, »Scharen von Mädchen« trafen. Offenbar weckte der blonde Leutnant, ein geborener Alphamann und natürlicher Mittelpunkt jeder Gesellschaft, bei vielen Frauen ähnliche Gefühle wie bei Prinzessin Elizabeth. Einige dieser Begegnungen waren vermutlich romantischer Art, aber wohl nicht alle. Er korrespondierte viel mit Freunden und Verwandten, darunter war auch das Mädchen mit den Söckchen. Prinzessin Alexandra fragte ihn einmal, an wen er gerade schreibe, und er antwortete: »Lilibet.«

»Wer ist Lilibet?«

»Prinzessin Elizabeth von England.«

»Aber sie ist doch ein Kind!«, sagte die überraschte Alexandra. Sie ging davon aus, dass Philip die Hoffnung hegte, eines Tages in die königlichen Schlösser eingeladen zu werden.

Weihnachten 1943 besuchte Philip Schloss Windsor und saß mit den anderen Gästen im Saal, Elizabeth spielte die Hauptrolle in dem Stück »Aladin« und er lachte höflich über die Scherze. Die Feier dauerte bis tief in die Nacht, Crawfie fiel auf, dass die siebzehnjährige Elizabeth förmlich sprühte. Danach richtete Philip einen ergebenen Dankesbrief an die Königin, in dem er beteuerte, Windsor sei nun einer seiner Lieblingsorte und er hoffe, sich nicht allzu überschwänglich benommen zu haben. Er sollte seine künftige Schwiegermutter noch mehrfach schriftlich um eventuelle Fauxpas bei seinen Besuchen um Entschuldigung bitten, nach einem Aufenthalt war ihm sehr daran gelegen zu betonen, dass er kein Sozialist sei, nur weil er progressivere Haltungen vertrat als die erzkonservative Königin. Vielleicht spürte er auch einen möglichen Konflikt zwischen ihm und seiner Gastgeberin, denn beide waren es gewohnt, im Mittelpunkt zu stehen.

Philip führte inzwischen ein kleines, ledergerahmtes Porträt von Prinzessin Elizabeth mit sich. Im Frühjahr 1944 richtete Philips Cousin, der wieder eingesetzte König Georgios II. von Griechenland, eine offizielle Anfrage an Buckingham Palace, ob Philip sich als formeller Bewerber um die Hand von Prinzessin Elizabeth erachten dürfe. König George VI. mochte Philip, fand es aber zu früh, über eine Heirat seiner nicht einmal achtzehnjährigen Tochter nachzudenken.

Sowohl die Mountbattens als auch die griechische Königsfamilie sahen in Philip offenbar schon länger den goldenen Spross am Familienstammbaum, der alle Voraussetzungen mit sich brachte, um eine glänzende Partie zu machen. 1941, Elizabeth war gerade vierzehn, hatte der konservative Abgeordnete und Tagebuchschreiber Chips Channon Athen besucht und war der Meinung, dass »Prinz Philip unser Prinzgemahl werden soll«. Im Teich der royalen Ehekandidaten waren die Goldfische rar geworden, jeder Bewerber, der in Bezug auf Alter und Herkunft in Frage kam und Protestant war, musste ernst genommen werden.

Elizabeth' Eltern sahen mit Sorge, dass ihre Tochter offenbar den ersten Mann zu heiraten gedachte, in den sie sich verguckt hatte, sie hätten einen britischen Herzogssohn mit Grundbesitz vorgezogen. In den folgenden Jahren machte die Königin die Thronfolgerin mit mehreren geeigneten Kandidaten bekannt. Mit einigen von ihnen schloss Elizabeth enge Freundschaften, aber gegen ihre Gefühle für Philip kam keiner an. Den König bekümmerte der Gedanke, dass seine so geliebte kleine Familie, »wir vier«, wie er sie feierlich nannte, bald Vergangenheit sein könnte.

Neujahr 1946 zog Philip nach London, Elizabeth, die das bislang kaum interessiert hatte, war nun plötzlich mehr um ihre Garderobe und ihre Frisur bemüht. Das Paar wurde Hand in Hand beim Spaziergang im Windsor Park gesehen, sie stoben aber förmlich auseinander, wenn sie sich beobachtet fühlten. Prinzessin Alexandra sagte bei einem Verwandtenbesuch zu Prinzessin Marina, der Witwe des Herzogs von Kent: »Ich hoffe, er flirtet nicht nur mit ihr.« Worauf Marina antwortete: »Ich glaube, die Zeiten des Flirtens sind für ihn vorüber. Sollte sich das als Flirt erweisen oder auseinandergehen, ist vermutlich *er* der Verletzte. Aber ich bin sicher, dass keiner von beiden etwas tun wird, was den anderen verletzen könnte.«

Im Sommer 1946 wurde Philip nach Balmoral, dem Feriendomizil der Königsfamilie, eingeladen. Er habe sich, sagte er später, bloßgestellt gefühlt, als der Diener seine wenigen und abgetragenen Kleider aufhängte. Doch das war der Besuch, bei dem er Elizabeth einen Heiratsantrag machte. Sie nahm augenblicklich an.

George VI. hatte schon lange mit der Verlobung gerechnet und gab seine Einwilligung, stellte aber die Bedingung, dass diese erst nach Elizabeth' 21. Geburtstag im folgenden April bekannt gegeben werden dürfe. In den Monaten der Geheimhaltung besuchten Elizabeth und Philip dieselben Feste, tanzten aber, um keinen Verdacht zu wecken, nicht miteinander. Elizabeth' Lieblingslied in jener Zeit, das sie unentwegt abspielte, war »People will Say We're in Love«.

Am 8. Februar 1947 brach das Königspaar mit seinen Töchtern zu einem Staatsbesuch nach Südafrika auf, vielleicht wollten sie Elizabeth eine letzte Chance geben, über diese frühe Heirat nachzudenken. Crawfie erinnerte sich, dass Elizabeth beim Antritt der dreimonatigen Reise fast weinte, Philip und sie waren in ständigem brieflichen Kontakt. Aber sie musste auch an das Empire denken und hielt am Tag ihrer Volljährigkeit in Capetown eine feierliche Radioansprache:

Ich erkläre vor Ihnen allen, dass mein ganzes Leben, ob es lang währt oder kurz, dem Dienst an Ihnen und der großen Familie des Empires, der wir alle angehören, gewidmet sein wird.

Aber ich werde nicht die Kraft haben, diesen Vorsatz allein auszuführen, wenn Sie mich nicht unterstützen, worum ich Sie nun bitte. Und ich bin überzeugt, dass Sie mir Ihre Unterstützung gewähren werden.

Diese von Alan »Tommy« Lascelles, dem mächtigen und einflussreichen Privatsekretär des Königs, geschriebene Rede soll »einen Kloß in Millionen Kehlen« verursacht haben. Die Prinzessin sagte, sie habe geweint, als sie den Text das erste Mal las.

In Zeiten großer Veränderungen und nach zwei Kriegen, die es schwierig gemacht hatten, an hehre Ziele zu glauben, schwor hier ein junger Mensch auf altmodische Weise, sein Leben völlig in den Dienst einer Sache zu stellen.

Philip legte seinen griechischen Titel ab und nahm die britische Staatsbürgerschaft an, beides hatte Onkel Dickie energisch vorangetrieben. Und als Philip einen zivilen Nachnamen wählen musste, bot sich der seines Onkels an. Am 10. Juli 1947 gaben der König und die Königin »mit großer Freude« die Verlobung ihrer Tochter Prinzessin Elizabeth mit Leutnant Philip Mountbatten bekannt. Dickie versorgte die Presse mit Informationen über Philips Familie, wobei er die Schwestern und deren deutsche Ehemänner unterschlug. Winston Churchill bezeichnete die Verlobung als »Lichtblick auf dem schweren Weg, den wir gehen müssen«.

Philip mochte Elizabeth erobert haben, der Hof reagierte verhalten. Die Verbindungen zu Deutschland, die Philip ebenso anhafteten wie seinem Onkel Dickie, trafen auf lang bestehende Vorbehalte, übrigens auch bei der Königin und ihrem Bruder und engem Vertrautem, dem überaus konservativen David Bowes-Lyon. Eine Hofdame plauderte aus, Königin Elizabeth finde Philip kalt, »er teile nicht ihren Humor. Er habe keinen Sinn für Situationskomik, das sei vermutlich ziemlich germanisch.«

Die Spitzenleute bei Hofe, die einem kleinen, geschlossenen Kreis der englischen Hocharistokratie entstammten und sich alle aus gemeinsamen Eton-Tagen kannten, sahen ihn als Fremden – schlimmer: als möglichen Reformator. Als Tommy Lascelles sagte, Philip sei »grob, ungebildet, habe schlechte Manieren und werde vermutlich nicht treu sein«, sprach er nur aus, was viele dachten. Tatsächlich zeigte Philip damals und auch später wenig Respekt vor der Korona ergrauter Sekretäre und Staatsmänner.

Doch den einflussreichen Damen bei Hofe – wenn man von der Königin absieht – gefiel es, wenn der ehemalige griechische Prinz mit dem Zweisitzer, den er von seinem letzten Geld gekauft hatte, unbekümmert vor den Palast preschte und in Hemdsärmeln durch die Schlosskorridore stürmte. Für Crawfie war er ein frischer Wind. Queen Marys Hofdamen fanden es sympathisch, dass er weiterhin seine alte Leutnantsuniform trug und sich wenig dafür zu interessieren schien, welche Titel der König ihm verleihen könnte. Philip war offenbar einer dieser Männer, die niemanden kaltließen – und offenbar auch einer, dessen Anziehungskraft auf Frauen andere Männer reizte.

Er konnte seine Gefühle gut verbergen, manche fanden ihn während der Verlobungszeit so reserviert, dass sie sich fragten, ob das eine arrangierte, von Dickie eingefädelte Ehe sei. Der war sehr zufrieden und engagierte sich mit solchem Nachdruck für den Neffen und diese Verbindung, dass Philip ihn um ein dezenteres Vorgehen bat, einmal schrieb er, er möge sich »mit Ratschlägen in dieser Herzensangelegenheit zurückhalten, sonst muss ich jemand anderen als meinen Freier bei Hofe beauftragen«.

Die Verlobungen der drei Monarchen George VI., Edward VIII. und Elizabeth weisen eine Gemeinsamkeit auf: Während sich die königliche Seite Hals über Kopf verliebte, blieben die jeweiligen Partner zögerlich; Elizabeth Bowes-Lyon lehnte zwei Heiratsanträge ab, Wallis Simpson floh nach Frankreich, Philip wirkte gefühlsgehemmt. Die drei Umworbenen hatten große Erfolge beim anderen Geschlecht, bei allen wurde geargwöhnt, dass sie wegen des immensen Statusgewinns geheiratet haben könnten: Eine Chance, ins Königshaus einzuheiraten, schlägt man nicht aus. Die einstige Elizabeth Bowes-Lyon ließ zumindest einmal durchblicken, sie habe Bertie aus Vernunftgründen geheiratet, dann aber zu lieben begonnen.

Dass das geschieht, ist natürlich nicht zwingend. Wer in der Thronfolge weit oben steht, kann recht unbekümmert heiraten, denn er oder sie muss nichts aufgeben, an dem bisherigen Leben wird sich wenig ändern. Die Partner bzw. Partnerinnen hingegen müssen ihr bisheriges Leben praktisch hinter sich lassen. Für einen ehrgeizigen Mann und engagierten, herausragenden Marineoffizier wie Philip war das ein großes Opfer. An seinem Hochzeitstag sagte er zu seiner Cousine Patricia Mountbatten: »Was ich jetzt tue, ist entweder sehr mutig oder sehr dumm.«

Elizabeth und Philip waren in vielem sehr verschieden: Sie war schüchtern, vorsichtig und konservativ, er war lebhaft und begeisterte sich für Modernisierung und Fortschritt. Sie hatten sehr unterschiedliche Lebenserfahrungen und gingen daher vermutlich mit unterschiedlichen Erwartungen in diese Beziehung: Sie kam aus einem intakten Elternhaus und suchte einen Ehemann, er hatte Liebschaften gehabt und suchte ein Zuhause. Doch sie ähnelten sich auch in vielem: Beide sperrten sich, wenn sie sich verstellen und auf Kommando Gefühle zeigen sollten; sie waren in gewisser Weise Außenseiter, die vom Spielfeldrand zuschauten: Philip, der nie sesshaft gewesen war, hatte es gelernt, seine Gefühle und Gedanken hinter einem Panzer zu verbergen, Elizabeth konnte mit der wirbelnden Welt der Feste und den kurzlebigen Vergnügungen von Gleichaltrigen im Grunde nie etwas anfangen. Vor Galaveranstaltungen war sie oft sehr unglücklich, weil sie nicht wusste, worüber sie sich mit all diesen Fremden unterhalten sollte. Ihre Mutter und ihre Schwester blühten in Gesellschaft auf und wurden gesprächig, Elizabeth nicht. Eine Freundin sagte, man habe nie den Eindruck gehabt, dass die schüchterne Elizabeth besonders viel Spaß am Jungsein gehabt habe.

Und doch wollte die verantwortungsbewusste Elizabeth einen Mann an ihrer Seite, der dem Reglement und den zahllosen Traditionen, die sie als Thronfolgerin loyal einhielt, etwas entgegensetzte. Philip stammte aus Elizabeth' Welt, seine Familie gehörte mütterlicher- wie väterlicherseits zum europäischen Hochadel, er war sogar *königlicher* als sie. Doch er war auch ein Mann, der sich nicht nur weigerte, das System als gegeben hinzunehmen, sondern gegen alles aufbegehrte, was ihm nicht gefiel.

Am 9. Juli 1947, dem Tag ihrer Verlobung, traten Elizabeth und Philip vor den Buckingham Palast und wurden von einer großen Menschenmenge bejubelt, aber die Bevölkerung war gespalten. Zweiunddreißig Prozent der Befragten hielten Philip für einen Ausländer, und als bekannt wurde, dass das Brautkleid den Gegenwert von dreihundert Rationierungscoupons kosten würde, waren sechsunddreißig Prozent der Meinung, das sei zu teuer. Die Nachkriegsjahre waren für alle Briten entbehrungsreich; da der Krieg Unsummen verschlungen hatte, gab es immer noch Rationierungen, die Winter waren kalt, die Arbeitslosenzahlen hoch, viele kamen finanziell kaum über die Runden. Die Afrikareise der Königsfamilie war sehr aufwendig gewesen, viele ihrer Untertanen fragten sich, ob sie ihr Geld wert gewesen war.

Der Labour-Politiker Clement Attlee folgte Churchill als Premierminister, und der König, der lange Vorbehalte gegen Churchill gehabt hatte, schrieb ihm nach der Wahlniederlage, die Undankbarkeit des britischen Volkes empöre ihn. Die Abgeordneten der Labour-Partei und ihre Wähler sahen das Königshaus kritischer als die konservative Gegenseite, dennoch unterstützte Attlees Regierung den Plan einer großen Hochzeit in Westminster Abbey, die Bedingung allerdings war, dass der Löwenanteil der Kosten aus der Apanage des Königs bestritten wurde, weitere Belastungen des Steuerzahlers seien ausgeschlossen. Damit gelang der Regierung, so Chips Channon, das Kunststück, extravagant und geizig zugleich zu wirken. Als die Frage laut wurde, ob das von Norman Hartnell, dem bei Hofe bevorzugten Modeschöpfer, entworfene Hochzeitskleid *britisch* genug sei, antwortete Tommy Lascelles kühl, das Brautkleid sei aus »Seide von chinesischen Seidenraupen, wurde aber in Schottland und in Kent gewebt. Die *Schleppe des Brautkleides* enthält Seide von Seidenraupen aus Kent und wurde in London gewebt. Für das *Reisekleid* hat man etwa vier Meter Lyon-Seide verarbeitet, die nicht zu diesem Zwecke importiert wurden, sondern aus den rechtmäßigen Beständen des Schneiders (Hartnell) stammen.«

Als der Hochzeitstag näher rückte, wurden die Kritiker leiser und die erwartungsfrohen Enthusiasten lauter. Es war eine durchaus patriotische Begeisterung, und die Briten sahen in dem bevorstehenden Ereignis ein spektakuläres Ereignis, um das andere Nationen sie beneideten. Eine Sehnsucht nach einer prachtvollen, märchenhaften Verzauberung schien sich Bahn zu brechen, alle schienen sich nach einer Gelegenheit zu sehnen, einmal nicht knausern zu müssen, nachdem das so viele Jahre notwendig und staatlich verordnet gewesen war. Norman Hartnell musste seine Atelierfenster weiß kalken, um das Brautkleid vor neugierigen Blicken zu verbergen. Das Hochzeitsfest wurde zu einem nationalen Aufatmen.

Am 20. November 1947, dem Tag der Trauung, machte der König seinem Schwiegersohn einige Geschenke: er erhob ihn in den Stand eines Herzogs von Edinburgh, sein voller Titel lautete »Baron Greenwich of Greenwich in the County of London, Earl of Merioneth and Duke of Edinburgh«, er gewährte ihm den Titel »Königliche Hoheit« und verlieh ihm zudem den Hosenbandorden. An seinem Hochzeitstag trug Philip seine gewohnte Marineuniform sowie das Zeremonialschwert seines Großvaters Prinz Ludwig von Battenberg.

Das Kleid der Braut war sehr viel aufwendiger als Philips Garderobe. Dreihundertfünfzig Näherinnen saßen zwei Monate lang an dem langärmeligen Brautkleid mit weitem Rock, die Stickerei aus zehntausend Perlen war von Botticellis Gemälde »Der Frühling« inspiriert, ein weiteres Motiv war die York-Rose, da Elizabeth als Prinzessin von York geboren war. Sie trug Königin Marys Tiara sowie eine doppelreihige Perlenkette, ein Geschenk ihrer Eltern. Diese Kette war unmittelbar vor dem Aufbruch zur Kirche unauffindbar. Man hatte sie, wie sich zeigte, mit den anderen Hochzeitgeschenken in den St. James's Palace gebracht. Elizabeth' Privatsekretär holte sie in panischer Eile und von zwei Polizisten begleitet gerade noch rechtzeitig zurück.

Die Gästeliste war voller Fallstricke. Einige enge Angehörige fehlten, der Herzog von Windsor, Onkel der Braut, war ebensowenig eingeladen wie Philips drei Schwestern und ihre deutschen Gatten. Viele Vertreter königlicher Familien, die sich in der Kirche drängten, waren entweder abgesetzt oder lebten seit Jahren im Exil, für sie war dieser Tag einer der selten gewordenen Anlässe, große Garderobe zu tragen. Prinzessin Juliana der Niederlande bemerkte missbilligend, dass viele Schmuckstücke sehr vernachlässigt wirkten.

George VI. führte seine Tochter zum Altar der Westminster Abbey, der Erzbischof von Canterbury, der das Paar traute, sagte in seiner Predigt, die Hochzeit sei »im Grunde nicht anders als die Hochzeit eines einfachen Bauern, der vielleicht heute Nachmittag in einer kleinen Dorfkirche irgendwo in den Bergen getraut wird«. Das sollte vermittelnd wirken, aber in diesen Jahren konnten sich viele Landsleute der Prinzessin eine Hochzeit gar nicht leisten. Die Zeremonie verlief wie geplant, König George VI. und Königin Mary kämpften mit den Tränen. Die Jungvermählten kehrten in der königlichen Glaskutsche zum Buckingham Palace zurück, trotz Regen drängten sich am Weg etwa einhunderttausend Menschen, um das Paar zu sehen.

Viele Briten hatten selbstgestrickte Strümpfe und Teekannenwärmer geschickt, einige schenkten dem Paar sogar Familienerbstücke. Staatsoberhäupter überboten einander in extravaganten Geschenken, von Gandhi kam ein Baumwolltuch aus Garn, das er selbst gesponnen hatte. Es war für ein Tablett gedacht, Queen Mary hielt es allerdings für ein Lendentuch und reagierte äußerst pikiert. Prinz Philip versicherte umgehend, er halte Gandhi für einen bedeutenden Mann. Die betagte Königin ließ sich nicht überzeugen.

Die Flitterwochen verbrachten Elizabeth und Philip in den Residenzen der beiden Familien: Erst ging es nach Broadlands in Hampshire, dem Landsitz des Ehepaars Mountbatten, dann nach Birkhall, einem Anwesen auf dem Gelände von Balmoral. Laut Philips Kammerdiener reiste Elizabeth mit fünfzehn Gepäckstücken, ihr Gatte nur mit einem großen und einem kleinen Koffer. König George VI., der Reden verabscheute, hatte sich bei der Hochzeitsfeier damit begnügt, auf das Wohl des Paares zu trinken. Aber als seine Tochter auf Hochzeitsreise war, schrieb er ihr einen Brief:

»Ich war stolz auf Dich und aufgeregt, als Du auf unserem langen Weg durch die Westminster Abbey so dicht neben mir gegangen bist, aber als ich Deine Hand dem Erzbischof übergab, hatte ich das Gefühl, etwas sehr Kostbares zu verlieren. [...]

Ich habe Dich in all den Jahren mit Stolz heranwachsen sehen, unter der erfahrenen Hand von Mama, die, wie Du weißt, in meinen Augen der großartigste Mensch auf der Welt ist. Und ich weiß, ich kann immer darauf zählen, dass Du und jetzt auch Philip uns bei unserer Arbeit helfen werden. Deine Abreise hat eine große Lücke in unser Leben gerissen, aber denk immer daran, dass Dein altes Zuhause immer für Dich da ist, und kehre so oft und so lange wie

möglich dorthin zurück. Ich sehe, dass Du mit Philip überglücklich bist, was auch ganz richtig ist, aber dass Du uns
nicht vergessen mögest, ist der Wunsch Deines
    Dich immer treu liebenden
    Papas.«

Nicht nur er wollte Vergangenes und Kommendes in Worte
fassen. Die Prinzessin schrieb beiden Eltern, in einem Brief
an die Mutter beteuerte sie, sie habe »die beste Mutter und
den besten Vater der Welt, ich kann nur hoffen, dass ich meine
Kinder in der glücklichen Atmosphäre von Liebe und Fairness
erziehen kann, in der Margaret und ich aufgewachsen sind.
[...] Mir ist, als gehörten wir schon ewig zusammen. Philip ist ein Engel – er ist so lieb und fürsorglich, mit ihm zu
leben und ihn die ganze Zeit um mich zu haben ist einfach
wunderbar.«
    Wenig später erwähnt sie in einem weiteren Brief, wie un-
abhängig ihr Ehemann sei, sie frage sich, wie sich sein Frei-
heitswille mit den Förmlichkeiten bei Hofe vereinen lasse.
    Die Königin antwortete, das Glück ihrer Tochter mache sie
und Elizabeth' Vater glücklich, sie liebten Philip schon jetzt
wie einen Sohn. »Liebste Lilibet, kein Elternpaar hatte je eine
bessere Tochter, Du warst für Papa & mich immer ein selbst-
loser und fürsorglicher Engel, wir sind so dankbar, dass Du so
herzensgut und so lieb bist.«
    Prinz Philips Brief an seine Schwiegermutter klingt nach-
denklich: »Lilibet ist die einzige ›Sache‹ auf der Welt, die für
mich völlig real ist, und ich strebe danach, uns beide zu einer
neuen, gemeinsamen Existenz zusammenzuschweißen, die
nicht nur die Belastungen aushält, denen wir ausgesetzt sein
werden, sondern auch als positive Existenz zum Guten wirken
wird ... Lilibet gernhaben? Ich weiß nicht, ob dieses Wort für
das ausreicht, was in mir ist ...«

Dass Philip, ein Prinz ohne Heimat und ohne Land, es angemessen fand zu versichern, wie geehrt er sich fühle, Großbritanniens Thronerbin zu heiraten, kann nicht erstaunen. Und doch ist seine Wortwahl erstaunlich. Er nennt Elizabeth nicht schön oder gut, er nennt sie *real*, was einiges darüber aussagt, wie der Umherreisende die Welt bisher erlebt haben muss – flackernd, instabil, ohne verlässlichen Anker. Er spricht als Einziger unter den Briefschreibern von kommendem Widerstand und Rückschlägen, gegen die er sich bereits zu wappnen beginnt; und er empfindet die Ehe als etwas, für das man einen undurchdringlichen Schutzpanzer braucht.

Die Ehe soll sehr leidenschaftlich gewesen sein. Auf die Bemerkung eines Freundes, Elizabeth habe eine wunderbare Haut, antwortete Philip, »Ja, und das überall«. Er trug keinen Schlafanzug; Kammerdiener in den Häusern, die Elizabeth und er besuchten, waren angeblich schockiert, weil sich in seinem Gepäck keine Nachtwäsche befand, und peinlich berührt, wenn sie ihn morgens nackt in Elizabeth' Bett antrafen – die meisten Paare der Oberschicht hatten, zu Hause und bei Freunden, getrennte, durch eine Tür verbundene Schlafzimmer.

Binnen drei Monaten war Elizabeth schwanger, Charles Philip Arthur George kam am 14. November 1948 im Buckingham Palace zur Welt. Prinz Philip spielte während der Geburt Squash, stand aber mit Rosen und Nelken am Bett seiner Frau, als diese aus der Narkose erwachte. Nach der Geburt änderte der verhaltene Tommy Lascelles seine Meinung über Philip: »So ein netter junger Mann mit einem solchen Pflichtgefühl – alles andere als ein Dummkopf – so verliebt, der arme Junge – und sorgte für einen Thronerben in der Familie, ganz nach Plan.«

Im Oktober 1949 wurde Philip als Oberleutnant des Zerstörers »HMS Checkers« nach Malta beordert, Elizabeth reiste ihm sechs Tage nach Charles' erstem Geburtstag nach, während der Junge bei den Großeltern in Sandringham blieb. Wenn ihr Mann auf See war, reiste sie nach London und verbrachte dort oft mehrere Tage, bevor sie nach Sandringham zu ihrem Sohn fuhr. Am 15. August 1950 kam Prinzessin Anne in Clarence House zur Welt, im November desselben Jahres kehrte Elizabeth nach Malta zurück und ließ die Kinder in der Obhut ihrer Eltern. Von Ende November 1949 bis 1951 lebten Elizabeth und Philip zusammen auf Malta, in den ersten Ehejahren war ihnen ihre Zweisamkeit wichtiger als das Zusammensein mit Charles und Anne.

1951 brachen Elizabeth und Philip zu einem langen Staatsbesuch in Kanada und in den Vereinigten Staaten auf, die Kinder blieben wieder bei den Großeltern. Das Paar wurde von begeisterten Menschenmengen und hingerissenen Staatsführern empfangen, aber die kanadische Presse monierte, Elizabeth wirke mürrisch. »Ich habe so viel gelächelt, dass mein Kiefer schmerzt«, sagte sie verärgert, als sie aufgefordert wurde, freundlicher zu schauen. Sie hatte das Gefühl, dass sie nicht nur neben ihrer charmanten Mutter, sondern jetzt auch neben ihrem charismatischen Ehemann zu kurz kam. Philip zauberte anwesenden Frauen oft ein Glitzern in die Augen, als Elizabeth allein auf einer Frauenversammlung erschien, sagte sie zur Begrüßung: »Ich weiß, Sie würden lieber Philip sehen.«

Die Zeit auf Malta war für sie weniger anstrengend. Freunde meinten, sie sei nie glücklicher gewesen als auf Malta, es war das einzige Mal, dass sie und Philip fast wie ein normales Ehepaar lebten, allerdings in einer sehr luxuriösen Villa. Die gehörte Onkel Dickie, der ebenfalls im Mittelmeer stationiert war und das Paar häufig traf. Er schien ein wenig in Elizabeth verliebt zu sein, sie rühmte ihn für seine Talente als Sambatänzer. Dennoch befürchtete er, die Thronfolgerin könnte ihn nicht mögen. Lord Mountbatten war, aller Medaillen und Auszeichnungen zum Trotz, im Grunde ein unsicherer Mann.

Philip achtete sehr auf Ernährung und Sport, es war ihm wichtig, dass er und Elizabeth auf ihre Figur achteten, er brachte seine Frau dazu, auf Kartoffeln und Süßigkeiten zu verzichten. Elizabeth traf andere Offiziersfrauen, ging zu Picknicks und Strandausflügen und kaufte auch selbst ein, wobei Ladenbesitzern auffiel, dass sie im Umgang mit Geld zögerlich und unsicher wirkte. Das junge Paar tanzte meist miteinander und wirkte auf alle überaus glücklich.

König George VI. wurde schwächer. Die Belastung des Amtes und das Kettenrauchen zehrten an seiner Gesundheit, die neue Labour-Regierung und ihre energisch vorangetriebenen Reformen im sozialen Sektor verstimmten ihn. Seine aristokratischen Freunde und Bekannten wurden zur Finanzierung des neuen Wohlfahrtsstaates so hoch besteuert, dass sie um den Erhalt ihrer Besitzungen kämpfen mussten, einen Kampf, den sie häufig verloren. Als die Privatkrankenhäuser in das nationale Gesundheitssystem eingegliedert wurden, verschwand ein wichtiger Teil der royalen Aufgaben, denn die Hospitäler hatten zuvor unter königlicher Obhut gestanden. 1951 ging es George so schlecht, dass Elizabeth und Philip endgültig nach England zurückkehren mussten, um für den König einzuspringen, wenn er aus Krankheitsgründen Termine nicht wahrnehmen konnte. Philip wusste, dass dies das Ende seiner Marinekarriere bedeutete, er war lange Zeit niedergeschlagen und sehr schlecht gelaunt.

Nach der Diagnose Lungenkrebs wurde George im September 1951 ein Lungenflügel entfernt. Am 31. Januar 1952 traten Elizabeth und Philip eine Repräsentationsreise nach Australien und Neuseeland an. Der König und Winston Churchill, der wieder Premierminister war, begleiteten das Paar zum Flughafen Heathrow, das Ehepaar bestieg die Maschine nach Kenia, der ersten Station der Reise. Laut Churchill war der König an diesem Tag guter Stimmung, ja »unbekümmert«, obwohl er vermutlich wusste, dass er nicht mehr lange zu leben hatte.

George VI. ging am 5. Februar in Sandringham auf die Jagd, aß mit der Familie zu Abend und zog sich dann zurück. Er starb in den frühen Morgenstunden des 6. Februar mit sechsundfünfzig Jahren an einem Herzinfarkt. Zu dieser Zeit befanden sich Elizabeth und Philip im kenianischen Hotel *Treetops*, das so abgeschieden lag, dass die dortigen Besucher durchaus als Letzte auf der Welt vom Tod des Monarchen erfahren haben könnten.

Ihre Reisebegleiter hörten die Nachricht in der BBC. Als sie Prinz Philip informierten, schlug der die Zeitung, die er gerade las, vors Gesicht und sagte: »Das wird ein furchtbarer Schlag.« Er bat Elizabeth, mit ihm in den Park zu kommen, wo sie lange auf und ab gingen. Er redete die ganze Zeit, sie war sehr blass, weinte aber nicht.

In Großbritannien war der Tod Georges VI. das einzige Gesprächsthema, wieder trauerten die Briten um einen Monarchen. Aber sie reagierten anders als beim Tod von George V., der für viele eine Vaterfigur gewesen war. Nun überwogen Sympathie und Mitgefühl für einen Mann, den das Amt offenbar stark belastet hatte und der für seine aufopfernde Pflichterfüllung umso mehr Anerkennung verdiente.

Winston Churchill hielt in der BBC eine Trauerrede für einen König, den er und einige andere Politiker fast meinten beschützen zu müssen. Er nannte ihn treu, tapfer und der Nation ergeben. »In den letzten Monaten wurde der König vom Tod begleitet, als sei dieser ein Gefährte, ein Bekannter, den er wiedererkannte und nicht fürchtete. Zum Schluss kam der Tod als Freund, nach einem glücklichen Tag mit Sonnenschein und Sport, und nachdem er den Menschen, die ihn am meisten liebten, eine gute Nacht gewünscht hatte, schlief er ein. [...]

Ich, der seine Jugend noch in der illustren, unangefochtenen und friedlichen Größe der viktorianischen Ära verbrachte, fühle einen Schauder, wenn ich mich einmal mehr auf das Gebet und die Hymne *God save the Queen* berufe.«

Die letzten Worte waren unverschleiert politisch, er zog eine Verbindung zwischen der Zeit Königin Victorias, die in den kargen Nachkriegsjahren oft genug als goldenes Zeitalter ohne Probleme glorifiziert wurde, und dem Künftigen. Darin lag Trost wie Zuversicht: Eine junge Frau auf dem Thron ließ auf neue und bessere Zeiten hoffen, und doch würde alles wieder so sein wie früher. Churchill wollte beiden Königinnen huldigen, ihnen mit Respekt und Ritterlichkeit begegnen.

Anders sah das eine junge Politikerin der Konservativen. Sie schrieb in der Zeitung *Sunday Graphic*: »Wenn, worum viele aufrichtig beten, der Amtsantritt von Elizabeth II. dazu beitragen wird, die letzten verbliebenen Vorurteile gegen Frauen in höchsten Ämtern auszuräumen, stehen wir wahrlich am Beginn einer neuen Ära für Frauen. […] Ich hoffe, dass wir immer mehr Frauen erleben werden, die Ehe und Beruf verbinden. Vorurteile gegen diese Doppelrolle finden sich nicht nur bei Männern. Allzu häufig, das muss ich leider sagen, kommen sie von unseren eigenen Geschlechtsgenossinnen. […] Wenn eine Frau einer Aufgabe gewachsen ist, dann fordere ich, dass sie die gleiche Chance auf einen führenden Kabinettsposten hat wie ein Mann. Warum keinen weiblichen Finanzminister – oder Außenminister? Warum nicht? Und sollten sie Fehler machen, in diesen Ämtern, das taten andere vor ihnen auch.« Die Verfasserin der Zeilen war Margaret Thatcher.

Die Berichterstattung über die junge Königin erging sich in den Monaten vor der Krönung in geradezu devoter Bewunderung, damals glaubten die Redaktionen noch, die Leserschaft wolle nur Artikel lesen, die das Königshaus stützten und ehrten. Doch in der Art, wie alle – Staatsmänner, Fotografen oder Journalisten – mit Elizabeth umgingen, lag etwas ebenso Gieriges wie Distanzloses: Gesicht und Körperhaltung, Zähne, Haare, Augen wurden in allen Einzelheiten und mit Superlativen beschrieben. Man versuchte, die Gefühle in ihrer oft verschlossenen und konzentrierten Miene zu deuten. Verfasser der Texte waren meist Männer, in denen Elizabeth offenbar Beschützerinstinkte, eine fast religiöse Ehrfurcht, aber auch deutliches Begehren auslöste. Sie war nicht nur die Letzte in einer langen Reihe britischer Monarchen, sie war auch Mutter kleiner Kinder und symbolisierte somit für die Briten nicht nur Kontinuität, sondern auch jene Werte, für die sie im Krieg gekämpft hatten.

Bald schon stellte sich die Frage, ob die Krönung live im Fernsehen übertragen werden solle. Die Königin, Churchill und die Männer der Kirche argumentierten, es profaniere die heilige Zeremonie, wenn das Volk sie plätzchenkauend und mit klappernden Teetassen verfolge. Die BBC protestierte, Prinz Philip befürwortete eine Fernsehübertragung; irgendwann gaben die Zweifler nach. Da Elizabeth wusste, dass Nichtstun ihren Ehemann sehr missmutig machte, übertrug sie ihm die Leitung der Organisationskomitees. Für den Historiker Ben Pimlott war die Entscheidung für die Live-Übertragung von allergrößter Bedeutung: Sie gab der britischen und der globalen Öffentlichkeit das Gefühl, einen Meilenstein in der Geschichte des Königshauses zu erleben, und weckte die Erwartung, dass es auch künftig eine größere Nähe zwischen ihnen und der königlichen Familie geben werde.

Die Königin durchschritt die Flure von Buckingham Palace mit an den Schultern befestigten, durch eingenähte Gewichte beschwerten Bettlaken, um sich mit dem Gewicht des Krönungsmantels vertraut zu machen, die über zwei Kilo schwere St.-Edwards-Krone trug sie, während sie ihre Schreibtischarbeit erledigte, um sich daran zu gewöhnen.

Vor dem großen Ereignis am 2. Juni 1952 verdoppelte sich

die Zahl der britischen TV-Besitzer auf drei Millionen, über zwei Drittel der Bevölkerung verfolgten den Weg der goldenen Staatskarosse mit der Königin vom Buckingham Palace zur Westminster Abbey, eine Million Menschen säumten die Straßen. Vor der Abbey warteten sechs weißgekleidete junge Aristokratinnen auf die Ankunft von Elizabeth, um sie zum Altar zu begleiten, und staunten, weil sie kein bisschen nervös wirkte. Die sechs ordneten die fünfeinhalb Meter lange Schleppe, ergriffen die eingenähten Satinschlaufen und hoben die Schleppe an. Die Königin fragte über die Schulter:»Ready, girls?« Dann betrat sie den roten Läufer und schritt langsam durch das Kirchenschiff, während ein Knabenchor »Vivat Regina Elizabetha! Vivat! Vivat! Vivat« jubilierte.

Der Erzbischof von Canterbury präsentierte sie den Anwesenden als »eure unbestrittene Königin«. Sie leistete den Krönungseid und wurde mit heiligem Öl gesalbt. Dies geschah unter einem Baldachin verborgen, die Fernsehkameras sollten diesen Moment nicht entweihen. Der Erzbischof salbte Elizabeth mit einem Kreuz auf Handflächen, Brust und Stirn. Diese Salbung macht die Krönung zu einem heiligen Akt, was für die religiös erzogene Königin auch bedeutete, dass sie niemals abdanken würde.

Mit Hilfe der Ersten Kammerfrau legte sie ein schlichtes weißes Leinenkleid an, es wurden ihr Armreifen und Ring, Sporen, Stolen, Schwerter, der Reichsapfel, ein Krönungshandschuh und zwei Zepter präsentiert, sie zog den Krönungsmantel an, abschließend setzte ihr der Erzbischof mit festem Druck die St.-Edwards-Krone auf. Nach dem Erzbischof trat als Erster Prinz Philip hervor und schwor der Königin Loyalität. Sie verließ die Abtei an der Spitze einer feierlichen Prozession. In einer leeren Kapelle konnte sie sich anschließend, zusammen mit den jungen Frauen in ihrem Gefolge, eine Weile ausruhen; der Erzbischof holte eine kleine Flasche Whiskey hervor, den er den jungen und erschöpften Frauen anbot. Prinzessin Margaret hatte Tränen in den Augen: »Jetzt habe ich nicht nur meinen Vater verloren, sondern auch meine Schwester. Sie wird so beschäftigt sein. Ab jetzt wird alles anders.«

Dann fuhren die Königin und Prinz Philip zwei Stunden lang in der goldenen Kutsche durch London, die Prozession bestand aus dreißigtausend Soldaten aus fünfzig Ländern, neunundzwanzig Musikkapellen und siebenundzwanzig weiteren Kutschen. Die Königin verriet später, die Fahrt sei wegen der altertümlichen und rudimentären Federung der Staatskarosse »nicht sehr komfortabel« gewesen. *Komfortabel* war übrigens auch die eiskalte Westminster Abbey nicht, wo vor allem die Damen in ihren dünnen Roben zitterten. Einige der Anwesenden hatten sich angesichts der langen Zeremonie wenigstens gegen Hunger und Durst gewappnet: Als sich die Kathedrale leerte, sah BBC-Kommentator Richard Dimbleby in den Sitzreihen Butterbrotpapier, Obstreste, leere Flaschen und einige Morgenzeitungen.

Davon ahnten die Millionen britischer Fernsehzuschauer natürlich nichts – sie verfolgten die Übertragung mit Stolz, aber vielleicht auch mit dem diffusen Gefühl, dass das alles irgendwie überdimensioniert war. Man hatte die Herrscherin über ein Empire gekrönt, das sich in Auflösung befand, an seine Stelle trat ein vage definiertes Commonwealth. Sechs Jahre vor dem glanzvollen Junitag des Jahres 1952 war Indien selbstständig geworden. Das vereinigte Königreich kam nach dem Krieg nur schwer wieder auf die Beine, die Kontrolle über die Kolonien wurde immer problematischer. Und es sollten nur wenige Jahre vergehen, bis auch die Unantastbarkeit von Krone und Adel in Frage gestellt wurde. Es wurde zunehmend schwieriger, angesehene Positionen ausschließlich nach Geburt und Stand und nicht auf Grundlage persönlicher Verdienste und Leistungen zu vergeben. Eine mächtige, mit Familien des Hochadels vollbesetzte Kathedrale führte nicht mehr zwingend zu einem andächtigen Tonfall. Auch in der Presse gärte es, die bisherige Servilität näherte sich ihrem Ende.

Aber noch war Elizabeth die erhabene, die *unbestrittene* Königin, eine Rolle, die man nicht wählen und im Grunde niemals ablegen kann. Von Jubel umgeben, fuhr sie in einer schlecht gefederten Kutsche über ein hartes Pflaster. Das zweite elisabethanische Zeitalter hatte begonnen.

4

Prinzessin Margaret verzichtet

Prinzessin Margaret kam in ihrem Leben nie wirklich zur Ruhe, was auch daran lag, dass die Konstellationen oft nicht stimmten: Entweder war sie zu königlich, um bekommen zu können, was sie wollte, oder sie war nicht königlich genug.

Der Tod des Vaters war für die Einundzwanzigjährige ein tiefer Schock. Sie sei in ein schwarzes Loch gestürzt, sagte sie später, und habe von den Ereignissen um sich herum kaum etwas wahrgenommen. Sie konnte weder essen noch schlafen.

Auf den ersten Blick schien Margaret der Mutter, Elizabeth dem Vater ähnlicher – Margaret und ihre Mutter waren künstlerisch veranlagt, gesellig, kokett und liebten Publikum, während Elizabeth und ihr Vater zurückhaltend und keine guten Selbstdarsteller waren. Aber auf anderen Gebieten sah es anders aus. Die Mutter und ihre älteste Tochter waren realitätstüchtig und sehr kontrolliert. Der König und Margaret hingegen waren sensibler und zeigten eine besondere Fürsorge füreinander, sie konnte ihn aufmuntern, wenn er schwermütig wurde, und ihn freute es, wenn sie sich wieder einmal mit Spitzfindigkeit oder einer charmanten Lüge aus einer Klemme zog. »Lilibet ist mein Stolz, Margaret meine Freude«, pflegte er zu sagen. Unter Angehörigen, Hofbeamten und der Dienerschaft herrschte allerdings der stillschweigende Konsens, dass die jüngere Tochter verzogen sei.

Margaret sah das völlig anders. Sie erlebte seit frühester Kindheit, dass Elizabeth zu etwas Besonderem ausersehen war, sie durfte in das Arbeitszimmer des Vaters gehen und wurde in die roten Boxen mit den Staatsdokumenten eingeweiht, die der Monarch täglich erhielt. Es heißt, Margaret sei gescheiter und intellektuell neugieriger gewesen als Elizabeth, und doch war es die Ältere, die bei Henry Marten in Eton Privatstunden bekam, an denen Margaret teilnehmen wollte, aber nicht durfte. Sie hat sicher bemerkt, dass die Eltern sie oft nachsichtiger behandelten, ungewiss ist, ob ihr das immer gefiel. Wenn alles, was man macht, für gut geheißen oder zumindest verziehen wird, liegt nahe, dass man im Grunde nichts tut, was wirklich zählt.

Margaret verlor, wie sie selbst sagte, 1952 nicht nur ihren Vater. Wenn ein Monarch einem anderen auf den Thron folgt, verändert das sofort die Stellung der engsten Angehörigen untereinander. Wer bisher zur königlichen Kernfamilie gehörte, rückt weiter an den Rand, im Mittelpunkt stehen nun der Ehegatte und die Kinder des neuen Monarchen. Die Schwestern Elizabeth und Margaret erlebten diese Unterschiede in ihrer Bedeutung für die Monarchie schon vor dem Tod des Vaters, danach aber verlief ihrer beider Leben endgültig in völlig verschiedenen Bahnen. Elizabeth wurde Staatsoberhaupt, Margaret musste aus dem Buckingham Palace ausziehen und wie ihre Mutter eine Wohnung in Clarence House beziehen, wo Elizabeth und Philip gewohnt hatten. In den Schlössern und Landsitzen, die bislang ihr Zuhause gewesen waren, war sie künftig nur noch Besucherin.

Sie war auch nicht auf der Fotografie zu sehen, die nach Georges Ableben überall erschien: Drei Königinnen – Königin Mary, die Königinmutter und die neue Monarchin – warteten in langen, schwarzen Schleiern auf den Sarg des Mannes, dessen Mutter, Gemahlin, Tochter sie gewesen waren. Als Inbegriff trauernder und verletzbarer Weiblichkeit weckte es in vielen einen Beschützerinstinkt, doch der Eindruck täuschte. Zwar hatten bis zum Tod von George VI. im 20. Jahrhundert nur Männer auf dem britischen Thron gesessen, in Wahrheit aber war das Haus Windsor seit Jahrzehnten ein Matriarchat.

Auch wenn für Königin Mary ein Monarch sein Amt durch göttlichen Willen innehatte, sah sie mit unsentimentaler Nüchternheit, dass sein Ansehen beim Volk kein Selbstläufer war. Im ersten Kriegsjahr ließ sie jedem Frontsoldaten ein königliches Geschenk zukommen, in einem Schächtelchen mit ihrem Monogramm lagen Zigaretten, Süßigkeiten und eine Karte mit einem Gruß der Königsfamilie. Sie sorgte dafür, dass der Hof für die Dauer des Krieges auf Alkohol verzichtete – und dass die Presse darüber berichtete. Sie ging ständig in Krankenhäuser und besuchte verletzte Soldaten, immer in Begleitung von weiblichen Verwandten aus dem Königshaus. Als eine von ihnen über Erschöpfung klagte, wies die Königin sie scharf zurecht: »Du bist ein Mitglied der britischen Königsfamilie. Wir sind *nie* erschöpft. Wir *lieben* Krankenhäuser.«

Diese stramme Königin Mary war völlig anders als ihre Nachfolgerin, die lebhafte und mit allen flirtende Königin Elizabeth. Aber sie bildeten eine Art Allianz, beide setzten sich auf eine zielstrebige und strategisch geschickte Weise für den Monarchen ein, die den Söhnen von George V. nicht gegeben war. Jeder dieser Männer war gepeinigt und von einer inneren Unruhe getrieben, sie wirkten daher oft geistesabwesend und unberechenbar. Wenn George VI. bei Besprechungen sagte, er wolle die Dokumente behalten und noch einmal darüber schlafen, bedeutete das, wie Tommy Lascelles wusste, dass er sich mit der Königin besprechen würde und seine Einschätzung am folgenden Tag häufig die ihre war. Selbstverständlich hätte Elizabeth etwas Derartiges niemals auch nur angedeutet.

Nach Georges Tod konnte sich seine Witwe nur sehr schwer in ihr neues Leben und ihre neue Rolle einfinden. Ihr Biograph Hugo Vickers erinnerte daran, dass Menschen, die viel Hilfe und Unterstützung brauchen, bei ihrem Tod ein großes Vakuum hinterlassen: bei allen, die ihnen geholfen haben. Elizabeth, deren offizieller Titel nun »Königin Elizabeth, Königinmutter« war, trauerte sehr um ihren Ehemann; sie glorifizierte ihr Zusammenleben, das nicht immer perfekt war. Familie und Dienerschaft waren häufig auf Zehenspitzen umhergeschlichen in der Hoffnung, sie könnten so seinem Jähzorn oder seinen Depressionen vorbeugen. Ihr fehlte Bertie, aber ihr fehlte auch die Rolle, die sie gemeinsam mit ihm innehatte; sie konnte nur schwer hinnehmen, dass sie aus dem Buckingham Palace ausziehen musste, dass nun ihre Tochter beim Betreten eines Raumes Vortritt hatte. 1952 wurde die an sich so gesellige Königin fast zur Eremitin, sie erwarb Castle of Mey, einen abseits gelegenen Besitz an Schottlands Nordostspitze, und verschanzte sich dort. Ein letztes Mal griff Königin Mary lenkend in die Zukunft der Monarchie ein. Keine zwei Wochen nach dem Tod ihres Sohnes wurde ihr zugetragen, Dickie Mountbatten habe auf seinem Landsitz Broadlands bei einem Dinner das Glas erhoben und gesagt, »Nun regiert das Haus Mountbatten«. Mary war empört, informierte umgehend Winston Churchill und verwahrte sich gegen eine Änderung des Familiennamens. Auch Churchill war verärgert, er mochte weder Dickie noch seinen Neffen, sie waren für seinen Geschmack zu unabhängig und zu reformfreudig. Außerdem trug Mountbatten die Verantwortung für den britischen Abzug aus Indien, was ihm der eiserne Imperialist Churchill niemals verzieh. Laut Gesetz trugen britische Kinder den Namen des Vaters, aber Churchill und seine Regierung teilten Königin Elizabeth unmissverständlich mit, dass das Königshaus den Namen Windsor behalten müsse. Man werde sich einer Änderung widersetzen und bitte die Königin um entsprechende Bestätigung. Die erfolgte umgehend.

Der Herzog von Edinburgh tobte vor Wut. Der Name Mountbatten mochte ihm nicht viel bedeuten, und eine allzu große Nähe zu seinem Onkel und dessen Ambitionen wollte er sich nicht nachsagen lassen. Aber den eigenen Familiennamen – Edinburgh – wollte er weitergeben. Es gab einen großen Krach, der die Königin und ihre Ehe beträchtlichem Druck aussetzte. Für Elizabeth war es sehr belastend, dass sich ihr Ehemann und sein Onkel Dickie mit dem Premierminister und mit Königin Mary anlegten.

Dass Philip sich überhaupt in diese Auseinandersetzung begab, war tollkühn, denn er konnte nur verlieren. Die Politik hatte sich entschieden, nicht einmal seine eigene Familie glaubte, dass er seine Forderung durchbringen konnte. Aber für ihn war das vermutlich nur eine weitere von allzu vielen Kränkungen. Er hatte die Marine aufgeben und aus Clarence House ausziehen müssen, das er persönlich und mit viel Engagement umgestaltet hatte. Als er im Unterhaus einer Debatte beiwohnte, beschwerten sich einige Abgeordnete, seine Anwesenheit lenke sie ab, mit seiner Mimik verletze er das Gebot königlicher Neutralität. Er kam nie wieder.

Im Buckingham Palace fühlte er sich meistens im Weg; der Hof bezog ihn bei wichtigen Entscheidungen nicht ein. Während die *Queen Consort*, die Ehefrau eines Königs, für die königliche Kernfamilie verantwortlich war, gab es für den Gemahl einer Königin kein definiertes Betätigungsfeld. Seine Schwiegermutter war zusammen mit George VI. gekrönt worden, er musste bei der Krönung seiner Frau unter den Zuschauern sitzen. Für den ehrgeizigen und tatkräftigen Philip, der einmal Kommandant eines Schiffes gewesen war, gab es keine Aufgaben zu meistern, keine Hierarchieleiter zu erklimmen, keine Herausforderungen zu bestehen. Ihm wurden ehrenhalber militärische Titel verliehen, für die er nichts geleistet hatte. Es heißt, er habe die Pilotenausbildung begonnen, weil er nicht Offizier der Royal Air Force sein wollte, ohne wenigstens eine Maschine fliegen zu können.

In den ersten Jahren als Regentin widmete sich Elizabeth mit großem Engagement ihren Verpflichtungen, wuchs in ihre Rolle hinein und wurde sicherer. Philip, der keine klar ausgewiesenen Aufgaben hatte, kämpfte darum, dass wenigstens Charles und Anne nicht nur als die Erben der Königin oder der Dynastie, sondern auch als die seinen anerkannt wurden: »Ich bin nichts als eine verdammte Amöbe«, fauchte er. »Der einzige Mann im Land, der seinen Kindern nicht seinen Namen geben darf.«

Elizabeth bemühte sich sehr, Philip zu versöhnen, und da sie ein Kind ihrer Zeit war und akzeptierte, dass der Mann das Oberhaupt der Familie ist, ließ sie ihm freie Hand bei der Erziehung der Kinder.

Für den Hochadel waren lange Trennungen von Eltern und Kindern nichts Ungewöhnliches, Elizabeth und Margaret hatten oft auf Mutter und Vater verzichten müssen. Doch dass Elizabeth und Philip allein auf Malta lebten, ihre Kinder nicht zu vermissen schienen und zumindest in der Öffentlichkeit keine vertraute und körperlich enge Beziehung zu ihnen zeigten, schuf den Eindruck emotionaler Distanz. Dieser Eindruck führte dazu, dass später, als die Kinder im Erwachsenenalter Probleme bekamen, mitunter von einer »dysfunktionalen« Familie die Rede war.

Elizabeth schrieb aus Malta und von ihren Reisen oft muntere Briefe an die Kinder, doch in dem kurzen Film, der das Paar im Mai 1954 bei der Rückkehr von der Reise durch dreizehn Commonwealth-Länder zeigt, fällt vor allem ihre Zurückhaltung und Förmlichkeit auf: Die Eltern begrüßen den fünfjährigen Charles und die dreijährige Anne, die sie fünf Monate lang nicht gesehen hatten, mit Handschlag. »Sie waren schrecklich wohlerzogen«, sagte Elizabeth später. »Ich glaube, sie begriffen nicht ganz, wer wir waren.«

Als Charles die ersten Schritte machte und die ersten Worte

sprach, waren die Kindermädchen dabei. Sie bemerkten, dass er besonders sensibel, fantasievoll und verträumt war, dass gereizte und laute Stimmen ihn verstörten. Er war ein kleiner Junge, der sich Mühe gab, Erwachsenen Freude zu machen, aber dann wieder in seine eigene Welt abtauchte. Er war schnell traurig, verletzt und gekränkt, was umso deutlicher wurde, je älter die unabhängige und willensstarke Anne wurde. Sie entdeckte bald, dass die Wachen vor Buckingham Palace jedes Mal, wenn sie vorbeikam, das Gewehr präsentieren mussten, und ging immer wieder strahlend vor ihnen auf und ab. Charles vertiefte sich lieber in eine Zeichnung oder ein Musikstück. Seit früher Kindheit bewunderte er Dickie Mountbatten, seinen weltgewandten Großonkel, er hatte auch zu seiner Großmutter ein enges Verhältnis, die ihm Gemälde zeigte, Musik vorspielte. »Meine Großmutter lehrte mich sehen«, sagte er später. Aber auch sie, so Charles' Biographin Sally Bedell Smith, versuchte nie, seiner Neigung zu Selbstmitleid entgegenzusteuern, die sich bereits in der Kindheit zeigte und ihn ein Leben lang begleiten sollte.

Für den sportlichen Marineoffizier Philip und die pragmatische Pferdenärrin Elizabeth war dieser empfindsame Junge eine Herausforderung; Philip fürchtete, sein Erstgeborener könnte ein verzogener Schwächling werden. In seiner autorisierten Biographie sagte Charles, seine Mutter sei distanziert gewesen und sein Vater habe ihn unentwegt kritisiert, er habe ihn im Beisein anderer oft in einem so barschen Ton zurechtgewiesen, dass ihm die Tränen kamen. Er wollte seinen Sohn abhärten und auf ein Leben als König in einer rauen Welt vorbereiten. Aber Philip wusste nicht, was eine intakte Familie ist, und hatte überdies einen Sohn, der für ein solch strenges Regime offenkundig wenig geeignet war.

Ein Verwandter sagte, da Philip mit seinem Sohn wie ein Tyrann umgesprungen sei, habe der sich noch mehr in sich zurückgezogen. Anne hingegen hat ihre Eltern immer als warmherzig und verständnisvoll beschrieben. Auch Mabel Anderson, die erste Nanny der Kinder, schilderte Philip als liebevollen Vater, der sich immer für die Kinder Zeit nahm, ihnen vorlas und mit ihnen spielte. Auf Familienfilmen tollt er mit den Kindern herum, rollt in Balmoral mit ihnen Grashügel hinunter, geht mit ihnen auf die Wasserrutsche. Auch Elizabeth kümmerte sich anfangs häufig um die Kinder. Jeden Morgen und jeden Abend spielte sie mit ihnen, doch nach dem Tod ihres Vaters ließen ihr die zahllosen Verpflichtungen als Monarchin dazu immer weniger Zeit.

Am 24. März 1953, im Alter von fünfundachtzig Jahren, starb Königin Mary. Sie konnte vor ihrem Tod den Familiennamen Windsor retten, doch die Krönung ihrer Enkelin erlebte sie nicht mehr. Ihr ältester Sohn Edward, Herzog von Windsor, schrieb: »Ich fürchte, das Blut in ihren Adern war schon immer so kalt wie jetzt nach ihrem Tod.« Er kam zur Beisetzung nach London, gehörte aber nicht zu den achtundzwanzig königlichen Gästen, die zum anschließenden Dinner auf Schloss Windsor geladen waren. »Was für ein blasiertes, abstoßendes Pack meine Verwandten doch sind. Aus den meisten sind fiese alte Schachteln geworden.« Wenig später nahm ein royales Drama seinen Lauf, das alle Zwistigkeiten über Namen, Titel und Gästelisten in den Schatten stellte.

Bei Elizabeth' Krönung fingen die Fotografen die rasche Handbewegung ein, mit der Prinzessin Margaret Oberst Peter Townsend, einem Adjutanten ihres verstorbenen Vaters, einen Fussel von der Uniform wischte. Wie Thelma Furness zwanzig Jahre zuvor in Wallis Simpsons Klaps auf Edwards Hand den wahren Charakter ihrer Beziehung erkannt hatte, folgerten die Journalisten, dass diese gleichsam beiläufige Geste mehr Intimität verriet, als sie zwischen der Tochter des Königs und einem Mitglied seines Stabes üblich war. Wenige Tage später

stand die Nachricht über diese aufsehenerregende Liebesgeschichte auf den Titelseiten der britischen Zeitungen.

Denn während ihre Mutter trauerte und Elizabeth und Philip sich stritten, hatte Margaret sich verliebt. Der Hof pflegte
damals seine Adjutanten aus Adelsfamilien zu rekrutieren, bevorzugt unter den Sprösslingen englischer Dynastien, die im
Heer oder in der Marine gedient hatten. In den Kriegsjahren
war der Wunsch entstanden, die Auswahl der Mitarbeiter, die
den König im Alltag umgaben, facettenreicher zu gestalten,
man wollte auch Männer der Luftwaffe hinzuziehen, die sich
um die Verteidigung des Landes verdient gemacht hatten. Die
Wahl fiel auf Peter Townsend, Held der Luftschlacht und Pilot
einer für ihre Tapferkeit berühmten Schwadron. Er hatte das
erste deutsche Flugzeug über Großbritannien abgeschossen
und war selbst dreimal mit seiner Maschine abgeschossen worden, aber immer zu den Kampfhandlungen zurückgekehrt. Als
ihn 1944 das Angebot aus dem Buckingham Palace erreichte, gehörte er zu den höchstdekorierten Piloten der Royal Air
Force – und die waren im Großbritannien der vierziger Jahre
echte Stars, das waren die furchtlosen Männer, die tatsächlich
geleistet hatten, was John Wayne und James Cagney im Film
nur mimten. Als Townsend im Februar 1944 zum ersten Mal
den Buckingham Palace betrat, begutachteten die Prinzessinnen, damals dreizehn und siebzehn Jahre alt, den gutaussehenden Mann aus einem Versteck heraus. »So ein Pech«, sagte Elizabeth zu Margaret. »Er ist verheiratet.«

Er mochte ein Held sein, doch er war alles andere als unver-
letzlich. Er war drei Monate stationär behandelt worden, weil
er aufgrund der Kriegserlebnisse einen Nervenzusammenbruch erlitten hatte, er konnte nicht mehr fliegen, weil er sich
ständig mit seiner Maschine in einen sicheren, grausamen
Tod stürzen sah. Er war also, wie der König, ein Mensch mit
einer Bürde, überdies kämpfte auch er mit Schüchternheit und

Stottern. Vielleicht behandelte der König ihn deswegen fast väterlich, vielleicht fand Townsend darum im Umgang mit dem angespannten König oft die richtigen, beruhigenden Worte. Townsend war bei der Königsfamilie schnell beliebt.

Die Altgedienten bei Hofe schätzten ihn weniger; Lascelles monierte, Townsend schaffe es nicht einmal, einen Wagen zur angegebenen Zeit vorfahren zu lassen, werde aber immer damit entschuldigt, dass er im Dienst am Vaterland dreimal abgeschossen wurde. Er hatte einen Akzent, den manche affektiert fanden, es herrschte Einigkeit, dass die übergroße Nähe zu den Royals diesem Townsend aus der Mittelschicht nicht bekam, sie habe ihn geblendet, überwältigt und übermütig werden lassen.

Townsend und seine Frau Rosemary hatten zwei Söhne, die Ehe war die Folge einer typischen Kriegsliebe zweier im Grunde unvereinbarer Menschen, die Hals über Kopf geheiratet und sich ebenso schnell auseinandergelebt hatten. Es trug nicht zum häuslichen Frieden bei, dass er aus der Tür rannte, sobald Buckingham Palace anrief, einmal verließ er das Geburtstagsfest seines Sohnes, obwohl er nicht im Dienst war, um mit Prinzessin Margaret auszureiten.

Aufmerksame Beobachter hatten die Anziehung zwischen den beiden schon länger bemerkt. 1948, beim Festball zur Amtseinsetzung von Kronprinzessin Juliana als Königin der Niederlande in Amsterdam, konnte man sehen, wie Margaret strahlte, wenn sie mit Townsend tanzte. In seiner Autobiographie *Time and Chance* datiert Townsend den Beginn ihrer romantischen Beziehung auf August 1951, als die Königsfamilie in Balmoral Sommerferien machte. Er habe sich, schreibt er, nach einem Picknick mit der Jagdgesellschaft im Gras ausgestreckt, um ein wenig zu schlafen:

Ich spürte auf einmal, wie mich jemand mit einem Mantel zudeckte. Ich öffnete ein Auge und sah direkt in Prinzessin Margarets hübsches Gesicht. Ich öffnete auch das andere Auge und bemerkte hinter ihr den König, auf seinen Stock gestützt, mit einem ganz bestimmten, für ihn typischen Gesichtsausdruck: freundlich, halb belustigt. Ich flüsterte: ›Wissen Sie, dass Ihr Vater uns beobachtet?‹ Worauf sie lachte, aufstand und neben ihn trat. Dann nahm sie seinen Arm, ging weg und überließ mich meinen Träumen.

Kein halbes Jahr später starb der König, was Margarets und auch Townsends Leben sofort veränderte, keiner von ihnen wusste, wie es weitergehen würde. Margaret trauerte um ihren Vater und erlebte tiefe Umwälzungen in ihren bisherigen Lebensumständen, für Townsend wurden Ehe und Familienalltag immer unerträglicher. Rosemary hatte ein Verhältnis mit einem anderen Mann, Ende 1952 erfolgte die Scheidung. Townsend und die sechzehn Jahre jüngere Margaret kamen sich immer näher, die Wende geschah an einem späten Abend im roten Salon von Schloss Windsor, nachdem sie stundenlang miteinander geredet hatten: »Sie hörte schweigend zu, als ich ihr leise erzählte, was ich empfand. Und dann sagte sie ganz einfach: Genau das empfinde ich auch.«

Die Königin und Prinz Philip erfuhren als Erste von der Romanze, dann unterrichtete Townsend Tommy Lascelles, der das mit dem Ausruf kommentierte, er müsse »entweder verrückt oder verdorben« sein – *either mad or bad*. Elizabeth war anfangs sehr wohlwollend, Lascelles alles andere als das. Aber beide waren mit dem »Royal Marriages Act« von 1772 vertraut, wonach die Nachkommen von George II. vor ihrem fünfundzwanzigsten Lebensjahr nur mit Zustimmung des Monarchen heiraten dürfen. Auch danach konnte ein widerspenstiges

Familienmitglied nur heiraten, wenn beide Häuser des Parlaments zustimmten; die Königin hatte also kaum Handlungsspielraum. Dieses Dilemma wäre noch längere Zeit im Geheimen hinter Palastmauern diskutiert worden – hätte Margaret nicht geistesabwesend Townsends Revers berührt.

Winston Churchill wurde informiert und ließ sich erst einmal von der Romantik des liebenden Paares – der Kriegsheld und die Prinzessin – mitreißen. Seine Frau Clementine erinnerte ihn sofort an seine Parteinahme für Edward VIII., die 1936 kein gutes Ende genommen hatte. Er sah das ein und unterstützte Lascelles in seinem Drängen, Townsend und Margaret auseinanderzubringen.

Die Regierung beschloss, der Heirat nicht zuzustimmen, die Zeitung *The People*, die als erste über die Beziehung berichtet hatte, schrieb, es sei undenkbar, dass eine Prinzessin aus der königlichen Familie die Ehe mit einem geschiedenen Familienvater auch nur in Erwägung zog. Elizabeth äußerte sich kaum, auch sie soll sich gewundert haben, dass die Wahl ihrer Schwester ausgerechnet auf einen Geschiedenen gefallen war – hatte sie doch 1949 in einer Rede davon gesprochen, dass Scheidungen und Trennungen einige der größten Übel der heutigen Gesellschaft verursachten.

Townsend und Margaret wurde mitgeteilt, dass sie nach Margarets fünfundzwanzigstem Geburtstag ohne die Erlaubnis der Monarchin heiraten könnten. Doch Lascelles' Ansicht, dass eine solche Ehe dem Ansehen der Monarchie schaden würde, setzte sich bei der Regierung und bei einflussreichen Hofkreisen durch, es war vermutlich eine so entstandene Allianz, die Townsends Versetzung ins Ausland betrieb. Während Margaret und ihre Mutter das damalige Rhodesien bereisten, wurde der lästige Verehrer auf einen banalen Posten in Brüssel abgeschoben, den er antreten musste, ohne sich von Margaret verabschieden zu können. Als Margaret in Afrika erfuhr, dass sie ihn vor seiner Abreise nicht mehr würde sehen können, brach sie zusammen.

Der Plan war von kühl kalkulierenden Herren in der Erwartung ausgeheckt worden, dass sich diese ganze leidige Angelegenheit, wie so oft bei Liebeleien, durch Zeit und Trennung erledigen werde. Margaret und Townsend würden zur Vernunft kommen, und damit wäre das Problem elegant aus der Welt geschafft. Doch so kam es nicht: Das Paar schrieb sich täglich innige Briefe, die Presse war begeistert und zählte die Tage bis zu Margarets fünfundzwanzigstem Geburtstag. Das »Problem« wurde nicht kleiner, sondern größer.

Das Schicksal der beiden beschäftigte alle großen britischen Institutionen. Die Regierung konnte das Thema nicht ad acta legen, die Zeitungen drängten auf eine Klärung. »Na los, Margaret«, schrieb der *Daily Mirror* zwei Tage vor ihrem Geburtstag, »Bitte entscheide dich!« Margaret kämpfte in Balmoral mit sich und schrieb eine Pro-und-Kontra-Liste. »Gründe, warum ich Peter nicht heiraten sollte: weil es der Königin schadet. – Gründe, warum ich Peter heiraten sollte: weil ich ohne ihn nicht leben kann.« Es gab nicht viele, mit denen sie darüber sprechen konnte.

Elizabeth hielt sich so lange wie irgend möglich zurück, die Königinmutter tat, was sie bei unangenehmen Dingen immer tat: Sie steckte den Kopf in den Sand. Ihre Vogel-Strauß-Politik – ihr »ostriching« – war berüchtigt, sie nahm Unliebsames konsequent nicht zur Kenntnis. Das Verhältnis zwischen ihr und Margaret blieb über Jahre belastet; da waren eine Mutter, die immer alles *nett* haben wollte, und eine Tochter, die sich von ihr verraten fühlte und mit der sie überdies im Puppenhaus Clarence House in klaustrophobischer Enge zusammenwohnen musste.

Die öffentliche Meinung war auf Seiten des Paares, bei einer Umfrage waren neunundfünfzig Prozent für die Ehe, siebzehn Prozent dagegen, die Übrigen hatten Besseres zu tun, als sich darüber den Kopf zu zerbrechen. In seltener Einigkeit feierten linksorientierte Zeitungen und die Regenbogenpresse die Liebenden, während die Stimmung bei der konservativen Presse, der Kirche, der Regierung und bei Hof eine völlig andere war. Noch immer wurden Geschiedene beim Royal Ascot nicht auf die königliche Tribüne eingeladen, die anglikanische Kirche erlaubte keine Wiederverheiratung, wenn der frühere Ehepartner noch am Leben war. Doch die Welt jenseits der Kirche befand sich im Wandel. Die Ehe der Townsends war nur eine von vielen, die nach dem Krieg zerbrach, Scheidungen wurden üblicher, selbst der neue konservative Premierminister Sir Anthony Eden war nach einer Scheidung zum zweiten Mal verheiratet. Der *Manchester Guardian* – der sich später in *The Guardian* umbenannte – bemerkte trocken, ein Geschiedener könne in Großbritannien Bischöfe ernennen, aber nicht von ihnen getraut werden.

Die Entscheidungen über Margarets Schicksal trafen im Wesentlichen erzkonservative alte Männer in Kirche, Presse und Politik. Im Oktober 1953 mahnte die *Times* in einem strengen Leitartikel: »In der Vorstellung, die sich im 20. Jahrhundert von der Monarchie gebildet hat, ist die Königin zum Symbol für alle Aspekte des gesellschaftlichen Lebens geworden, seine universale Repräsentantin, in der die Menschen als Ideal ein Spiegelbild ihres besseren Selbst erblicken. Und da das Familienleben zu den Idealen der Menschen gehört, spielt auch das Familienleben der Königin hier eine besondere Rolle. Falls die Ehe, über die jetzt so viel geredet wird, zustande kommt, ist es unvermeidlich, dass dieses Spiegelbild Risse bekommt.« Der Marquis von Salisbury, Mehrheitsführer im Oberhaus, drohte mit Amtsniederlegung, falls die Regierung der Heirat zustimmen sollte; Anthony Eden teilte der Königin mit, dass das Parlament dagegen stimmen werde. Sollte Margaret Peter Townsend heiraten, werde sie die jährliche Apanage von 6000 Pfund verlieren, die sich bei einer vom Parlament gebilligten Ehe verdoppelt hätte, sie und ihre Kinder müssten ihren Platz in der Thronfolge aufgeben. Sie würde sich mehrere Jahre im Ausland aufhalten und mit dem Wissen leben müssen, der Monarchie geschadet zu haben. »Das hätte sie zerbrochen«, bemerkte Townsend bitter in seiner Autobiographie. Beide sagten später, sie hätten sich nicht nur von Politikern und Höflingen betrogen gefühlt, von denen sie von Anfang an wussten, dass sie der Ehe nicht zustimmen würden, sondern auch von Margarets taktierend hinhaltender Familie.

So war die Lage, als Townsend den Ärmelkanal überquerte und nach Clarence House fuhr, um Margaret wiederzusehen. »Wir waren wieder in unserer abgeschirmten Welt, die seit unserer Trennung zwei Jahre zuvor leer gewesen war«, schrieb er. »Wir entdeckten einander neu und sahen, dass sich nichts verändert hatte.«

Das war nicht ganz zutreffend: Sie kannten jetzt den Preis für eine gemeinsame Zukunft und kamen zu dem Schluss, dass er zu hoch war. »Ich würde nicht aufwiegen können, was sie verlöre«, sagte Townsend. Sie verbrachten ein letztes Wochenende bei Freunden in Sussex, Margaret bezeichnete es später als das beste Wochenende ihres Lebens. Bevor Townsend nach Brüssel zurückfuhr, setzten sie zusammen eine offizielle Verzichtserklärung auf, die in Margarets Namen veröffentlicht wurde. Sie gab ihren Entschluss bekannt, Oberst Peter Townsend nicht zu heiraten. Sie wisse, dass sie eine Zivilehe hätte schließen können, wenn sie auf ihren Platz in der Thronfolge verzichtet hätte, aber

»eingedenk der Lehre der Kirche, dass die christliche Ehe unauflöslich ist, und im Bewusstsein meiner Pflichten gegenüber dem Commonwealth habe ich mich entschlossen, diese Erwägungen über alle anderen zu stellen. [...] Ich bin zutiefst dankbar für die Fürsorge all jener, die beständig für mein Glück gebetet haben.«

Nicht das Volk hatte die Ehe verhindern wollen, sondern die traditionswahrenden Institutionen, die »Männer mit Schnurrbart«, wie Margaret sie nannte. Nun, als alles entschieden war, unterstützte die öffentliche Meinung Margarets Entscheidung und zeigte sich von ihrem Pflichtbewusstsein gerührt. Doch als die Jahre vergingen, Margaret heiratete und geschieden wurde und ein Leben führte, in dem sie offenbar weder sich selbst noch andere glücklich machen konnte, wirkte der Verzicht auf Peter Townsend wie die entscheidende Weggabelung, die Stelle, an der sie falsch abgebogen war. Zunehmend gab sie der Königin die Schuld für alles, was in ihrem Leben misslang. Weil diese sich aus dem Tumult hatte heraushalten wollen und die Sache verschleppt hatte, kam ihr am Ende die entscheidende Rolle zu.

Aus 2004 freigegebenen Dokumenten geht allerdings hervor, dass Premierminister Anthony Eden, Churchills Nachfolger, und Königin Elizabeth, nachdem er sie von der Ablehnung des Unterhauses in Kenntnis gesetzt hatte, gemeinsam eine Lösung für das Problem gefunden hatten. Margaret hätte Townsend heiraten, ihre Einkünfte aus der Zivilliste behalten und in England bleiben können – sie hätte nur auf die Thronfolge verzichten müssen. Eden schrieb in einem Brief, die Königin wolle »dem Glück ihrer Schwester nicht im Wege stehen«. Er erwähnte, dass die Möglichkeiten der Eheschließung auf jeden Fall auch davon abhingen, wie die britische Bevölkerung und die Länder des Commonwealth sich dazu stellten.

Doch Margaret entschied sich dagegen. Vielleicht meinte sie, dem Widerstand nicht gewachsen zu sein. Als Kind hatte sie ein sehr enges Verhältnis zu ihrer tief religiösen Nanny Clara »Allah« Knight, die sie mit ihrem Glauben beeinflusste. Margaret war als Erwachsene eine berüchtigte Partygängerin, dass sie oft insgeheim zum Beten in die Kirche ging, war weniger bekannt, auf Reisen führte sie immer eine kleine, in weißes Leder gebundene Bibel mit, die sie zur Konfirmation bekommen hatte. Vielleicht empfand sie die massive Verurteilung der Kirche wirklich als unerträgliche Belastung, zumal es Andeutungen gab, dass ihr als Mrs. Townsend die Teilnahme am Abendmahl verweigert werden könnte.

Die Welt war nicht nur an Elizabeth, sondern auch an Margaret interessiert, allerdings auf eine etwas andere Art: Margaret weckte ebenso Begehren wie Mitgefühl. Sie war sinnlicher und lebensnaher als die entrückte und prachtvolle Königin, aber ebenso unantastbar. Das machte Margaret zur größten, im Grunde unmöglich zu erringenden Trophäe.

Auffallend viele Künstler und Kulturvertreter in ihrem Bekanntenkreis waren von ihr besessen. »Ich konnte den Blick nicht von ihr wenden«, schrieb Verleger Rupert Hart-Davis 1958 nach einer Veranstaltung, bei der sie dem Lyriker John Betjeman einen Preis überreichte. Betjeman selbst fürchtete ohnmächtig zu werden, als die Prinzessin neben ihm stand; für den Lyriker Philip Larkin waren die Pressefotos von ihr Grund genug, in England zu leben. Schriftsteller John Fowles gab sich Fantasien hin, sie entweder zu heiraten oder sie in einem unterirdischen Verlies als Sexsklavin zu halten.

Pablo Picasso beschrieb Freunden seine sexuellen Fantasien, die sich um sie drehten, er hatte konkrete Pläne, um ihre Hand anzuhalten. Margaret schätze seine Kunst, viel mehr als ihre Schwester das tat, seine Fantasien fand sie abstoßend. Auf seine Eheträume soll sie mit Ekel reagiert haben.

Das war vermutlich auch ihre Reaktion auf ein unautorisiertes Buch, das ihr ehemaliger Diener David John Payne

1962 unter dem Titel *My Life with Princess Margaret* veröffentlichte. Er beschrieb *en detail* die Spitzen-Negligees, die abends auf ihrem Bett ausgelegt wurden, und wie er sie insgeheim betrachtete, als sie in einem schulterfreien, tief dekolletierten Kleid auf einem Sofa lag und mit geschlossenen Augen Musik hörte. Bei einem Weihnachtsfest im Buckingham Palace trat ein anderer Diener neben sie und gestand, dass er sie liebe und Gedichte für sie geschrieben habe.

Nach der Trennung von Townsend nahm Margaret ihr altes Leben wieder auf, aber sie war zynischer geworden. Der in sie verknallte Payne berichtete, sie habe oft um neun Uhr im Bett gefrühstückt, dann zwei Stunden Radio gehört und Zeitungen gelesen, wobei sie Kette rauchte, und nach einem langen Bad ihre Mutter zum Lunch getroffen.

Sie war umgeben von einer Gruppe lebenslustiger junger Aristokraten, die »Margaret-Set« genannt wurde. Sie trafen sich oft abends in Clarence House auf einen Drink, gingen ins Theater, kehrten dann in Margarets Wohnung zurück und feierten bis in die frühen Morgenstunden – mittendrin Margaret, das Whiskeyglas in der einen, die überlange Zigarettenspitze in der anderen Hand.

Doch der »Margaret-Set« veränderte sich. Von den gut gekleideten jungen Herren, jenen Herzogs- und Grafensöhnen, mit denen sie nächtliche Streifzüge unternommen hatte, verschwand einer nach dem anderen in ein gesetzteres Leben. Im Laufe des Jahres 1965 besuchte sie vier Hochzeiten ehemaliger Verehrer, darunter auch die von Colin Tennant. Jeder der vier hatte ihr einmal den Hof gemacht, jeder war von den Zeitungen als möglicher Ehemann gehandelt worden. Vermutlich hegte Margaret für keinen dieser Männer tiefe Gefühle, die gehörten immer noch Peter Townsend, wenn man der Biographie des Klatschkolumnisten Nigel Dempster, zu der sie selbst beitrug, Glauben schenken darf.

Sie hatten den Kontakt nicht ganz abgebrochen und schrieben sich noch. Im Frühjahr 1958 war Townsend wieder in London, die Presse folgte ihm auf den Fersen, und als man ihn durch die Tür von Clarence House gehen sah, verkündeten einige Titelseiten, das Paar sei wieder zusammen. Buckingham Palace dementierte das nachdrücklich, der Beschluss von 1955 habe weiterhin Bestand. Townsend und Margaret sagten ein geplantes zweites Treffen ab. Sie flog am folgenden Tag nach Deutschland, die Rose, die sie mit sich trug, stammte aus dem Strauß, den ihr Townsend geschenkt hatte.

Ein festes Mitglied des »Margaret-Set« war der Junggeselle Billy Wallace, ein Angeber, der seine Tage nicht mit Arbeit verplemperte, sondern lieber mit dem Privatflugzeug übers Wochenende an die französische Riviera flog und ins Kasino ging. Er sah in Margaret schon lange eine mögliche Ehefrau. Als die anderen Verehrer einer nach dem anderen heirateten und Townsend auf den Kontinent zurückkehrte, willigte Margaret schließlich ein, ihn zu heiraten. Danach flog er erst einmal auf die Bahamas, amüsierte sich dort unverhohlen mit anderen Frauen und kehrte gut gelaunt nach London zurück – wo es ihn aufrichtig erstaunte, dass Margaret die noch inoffizielle Verlobung löste.

Das Bild, das sie vermittelte und das Männer fesselte, war das einer einsamen, jungen, Mitleid erregenden Frau. Sie war schön und noch zu haben, aber sie war auch sehr, sehr traurig.

Das erinnert an einen Archetypus der Populärkultur der vierziger und fünfziger Jahre: die *femme fatale* des Film noir, die raffinierte, sexualisierte Frau, die ihre Verletzbarkeit hinter einem toughen Auftreten verbarg und der nahezu immer ein düsteres Ende beschieden war. Die Frau, die ihre Sexualität offen zur Schau trug, mochte kurzzeitig fesseln, aber ihr Schicksal war besiegelt: Sie war nicht glücklich und würde es nie sein.

Die unbekümmerte Direktheit, mit der Margaret ihren Vater bezaubert hatte, behielt sie auch als Erwachsene, konnte damit aber nicht mehr jedermann bezaubern. Während ihre Schwester die Kunst perfektionierte, im Grunde nichts zu sagen und dabei verbindlich zu wirken, konnte Margaret völlig abrupt geradezu unverschämt werden. Craig Brown, der in dem Buch *Ma'am Darling* Stimmen von Leuten zitierte, die die Prinzessin verehrten, aber auch solche, die sich von ihr provoziert fühlten, meinte, Margaret habe an einer eigenartigen Form königlichen Tourette-Syndroms gelitten.

So verbarg sie selten, wenn sie sich bei einem offiziellen Termin langweilte, zu Abendgesellschaften und Versammlungen kam sie zu spät, weil ihr Friseur nicht fertig war. Im privaten Kreis war sie bekannt für ihr brüskes Verhalten. »Der schmeckt nach Essig«, soll sie einem Gastgeber erklärt haben, der ihr während eines Abendessens seinen kostbarsten, einhundert Jahre alten Sherry angeboten hatte − den sie stehen ließ. Als der Schauspieler Derek Jacobi ihr während eines Empfangs Feuer reichen wollte, nahm sie ihm das Feuerzeug aus der Hand und reichte es einem anderen.

Man registrierte mit Verwunderung, dass das Mitglied einer Familie, die von Berufs wegen darauf achtete, dass sich Menschen in ihrer Gegenwart wohl fühlten, keinerlei Anstrengungen in dieser Richtung machte. Manche sahen in ihren Beleidigungen ungeschickte Versuche, Nähe herzustellen, so, wie sie als Kind immer die Blicke des geliebten Vaters auf sich ziehen konnte, wenn sie überraschende Dinge tat und vorlaut war.

Auch hier entsteht der Eindruck eines Lebens im Ungleichgewicht. Das Vorlaute, das ihre Eltern nicht zügelten, wurde von Menschen, die sie als Erwachsene beleidigte, hart abgestraft. Sie war nicht so königlich, dass sie ihrer älteren Schwester weiterhin gleichgestellt gewesen wäre, aber sie war zu königlich für eine Beziehung mit Peter Townsend. Sie war spät genug geboren, um sich in einen der neuen Hofangestellten aus der Mittelklasse zu verlieben, aber zu früh, um ihn trotz seines Vorlebens heiraten zu können. Manchmal behandelte sie andere Menschen auf unerwartete, fast schroffe Weise, als seien sie ihr ebenbürtig, nur um dann die Royals-Karte zu ziehen. War ein Gesprächspartner unvorsichtig genug, von »Ihrer Schwester« zu sprechen, konterte sie frostig: »Ich vermute, Sie meinen mit ›meiner Schwester‹ Ihre Majestät, die Königin.«

Wer mit ihr zusammen war, musste sich nach ihr richten, und es schien ihr großes Vergnügen zu bereiten, andere zu schockieren. Niemand in der Königsfamilie hatte eine solche Nähe zu *camp* wie Margaret, jener »Liebe zum Unnatürlichen, zur Künstlichkeit und zur Übertreibung«, wie die Publizistin Susan Sontag das Phänomen definierte.

Möglicherweise wäre sie bei ihrem Hang zum Urbanen und zur Boheme mit dem konventionellen Peter Townsend gar nicht glücklich geworden. Aber er war wie sie religiös und recht arglos, und er war kein weltgewandter Mann. Vielleicht hätte sie sich ihm angeglichen. Vielleicht – wer weiß – hätte er sie gelangweilt.

Peter Townsends Autobiographie *Time and Chance* trieft vor Schönfärberei, in seiner Darstellung sind Margaret und er von fast kindlicher Unschuld, bis sie auf eine Welt treffen, die ihnen nicht wohlgesinnt ist. Die Verantwortung für alles, was schiefging, sieht er bei den Beratern, nicht bei den Royals. Er achtete sehr darauf, die Romanze erst nach dem Ende seiner Ehe beginnen zu lassen, während Tommy Lascelles behauptete, er habe schon davor mit Townsend über die Beziehung gesprochen.

Als Townsend sein Buch schrieb, war er über sechzig Jahre alt und wieder verheiratet, er hatte drei Kinder mit seiner zweiten Frau. Doch spricht er mit tiefer Zuneigung über Margaret:

> Sie war von ungewöhnlicher, eindringlicher Schönheit, die in ihrer zierlichen, schlanken Figur lebte, sich in den großen, veilchenblauen Augen bündelte, ihrem empfindsamen Mund und ihrer Pfirsichhaut.
> Ihre Mimik und ihr ganzes Wesen hatten mitunter eine überwältigende Ausdruckstärke. Sie konnte binnen Sekunden zwischen weihevoller, fast melancholischer Ruhe zu ausgelassen lustiger, unbezähmbarer Freude wechseln. Ihrem Wesen nach war sie großzügig und wechselhaft ...
> Was Prinzessin Margaret letzten Endes so anziehend und liebenswert machte, war der Umstand, dass man hinter der glänzenden Fassade, der zur Schau getragenen Selbstsicherheit eine seltene Sanftheit und Aufrichtigkeit fand. Sie konnte einen dazu bringen, dass man sich vor Lachen ausschüttete, aber sie konnte einen auch sehr tief bewegen.

Jahrzehnte später sah Margaret den hochbetagten Tommy Lascelles vom Auto aus, er wohnte in der Nähe des Kensington Palace. Als er vor dem Wagen die Straße überquerte, sagte sie ihrem Chauffeur in einem Tonfall, der nicht verriet, ob es ironisch oder ernst gemeint war: »Überfahren Sie ihn.«

5

Die Ehrerbietung bekommt Risse

In den ersten fünf Jahren von Elizabeth' Regentschaft kam es am britischen Hof und im Verhältnis zwischen Hof und Nation zu einigen ebenso tiefgreifenden wie unerwarteten Veränderungen, die sich allerdings schon länger abgezeichnet hatten. Anzeichen dieser Entwicklung waren Geschehnisse, die zunächst unwesentlich schienen: Schüsse, die britische Soldaten in fremden Ländern abfeuerten; die Wut eines Jugendlichen beim Erledigen seiner Chemie-Hausaufgaben; ketzerisch anmutende Gedanken junger Adelstöchter, die in weißen Abendkleidern die majestätisch geschwungenen Marmortreppen hinaufschritten, über die prominente Gäste in die großen Säle des Buckingham Palace gelangen.

Als Elizabeth 1952 Königin wurde, schien die Zukunft gefahrlos und planbar; das royale Jahr war durch feste Termine und große Ereignisse strukturiert, die Feiertage wurden an den immer gleichen Orten auf althergebrachte Weise begangen.

Für die Briten ist der 25. Dezember der wichtigste Tag des Weihnachtsfestes, die Königsfamilie aber feiert am Heiligabend, eine Tradition, die mit Königin Victoria und ihrem aus Deutschland stammenden Ehemann Albert begann. Die Familie trifft sich auf dem königlichen Landgut Sandringham House in Norfolk, das Königin Victoria 1862 für ihren ältesten Sohn, den damaligen Prinzen von Wales, erworben hatte. Das riesige Haupthaus liegt in einem äußerst gepflegten Park samt Teich, wo man Fasanen und Tauben, Rotkehlchen und Amseln hören kann. Das Speisezimmer, wo die Familie das Weihnachtsdinner einnimmt, ist in Weiß und Graugrün gehalten, die hohen Fenster sind schmal und bodentief, der Park zum Greifen nah. Ostern begeht man in Windsor Castle, die Burg im Zentrum der malerischen Kleinstadt Windsor ist vermutlich die Residenz, die Elizabeth am ehesten als ihr Zuhause ansieht.

Im Spätsommer reist die Familie in das schottische Hochland, nach Balmoral, ebenfalls ein Erbe von Königin Victoria und Prinz Albert. Beim Umbau des Schlosses aus dem 14. Jahrhundert ließen sie sich von neugotischen Schlössern entlang des Rheintals, vor allem von Schloss Stolzenfels, inspirieren, das Königin Victoria 1845, drei Jahre vor Baubeginn in Balmoral, besucht hatte. Schloss Balmoral ist kleiner als Windsor und Sandringham, manche bezeichnen es spöttisch als »überdimensionierte Jagdhütte«. Der fast 250 km² große Besitz liegt nicht nur weit von jeder Stadt, sondern auch weit von den nächstgelegenen Dörfern Crathie und Ballater entfernt. Die Queen hat begeistert erzählt, wie gut es ihr tue, an diesem entlegenen Ort abzutauchen und mehrere Wochen im selben Bett zu schlafen.

Zum königlichen Jahr gehören feste Zeremonien. Im Juni gibt es in London *Trooping the Colour*, seit 1748 die offizielle Feierlichkeit zum Geburtstag des Monarchen. Die große Militärparade findet im Sommer statt, weil König Edward VII. im November Geburtstag hatte, einem für Feiern im Freien ungeeigneten Monat. Wie ihr Vater nahm auch Elizabeth die Parade jahrzehntelang zu Pferde ab, solange sie das tat, setzte sie sich im Frühjahr jedes Jahres auf Diät, damit die Uniform für den wichtigen Sommertermin gut saß.

Ebenfalls im Juni findet Royal Ascot statt, das königliche Pferderennen etwa fünfzig Kilometer westlich von London. Das heute fünftägige Ereignis geht auf Königin Anne und das Jahr 1711 zurück, am Beginn eines jeden Tages bringen Kutschen Mitglieder der Königsfamilie über die Rennbahn zur *Royal Enclosure*.

Elizabeth züchtete schon als junge Frau Rennpferde, in den fünfziger Jahren waren einige ihrer Pferde siegreich, sie folgte den Rennen aus der königlichen Loge mit Engagement und großer Begeisterung. Doch die meisten Besucher kamen vor allem wegen der besonderen Garderobe. *Dress code* für Damen war ein ausgesuchtes Kleid und Hut, für Herren Gehrock, gestreifte Hose und Zylinder; Ascot wurde schon früh zu einem gesellschaftlichen Event, wo man sah und gesehen wurde, wo man die neueste Garderobe und nicht zuletzt aufwendige und mitunter exzentrische Hutkreationen vorführen konnte. Am strengsten ist die Kleiderordnung für Gäste der königlichen Loge, die für den Zugang persönliche Beziehungen zum Palast sowie eine besondere Plakette brauchen.

So begeistert Elizabeth nach Ascot fuhr, so öde fand sie einen anderen jährlichen Pflichttermin: die Vorstellung der Debütantinnen im Buckingham Palace. Das Jahr der britischen Aristokratie war klar gegliedert: Im Frühjahr verließen die Familien die Landsitze und zogen in ihre Londoner Stadthäuser. Damit begann die sogenannte *Season*, im Frühjahr und Sommer reihten sich Gesellschaften und Bälle aneinander, bis man, rechtzeitig zur Jagdsaison, aufs Land zurückkehrte.

Zu Beginn der Londoner Season im März empfing die Monarchin siebzehnjährige Aristokratentöchter, die in die Gesellschaft eingeführt wurden und künftig Festivitäten der Erwachsenen besuchen durften, die Tradition existierte seit den Zeiten König Georges III. Die Mädchen mussten dem Monarchen von einer Dame vorgestellt werden, die zu ihrer Zeit selbst bei Hofe vorgestellt worden war, das konnte die Mutter sein, eine Tante oder eine andere weibliche Verwandte. Die Debütantin trug ein weißes Kleid mit Schleppe und drei Straußenfedern im Haar. Den korrekten Hofknicks, den berühmten *curtsy*, lernten alle in Madame Vacanis Tanzschule in Knightsbridge. Madame Vacani hatte Elizabeth und Margaret Tanzunterricht gegeben, auch Charles und Anne gingen dorthin, zahllose junge Frauen lernten dort, ein Knie hinter das andere zu schieben, in einen tiefen Knicks zu sinken und ohne Wackeln wieder hochzukommen.

Im Buckingham Palace warteten die Debütantinnen, bis sie aufgerufen wurden, dann traten sie vor Elizabeth und Philip und gaben sich größte Mühe, Madame Vacani keine Schande zu machen. Das war nicht ohne Tücken: Sie mussten, präzisen Vorschriften folgend, den linken Fuß nach hinten führen, dann, mit geradem Rücken und erhobenem Kopf, ohne Blumen oder Fächer fallen zu lassen, so tief knicksen, dass das linke Knie nur knapp über dem Fußboden war. Dann mussten sie sich aufrichten, drei Schritte rückwärtsgehen, nochmals knicksen und auf den Zeremonienmeister warten, der ihnen die Schleppe so über den Arm drapierte, dass sie gefahrlos abtreten konnten.

Diese Anstrengungen lösten bei dem Königspaar keinerlei sichtbare Reaktionen aus, auch wenn einige Debütantinnen sagten, Prinz Philip habe ihnen zugezwinkert. Elizabeth und Philip mochten die Veranstaltung nicht, sie zogen die Investiturzeremonien vor, bei denen sie Briten, die Außergewöhnliches geleistet oder sich um die Allgemeinheit verdient gemacht hatten, mit Medaillen, Titeln oder dem Ritterschlag ehrten. Die meisten Empfänger solcher Ehrungen werden von der Regierung ausgewählt, es gibt auch einige Ehrungen, die ein persönlicher Gunstbeweis der Königin sind. »Ich bin immer fasziniert von den Menschen, die kommen«, sagte sie einmal, »und von den Dingen, die sie getan haben.« Ihre Mitarbeiter sagen, sie werde bei Gästen mit akademischem Hintergrund mitunter scheu und verlegen, weil sie ihre eigene Bildung als mangelhaft empfinde. Andererseits scherzt sie manchmal über ihre bescheidene Schulkarriere, damit Gäste ihre Nervosität verlieren. Sowohl sie als auch ihr Stab geben sich die größte Mühe, damit alle, die die Monarchin treffen, diese Begegnung in angenehmster Erinnerung behalten. Bis heute informiert Elizabeth sich vor jeder Zeremonie über die zu Ehrenden, um etwas Persönliches sagen zu können. Für sie gehören die Investituren zu ihren wichtigsten Aufgaben: »Die Menschen verdienen es, dass man ihnen hin und wieder auf die Schulter klopft. Sonst wäre das eine armselige Welt.«

Als Kinder hatten Elizabeth und Margaret die Vorstellungsfeier für die Debütantinnen geliebt, vom Fenster aus verfolgten sie die Ankunft der Gäste. Schon damals war die Gruppe der Debütantinnen anders zusammengesetzt als in der Anfangszeit, in den Jahren bis zu Elizabeth' Krönung sollten sich weitere Änderungen ergeben.

Im 19. und frühen 20. Jahrhundert hatte sich eine neue, energische Schicht wohlhabender Kaufleute und Industrieller in die britische Oberschicht vorgekämpft. Sie sahen sich zwar als gesellschaftliche Erneuerer und als Alternative zu den Dynastien der Landbesitzer, beneideten diese aber um ihre souveräne Beherrschung der Etikette und um die Selbstsicherheit, die der Landadel über Jahrhunderte erworben hatte. Der wiederum hatte begriffen, dass man sich der Aufsteiger am besten erwehrt, indem man sie inkludiert. Mehrere waren in den Adelsstand erhoben worden, auch sie schickten ihre Töchter erst zu Madame Vacani, dann in den Buckingham Palace.

Für die Presse waren die Debütantinnen *celebrities*, Akteurinnen in einer Art Seifenoper. Die Gesellschaftsspalten berichteten, welche Feste sie besuchten, was sie trugen und ob zwei im gleichen Kleid aufgetaucht waren. Handverlesene junge Herren begleiteten sie zu den Veranstaltungen und Einladungen, immer unter Aufsicht der Mütter, die sich über die Männer austauschten und dabei Codes wie *NSIT* für *not safe in taxis* benutzten, oder *VVSITPQ* für *very very safe in taxis, probably queer*. Dem äußeren Anschein nach war dies ein quasireligiöses Übergangsritual, die »königliche Präsenz« segnete den Weg der in jungfräuliches Weiß gekleideten Frauen ins Erwachsenenleben. In Wahrheit war es ein Heiratsmarkt, bei dem Oberschichttöchter rasch und sicher mit Männern der eigenen Schicht verkuppelt werden sollten, bevor sie der Sünde oder einem Kerl aus den unteren Klassen anheimfallen konnten. Doch wie viele Traditionen, die lange als Selbstverständlichkeit galten, stand auch diese kurz vor dem Ende. Der Startschuss zu einem neuen und kritischeren Umgang damit fiel aber nicht in London, sondern am Mittelmeer und wurde für Elizabeth II. zu ihrer ersten schweren Prüfung auf dem Gebiet der Außenpolitik.

1952 kam General Gamal Abdel Nasser, Sohn eines Postbeamten, in Ägypten durch einen Staatsstreich an die Macht, sein Ziel war es, die ägyptische Monarchie abzuschaffen und sein Land aus der britischen Einflusssphäre zu lösen. Er war kein demokratisch gewählter, aber ein beliebter Führer, weil er an eine panarabische Identität und Allianz glaubte und weil er sich den Briten mit großem Selbstvertrauen entgegenstellte. Im Juli 1956 verstaatlichte er die britisch-französische Suezkanalgesellschaft; der Kanal, der das Mittelmeer mit dem Roten Meer verbindet, war für das britische Empire von großer symbolischer, für das britische Militär von ebenso großer strategischer Bedeutung; britische Soldaten hatten ihn im Zweiten Weltkrieg mit ihrem Leben verteidigt. Für die britische Regierung war Nassers Verstaatlichung daher nicht nur anmaßend, sie war ausgeschlossen.

Im Vorjahr war Winston Churchill, einundachtzig Jahre alt und durch einen Schlaganfall geschwächt, als Premier zurückgetreten, nachdem er von vielen Seiten lange dazu gedrängt worden war. Sein Nachfolger war Außenminister Anthony Eden, der fand, er habe mindestens zehn Jahre zu lang auf das Amt warten müssen.

Eden war auf dem Papier der perfekte Premierminister:

kultiviert, mehrsprachig, sehr gutaussehend, immer untadelig gekleidet. Er hatte im Ersten Weltkrieg an der Westfront gekämpft, zwei seiner Brüder waren dort gefallen. 1955 genoss er immer noch hohen Respekt dafür, dass er 1938 Neville Chamberlains Regierung verlassen hatte, weil er deren Nachgiebigkeit gegenüber den Diktatoren auf dem Festland missbilligte.

Als Nasser den Suezkanal unter seine Kontrolle gebracht hatte, sah Eden in ihm einen afrikanischen Hitler oder Mussolini, der um jeden Preis gestoppt werden müsse. Mit Frankreich und Israel heckte er einen kopflosen Plan aus: Israel sollte Ägypten angreifen, wenig später würden britische und französische Truppen zu einer »Befreiungsaktion« einmarschieren, die Kontrolle über den Suezkanal zurückerlangen und, so Eden, Großbritannien aus Nassers Würgegriff befreien. Im Oktober 1956 rückten die Israelis vor, wenig später bombardierten die Briten ägyptische Flughäfen, zumindest das war eine erfolgreiche Militäraktion.

Während die britische Öffentlichkeit gespalten war – patriotische Begeisterung auf der einen, wütende Gegner auf der anderen Seite –, waren die internationalen Reaktionen einhellig: Die USA hatten kein Interesse an einem Konflikt mit den arabischen Ölstaaten, die Suezkrise schaffte es bemerkenswerterweise, die USA und die Sowjetunion in der Verurteilung von Großbritannien und Frankreich zu einen. Das britische Pfund stürzte ab. Nur eine Woche nach der Invasion musste Edens Regierung dem internationalen Druck nachgeben, London und Paris waren zum Waffenstillstand gezwungen. Nach Ansicht des Historikers John Pearson agierte Großbritannien wie die Großmacht, die es nicht mehr war. In den kargen und zehrenden Nachkriegsjahren konnten sich die Briten des gewonnenen Krieges rühmen, sie hatten als einer von vier Alliierten die deutsche Kapitulation unterzeichnet. Nun aber, gut zehn Jahre später, begriff nicht nur die Bevölkerung, sondern die ganze Welt, dass das Land ohne Amerikas Wohlwollen im Grunde handlungsunfähig war.

Für die Briten war die Suezkrise ein Schock und eine Schande. Viele fühlten sich betrogen, man hatte sie Respekt vor etwas gelehrt, das sich als schwach erwiesen hatte, die Armee und das diplomatische Korps, auf die sie stolz sein sollten, glänzten nun durch Inkompetenz. Als Folge erlebten alle Institutionen, die an diesem Trugbild britischer Ehre und Macht mitgewirkt hatten, ein neues, gegen sie gerichtetes Misstrauen; Symbolfiguren, die bislang ganz selbstverständlich verehrt und bewundert wurden, mussten sich fragen lassen, ob sie das wirklich verdienten. Es dauerte nicht lange, bis dieser kritisch prüfende Blick auch die Krone ins Visier nahm.

Eden stand politisch unter Druck, zudem war er krank und litt unter Fieberanfällen; im November brach er zu einem längeren Ferienaufenthalt nach Jamaika auf, womit er sich den Briten nicht als verantwortungsvoller Premierminister empfahl. Bei seiner Rückkehr sah er sich mit Gerüchten konfrontiert, es habe ein Geheimabkommen mit Israel gegeben, denen er im Parlament mit der Lüge begegnete, man habe von Israels Angriff auf Ägypten nichts gewusst. Als die Wahrheit ans Licht kam, stellte sich sofort die Frage, ob Eden seiner Verpflichtung nachgekommen war und die Königin bei seiner wöchentlichen Audienz wahrheitsgemäß informiert hatte. Vielleicht war sie ja an dem Betrug beteiligt, der zur Demütigung der Nation geführt hatte.

Die Berichte hierzu sind widersprüchlich. Mehrere Quellen behaupten, die Königin habe von der Geheimvereinbarung mit Israel nichts gewusst − außer Eden seien nur drei enge Mitarbeiter eingeweiht gewesen, überdies habe Elizabeth die Angriffspläne »idiotisch« und Eden »verrückt« genannt. Falls diese Aussagen stimmen, geben sie vermutlich die Einschätzung von Dickie Mountbatten wieder, der inzwischen, wie sein Vater vor ihm, Stabschef der Marine geworden war. Mountbatten war entschieden gegen Edens Plan und ganz sicher niemand, der in Gesprächen mit der Königin mit seiner Meinung hinter dem Berg hielt. Elizabeth' Privatsekretär Martin Charteris vermutete, Mountbatten habe taktiert: Er habe Eden nicht ins Gesicht sagen wollen, wie unsinnig er die Invasionspläne fand, und daher die Königin in der Hoffnung unterrichtet, dass sie seine Meinung teilen und Eden gegenüber als die ihre vertreten werde. Die Dokumente, die sie täglich in den roten Boxen erhielt, lieferten den Beweis, dass Edens Pläne auch im Außenministerium nicht auf Zustimmung stießen.

Eden hingegen verteidigte sich gegen Vorwürfe, die Königin hinters Licht geführt zu haben. 1976 sagte er, sie habe »sehr wohl gewusst, was wir vorhatten«.

Am 8. Januar 1957 fuhr Eden, ein in jeder Hinsicht gebrochener Mann, nach Sandringham, wo die königliche Familie im Weihnachtsurlaub weilte. Er informierte die Queen über seinen Rücktritt als Premierminister, auf den sie, wie kolportiert wird, ebenso gehofft hatte wie der gesamte Hof. Doch nach seinem Besuch schickte sie ihm einen handgeschriebenen Brief, in dem sie seinen Rücktritt bedauerte. »Über Ihre Leistungen im Unterhaus und als Staatsmann ist in den letzten Wochen viel gesagt und geschrieben worden. Es ist mir ein großes Bedürfnis, Ihnen zu sagen, dass ich diese Leistungen, die Sie in bewegten Zeiten erbracht haben, als Ihr Souverän hoch schätze und nie vergessen werde.« Ein tief bewegter Eden antwortete: »Vor vielen Jahren sagte mir Baldwin, das Amt des Premierministers sei das einsamste auf der Welt ... Dass es mir anders erging, lag an der unerschütterlichen Sympathie und dem Verständnis Eurer Majestät.«

Der Briefwechsel wirkt nicht, als habe sich eine Seite von der anderen hintergangen gefühlt. Andrew Marr, ehemals politischer Redakteur der BBC, vermutete, Eden könne ihr den heikelsten Teil seines Plans verheimlicht haben, damit sie im Falle eines Scheiterns nicht hineingezogen wurde – was sie verstand und ihm hoch anrechnete. Doch bei den Briten hielt sich lange ein gewisses Misstrauen ihr gegenüber.

Damit nicht genug. Die Suezkrise bescherte ihr weitere Probleme. Es ist die Aufgabe der Königin, den Führer der größten Partei mit der Bildung einer Regierung zu beauftragen. Das ist in der Regel eine reine Formalität, denn das Volk hat die Partei gewählt, die regieren soll, jede Partei hat zuvor ihren Kandidaten für das Amt nominiert. Aber da Eden ohne »Kronprinz« zurückgetreten war, gab es keinen klaren Adressaten für die königliche Einladung. Eden und der Privatsekretär der Königin einigten sich darauf, dass einer der älteren Angehörigen der konservativen Regierung erkunden solle, wen die Kabinettsmitglieder im Amt des Premiers wünschten. Die Wahl fiel auf Lord Salisbury, *Leader of the House of Lords*. Er war die Inkarnation des traditionsverhafteten, aristokratischen Staatsmannes, was er mit seinen verbalen Attacken gegen die Heirat von Prinzessin Margaret mit Peter Townsend bewiesen hatte. Zur Wahl standen *de facto* zwei Männer: Rab Butler und Harold Macmillan.

Favorit war der fortschrittliche Tory Rab Butler, Urheber mehrerer populärer, liberaler Reformen. Aber Parteifreunde glaubten, dass er den konservativeren Flügel der Partei verachtete, und hatten auch nicht vergessen, dass er Chamberlains Appeasement-Politik unterstützt hatte. Salisbury und ein Vertrauter bestellten auf fast mafiöse Weise die Kabinettsmitglieder einzeln ein und forderten von jedem, sich sofort und offen für einen der Kandidaten zu entscheiden. Die überwältigende Mehrheit stimmte für Macmillan. Salisbury unterrichtete die Königin, sie bat Harold Macmillan am 10. Januar 1957, nur zwei Tage nach Edens Sandringham-Besuch, in den Buckingham Palace.

Königin Elizabeth II. agierte seit ihrer Thronbesteigung immer sehr vorsichtig. Sie achtete stets darauf, die ihr gezogenen politischen Grenzen nicht zu überschreiten, folgte im Zweifel grundsätzlich der Tradition und dem Protokoll, mied wo immer möglich den schwierigeren und risikoreicheren Weg. Auf diese Weise konnte sie die meisten Fallgruben ihres Amtes umgehen, aber auch diese Passivität wurde ihr gelegentlich als Meinungsäußerung ausgelegt.

So auch in diesem Fall, dabei wäre ihr eine eindeutige Initiative fraglos als Beeinflussung des politischen Lebens angekreidet worden. Der Historiker Ben Pimlott meint, dass sie zwar Salisburys Rat folgen und Macmillan einladen musste, aber den Spielraum gehabt hätte, die Methoden der Beschlussfassung in Frage zu stellen. Der Hof hatte die Entscheidung nicht der Partei, sondern deren erzkonservativem Flügel übertragen, Macmillans Ernennung erweckte nun den Anschein, als habe sich der Hof von einer Clique ergrauter Konservativer mit Adelstitel instrumentalisieren lassen. Lord Salisburys enge Freundschaft mit der Queen Mother verstärkte den Verdacht ebenso wie der Umstand, dass Harold Macmillan fast wie die Karikatur eines britischen Konservativen auftrat: ein gesetzter Herr mit Schnurrbart, der auf dem Landsitz seines Schwiegervaters, des Herzogs von Devonshire, auf die Jagd ging.

Doch Macmillan war nicht nur der Beinahe-Lord mit elegantem Lebensstil. Er war als Enkel eines schottischen Kleinbauern in einer Mittelschichtfamilie aufgewachsen, die einen kleinen Verlag betrieb, er ging als Erster seiner Familie nach Eton und weiter nach Oxford, er kämpfte an der Westfront und wurde fünfmal verwundet. Nach dem Krieg heiratete er die Herzogstochter Lady Dorothy Cavendish, das Paar bekam fünf Kinder. Doch dann verliebte sie sich in einen Parteifreund ihres Mannes, den Schürzenjäger Bob Boothby, der, wie Dorothy ihren Ehemann wissen ließ, auch der Vater ihrer jüngsten

Tochter Sarah sei. Sie wollte die Scheidung, Macmillan widersetzte sich mit der Drohung, falls sie ihn verlasse, werde er sich umbringen, wenig später erlitt er einen Nervenzusammenbruch. Die Ehe blieb ebenso bestehen wie Dorothys Verhältnis, das sie aber nicht mehr verheimlichte.

Macmillan romantisierte seine Eton- und Oxford-Tage in einem Maße, dass es manchen schien, als wolle er Vertrautheit mit einer Welt vortäuschen, in der er sich im Grunde nicht heimisch fühlte. Einerseits war er so unsicher, dass er sich vor Vorträgen gelegentlich aus Nervosität übergeben musste; andererseits zeigte er sich gern als rücksichtsloser Machtstratege, der ehemalige Verbündete unsentimental fallenließ, wenn es seinen Interessen diente. Er sollte die Torys in große Wahlsiege führen, mit der Zeit dachten nur noch wenige mit Sehnsucht an Rab Butler.

Aber die Suezkrise und Macmillans dubiose Ernennung ermutigte auch andere, sich mit Kritik am Königshaus aus der Deckung zu wagen. Im August 1957 veröffentlichte die kleine Zeitschrift *National and English Review* unter dem Titel »Die Zukunft der Monarchie« ein Schwerpunktheft, in dem gleich mehrere Artikel viel direkter als üblich die Stellung der Monarchie und deren Umgang mit der eigenen Rolle hinterfragten. Der Chefredakteur war Lord Altrincham, der dreiunddreißigjährige Baron hatte Zeitschrift und Titel von seinem Vater geerbt. Diesem verdankte er auch die Einladung zu Elizabeth' Krönung, wo ihm auffiel, dass zu den 8251 Gästen der Zeremonie in der Westminster Abbey praktisch der gesamte britische Hochadel zählte, für die 625 gewählten Volksvertreter aber nicht einmal einhundert Plätze vorgesehen waren, die per Los verteilt wurden. Diese Beobachtung führte letztlich zu Altrinchams Artikel für die erwähnte Sondernummer.

Viele Briten, schrieb er, empfänden großen persönlichen Respekt für die Angehörigen des Königshauses, während sie die Institution, die sie repräsentierten, eher kritisch sähen. Das mache die Monarchie angreifbar, denn wenn die Begeisterung für die Königin und ihre Familie schwinde, bliebe von dem Pakt zwischen Volk und Monarchie nicht viel übrig. Die Magie, die die junge Königin und ihre Familie umgebe, werde verblassen, sobald sie »ihre Jugendfrische verloren hat«. Die Königin müsse anfangen, Dinge zu sagen, die den Leuten im Gedächtnis haftenblieben, vorläufig deute allerdings wenig darauf hin, »dass eine solche Persönlichkeit in Erscheinung treten wird«.

Diese Passage war der eigentliche Skandal des Textes. Kritik an königlichen Entscheidungen war von der Presse schon früher geäußert worden, aber immer vorsichtig verpackt, man sprach von Beratern der Königin, die ihren Job nicht gut machten, von Familienmitgliedern, die sie in einem schlechten Licht erscheinen ließen. Die guten Absichten und die sichere Urteilskraft der Monarchin wurden von der Presse niemals in Frage gestellt. Sie aber, wie Altrincham es tat, persönlich für Mängel der Monarchie verantwortlich zu machen war ein Tabubruch. Er verglich Elizabeth und Margaret mit George V., der sich immer bemüht habe, »klassenlos« aufzutreten, seine Enkeltöchter hingegen wirkten wie kindliche Debütantinnen. Die Königin sprechen zu hören verursache ihm geradezu »Nackenschmerzen«:

Sie ist, wie ihre Mutter, offenbar außerstande, einige wenige Sätze ohne einen vorgeschriebenen Text aneinanderzureihen. [...] Aus den Äußerungen, die ihr in den Mund gelegt werden, ergibt sich das Persönlichkeitsbild eines affektierten Schulmädchens, der Spielmacherin einer Hockeymannschaft, einer Musterschülerin und einer Konfirmandin.

Er bezeichnete den Hof als Ansammlung von »Tweed-Gestalten, die den Anschluss an die heutige Zeit verloren« hatten: Während die britische Gesellschaft moderner und vielfältiger werde, sei der Hofstaat um die Königin »eine enge, kleine Enklave von Ladies und Gentlemen«, zweitrangig und fantasielos. Zuwanderer aus den Kolonien oder ehemaligen Kolonien hatten die britischen Städte in den vorhergehenden Jahrzehnten dramatisch verändert, doch von dieser ethnischen und sozialen Entwicklung sei bei Hofe nichts zu sehen. Altrincham meinte, die Hofgesellschaft müsse klassenlos und farbenblind werden. Seine besondere Verachtung galt der »völlig absurden« Zeremonie zur Einführung der Debütantinnen, sie sei kaum mehr als eine Eintrittskarte in das Establishment und hätte »1945 in aller Stille abgeschafft werden sollen«.

Altrincham war Monarchist und fand es erstaunlich, dass das von irgendjemandem angezweifelt wurde. Er sagte später, ebenso gut könne man sagen, dass ein Kunstkritiker gegen Kunst sei. Aber als alle großen Zeitungen mit großer Freude am Skandal aus dem Text zitierten, wurde er fast zum Feind der Gesellschaft. Die BBC schwieg ihn tot. Andere stellten öffentlich Überlegungen an, wie man sich seiner entledigen könnte. Betagte Aristokraten beschrieben in Interviews, auf welch schmerzhafte Weise man Lord Altrincham hinrichten lassen solle. Henry Fairlie schimpfte in der *Daily Mail*, er sei mit »seinem unfassbar beschränkten Spatzenhirn gegen den Erfahrungsschatz von Jahrhunderten« angetreten. Der Erzbischof von Canterbury beschuldigte ihn der Blasphemie, er habe schmutzigere Gedanken als die Konfirmanden, auf die er verweise. Ein vierundsechzigjähriger Kriegsveteran namens B. K. Burbidge ohrfeigte Altrincham auf offener Straße, ein Richter verurteilte ihn zu einer Geldstrafe und bedauerte öffentlich, zu diesem Urteil gezwungen zu sein. Er fügte hinzu, die meisten Engländer hätten die Backpfeife gern selbst verabreicht, denn fünfundneunzig Prozent der Bevölkerung fänden das Geschreibsel widerwärtig und beleidigend.

Einige wenige Mutige stimmten Altrincham zu, er habe nur gesagt, was viele dachten. Eine Umfrage der *Daily Mail* ergab, dass jüngere Briten Altrinchams Meinung teilten, der Kreis der Hofbeamten sei zu homogen und müsse erweitert werden.

Altrincham war nicht der Einzige, der sich in das Minenfeld Monarchie wagte. Schon 1955 hatte der BBC-Journalist Malcolm Muggeridge einen Artikel über »Die königliche Seifenopfer« geschrieben, was zu einem festen Begriff wurde. Seine Kritik zielte weniger auf die Krone als vielmehr auf die Haltung der Briten ihr gegenüber. Weil eine zunehmend materialistische Gesellschaft den Bezug zur Religion verliere, schrieb er, habe das Volk das Bedürfnis, einen Ausgleich zu schaffen, das Königtum werde zu einer »Ersatzreligion«, zu einer Kraft, die zur Legitimierung einer ungerechtfertigten sozialen Hierarchie beitrage.

Welche Stimmung der Text auslöste, zeigt unter anderem eine Schlagzeile, wonach Muggeridge seine Monarchin »hausbacken, ohne jeden Pfiff und banal« genannt habe, während er tatsächlich – und vermutlich mit einigem Recht – geschrieben hatte, dass es »die Herzoginnen und nicht die Kassiererinnen sind, welche die Queen für hausbacken, ohne jeden Pfiff und für banal halten und die Nase rümpfen ob einer Show, die so offensichtlich auf Massenwirkung ausgerichtet ist«.

Muggeridges geplanter BBC-Auftritt wurde sofort abgesagt, sein Haus verwüstet, er bekam Morddrohungen. Der Historiker Sir George Clark empfahl, ihn öffentlich auszupeitschen.

Doch die Zahl der Kritiker wuchs. Im Herbst 1955 schrieb der Dramatiker John Osborne, der im Folgejahr mit dem Theaterstück *Blick zurück im Zorn* in London große Erfolge feiern sollte, für ihn sei das königliche Symbol tot, die Monarchie sei »eine Goldfüllung in einem verrotteten Zahn«. Das war – zur

Freude der einen und zum Ärger der anderen – fast Ketzerei in einem Land, wo das Abbild der Königin in Pubs und auf Kaminsimsen prangte, wo in Kinos am Ende jeder Vorführung »God Save the Queen« angestimmt wurde und das Publikum sich erhob – was bis Anfang der sechziger Jahre so bleiben sollte.

Doch Lord Altrinchams Kritik war nachhaltiger als die seiner Vorgänger, weil sie reflektierter war und sein Verfasser zudem selbst der Elite des Landes angehörte.

Die Reaktion bei Hofe war gespalten. Die Königin war empört, vielleicht weniger um ihrer selbst willen als wegen der Institution, für deren Schutz sie zuständig war, angeblich sagte sie, »Er muss verrückt sein«. Prinz Philip nutzte die Debatte für seinen Kampf um Modernisierungen, sie bestätige nur, was er seit langem sage. Und er war mit dieser Ansicht im Palast nicht allein, am Ende wurde Lord Altrincham zu einem privaten Treffen ins Schloss gebeten, um mit dem Zweiten Privatsekretär Martin Charteris mögliche Veränderungen im Königshaus zu erörtern. Es sollte dreißig Jahre dauern, bis Charteris die Bedeutung von Altrinchams Anregungen anerkannte: »Sie haben der Monarchie einen großen Dienst erwiesen«, sagte er. »Das sage ich gern öffentlich.«

Sowohl die BBC als auch Prinz Philip hatten Elizabeth bedrängt, ihre jährliche Weihnachtsansprache im Fernsehen übertragen zu lassen. Elizabeth widersetzte sich lange, sie sprach so ungern direkt in die Kamera, dass sie dabei jedes Mal förmlich erstarrte. Am Ende gab sie nach, die Aufnahmen, sagte sie später, seien sehr nervenaufreibend gewesen und hätten Weihnachten völlig durcheinandergebracht. Sie wollte den Text nicht vom Teleprompter ablesen, weil sie das gestellt fand, das Manuskript sollte sichtbar vor ihr liegen. Gelöst wirkte sie dennoch nicht. Es half nicht, dass der Sender sich in allem nach ihren Wünschen richtete, dass Philip eifrig mit ihr übte, dass er unter die Kamera kroch und schielte, während sie die Rede las, um sie aufzulockern.

Lord Altrinchams Artikel läutete auch das Ende der Debütantinnen-Vorstellung ein. Der Hof hatte das bereits geplant, doch die Königin zog das Ende ein Jahr hinaus – vielleicht wollte sie zeigen, dass sie sich Altrinchams Kritik nicht beugte. Das Ritual sollte durch Gartenfeste ersetzt werden, zu denen man Gäste einladen wollte, die den Querschnitt der britischen Gesellschaft repräsentierten.

Auch unter den teilnehmenden Familien war die Unzufriedenheit mit dem Debütantinnenball gewachsen, wenn auch aus anderen Gründen als bei Altrincham. Da die Aristokratie und die traditionellen Eliten immer stärker unter finanziellen Druck gerieten, waren einige ehemalige Debütantinnen dazu übergegangen, aufstrebende junge Frauen gegen Bezahlung bei Hofe einzuführen. Altrincham mochte den Debütantinnenball elitär finden, den Traditionalisten war er nicht mehr elitär genug. Wie Prinzessin Margaret sagte: »Wir mussten das beenden. Jede Londoner Nutte kam rein.«

Doch die Ankündigung, dass im Jahr 1958 Schluss sein werde, löste Panik aus. Der Hof erhielt eine Flut von Bewerbungen, schließlich knicksten an drei aufeinanderfolgenden Tagen 1400 Mädchen vor Elizabeth und Philip. Eine von ihnen, Fiona MacCarthy, die Journalistin und Kunsthistorikerin wurde, hat darüber ein Buch geschrieben; sie schildert in *Last Curtsey* die lange Schlange vor dem Buckingham Palace, elegant gekleidete Väter, Mütter und Töchter, die zitternd im Märzwind warteten und sich in dem Gefühl vereint wussten, dass die letzte Bastion gegen das vulgäre Volk fällt und der Untergang naht.

Ihr gefiel der Gedanke an ein künftiges Leben als passive, angepasste Ehefrau ganz und gar nicht. Ein Leben, in dem junge Frauen wie sie Männer bewunderten, wenn sie sich beim Rudern oder Polospielen hervortaten, und die Herren der

Schöpfung nach dem Dinner allein ließen, damit sie ungestört über Politik diskutieren konnten. In dieser Welt waren Frauen, die durch Individualität und Eigensinn gegen die Norm verstießen, nicht erwünscht. Im letzten Jahr des Debütantinnenballs war MacCarthy eine von nur vier Teilnehmerinnen, die für den folgenden Herbst einen Studienplatz an einer Universität bekommen hatten; für die Gesellschaftsspalten waren sie »die Blaustrumpf-Debütantinnen«, was nicht als Kompliment gemeint war.

Es rumorte auch an anderen Stellen. Junge Briten trugen die Haare länger, wenige Wochen bevor Fiona MacCarthy ihren Hofknicks machte, spielte in Liverpool ein schüchterner Vierzehnjähriger namens George Harrison bei der Band The Quarrymen vor. Empfohlen hatte ihn sein Schulfreund Paul McCartney, Bandleader John Lennon mochte Harrisons Gitarrenspiel und nahm ihn in die Band auf. Derweil musste in der Kleinstadt Dartford westlich von London der fünfzehnjährige Keith Richards ein Schuljahr wiederholen. Mit seiner hellen Sopranstimme gehörte er zu den Stars des Schulchors; 1955 schritt er mit dem Chor den Mittelgang der Westminster Abbey entlang und sang in Anwesenheit der Königin mühelos die höchsten Töne von Händels *Messias*. Um Zeit für den mehrfach ausgezeichneten Chor zu haben, war er vom Physik- und Chemieunterricht befreit worden, was ihm sehr recht war. Aber kaum hatte er den Stimmbruch erreicht, musste er den Chor verlassen und ein Schuljahr wiederholen, um das Versäumte aufzuholen. »Ich war unglaublich wütend, ich wollte Rache«, schrieb der Stones-Gitarrist später. »Wenn es nach mir ging, sollte das ganze Land in sich zusammenstürzen, das ganze Land und alles, was es repräsentierte.«

Auch unter den Debütantinnen gärte es, sie fanden die Rituale zunehmend albern – bei dem traditionellen Queen Charlotte's Ball beispielsweise mussten sie vor einer gewaltigen

Torte knicksen. Sie waren auch längst nicht mehr so sittsam, wie man es von ihnen erwartete. Kokett blinzelten sie in die Kamera des blaublütigen Boheme-Fotografen Antony Armstrong-Jones, dem man nachsagte, dass er einige der von ihm porträtierten jungen Frauen verführte, denen ihre Unberührbarkeit nicht so wichtig war, wie das weiße Kleid vorgab. Einige Debütantinnen des Jahres 1958 wurden berühmt: Sarah Frances Croker-Poole heiratete den Aga Khan, Teresa Hayter wurde marxistische Aktivistin, Jennifer Murray flog als erste Hubschrauberpilotin um die Welt, Rose Dugdale schloss sich der IRA an, wurde Terroristin und saß schließlich sechs Jahre im Gefängnis.

Diese gravierenden gesellschaftlichen Veränderungen – der neue Blick auf ein Großbritannien, das keine Großmacht mehr war, die Zweifel an der Unantastbarkeit alter Institutionen, die Neudefinitionen der idealen Frau und des idealen Mannes – entzogen der britischen Gesellschaft viel von ihrem ehemaligen Glanz. Entscheidend für diese Entwicklung waren die jungen Briten, die die Ideale und Symbole, die ihnen als ewig und unantastbar präsentiert worden waren, augenrollend und äußerst skeptisch musterten. Sie bezweifelten, ob all das wirklich die Achtung verdiente, zu der man sie erzogen hatte. Auf lange Sicht führte diese Entwicklung dazu, dass die dem Königshaus traditionell entgegengebrachte Ehrerbietung auf den Prüfstand kam und keine Selbstverständlichkeit mehr war.

Drei Traditionen, die seit Jahrhunderten zum royalen Jahresablauf gehört hatten, waren plötzlich nicht mehr unantastbar: Eine wurde abrupt beendet, die zweite blieb erhalten, die dritte hat sich grundlegend verändert. Die London-Season wurde zwar weiter gefeiert und auch zum Queen Charlotte's Ball wurde noch eingeladen, aber ohne den strahlenden Höhepunkt im Buckingham Palace und die Nähe zu den Royals hatte The Season für die Debütantinnen ihre eigentliche Bedeutung verloren. Bald brauchte es mehr zum Ruhm, als eine adlige Siebzehnjährige zu sein; bald standen immer häufiger Frauen im Rampenlicht, die mehr und anderes zu bieten hatten als einen ellenlangen Stammbaum: Reichtum, Charisma, Talent oder das richtige Gespür, nicht selten alles zusammen. 2009 wurde der Ball wiederbelebt, die Neuauflage ist Töchtern reicher Familien aus der ganzen Welt vorbehalten, die neben klassischen Anstandsregeln auch modernes Networking lernen und am Ballabend gern im Maserati mit eigenem Chauffeur vorfahren.

Trooping the Colour wird weitergeführt, die BBC überträgt jede Minute der Militärparade mit 14 000 Soldaten und zweihundert Pferden live. Immer meint ein Kommentator erwähnen zu müssen, dass man angesichts all dieser blitzenden Helme und roten Uniformjacken nicht vergessen dürfe, dass Großbritannien weder militärisch noch weltpolitisch noch das sei, was es einmal war. Die Queen ritt bis zu ihrem 60. Lebensjahr in der Parade mit, Prinz Philip saß bis zu seinem 82. Lebensjahr im Sattel. Nun haben ihre Kinder und Enkelkinder das übernommen, Elizabeth und Philip sind auf die Kutsche umgestiegen, in der man Philip 2018 das letzte Mal sah. 2020 und 2021 wurde die große Londoner Parade wegen der Corona-Pandemie abgesagt.

Royal Ascot hat sich tiefgreifend verändert. Immer noch gibt es viele Kameras und viele große Hüte, jeder Tag beginnt mit den Kutschen, in denen die Königsfamilie ankommt. Aber sonst ist vieles anders.

Im Sommer 2018 besuchte ich an einem Abend während der Ascot-Woche eine kleine Galerie im Londoner Stadtteil Mayfair, wo bei einem Fest mittellose Künstler und reiche Kunstsammler aufeinandertrafen. Ein junges Paar, sie in Kleid und Hut, er in Gehrock und Zylinder, fiel mir auf, sie kamen aus Ascot, beide trugen noch die Zugangsplakette zur königlichen Loge. Sie waren betrunken, weil sie den ganzen Tag lang Champagner gekippt und Geld auf Pferde gesetzt hatten, von denen sie keine Ahnung hatten und an deren Namen sie sich nicht erinnerten. Sie waren betrunken, fanden aber, es sei noch zu früh, um nach Hause zu gehen.

Noch vor wenigen Jahrzehnten war es für die britische Oberschicht eine Selbstverständlichkeit, sich zu bestimmten Anlässen entsprechend zu kleiden, auch für gesellschaftliche Termine am Vormittag galt der *dress code*. Für das Paar des Jahres 2018 aber war es eine Verkleidung, die es möglichst lange vorzuzeigen galt, denn die nächste Gelegenheit würde auf sich warten lassen. Sie waren wie Kinder, die den Kleiderschrank der Großeltern geplündert hatten. Die Königsfamilie tritt auf wie eh und je, für die anderen Ascot-Besucher wird das Ganze immer mehr zum Karneval. Ascot gehörte einmal den Hütern der Tradition, jetzt scheinen Elizabeth und ihre Familie die Einzigen zu sein, die sie noch zu wahren wissen.

6

Szenen einer Ehe

Zu Beginn von Elizabeth' und Philips Ehe, als König George VI. noch lebte, verbrachte das Paar die Wochenenden in einem angemieteten Anwesen in Windlesham Moor in Surrey. Aber Philip, so sein Kammerdiener Norman Barson, reiste manchmal auch unter der Woche in Begleitung einer anderen Frau an, schlank, gutaussehend, jung, mit geschliffener Sprache. Sie aßen zu Mittag, lachten, redeten.

»Ich habe nie gesehen, dass sie sich geküsst oder auch nur berührt hätten«, sagte Barson Jahrzehnte später. »Aber ich dachte mir, dass er sich mit ihr nicht anders verhielt als mit der Königin. Wie er den Kopf neigte, ihr in die Augen sah, sie zum Lachen brachte.«

Mit Philip hatte Elizabeth sich einen Gemahl ausgesucht, der für den kleinen, streng reglementierten Inner Circle, in den er eintreten sollte, gute und weniger gute Voraussetzungen mitbrachte.

Er wusste, welche Einschränkungen und Anforderungen auf ihn zukamen, und er respektierte sie, weil er selbst königlichen Geblütes war. Als er die künftige Königin heiratete, tat er dies in der Überzeugung, dass es seine Pflicht, ja sein Schicksal war, sie bei allen ihren Aufgaben nach Kräften zu unterstützen. Und so widmete er sich seit dem Tag der Hochzeit mit großem Engagement der Lebensaufgabe seiner Frau. Er hat sie bestärkt und vor schwierigen Aufgaben beraten.

Aber es kam auch immer wieder zu Konflikten, wenn seine Individualität, seine Gestaltungslust und sein Freiheitsdrang auf die Zähigkeit des Protokolls des Hofstaates stießen. Auch als Ehemann brauchte er Freiräume, wo er laut denken, reden und feiern konnte, ohne bedenken zu müssen, welche Konsequenzen das für das Ansehen der Monarchie haben könnte.

Einer dieser Freiräume war der Londoner Thursday Club. Seine Mitglieder trafen sich wöchentlich in einem Raum über dem Restaurant Wheeler's in der Old Compton Street, Philip stieß Ende der vierziger Jahre dazu. Gründer des Herrenclubs war Baron Sterling Henry Nahum, ein schillernder Society-Fotograf, der unter dem Namen »Baron« arbeitete und die offiziellen Hochzeitsbilder von Elizabeth und Philip gemacht hatte. Philip, Onkel Dickie sowie Philips australischer Sekretär Mike Parker waren nicht die einzigen Prominenten, die dort verkehrten, die Schauspieler David Niven und Peter Ustinov kamen ebenso wie die Zeitungsredakteure Arthur Christiansen und Frank Owen. Der Osteopath Stephen Ward, zu dessen Klientel Premierminister, Filmstars und Royals gehörten, war häufiger Gast.

Elizabeth nannte diese Männerrunde »Philip's funny friends« – also Philips *lustige*, vielleicht aber auch *seltsame* Freunde. Manche Hofschranzen wählten drastischere Formulierungen, die alte Palast-Garde meinte, der Gemahl der Königin werde von seinen liederlichen Freunden vom rechten Weg abgebracht. Der lebenslustige »Baron« mochte schnelle Autos und schöne Frauen, Clubmitglieder ließen später durchblicken, einige Anwesende hätten sich etwas zu heftig für die Kellnerinnen des Restaurants begeistert, andere versicherten, das Interesse habe sich auf kleine Scherze und derbe Witze beschränkt.

Ein weiterer Freiraum war die königliche Jacht »Britannia«. Das 412 Fuß lange Schiff war für die junge Königin gebaut und 1953 in Dienst gestellt worden, Philip war an der Planung der

Innenausstattung sowie einiger technischer Finessen beteiligt gewesen. Die Kosten von zwei Millionen Pfund wurden der Bevölkerung gegenüber mit der Zusicherung gerechtfertigt, die Jacht könne in Kriegszeiten in ein Lazarettschiff umgewandelt werden. Die »Britannia« hatte einen großen, hellen Salon, einen imposanten Speisesaal sowie eine bemerkenswerte Treppe für große Auftritte des Königspaares, die privaten Kabinen waren geräumig und hatten direkten Zugang zu einem Sonnendeck. Das war Elizabeth' Lieblingsort, hier konnte sie in Ruhe den Sonnenuntergang verfolgen, während die Mannschaft auf weichen Sohlen umherging, um die Royals nicht durch die Geräusche ihrer Schritte zu stören.

Die Jacht war für Elizabeth eine Art Feriendomizil mit Privatsphäre, hier war sie ungestört. Philip hingegen wollte das Schiff auf See erproben. Die Gelegenheit bot sich, als der Gemahl der Königin 1956 die Olympischen Spiele in Melbourne eröffnen sollte. Er würde nicht mit dem Flugzeug, sondern mit dem Schiff anreisen und auf dem Weg einige Inselreiche des britischen Commonwealth besuchen, die nur auf dem Seeweg erreichbar waren, geplant waren zudem Stopps in der Antarktis und auf den Galápagos-Inseln. Elizabeth sah darin eine Möglichkeit, Philip seine Abenteuerlust ausleben zu lassen und zugleich das Band zwischen der Krone und einigen entlegenen Winkeln des Commonwealth zu stärken. Philip hat einmal gesagt, er gehöre einer der großen Bruderschaften dieser Welt an, »der Bruderschaft der See«, er und Mike Parker freuten sich darauf, wieder Seeleute zu werden. »Baron« sollte die Reise fotografisch dokumentieren, wurde aber krank und starb kurz vor der Abreise; Parker erwog, »Barons« jungen Assistenten Antony Armstrong-Jones mitzunehmen, fand dann aber, er sei »zu sehr Bohemien«. Philip verließ London am 15. Oktober 1956 – vierzehn Tage später marschierte die israelische Armee in den Sinai ein und löste die Suezkrise aus.

Besonders unter jüngeren Briten sank das Vertrauen in die Führung ihres Landes, sie zweifelten immer stärker an der Kompetenz der politischen Elite. Das Misstrauen, ob die respektablen Fassaden der Eliten ihre Versprechen hielten, erstreckte sich zunehmend auch auf deren Privatleben und deren Sexualität – bei vielen Skandalen der fünfziger und frühen sechziger Jahre geht es um Sexualität, heimliche Gelüste, menschliche Schwäche und unstatthafte Kontakte. Hermetische Männerzirkel, in die ehrenwerte Herren sich mit großer Selbstverständlichkeit zurückziehen konnten, um sich auszutauschen, gerieten immer stärker in den Verdacht, korrupte Klüngel zu sein, wo Absprachen getroffen, wichtige Posten verschoben und Ehegelöbnisse gebrochen wurden. Der Verdacht erwies sich bemerkenswert oft als zutreffend.

Schon im Februar 1956 erlebte Großbritannien einen Skandal, bei dem politische wie sexuelle Geheimnisse eine Rolle spielten. Am Anfang stand eine improvisierte Pressekonferenz in Moskau mit zwei etwa vierzigjährigen Briten, dem Diplomaten Donald MacLean sowie dem Diplomaten und BBC-Produzenten Guy Burgess. Sie hatten für den britischen Geheimdienst gearbeitet, waren fünf Jahre zuvor als sowjetische Spione enttarnt worden und danach spurlos verschwunden. Erst die Pressekonferenz enthüllte, dass sie hinter den Eisernen Vorhang geflohen waren.

MacLean und Burgess waren Privatschulabsolventen und seit ihrer gemeinsamen Studienzeit im Cambridge der 1930er Jahre überzeugte Kommunisten. Die spartanischen und strengen britischen Bildungsinstitutionen, die aus Schulbuben loyale, genügsame und vertrauenswürdige Mitglieder der herrschenden Klasse machen sollten, erreichten mit ihren Bemühungen oft das Gegenteil. Die Jungen froren und hatten Hunger, sie mussten Vorschriften befolgen, die sie widersinnig fanden, gegen die aber jeder Protest sinnlos war. Sie lernten, den Lehrern nach dem Mund zu reden und sich ihren Teil zu denken. Geheime homosexuelle Erfahrungen waren üblich, öffentlich wurden sie verdammt und vom Gesetz scharf verfolgt, viele Männer mussten parallele, völlig voneinander getrennte Leben führen. Das traf auch auf den homosexuellen Burgess und den vermutlich bisexuellen MacLean zu.

Der Erste Weltkrieg hatte zwischen die Generation von Burgess und MacLean und die ihrer Eltern einen Keil getrieben; was die Alten als einen ehrenvollen und aufopfernden Krieg betrachteten, war für die Jungen ein Blutbad; durch Großbritanniens Willfährigkeit bei Hitlers und Mussolinis Machtergreifungen verloren später viele junge Briten den Glauben an die gewählten Volksvertreter. Gegen Ende der Zwischenkriegsjahre kam an der Universität Cambridge der Kommunismus in Mode, die Studenten konnten die Unterwerfung und Untertänigkeit, die man ihnen eingebläut hatte, mit Aufruhr verbinden und zur Ideologie machen. Dank der intellektuellen Selbstsicherheit, mit der das elitäre Schulsystem viele von ihnen ausgerüstet hatte, konnten sie die ideologische Gewalt und die Verfolgungen in der Sowjetunion als notwendige Etappe auf dem Weg zur künftigen Harmonie abtun. Die Historikerin Miranda Carter meinte, der Marxismus sei auch Sündenerlass dafür gewesen, dass sie einer privilegierten, herrschenden Gesellschaftsschicht angehörten.

Als die Geschichte von Burgess und MacLean bekannt wurde, fanden Zeitungsleser es verstörend, dass nicht nur der diplomatische Dienst, sondern auch die Geheimdienste die Männer erst bereitwillig aufgenommen und dann lange Zeit zahlreiche Hinweise ignoriert hatten, dass sie nicht die waren, die sie behaupteten zu sein. Man war gar nicht auf den Gedanken gekommen, die eigenen Leute zu durchleuchten. Schnell verfestigte sich der Eindruck, dass die Eliten unverzeihlich naiv oder vorsätzlich blind handelten, solange jemand nur den richtigen Bildungsweg und den richtigen Akzent hatte – egal, was sie feindlichen Mächten erzählten, egal, wie ihr Sexualleben aussah. Die von der BBC und der Kirche verkündete hehre Moral klang zunehmend wie leeres Gerede, das niemand mehr ernst nahm. Etwa um diese Zeit tauchte zum ersten Mal das Wort »Establishment« als Bezeichnung für eine informelle, soziale Macht mit sektenähnlichem Zusammenhalt auf, der man besser mit Misstrauen begegnete.

Die Epoche stand im Zeichen einer großen Spannung zwischen einer sich lockernden Moral und der Panik, die diese Lockerung auslöste. Großbritannien war immer noch eine Gesellschaft mit strengen – geschriebenen wie ungeschriebenen – Regeln und Gesetzen. Pubs und Gaststätten wurden überwacht, unbegleitete Frauen nach halb zehn Uhr abends nicht mehr bedient, da sie um diese Uhrzeit unmöglich sittsame Absichten verfolgen konnten. Wer den konventionellen Geschlechterrollen trotzte, musste mit weitreichenden sozialen Sanktionen rechnen. Das Ideal war immer noch Genügsamkeit. Aber in der Bevölkerung wuchs die Sehnsucht, dem eigenen Verlangen nachgeben zu können. Das zeigte sich auch im Konsum. In dem Maße, in dem sich die wirtschaftliche Lage besserte, nahmen auch die Bedürfnisse zu: nach einem Fernsehgerät, einer Spülmaschine, einem hübschen Kleid. Der 1957 ins Amt gewählte Premier Harold Macmillan, den man mit dem wachsenden Wohlstand verband, verkündete selbstsicher, den meisten Briten sei es »noch nie so gut gegangen«.

Mit größerem finanziellen Spielraum wuchs aber – vor allem bei den Jüngeren – auch der Wunsch nach mehr sexueller Freiheit. Beides galt als gefährlicher Hedonismus, dem mit rigiden Maßnahmen begegnet werden musste. 1956 wurde eine Reform des Sexualstrafrechts verabschiedet, das den Behörden unter anderem größere Handhabe gegen Zuhälterei gab. So drohte Verurteilung, wenn jemand einen Mann mit einer Frau unter einundzwanzig Jahren bekannt machte und die beiden später miteinander schliefen.

1960 wurde der Verlag Penguin angeklagt, das Gesetz gegen »obszöne Publikationen ohne literarische Qualität« verletzt zu haben; er hatte D. H. Lawrence' Roman *Lady Chatterleys Liebhaber* veröffentlicht, der unter Pornographieverdacht stand und verboten war. Der Staatsanwalt fragte beim Prozess, ob das ein Roman sei, »von dem Sie wollen, dass Ihre Ehefrau oder Ihre Dienerschaft ihn liest«. Eine lange Reihe Literaturexperten beteuerten im Zeugenstand, den Roman gelesen und keinen Schaden genommen zu haben. Penguin wurde freigesprochen. Manche sahen in dem Urteil den endgültigen Beweis für den moralischen Verfall der Nation, für andere war es ein großes, ebenso ersehntes wie überfälliges Plädoyer für die Freiheit der Kunst.

Da das Fernsehen immer wichtiger wurde und die Briten mit Nachrichten und Unterhaltung versorgte, fürchteten die Zeitungen um ihre Leserschaft; breit angelegte Kampagnen gegen alle, die gegen die guten Sitten verstießen, boten die Chance zur Erhöhung der Auflagen. Die Redaktionen konnten in ein und demselben Artikel Pikantes aufgreifen und gleichzeitig warnend den Zeigefinger heben. Für den Historiker Richard Davenport-Hines wurde in jener Epoche der Glaube an die Ehrbarkeit der Gesellschaft gewahrt, indem Presse und Gerichte alle, die die Grenzen des Erlaubten verletzten, konsequent und unerbittlich mit »puritanischen Lynchmobs« verfolgten. Und je höher jemand in der sozialen Rangleiter stand, umso gnadenloser ging man gegen ihn vor.

Philip war unterdessen an Bord der »Britannia«, machte Expeditionen zu schwer erreichbaren Orten, trug einen roten Vollbart und verbrachte viel Zeit damit, seine Malfertigkeiten zu verbessern. Dabei hatte er nicht die geringste Ahnung, dass die Medien wegen ebendieser Reise seine Ehe mit distanzloser

Neugier und moralischer Vorverurteilung beäugten. Aber als das Schiff nach fast vier Monaten auf See Gibraltar, die letzte Station der Reise, anlief, knallte es.

In der Ehe seines Freundes, Adjutanten und Reisebegleiters Mike Parker kriselte es. Er hatte seine Ehefrau Eileen schon länger zugunsten seiner königlichen Freunde und mindestens einer anderen Frau vernachlässigt, Philip und er waren auf dem Rückweg, als Eileen ihren Ehemann wegen Untreue auf Scheidung verklagte. Da es um einen sehr engen Freund des Herzogs von Edinburgh ging, der mit ihm zusammen seit Monaten eine Art Junggesellenleben führte, wurde die Sache sofort zum Skandal. Parker bot umgehend seinen Rücktritt an und flog nach London, das aber beendete nicht die Mutmaßungen, was das über Parker und vielleicht auch Philip aussagte. Als die »Britannia« in Gibraltar anlegte, drängten sich am Kai die britischen Journalisten, um Philip zur Rede zu stellen.

Das Schiff blieb, mit Philip an Bord, in Gibraltar vor Anker, die Presse fragte sofort nach den Gründen. *The Sunday Pictorial* verlangte zu wissen, warum er nicht zu seiner Familie eile: »Wie sollen Kinder verstehen, dass Papa so nah ist und doch nicht zu ihnen nach Hause kommt?« Vier Monate getrennt von Frau und Kindern, das sei eine lange Zeit, war überall zu lesen; amerikanische Zeitungen, die nicht befürchten mussten, von ihren Lesern der Majestätsbeleidigung beschuldigt zu werden, machten sich Gedanken, ob zwei Kinder für ein neun Jahre verheiratetes Ehepaar nicht auffallend wenig seien.

Die *Baltimore Sun* machte den entscheidenden ersten Schritt und titelte: »Report Queen, Duke in Rift Over Party Girl« – *Angebliches Zerwürfnis zwischen Queen und Herzog wegen Partygirl.* Der London-Korrespondent der Zeitung wusste zu berichten, dass in der Stadt recht laut über Treffen des Herzogs mit einer Unbekannten getuschelt werde, der Ort der Begegnungen sei die Wohnung eines Hoffotografen. Mike

Parker, hieß es weiter, habe den Herzog auf Abwege geführt und sei deswegen gefeuert worden. Der Artikel deutete des Weiteren an, das alles sei nur geschehen, weil der Herzog unter den Einfluss des ebenso dekadenten wie mysteriösen Thursday Club geraten sei, wo Mahlzeiten nicht selten zu Orgien ausarteten.

So war noch nie öffentlich über die Ehe eines Monarchen spekuliert worden. Elizabeth war empört, der Buckingham Palace veröffentlichte eine seiner seltenen Presseerklärungen, die alle Gerüchte strikt dementierte. Philip, hieß es, sei in Gibraltar, weil die Königin nach Lissabon fliege, um ihn dort zu treffen.

Dass Buckingham Palace mit einer solchen Verlautbarung der amerikanischen Presse so viel Beachtung schenkte, ärgerte die britischen Kollegen, die der Hof praktisch nie mit einem Dementi würdigte. Und so verfielen einige auf einen Trick, der künftig zum Standardrepertoire gehören sollte: Die Gerüchte mochten für einen Bericht zu vage sein, aber das reale Dementi diente als willkommener Vorwand, die Behauptungen der amerikanischen Kollegen zu wiederholen. Als das Flugzeug der Königin auf dem Lissabonner Militärflugplatz Montijo landete, standen dort einhundertfünfzig Journalisten – und warteten vergeblich auf einen Skandal. Der Herzog von Edinburgh schien bester Laune, als er an Bord des Flugzeugs ging, und er hatte einen deutlichen, fast demonstrativen Lippenstiftabdruck auf der Wange, als er mit Elizabeth das Flugzeug verließ.

Nicht lange nach Lissabon erweckten gleichwohl einige Maßnahmen den Eindruck, als habe das Paar einander einige Zugeständnisse gemacht. Elizabeth verlieh ihrem Gatten in Anerkennung seiner Dienste für die Nation – darunter die Reise, die er als Repräsentant der Krone in Länder des Commonwealth unternommen hatte – »den Stil und die Würde eines

Prinzen des Vereinten Königreichs«, was ihn auch offiziell zum Prinzgemahl machte. Der Titel sollte die tiefe Kränkung mildern, die der verlorene Streit um den Familiennamen Philip zugefügt hatte, und ihm nach zehn Ehejahren ohne Prinzentitel ein Stück seiner Identität zurückgeben.

Philip seinerseits ging nicht mehr in den Thursday Club, gut zwei Jahre nach seiner Rückkehr aus Australien erwartete das Paar ein weiteres Kind, obwohl Philip einmal gesagt hatte, zwei Kinder seien genug, das Letzte, was die Welt brauche, seien weitere königliche Münder, die gefüttert werden müssten. Elizabeth hatte sich immer viele Kinder gewünscht, nun freuten sich offenbar beide auf das Kind, Freunden fiel auf, wie glücklich das Paar während Elizabeth' Schwangerschaft wirkte. Elf Tage vor der Niederkunft und acht Jahre nach dem belastenden Namensstreit gab Elizabeth bekannt, dass all ihre Nachkommen, die nicht in der unmittelbaren Thronfolge stünden, künftig den Doppelnamen Mountbatten-Windsor tragen würden. Das sei ihr, wie sie betonte, »eine Herzensangelegenheit«. Am 19. Februar 1960 brachte sie einen Sohn zur Welt, der nach Philips Vater auf den Namen Andrew Albert Christian Edward getauft wurde. Er war ein recht wildes, aber zufriedenes und unkompliziertes Kind.

In dem sensationsheischenden Artikel der *Baltimore Sun* wurde ein namenloses »Party-Girl« erwähnt. Es ging um die gefeierte Theaterschauspielerin Pat Kirkwood, deren Beine der Kritiker Kenneth Tynan als »das achte Weltwunder« bezeichnet hatte. Für sie hatte die Enthüllung gravierende Folgen. Der »Baron« war jahrelang unglücklich in sie verliebt, 1948 hatte er mit Philip eine ihrer Aufführungen in einem Londoner Theater besucht, danach ging man erst zusammen ins »Les Ambassadeurs«, ein elegantes Restaurant in Mayfair, das noch beliebter geworden war, seit Ian Flemming seine Romanfigur James Bond dort verkehren ließ, dann in einen Nachtclub.

Philip hatte Kirkwood zum Tanzen aufgefordert, worüber anwesende Höflinge sofort König George VI. in Kenntnis setzten. Der reagierte verstimmt, Elizabeth war zu diesem Zeitpunkt hochschwanger mit Charles. Philip und Kirkwood trafen sich bei weiteren Gelegenheiten, es entstanden Gerüchte, die die Schauspielerin als rufschädigend empfand. Ihrer Meinung nach wurde ihr darum nie eine königliche Ehrung zuteil, vor allem aber erboste es sie, dass Philip diesen Unterstellungen nicht öffentlich entgegentrat.

»Man erwartet ja nicht, dass eine Dame ihre Ehre selbst verteidigen muss«, sagte sie später zu einem Journalisten. »Das wäre die Aufgabe des Herrn. Mein Leben wäre glücklicher und einfacher verlaufen, wenn Prinz Philip an jenem Abend nicht ohne meine Einladung zu mir in die Garderobe gekommen, sondern zu seiner schwangeren Frau gefahren wäre.«

Einige Jahre später geriet Philip durch den Osteopathen Stephen Ward, den er im Thursday Club kennengelernt hatte, in bedenkliche Nähe zu dem pikantesten Skandal des Jahrzehnts: der Profumo-Affäre.

Ward war ein ehrgeiziger sozialer Aufsteiger, der sich sehr um Nähe zu seinen prominenten Patienten bemühte. Er führte mit ihnen intensive Gespräche und hakte oft nach. Manche empfanden ihn als distanzlos, andere nutzten die Gelegenheit und vertrauten dem aufmerksamen Zuhörer Dinge an, über die sie mit anderen nicht sprechen konnten oder wollten. Er erlangte offenbar Vertrauen, indem er sich beharrlich als Vertrauter ausgab.

Auch William Waldorf Astor, Lord Astor, sprach sich bei ihm aus und nutzte ihn im Verlauf einer dramatischen Ehescheidung als Mittelsmann. Astor besaß in Buckinghamshire, westlich von London, das Anwesen Cliveden und stellte Ward auf dem Grundstück ein Sommerhaus zur Verfügung, das dieser nach Belieben nutzen konnte.

Ward war eng mit der neunzehnjährigen, bildschönen Christine Keeler befreundet. Sie hatte als Jugendliche mit einem Messer unter dem Kissen geschlafen, um die Missbrauchsversuche ihres Stiefvaters abzuwehren, und wo immer sie als Babysitterin arbeitete, wurde sie von den Vätern der Kinder bedrängt. Als Ward sie kennenlernte, trat sie in London als Oben-ohne-Tänzerin auf. Ward, der sich immer gern in Begleitung schöner Frauen zeigte, nahm Keeler und ihre Freundin Mandy Rice-Davies häufig nach Cliveden mit.

Bei einer solchen Gelegenheit hatte Lord Astor im Herrenhaus den Verteidigungsminister der Regierung Macmillan zu Besuch, den 46-jährigen Jack Profumo. Ebenfalls Gast auf dem Anwesen war der sowjetische Marineattaché Jewgeni Ivanov, ein Bekannter von Ward. Der verheiratete Schürzenjäger Profumo interessierte sich für Keeler. Die beiden begannen ein Verhältnis, das nicht lange dauerte, währenddessen er ihr aber eindeutige Briefe schrieb. Das war 1961, im folgenden Jahr drangen erste Gerüchte über die Affäre an die Öffentlichkeit, Anfang 1963 leugnete Profumo vor dem Unterhaus alles, nur um wenige Monate später einräumen zu müssen, dass er gelogen hatte. Er trat zurück.

Die Presse wollte Auflage machen, die Polizei wollte ein Geständnis, und so wurde Keeler von den einen bestochen und von den anderen unter Druck gesetzt, ihre Geschichte auszuschmücken. Sie gab beidem nach und behauptete unter anderem, zur gleichen Zeit mit Profumo und mit Ivanov geschlafen zu haben. Das erwies sich Jahrzehnte später als unwahr, aber die Behauptung, dass ein Minister der Regierung Macmillan und ein Gesandter des Feindes mit demselben »good-time girl« im Bett gewesen seien, erzeugte eine knisternde Mischung aus Sex, Politik und Eliteverachtung. Man munkelte, dass vertrauliche Dokumente über Keelers Bett von Profumo zu Ivanov gelangt sein könnten. Zurück blieb der Eindruck einer Oberschicht, die sich wenig um erotische und politische Grenzen scherte und insgeheim in schwülstiger Nähe zu jenen lebte, über die sie bei Tag den Moralstab brach.

Harold Macmillan, der seit Jahren die Neigung der Presse zur Hexenjagd mit Sorge und Verärgerung verfolgt hatte, stieß 1962, im Jahr vor dem Profumo-Skandal, eine Untersuchung an, die zur Verhaftung zweier Journalisten führte, weil sie ihre Quellen nicht offenlegen wollten – die es möglicherweise nicht gab. Dadurch wurde Macmillan in der Londoner Verlagsstraße Fleet Street zu einem verhassten Mann; Zeitungen suchten nach Sensationsgeschichten, die ihrem Erzfeind schaden könnten. Auch aus diesem Grund, so der Historiker Richard Davenport-Hines, nahm der Profumo-Skandal solch gewaltige Ausmaße an. Aber die Presse hatte neben der Rache an Macmillan weitere Gründe, eine privilegierte und unmoralische Clique an der Spitze der Gesellschaft anzuprangern, die glaubte, sich alles erlauben zu können, weil ihresgleichen nie belangt wurde.

Profumo und Keeler hatten sich in Stephen Wards Wohnung getroffen, darum wurde auch er verhaftet. Dank des neuen Sexualstrafrechts konnte er als Zuhälter von Christine Keeler und Mandy Rice-Davies vor Gericht gestellt werden. Rice-Davies hatte Journalisten erzählt, sie habe auch mit Lord Astor geschlafen, was dieser vehement bestritt. Als man Rice-Davies beim Prozess seine Aussage vorhielt, sagte sie »He would, wouldn't he?« – der berühmteste Satz des Profumo-Skandals wurde zum geflügelten Wort. Da spricht eine illusionslose junge Frau, die selbstverständlich davon ausgeht, dass die Mächtigen zu ihrem eigenen Schutz lügen. Die Neuigkeit, dass sie tatsächlich kein Verhältnis hatten, machten die Boulevardblätter weniger groß auf.

Die Jury sprach Stephen Ward der Zuhälterei in zwei Fällen schuldig, vor der Urteilsverkündung verübte er mit einer Überdosis Schlaftabletten Suizid.

Mandy Rice-Davies ließ sich für Zeitungsinterviews bezahlen und schilderte detailliert Trinkgelage und Orgien. Der *Daily Express* kolportierte die Geschichte einer Party, bei der das Essen von einem Nackten serviert wurde, der eine Maske trug, weil er so berühmt war. Bei Spekulationen, wer »der Maskierte« bei Wards Dinner gewesen sein mochte, fiel auch Prinz Philips Name, im Juni 1963, auf dem Höhepunkt des Profumo-Skandals, machte der *Daily Mirror* mit »Prince Philip and the Profumo Scandal« und dem Versprechen auf, alles über »das widerwärtige Gerücht« einer Verbindung des Königshauses mit dem Skandal zu enthüllen. Nicht nur wurde in diesem Artikel mit keiner Silbe erwähnt, worin das Gerücht bestand, es wurde sicherheitshalber auch betont, dass die Behauptungen jeder Grundlage entbehrten.

Stephen Ward war ein begabter Zeichner, der auch Prinz Philip, Prinzessin Margaret und andere Mitglieder der Königsfamilie porträtiert hatte. Als er die Zeichnungen im Jahr des Prozesses bei einer Auktion anbot, wurden sie samt und sonders von einem im Saal anwesenden Bieter aufgekauft – Anthony Blunt, Professor für Kunst und Direktor der königlichen Gemäldesammlung.

Die Königsfamilie konnte nicht weiter in den Skandal verwickelt werden, aber er sollte ihr dennoch schaden. Durch die Profumo-Affäre, Murren in der eigenen Partei und gesundheitliche Probleme geschwächt, beschloss Macmillan, zurückzutreten. Elizabeth, die er vor der Partei informierte, hatte im März 1964 ihr viertes Kind bekommen, sie wollte wie der gesamte Hof aus diesen Turbulenzen so weit wie irgend möglich herausgehalten werden. Doch als Monarchisten achteten die Konservativen penibel darauf, dass die Rechte der Monarchin gewahrt blieben – und dazu gehörte ihr Recht, den neuen Premierminister zu ernennen. Die Partei hatte noch immer kein offizielles Verfahren entwickelt, wie bei einem Rücktritt des

Amtsinhabers sein Nachfolger zu küren sei. Macmillan wollte seinen alten Rivalen Rab Butler als Premier unbedingt verhindern und dirigierte schließlich die ganze Angelegenheit von seinem Krankenlager im King Edward VII's Hospital aus. Nach einer raschen Fragerunde bot er sich an, die Königin zu beraten, und da er noch amtierender Premier war, musste Elizabeth seinem Rat folgen. Er empfahl ihr die Berufung des Grafen von Home, der einer von fünf Kandidaten für seine Nachfolge war. Persönlich war Elizabeth von dieser Wahl sehr angetan, denn Sir Alec Douglas-Home, wie er sich nannte, nachdem er den Grafentitel abgelegt hatte, um Premierminister werden zu können, war ein Freund der Familie. Er entstammte dem schottischen Hochadel mit engen Verbindungen zu den Bowes-Lyons, der Familie der Königinmutter.

Für die Monarchin Elizabeth war das allerdings keine glückliche Wahl, denn sie erweckte den Anschein, als habe sich die Krone in einem Flügelkampf der konservativen Partei erneut für eine Seite einspannen lassen und das Ihre getan, die Macht in dem kleinen Zirkel der ewig Gleichen zu halten. Daher geschah die Einladung an Home etwas zögerlich: Bevor sie ihn offiziell einlud, fragte sie ihn, ob er sich eine Regierungsbildung zutraue. Viele Parteimitglieder störten sich an dieser Art der Ernennung, der Streit um Macmillans Nachfolge führte in der Partei zu dem demokratischen Verfahren, mit dem seither über deren Führung entschieden wird. Das ebnete Tory-Führern den Weg, die nicht aus einem handverlesenen Aristokraten-Zirkel, sondern aus der Mittelschicht stammten: erst Edward Heath, später Margaret Thatcher.

Zwischen Anthony Edens Rücktritt wegen der Suezkrise und dem Profumo-Skandal, mit dem der Rücktritt des kranken und überforderten Harold Macmillan begründet wurde, lagen sieben Jahre, in denen deutlich wurde, dass die Bevölkerung erheblich mehr Transparenz verlangte. Sie wollte überprüfen können, ob die Selbstdarstellung der Stützen der Gesellschaft mit dem Leben übereinstimmte, das sie führten, diese Forderung wurde in den folgenden Jahrzehnten immer lauter. Das bedeutete im Hinblick auf die Privatsphäre eine Umwälzung, denn bisher war es moralisch akzeptiert und im Einklang mit der Etikette gewesen, dass Unregelmäßigkeiten, Grenzverletzungen, Konflikte und Spannungen grundsätzlich vertuscht wurden. Was gerade noch als Regel des sozialen Anstands gegolten hatte, war nun als Heuchelei verpönt.

In den sogenannten »besseren Kreisen« wurden Seitensprünge stillschweigend akzeptiert; zwei Adlige, die jung geheiratet, ihre beiden Familien miteinander verbunden und Erben gezeugt hatten, setzten nicht alles aufs Spiel, weil er oder sie einmal untreu gewesen waren. Als ebenso selbstverständlich galt, dass man Geliebte in den eigenen Kreisen und der eigenen Schicht suchte und nicht auf einen Lady-Chatterley-artigen Wildhüter oder eine unberechenbare Frau verfiel, die mit ihrem Wissen zur Zeitung rennen würde. In seinen eigenen Kreisen war Profumos schlimmstes Vergehen nicht Untreue, sondern der sträfliche Leichtsinn, mit der falschen Frau im falschen Bett untreu gewesen und damit unnötige Risiken eingegangen zu sein. Aber weder Harold Macmillan noch der nicht sonderlich treue Anthony Eden rechneten damit, dass ihre keineswegs monogamen Ehen in Pressekampagnen gegen sie verwendet werden würden.

Doch mit der Profumo-Sache und einer immer gierigeren Presse hatte sich ein neues Spannungsfeld aufgetan: Das Privatleben der Reichen und Mächtigen war zwar selten so skandalös, wie die Zeitungen es darstellten, aber auch selten so harmonisch, wie es die sorgsam gepflegte Familienfassade glauben machen sollte. Und so entstand bei Presse und Leserschaft eine – nie ganz gestillte – Neugier, wie es eigentlich um die Ehe ihrer Königin stand.

Der Eindruck von Prinz Philip als unstetem Ehemann verfestigte sich. Über die Jahrzehnte wurden ihm so viele uneheliche Kinder unterstellt, dass sie eine Schulklasse füllen könnten. Aber es gibt auch vertrauenswürdigere Aussagen aus seinem engeren Umkreis, dazu gehört die Geschichte mit der Frau, die ihn nach Windlesham Moor begleitete.

Philip reagierte auf solche Gerüchte mit heftigem Unwillen. Noch 1999 ließ er beim Fernsehsender Channel 4 schriftlich Protest einlegen, als eine Dokumentarserie andeutete, der Hauptgrund für seine Australienreise sei der Wunsch gewesen, von seiner Familie wegzukommen. Er bezeichnete es auch als erstaunlich, dass Journalisten seit über siebzig Jahren seine Ehe unter dem Vergrößerungsglas analysierten und in Sachen Untreue immer noch nichts Konkretes vorzuweisen hätten. Er sprach davon, dass er ständig von seinen Leibwächtern umgeben sei und daher nichts Unerlaubtes tun könne. Und er betonte, er würde der Königin so etwas niemals antun, da sie keine Möglichkeit habe, mit gleicher Münze zurückzuzahlen.

Bei anderen Gelegenheiten konnte er andere Töne anschlagen. Zu Bernhard, Prinz der Niederlande, sagte er, dieser sei gut dran, weil er viel weniger Sicherheitsleute habe als Philip und darum so viele Freundinnen haben könne, wie er wolle. Richard Davenport-Hines behauptete, Philip habe in einer Freundesrunde einmal die Regel aufgestellt, man dürfe nur mit Frauen ein Verhältnis haben, die bei einer Entdeckung ebenso viel zu verlieren hätten wie man selbst. Es heißt, er selbst habe nach dieser Regel gelebt.

1996 erschien Sarah Bradfords Biographie von Elizabeth II. Sie war die erste seriöse Queen-Biographin, die behauptete, dass Philip mehrere außereheliche Beziehungen gehabt habe, und zwar nicht, wie ihm angedichtet worden war, mit Pat Kirkwood oder anderen Schauspielerinnen, sondern mit jüngeren, äußerst diskreten Angehörigen des Hochadels. Sie meinte auch, die Queen habe das akzeptiert, weil sie in einer Welt aufgewachsen sei, in der man dergleichen von Männern erwartete. Laut Bradford basierte ihre Ehe auf dem tiefen Einverständnis zweier Menschen einer Generation und einer Gesellschaftsschicht, denen man beigebracht hatte, dass Loyalität wichtiger war als eheliche Treue.

Bradfords Behauptungen sorgten für Aufsehen, später räumte sie ein, nicht genau zu wissen, ob Philip wirklich außereheliche Beziehungen gehabt habe. Sicher hingegen ist, dass Philip mehrere enge Frauenfreundschaften der Art hatte, wie Bradford sie beschrieb. Wie der Thursday Club und die »Britannia«-Reise gehörten offenbar auch sie zu den Freiheiten, die er einforderte und die ihm gewährt wurden. Ein Angehöriger des königlichen Stabes meinte lakonisch, die Königin habe immer gewusst, dass sie mit einem Mann verheiratet sei, zu dessen Unterhaltung man einiges aufbieten müsse, weil er sich schnell langweile. Philip war ein begeisterter Tänzer und er flirtet gern; zusammen mit der zweiunddreißig Jahre jüngeren Penny Mountbatten hat er an einem Kutschen-Wettrennen teilgenommen, auf den Bahamas spazierte er mit der fünfundzwanzig Jahre jüngeren Sacha Hamilton, Herzogin von Abercorn, händchenhaltend am Strand entlang. Zu Philips siebzigstem Geburtstag organisierte sein Freund Gyles Brandreth ein Dinner, zu dem nur das Geburtstagskind und »schöne jüngere Frauen« eingeladen waren, darunter die Schauspielerinnen Jane Asher und Joanna Lumley.

Als Brandreth ein Buch über die Ehe der Königin schreiben wollte, für das er auch Philip interviewte, nahm er Kontakt mit Sacha, Herzogin von Abercorn auf, die mit ihm auf den Bahamas gesehen worden war und von der es hieß, sie sei eine seiner Geliebten. Sie sagte, sie seien Freunde geworden, weil sie sich beide für Philosophie, Religion und Psychologie, vor allem für die Lehren C. G. Jungs, interessierten:

»Es war eine leidenschaftliche Freundschaft, aber es war eine Leidenschaft des Denkens. Ich bin nie mit ihm ins Bett gegangen. Von außen sah das vermutlich so aus [...]. Aber so war es nicht. So ist er nicht. Es ist kompliziert und zugleich sehr einfach. Er braucht Spielgefährten, Menschen, die seine intellektuelle Suche teilen. Ich glaube nicht, dass seine Beziehungen zu anderen Frauen sexueller Art waren. Aber er ist auch nur ein Mensch. Also wer weiß?«

Brandreth bat sie um ihre Einschätzung, wie die Königin das sehe. »Sie lässt ihm viele Freiheiten«, antwortete die Herzogin und erzählte, George VI. habe seiner Tochter für die Ehe mit Philip einen Rat gegeben: ›Er ist *Seemann*, vergiss das nicht. Sie kommen mit der Tide.‹«

Auch wenn Elizabeth in einer Welt aufgewachsen war, in der Untreue weder ungewöhnlich noch sonderlich skandalös war, bedeutet das nicht, dass sie in der Ehe, die sie selbst mit so großer Hingabe geschlossen hatte, mit einem Treuebruch rechnete. Die Eltern und Großeltern väterlicherseits, deren Ehen sie als Kind und Jugendliche erlebt hatte, waren sich treu. Und in den über dreiundsiebzig Jahren ihres Zusammenlebens mit Philip war äußerst selten die Rede davon, dass sie sich für einen anderen interessiert hätte, obwohl sie ständig von Männern umgeben war.

Sie fühlt sich, wie sie sagt, in der Gesellschaft von Männern wohler als in der von Frauen, einige ihrer Freunde kennt sie seit ihrer Kindheit. Dazu gehörte Patrick Plunket, der siebte Baron Plunket, ein amüsanter Feingeist, der ihre Garderobe kritisieren durfte und so begeistert und kenntnisreich über die Gemälde der königlichen Sammlung sprechen konnte, dass Elizabeth sie auf neue Weise sehen und schätzen lernte. Das Verhältnis zwischen ihr und dem Junggesellen war eher geschwisterlich als erotisch. Ein Freund sagte, er sei schlicht und ergreifend »neutral« gewesen.

Wenn Plunket ein Bruder war, war Henry Herbert, Lord Porchester, eher ein Seelenfreund. Die Beziehung hatte durchaus einen flirtenden Unterton, sie waren vermutlich fasziniert voneinander. George VI. hatte ihn gebeten, seine siebzehnjährige Tochter Elizabeth zu Pferderennen zu begleiten. Sie wurden schnell enge Freunde, sie interessierten sich beide für Pferde und alles, was damit zu tun hatte, und sie hatten einen ähnlichen Humor. Er wurde ihr Gestüt- und Rennmanager. »Porchy«, wie Elizabeth ihn nannte, genoss angeblich als Einziger das Privileg, die Königin im Buckingham Palace anzurufen und direkt zu ihr durchgestellt zu werden. Waren sie beide Gast bei derselben Veranstaltung, saßen sie früher oder später in ein tiefes Gespräch versunken nebeneinander. Manche hielten ihn für Prinz Andrews Vater, aber die Fakten sprechen dagegen. Philip war schon lange von seiner Reise zurück, als Elizabeth schwanger wurde, in der Zeit zwischen seiner Rückkehr und der Empfängnis waren die beiden praktisch unzertrennlich gewesen.

Viele Männer fühlten sich von Elizabeth angezogen. Winston Churchill und Dickie Mountbatten, beide betagt, empfanden eine Pygmalion-gleiche Zuneigung für die junge Königin. Doch auch auf andere wirkte die einzigartige Verbindung von Autorität, Unaffektiertheit, Tatkraft, einer Rätselhaftigkeit, die zu ihrer Position gehörte, und ihrer emotionalen Zurückhaltung unwiderstehlich. Sie war nie kokett, ließ aber Sinnlichkeit erahnen.

Ihr Privatsekretär Martin Charteris gestand freimütig, er habe sich gleich beim ersten Gespräch in sie verliebt. Edward Ford, auch er Palastangestellter, war überzeugt, dass das auf alle Männer bei Hof zutraf: »Sie gab uns das Gefühl, Männer zu sein « 2009 erzählte der *Vanity Fair*-Journalist Graydon Carter, ein Freund habe die Königin als die erotischste Frau bezeichnet, die er je getroffen habe.

Aber die junge Elizabeth wollte keine Höflinge und keine Barone, sie wollte nicht das Bekannte, sondern das Fremde, das nicht ganz Berechenbare. Zu den Eigenschaften, die sie in einem langen Leben bewiesen hat, gehört ihre große Standhaftigkeit. Sie hat eine Berufung, nämlich Königin zu sein, und sie hatte einen Ehemann, nämlich Philip; an beidem hielt sie unverrückbar fest. In ihrer Rede anlässlich ihrer Goldenen Hochzeit sagte Elizabeth 1997 über Philip:»Er erträgt Komplimente nicht besonders gut; aber er ist ganz einfach meine Stärke und mein Fels in all den Jahren. Ich, meine Familie, dieses und viele andere Länder schulden ihm viel mehr Dank, als er je für sich reklamieren würde oder wir je wissen können.«

Er sagte:»Die wichtigste Lektion, die wir gelernt haben, ist, dass der einzig unverzichtbare Aspekt einer Ehe Toleranz ist. Sie mag nicht so wichtig sein, wenn es gut läuft, wird aber unerlässlich, sobald es schwierig wird. Sie können mir glauben, dass die Königin über ein sehr hohes Maß an Toleranz verfügt.«

7

Besuche aus der Downing Street

A ls Elizabeth einmal gefragt wurde, welcher Premierminister ihr Favorit sei, antwortete sie:»Winston natürlich! Die Treffen mit ihm waren immer so unterhaltsam« –»always such fun«. Eine diplomatische Antwort. Seit Elizabeth' Thronbesteigung gab es vierzehn britische Premierminister, einen anderen als Churchill zu nennen, wäre ihr als Parteilichkeit ausgelegt worden. Winston Churchill hingegen, Leuchtturm und genialer Rhetoriker, hatte nicht nur Großbritannien durch die Kriegsjahre geführt, er überragte die folgenden Premierminister auch auf allen anderen Gebieten. Er konnte gut die Nummer eins der Queen sein.

Premierminister Churchill nahm die Nachricht vom Tod König Georges VI. reglos und mit Tränen in den Augen entgegen. Auf die vorsichtige Andeutung seines Privatsekretärs, er werde sicher auch zur neuen Monarchin ein gutes Verhältnis haben, erwiderte Churchill barsch, er kenne sie nicht, außerdem sei sie noch ein Kind. Will man dem Privatsekretär glauben, hatte Churchill nicht nur bald ein hervorragendes Verhältnis zu Elizabeth, er verliebte sich ernstlich in sie. Auf dem Weg zu den Audienzen – jenen vertraulichen Treffen mit einer wachen, jungen Frau, die zuhören und lernen wollte – war er immer strahlender Laune und dehnte die auf dreißig Minuten terminierten Treffen nicht selten auf anderthalb Stunden aus.

Einmal erwähnte Elizabeth, sie habe am Vorabend den Film »Beau Brummell« gesehen, es habe ihr nicht gefallen, wie George III. und George IV. dargestellt worden seien. Churchill kam mürrisch aus der Audienz:»Die Königin hatte einen schrecklichen Abend. Das darf nicht wieder passieren.« Und bildete sofort einen Ausschuss zur Überprüfung der Filme, die der Königin gezeigt wurden.

Als sie einmal zusammen mit dem Schiff die Themse hinauffuhren, erwähnte sie, wie verschmutzt der Fluss sei. Churchill wandte sich zu ihr hin und sagte:»Er ist das silberne Band, das die Geschichte Großbritanniens durchzieht. Vergesst das nicht!«»Er sah alles in einem sehr romantischen und strahlenden Licht«, erinnerte sie sich an diese Unterhaltung. »Vielleicht war die eigene Sichtweise etwas trivial.«

Winston Churchill, Anthony Eden, Harold Macmillan und Alec Douglas-Home, Elizabeth' erste Premierminister, entstammten einer anderen Generation. Sie waren wie Großväter oder Väter, behandelten sie einerseits mit Ehrerbietung, waren es aber andererseits nicht gewohnt, mit einer jungen Frau über Politik zu sprechen. Sie redeten lieber über Außenpolitik und das große Ganze als über vielschichtige und komplizierte Themen wie die wirtschaftliche Lage des Landes. Mit der Zeit saßen Elizabeth jüngere Männer und auch Frauen gegenüber, die in einem anderen Großbritannien und unter anderen Bedingungen aufgewachsen waren. Als sie und ihre Premierminister etwa gleich alt waren, begegnete sie ihnen mit größerem Selbstvertrauen, weil sie als Staatsoberhaupt mehr Erfahrung hatte.

Die moderne Rolle der britischen Monarchen ist in der Verfassung nicht eindeutig definiert und in manchem eine Frage der Interpretation. Formell besitzt Königin Elizabeth keine politische Macht. Sie hat die drei, von Walter Bagehot formulierten Rechte, in allem anderen muss sie den Empfehlungen der politischen Führung folgen. Nahezu jährlich hält sie im Oberhaus bei der Parlamentseröffnung eine Rede, wobei sie meist eine Krone trägt. Doch die sogenannte *Thronrede* stammt nicht von ihr, sondern von der jeweiligen Regierung und stellt deren Programm für das kommende Jahr vor.

Elizabeth erhält täglich, außer am ersten Weihnachtsfeiertag und am Ostersonntag, eine scharlachrote, lederbezogene Box – die *Dispatched Box* – in der sich die Dokumente aller Regierungsabteilungen befinden, die der Königin zur Prüfung vorgelegt werden. Sie ist als aufmerksame und gründliche Leserin bekannt, signiert die Papiere nach dem Lesen und schickt sie in beeindruckendem Tempo zurück.

Einmal wöchentlich trifft sie den Premierminister zu einem Gespräch, bei diesen Begegnungen ist keine weitere Person anwesend und es gibt auch kein Protokoll. In jedem Herbst lädt die Königsfamilie jeweils die Premierminister mit Ehegatten nach Balmoral ein. Es war Tradition, dass die Familie an einem der Tage mit ihren Gästen in einer Jagdhütte in Schlossnähe grillte, die Royals kümmerten sich um die Zubereitung der Mahlzeit, Prinz Philip war der Grillchef, danach wuschen er und die Königin selbst ab. Geschirr, Gläser und die Grillutensilien wurden von Philip in einem Anhänger zur Jagdhütte gefahren, den er persönlich entworfen hatte, alles hatte seinen Platz und war gut gesichert, hochprozentige Alkoholika steckten in einer gepolsterten Schublade. Ein Gast merkte an, das alles wirke wie eine Parallelwelt, in der Queen und Prince Philip »tun, als seien sie normale Menschen«.

Mehrere Premierminister haben Anekdoten über die Balmoral-Besuche erzählt, ausnahmslos alle haben darüber geschwiegen, über welche politischen Themen bei den Audienzen gesprochen wurde. Allerdings haben einige unterstrichen, wie viel ihnen die Treffen bedeutet haben. Vielleicht war es das Gefühl, in einem therapeutischen Raum zu sitzen, in dem man offen sprechen konnte, weil mit Sicherheit nichts nach außen drang.

Tony Blair sagte, er habe die Audienzen genutzt, um ausführlich über »die guten Eigenschaften seiner Kollegen« zu sprechen. Harold Wilson erklärte, er habe die Audienzen geschätzt, weil er in der Queen ein Gegenüber für ernste Gespräche gefunden habe und sicher sein konnte, dass sie verschwiegen und nicht auf seinen Job aus war. Die Gesprächsführung der Königin ähnelt offenkundig der einer Psychologin: Sie hält sich mit eigenen Meinungen zurück, stellt aber Fragen, die den Blick ihrer Gesprächspartner auf ein Thema verändern können. Differenzen mit dem Premierminister lassen sich erahnen, wenn sie fragt: »Sind Sie sicher, dass das klug ist?«

»Sie schütten ihr Herz aus, erzählen einem, was vor sich geht – manchmal kann man helfen, man ist eine Art Schwamm«, sagte sie über die Audienzen, in dem royalen »man«, mit dem sie von sich spricht. »Manchmal kann man seinen Standpunkt zum Ausdruck bringen, weil sie eine Sache noch nicht aus dieser Perspektive betrachtet hatten.«

Wenn Premierminister von den Audienzen berichteten, sprachen sie immer auch von dem beeindruckenden Gedächtnis der Königin und dass sie immer sehr gut vorbereitet sei. Besonders interessieren sie die Themen Militär und Verfassung, aber sie fragt auch nach, wenn es um einzelne Politiker, politische Machtspiele geht. Will wissen, wessen Stern im Steigen oder im Sinken ist – und warum.

Während Churchill und Elizabeth gelegentlich über Polo und Rennpferde plauderten, waren die Gespräche mit seinem Nachfolger Sir Anthony Eden immer etwas angestrengt. Eden wirkte zwar dank seines blendenden Aussehens wie ein Weltmann, tatsächlich war er schüchtern und Elizabeth hatte Mühe, das Gespräch am Laufen zu halten. Um diese Zeit machte ihm die Suezkrise schwer zu schaffen, er war sehr nervös und nahm das Amphetamin Benzedrin ein, das die Stimmungsschwankungen, unter denen er litt, noch verstärkte. Nach seinem

Rücktritt 1957 dankte er der Königin für ihre »kluge und unparteiische Haltung« bei ihren Unterredungen.

Manche sahen die Suezkrise als Beweis, dass eines der von Bagehot genannten Rechte der Monarchie, nämlich die Regierung zu warnen, eine Stimme der Vernunft zu sein und Politiker zu bremsen, nicht griff. Wenn es je eine Lage gegeben hat, in der ein Monarch die Stimme hätte erheben und Gegenargumente äußern müssen, meinten diese Kritiker, dann doch wohl in der Suezkrise. Andere wandten ein, dass dies eine überaus problematische Verletzung der königlichen Neutralität gewesen wäre.

Harold Macmillan war gelöster als Eden und verhielt sich der Königin gegenüber aufmerksamer als dieser. Als er den Streit zwischen Elizabeth und Philip um den Familiennamen mitbekam, entspannte er die Situation mit dem Vorschlag, Philip einen Prinzentitel zu verleihen. Er hatte ein gutes Gespür für die internationale Großwetterlage und vertrat die Ansicht, dass Großbritannien sich vom Empire ab- und der europäischen Wirtschaftsgemeinschaft zuwenden müsse.

Er hatte die Gemeinschaft in den Schützengräben des Ersten Weltkriegs erlebt, was ihn stark geprägt hatte. Auch darum war er fest davon überzeugt, dass es möglich sein müsse, eine konservative Haltung mit einem funktionierenden Wohlfahrtsstaat zu verbinden. Er wollte eine starke britische Gemeinschaft jenseits von Klassen und wusste von den Vorteilen, die es hatte, wenn ein solches Gemeinschaftsprojekt mit dem Königshaus und dessen symbolischer Macht in Verbindung gebracht wurde. Aber er war der Königin auch persönlich verbunden, in seinen Tagebüchern bezeichnet er die Audienzen als Höhepunkte seines politischen Alltags. Er gehört zu Elizabeth' weniger diskreten Premierministern − so plauderte er aus, dass bei einem Treffen auf Schloss Windsor plötzlich die Tür aufgegangen und Prinzessin Margaret im Morgenrock hereingekommen sei. Sie habe zu Elizabeth gesagt, dass »niemand mit dir sprechen würde, wenn du nicht Königin wärst«, und dann türknallend den Raum verlassen.

Sir Alec Douglas-Home kannte die Königin seit deren Kindheit und war bei den Begegnungen mit ihr völlig entspannt. Elizabeth und der neue, dreiundzwanzig Jahre ältere Premier hatten nicht nur einen gemeinsamen Bekanntenkreis, sie interessierten sich beide sehr für die Jagd und das Leben in freier Natur, außerdem hatten beide bei Sir Henry Marten Unterricht gehabt. »Er führte uns vor Augen, dass auch Staatenlenker einmal Kinder waren, ganz wie wir«, sagte Douglas-Home über die Stunden bei Marten.

Alec Douglas-Home hatte für das Amt des Premierministers zwar auf seine Grafenwürde verzichtet, seine Umgangsformen und seine Wertvorstellungen aber, die der Königin sehr vertraut waren, passten kaum zu dem sich im Aufbruch befindlichen Großbritannien der sechziger Jahre. Oppositionsführer Harold Wilson von der Labour-Partei versäumte keine Gelegenheit, seinen politischen Gegner als Repräsentant einer vergangenen Zeit und einer realitätsfernen Gesellschaftsschicht darzustellen. Er nannte ihn beharrlich den »14th Earl of Home«, was Douglas-Home mit der Spitze konterte, dann sei sein Widersacher wohl der »14th Mr. Wilson«. Douglas-Home war nicht einmal ein Jahr in 10 Downing Street, dem Amts- und Wohnsitz des Premierministers, gewesen, als er im Oktober 1964 die Wahlen verlor, sein Nachfolger hieß Harold Wilson.

Für den gesamten Hofstaat des Buckingham Palace war Harold Wilson ein regelrechter Schock. Premierminister, die von der Königin eingeladen und mit der Regierungsbildung beauftragt wurden, waren ehrwürdige Herrschaften, die feierlich die königlichen Gemächer betraten, sie kamen allein und sie gingen allein. Wilson hingegen fuhr mit zwei Autos voll Familienangehörigen und Mitarbeitern vor und trug ein Jackett und eine Hose, die weder zueinander noch zur Hofetikette passten. Die erste Audienz verlief holprig: Elizabeth fragte ihn nach einem Detail aus den Kabinettsprotokollen, worauf er, wie er zugeben musste, nicht vorbereitet war. Doch von da an ging es gut.

Wilson, von dem es kaum Fotos ohne Pfeife gibt, hatte sich seinen Yorkshire-Dialekt ebenso erhalten wie seine Liebe zu Huddersfield, dem Fußballverein seiner Kindheit. Er war hochintelligent und hatte nicht nur das britische *grammar school*-System absolviert, sondern es nach Oxford geschafft, wo er in Philosophie, Wirtschaftswissenschaften und Politik brillierte. Obwohl von ihrer Herkunft grundverschieden – er stammte aus der unteren Mittelschicht der nordenglischen Provinz –, behandelte er die Königin nicht mit jener leicht distanzierten Ehrerbietung, die seine Vorgänger Frauen entgegenbrachten. Wilson hatte Ministerinnen und politische Ratgeberinnen, er sprach mit der Queen kaum anders als mit anderen klugen Frauen in seinem Umfeld. Elizabeth schätzte es offenbar, als ebenbürtig behandelt zu werden, zudem war sie von Wilsons Lebensgeschichte fasziniert.

Das Großbritannien, das die Königin zu sehen bekam, bestand aus frisch gestrichenen Ladenfassaden und geschrubbten Kindern. Wilson erzählte ihr davon, wie der Alltag im Land wirklich war, von der Loyalität der Menschen zu anderen Gemeinschaften als der Nation, zu ihren Fußballvereinen und Gewerkschaften. Auf diese Weise lernte sie andere Aspekte des Landes und des Volkes kennen, dessen Königin sie war. Wilsons Audienzen wurden immer länger, irgendwann lud sie ihn ein, nach der Audienz auf einen Drink zu bleiben. »Ich glaube, die Königin sprach sehr offen mit Wilson«, sagte einer ihrer Privatsekretäre.

Sie tauschten Klatsch aus, so erzählte Wilson ihr von den nächtlichen Streifzügen des französischen Präsidenten Valéry

Giscard d'Estaing durch Paris, um junge Frauen aufzureißen. Marcia Williams, Wilsons einflussreiche Privatsekretärin und Vertraute, sagte,»die Königin konnte nichts schockieren«. Für den Premier war der fast freundschaftliche Ton mit der Königin auch ein strategischer Vorteil. Nach dreizehn Jahren konservativer Regierung war man sehr gespannt, wie eine Labour-Regierung die Macht nutzen würde, und die radikalen Elemente in der Partei sorgten für eine gewisse Unruhe. Ein gutes Verhältnis zwischen Labour und dem Palast wirkte besänftigend, die Kreise um Wilson sorgten dafür, dass der Presse das herzliche Einvernehmen zwischen Premier und Monarchin nicht entging. In der Partei gefiel das nicht allen. Als der Hof vorschlug, die jährlichen Zahlungen an die Königsfamilie zu erhöhen, und Wilson dem ohne Rücksprache mit seinem Kabinett zustimmen wollte, begannen Fragen laut zu werden, ob das Verhältnis zwischen den beiden womöglich *zu* nah geworden sei.

Die Labour-Partei war in vielem gespalten, so auch in ihrer Sicht auf das Königshaus. Die meisten Wähler und Abgeordneten, insbesondere jene aus der Arbeiterklasse, empfanden für ihre Königin ein hohes Maß an Loyalität und Ergebenheit. Der akademische und kritische Flügel aber, der sich überwiegend aus der gebildeten Mittelschicht rekrutierte, sah das Königshaus als verkrustet und rückständig; viele dieser Labour-Angehörigen waren erklärte Republikaner, also Anti-Monarchisten, für sie waren die Royals eine Clique, die eine Achtung einforderte, die sie nicht verdient hatte, an zeitfremden Ritualen festhielt und entschieden zu viel über Pferde redete. Und doch gab es mitunter Gemeinsames. Barbara Castle beispielsweise, die in beiden Kabinetten Wilsons saß, mochte die Königin, konnte sich mit ihr als berufstätiger Frau identifizieren, bewunderte ihre Anpassungsfähigkeit und eiserne Professionalität. Prinz Philip schätzte sie indes weniger, sie fand ihn»anmaßend«, einmal konfrontierte er sie mit der Frage nach Verzögerungen eines bestimmten Straßenbauprojektes, während die Nationalhymne gespielt wurde.

Das Kabinett saß mit im *Privy Council*, dem Kronrat des britischen Monarchen, ein Gremium aus Spitzenparlamentariern, das sich regelmäßig mit der Queen zur Aussprache trifft. Als die Mitglieder der Wilson-Regierung ihren Eid ablegen sollten, stießen sich viele daran, dass sie, dem Ritual folgend, vor Elizabeth knien, ihre Hand küssen und sich rückwärtsgehend von ihr entfernen sollten. Es kam während der Zeremonie zu kleinen Protestaktionen wie äußerst knapp angedeuteten Verbeugungen und Schwätzen. Einige meinten, der Hof wolle die Politiker verführen, der Königin gegenüber loyaler zu sein als gegenüber dem Volk. Während der Premierminister die Hofetikette liebte, war sie für seinen Minister Richard Crossman Anlass für Ärger und Verachtung, einmal weigerte er sich, an der jährlichen Parlamentseröffnung der Königin teilzunehmen. Michael Adeane, Privatsekretär der Königin, schrieb ihm, er werde prüfen, ob Crossman entschuldigt werden könne, und fügte hinzu, dass »die Königin natürlich eine ebenso starke Abneigung gegen öffentliche Zeremonien hat wie Sie. Ich möchte jedoch nicht die Tatsache vor Ihnen verbergen, dass sie sich sicher Gedanken zu der Frage machen wird, warum Sie entschuldigt werden sollen, wenn sie selber zu gehen hat, wo Sie doch beide offizielle Würdenträger sind.« Crossman kam zur Parlamentseröffnung und äußerte sich mit der Zeit auch anerkennend über die Sensibilität und Wachheit der Königin. »Sie hat ein zauberhaftes Lachen«, notierte er in sein Tagebuch. »Sie lacht mit dem ganzen Gesicht.«

Nicht so leicht ließ sich Anthony Wedgwood Benn bekehren, ein enttäuschter Aristokrat, der seinen Adelstitel abgelegt hatte, um als Tony Benn im Unterhaus für seine sozialistischen Herzensangelegenheiten zu kämpfen. Als Postminister in Wilsons

Regierung wollte er, dass das Porträt der Königin von den britischen Briefmarken verschwand. Er versuchte es mit dem vermeintlich unangreifbaren Schachzug einer Briefmarkenserie, die an den Luftkampf um Großbritannien im Zweiten Weltkrieg und die Piloten erinnern sollte, die daran beteiligt waren. Er legte der Königin seine Entwürfe vor, sie sollte selbst sehen, dass ihr Porträt die Wirkung zerstören würde. Die Königin hörte freundlich und aufmerksam zu, Benn war überzeugt, dass sie ihn verstanden hatte und unterstützte. Kaum war er aus der Tür, nahm der Hof Kontakt zum Premierminister und zu den zuständigen Ressorts auf, die ihrerseits Benn mitteilten, dass sie den Vorstoß nicht unterstützten. Widerstrebend musste er einsehen, dass er verloren hatte, weil Wilson die Königin als nützliche Verbündete erachtete und nicht brüskieren wollte – womit er, so Benn, die reaktionären Kräfte der Gesellschaft unterstützte. Wenig später wurde das Briefmarkenporträt wenigstens verändert: eine schlichtere, stilisierte Silhouette, die mit anderen Motiven kombiniert werden konnte.

Mit seinen kompromisslosen und radikalen Ansichten war Tony Benn umstritten, aber auch sehr beliebt und ein begabter Redner. Mit seiner sanften Stimme riss er seine Zuhörer mit, wenn er gegen Todesstrafe, Apartheid und mangelnde Empathie für Arbeitslose wetterte; als er 1993, nach fast 45 Jahren, das Unterhaus verließ, erhoben sich alle und applaudierten ihm. Aber Elizabeth hatte den Briefmarkenvorfall nicht vergessen. Jahrzehnte später wurde sie gefragt, ob sie Benn anlässlich seines Abschieds in den Buckingham Palace einladen wolle. »Nein«, sagte sie. »Er mag uns nicht.«

Eine schwächelnde Wirtschaft zwang Harold Wilson zu immer neuen Rückzugsgefechten. Er musste öffentliche Ausgaben kürzen und verlor bei seinen Wählern an Glaubwürdigkeit. 1970 wurden er und Labour von Edward Heath und den Konservativen abgelöst.

Der Junggeselle Heath war isolierter und introvertierter als die meisten Politiker. Er war gehemmt, ungeschickt im sozialen Umgang und verstand sich nicht auf Small Talk, er trat zwar immer untadelig auf, hatte aber im Gegensatz zu seinem Vorgänger keinen Sinn für royale Pracht. Er war Organist, Kenner klassischer Musik und passionierter Segler, Elizabeth hatte weder von klassischer Musik noch vom Segeln die geringste Ahnung. Während sie sich leidenschaftlich für das Commonwealth einsetzte, war es sein Wunsch, dass sich Großbritannien von dem einstigen Empire ab- und Europa zuwandte. Weder er noch sie machten den Eindruck, sich auf die wöchentlichen Audienzen zu freuen.

Auch Heath war sozial aufgestiegen, er hatte es durch eigene Anstrengungen und Leistungen an die Spitze geschafft. Als Sohn einer puritanischen und hart arbeitenden Familie der unteren Mittelklasse hatte er keinerlei Gemeinsamkeiten mit Elizabeth, anders als Wilson verstand er es auch nicht, diese Kluft zu überbrücken. Er war ein kompakt gebauter, zu Übergewicht neigender Mann, wenn die Königin mit ihm Spaziergänge durch die Wälder und Berge des Hochlands um Balmoral machte, konnte er nicht mithalten.

Dennoch sagte Heath, er habe der Königin immer von allen Vorkommnissen berichtet und sie habe sich immer interessiert gezeigt, sie zähle vermutlich zu den bestinformierten Menschen der Welt. Mit Verweis auf Bagehots drei Rechte sagte er weiter, sie, die das politische Geschehen schon so lange mitverfolge, habe ihm zugehört und ihn unterstützt, was ihn sehr ermuntert habe.

Als Premierminister musste Heath sich mit dem Nordirland-Konflikt in seiner blutigsten Phase befassen, mit einer aufgeheizten Europa-Debatte und einer steigenden Angst vor Einwanderern. Tory-Mitglied Enoch Powell schürte diese Ängste mit seiner berüchtigten *Rivers of Blood*-Rede, in der er Großbritannien und Europa eine blutige Zukunft prophezeite, falls die Einwanderung aus nicht-westlichen Ländern nicht unterbunden werde. Der prinzipienfeste Heath warf Powell ebenso entschlossen aus der Partei, wie er Großbritannien in die Europäische Wirtschaftsgemeinschaft führte; beides brachte ihm selbst bei Gegnern Respekt ein. Aber er war auch streitsüchtig, oft grob unhöflich und legte sich mit Leuten der eigenen Partei an – 1974 wurde Harold Wilson zum zweiten Mal Premierminister. »Sofort stellte sich die Atmosphäre entspannter Vertrautheit wieder ein«, kommentierte er seine Audienzen bei der Königin.

Doch er war seit der letzten Amtszeit gealtert und ein wenig paranoid geworden, seine Reaktionsfähigkeit hatte nachgelassen, der Griff zur Flasche war schneller geworden. Schon im Jahr nach seiner Wahl vertraute er der Königin an, dass er an Rücktritt denke.

Beim jährlichen Balmoral-Besuch waren Elizabeth, der Premierminister und seine Ehefrau, die Dichterin Mary Wilson, allein und ohne Sicherheitsleute zu einer kleinen Hütte gefahren, Elizabeth und Mary Wilson hatten ein herzliches Verhältnis. Sie stand den politischen Ambitionen ihres Mannes zwiespältig gegenüber, sie hätte es, wie sie durchblicken ließ, vorgezogen, wenn er eine akademische Laufbahn eingeschlagen und sie ein ruhigeres Leben geführt hätten. Wie Elizabeth mochte auch sie weder pompöses Getue noch Anweisungen, dass man sich auf diese oder jene Art zu verhalten habe. Später schrieb sie ein Gedicht über die Königin, die durch die Wälder und die schottischen Highlands streift und dabei doch als Königin immer in einer Art Käfig sei.

Elizabeth setzte Teewasser auf, Mary deckte den Tisch. Als die beiden sich später Schürzen umbanden, um abzuwaschen, erklärte Wilson, dass er in einem halben Jahr, im März 1976, als Premierminister zurücktreten wolle. Zu seinem Abschiedsdinner in der Downing Street kam Elizabeth zusammen mit Philip, eine Ehre, die sie seit Winston Churchill keinem Premier erwiesen hatte. Aber Wilson schadete seinem Verhältnis zur Königin und auch seinem Ruf, als er ihr eine Namensliste vorlegte und sie bat, die Aufgeführten vor seinem Rücktritt zu adeln. Es handelte sich um Personen, die entweder Wilson oder die Labour-Partei durch Spenden unterstützt hatten, so dass Wilsons zweiter Regierungszeit ein Hauch von Korruption anhängt. Angeblich sah Elizabeth die Liste durch und fragte, »Muss ich?« Ja, sie musste und sie unterschrieb.

Wilson hatte ihr früh von seinen Rücktrittsplänen erzählt, um dem Eindruck entgegenzuwirken, er werde aus dem Amt gedrängt. Aber angesichts einer gespaltenen und zerstrittenen Labour-Partei war das genau der vorherrschende Eindruck. Nach einer Schlammschlacht unter den führenden Köpfen trug 1976 der rechtsorientierte James Callaghan den Sieg davon und wurde neuer Premier.

Als Callaghan neun Jahre alt war, starb sein Vater an den Folgen seiner Kriegsverletzungen; der Junge wurde von seiner armen, sehr religiösen Mutter erzogen, die buchstäblich und unerschütterlich daran glaubte, dass Christus wiederkehren und die Lebenden und Toten richten werde.

Callaghan hatte zunächst in der Gewerkschaft Karriere gemacht, er verband eine gewisse persönliche Naivität mit strategischer Schläue, hatte einen einnehmenden Charme, politisches Gespür und einen energischen Führungsstil, war aber wegen seiner mangelnden Schulbildung auch verletzlich und angreifbar. Wenn er ein Fremdwort benutzte, konnte es vorkommen, dass sein Oxford-gebildeter Parteikollege Denis Healey ihn um Übersetzung bat, »damit wir Dummerchen das auch verstehen«. Als Callaghan erfuhr, dass er zu Wilsons Nachfolger und somit zum nächsten Premierminister gewählt worden war, verschlug es ihm zunächst die Sprache. »Premier-

minister des Vereinigten Königreichs«, sagte er schließlich leise.»Und ich war nicht einmal auf der Universität.«

Seine Audienzen mit der Königin waren angenehm, sie
sprachen offen miteinander. Gelegentlich machte er ihr ein
Kompliment für ihre Garderobe, das sie scherzend entgegennahm. Bei einem Spaziergang im Park von Buckingham Palace
pflückte sie einmal ein Maiglöckchen und steckte es ihm ans
Revers. Aber anders als Wilson, der ein wenig in die Queen
verschossen war, sah Callaghan das wahre Verhältnis zwischen
Königin und Premierminister ebenso nüchtern wie analytisch:
»Jeder Premierminister hat das Gefühl, von ihr freundlicher
behandelt zu werden als sein Vorgänger. Aber ich weiß nicht,
ob das wirklich stimmt. Man erfährt Freundlichkeit, keine
Freundschaft.«

Auch er erlebte ihr waches Interesse an allem, was in der
Politik vorging, und ihre Neugier. Er sah darin die Verantwortung für den Fortbestand der Monarchie begründet:»Sie tut
meiner Meinung nach gut daran, auf der Hut zu sein. Wenn
sie nicht so hart arbeitet, leidet das Ansehen der Monarchie.«

Callaghan war ein konservativer Mensch. Er hegte eine altmodische Hochachtung für die Marine und die Monarchie,
außerdem liebte er seinen Bauernhof in Sussex, und das gefiel der Königin. Aber bei den Gesprächen fiel ihm auf, dass
»alle ihre Erfahrungen aus zweiter Hand sind. Abgesehen von
den Pferderennen und der Zucht von Vollblütern gibt es kaum
einen Bereich, in dem sie direkte Erfahrungen machen konnte.
Sie erzählt oft, was ihr jemand über dieses und jenes gesagt hat;
so bildet sie sich eine Meinung.« Callaghan war als Premier zunächst beliebt, doch im sogenannten *winter of discontent*, dem
Winter der Unzufriedenheit, stürzten seine Umfragewerte geradezu ab. Labour hatte zur Eindämmung der Inflation mehrere Wahlversprechen zurückgenommen, das führte zu Streiks,
die das Land lahmlegten. Mitten in dieser aufgeheizten Stim-

mung kam Callaghan von einer internationalen Konferenz in der Karibik zurück und wirkte dermaßen aufgeräumt und optimistisch, dass die *Sun* seine Äußerungen zu der inzwischen legendären Überschrift zusammenfasste: »*Crisis? What crisis?*« Ein Misstrauensvotum zwang ihn zu Neuwahlen, er ahnte, dass sie für ihn nicht gut ausgehen würden. Vor der Wahl sagte er: »Etwa alle dreißig Jahre findet in der Politik eine Zeitenwende statt. Es ist völlig unerheblich, was man sagt oder tut, wichtig ist, was das Volk will und was es gutheißt. Die Bevölkerung führt den Wandel herbei. Ich glaube, dass wir gerade einen solchen Wandel erleben und dass er zu Mrs. Thatchers Vorteil ist.«

Weil Elizabeth' Verhältnis zu Harold Wilson und James Callaghan herzlich, das zu Sir Anthony Eden und Edward Heath hingegen recht angestrengt war, wurde mitunter behauptet, sie habe eine Vorliebe für Premierminister der Labour-Partei. Doch die Parteizugehörigkeit scheint für sie nie entscheidend gewesen zu sein. Vergleicht man aber das Konzept einer einenden, neutralen und pflichtbewussten Monarchie, wie Elizabeth sie vertritt, mit dem Grundgedanken eines Wohlfahrtsstaates, dass kein Bürger durch seine Maschen fallen soll, sind die Unterschiede nicht sehr groß. Elizabeth hat stets den Eindruck vermittelt, dass sie gemeinschaftsorientierte Lösungen bevorzugt. Die sollte sie von ihrem nächsten Premier nicht bekommen.

Margaret Thatcher, die 1979 ins Amt kam, war sechs Monate älter als Elizabeth. Man sollte meinen, dass zwei Frauen, die zur gleichen Zeit in einem sich wandelnden Großbritannien aufgewachsen sind, eine gemeinsame Basis für eine Beziehung finden können, doch zwischen der Königin und der eisernen Lady lief es vom ersten Moment an schlecht. Es fehlte die Balance, aus Elizabeth' Sicht zeigte Thatcher in ihrem Verhältnis zum Königshaus einerseits zu viel, andererseits zu wenig Respekt. Die Tochter eines Gemischtwarenhändlers im mittelenglischen Grantham knickste zu tief und saß bei den Audienzen nervös auf der Stuhlkante; die Queen schätzte eine entspannte Atmosphäre, Thatcher hingegen war immer ernst, eindringlich und förmlich. 1984 entging sie im Brightoner Grand Hotel nur knapp einem Bombenattentat der IRA, das ihr gegolten hatte; fünf Menschen kamen um. Als Elizabeth, die sich in den USA aufhielt, die Premierministerin deswegen anrief, sagte diese als Erstes: »*Are you having a wonderful time?*«

Elizabeth bevorzugte eine Politik des Konsenses, Thatchers Konfrontationskurs, der sich lange in ihrer Haltung zum Commonwealth ausdrückte, fand nicht ihre Zustimmung. Thatcher interessierte sich kaum für das Commonwealth, der überwiegende Teil des Thatcher-Lagers fand, dass sich die Krone zu nachsichtig zeigte im Umgang mit Commonwealth-Staatsführern, die lupenreine Diktatoren waren. Für die Königin war die Verbindung zwischen Monarchin und Commonwealth eine Angelegenheit, die Downing Street nichts anging.

Auch in ihren privaten Vorlieben passten die beiden Frauen nicht gut zusammen, so fühlte Thatcher sich in Balmoral, dem Ort, der Elizabeth vielleicht am meisten bedeutete, ausgesprochen unwohl. Sie verbrachte den Großteil ihrer dortigen Besuche mit Aktenstudium, am Morgen der Abreise saß sie Punkt sechs Uhr auf gepackten Koffern. Thatcher war die Premierministerin der Klein- und Vorstädte, Streifzüge durch das schottische Hochland waren ihre Sache nicht und sie besaß auch nicht die passende Garderobe für so etwas, zumal die Königsfamilie bekanntermaßen auch bei einem Wetter loszieht, bei dem man keinen Hund vor die Tür schicken würde.

Bei einem ihrer Besuche plante die Königsfamilie eine Wanderung durch die Hügellandschaft, als jemand fragte, ob die Premierministerin mitkommen werde, antwortete Elizabeth: »Sie werden vermutlich feststellen, dass Mrs. Thatcher nur auf Wegen geht.« Dass die Königin beim traditionsreichen Picknick den Tisch abdeckte, brachte Thatcher dermaßen aus der Fassung, dass sie sofort aufsprang, um zu helfen. Elizabeth soll schließlich gesagt haben:»Könnte jemand diese Frau bitten, sich hinzusetzen?«

Der Ehemann der Premierministerin, Denis Thatcher, und Prince Philip hingegen kamen prächtig miteinander aus, sie saßen oft bei einem Drink zusammen und erzählten sich Pennälerwitze.

Der Hof bekam es nicht nur mit Thatcher zu tun, sondern auch mit ihren Anhängern, den *Thatcherites*. Diese neue Rechte attackierte die Rituale und Traditionen der Monarchie ebenso feindselig wie die Linken zwanzig Jahre zuvor. Thatchers Politik zielte auf den hart arbeitenden, ehrgeizigen und umtriebigen Einzelkämpfer mit der Mentalität eines selbstständigen Kolonialwarenhändlers in Grantham, dieser Mensch sollte sich unbehindert von gesellschaftlicher Schlacke und überholten Konventionen nach oben kämpfen dürfen. Für Status durch Geburt hatten die Thatcher-Anhänger nichts übrig, für die meisten war die Oberschicht, auch die Monarchie, dekadent und irrelevant, während der Hof die Thatcherites vulgär fand – man erwartete mit Unbehagen den Tag, an dem Thatchers Einsparungen, die eine britische Institution nach der andern trafen, die Krone erreichen würden.

Eine unbestätigte Geschichte besagt, dass das Büro der Premierministerin einmal in Thatchers Namen beim Hof angefragt habe, ob man sich vor einer gemeinsam besuchten Veranstaltung hinsichtlich der Garderobe abstimmen könne, damit sie nicht womöglich in einem ähnlichen Kleid erschien. Buckingham Palace habe die Sorge als unbegründet bezeichnet, Ihre Majestät achte nie darauf, was andere Frauen trügen. Die leichte Gehässigkeit der Antwort könnte darauf hinweisen, dass Elizabeth in Thatcher keine Verbündete sah, sondern eine Rivalin. Die Presse stürzte sich natürlich dankbar auf die ewige Mär rivalisierender Frauen, die sich mit weiblichen Intrigen bekämpften. Während Thatcher die Königin verdross, hatte sie in Queen Mother eine unverhohlene und glühende Anhängerin. Thatchers Patriotismus, der resolute Einsatz des Militärs und ihr Ideal harter Arbeit passten lückenlos zur Weltanschauung der einstigen Königin, die einmal gesagt hatte, Frankreich wäre im Zweiten Weltkrieg wohl nicht von den Deutschen besetzt worden, wenn die Franzosen ein bisschen mehr Gegenwehr und Kampfwille gezeigt hätten.

Aber so uneinig Elizabeth mit Thatcher auf vielen Gebieten war, etwas muss sie an ihr fasziniert haben. Sie stellte ihrer eigensinnigen Premierministerin mitunter erstaunliche Fragen, mit den Jahren wurden ihre Gespräche lebhafter und länger. Vielleicht wusste die Königin ja, wie marode die britische Wirtschaft war, und hoffte, dass sich Thatcher mit ihrer Durchsetzungskraft an Veränderungen wagen würde. »Die Königin hat immer verstanden, worum es Margaret Thatcher ging«, sagte ein Hofbeamter. »Sie wusste, dass es nötig war.«

Thatcher wurde von den eigenen Leuten zu Fall gebracht, die Königin, die Loyalität schätzte, soll darüber empört gewesen sein. Sie verlieh ihr »The Order of Merit«, einen hohen, sehr exklusiven königlichen Orden, deren Mitgliederzahl auf vierundzwanzig beschränkt ist.

Regierungschef nach Thatcher wurde 1990 keiner ihrer schärfsten Widersacher, sondern ein Kompromisskandidat: John Major. Wie Edward Heath und Margaret Thatcher stammte auch er aus eher kleinen Verhältnissen.

Majors Vater war Trapezkünstler im Zirkus gewesen, dann hatte er Gartenzwerge produziert. Doch die Jahre nach dem Zweiten Weltkrieg waren wirtschaftlich schwierig, John Major kannte ein Leben mit wenig Geld, was er in seiner politischen Karriere immer wieder erwähnte. Er sprach engagiert von einer »klassenlosen Gesellschaft«, es gehe um Chancengleichheit für alle und nicht um Gleichheit als Selbstzweck. Er war mit seinen neunundvierzig Jahren der erste Premierminister, der jünger war als die Königin. Manchmal schien sein Gesicht hinter der großen Brille zu verschwinden, britische Satiriker zeigten ihn als farblosen, mickrigen Schatten seiner Vorgängerin, der formidablen Margaret Thatcher. Doch er konnte nicht nur politisch taktieren, er beherrschte auch eine ganz eigene Art des Flirts. Er suchte körperliche Nähe, beim Händedruck benutzte er beide Hände, mit Frauen unterhielt er sich leise und vertraulich, hielt dabei ihre Hand oder berührte ihren Arm. Die Audienzen bei der Königin verliefen überaus angenehm, und das, obwohl der Alltag für beide bald schwierig wurde. Er musste mit dem Golfkrieg und der Finanzkrise fertig werden, die 1992 mit dem »Schwarzen Mittwoch« begann, sie erlebte das Zerwürfnis zwischen Prinz Charles und Prinzessin Diana, mehrere Scheidungen in der Familie sowie den Brand von Windsor Castle. Die Audienzen sollen zunehmend gegenseitigen Therapiesitzungen geähnelt haben, Major blieb in diesen Jahren, als das Königshaus viel Kritik ertragen musste, sein standhafter Verteidiger. Man könne, sagte er später, der Königin alles sagen, er habe vor ihr nie etwas zurückgehalten. Im Frühjahr 1997 erlitt er eine schwere Wahlniederlage gegen Tony Blair, bei der Abschiedszeremonie sollen sowohl Major als auch die Königin sichtlich bewegt gewesen sein. Er genoss im Buckingham Palace weiterhin Vertrauen; nach Dianas Tod wurde er Sachwalter ihrer Söhne William und Harry, als einziger Ex-Premier war er zu beider Hochzeit eingeladen.

Tony Blair wurde von einer Welle der Begeisterung in 10 Downing Street getragen. Er war dreiundvierzig Jahre alt, modern, fand es völlig in Ordnung, dass seine Frau mehr verdiente als er, und wirkte alles in allem dermaßen pausbäckig und optimistisch, dass die Presse ihn »Bambi« taufte. Für die jungen Briten war er jemand, der in derselben komplexen und zukunftsorientierten Welt lebte wie sie selbst. Aber Blair hatte bald den Eindruck, dass ihm die Königsfamilie und der engere Hofklüngel mit Skepsis begegneten. Er habe das Gefühl gehabt, schrieb er später, man habe dort entweder Politiker aus der eigenen Klasse gewollt, mit denen man vertraut war, oder die »›authentischen‹ Labour-Typen, die einen starken Akzent hatten und ihrer Vorstellung eines ›Arbeiterführers‹ entsprachen«. Aber der ehemalige Internatsschüler Blair, der Labour aus seiner starken Bindung an die nordenglische Arbeiterklasse lösen und für die urbane Mittelschicht attraktiv machen wollte, war weder das eine noch das andere. Er fand, er sei wie ein Emporkömmling behandelt worden, wie ein Streber. Schon bei der ersten Audienz fühlte er sich zurechtgestutzt, und das nicht nur, weil er über eine Falte im Teppich auf die ausgestreckte Hand der Königin zu stolperte. Diese begrüßte ihn mit den Worten: »Sie sind mein zehnter Premierminister. Der erste war Winston. Das war vor Ihrer Geburt.«

Königin und Hof fanden es besorgniserregend, wie zukunftsorientiert und veränderungsoptimistisch Blair und seine *New Labour* die Gesellschaft sahen, mit welcher Selbstverständlichkeit sie Traditionen als überholt wegwischten, für die auch die Königin stand. Die Reserviertheit von Buckingham Palace gegenüber Thatcher und Blair hatte ähnliche Gründe, denn aller Unterschiede zum Trotz wollten beide grundlegende Veränderungen; weder Thatcher noch Blair fanden das Bestehende nur darum schützenswert, weil es schon lange bestand. Blairs Regierung reformierte das Oberhaus, so dass nur neunzig Erbadlige übrigblieben, die frei gewordenen Sitze gingen an Menschen, die auf Lebenszeit in den Adelsstand erhoben worden waren, den Titel aber nicht vererben konnten. Diese Entwicklung war für die Monarchie durchaus beklemmend, schließlich ist sie eine der letzten Institutionen, die sich allein durch Erbfolge legitimiert. Ein Hofbeamter meinte, die Bewohner von Downing Street begegneten der Monarchie »ahnungslos und mit munterer Arroganz«. Jemand hörte Elizabeth sagen, Blair sei möglicherweise »in der falschen Partei«, nicht nur sie hatte den Eindruck, dass sich die Arbeiterpartei und die Konservativen unter New Labour immer ähnlicher wurden. Der Historiker Alwyn Turner meinte, Blair habe Majors Vision von einer Welt, in der freie Individuen ohne allzu große Hindernisse ihren Weg machen könnten, besser vertreten als Major selbst.

Labour weigerte sich, die inzwischen sehr reparaturbedürftige Jacht »Britannia« überholen zu lassen, von einem Ersatz ganz zu schweigen. John Majors Regierung hatte sie zwar aus dem Verkehr gezogen, aber die Königsfamilie hatte gehofft, dass die nächste Regierung eine andere Lösung finden würde. Bei einer offiziellen Zeremonie gab die Königsfamilie das Schiff auf, es liegt seither als Touristenattraktion im Hafen von Edinburgh. Elizabeth vergoss offen Tränen.

Blairs Ehefrau Cherie war überzeugte Republikanerin, alles in ihr sträubte sich dagegen, vor der Königin zu knicksen. »Ich kann förmlich spüren, wie sich Cherie Blairs Knie versteifen, wenn ich den Raum betrete«, soll Elizabeth gesagt haben. Später erzählte Cherie, ihr viertes Kind Leo sei 1999 bei einem Balmoral-Besuch gezeugt worden. Im Vorjahr sei sie auf ihr Zimmer gekommen und habe entsetzt feststellen müssen, dass Angestellte der Königin ihren Koffer ausgepackt und sogar die Toilettensachen eingeräumt hatten. Beim nächsten Besuch sei es ihr schlicht zu peinlich gewesen, Verhütungsmittel mitzunehmen.

Tony Blair und Elizabeth kamen sich in den Tagen nach Dianas Tod näher, als er sie beharrlich zu überzeugen versuchte, dass sie der Bevölkerung mehr Anteilnahme zeigen müsse; später ließ der Hof durchblicken, dass der Premier etwas zu viel der Ehre für die Kehrtwende der Königin beanspruche. Blair profitierte auch davon, dass die Königin viele Staatsoberhäupter länger kannte als er. Als er einmal über schwierige Verhandlungen mit einem bestimmten Regierungschef klagte, sagte die Königin:»Versuchen Sie es mit Cricket. Das ist sein Thema.« Und er schätzte ihre lange historische Perspektive:»Sie weiß, dass Krisen nicht ewig dauern.«

Schließlich war auch Blair von ihr so bezaubert, dass sein Stab ihn damit aufzog, er sei verliebt. Er rannte fast zu den Audienzen im Buckingham Palace. Und Cherie Blair erzählte sehr herzlich, wie die Königin ihrem Sohn Leo beigebracht habe, die Corgis zu füttern. Cherie und Prince Philip führten lange und engagierte Gespräche über die Vorteile des Internets; der technikaffine Philip schrieb schon seit Anfang der achtziger Jahre seine Briefe auf einem Computer.

Philip machte nie einen Hehl daraus, dass er von New Labour nicht gerade begeistert war. Auf die Frage, ob er sich als Erneuerer sehe, antwortete er einmal:»Nicht allein um der Erneuerung willen, wie diese Blair-Leute. Ich will, dass Dinge erledigt werden, da bin ich ungeduldig.« Philip konnte offener über politische Fragen reden als die Königin und sprach deutlich aus, was er von den politischen Manövern und Inhalten der Parteien hielt, doch auch er war nicht leicht einzuordnen. Die Argumente, mit denen er eine starke und effektive Wirtschaftspolitik verteidigte, waren eher rechtslastig. Die konservativen Premierminister in den ersten Jahrzehnten nach Elizabeth' Thronbesteigung hielten ihn allerdings für besorgniserregend linksorientiert. Bei Churchills Vorbehalten gegen den jungen Herzog von Edinburgh mag Eifersucht im Spiel gewesen sein, aber er argwöhnte auch, dass Philip möglicherweise zu sehr unter dem Einfluss seines reformfreudigen Onkels Dickie stand und versuchen könnte, die Monarchie in eine radikalere Richtung zu manövrieren. Harold Macmillan fand die Bestimmtheit, mit der Philip markig seine politischen Ansichten äußerte, äußerst verblüffend und bezeichnete ihn als »Erstsemester, der den Sozialismus entdeckt hat«.

Onkel Dickie hingegen warf dem Neffen vor, *nicht sozialistisch genug* zu sein, weil er die radikalen Bücher von George Bernard Shaw nicht las, die er ihm um die Zeit der Verlobung mit Elizabeth geschickt hatte. Philip antwortete brieflich, er stelle sich keineswegs gegen die Grundgedanken des Sozialismus, misstraue aber abstrakten Theorien: »Was ich wissen möchte, ist, was die heutige Labour-Partei in England daraus machen wird. [...] Wenn dieses Programm eine realistische Erfolgschance bietet, die gegenwärtigen Zustände in England und der Welt zu verbessern, ohne dass man zu undemokratischen Maßnahmen greifen muss, dann lasse ich mich überzeugen. Wenn nicht, heißt das, dass ich mich nicht dem alten System, sondern einem anderen zuwenden werde, das eine bessere Lösung bietet.«

Mit den Jahren wurde er, wie viele Menschen, umso konservativer, je weiter sich das moderne Leben von den Werten entfernte, mit denen er vertraut war. Er sah die Schuld für die entfesselte Medienhetze auf seine Familie in einer neuen Respektlosigkeit, die in den sechziger Jahren damit begonnen habe, dass das Fernsehen die Freizeit der Menschen okkupierte und die Schüler plötzlich ihre Lehrer beim Vornamen nannten.

Auch für Elizabeth gab es in diesen Jahre einige Verwirrung: So soll sie den jahrelangen Machtkampf in der Labour-Partei zwischen Tony Blair und Gordon Brown, der 2007 Premierminister wurde, nicht verstanden haben. Brown, ein akademisches Wunderkind aus dem Glasgower Vorort Giffnock, war im sozialen Umgang recht ungelenk. Was ihm die Kommunikation mit Elizabeth erleichterte, war seine Vertrautheit mit dem Landleben, sie unterhielten sich oft und zu beider Freude über die schottische Landschaft. Brown sagte, er habe vor allem den

Sinn der Königin für Humor geschätzt. Es ist nicht sicher, ob er wusste, dass er selbst hin und wieder Ziel dieses Humors war.

Bei der Wahl von 2010 errang keine der beiden Parteien eine klare Mehrheit, was zum sogenannten *hung parliament* – einem »Parlament in der Schwebe« – führte. Stärkste politische Kraft war die konservative Partei unter David Cameron. Er wollte seine Partei offener, moderner und in sozialen Fragen liberaler gestalten, brauchte aber, um regieren zu können, einen Koalitionspartner, und das waren die von Nick Clegg geführten Liberaldemokraten. Die Folge war eine unklare Situation, in der Gordon Brown eine Koalition bilden wollte, um an der Macht zu bleiben, und Cameron eine Koalition bilden wollte, um die Macht zu übernehmen. Für Buckingham Palace war das heikel, denn dort musste entschieden werden, welchen der beiden die Queen einladen und als nächsten Premierminister mit der Regierungsbildung beauftragen sollte. Der Privatsekretär der Königin informierte Gordon Brown, dass er die Pflicht habe, im Amt zu bleiben, bis es eine neue Regierung gebe. Auch nachdem Clegg Cameron seine Unterstützung zugesagt hatte und Cameron ordnungsgemäß zum Buckingham Palace fuhr, musste er im Antrittsgespräch mit der Königin einräumen, nicht genau zu wissen, welche Regierung er in ihrem Namen bilden werde.

Cameron erinnerte als Premierminister sehr an jene Männer, die Großbritannien in Elizabeth' ersten Jahrzehnten auf dem Thron regiert hatten. Nicht nur war er ein entfernter Verwandter – auch er stammte von William IV. ab –, er war mit der Tochter eines Baronets verheiratet und hatte zur gleichen Zeit wie Prinz Edward die Heatherdown-Schule in Berkshire besucht. Bei seiner ersten Begegnung mit der Queen stand der achtjährige Cameron zusammen mit Edward beim Schultheater auf der Bühne, der kleine David spielte ein Kaninchen, Edward einen Maulwurf. Nach Heatherdown ging Cameron den klassischen Weg: erst Eton, dann Oxford.

Neben ihrer aristokratischen Herkunft teilten die Königin und ihr neuer Premierminister auch einen grundlegenden Charakterzug: Sie begegneten Herausforderungen stoisch und mit Pragmatismus.

David Cameron und John Major nahmen 2011 als einzige Ex-Premierminister an der Hochzeit von Prinz William und Kate Middleton teil. Margaret Thatcher war eingeladen, konnte aber wegen ihrer weit fortgeschrittenen Krankheit nicht kommen. Der Hof begründete diese Einladungen damit, dass sie Träger des Hosenbandordens seien, aber viele vermuteten, die Königin, die die Premiers der alten Labour-Partei schätzte, habe Blairs New Labour einen Stich versetzen wollen. Auch der Verlust der »Britannia« war noch nicht verwunden.

Als die Briten 2016 für den Austritt aus der EU stimmten, musste Cameron den Amtssitz des Premierministers verlassen. Er hatte Großbritannien in der EU halten wollen, das Referendum sollte den EU-Kritikern in der eigenen Partei lediglich zeigen, dass sie gehört und ernst genommen wurden. Für Cameron war es selbstverständlich gewesen, dass die Wähler gegen den Brexit stimmen würden. Nachdem dieser Plan spektakulär gescheitert war, trat er zurück, ihm folgte Theresa May, Großbritanniens zweite Frau an der Regierungsspitze, auch sie eine Oxford-Absolventin. Das Verhältnis zur Königin begann wenig glücklich, als diese May nach ihren Plänen für den EU-Austritt fragte und es als mangelndes Vertrauen empfand, dass May ihr nicht antworten konnte oder wollte.

Als 2017 ein Brand im Londoner Wohnhochhaus Grenfell Tower zweiundsiebzig Menschenleben forderte, machte May im Vergleich zur Königin keine gute Figur, diese kam mit Prinz William zwei Tage später zum Tower und sprach mit den Opfern, während die Premierministerin »aus Sicherheitserwägungen« fernblieb. Mit der Zeit fanden die Frauen, so wurde berichtet, doch noch einen Draht zueinander, sie verband die Liebe zum Ländlichen, außerdem waren die Königin und die Pfarrerstochter May gläubige Kirchgängerinnen. Im Januar 2019 rief Elizabeth in einer Rede zu Verhandlung und Versöhnung auf, was als Kommentar zum erhitzten politischen Brexit-Klima verstanden wurde:

»Natürlich steht jede Generation vor neuen Herausforderungen und Chancen. Während wir in der Moderne nach neuen Antworten suchen, ziehe ich für meinen Teil die bewährten Rezepte vor: freundlich voneinander reden, mit Respekt für unterschiedliche Standpunkte; zusammenkommen, um eine gemeinsame Basis zu finden, und niemals das größere Bild aus den Augen verlieren.«

Die Rede wurde als Unterstützung für Theresa May gedeutet, die gerade im Unterhaus um ein Ja zu ihren EU-Verträgen kämpfte. Als ihr das misslang, musste sie zurücktreten, und die Königin bekam einen Premier, dem bekanntermaßen nichts fernerliegt als die Suche nach Konsens: Boris Johnson, Tory und Brexit-Leitfigur.

Alexander Boris de Pfeffel Johnson scheint aus Gegensätzen zu bestehen: Er ist der Urenkel eines türkischen Ministers und hat auch englische, französische und deutsche Vorfahren. Zu letzteren gehören sein Urururgroßvater Karl Maximilian Freiherr von Pfeffel und dessen Ehefrau, die eine illegitime Tochter des Prinzen Paul von Württemberg gewesen sein soll, was Johnson zu einem (sehr weit entfernten) Verwandten der Königin machen würde. Den Vornamen »Boris« verdankt er einem freundlichen Russen, der seiner Mutter den Flug von Mexico City nach New York bezahlte, den sie sich nicht leisten konnte – sie wollte ihr Kind unbedingt in New York zur Welt bringen. Johnson gilt als charismatischer Redner, obwohl er bis zu seinem achten Lebensjahr fast gehörlos war, was operativ behoben werden konnte. Da ihm die Welt der Hörenden verschlossen war, wurde er zu einem gierigen Leser. Seine Lehrer nannten ihn intelligent, aber faul: Eric Anderson, der zu Johnsons Zeit Direktor von Eton und früher einmal Tony Blairs Lehrer war, sagte, beide verließen sich in ihrem Leben »auf ihre Cleverness und nicht auf gründliche Vorbereitung. Beide liebten den großen Auftritt, sie machten das Leben für alle, die mit ihnen zusammen waren, unterhaltsamer, aber sie konnten einen auch zum Wahnsinn treiben.«

Einen großen Auftritt ohne gründliche Vorbereitung hatte Johnson auch, als er im Schultheater die Hauptrolle in Shakespeares »Richard III.« spielte. Weil er keine Lust hatte, den Text zu lernen, schrieb er ihn auf Zettel, die er an der Rückseite der Kulissen befestigte, hinter denen er während der Vorführung ständig verschwand – um seinen Text von den Zetteln abzulesen. Als Journalist für die *Times* erfand er ein Zitat über König Edward II. und schrieb es dem Historiker Colin Lucas zu, der sein Patenonkel war; als Brüssel-Korrespondent für den *Daily Telegraph* lieferte er erdichtete Artikel, unter anderem über Pläne der EU, Standardgrößen für Kondome einzuführen. Er war ein berüchtigter Frauenheld, ein lebendiger Gesprächspartner und schrieb selbst unter Druck so herausragend, dass seine Kollegen nur staunen konnten – wie auch darüber, dass jemand sich ohne das geringste Anzeichen von Nervosität oder Scham einen solchen Schlendrian erlauben konnte. Er legte sich eine geistesabwesende, exzentrische Miene und ein extravagant ungepflegtes Äußeres zu, beides verführte sein Gegenüber dazu, ihn zu unterschätzen. Michael Wolff, der Johnson 2008 für *Vanity Fair* interviewte, sagte, er habe noch nie einen Festangestellten gesehen, der in einem solchen Maße verlottert wirke, aber Wolff erkannte in dem vermeintlichen Chaos das Raffinierte und sorgfältig Arrangierte: »Er will, dass man ihn unterschätzt.« Johnson war dafür bekannt, eher Opportunist als Ideologe zu sein, er wollte auf die große Bühne – die bekam er von 2008 bis 2016 als Londoner Bürgermeister, dann als der einflussreichste und sichtbarste Vertreter des Brexit-Lagers. Schon nach seiner ersten Audienz als Premierminister zeigte er sich geschwätziger als seine Vorgänger und plauderte Details über sein Gespräch mit der Königin aus:»Sie fragte, warum in aller Welt jemand diesen Job haben will.«

Johnsons Wahl löste auch eine Diskussion darüber aus, ob die Königin die Möglichkeit habe, einzugreifen und den Premierminister abzusetzen, falls dieser versuchen sollte, mit drastischen Maßnahmen einen harten Brexit durchzusetzen. Johnson hätte mit solch einem Versuch einen Misstrauensantrag des Parlaments riskiert. Signale aus dem Lager des neuen Premiers ließen vermuten, dass er im Fall eines verlorenen Votums die Neuwahlen hinauszögern würde, um vor der Wahl eines neuen Parlaments einen harten Brexit durchziehen zu können. Müsste in solch einem Fall die Königin, die offiziell den Premierminister ernennt, nicht aus eigenem Antrieb einen Premierminister des Amtes entheben, der offenkundig das Vertrauen des Parlaments verloren hatte? John McDonnell, finanzpolitischer Sprecher der Labour-Partei, sagte, falls Johnson das Misstrauen ausgesprochen werde und er sich weigere, zurückzutreten, werde er den Labour-Chef Jeremy Corbyn per Taxi zum Buckingham Palace schicken und die Königin davon in Kenntnis setzen, dass die Opposition die Regierung übernehme. Das ging so weit, dass der Privatsekretär der Königin, Edward Young, 10 Downing Street um ein Gespräch zu einer gemeinsamen Strategie ersuchte, wie die Königin aus allen Brexit-Entscheidungen herausgehalten werden könne.

Tatsächlich gab es bis zum formellen Austritt Großbritanniens aus der EU am 1. Januar 2021 um die Rolle der Königin keine Kontroversen mehr.

Immer wieder einmal stellt jemand die Frage, ob solche

regelmäßigen und nicht protokollierten Vier-Augen-Gespräche zwischen Königin und Premierministern mit der Demokratie vereinbar seien. Der verstorbene Schriftsteller und Journalist Christopher Hitchens, ein scharfer Kritiker der Monarchie, nannte allein den Gedanken absurd, dass die Royals keine Macht hätten. Riten und Traditionen hätten immer und in jeder Gesellschaft eine politische Kraft – alle Monarchen der neueren Zeit hätten nachweislich bei der ein oder anderen Gelegenheit versucht, auf politische Entscheidungsprozesse Einfluss zu nehmen. Elizabeth beispielsweise kämpfte bekanntermaßen immer für das Commonwealth. Gordon Brown räumte ein, dass er nach einem Gespräch mit der Königin manchmal eine Rede umgeschrieben habe.

Elizabeth' Rolle bei diesen Audienzen scheint eine Kombination aus Sphinx und Psychologin zu sein. Selbstverständlich *hat* sie zu den besprochenen Themen eine Position, auch wenn sie sie nicht laut äußert. Tony Benn war mitunter überrascht, wie dezidiert die Königin eine Meinung vertreten konnte, wenn es in einem Gespräch nicht unmittelbar um britische Politik ging. Nach ihrem ersten Treffen mit dem gerade neu ins Amt gewählten kanadischen Premierminister Pierre Trudeau, dessen Sohn Justin ebenfalls Premierminister werden sollte, fragte Benn sie nach ihrem Eindruck und sie antwortete ohne Zögern: »Recht enttäuschend.«

David Owen, Außenminister der Regierung Callaghan, stellte fest, dass die Königin wie ausgewechselt war, wenn sie von einer offiziellen Funktion in eine private wechseln konnte. »Wenn auf der ›Britannia‹ der letzte Gast gegangen ist, schleudert die Königin die Schuhe fort, steckt die Füße auf dem Sofa unter ihren Rock und spricht sehr lebhaft über die Leute, die an dem Abend da gewesen sind – ihr Gesicht leuchtet auf, und sie wird wirklich attraktiv –, man spürt förmlich, wie der Druck von ihr abfällt, sich zu kontrollieren.«

Sie schätzt stabile, langjährige Beziehungen und das Bewährte, doch die Politik ist wie eine Drehtür, die immer neue
Menschen in ihre Salons bringt und sie gerade dann wieder
entführt, wenn so etwas wie Vertrautheit entstanden ist. Der
Labour-Politiker Richard Crossman fragte sie, ob sie etwas gegen Wahlen habe.»Ja«, antwortete sie.»Man muss viele neue
Menschen kennenlernen.« Vierzehn Premierminister sind bisher gekommen, dreizehn
gegangen. Nur sie ist geblieben.

8

Fünfzig Jahre Witwe

D ie Arbeit, die man verrichtet, ist die Miete für den Raum, den man auf Erden einnimmt«, hat die Queen Mother einmal gesagt. Nach einer Zeit lähmender Trauer um George VI. kehrte sie zu ihren Aufgaben in der Königsfamilie zurück; sie absolvierte Repräsentationsreisen in mehrere Länder und umrundete als erstes Mitglied der Familie die Erde mit dem Flugzeug. War Königin Elizabeth im Ausland, gehörte ihre Mutter zum Kreis der Angehörigen, die Staatspapiere unterzeichnen durften, hin und wieder leitete sie stellvertretend die Sitzungen des Kronrats, des *Privy Council*. Sie trug immer noch den Titel einer Königin und wurde mit *Eure Majestät* angesprochen. Ausnahmslos alle, auch ihre älteste Tochter, mussten vor ihr knicksen oder sich verneigen. In ihrer Londoner Residenz Clarence House unterhielt sie im Grunde einen eigenen, zweiten Hof mit sechzig Angestellten, darunter drei Chauffeure und drei Privatsekretäre. Von den Angehörigen der Königsfamilie legte sie am wenigsten Wert auf Protokoll und Etikette, ihre Gäste mussten beispielsweise nicht aufhören zu essen, sobald sie selbst ihr Besteck ablegte.

Sie lebte weiterhin in größtem Luxus und hätte niemals angezweifelt, dass der Steuerzahler für ihre immensen Ausgaben aufkommen musste. Für Ankauf und Training ihrer Rennpferde reichte die jährliche Apanage mitunter nicht aus, als die Pferde in einem Jahr weniger einbrachten als erwartet, musste ihre Tochter die erschreckend hohen Honorare begleichen, die

Peter Cazalet für das Training von Queen Mums Pferden in Rechnung stellte. Sie akzeptierte das Geld ihrer Tochter und unterschrieb die Quittung mit einem geseufzten »Oh dear«. Als ihr unbekümmertes Verhältnis zu Geld wieder einmal zu astronomischen Rechnungen geführt hatte, mahnte Elizabeth, »Mama, du musst endlich *erwachsen* werden!« Aber die Königinmutter lieh weiterhin leichten Herzens Geld bei der Bank, angeblich hatte in Clarence House niemand den Mut, ihr zu sagen, dass sie das eines Tages zurückbezahlen müsse. Bei ihrem Tod schuldete sie dem Bankhaus Coutts & Co sieben Millionen britische Pfund, die die Queen diskret beglich.

Queen Mum gab Menschen, die sie kennenlernte, das Gefühl, dass sie in ihnen das Beste suchte und auch fand. Ausgenommen von dieser Warmherzigkeit waren der Herzog und die Herzogin von Windsor, vormals König Edward VIII. und Wallis Simpson. Die Königinmutter beschuldigte sie, ihren Mann George in eine Position und zu einem Leben gezwungen zu haben, die er nie wollte, und sie gab ihnen auch die Schuld an seinem frühen Tod. Sie war überzeugt, dass er ohne den immensen Druck und die vielen Belastungen der Regentschaft länger gelebt hätte; für sie war Wallis »die Frau, die meinen Mann getötet hat«.

Als Gouverneur der Bahamas konnte der Herzog von Windsor einige für das Land vorteilhafte Regelungen erreichen, so vereinbarte er mit der amerikanischen Regierung, dass Bahamaer zum Arbeiten in die USA einreisen durften. Fast jeder siebte Bahamaer nahm diese Chance wahr; das Geld, das sie aus den USA überwiesen, wurde zu einer dringend benötigten Spritze für die Wirtschaft der Inseln, auch bei der Investition seines eigenen Vermögens bewies der Herzog ökonomisches Geschick. Doch er unterstützte eine scharfe Rassentrennung auf den Bahamas und schürte die innere Spaltung, indem er beispielsweise schwarzen Insulanern verbot, den Gouverneurs-

palast durch den Haupteingang zu betreten, und darauf hin-
wirkte, dass in weißen Wohngegenden nur weiße Polizisten pa-
trouillierten. Auch Wallis befürwortete Rassentrennung, da sie,
wie sie sagte, als Südstaatlerin am besten wisse, wie mit »den
Farbigen« umzugehen sei.

1945, nach Abschluss ihrer Bahamas-Zeit, bezogen Edward
und Wallis in Paris am Rand des Bois de Boulogne eine prachtvolle Villa aus dem 19. Jahrhundert, die die Stadt Paris ihnen
für eine bescheidene Miete zur Verfügung stellte. Gäste berichten von einem minutiös ausgestatteten Haus voller Erinne-
rungsstücke an die ehemalige Königswürde, darunter zwei riesige Gemälde, eines von Edward mit Hosenbandorden, eines
von seiner Mutter Königin Mary. Es wimmelte von Gemälden
und Statuen von Mopsen, die das Ehepaar liebte. Sie besaßen
drei, denen das Futter in Silbernäpfen serviert wurde, und sie
pusselten mit ihnen herum, als seien sie Babys. Doch die Tage
eines Paares, das sich weder für Literatur noch für Kunst, ja im
Grunde für nichts wirklich interessierte, konnten lang werden.
Edward hatte, wie alle Besucher schnell feststellten, nichts von
seinem Charme verloren, wirkte aber blass und geschwächt.
Bei einem Abendessen vertraute er seiner Tischdame an: »Soll
ich Ihnen sagen, wie mein Tag war? Ich bin spät aufgestanden,
dann habe ich die Herzogin zum Kauf eines Hutes begleitet,
auf dem Heimweg ließ ich mich vom Chauffeur im Bois de
Boulogne absetzen, um einigen unserer Soldaten beim Fußball-
spielen zuzusehen, eigentlich wollte ich noch spazieren gehen,
aber es war so kalt, dass ich es nicht aushielt [...] Als ich nach
Hause kam, hatte die Herzogin Französischunterricht, es war
also niemand da, mit dem ich mich hätte unterhalten können.«

Das Paar war von einer zeitlich begrenzten Verbannung
ausgegangen und hatte erwartet, nach Großbritannien und
zur Familie zurückkehren zu können, sobald sich der Sturm
etwas gelegt hatte. Nach und nach begriffen sie, dass das nicht

geschehen würde. Das ereignislose Warten wurde ihr Leben. Sie versanken in Nichtstun und Verbitterung und amüsierten sich damit, Beinamen für ihre Verwandten zu erfinden, die nichts von ihnen wissen und ihnen keine Aufgaben übertragen wollten. Queen Mum, die zunahm und gern locker sitzende, pastellfarbene Kleider trug, nannten sie *Cookie*, in weniger großherzigen Momenten auch »Loch-Ness-Monster«, die neue Königin hieß nach dem altklugen amerikanischen Kinderstar *Shirley Temple*. Es empörte Wallis, dass die Talente ihres Mannes wegen der Sturheit der Familie verschleudert wurden; auf der anderen Seite des Kanals empörte sich Queen Mother über den Müßiggang der Windsors: Was hinderte sie daran, sich nützlich zu machen, sie könnten sich beispielsweise für wohltätige oder humanitäre Ziele einsetzen. Sie beanspruchten Platz, sehr viel und sehr kostbar ausgestatteten Platz, für den sie keine Miete entrichteten.

Gäste hatten den Eindruck, dass das Paar glücklich war, auch wenn Wallis ihren Mann mitunter ungeduldig und barsch behandelte, was er umgekehrt nie tat. Sie war ein ruheloser Mensch; als Edward an seinen Memoiren arbeitete, fuhr sie nach New York und begann einen unverhohlenen und von der Presse weidlich ausgeschlachteten Flirt mit dem Woolworth-Erben Jimmy Donahue. Der Herzog war zu Tränen gedemütigt, versicherte aber einem Freund, was immer Wallis tue, es habe seine Zustimmung.

Sie hofften vermutlich immer noch auf eine Annäherung an das Königshaus, doch solche Nachrichten vertieften die Kluft weiter. Kaum jemand glaubte, dass Wallis untreu war – Donahue war offen homosexuell –, aber der Herzog war schließlich so eifersüchtig, dass er das Schiff nach New York bestieg, wo das Paar am Kai ein zärtliches und überaus öffentliches Wiedersehen feierte. Donahue gehörte noch jahrelang zum engeren Bekanntenkreis der Windsors, was Gerüchte über eine Dreiecksbeziehung nährte. Wallis, vom homosexuellen Schriftsteller Noël Coward anerkennend als »*fag hag*« – *Schwulenmutti* – bezeichnet, war gern mit Schwulen zusammen, ihr gefiel der respektlose und exaltierte Umgangston der New Yorker und Pariser Homosexuellenkreise. Die Nähe zu diesen Subkulturen teilte sie mit ihrer Erzfeindin, denn auch Queen Mum lebte von homosexuellen Männern umgeben.

Queen Mother war gegenüber Menschen mit anderen sexuellen Neigungen völlig vorurteilsfrei. Ob sie wusste, dass ihr Lieblingsbruder David Bowes-Lyon neben seinem Leben als Familienvater ein geheim gehaltenes, homosexuelles Leben führte, ist nicht bekannt. Aber sie war eng mit Noël Coward befreundet; bei einem gemeinsamen Theaterbesuch standen junge Männer zum Empfang der königlichen Gäste Spalier, und die Königinmutter sah Cowards Blick an den Reihen entlanggleiten. »Noël, bitte sei vorsichtig«, sagte sie. »Sie zählen sie nämlich, bevor sie sie hier hinstellen.«

Sie verstand sich auch mit Anthony Blunt gut, der seine Stelle als Direktor der königlichen Gemäldesammlung direkt nach dem Krieg angetreten hatte. Damals lagerten die kistenverpackten Kunstwerke noch in einem Steinbruch im walisischen Gebirge, wohin sie für die Dauer des Krieges in Sicherheit gebracht worden waren. Blunt, ein hagerer Mann mit angenehmem Wesen, ausgezeichneten Manieren und ebenfalls homosexuell, stammte aus einer keineswegs begüterten Pfarrersfamilie. Er war entfernt mit der Königinmutter verwandt, wichtiger war, dass er glänzende Referenzen aus Cambridge und eine herausragende akademische Karriere vorweisen konnte. In Cambridge hatte er eine Schwäche für junge Männer entwickelt, die sozial unter ihm standen und für ihn tendenziell gefährlich waren.

Blunt war ein Mann für delikate Missionen. Im August 1945, viele Jahre bevor er Stephen Wards Zeichnungen von

Philip ersteigerte, reisten er und der königliche Bibliothekar Owen Morshead im Auftrag von George VI. in das gerade besiegte Deutschland. Sie sollten eine viertausend Briefe umfassende Korrespondenz zwischen Königin Victoria und ihrer Tochter, der deutschen Kaiserin Victoria, die sich später Kaiserin Friedrich nannte, sichern, bevor die amerikanischen oder russischen Alliierten sie fanden und möglicherweise veröffentlichten. Blunt fuhr im Auftrag des Königs drei weitere Male nach Deutschland und holte Dokumente und Gegenstände, die nicht in unbefugte Hände gelangen sollten, darunter eine Diamantkrone von Königin Charlotte, der Gemahlin Georges III. Zu diesen Handlungen war die britische Krone nicht berechtigt, die Briefe wurden 1951 dem Landgrafen von Hessen zurückgegeben, und auch das Haus Hannover bekam die Diamantkrone wieder.

Die Gemäldesammlung der Royal Collection war und ist eine der größten Privatsammlungen der Welt. Zu ihr gehören neben zahlreichen Gemälden der britischen Flora und Fauna, die vor allem von Patrioten und Nostalgikern geschätzt werden, zahlreiche Meisterwerke von Künstlern wie Rubens, Vermeer, Tizian und Leonardo da Vinci. Heute wird die Sammlung von einer Stiftung verwaltet, die es als ihre Aufgabe sieht, die Schätze der Allgemeinheit zugänglich zu machen, aber damals wurden diese Werke nur sehr selten öffentlich gezeigt. Kaum im Amt, organisierte Blunt 1946 in der Royal Academy die überaus umfangreiche Ausstellung »The King's Pictures«, die weit über 350 000 Besucher anzog.

Ebenso beharrlich wie vergeblich versuchte er, die beiden Monarchen, denen er dienen sollte, für Kunst zu interessieren. Als George VI. zum ersten Mal John Pipers dunkle Aquarelle sah, die Windsor Castle im Sturm zeigten, sagte er zum Künstler: »Wirklich schade, Mr. Piper, das mit dem Wetter.« Manche meinten, der König habe einen Scherz machen wollen, aber

200

Blunt erzählte die Anekdote gern als Beispiel für die Borniertheit, gegen die er bei Hof anzukämpfen hatte.

Die Kunstinteressierteste der Familie war Georges Ehefrau Elizabeth, zu ihr hatte Blunt einen guten Draht. Sie trafen sich oft in einem der Salons zum Tee, die damalige Königin hatte während des Krieges Arbeiten zeitgenössischer Künstler gekauft und sie in einer schwierigen Zeit unterstützt, auch wollte sie zeigen, wie wichtig es war, möglichst viele Bereiche der Gesellschaft aufrechtzuerhalten. Blunt wusste das zu schätzen, aber er wusste auch von der Härte, die hinter ihrer Fassade royaler Verbindlichkeit aufscheinen konnte.

»Ich bin nicht so nett, wie ich wirke«, sagte Queen Mother einmal. Man hielt sie für sanfter, als sie tatsächlich war, weil der britischen Bevölkerung in den Zwischenkriegsjahren gezielt ein weichgezeichnetes Bild von ihr präsentiert wurde, das maßgeblich von zwei weiteren schwulen Männern erschaffen worden war: dem Hofdesigner Norman Hartnell und dem Fotografen Cecil Beaton.

Elizabeth Bowes-Lyon war im Grunde eine ungekünstelte junge Frau mit einem auffallenden, braunen Haarschopf, aber als sie und ihr Gatte den Thron bestiegen, hielt George VI. es für ratsam, ihr Erscheinungsbild der neuen Stellung anzupassen, und regte an, sich dabei an den romantischen Porträts königlicher Vorfahren aus dem 18. und 19. Jahrhundert, vor allem an Winterhalters Porträts von Königin Victoria zu orientieren. Hartnell entwarf feminine, reich verzierte Roben mit Krinolinen und weiten Röcken; der als Fotograf hinzugezogene Cecil Beaton befürchtete zunächst, Elizabeth' Gesicht könnte zu konturenarm sein, doch dann gelangen ihm mit einer speziellen Beleuchtung diffuse, nostalgische Bilder, die an Gemälde erinnerten. Er begeisterte sich für die Königin und die Begeisterung war gegenseitig. Elizabeth, die sich auf Fotos nie gefallen hatte, hielt an Beaton fest, und als ihre Tochter Königin wurde, übernahm sie Hartnell und Beaton: der eine entwarf ihre Hochzeits- und Krönungsroben, der andere machte die offiziellen Krönungsfotos. Als Jugendliche und noch in den ersten Jahren auf dem Thron folgte Elizabeth II. meist dem Rat ihrer Mutter. Sie telefonierte täglich mit ihr und mit ihrer Schwester Margaret, wenn sie im Ausland war, schrieben sie und ihre Mutter sich täglich Briefe. Sie aßen oft zusammen Mittag, als Elizabeth einmal noch etwas Wein wollte, sagte ihre Mutter: »Sei vorsichtig. Denk daran, dass du noch den ganzen Nachmittag Königin sein musst.«

Aber das enge Verhältnis hatte auch Fallstricke. Nach dem Tod von George VI. konnte sich die Queen Mother nur schwer an ihr neues Leben gewöhnen. Elizabeth wollte nicht, dass ihre Mutter sich als frühere Königin degradiert fühlte, kämpfte aber als Tochter auch um ihre Eigenständigkeit. Sie hatte oft genug aus nächster Nähe mitangesehen, wie mühelos ihre Mutter mit ihrer charismatischen Ausstrahlung alle für sich einnehmen und jedem ein Gefühl von Vertrautheit vermitteln konnte. Die Tochter wurde in ihrer neuen Rolle als Königin zwar immer souveräner, aber über die kommunikativen Talente ihre Mutter verfügte sie nicht. Der Hofbiograph James Pope-Hennessy, der in den Jahren nach dem Tod von George VI. mit Mutter und Tochter sprach, erlebte die Königinmutter gelöst und amüsant, während die Queen angespannt wirkte, so, als müsse sie sich mehr bemühen.

Ihre Berater merkten auch schnell, wie sie sich sträubte, sobald sie etwas von ihr verlangten, was sie selbst als »PR-Gag« empfand. Im Kern, so der königliche Biograph Robert Lacey, war sie noch immer die Frau, der man als junger Monarchin den Entwurf einer Rede vorgelegt hatte, die sie in Kingston upon Hull halten sollte, einer Kleinstadt mit außergewöhnlich vielen Republikanern. Wenn im Manuskript stand »Ich freue mich sehr, heute in Kingston zu sein«, strich Elizabeth das »sehr« mit der Bemerkung: »Ich werde mich freuen, in Kingston zu sein, aber nicht *sehr*.«

Pope-Hennessy erwähnte einen wichtigen Unterschied zwischen Mutter und Tochter: Während die Königin nichts weniger wollte, als auf einer Bühne zu stehen und den Menschen etwas vorzuspielen, hatte die Königinmutter keinerlei Schwierigkeiten mit den Show-Aspekten des royalen Lebens. Mit den Schwulen in ihrem engeren Umfeld verband sie ein hochentwickelter Sinn für *camp*, wobei Queen Mums Variante von *camp* sanfter war als die Hardcore-Variante, die Margaret bevorzugte. Sie und ihre Mutter hatten eine Vorliebe für alle Facetten des mitmenschlichen Umgangs, die mit Selbstdarstellung, Spiel und *Show* zu tun hatten – wofür die Queen überhaupt keinen Sinn hatte. *Camp* als ästhetische Stilrichtung entstand gegen Ende des 19. Jahrhunderts; sie gedieh vor allem in queeren Milieus, später auch in der Drag-Kultur, die mit Geschlechterrollen spielte: Frauen trugen Herrenanzüge, Männer künstliche Fingernägel und falsche Wimpern, ein langweiliger oder ärmlicher Alltag verschwand unter enormen Mengen schillernden Beiwerks. Zu *camp* gehört ein Faible für Überspanntes und Theatralisches, Manieriertes und Überdekoriertes, das ebenso mit echter Hingabe wie ironische Distanz betrachtet werden kann, oft beidem. All das gehörte zum Leben in Clarence House, die Toleranzschwelle des Haushalts in Sachen Exzentrizität lag erheblich höher als im Buckingham Palace.

Noël Coward hatte übrigens sofort bemerkt, dass auch Wallis Simpsons Galan Jimmy Donahue »*an insane camp*« war, was er dem amerikanischen Schriftsteller Truman Capote anvertraute, der selbst ohne Zweifel über die Maßen *campy* war.

Von außen betrachtet mag es scheinen, als lägen zwischen der britischen Königsfamilie und den sexuellen Unterwelten unüberbrückbare Kluften. Aber vieles am Hofleben ist durchaus *campy*, diese Welt mit goldbetressten Uniformen, uralten und komplizierten Ritualen, Beistelltischchen mit Fabergé-Eiern und kostbaren Geschenken, die oft nicht nach Kriterien des guten Geschmacks ausgewählt werden – das alles war eine einzige Einladung an den schwulen Blick. Daher überrascht es nicht, dass bei Hofe im Allgemeinen und in Clarence House im Besonderen viele Schwule arbeiteten. Das Leben im Großbritannien der Nachkriegszeit war für niemand einfach, besonders schwierig war es vermutlich für Jungen, die in einer der vielen ärmlichen Bergbau- oder Fabrikstädte aufwuchsen und den herkömmlichen Erwartungen an »einen echten Mann« nicht entsprachen; die Fußball nicht mochten, Schlägereien mieden und sich für Ästhetisches und Künstlerisches interessierten. Wenn die BBC berichtete, dass die Königsfamilie in Ascot weilte, dass sie eine ihrer grandiosen Residenzen verließ und sich zu einer anderen begab, fiel ein glamouröser Lichtstrahl in ihren groben und grauen Alltag. Sie hörten das und wussten, dass es diese andere, strahlende Welt gab, man konnte hinfahren und sich um eine Stelle bewerben: Buckingham Palace.

William Tallon, genannt Billy, war ein solches Kind, das sich auf zweifache Weise als nicht zugehörig erlebte. Zum einen besaßen seine Eltern in der Kohlestadt Birtley einen Laden, was der Familie ein soziales Überlegenheitsgefühl gegenüber den Grubenarbeitern erlaubte, sie aber in manchem auch aus deren Gemeinschaft ausschloss. Diese britischen Kleinstädte waren vom täglichen Überlebenskampf geprägte Orte, aber ihre Bewohner hatten auch ein Gefühl für Würde; noch die geringste Andeutung, dass dieses Leben nicht gut genug sei und man lieber woanders wäre, war absolut tabu. Der Laden von Billys Eltern scheiterte, aber vielleicht machten es die hier und da erlebte Ausgrenzung und die sozialen Ambitionen seiner Mutter einfacher, von Anderem zu träumen.

Zudem begriff Billy früh, dass er homosexuell war und es für ihn sehr schwierig werden würde, in Birtley ein gutes Leben zu führen. Als Zwölfjähriger schrieb er den ersten Brief an Buckingham Palace und bat um Anstellung. Vier Jahre lang schrieb er Briefe und wiederholte seine Bitte. Dann erhielt er zu seiner Verblüffung eine Einladung zu einem Bewerbungsgespräch und wurde sofort genommen.

Dass ein völlig unbekannter Teenager ohne weiteres im Buckingham Palace landen konnte, lag daran, dass die Personalsuche für die Königsfamilie und die Aristokratie in jenen Jahren immer schwieriger wurde. Viele arbeiteten lieber in Fabriken — bei besserem Lohn, klareren Arbeitszeiten und ohne katzbuckelndes Dienen. Tom Quinn, Verfasser einer Billy-Tallon-Biographie, schilderte, wie eine große Dienerschaft, die ursprünglich mit hohem Prestige verbunden war, für die Wohlhabenden plötzlich zu einem Schwachpunkt wurde: Als die Konkurrenz um Arbeitskräfte härter wurde, lebten immer mehr Herrschaften in Angst, die Köchin könnte kündigen, denn ihnen dämmerte, dass sie weder eine Tasse Tee zubereiten noch ein Ei kochen konnten. In der Küche des Buckingham Palace arbeiteten sogar ehemalige Strafgefangene, angefangen bei Dieben, die mit Teilen des Silberbestecks verschwanden, bis hin zu dem ein oder anderen Mörder.

In Buckingham Palace waren mehrere hundert Angestellte beschäftigt, von denen die meisten die Königsfamilie nie zu Gesicht bekamen. Das war nur einigen wenigen vorbehalten, vor allem Privatsekretären, Beratern und Hofdamen, die aus dem Adel stammten. Wer kochte, putzte und Betten machte, kam aus der Arbeiterschicht und blieb für die Royals unsichtbar. Viele verbrachten zudem einen Großteil ihrer Arbeitszeit damit, höher gestellte Beschäftigte zu bedienen, sie servierten ihnen das Essen oder putzten ihnen die Schuhe. Außer mit ihren direkten Vorgesetzten durften sie nur mit gleichgestellten Kolleginnen und Kollegen sprechen. Den niedrigen Lohn nahmen viele hin, weil eine Dienstzeit im Buckingham Palace die Chance auf eine besser bezahlte Anstellung erhöhte. Manche blieben wegen der Vorteile: freie Kost und Logis, ein großer Kollegenkreis, eine lebhafte Arbeitsatmosphäre, die Nähe zur Königsfamilie. Die höchstmögliche Hierarchiestufe in diesem Haushalt war die Position des Butlers. Das war Billy Tallons Ziel. Er folgte der Königinmutter von Buckingham Palace nach Clarence House, wo er seine Aufgaben mit angedeuteter Theatralik und dem ein oder anderen affektiert aufgebauschten Redebeitrag versah. Queen Mother war entzückt.

Nach einiger Zeit stieg er zum Butler auf – der volle Titel lautete *Steward and Page of the Backstairs.* »Meine Aufgabe war, sie bei guter Laune zu halten«, sagte er. Unter anderem organisierte er die berühmten Mittagessen, zu denen Queen Mum einlud, wenn sie keine offiziellen Termine hatte. Es kamen alte Bekannte und handverlesene Persönlichkeiten, sie wurden empfangen, hereingeführt und bevor die Königinmutter ihren Auftritt hatte, servierte Tannon großzügig bemessene Aperitifs. Die effektivste Art, den Gästen ihre mögliche Nervosität zu nehmen und sie zum Reden zu bringen, war, wie er wusste, großzügiges Nachschenken von Alkohol. Besuchern, die keinen Alkohol wollten, schüttete er Whiskey in den Tee. Wer meinte, genug zu haben, und dies mit einer Hand über dem Glas signalisierte, konnte erleben, dass er zwischen ihren Fingern einschenkte. Sowohl der Butler wie seine Chefin liebten Hochprozentiges. Mit den Worten »William, vergessen Sie nicht, dass ich in Sachen Gin einen Ruf zu verteidigen habe«, forderte sie ihn einmal zum Nachschenken auf.

Manche Anekdoten verraten eine Art von stillschweigender, vage exhibitionistischer Kumpanei zwischen Königinmutter und Dienerschaft.

Wer andeutete, die Beschäftigung von Schwulen schicke sich für sie nicht, stieß bei der Königinmutter auf taube Ohren. Ohne schwules Personal wäre die Königsfamilie auf Selbstbedienung angewiesen, erklärte sie. Sie hatten zudem den Vorteil, dass sie nicht auf den Gedanken verfielen, eine Familie zu gründen und wegzuziehen. Und Queen Mum mochte ihre kecken Bemerkungen und den Klatsch über das Privatleben der Dienerschaft.

Billy Tallon und Reginald Wilcox lernten sich im Haushalt von Queen Mum kennen und waren ein Paar, bis Reginald 2000 starb. Sie bestimmten *de facto* den Alltag in Clarence House, der extrovertierte Tallon im Vordergrund, Wilcox als Organisator hinter den Kulissen, und sie begleiteten die Königinmutter auf allen Reisen. Sie nahmen sich mit der Zeit große Freiheiten heraus, so versorgten sie sich beispielsweise so selbstverständlich und so regelmäßig mit exquisiten Weinen und Lebensmitteln aus den Hausvorräten, dass es die übrige Dienerschaft verärgerte. Gelegentlich tranken und feierten sie ausschweifend, setzten Hüte der Königinmutter auf und tanzten damit herum. »William«, sagte sie eines Morgens, »ich verstehe, dass Sie gern meine Hüte tragen. Aber legen Sie sie bitte dorthin zurück, wo Sie sie gefunden haben.«

Tallon und Wilox lebten nicht monogam. Tallon streifte abends durch die wohlbekannten Schwulentreffpunkte St. James's Street und Piccadilly, um einen Mann aufzugabeln und mit nach Hause zu nehmen. Kaum einer glaubte ihm, dass er wirklich in Clarence House wohnte, ihre Überraschung, wenn er mit ihnen problemlos die Portalwache passierte, bereitete ihm jedes Mal großes Vergnügen. Aber das alles war nicht ungefährlich.

1533 hatte Heinrich VIII. Sex zwischen Männern verboten und unter Todesstrafe gestellt. 1861 wurde das in lebenslange Freiheitsstrafe verwandelt, 1885 stellte eine Strafrechtsänderung nicht nur die Penetration, sondern alle geschlechtlichen Handlung zwischen Männern unter Strafe. Dieser Gesetzeszusatz wurde sowohl dem Schriftsteller Oscar Wilde als auch dem Logiker und Mathematiker Alan Turing zum Verhängnis. Lesbische Paare blieben unerwähnt, angeblich, weil Königin Victoria das Gesetz unterzeichnen musste und es niemand auf sich nehmen wollte, ihr zu erklären, was genau eine Lesbierin sei. 1957 schlug ein Komitee die Streichung des Gesetzes vor, allerdings vergeblich. Einer der Gründe war, dass der Spionageskandal um Burgess und MacLean alte Vorbehalte gegen Homosexuelle schürte. 1951, nach der Flucht der Spione in die Sowjetunion, nahmen Prozesse wegen homosexueller Vergehen zu. Erst ein Jahrzehnt später wurden einvernehmliche Sexualkontakte zwischen Männern legalisiert, wenn beide mindestens einundzwanzig Jahre alt waren. Doch als Tallon und andere Männer sich auf der Straße nach erotischen Begegnungen umsahen, war das mit Gefahren verbunden.

Zum einen konnte man von der Polizei aufgegriffen werden. Das passierte mehreren Hofangestellten, sie mussten die Polizisten aber in der Regel nur um einen Anruf im Buckingham Palace bitten, um freigelassen zu werden. Keine der Institutionen war an einem Skandal interessiert. Zum anderen ließ sich nicht vorhersagen, ob ein Zufallspartner zu Gewalt oder Brutalität neigte. Gelegentlich erschien Tallon nach einer solchen Nacht mal mehr, mal weniger versehrt zur Arbeit. »Ich hoffe, Sie hatten keinen Streit mit einem ihrer jungen Freunde«, pflegte die Königinmutter dann zu sagen. »Wir müssen Reg bitten, besser auf Sie aufzupassen.« Aber er fand auch in Clarence House neue Liebhaber. Informationen über freie Stellen bei Hofe machten unter den Londoner Schwulen rasch die Runde, es kamen ständig neue Homosexuelle in den königlichen Haushalt. Einige sagten später, Tallons Annäherungen seien mehr als zudringlich gewesen.

Aber zwischen ihm und der Königinmutter herrschte immer ein vertrautes Einverständnis: Sie wollte Amüsement, er kümmerte sich darum. Einmal tanzte sie, schon hochbetagt, wild mit Elton John und trug dabei seine Paillettenjacke.

Ebenso bekannt wie für ihre unverwüstliche Feierlaune war die Königinmutter für ihre Vogel-Strauß-Haltung: Beunruhigende Nachrichten ignorierte sie einfach. So weigerte sie sich zur Kenntnis zu nehmen, dass Margaret in Peter Townsend verliebt war, den Herzog von Windsor und seine Gemahlin Wallis blendete sie einfach aus. Es wirkte, als erschaffe sie sich ein strahlendes Jetzt, um nicht an Dinge der Vergangenheit oder Zukunft denken zu müssen, die weniger amüsant waren: Dinge wie den Tod ihres Bruders und vieler junger Freunde im Ersten Weltkrieg; den Tod ihres Schwagers und eines Neffen im Zweiten Weltkrieg. Lord Strathmore, der Vater der Königinmutter, konnte den Tod seines Enkelsohns nicht verwinden und starb wenig später.

Als sie selbst Witwe wurde, wusste sie, dass die Öffentlichkeit es als unpassend erachten würde, wenn sie jemals wieder eine neue Verbindung einginge. Sie sah also einer möglicherweise jahrzehntelangen Zukunft entgegen, in der sie zwar von Menschen umgeben, aber ohne intime Beziehung leben würde, und sie würde sich auch nicht, wie andere Menschen, mit spontanen Einkäufen oder Unternehmungen die Zeit vertreiben können. So wurden ihre opulenten Lunch-Einladungen zu einem Rettungsanker. Ereignislose Tage behagten ihr nicht, sie blieb dann abends lang auf und trank eine Mischung aus Gin und Dubonnet, ihr Lieblingsgetränk, sie sah dann keinen Sinn darin, zu Bett zu gehen, da es nichts gebe, wofür sich das Aufstehen lohne.

Die erwähnte Vogel-Strauß-Haltung erstreckte sich auf alle Bereiche ihres Lebens, auch auf Leid in der eigenen Familie. Zwei ihrer Nichten waren behindert zur Welt gekommen und wurden 1941 als Teenager in eine geschlossene Anstalt verlegt. Ihr Neffe Timothy Bowes-Lyon erbte 1949 den Titel Earl of Strathmore und übernahm das Familienanwesen Schloss Glamis, wo Margaret geboren worden war. Aber Timothy war schwer alkoholkrank und lebte zeitweise in einem Sanatorium, wo er sich in eine Krankenschwester verliebte, die er auch heiratete. Die besseren Kreise am Ort lehnten die neue Lady Strathmore ab, auch die Königinmutter schien wenig erfreut: Sie kam nicht zur Hochzeit. Das Paar bekam eine Tochter, die drei Wochen nach der Geburt starb, die Mutter brach zusammen und wurde in eine psychiatrische Heilanstalt eingewiesen, wo sie sich später das Leben nahm. Lord Strathmore lebte bis zu seinem Tod 1976 völlig isoliert, als die Königinmutter zu seiner Beerdigung fuhr, war sie nach fast zwanzig Jahren zum ersten Mal wieder in ihrem Elternhaus.

Vielleicht fand die ältere Dame mit den begehrten Lunch-Einladungen, die plauderte und lachte und mit Gin-Dubonnet prostete, dass sie genug Leid erlebt hatte und sich nun, solange es ging, amüsieren und Belastendes auf Abstand halten würde.

Doch die Welt ließ sich nicht auf Abstand halten. 1957 bescherte der Herzog von Windsor seiner Familie erneut Kopfzerbrechen. Bei Kriegsende war eine große Menge offizieller deutscher Dokumente aus Deutschland aufgetaucht und britischen und US-amerikanischen Historikern übergeben worden, die sie sichten und zur Veröffentlichung vorbereiten sollten. Einige dieser Unterlagen belegten Erwägungen der deutschen Regierung, nach einer Besetzung Großbritanniens den Herzog von Windsor als König auf den britischen Thron zu setzen. Churchill war schon Jahre zuvor von den Dokumenten in Kenntnis gesetzt worden und wollte ihre Veröffentlichung verhindern, doch nun beharrten die Historiker darauf. Nach der Lektüre der Dokumente stellte sich nämlich die Frage, welche Äußerungen oder Handlungen des Herzogs die Deutschen zu der Annahme verleitet haben könnten, er stehe auf ihrer Seite, und ob sie ihm – der schlimmste Fall – den Plan unterbreitet und er ihn akzeptiert haben könnte. Die offizielle Stellungnahme des Herzogs lautete, die Darstellungen seien teils erfunden, teils grobe Verdrehungen der Wahrheit.

Es gibt keinerlei Beweise, dass ihm solche Überlegungen bekannt waren oder er sie gar gutgeheißen hätte. Er blieb aber bei seiner Überzeugung, dass ein anderer Umgang mit Hitler den Krieg hätte verhindern können, außerdem ließ er durchblicken, die Schuld für »das alles« liege bei »Roosevelt und den Juden«. Falls er so dem Vorwurf nationalsozialistischer Sympathien begegnen wollte, hätte er fraglos besser den Mund gehalten, auch hätten er und seine Gemahlin sich besser einen anderen Umgang als den mit Oswald Mosley, ehemals Führer der britischen Faschisten, und seiner Frau Diana suchen sollen. Sie waren in den Kriegsjahren wegen ihrer politischen Überzeugung inhaftiert und hatten sich, nachdem sie in den fünfziger Jahren nach Frankreich umgezogen waren, mit den Windsors angefreundet.

Die Weltpolitik drang auch auf anderen Wegen ins Leben der Königinmutter ein. Im April 1964 bekam Anthony Blunt, Direktor der königlichen Gemäldesammlung, Besuch eines MI5-Mitarbeiters, der unwiderlegbare Beweise vorlegte, dass er, Blunt, während des Zweiten Weltkriegs ein sowjetischer Spion war. Er könne ihm im Austausch gegen Informationen volle Immunität zusichern.

Blunt gab alles zu, aber tatsächlich ging es nicht nur um die Kriegsjahre. Er hatte einem Kreis von Sowjet-Spionen angehört, der im radikalen Milieu der Cambridge-Universität entstanden war und dem Donald MacLean, Guy Burgess und Kim Philby angehörten. Obwohl der MI5 Blunt seit geschlagenen dreizehn Jahren im Verdacht hatte, sah man untätig zu, wie er bei Hofe Karriere machte und wie die Königin ihn zum Ritter schlug. Die Queen und ihr Privatsekretär Michael Adeane wurden informiert, und als Adeane fragte, was mit Blunt geschehen solle, riet man, ihn im Amt zu lassen und nicht öffentlich zu entlarven. Das wurde mit Befürchtungen des MI5 begründet, ein Verfahren gegen ihn könne die Enttarnung anderer Spione verhindern, Blunts vorzeitiger Ruhestand werde Moskau misstrauisch machen. Mindestens ebenso wichtig war, dass ein Skandal um einen Spion im engeren Umkreis der Königsfamilie ein Großreinemachen und Massenentlassungen beim Geheimdienst unumgänglich gemacht hätte, woran beim Geheimdienst niemand Interesse hatte. Blunt blieb bis zu seiner regulären Pensionierung im Jahr 1972 im Buckingham Palace, angeblich in ständiger Angst, er könne der Königin begegnen – die übrigens nie darüber sprach, was sie erfahren hatte.

Enttarnt wurde Blunt 1979 durch Margaret Thatcher, die ihn umgehend zur Unperson erklärte und ihm die Ritterwürde aberkannte. Er soll unter den Cambridge-Spionen der ideologisch am wenigsten gefestigte gewesen sein, in einem Fernseh-Interview sagte er unter anderem, ein Engagement für die Sowjetunion sei ihm seinerzeit als der beste Weg erschienen, den Faschismus zu bekämpfen, aber jetzt bereue er das bitter.

Die Königinmutter blieb mit Blunt in Verbindung und lud ihn weiterhin in ihre Opernloge ein, was ihr Kritik einbrachte. Ihrer Meinung nach lagen seine Vergehen so weit zurück, dass man sich darüber nicht mehr aufregen müsse. Auch der skandalisierte John Profumo durfte sie weiter in ihrer Loge besuchen, nachdem er von seinem Ministerposten hatte zurücktreten müssen. Queen Mum vergaß persönlichen Verrat ebenso wenig wie persönliche Loyalität. Und wen immer Blunt verraten haben mochte, ihr und dem König gegenüber hatte er sich immer loyal verhalten.

Nach Blunts Enttarnung wurde gemunkelt, er sei so lange unantastbar gewesen, weil er gedroht habe, Mitglieder der Königsfamilie zu belasten. Die Rede war von der Deutschlandreise im Jahr 1945, man vermutete, er könne Dokumente gefunden haben, die belegten, dass das Ehepaar Windsor doch enger mit dem Dritten Reich verbunden war als bisher bekannt. Blunts Biographin, die Historikerin Miranda Carter, verwirft das als Verschwörungstheorie. Die Sympathien des Herzogs für Deutschland seien zu jenem Zeitpunkt bereits hinlänglich bekannt gewesen, nach Blunts Enttarnung habe es keine neuen kompromittierenden Informationen mehr gegeben; es fehlten auch Beweise, dass in den Dokumenten, die Blunt und Morshead aus Deutschland mitbrachten, überhaupt etwas über den Herzog von Windsor stand.

Im Februar 1965 kamen die Windsors nach London, weil sich der Herzog einer Augenoperation unterziehen musste. Er hatte gerade eine Herzoperation überstanden und war deutlich geschwächt. Der Anblick des alternden Mannes, der an Wallis' stützendem Arm und mit dunkler Brille das Krankenhaus verließ, führte zu mitfühlenden Zeitungsüberschriften. Zuvor hatte Elizabeth den Onkel an einem Abend im Krankenhaus besucht, wo sie auch auf ihre angeheiratete Tante Wallis traf, die sie seit ihrem zehnten Lebensjahr zum ersten Mal wieder sah. Bei dieser Begegnung richtete der Herzog die Bitte an seine Nichte, dass er und Wallis in Frogmore, auf dem königlichem Privatfriedhof bei Windsor Castle, beigesetzt werden dürften. Das sagte sie nach kurzer Bedenkzeit zu.

Sogar die Königinmutter wurde mit den Jahren offenbar milder. In jenem Jahr sagte sie zu ihrer Biographin Dorothy Laird:»Man wird mit dem Alter immer toleranter und stellt fest, dass nahezu alle – mehr oder weniger – nett sind. Das einzig Bedauerliche am Älterwerden ist, dass Dinge nicht mehr so wichtig sind.«

Prinzessin Mary, einzige Tochter von George V., war im März 1965 gestorben. Als die Königsfamilie 1967 eine Gedenkplakette für sie enthüllte, waren noch zwei der sechs Geschwister am Leben: der Herzog von Gloucester, der nach mehreren Herzinfarkten sehr geschwächt war, sowie der Herzog von Windsor. Nach langem Zögern und gegen den Wunsch der Königinmutter lud Königin Elizabeth beide mit ihren Gattinnen zu der Zeremonie ein.

Queen Mum ließ sich an diesem Junitag des Jahres 1967 nicht anmerken, dass sie die Anwesenheit der einstigen Mrs. Simpson hatte verhindern wollen. Sie kam, freundlich und plaudernd, als eine der Letzten der Familie und ging direkt auf ihren Schwager Edward zu, den sie so viele Jahre nicht gesehen hatte, er küsste sie auf Hand und Wange. Danach reichte sie Wallis die Hand, die sie ergriff, den üblichen Hofknicks vor der Königinmutter machte sie nicht. Doch als die Königin und Prinz Philip an den Gästen vorübergingen, knickste sie, Edward verneigte sich.

Nach der Zeremonie küsste sie der Herzog noch einmal auf Hand und Wange. Wallis reichte Queen Mum die Hand, knickste aber auch jetzt nicht.

»Ich hoffe, wir sehen uns wieder«, sagte die Königinmutter. Sie erhielt keine Antwort.

9

Prinzessin Margarets Ehe

Der Fotograf Antony Armstrong-Jones, der bei den Debütantinnen Bewunderung und bei Prinz Philips Reisebegleitern Skepsis geweckt hatte, wohnte Ende der fünfziger Jahre in der Rotherhithe Street am Londoner Themse-Ufer. Im Grunde war es nur ein ehemaliger Lagerraum im Parterre, aber Armstrong-Jones hatte die Wände weiß gekalkt und die Wohnung mit exzentrischen Dingen eingerichtet, die er auffallend arrangierte: ein riesiger Spiegel, das Porträt eines Admirals in einer Uniform des 18. Jahrhunderts, ein Vogelkäfig mit ausgestopften Vögeln. Die Toilette lag auf der Halbetage; eines Tages fiel Armstrong-Jones' Vermieter auf, dass dort statt des bisher üblichen grauen, rauen Toilettenpapiers weiches, fliederfarbenes Papier hing. Doch was bei seinem Mieter vorging, begriff er erst, als er eines Tages an dessen offener Wohnungstür vorbeiging: Drinnen erkannte er, umgeben von romantisch brennenden Kerzen, Prinzessin Margarets zierliche, nicht zu verkennende Sanduhr-Silhouette.

Armstrong-Jones, genannt Tony, kannte sich mit Gegensätzen aus. Als er noch sehr klein war, ließen sich seine Eltern scheiden, danach heiratete seine Mutter, die auffallend schöne und äußerst elegante Anne Messel, den Grafen von Rosse, einen vermögenden irischen Großgrundbesitzer, und bekam mit ihm zwei Söhne. Kurz vor seinem achtzigsten Geburtstag beschrieb Armstrong-Jones seiner Biographin Anne de Courcy seine Kindheit in düsteren Farben. Seine Mutter habe sich viel mehr für ihre jüngeren und adligen Kinder interessiert als für die beiden älteren aus erster Ehe. Sie nannte Tony »meinen hässlichen Sohn«; wenn sie von »meinen Söhnen« sprach, meinte sie die jüngeren, als existiere der ältere nicht. Tony und seine Schwester Susan verbrachten zwar viel Zeit in Birr Castle, dem Herrensitz der Rosses, dennoch wurde die Mutter für Tony ein unerreichbares und schillerndes Geschöpf, ihre ständigen Zurückweisungen hinterließen bei ihm tiefe Wunden. Bei den großen Schulveranstaltungen, bei denen die Anwesenheit der Eltern erwartet wurde, glänzte Lady Rosse immer durch Abwesenheit.

Ein Onkel mütterlicherseits, der Bühnenbildner Oliver Messel, nahm sich der Kinder liebevoll an. Onkel Oliver war charmant, extrovertiert, homosexuell und hatte einen ausgeprägten Sinn für *camp*. Mit der Zeit näherte sich Tony dem Onkel in Geschmack und Sprechweise an, er posierte für den fotografierenden Onkel in *drag* und begrüßte als junger Mann andere Männer häufig mit einem flüchtigen Kuss auf den Mund.

Tonys Vater, der Jurist Ronald Armstrong-Jones, wählte nach der Scheidung einen völlig anderen Weg als seine erste Frau. Er heiratete eine Schauspielerin, mit der er in Wales lebte, dort trafen die Geschwister auf Theaterleute und Bohemiens, von seinem Vater bekam Tony auch sein erstes Motorrad. Aber in Birr Castle machte Tony eine Entdeckung, die für sein Leben entscheidend werden sollte: Er stieß auf die Dunkelkammer von Mary Rosse, der Urgroßmutter seines Stiefvaters, die eine frühe britische Fotografin gewesen war. In Eton tauschte Tony ein Mikroskop, das sein Großvater ihm geschenkt hatte, gegen den Fotoapparat eines Mitschülers und erweckte den Fotoclub des Internats im Alleingang wieder zum Leben.

Als Teenager hatte Tony plötzlich Schmerzen im Bein, die rasch auf den Rücken übergingen, er bekam hohes Fieber. 1946 grassierte in Großbritannien die Kinderlähmung, Tony hatte sich angesteckt. Ein halbes Jahr lag er in einem Krankenhausbett und konnte die Beine nicht bewegen. Seine Schwester Susan kam regelmäßig, Onkel Oliver schickte Freunde wie Noël Coward und Marlene Dietrich zu Besuch, die für den Neffen sang. Nachdem er wieder mühsam laufen gelernt hatte, durfte er das Krankenhaus verlassen, aber das linke Bein war jetzt einige Zentimeter kürzer als das rechte, er hinkte. Laut de Courcys Biographie nahm er aus dieser Krankenhauszeit zwei Dinge mit: Zum einen behielt er lebenslang einen fürsorglichen Blick für Behinderte, zum anderen war er zu dem Schluss gekommen, dass er sich nur auf sich selbst und seine Schwester verlassen konnte.

Er studierte in Cambridge Architektur; nachdem er zweimal durch das Examen gefallen war, wollte er in London Fotograf werden. Lady Rosse hatte versucht, ihren Sohn von diesem wenig achtbaren Ziel abzubringen, aber als die Entscheidung gefallen war, machte sie ihn mit dem Society-Fotografen Baron bekannt und ließ sich von ihrem Sohn in großer Robe fotografieren, bevor sie zu Elizabeth' Krönung in die Westminster Abbey fuhr.

In London hielt man Armstrong-Jones für einen Opportunisten. Er arbeitete hart, war unabhängig und ehrgeizig, rief mitunter Prominente an und fragte, ob er sie fotografieren dürfe. Obwohl er streng genommen selbst aus der Schicht der von ihm Porträtierten kam, behandelten sie ihn, wie man in diesen Kreisen Fotografen zu behandeln pflegte: als niederes Personal. Der schwerreiche Colin Tennant hatte bei seiner Hochzeit 1956 Tony als Fotograf engagiert, und obwohl sie zusammen in Eton gewesen waren, ließ er Armstrong-Jones das Haus durch den Dienstboteneingang betreten. Einmal fotografierte er bei einer Gesellschaft der Klatschkolumnistin Betty Kenward. Als er sich der Gastgeberin vorstellen wollte, wies diese ihn brüsk ab:»Sprechen Sie mich nicht an. Ich rede nicht mit meinen Fotografen.«

Armstrong-Jones wollte die Society-Fotografie erneuern, indem er mit natürlichem Licht und ohne die bislang üblichen, steifen Posen arbeitete. Die Ergebnisse überzeugten nicht nur die Porträtierten, 1956 beauftragte der Hof ihn mit offiziellen Bildern der Königsfamilie – Elizabeth und Philip mit den Kindern Charles und Anne. Er fotografierte sie im Freien, im Gras zwischen Bäumen. Die Königin war begeistert, Armstrong-Jones' Stern stieg und Cecil Beaton bedachte den jungen Rivalen in seinem Tagebuch mit ausfälligen und missgünstigen Kommentaren. 1958 machte Armstrong-Jones' Porträt der Debütantin Lola Wigan Furore. Er zeigte sie mit dichtem Pony, melancholisch niedergeschlagenem Blick und nackten Schultern. Die Sitten begannen sich zu lockern, man kam durch *coolness* oft schneller zu Ruhm als durch eine adlige Geburt, auch der Beruf des Fotografen gewann an Prestige. Besonders deutlich wurde das in Michelangelo Antonionis Film *Blow Up* von 1966, in dem ein nonchalanter und weltgewandter Großstadt-Fotograf durch seine Arbeit von einer pikanten und erotischen Situation in die nächste gerät. Antony Armstrong-Jones gestaltete sein Schicksal, aber er wurde auch von einer Welle des Zeitgeists getragen.

Im Beruf war er zuverlässig und pünktlich, als Freund und Geliebter nicht. Er hasste feste Verabredungen, man konnte sich nicht auf ihn verlassen. Er hatte ein Verhältnis mit der Tänzerin und Schauspielerin Jacqui Chan, in die er sehr verliebt war. Das hinderte ihn nicht an parallelen Verhältnissen mit Camilla Fry, der Ehefrau seines Freundes Jeremy Fry, und der bildschönen Schauspielerin Gina Ward, von ihr stammt der Satz, Tony könne nicht einmal eine Packung Zigaretten kaufen, ohne mit der Frau hinter der Ladentheke zu flirten. Zu Beginn einer Bekanntschaft machte er Frauen den Hof und schenkte ihnen größte Aufmerksamkeit, doch viele erlebten, dass er nach kurzer Zeit und ohne Vorwarnung wieder von der

Bildfläche verschwand. Die Frauen verziehen ihm das, er war zu charmant, zu eloquent, zu begehrt. Das waren die Gründe, warum Lady Elizabeth Cavendish, Prinzessin Margarets Freundin und Hofdame, ihn im Mai 1958 zum Dinner einlud – sie dachte, er werde die Prinzessin als kurzweiliger Tischherr aufmuntern und unterhalten.

Margaret war kunstinteressiert und besuchte gerne Galerien. Sie sammelte auch Schallplatten und ging in die Konzerte von Duke Ellington und Count Basie, wenn diese nach London kamen. Als sie nach einem Konzert Louis Armstrong traf, staunte der nicht schlecht, denn Margaret kannte alle seine Platten. »*Your Princess Margaret is one hip chick*«, schwärmte er Journalisten vor, und Frank Sinatra reagierte ähnlich: »Prinzessin Margaret ist mindestens so *hep wide-awake* wie jedes amerikanische Mädchen, vielleicht sogar mehr. Sie kennt sich mit den neuesten Platten und Filmen aus und hat auch noch Witz und Charme … Sie ist die beste Botschafterin, die England jemals hatte.«

Als Margaret 1955 Jamaika einen offiziellen Besuch abstattete, war es ihr, wie Noël Coward in sein Tagebuch notierte, nicht erlaubt, mit einem Schwarzen zu tanzen: »Eine absurde Vorschrift. Jamaika ist eine schwarze Insel, wenn Angehörige der königlichen Familie sie besuchen, sollte man ihnen vorher klarmachen, dass sie alle Vorurteile ablegen müssen. Ich würde denken, dass jeder vorzeigbare junge Jamaikaner erheblich interessanter ist als dieser trottelige Billy Wallace.« Privat kümmerte sich die Prinzessin nicht um solche Verbote. Etwa um die Zeit der Jamaika-Reise war sie häufig Gast in dem Restaurant Quaglino's am Piccadilly, wo Leslie Hutchinson auftrat. Der Sänger aus Grenada hatte im London der Zwischenkriegsjahre für Furore gesorgt und war auch mit Ende fünfzig noch eine Attraktion. Die Prinzessin kam zu seinen Auftritten, anschließend saßen sie zusammen, unterhielten sich, tanzten miteinander. Es wurde getuschelt, dass sie ein Verhältnis hätten. »Er ist ein wuchtiger Kerl, aber er tanzt wie ein Engel«, sagte ein Gast, der beobachtete, wie er die zierliche Prinzessin über das Parkett führte.

Margaret fand nicht nur Kunst, sondern auch künstlerische kreative Männer faszinierend; und so einen lernte sie im Jahr nach der Farce mit Billy Wallace an Lady Cavendishs Dinnertafel kennen. Tony und Margaret sprachen den ganzen Abend angeregt über Ballett und bildende Kunst. Sie hielt ihn zu diesem Zeitpunkt für homosexuell, der erotische Funke sprang erst später über.

Im Frühjahr und Sommer 1958 porträtierte Armstrong-Jones sie zwei Mal. Er war selbstsicher, völlig entspannt und als Fotograf den Umgang mit Menschen gewohnt, die auf der sozialen Leiter über ihm standen. Er behandelte sie ebenso freundlich wie bestimmt, blieb dabei spielerisch, es bereitete ihm auch keinerlei Probleme, der Prinzessin zu widersprechen. Margaret, die von Menschen umgeben war, die ihr nervös nach dem Mund redeten, war beeindruckt.

Von Armstrong-Jones stammen die offiziellen Porträts zu Prinzessin Margarets neunundzwanzigstem Geburtstag, auf einem der Bilder blickt sie mit großen Augen und einem leichten Lächeln über die Schulter zum Fotografen, einladend und erwartungsvoll.

Bald kam die Prinzessin, mit Kopftuch und Sonnenbrille, inkognito in die Rotherhithe Street. Tony fand Margaret unfassbar glamourös. Sorgfältig gekleidet, frisiert und geschminkt schwebte die Schwester der Königin in seine Lagerhalle, mit ihrer Erscheinung die Würde der Monarchie bündelnd. Das verlieh ihr eine sehr anziehende Macht, die keine seiner anderen Geliebten auch nur ansatzweise hatte. Trotz der beginnenden Beziehung zu Margaret traf Tony sich weiterhin mit Jacqui Chan, Gina Ward und Camilla Fry, auch Margaret hatte ihre Vergangenheit nicht ganz hinter sich gelassen. Im September 1959 schrieb Peter Townsend ihr einen Brief, in dem er ihr mitteilte, dass er sich mit Marie-Luce Jamagne verlobt habe, einer neunzehnjährigen Belgierin, die mit ihrem ovalen Gesicht und geraden Augenbrauen der Prinzessin auffallend ähnelte. Margaret antwortete umgehend und beschuldigte ihn wütend, ihren Pakt gebrochen zu haben, wonach weder sie noch er jemals heiraten würden. Sie fühlte sich verraten, obwohl sie fast Billy Wallace geheiratet hätte und obwohl die Beziehung zu Tony Armstrong-Jones enger wurde. Am darauffolgenden Wochenende, als die gesamte Presse mit Townsends Verlobung aufmachte, besuchte sie Freunde in Kent, die man zuvor angewiesen hatte, keine Zeitungen herumliegen zu lassen. Dort setzte sie sich ans Klavier und spielte traurige Kirchenlieder, stimmte »*Help of the helpless, oh, abide with me*« an. In diesem Lied spricht ein Mensch, der sich nicht als Herr über sein Leben empfindet, sich den Umständen ausgeliefert fühlt und Trost sucht. Margaret wäre gern länger zur Schule gegangen, das durfte sie nicht; sie hatte ein Talent für Gesang und Schauspielerei, auch dem durfte sie nicht nachgehen; sie hatte heiraten wollen, man hatte sie nicht gelassen. Auf ihrem Weg waren ihr viele Möglichkeiten versperrt worden, aber jetzt stand eine Tür offen – und es sah ganz danach aus, als könne sie durch diese an interessante Orte gelangen.

Tony wurde der Königinmutter vorgestellt, der extrovertierte Fotograf und die feierfreudige Lady waren sofort begeistert voneinander, auch die Königin ließ sich bezaubern. Die wenigen Eingeweihten im Freundeskreis fanden, dass Tony und Margaret geradezu besessen voneinander waren. Weihnachten 1959 beschlossen sie, zu heiraten. Die Königin, die mit Andrew schwanger war, willigte sofort ein, bat aber, mit der Bekanntgabe der Verlobung bis nach der Geburt ihres Kindes zu warten. Dennoch verriet Margaret einigen engen Freunde, was los war.

»Mir ist etwas so Wunderbares passiert«, schrieb sie einem Freund. »Ich muss es dir erzählen, bevor es offiziell bekannt gegeben wird. Ich habe mich mit einem absolut himmlischen Menschen verlobt, er heißt Antony Armstrong-Jones ... wir sind so glücklich, es ist ganz unglaublich.« Auch andere wurden vorab informiert. Tony rief Gina Ward an und erzählte ihr von der Verlobung. »Das kannst du nicht machen«, rief sie, »du liebst mich! Dein Leben wird schrecklich.« Aber die Tonlage des Mannes, mit dem sie so lange eine Beziehung gehabt hatte, ließ keinen Zweifel. Am 26. Februar schickte Tony seinen Freund Robert Belton an den Drehort, wo Jacqui Chan gerade filmte, um ihr die Neuigkeit zu überbringen. Viele Jahre später erzählte Belton der Biographin Anne de Courcy, Jacqui habe still dagesessen und dann gesagt: »Ich hoffe nur, sie bekommt das besser in den Griff als ich.« Und da kam auch schon die Meldung im Radio: »Königin Elizabeth, die Königinmutter, gibt mit großer Freude die Verlobung ihrer geliebten Tochter, Prinzessin Margaret, mit Mr. Antony Charles Robert Armstrong-Jones bekannt.«

Für die Familie der Prinzessin war die Verlobung eine Erleichterung: Margaret wirkte überglücklich, alle Befürchtungen, dass sie nach Peter Townsend keinen Neuen mehr finden würde, waren gegenstandslos geworden. Die Verwandtschaft in Europas Königshäusern war weniger begeistert von einem Fotografen in der Familie, das norwegische und das niederländische Königshaus lehnte die Einladung zur Hochzeit ab.

Auch der Stab von Buckingham Palace und Clarence House reagierte mit Enttäuschung, man hatte jahrelang große Hoffnungen auf eine prunkvolle Hochzeit mit einem reichen Landbesitzer gehegt. Der stets wachsame Tommy Lascelles traute dem Frieden nicht: »Dieser Jones-Junge hat ein überaus schillerndes und ausschweifendes Leben geführt, die Gefahr von Klatsch und Skandalen ist allgegenwärtig.«

Die größten Sorgen machten sich enge Freunde des Paares. Lady Elizabeth Cavendish, die bei ihrer arglosen Einladung nicht im Traum an Verlobung gedacht hatte, warnte Margaret: »Er wird überall sein und tun, was er eben tut. Du wirst nicht immer wissen, was genau das ist, nicht immer wissen, wo er ist oder wie du ihn erreichen kannst. Er wird nicht immer zum Abendessen zu Hause sein. Kannst du damit leben?« Tonys Vater fürchtete, dass sein Sohn ein zu großer Freigeist sei, um sich dem engen Korsett des höfischen Lebens anpassen zu können. Und Jocelyn Stevens, ein Freund aus Eton, telegrafierte: »Noch nie stand eine Entscheidung unter einem schlechteren Stern.« Doch zumindest eine war mehr als zufrieden: Tony wird geahnt haben, dass ihn diese Verbindung zum Lieblingskind seiner Mutter machte.

Der Bevölkerung gefiel die Verlobung. Viele hegten freundliche Gefühle für die Prinzessin, die ihre erste Liebe hatte aufgeben müssen. Bei einer Umfrage des Meinungsforschungsinstituts *Mass Observation* bezeichneten es viele als Fortschritt, dass die Prinzessin einen Mann aus dem Volk gewählt hatte.

Von außen betrachtet segelte das Paar seiner Hochzeit, die am 6. Mai 1960 stattfinden sollte, auf einer Woge des Wohlwollens entgegen, doch bei den Vorbereitungen gab es Schwierigkeiten, von denen die Öffentlichkeit nichts erfuhr. Zunächst sollte Tonys enger Freund Jeremy Fry sein Trauzeuge sein, dann wurde bekannt, dass er 1952 wegen homosexueller Aktivitäten verurteilt worden war. Fry zog sich mit der Ausrede aus der Affäre, er müsse wegen akuter Gelbsucht leider verzichten. Der Nächste auf der Liste war der Politiker und spätere Führer der liberalen Partei Jeremy Thorpe, ein Kindheitsfreund des Bräutigams. Doch auch dieser stand im Ruf, homosexuell zu sein – es soll auf die Nachricht von der königlichen Verlobung mit der Bemerkung reagiert haben, das enttäusche ihn sehr, denn er habe gehofft, er könne »die eine heiraten und den anderen verführen«, was er vielleicht nicht nur scherzhaft meinte. Auch er verschwand von der Liste möglicher Trauzeugen und wurde durch den Arzt Roger Gillatt ersetzt; der war zwar kein enger Freund von Tony, dafür aber lupenrein heterosexuell und sein Vater der Gynäkologe der Königin.

Wieder einmal kamen Norman Hartnell und Cecil Beaton ins Spiel, der eine sollte das Brautkleid entwerfen, der andere das Ereignis fotografieren. Hartnell liebte »Maximalkleider«, ausufernde Festroben mit Spitzen, Rüschen und aufwendigen Details, nun aber erlebte er einen selbstbewussten Bräutigam, für den Ästhetik Teil seines Berufs war und der vor allem seinem eigenen Urteil vertraute. Und der gab strikte Order, etwas Schlichtes zu entwerfen. »Dem armen Hartnell geht es furchtbar schlecht«, erzählten sich die Freundinnen des Modeschöpfers. »Der Bräutigam hat ›Ideen‹.«

Diese ›Ideen‹ waren, wie sich zeigte, im Einklang mit dem Zeitgeist: Das Brautkleid aus weißem Seidenorganza, mit V-Ausschnitt und langen Ärmeln erregte gerade wegen seiner schlichten Silhouette Aufsehen und brachte auch Margarets hohe Poltimore-Tiara gut zur Geltung. *Vogue* bezeichnete es als Brautkleid »für eine neue Prinzessin«. Am Tag der Hochzeit drängten sich in Londons Straßen die Schaulustigen, zum ersten Mal wurde eine königliche Hochzeitszeremonie im Fernsehen übertragen: Die Kameras des BBC waren in der Westminster Abbey vor Ort, Kommentator Richard Dimbleby führte die Zuschauer durch die Zeremonie, wie stets in unterwürfigstem Tonfall und mit immensem Detailwissen über die Royals. In Clarence House bestieg Prinzessin Margaret die gläserne Kutsche, die sie zur Kirche bringen sollte, dabei assistierte ihr Lord Adam Gordon, der Verantwortliche für den Haushalt der Königinmutter. »Auf Wiedersehen, Eure Königliche Hoheit«, verabschiedete er sich, und als die Kutsche losfuhr, hörte Butler William Tallon, wie er hinzufügte: »Hoffentlich nicht.«

Prinz Philip führte Margaret zum Altar; sie verriet später, dass er währenddessen mit ihr gescherzt habe. »Ich weiß wirklich nicht, wer von uns beiden nervöser ist, du oder ich«, sagte er. »Halt ich mich an dir fest oder du dich an mir?« – »Ich mich an dir«, flüsterte sie zurück.

Nach der Trauung fuhren Braut und Bräutigam in einem offenen Rolls-Royce durch eine dicht gedrängte Menge zum Hafen, von wo sie mit der »Britannia« zu ihren sechswöchigen Flitterwochen in die Karibik aufbrachen. Die persönliche Standarte der Prinzessin wurde gehisst, ein Marineorchester spielte »Oh What a Wonderful Day«. Die Mannschaft, die sie empfing, war vielleicht nicht in bester Festlaune, ihr waren wenige Wochen zuvor wegen der königlichen Hochzeitsreise alle Landgänge gestrichen worden.

In der dritten Woche dieser Reise bekamen Camilla und Jeremy Fry in England eine Tochter und tauften sie auf den Namen Polly. Vierundvierzig Jahre später ergab ein DNA-Test, dass Pollys biologischer Vater Antony Armstrong-Jones war.

Die Jungvermählten liefen auch die Karibikinsel Mustique an, die Margarets langjähriger Freund Colin Tennant und seine Frau Anne gekauft hatten. Tennant hatte der Freundin noch kein Hochzeitsgeschenk gemacht und fragte sie, ob sie lieber eine »kleine Schachtel von Asprey« – bekannt für luxuriösen Schmuck und teure Lederwaren – oder »etwas Land« haben wolle. Margaret wollte Land und er schenkte ihr einen Teil der Insel – er war dabei, Mustique zu einem luxuriösen Ferienziel aufzubauen, und wusste um die Vorteile eines königlichen Gastes. Tony saß daneben und war voller Verbitterung; er hatte weder vergessen, dass er bei Tennants Hochzeit den Dienstboteneingang nehmen musste, noch, dass der Gastgeber Margaret selbst einmal den Hof gemacht hatte. Und er sollte auch nicht vergessen, dass Tennant das Geschenk nicht beiden, sondern nur Margaret machte.

Auf Mustique musste sich das Paar einmal unter einem Esstisch verstecken, weil die französische Zeitschrift *Paris Match* ein kleines Flugzeug losgeschickt hatte, das sie aufspüren sollte. Drei Monate vor der Hochzeit hatte Federico Fellinis Film *La dolce vita* Premiere gehabt, in dem zum ersten Mal das Wort *paparazzo*, in der Mehrzahl *paparazzi*, auftaucht. Fellini war aufgefallen, dass immer mehr Pressefotografen durch Rom streiften, um flanierende Filmstars zu fotografieren. Er baute einen solchen Fotografen in den Film ein und nannte ihn Paparazzo, ein Dialektwort für Stechfliege. Das Flugzeug über Mustique war Vorbote einer nahen Zukunft, in der Paparazzi die Royals immer häufiger und immer dichter umschwirrten.

Es gab eine neue Währung: Prominenz. Darüber verfügte die Königsfamilie in reichem Maße, doch sie musste sie mit einer wachsenden Schar Neureicher teilen, weil sich ganz Europa in einem rasanten Veränderungsprozess befand. Lange schien es, als lasse sich problemlos benennen, was »das Britische« sei, nicht zuletzt, weil es klar definiert war: Es gab eine Reihe von Wertvorstellungen, Referenzpunkten und Gepflogenheiten, man war einerseits stoisch und genügsam, andererseits stolz auf die Stellung als weltumspannendes Empire. Nun aber schien allenthalben etwas aufzubrechen, es gab neue Umgangsformen, neue Moden, einen völlig neuen *way of life*. Sexuelle Freiheiten taten sich auf, Wertvorstellungen änderten sich, der Wohlstand für alle wuchs, Teenager wurden als Generation und Zielgruppe entdeckt – plötzlich waren die *Swinging Sixties* da. Junge Briten trafen sich in der Londoner King's Road, tranken in neueröffneten Cafés erbärmlich schlechte Cappuccini und kauften bei Mary Quant Miniröcke.

Die Verachtung der alten Generation für Kino und andere Massenmedien war passé, Fotografie und Design entwickelten sich explosiv. Aus ungewohnten Ecken – geographisch ebenso wie im Hinblick auf die Klassenzugehörigkeit – tauchten neue

Stimmen auf und verlangten Gehör; Schriftsteller aus der Arbeiterklasse begannen, über ihre Erfahrungen zu schreiben. Aus dem nordenglischen Yorkshire kam ein David Hockney und wurde mit respektloser *Pop Art* berühmt. Aus Liverpool kamen vier junge Männer mit langer Mähne und frech eingängigen Popsongs; sie brauchten nur einen Blick in ihr großes Publikum zu werfen, schon schrien ihre weiblichen Fans los oder kippten gleich ohnmächtig um. Im November 1963 traten *The Beatles* in der »Royal Variety Show« auf, im Publikum saßen Queen Mum, Tony und Margaret. John Lennon sprach die legendären Worte: »Für das nächste Stück möchte ich um Ihre Hilfe bitten: Die Leute auf den billigeren Plätzen klatschen bitte in die Hände. Alle anderen können einfach mit ihrem Schmuck rasseln.«

Die Schwestern Elizabeth und Margaret reagierten auf die sechziger Jahre diametral verschieden. Die Königin begriff die entfesselt wirkende junge Generation eigentlich nicht, die ihrerseits die Monarchin befremdlich und irrelevant fand. Die Traditionsbewahrerin Elizabeth schätzte das Bekannte, ihre Gewohnheiten und Interessen bewegten sich alle im vertrauten Zusammenspiel von Mensch und Natur, das Urbane, Experimentelle und Eklektische war ihr fremd. Zwischen der Monarchie und dem jungen, modernen Großbritannien entstand ein gegenseitiges Gefühl großer Entfremdung.

Am Höhepunkt der »wilden sechziger Jahre« führte Elizabeth mit ihren beiden jüngeren Kindern ein ruhiges Leben. »Meine Güte, was für eine Freude es ist, wieder ein Baby im Haus zu haben«, schrieb sie nach Prinz Edwards Geburt. In den nahezu zehn Jahren, die zwischen Anne und Andrew lagen, den Kindern zwei und drei, war sie eine selbstsichere Monarchin geworden, die es sich auch schon einmal erlaubte, an der abendlichen Badestunde ihrer kleinen Söhne teilzunehmen. Andrew und Edward sahen ihre Mutter häufiger als Charles und Anne im gleichen Alter. Die Biographin Sarah Bradford meint, Elizabeth habe gewusst, welche Einschränkungen die königliche Herkunft ihren Kindern auferlege, und das auszugleichen versucht, indem sie ihnen, und hier vor allem den Jüngeren, in nahezu allem nachgab. Die beiden Kleinen ähnelten in ihrer Unterschiedlichkeit Charles und Anne. Christopher Trevor-Roberts, der Privatlehrer der Kinder, sagte, Anne und Andrew hätten schon als Kinder einen klaren inneren Kompass gehabt, während Charles und Edward eher nachdenklich und suchend gewesen seien. Ihnen – dem ältesten und dem jüngsten Sohn der Königin – sei es schwergefallen, ihren Weg zu finden.

Auch institutionell prallten die Krone und die jungen dynamischen Kräfte des Landes aufeinander. Die britischen Theater unterlagen noch immer der Zensur. Die oblag seit 1739 dem *Lord Chamberlain*, dem »Leiter des königlichen Haushalts«, einem Adligen, der mit seinen Mitarbeitern alle Theaterstücke vor der Erstaufführung prüfte und sie dann erlaubte – oder nicht. Jede Andeutung von Sexualität oder Nacktheit war verboten, ebenso jede Form von Respektlosigkeit gegenüber Kirche und Königshaus, kein Mitglied der Königsfamilie durfte auf der Bühne dargestellt werden. In einer Zeit, wo die Kunst stärker denn je Grenzen austesten und andere Facetten des Lebens erforschen wollte, wurde diese Verordnung zur unerträglichen Zwangsjacke. Die Zensur traf Dramatiker wie John Osborne und Arthur Miller, die zu den besten ihrer Zeit zählten, deren Stücke aber nur in privaten Clubs aufgeführt werden konnten. Der Unmut wuchs, Proteste häuften sich. Die Monarchie wirkte mehr und mehr wie eine Bastion der Macht, die nicht nur die Darstellung der Königsfamilie kontrollieren, sondern auch jedwede Debatte von Themen verhindern wollte, die unsinnigerweise tabuisiert waren. Und da Königin Elizabeth II. an der Spitze dieser Hierarchie stand, schien es naheliegend, dass auch sie eine Feindin des Modernen war.

Auch die Satire kämpfte gegen die Tabus einer längst überholten Welt und nahm in der Öffentlichkeit immer größeren Raum ein. Seit 1961 erschien das Satiremagazin *Private Eye*, 1962/63 sendete die BBC, nachdem sie ihre eigenen, selbstauferlegten Beschränkungen merklich gelockert hatte, das Satireprogramm *That Was the Week That Was*. Im März 1963 wurde der erste Königshaus-Sketch, »The Queen's Departure«, ausgestrahlt, in dem ein Schiff mit der Königsfamilie an Bord untergeht, während David Frost als devote Richard-Dimbleby-Kopie stoisch weiter kommentiert, »die strahlend lächelnde Königin schwimmt um ihr Leben. Ihre Majestät tragen ein kanariengelbes Seidenkostüm.«

Die Idee zu diesem Satireproramm soll dem Produzenten Ned Sherrin bei einer Begegnung mit Prinzessin Margaret gekommen sein, die ihn angeblich fragte, warum die BBC ihre Familie so ehrerbietig behandle. Bei Kulturkonflikten schlug sich die Prinzessin meist auf die Seite der Grenzverletzer, Bohemiens und Rebellen.

Tony und Margaret bezogen die größte Wohnung im Kensington Palace, Wohnung 1A, und sorgten mit den Renovierungskosten für beträchtliches Aufsehen. Das Magazin *Private Eye* giftete, Margaret, 155 cm groß, und Tony, 167 cm groß, seien »Europas höchstbezahlte Zirkus-Liliputaner«. Als Margaret schwanger wurde, akzeptierte Tony einen Adelstitel, damit seine künftigen Kinder – Cousins und Cousinen dreier Prinzen und einer Prinzessin – nicht bloß »Armstrong-Jones« hießen. Er wurde der erste Graf von Snowdon, Viscount Linley, was die Kinder David, geboren 1961, und Sarah, geboren 1964, adelig machte. Tony verbrachte viel Zeit mit seinen Kindern und fotografierte sie unentwegt. Die Kindermädchen beschwerten sich, dass der junge Vater ihnen misstraue und sich zu sehr in Dinge einmische, für die sie zuständig seien. Margaret, die mit Kindermädchen groß geworden war, meinte, man könne die

Kinder ruhig dem Personal überlassen und häufiger zu zweit Urlaub machen.

Bald gab es in ganz Großbritannien keine begehrtere Adresse für Abendeinladungen als Kensington Palace 1A. Die Begabten und Prominenten warfen sich in Smoking und Abendkleid, um mit Margarets blaublütiger Verwandtschaft anzustoßen. Das Paar feierte mit Dudley Moore, Shirley MacLaine und den Rolling Stones, war mit dem Ehepaar Peter Sellers und Britt Ekland befreundet, besuchte die Premieren aller Beatles-Filme. »Ich habe sie vergöttert«, sagte Margaret, »sie waren ebenso sehr Dichter wie Musiker.« Der rastlose Tony begann als Fotograf für *The Sunday Times* zu arbeiten, was den Porträts vieler großer Namen der sechziger Jahre ein wenig royalen Sternenstaub verlieh.

Tony hatte auch die Schauspielerin Vivien Merchant fotografiert. Kurz nach dem Fototermin besuchten er und Margaret ein Abendessen, zu dem auch Vivien und ihr Mann Harold Pinter eingeladen waren, Pinter war damals der gefeiertste Dramatiker der Insel. Während des Essens beugte sich Vivian zu Tony hinüber und sagte: »Es versteht sich wohl von selbst, dass wir *Künstler* uns von Ihnen nur fotografieren lassen, weil Sie mit *ihr* verheiratet sind«, und blickte zur Prinzessin. Der Gastgeber, Theaterkritiker Kenneth Tynan, erinnerte sich, dass Pinter nach dieser Bemerkung anfing, sich zu betrinken.

Dennoch schien die Snowdon-Ehe in den ersten Jahren in goldenes Licht getaucht. Tony nahm seine Aufgaben als Mitglied der Königsfamilie ernst, er begann sogar, beim Gehen wie Prinz Philip die Hände hinter dem Rücken zu verschränken. Beim ersten Balmoral-Besuch als neues Familienmitglied begriff er, dass er die Vorurteile aller Anwesenden bestätigte, weil er nicht schießen konnte; er nahm sofort Unterricht und als er im folgenden Jahr wiederkam, schoss er besser als die meisten anderen. Er riet Margaret, bei ihren Besuchen nicht nur die jeweiligen Gastgeber, sondern auch das Personal zu begrüßen, er meinte, dass die königliche Familie ihre Ausgaben gegenüber der Öffentlichkeit rechtfertigen müsse und nicht so tun dürfe, als existiere die Kritik über die Kosten der Monarchie nicht. Er habe, sagte Margaret später, ihre Aufgaben als Repräsentantin des Königshauses verstanden und mitunter auch Änderungen angeregt:»Er eröffnete mir in gewisser Weise eine neue Welt.«

1961 entstand sein vermutlich berühmtestes Porträt von ihr: Das verspielte, intime Bild zeigt sie in der Badewanne sitzend, der Körper unter Wasser, die Haare bereits für eine Abendeinladung unter der Poltimore-Tiara hochgesteckt. Der Raum und die Situation sind alltäglich, beiläufig, im Badezimmerspiegel sieht man, dass Tony sich auf den Toilettendeckel gesetzt hat, um seine Ehefrau zu fotografieren. Margaret lächelt vergnügt in die Kamera.

In einer solchen Situation konnten sie glänzen: Sie als Modell, er als Interpret. Doch ansonsten zeigte sich bald, dass beide, Tony ebenso wie Margaret, es gewohnt waren, in ihrem jeweiligen Bekanntenkreis der alleinige Star zu sein, und dass sie das gegenseitige Konkurrieren um Aufmerksamkeit nicht kannten. Sie konnten zu spät kommen, ohne dass sich jemand daran störte, Rücksichtnahme gegenüber anderen kannten sie nicht, sie schienen gar nicht zu merken, in welchem Maß sich ihre Umgebung ihnen unentwegt anpasste. Weder Margaret noch Tony waren auf ein Leben vorbereitet, in dem jemand Forderungen an sie stellte.

Ihre Ehe forderte sie auf unterschiedliche Weise. Margarets Begeisterung für die Lebensweise der kreativen Boheme war echt, aber das waren für sie nur Stippvisiten, Safaris, nach denen sie zum Hofleben mit festen Abläufen und strenger Etikette zurückkehrte. Tony konnte das royale Leben nicht auf gleiche Weise an- und abstellen, er musste sich völlig in Margarets Welt einfügen, in einer Residenz wohnen, seine Umgangsformen und sein Benehmen dem Hofe anpassen. Er musste lernen, in der Öffentlichkeit zwei Schritte hinter seiner Frau zu gehen und erst das Wort zu ergreifen, wenn sie ausgesprochen hatte. Sie wollte bis tief in die Nacht feiern, denn sie hatte nur zwei, höchstens vier offizielle Termine pro Woche und konnte lange ausschlafen. Er wollte früh zu Bett gehen, aber die Gäste waren es gewohnt, den Wünschen der Prinzessin zu folgen. Sie wussten, dass man es ihnen als schlechte Manieren ankreidete, wenn sie das Fest vor der Gastgeberin verließen.

Das Personal machte keinen Hehl daraus, dass es den konventionellen, männlichen Peter Townsend diesem suspekt zartgliedrigen Mann in Rollkragenpullover und engen Hosen vorgezogen hätte, und folgte Tonys Anweisungen weniger selbstverständlich als Margarets. Bei den Angestellten fielen Sätze wie »er ist mit dem Wagen abgehauen«, als sei er ein renitenter Teenager. »Sie saß von Anfang an am längeren Hebel«, sagte ein Freund. »Er hatte dem nichts entgegenzusetzen.«

Es war ein Problem, dass sie sich so ähnlich, ein Problem, dass sie so verschieden waren. Tony ertrug es nicht, finanziell von seiner Frau abhängig zu sein, ertrug es grundsätzlich nicht, wenn jemand sich verhielt, als habe er (oder sie) ein Anrecht auf ihn. Sein Vertrag mit der *Sunday Times* war eine willkommene Gelegenheit, unabhängig zu sein und sich jenseits seiner Ehe eine Existenz aufzubauen, über die er allein bestimmte. Margaret hingegen wusste nicht, was normale Arbeit war, sie erledigte zu Hause keine anderen Aufgaben als das Baden ihres King Charles Spaniels Rowley. Sie war mit Eltern aufgewachsen, die einander in allem unterstützten, sie lebte von adligen Freunden umgeben, die keine Berufe hatten und jederzeit bereit waren für die nächste Unternehmung. Dass Tony arbeitete, einen festen Tagesablauf hatte, spät nach Hause kam, fand sie zunächst ärgerlich, dann verdächtig. Solche Verdächtigungen waren nicht unbegründet, denn er gab sexuellen Versuchungen bald nach der Heirat wieder nach. Margaret wollte ihn zu Fototerminen begleiten, er sagte nein. Sie rief ständig in den Ateliers an, in denen er arbeitete, tauchte wie zufällig in Restaurants auf, wo sie ihn vermutete. Er zog sich immer mehr zurück. Im Kensington Palace verschwand er in seinem Arbeitszimmer. Sie schrien sich an. Es gab Scherben. Immer häufiger nutzte Tony eine Chance, beruflich zu verreisen. Margaret blieb zu Hause und weinte.

Sie versuchte, sich mit eigenen Seitensprüngen zu revanchieren. Einer war Anthony Barton, Tonys alter Freund und Sarahs Patenonkel; er schrieb später, Margaret habe ihn an einem Abend des Jahres 1966, als Tony verreist war, regelrecht verführt und er habe nicht widerstehen können, obwohl er das leise Gefühl gehabt habe, Statist in einem Racheakt zu sein. Das Verhältnis dauerte mehrere Monate, bis Bartons Ehefrau dahinterkam. Ein weiterer Liebhaber war der Nachtclub-Pianist Robin Douglas-Home, Neffe des ehemaligen Premierministers Sir Alec Douglas-Home, der sich Hals über Kopf in die Prinzessin verliebte. »Danke, dass du mich wieder ins Leben gebracht hast«, schrieb sie in einem Brief an ihn, der Jahrzehnte später veröffentlicht wurde. »Danke, dass du zärtlich warst, wo nicht damit zu rechnen war, das gab mir wieder Selbstvertrauen.«

Aber Tony, der laut gesagt hatte, Margaret solle sich doch bitte einen Liebhaber nehmen und ihn in Frieden lassen, bebte vor Zorn, als sie es tatsächlich tat. Margaret brach mit Douglas-Home und versicherte ihrem Ehemann, dass er ein besserer Liebhaber sei als alle anderen. Ihre sexuelle Beziehung soll auch in den dunkelsten Phasen ihrer Ehe stark und lebendig gewesen sein. Beide brauchten Intensität. Menschen in ihrem nächsten Umfeld sahen die Streitigkeiten als eine Art erotisches Vorspiel. »Ihre Gemeinsamkeiten lassen sich mit drei Wörtern beschreiben«, sagte ein Freund. »Sex, Sex, Sex.«

Margaret schrieb Douglas-Home, dass sie sich nicht mehr sehen könnten: »Ich denke die ganze Zeit an dich. Ich will nicht, dass wir einander vermissen, uns nach einander sehnen und uns selbst zerstören, weil wir etwas Verbotenes wollen. Wir müssen aus dem, was mit uns geschehen ist, das Beste machen und Wunderbares tun ... die Menschen sollen darüber staunen und nicht wissen, wie uns so prachtvolle Dinge auf so besondere Weise gelingen können ... Ich werde versuchen, so oft wie möglich mit dir zu sprechen, aber ich habe Angst vor ihm, ich weiß nicht, was er tun wird, so eifersüchtig wie er ist ...«

Robin Douglas-Home sollte nichts Wunderbares mehr gelingen. Als das Verhältnis beendet war, wurde er depressiv und begann zu trinken, er war am Spieltisch wie im Beruf vom Pech verfolgt. Im Oktober 1968 nahm er sich das Leben.

Und die Ehe, die Margaret hatte retten wollen, raste dem Abgrund zu. Als ihre Beziehung erste Risse zeigte, beleidigte sich das Paar gegenseitig noch mit vermeintlichen Frotzeleien, später beleidigten sie sich unverhohlen. Sie führte ihren Status gegen ihn ins Feld, aber Tony war findiger als sie und auch hemmungsloser, er verstand sich besser als sie darauf, zu verletzen.

Er ignorierte ihren Geburtstag und äffte sie hinter ihrem Rücken nach, wenn sie für ihre Gäste Klavier spielte und sang. Er verließ Gesellschaften allein und ohne ihr Bescheid zu sagen, so dass sie umherging und ihn suchte, bevor sie sich unglücklich ins Auto setzte und nach Hause fuhr. »Ich hätte mich so gut um ihn kümmern können«, sagte sie einmal.

Er begann, Zettel mit verletzenden Bemerkungen an Stellen zu platzieren, wo sie sie finden musste, in dem Buch, das sie gerade las, auf einem Schreibtisch. Auf einem stand: »Du siehst aus wie eine jüdische Maniküre«, ein bemerkenswerter Satz für einen Mann, der mütterlicherseits selbst jüdischer Abstammung war. Auf einem anderen notierte er die »24 Gründe, warum ich dich hasse«. Margaret fand das ebenso verletzend wie verwirrend. »Ich glaube nicht, dass mir vierundzwanzig Gründe einfielen, *irgendjemanden* zu hassen«, sagte sie zu einem Freund. Sie begann, mehr zu trinken, mehr zu rauchen, unverhohlen mit anderen Männern zu flirten. Während sich die Presse über sie lustig machte und auf die Liste der am schlechtesten gekleideten Frauen setzte, erntete er für seine Dokumentarfilme über die Verstoßenen der Gesellschaft, über Behinderte, Obdachlose und Kleinwüchsige, immer mehr berufliche Anerkennung.

Margarets Familie, die sehr gut wusste, wie launisch und temperamentvoll sie sein konnte, sah nur Tonys Sonnenseiten und stärkte ihr nicht den Rücken. 1966 konnte Tony Margaret überreden, einen Termin bei einem Psychiater zu machen. Es gefiel ihr nicht und sie ging nie wieder hin.

In dem Jahr, als er das Publikum auf den teuren Plätzen charmant gebeten hatte, mit dem Schmuck zu rasseln, lernte John Lennon die Prinzessin bei der Premiere von *A Hard Day's Night* persönlich kennen. Er hatte sie in einem satirischen Gedicht »Priceless Margarine« genannt, doch als er ihr gegenüberstand, wurde er rot und murmelte vor sich hin. Dudley Moore kam einmal sturzbetrunken auf sie zu, verbeugte sich und sagte: »Ein Blowjob ist wohl nicht drin?« Als Margaret in den siebziger Jahren bei einer Abendgesellschaft einmal das Mikrophon ergriff und recht schief mehrere Cole-Porter-Songs vortrug, wurde sie unter anderem von dem Maler Francis Bacon so lange ausgebuht, bis sie von der Bühne lief. Bei anderen Gelegenheiten wurde sie für solche Auftritte begeistert gefeiert. Sie bewegte sich in gefährlichem Fahrwasser. Und je nervöser alle waren − Margaret, Tony, ihr Bekanntenkreis −, umso dreister und aggressiver wurden sie auch alle.

Auch die übrige Windsor-Familie geriet in den sechziger Jahren in Turbulenzen. Keine zehn Jahre nachdem Lord Altrincham mit seiner Kritik an der Königsfamilie einen Skandal ausgelöst hatte, kam Kritik jetzt auch von anderen Seiten.

Am 21. Oktober 1966 verschüttete ein Erdrutsch Teile der kleinen walisischen Grubenstadt Aberfan und begrub die Schule unter sich. 146 Menschen kamen um, darunter 116 Kinder. Lord Snowdon, der sich dem Wales seiner Kindheit verbunden fühlte und den fremdes Leid oft tief berührte, fuhr umgehend nach Aberfan und saß mit den betroffenen Familien zusammen, Prinz Philip kündigte einen baldigen Besuch an. Nicht so die Königin. Sie sagte, wenn sie fahre, müssten sich die Menschen um sie kümmern, statt in den Ruinen nach einem verschütteten Kind zu suchen.

Diese pragmatische Fürsorge passte gut zu einer Königin, die, anders als ihre Mutter, keinen Funken Exhibitionismus besaß; vielleicht war es auch ein wenig Selbstschutz. Die Reaktion war jedenfalls typisch für eine Frau, die öffentliche Gefühlsbekundungen beklemmend fand. Aber das Volk wollte seine Königin persönlich vor Ort sehen, ihr Zögern wurde als Gefühllosigkeit verstanden.

Sie fuhr erst sechs Tage nach dem Unglück und dem Abschluss der Sucharbeiten nach Aberfan, kletterte zwischen zusammengestürzten Häusern herum und sprach mit den Hinterbliebenen. Sie sagte den Eltern, die sie traf, dass sie als Mutter versuche, ihre Gefühle zu verstehen. »Ich bedaure, dass ich Ihnen nichts anderes geben kann als Mitgefühl und Trost.« Die Frauen, mit denen sie sprach, erinnerten sich später daran, dass die Königin sehr bewegt war und Tränen in den Augen hatte. »Sie ist ja selbst Mutter von vier Kindern«, sagte eine. »Wir hatten auch vier, jetzt haben wir nur noch zwei.«

Die Kritik an der Königin wurde auch darum lauter, weil die jungen Menschen in den 1960er Jahren in ihr die Galionsfigur eines Systems sahen, in dem sie ihren größten Feind vermuteten; als mühelos zu identifizierende Ikone symbolisierte

Elizabeth alles, wogegen es sich zu kämpfen lohnte. Harold Wilsons Regierung unterstützte den Krieg der USA in Vietnam und Südostasien, und die Gegner dieses Krieges meinten genau zu wissen, auf wessen Seite die Königin stand. Ihr schworen die Kriegsführenden Loyalität, sie war es, die Titel und Orden an Politiker und Generäle verteilte, die andere Länder unterdrückten.

Genau diese Szene – eine Königin, die Kriegsverbrecher ehrt – sollte eine Schauspielerin 1967 bei einer Vietnam-Demonstration am Trafalgar Square darstellen. Scotland Yard warnte die Demonstranten, diese kleine Aufführung könne als anstößig empfunden werden. Das empörte viele, die nicht einsehen konnten, warum die Königin, anders als alle anderen Staatsoberhäupter, nicht zum Ziel von kritischen Parodien werden durfte. Diese Zensurbestimmung wurde schon im folgenden Jahr abgeschafft. Aus Protest gegen die britische Haltung im Vietnamkrieg und im nigerianischen Bürgerkrieg schickte John Lennon 1969 seinen Orden Member of the British Empire an den Buckingham Palace zurück. Der sanftere Paul McCartney formuliert im selben Jahr seine spöttische, allerdings auch herzliche Einstellung gegenüber der Monarchin auf andere Art; in dem Lied »Her Majesty« sprach er von ihr als dem netten Mädchen, aus dem man nicht richtig klug wird, und zeigte sich selbst in der Rolle ihres Verehrers: *Her Majesty's a pretty nice girl, but she doesn't have a lot to say ... Her Majesty's a pretty nice girl, but she changes from day to day ... I wanna to tell her that I love her a lot ...«*

Das Podest, auf dem die Königsfamilie stand, hatte schon vor 1969 zu bröckeln begonnen, es war ein ungünstiger Zeitpunkt, um die Aufmerksamkeit auf die königlichen Finanzen zu lenken. Doch genau das tat Prinz Philip in den USA, als er in einer Fernsehsendung sagte:»Im nächsten Jahr geraten wir in die roten Zahlen, wenn nichts passiert, müssen wir entweder – ja, ich weiß nicht, vielleicht müssen wir in bescheidenere Räumlichkeiten umziehen, wer weiß? [...] Ich werde wohl in naher Zukunft das Polospielen aufgeben müssen oder solche Sachen.«

Großbritannien erlebte politisch wie wirtschaftlich turbulente Zeiten, ein Mitglied des Königshauses, das befürchtete, künftig eventuell etwas weniger luxuriös leben zu müssen, konnte weder mit Mitgefühl noch mit Sympathie rechnen. Hafenarbeiter schickten aus einem Pub in Bermondsey einen ironischen Brief an Buckingham Palace, sie würden liebend gern zusammenlegen und dem Prinzen ein Polopferd kaufen. Aber Philip hatte auf ein reales Problem hingewiesen. Der Jahresbetrag, den der Finanzminister dem königlichen Haushalt gewährte, deckte nicht mehr die Betriebskosten. Die Apanage der Königsfamilie wurde bei der Thronbesteigung eines neuen Monarchen jeweils neu berechnet, was bedeutete, dass die Höhe der jährlichen Geldzuwendungen an die Familie beim Amtseintritt 1952 festgesetzt worden war. Seither hatten Inflation und Lohnerhöhungen dafür gesorgt, dass die laufenden Ausgaben den Budgetrahmen sprengten. Die Defizite waren seit 1962 gewachsen, die Königin hatte die fehlenden Summen aus eigenen Einkünften zuschießen müssen, sie stammten unter anderem aus dem Herzogtum Lancaster, die Ländereien gehörten zu ihrem Privateigentum. Der Hof hatte die Regierung schon ersucht, die jährlichen Zahlungen an die Familie einer Prüfung zu unterziehen.

Es folgte eine Debatte, die sich über Jahre hinzog und bei der die Presse wild über das Vermögen der Königin zu spekulieren begann. Dabei wurde oft außer Acht gelassen, dass sie den überwiegenden Teil dessen, was man ihr zuschrieb – Residenzen, Kunstwerke, Möbel und Juwelen –, für die Monarchie verwaltete und niemals hätte veräußern können. Harold Wilson setzte eine Sonderkommission zur Überprüfung der königlichen Finanzen ein. Ein Kritikpunkt war, dass die Königin auf ihre Privateinkünfte keine Einkommenssteuer zahlte. Seit 1697 finanzierte der Staat den Monarchen mit einer vom Parlament festgesetzten jährlichen Geldzuwendung, der sogenannten *Civil list*, im Gegenzug wurden die Einkünfte aus den Kronländereien an das Parlament übertragen. Eine Reform ersetzte 2011 diese Zivilliste durch den *Sovereign Grant Act*, nach dem der Monarch einen Anteil an den Erlösen aus den Ländereien, den Immobilien usw. erhält.

Dank Rationalisierungsmaßnahmen bei Hofe konnten Königin Victoria und Prinz Albert Geld sparen, mit diesen Ersparnissen aus der Zivilliste und den Einkünften aus ihren Herzogtümern erwarben sie die königlichen Anwesen Sandringham und Balmoral – ein, wie der Historiker David Cannadine meint, nicht unproblematischer Transfer öffentlicher Mittel in private Taschen. 1848 wurden neue Einkommenssteuergesetze eingeführt, denen auch Königin Victoria unterlag, doch als ihr Enkelsohn George V. den Thron bestieg, konnten geschickte Unterhändler des Schlosses das Parlament dazu bewegen, dem König die Steuer auf seine Einkünfte zu erlassen, im Gegenzug wurden die Bezüge der Zivilliste leicht gekürzt. Als diese Vereinbarung in den sechziger und siebziger Jahren des zwanzigsten Jahrhunderts erneut Gegenstand einer kritischen Prüfung wurde, willigte der Buckingham Palace ein, mehr Einblick in die königlichen Vermögensverhältnisse zu gewähren. Jock Colville, ehemals Privatsekretär von Prinzessin Elizabeth und nun Bankier bei Elizabeth' Privatbank Coutts & Co, veranschlagte das königliche Privatvermögen auf zwölf Millionen Pfund.

Harold Wilson war einerseits ein loyaler Monarchist, der die Forderungen der Königsfamilie verteidigte, andererseits führte er eine Regierung mit penibel kalkulierenden Ökonomen, die nachrechneten, ob man für das Geld genug zurückbekomme. Das eingesetzte Komitee machte radikale Kürzungsvorschläge. Die Antimonarchisten der Labour-Partei fanden es empörend, dass der Steuerzahler den üppigen Lebensstil von Leuten wie dem Herzog von Gloucester, der Königinmutter und Prinzessin Margaret finanzieren sollte; erneut büßte Margaret dafür, dass ihr die Presse seit einem Jahrzehnt vorwarf, sie feiere zu viel, arbeite zu wenig und führe eine Ehe, die immer erbärmlicher wirke. Das Komitee rechnete nach, dass sie 1970 »nur 31 Tage« bei offiziellen Anlässen außerhalb Londons präsent war. Das Komitee erachtete die mietfreie Unterkunft im Kensington Palace als angemessenes Entgelt für die geleisteten Dienste und lehnte den Vorschlag ab, Margarets Einkommen von jährlich 15 000 auf 35 000 Pfund zu erhöhen. Insbesondere ein unermüdlicher Labour-Abgeordneter namens Willie Hamilton wütete gegen die Erhöhung von Margarets Bezügen. Er war jahrzehntelang die schärfste antimonarchistische Stimme im Unterhaus und nannte Margaret einmal »*the most expensive kept woman in the country*« – die teuerste ausgehaltene Frau des Landes, mit anderen Worten: eine Luxusprostituierte.

Die Entscheidung über die royalen Einkünfte wurde bis nach den Wahlen vertagt, die Konservativen gewannen und setzten keine einzige Empfehlung der Sonderkommission um. Die Zuschüsse für die Königin wurden 1972 von 475 000 auf 980 000 Pfund erhöht, auch andere Familienmitglieder erhielten mehr Geld, doch für die Monarchie und ihre Befürworter war es ein Pyrrhussieg. Es war ein Präzedenzfall geschaffen, der Hof und die Royals würden künftig ihre Finanzen offenlegen, ihre Ausgaben rechtfertigen und sich damit abfinden müssen, dass Volksvertreter sie kritisch prüften. Die hatten nun, anders als zuvor, ein waches Auge darauf, ob die Royals die Investitionen wert waren und der Staat einen angemessenen Gegenwert bekam. Die Bevölkerung war gespalten, vor allem Labour-Wähler fanden die neuen Zahlungen zu hoch. Margaret, die keine zehn Jahre zuvor als eleganteste und modernste Vertreterin der Familie geglänzt hatte, wurde in dieser heiklen Stimmung zu einer immer größeren Belastung für die Monarchie.

Vielleicht begann die Geschichte der Schwestern, der hellen und der dunklen, der unkomplizierten und der schwierigen, der pflichterfüllenden und der aufbegehrenden, schon in ihrer Kindheit. Das zumindest ist der rote Faden von Marion Crawfords Buch, das im Jahr nach Margarets zwanzigstem Geburtstag erschien: Selbstverständlich wäre Crawford niemals auf den Gedanken gekommen, das Mädchen, das sie selbst großgezogen hatte, anders als süß und charmant zu schildern, und doch schwebt über allem ein leises Mahnen, die Ahnung, dass Margaret zu wild und unbezähmbar sein und entgleiten könnte, wenn man nicht auf sie aufpasste. Die Rolle als bewunderte Thronerbin war Margaret versperrt, aber sie konnte Gegenpol und Kontrast sein, die unbefangene, vielleicht sogar ein wenig gefährliche Weggefährtin.

Der Schriftsteller und Literaturhistoriker A. N. Wilson fragte die Prinzessin bei einem Empfang, ob sie, wie Millionen von Menschen, jemals von der Königin träume. Margaret bejahte das, Wilson schrieb die Unterhaltung später auf.

»Sie träumte, dass jemand mit ihr unzufrieden war, sie selbst wusste, dass sie etwas falsch gemacht hatte, etwas, das alles verletzte, woran zu glauben sie erzogen worden war, etwas, das die Königin verärgert hatte. In der Regel ging es in diesen Träumen nie um Konkretes, aber nach dem Aufwachen habe sie keine Ruhe gefunden, bevor sie nicht die Stimme ihrer Schwester gehört hatte. Die Prinzessin stand später auf als die ältere Schwester, wenn sie am Morgen aufwachte und nach dem Telefon griff, musste sie oft feststellen, dass die Königin mit ihren Sekretären und Politikern sprach oder Staatspapiere durchsah und beschäftigt war. Margaret brauchte nur den Klang ihrer Stimme: ›Hallo‹. ›Hallo‹. Dann konnte sie wieder auflegen, der Tag konnte weitergehen, über der lebhaften, aber gepeinigten jüngeren Schwester der Königin hing nicht mehr die schwarze Wolke, in Ungnade gefallen zu sein.«

10

Der zögerliche Prinz

An einem Oktoberabend des Jahres 1965 saß ein Siebzehnjähriger im Internat Gordonstoun an der nordschottischen Küste und schrieb in sein Tagebuch:

»In diesem Semester führen wir *Macbeth* auf. [...] Mir wurde die Rolle des Macbeth angeboten, ich habe natürlich ›ja‹ gesagt. Eine solche Chance würde ich mir nicht entgehen lassen. Morgen ist die erste Aufführung – Donnerstag – und Mama und Papa kommen zur dritten am Samstagabend. Ich sehe sie am Samstag und am Sonntag, das ist großartig. Ich hoffe sehr, dass es ihnen gefällt [...] Ich muss sehr viel Text lernen, aber es macht viel Spaß und ich werde SEHR traurig sein, wenn es vorbei ist.«

Dieser Junge war Charles Philip Arthur George, Sohn von Königin Elizabeth II. und Prinz Philip. Dem Leiter der Theatergruppe war er im Vorjahr als der talentierteste Schauspieler unter den Schülern aufgefallen, er hatte aber gezögert, ihm eine Hauptrolle zu geben. Doch der schüchterne Junge entdeckte, dass er auf der Bühne aus sich herausgehen konnte, bekam die Rolle und vertiefte sich wochenlang in die Geschichte von Macbeth, der vom General zum Tyrannen wird.

Der Samstag der Aufführung kam, im Publikum saßen seine Eltern. In einer Szene hatte Charles, als Macbeth, einen Albtraum und wälzte sich auf einem Fell am Boden. Während er das mit tiefem Ernst spielte, hörte er im Saal seinen Vater laut lachen.

Die Schülerzeitung lobte, Charles habe die Poesie in Shakespeares Zeilen erlebbar gemacht, aber das Lachen führte zu einem weiteren Riss in dem bereits sehr angespannten Vater-Sohn-Verhältnis: Charles war nur wegen Philip in Gordonstoun.

Als erster britischer Thronerbe wurde er nicht von Privatlehrern unterrichtet, sondern auf eine Schule außerhalb des Palastes geschickt. Er begann auf der exklusiven und teuren Londoner Privatschule Hill House, es war der ausdrückliche Wunsch seiner Eltern, dass man ihn behandeln solle wie die anderen Kinder auch. 1957 wechselte er nach Cheam, eine Privatschule, die auf die britischen Internate vorbereitete. Dafür musste Charles aus dem Palast in ein großes Backsteingebäude in Berkshire umziehen, wo er sich mit neun weiteren Jungen einen Schlafsaal teilte.

Cheam war Prinz Philips alte Schule. Ihm hatte es dort sehr gut gefallen, später schrieb er, dass man »die Kinder zu Hause verwöhnen kann, aber die Schule soll im Entwicklungsprozess zu einem selbstbeherrschten, reflektierten und unabhängigen Erwachsenen eine spartanische und disziplinierende Wirkung entfalten. Das System mag in manchem exzentrisch sein, doch zweifellos überwiegen die Vorteile.«

Für seinen Sohn war das nicht so offenkundig. Er war neun, als er mit den harten Betten in Cheam vorliebnehmen musste, auf denen er, wie Elizabeth trocken bemerkte, gewiss nicht herumspringen konnte.

Auch hier sollte man ihn behandeln wie alle anderen, er hatte aber seinen Teddybären mitnehmen dürfen, den er, wie er später sagte, nachts weinend und krank vor Heimweh umklammerte. Dass das Königspaar den ältesten Sohn und Thronfolger überhaupt auf diese Schule schickte, galt als progressiv, als Anzeichen für die Modernisierung der Monarchie. Aber die Hauptperson dieser gelungenen Public-Relation-Aktion war ungelenk im sozialen Umgang, er wusste nicht, »wie man sich in einer Gruppe von Fremden durchsetzt oder wie man die Anerkennung Gleichgesinnter gewinnt«.

Charles war seit jeher am liebsten mit Menschen zusammen, die viel jünger oder viel älter waren als er; er spielte mit seinen kleinen Brüdern und hatte enge Beziehungen zu Mentoren und Betreuern im Alter seiner Großeltern, besonders vertrauensvoll waren seine Beziehungen zur Queen Mother und zu Dickie Mountbatten. Pikanterweise taxierten ausgerechnet diese beiden einander über einen Graben des Misstrauens: Sie stand im Zentrum des Königshauses und wollte dessen Traditionen beschützen und bewahren, er stand ganz knapp außerhalb des inneren Zirkels und wollte unbedingt hinein.

Beide wussten, dass Einfluss auf Charles gleichbedeutend war mit Einfluss auf die Zukunft der Monarchie. Aber sie waren auch ältere Menschen, die einen Jungen umsorgen konnten, den sie gern hatten. Die Königinmutter hatte George VI. mit ganzer Kraft unterstützt; nun war sie seit vielen Jahren verwitwet und sah, dass sie für dieses empfindsame Kind etwas Ähnliches tun konnte. Der kinderliebe Dickie hatte seine beiden Töchter vergöttert, die jetzt erwachsen waren. Charles war für ihn fast wie ein Sohn.

Charles sagte später, er sei nie einsamer gewesen als anfangs in Cheam. Er war gern allein, Gruppen ängstigten ihn. Er war anfällig und oft krank, tröstete sich mit Essen und nahm zu; die Mitschüler hänselten ihn wegen seines Gewichts und seiner abstehenden Ohren. Onkel Dickie hatte diese Ohren mit Sorge gesehen und den Eltern geraten, sie vor Charles Einschulung durch einen diskreten operativen Eingriff richten zu lassen, was Elizabeth und Philip aber ablehnten. Und so blieben die Ohren ein Leben lang sein Erkennungszeichen, das vor allem Karikaturisten mit Wonne ins Visier nahmen.

Charles fühlte sich geradezu vorgeführt, als der Direktor eines Tages alle Schüler vor dem Fernsehgerät versammelte. Die

Königin auf dem Bildschirm verkündete, sie wolle ihren Sohn Charles zum »Prinzen von Wales« ernennen. Charles war nicht vorab informiert worden, es war ihm peinlich und verstärkte das Gefühl, anders zu sein als die anderen. Er begriff langsam, dass er der zukünftige König war, was ihn sehr erschreckte. Er wollte immer allen Erwartungen an ihn gerecht werden, sprach leise und nie ohne Erlaubnis, seine Lehrer fanden seine Beiträge zu erwachsen für sein Alter.

Er schrieb oft an Onkel Dickie, der ihm ein Abonnement der Kinderzeitung *The Eagle* geschenkt hatte. Charles war sehr dankbar und hatte bald weitergehende Wünsche: »Meinst du, ich könnte zu meinem Geburtstag in diesem Jahr *keinen* Modellierton, sondern bitte ein Fahrrad bekommen, wenn du kannst?« Dickie antwortete: »Ich habe nichts dagegen, den Modellierton gegen ein Fahrrad einzutauschen, aber da das Fahrrad so viel teurer ist als der Ton, wäre es das Geburtstags- und Weihnachtsgeschenk von Tante Edwina und mir.«

Nach Cheam stand der Wechsel auf eine weiterführende Schule an, wieder bestand Philip darauf, dass sein Sohn seinen männlichen Fußspuren folgte und das Internat Gordonstoun an Schottlands karger Nordostküste besuchte. Ein Gedanke war auch, dass die Hauptstadt-Journalisten ihm nicht so einfach nachsetzen konnten, wenn er weit von London entfernt war.

Gordonstoun war ausgesprochen unbritisch. Sein Gründer, der deutsche Pädagoge Kurt Hahn, hatte 1934 als Jude vor den Nationalsozialisten fliehen müssen. Die Schule folgte dem strengen Reglement des Eliteinternats Schloss Salem am Bodensee. Hahn hatte es 1920 gegründet, das Bildungskonzept festgelegt und bis zu seiner Flucht geleitet, er wollte eine Schule schaffen, die Platons Vorstellungen des idealen Staates folgte und eine staatliche Führungselite schuf. Philip war zwei Jahre lang Salem-Schüler gewesen; als Hahn nach Großbritannien fliehen konnte und Gordonstoun gründete, folgte Philip ihm noch im selben Jahr.

In Salem wie in Gordonstoun, das anfangs *British Salem School* hieß, sollten die Schüler nicht nur den Unterrichtsstoff lernen, sondern auch Körper, Seele und Charakter ausbilden. Sie mochten aus wohlhabenden Elternhäusern stammen – das Schulgeld war exorbitant –, doch sie sollten als Gleiche unter Gleichen leben, zur Gemeinschaft beitragen, sich durch Selbstdisziplin und Einsatzbereitschaft Respekt verschaffen und sich bewähren.

Das hatte Philip gefallen, der als Jugendlicher nur wenige familiäre Bindungen hatte und dem der sichere Status fehlte, den die meisten seiner Freunde und Verwandten vorweisen konnten. Außerdem appellierten die Anforderungen in Hahns Internaten an seinen ausgeprägten Wettbewerbsgeist. Geblieben war ihm die unerschütterliche Überzeugung, dass es einem Jungen guttat, gefordert zu werden und sich selbst zu besiegen, und es eine tiefe Befriedigung war, zu erleben, dass man mehr ausrichten und mehr sein konnte, als man geglaubt hatte. Außerdem war es Philip sehr wichtig, dass sein sensibler Sohn härter und belastbarer wurde.

Vielleicht war auch Philip nicht nur glücklich in Gordonstoun. Im Gegensatz zu Elizabeth, die von Hauslehrern unterrichtet worden war, wusste er zwar, wie es auf einer (mehr oder weniger) öffentlichen Schule zuging, aber beide konnten sich für ihren Sohn keine andere Schulkarriere als den klassischen Weg britischer Elite-Sprösslinge vorstellen, zu dem selbstverständlich Internatsjahre in einer hermetisch abgeschlossenen Jungen-Gesellschaft gehörten.

Queen Mum kamen früh Zweifel. 1961 empfahl sie ihrer Tochter, Charles nach Eton zu schicken, traditionell die erste Wahl für die Söhne der Oberschicht, außerdem lag es in der Nähe von Schloss Windsor. Sie fürchtete, ihr Enkelsohn werde in Schottland »schrecklich einsam und isoliert« sein, ein Kind wie Charles sei in Eton besser aufgehoben. Aber die Königin wollte nicht zwischen die Fronten geraten, und Philip erinnerte sich noch gut daran, mit welch schmallippigem Misstrauen die alte Hof-Elite ehemaliger Eton-Schüler ihn empfangen und mit welcher Entschlossenheit sie ihn nach Elizabeth' Thronbesteigung beiseitegeschoben hatten. So ein Snob sollte sein Sohn nicht werden.

Die Entscheidung gegen Eton und für Gordonstoun wirkte moderner und unkonventioneller, weil Gordonstoun Jungen aller Bevölkerungsschichten offenstand. Söhne aristokratischer Eltern genossen nicht automatisch höheres Ansehen, wichtiger war es, dem Druck standhalten zu können.

Und der war hoch. Gordonstoun-Schüler trugen das ganze Jahr über kurze Hosen, der Tag begann mit einem langen Dauerlauf und einer kalten Dusche. Die Fenster der Schlafsäle blieben sommers wie winters offen, oft regnete oder schneite es herein und durchweichte das Bettzeug des Jungen, dem der Fensterplatz zugeteilt worden war.

Doch Ideal und Realität stimmten auch in Gordonstoun nicht überein, die reale Gemeinschaft beruhte keineswegs auf brüderlicher Achtung. Ehemalige Schüler erzählten, ältere hätten jüngere überfallen, erpresst und gezwungen, ihnen die Schuhe zu putzen. In einem an Sadismus grenzenden Ritual wurde einzelnen Mitschülern mit einer Pinzette so lange an einem Stück Haut gedreht, bis sie blutig aufriss. Prinz Charles erlebte angeblich ein anderes Willkommensritual: Er wurde in einem Korb unter die eiskalte Dusche gestellt.

Charles war entsetzt, er schrieb flehentliche Briefe an seine Eltern und bat, nach Hause kommen zu dürfen, er fürchte sich vor jeder Nacht, man schlage ihn auf den Kopf und werfe mit Pantoffeln nach ihm, weil er schnarche.

Die Brutalität von Gordonstoun erschütterte ihn, selbst

Prinz Philip musste einsehen, dass der Plan, Charles auf diese Weise abzuhärten, gescheitert war. Aber es war undenkbar, dass die Königsfamilie ihn von einer Schule nahm, für die sie sich nach langen Überlegungen entschieden hatte. Queen Mum schrieb ihrem Enkelsohn, sie werde seiner Bitte nicht entsprechen, seinen Eltern einen Schulwechsel vorzuschlagen, ihm aber helfen, die Zeit durchzustehen.

Die Freude am Theater nahm Charles aus Gordonstoun mit, er blieb ein begeisterter Theaterbesucher. Er hat weder Cheam noch Gordonstoun jemals wieder besucht.

Charles ist nur einer von zahllosen Briten, die als Kind in Schulen ausharren mussten, obwohl sie dort zutiefst unglücklich waren. In den britischen Public Schools wurden Kinder aus reichen Familien einem harten pädagogischen Regime unterzogen, durch strenge Zucht sollten sie auf künftige Führungsaufgaben vorbereitet werden. Nur Zuckerbrot und Peitsche, so die Philosophie, konnten aus Buben Männer machen, denen man die Leitung des Empire, der Ministerien, der Bank of England anvertrauen konnte. Nur wenn man sie früh von den Eltern trennte, entwickelten sie den Korpsgeist und eine absolute, unabdingbare Loyalität dem System gegenüber. Internate wie Eton und Harrow blieben lange Adelssöhnen vorbehalten, die ihre Kindheit auf weitläufigen Landsitzen zugebracht hatten, mit der Zeit wurden auch Kinder bürgerlicher Eltern aufgenommen. Das System, so der Historiker Robert Wilkinson, trennte Mittelschichtkinder von ihren Familien und den Kleinstädten, aus denen sie kamen. Ihre Dialekte wurden von einem makellosen Queen's English abgelöst. Die Schule wurde der Ort, an dem sie sich zu Hause fühlten, ihre Wertvorstellungen waren bald die, die auch alle anderen Schüler ihrer Schule vertraten. Für die Absolventen dieser Schulen war der Aufstieg in Führungspositionen eine Selbstverständlichkeit – dazu hatte man sie erzogen, der gemeinsame Hinter-

grund schuf die Überzeugung, dass sie mit diesen Führungspositionen auch gesellschaftliche Verantwortung übernahmen,
es war ein Dienst an der Nation.

Es wurde häufig darauf hingewiesen, dass das System, das
angeblich herausragende Führungspersönlichkeiten ausbildet,
genau darin versagt. Der Therapeut Nick Duffell, der seit 1990
»Internats-Überlebende«, wie er sie nennt, behandelt, kommt
zu dem Schluss, dass diese Erziehung jemanden viel kompetenter wirken lässt, als er tatsächlich ist. Viele kommen schon als
Sechsjährige in ein Internat, ein Schock, der sie ihre Gefühle so stark unterdrücken lässt, dass sie sich emotional nicht
entwickeln, nicht reifen können. Wer sich gegen mobbende
Gleichaltrige behaupten will, die in einer Kindergesellschaft
mit wenigen Erwachsenen relativ freie Hand haben, darf nicht
ängstlich, nicht unglücklich, nicht kindlich, nicht verletzlich
wirken. Und er muss wissen, dass Ironie eine gute Waffe gegen
Mobbing ist. So entstehen auf den Trümmern einer Kindheit
»Pseudo-Erwachsene«, die selbstsicher und charmant wirken.

Alex Renton, Autor eines Buches über das britische Inter-
natssystem, hat viele ehemalige Internatsschüler getroffen, die
lange damit haderten, dass ihre Eltern sie fortgeschickt haben:
»Wie können sie mich liebgehabt haben, wenn sie mir so etwas
antun konnten?« Sie leiden unter Angstanfällen und Verlas-
sensangst, haben Probleme, sich langfristig zu binden.

Das strenge System der Public School wird fortgeführt werden, trotz aller Kritik daran. Viele Eltern zahlen bereitwillig
hohe Summen, damit ihre Kinder, wie sie hoffen, einmal zur
Führungselite des Landes gehören werden. Im Kabinett von
David Camerons Koalitionsregierung waren 2010 Absolventen
von Privatschulen mit einem Anteil von zweiundsechzig Prozent vertreten, in Camerons zweiter Regierung waren es fünfzig, bei Boris Johnson sind es vierundsechzig Prozent – sieben
Prozent der Gesamtbevölkerung haben eine Public School be-

sucht. Cameron und Johnson kennen sich aus Eton, den Weg von Eton an die Universität Oxford teilten sie mit den ehemaligen Premierministern Sir Anthony Eden, Harold Macmillan und Sir Alec Douglas-Home.

Prinz Charles fand erst Ruhe, als er mit siebzehn Jahren für ein halbes Jahr nach Australien geschickt wurde, um an der entlegenen Schule Timbertop in Victoria zu studieren. Er wollte zunächst nicht dorthin und sagte seiner Mutter, er werde zwei Armbanduhren mitnehmen, eine mit britischer Zeit, damit er, wenn er an sie denke, immer wisse, was sie gerade tue. Doch dann erlebte er die große Entfernung zu England als Befreiung. Er fand Freunde, lernte Vögel unterscheiden, Schafe scheren und Bäume fällen, verliebte sich in die australische Natur und stellte zu seiner Verblüffung fest, dass er öffentliche Termin wahrnehmen und entspannt mit den Menschen sprechen konnte, die seinetwegen da waren. Er kam in Kontakt mit Naturreligionen, die ihn faszinierten; hier begann seine Überzeugung, dass wahre Erkenntnis eher in der Natur als in der Stadt zu finden sei, eher in alten Riten und traditionellen Verhaltensweisen als in einer industrialisierten und zukunftsverliebten Moderne.

Mit dieser positiven Erfahrung ging er nach Cambridge und studierte Archäologie, Anthropologie und Geschichte. Er sah darin eine Gelegenheit, die sich ihm nie mehr bieten würde, nämlich etwas über Vorgeschichte zu lernen, über »die frühesten Gesellschaften und die frühesten Menschenarten, [...] um Grundkonflikte im Menschen, der Menschheit, zwischen Körper und Seele zu verstehen«.

Seine Schulzeugnisse allein hätten für die Zulassung nach Cambridge vermutlich nicht ausgereicht, aber am Ende machte er als Erster seiner Familie einen Hochschulabschluss. 1965 unterhielt sich die Königin mit Prinzessin Margaret und der Labour-Politikerin Barbara Castle bei einem Empfang über

Charles und die vielen Prüfungen, die ihm in diesem Semester bevorstanden, und sagte gleichsam beiläufig zu ihrer Schwester: »Wir beiden hätten es nie auf die Universität geschafft.« Castle warf ein, ein Universitätsstudium sei möglicherweise keine ganz so umwerfende Leistung, wie es den Anschein haben mochte.

In Cambridge kam Charles unter die Fittiche von Rab Butler, einem Freund seiner Großmutter, jenem Rab Butler, der mehrfach vergeblich mit Harold Wilson um die Führung der Tory-Partei und das Amt des Premierministers gekämpft hatte. Schließlich verließ er die Politik und wurde Rektor des Trinity College der University of Cambridge. Abends lud er Charles in seine Bibliothek ein, wo sie lange Gespräche führten. Bei den ersten Prüfungen schnitt Charles etwas besser ab als der Durchschnitt, was er in einem Brief mit den Worten kommentierte, er habe erreicht, was er habe erreichen wollen, nämlich »ihnen, zumindest bis zu einem gewissen Grad, gezeigt, dass ich nicht ganz ungebildet oder inkompetent bin«.

Charles wirkte sein Leben lang ein wenig aus der Zeit gefallen. Die ersten Kinderfotos scheinen eher aus einem edwardianischen Kinderbuch als aus der Mitte des 20. Jahrhunderts zu stammen, die sechziger Jahre gingen offenbar unbemerkt an ihm vorüber. In Cambridge trug er festes Schuhwerk, Tweedjacketts, Krawatte und Cordhosen. Diener und Leibwächter waren immer im Hintergrund, während seine Kommilitonen in Jeans und T-Shirt haschrauchend im Gras lagen, bevor sie sich zu einer Vietnam-Demonstration aufmachten. Keiner lernte den Prinzen näher kennen, und er selbst zog die Gesellschaft seiner älteren Ratgeber und adligen Landbesitzer-Freunde vor. Das lag zum einen an seiner Schüchternheit, zum anderen daran, dass er spürte, wie verlegen alle wurden, sobald sie dem Thronfolger gegenüberstanden. Er selbst war sich schmerzlich darüber im Klaren, dass er nicht leicht Freundschaften schloss.

»Ich glaube, ich bin ein ›Einzelgänger‹, der am liebsten allein ist, den die Gesellschaft von Wiesen und Bäumen zufrieden stellt«, schrieb er in einem Brief. »Wenn ich also herkomme und versuche, mit Menschen zusammen zu sein, muss ich mich verstellen, und das Furchtbare ist, dass ich merke, dass *sie* es merken. Aber ich muss versuchen, an mir zu arbeiten.«

Charles mochte die langhaarigen und ungepflegten Studenten nicht, sie waren ihm zu radikal. Demonstrationen waren ihm unangenehm, er sah sie als Ausdruck von Entfremdung und Machtlosigkeit. Mit einer gewissen Abscheu erklärte er, die linken Aktivisten an der Universität wollten »Veränderung um der Veränderung willen«.

Eine Journalistin nannte ihn damals einen »süßen, jungfräulichen Jungen«. Er war aufrichtig und ernsthaft, was ihn bei Journalisten beliebt machte. Sie bekamen Möglichkeiten für Interviews und schrieben dann wohlwollende Artikel. Aber ihm fehlte die Freiheit anderer Studenten, sich zu erfahren und auszuprobieren.

Bei einem Dinner stellte Butler ihm seine bildschöne Forschungsassistentin Lucia Santa Cruz vor. Sie war die Tochter des chilenischen Botschafters und kam, da sie Katholikin war, als Lebenspartnerin für Charles nicht in Frage. Aber sie war einige Jahre lang Charles' erste richtige Freundin. Wie die späteren Freundinnen, war auch sie gelassener, selbstsicherer, weltgewandter und etwas älter als er. Butler überließ Lucia die Schlüssel zu seiner Wohnung, damit das Paar in Ruhe zusammen sein konnte.

Das Ehepaar Butler sah es offenbar als seine Aufgabe, Charles mit unterschiedlichen Bereichen des Lebens vertraut zu machen. Mollie Butler nannte Lucia »einen Glücksfall, mit der er ungefährdet seine ersten Erfahrungen machen konnte«. Aber die Verbindung war doch so ernst, dass er Lucia später als seine erste wahre Liebe bezeichnete. Sie blieben Freunde, einer ihrer Söhne ist Charles' Patensohn.

Charles verließ Cambridge um einige romantische und sexuelle Erfahrungen reicher. Auch seine Auftritte im Revuetheater der Studenten hatten sein Selbstbewusstsein gestärkt. Er ist, wie seine Großmutter, seine Mutter und seine Tante Margaret, ein talentierter Imitator, inzwischen ist er auch für seine Schlagfertigkeit bekannt. In seiner Kindheit hatte er, wie viele Kinder, begeistert das surrealistisch-absurde Radioprogramm *The Goon Show* gehört. Auch heute noch, mit über siebzig, zitiert Charles oft und gern lange Passagen daraus. Das Programm war eine wichtige Inspirationsquelle für sechs junge Männer, die später als *Monty Python* bekannt werden sollten und die Charles ebenfalls liebte.

Dennoch wirkte der Junge, und später der Mann, der so viel Spaß am Absurden hatte, oft etwas naiv, sehr ernst und absolut ironiefrei, doch das eine hat mit dem anderen wenig zu tun. Ein Kind kann großen Spaß am Absurden und Unvorhersehbaren einer Welt haben, in der alle Gesetze außer Kraft gesetzt sind. Auf einer Ebene sind *The Goon Show* und *Monty Python's Flying Circus* ganz direkt, man kann am schieren Surrealismus Spaß haben, auch wenn man die existentiellen und satirischen Dimensionen nicht erfasst. Ironie bedarf einer kritischen Distanz, man muss subtile Kommunikationen erkennen und begreifen, dazu bedarf es oft mehr Zeit und auch mehr Lebenserfahrung.

Das Verhältnis des Thronerben zu dieser Art Humor wirkt eher emotional als analytisch oder distanziert. Das gilt auch für sein Geschichtsstudium, er schlüpfte nicht in die Haltung des Forschers, der Mythen und überlieferte Narrative grundsätzlich durch Quellenstudium überprüft und gegebenenfalls revidiert. »Ich fühle Geschichte«, sagte der junge Charles mit Nachdruck. Man hat sein Verhältnis zur Vergangenheit unkritisch, romantisch und eskapistisch genannt. Er schaut in die Vergangenheit, um sich wiederzuerkennen, um Einblick in ewige Wahrheiten zu bekommen. Für einen jungen Mann mit seinen Veranlagungen war Vergangenheit die Zeit, als Bauwerke schöner und der Umgangston weniger vulgär waren. Jahrzehnte später tauchten solche Gedanken wieder auf: in seiner Kritik der modernen Architektur, seinem Interesse für Parapsychologie, das bereits in Cambridge begann, für alternative Medizin und Homöopathie. Charles war immer wissbegierig und er hat sich in viele Gebiete eingearbeitet.

Ein Thronerbe kann nicht immer und in allem systemkritisch sein. Prinz Charles ist eine zentrale Figur in einem System, das einmal entstand, um eine Machthierarchie zu stabilisieren und damit zu verhindern, dass jeder Wechsel an der Spitze mit blutigen und zerstörerischen Kämpfen einherging. Als diese Übergänge durch andere Systeme der Machtübertragung ersetzt wurden, verlor die Erbmonarchie streng genommen ihre Existenzberechtigung. Das weiß die Königsfamilie, das weiß der gesamte Hofstaat. Die Royals wissen, dass es mit der Zustimmung, der sie ihre Position und ihre Privilegien verdanken, jederzeit vorbei sein kann.

Der Journalist Anthony Holden, Autor dreier Biographien über Charles, hat die Frage gestellt, ob sich jemand, der eine so komplizierte Rolle wie der Prinz von Wales innehat, überhaupt erlauben kann, Geschichte allzu gründlich und radikal zu hinterfragen, da er doch selbst ein Teil von ihr ist. Er habe, schreibt Holden, »darum kämpfen müssen, seiner selbst Herr zu werden, die Rolle, in die er hineingeboren wurde, zu verstehen, zu akzeptieren, an sie zu glauben. Er ist sich ihrer irrationalen Aspekte völlig bewusst und hat sie als tief frustrierend erlebt. Sie intellektuell in Frage zu stellen wäre psychisch wohl zu belastend.«

Wie kritisch kann man die Prämissen des eigenen Lebens beleuchten, ohne zu zerbrechen? Dem Herzog von Windsor gelang es nicht. »Ich bin mit einem forschenden, unabhängigen Verstand zur Welt gekommen«, schrieb er in seinen Memoiren, »und fand es seit jeher schwierig, etwas als gegeben hinzunehmen, das galt auch für meine eigene Position.« Manche sehen zwar den Grund für Edwards Schwierigkeiten weniger in seinem Unabhängigkeitsstreben als vielmehr darin, dass er eine Reihe recht unglücklicher Neigungen hatte. Sicher ist, dass er schon als Prinz von Wales die königlichen Verpflichtungen hohl fand, eine Vergeudung von Zeit und Kraft. Charles, der nächste Prinz von Wales, bemühte sich sehr, nach Ansicht mancher fast *zu* sehr, diesen Aufgaben einen Sinn zu geben. Was keineswegs bedeutet, dass er sie je als sinnlos empfunden hätte, wie das Jahr 1969 bewies.

1969 sollte er als Prinz von Wales installiert werden, im selben Jahr ging der neue, energische Pressesprecher William Heseltine daran, das Image des Königshauses aufzupolieren. Das Jahrzehnt hatte alte Hierarchien angekratzt, Charisma und Talent wurden wichtiger als etablierte Positionen, in einer zuvor unbekannten, harten Konkurrenz um Aufmerksamkeit und Beifall überrundete die Jugend die mittlere Generation.

Die Königsfamilie musste sich immer häufiger von Satirikern und Politikern fragen lassen, was sie das Volk kosteten. Wer auf dem Alten beharrte, schien in dieser neuen Welt zwangsläufig zu den Verlierern zu gehören. Prinz Philip erkannte am deutlichsten, dass man sich den Herausforderungen stellen musste, denn »für uns ist jeder Tag Wahltag«, wie er sagte. Folglich hatte er ein offenes Ohr für den Vorschlag von Heseltine und Lord Brabourne, einem wichtigen TV-Produzenten und außerdem Dickie Mountbattens Schwiegersohn, die Königsfamilie ein Jahr lang mit der Kamera zu begleiten und einen Dokumentarfilm daraus zu machen. Nach einigem Zögern stimmte Elizabeth allen Vorschlägen zu.

»Der Standpunkt der Königin war, ›Ich bin Königin, ich tue,

was ich tun muss. Wenn es Ihnen nicht gefällt, liegt das an Ihnen«, sagte ein ehemaliger Hofangestellter. »Sie steht über allem. Sie ist eine Ikone. Prinz Philip wollte nie eine Ikone sein.«

Das Ergebnis war die von der BBC gemeinsam mit ITV produzierte Dokumentation *Royal Family*, die im Juni 1969 auf beiden Kanälen ausgestrahlt wurde. Siebzig Prozent der britischen Bevölkerung und etwa 400 Millionen Fernsehzuschauer weltweit sahen den Farbfilm, was ihn zum meistgesehenen Dokumentarfilm in der Geschichte des Fernsehens macht. Geboten wurde radikal Neues: Die Königsfamilie beim Abendessen und Grillen, die beiden jüngeren Prinzen bei einer Schneeballschlacht. Charles, der Cello übt und den neugierigen jüngeren Bruder Edward den Bogen über die Saiten ziehen lässt, die Königin, die mit ihren Hunden spazieren geht und auf der »Britannia« in Hausschuhen herumläuft.

Die Zuschauer hörten die Royals zum ersten Mal miteinander sprechen. Normalerweise sah man sie nur bei besonderen Gelegenheiten; zwar zeigte auch *Royal Family* die Königin bei Staatsbesuchen und Politikertreffen, beim Entgegennehmen der Red Boxes und im Gespräch mit Gästen, die sie fragt, welchen Beruf sie ausüben und seit wann. Vor allem aber zeigte *Royal Family* den *privaten Alltag* der Familie, der sich, wie immer wieder betont wurde, wenig vom Alltag anderer Familien unterscheide. Dem lag die völlig neue Idee zugrunde, dass sich das Volk der Familie enger verbunden fühlte, wenn es sie besser kenne und wisse, wie sie ›wirklich‹ war.

Die moderne Monarchie ist mit paradoxen Erwartungen konfrontiert: Ihre Repräsentanten sollen gleichzeitig entrückt und normal sein, ehrfurchtgebietend, aber nicht unnahbar. In jeder Generation stehen Königliche Hoheiten und Monarchen vor der Frage, welcher dieser Erwartungen sie am ehesten entsprechen wollen, wobei sie natürlich wissen, dass das eine nur auf Kosten des anderen möglich ist. Walter Bagehot, dessen

Worte für britische Monarchen ungeschriebenes Gesetz war, warnte vor zu viel Alltäglichkeit. Der Charme und das Leben des Königtums, schrieb er, seien sein Mysterium, es sei dieser Schleier des Geheimnisvollen, der das Volk hindere, sich zum Richter über die Institution zu machen; »wir dürfen kein Tageslicht in die Magie des Königtums eindringen lassen.« Genau das tat *Royal Family*.

Die Reaktionen waren überwiegend positiv, die Familie, und vor allem die Königin, konnte zufrieden sein. Aber die Entscheidung für den Film warf viele prinzipielle Fragen auf, über die weder der Produzent noch die Hauptpersonen nachgedacht hatten. So fragte sich der Historiker Ben Pimlott, inwieweit eine Medienanstalt es sich zur Aufgabe machen sollte, für eine mächtige Institution der Gesellschaft Propaganda zu machen – denn das Motiv für *Royal Family* war ohne Frage Publicity für die Windsors, sie hatten die Konditionen diktiert. Hinzu kam, dass der Film die Neugierde der Bevölkerung auf Familien-Interna legitimierte, was in der Praxis bedeutete, dass die Frage: »Wie sind die eigentlich?« auch beantwortet werden musste. In den folgenden Jahrzehnten sollte eine völlig enthemmte Neugier auf das Privatleben der Royals entstehen, und wer das beklagte, nannte gern *Royal Family* als Präzedenzfall und Auslöser für diese Entwicklung. Die Familie hatte eine Tür geöffnet, die sich nicht mehr schließen ließ.

Die gefilmten Gespräche wirken recht gestellt. Die Familie sitzt im Zug, blättert betont beiläufig in der Zeitung und versucht den Eindruck zu erwecken, als bemerkte sie die Kamera nicht. Der Einzige, dem das alles zu gefallen schien, ist der spätere Fernsehproduzent Edward, damals fünf Jahre alt, der herumläuft, ständig Fragen stellt und ebenso begeistert wie kokett in Richtung Kamera schaut.

Trotz der Steifheit verrät der Film einiges über die Dynamik in der Familie. In den aufgezeichneten Gesprächen bekommen

Prinz Philip und Elizabeth sofort Gehör. Charles spricht leise und zögerlich; wenn er die Stimme hebt, um etwas zu sagen, hat sich das Gespräch oft schon weiterbewegt.

Und doch scheint die Dokumentation um ihn zu kreisen: Am Anfang zeigt ihn der Film beim Wasserskifahren, am Ende beim Lachsangeln am Fluss Dee. Der Film wurde nicht zufällig kurz vor der Zeremonie ausgestrahlt, die Charles am 1. Juli 1969 auf Schloss Caernarfon zum Prinz von Wales ausrief. *Prince of Wales* ist seit 1301 der Titel des ältesten Sohns des Monarchen, damals verlieh Edward I. ihn seinem Sohn, dem späteren Edward II. 1621 endete die ebenso komplizierte wie zeitraubende Einsetzungszeremonie und wurde erst 1911 für den Thronerben Prinz Edward, den späteren König Edward VIII. und Herzog von Windsor, wiederbelebt. Der damalige Premier David Lloyd George sah die wachsenden Unabhängigkeitsbestrebungen der Waliser mit Sorge und überlegte, wie man deren Band zur Zentralmacht in London festigen könne. Es schien erheblich einfacher, an die Loyalität zum Königshaus zu appellieren als an die Loyalität zu Politikern, also berief man sich auf vermeintlich uralte Rituale und Traditionen, die zu diesem Zwecke teilweise neu erfunden wurden. Edward bebte vor Verachtung und sah sich als Figur in einem politischen Spiel.

Die Loyalitätsgefühle der Iren, Schotten und Waliser zur Krone zu stärken hieß, den Zusammenhalt der Länder zu festigen, die *Großbritannien* ausmachen – das sich nicht immer durch Einigkeit ausgezeichnet hat. In dem Buch *The Enchanted Glass* hat der Politikwissenschaftler Tom Nairn die Monarchie aus republikanischer Sicht untersucht. Er schreibt, die politische Führungsschicht habe immer gewusst, wie entscheidend die Monarchie zur Stabilität beitrage und dass diese Stabilität den Interessen der Politiker diene.

In den sechziger Jahren flammte der Nationalismus in Irland, Schottland und Wales wieder auf, schottische und walisische Nationalisten erzielten gute Wahlergebnisse. Harold Wilson verfolgte das mit Sorge, denn er war für seine Unterhaus-Mehrheit auf die walisischen Sozialisten angewiesen, 1966 verlor er überraschend einen walisischen Sitz an einen Nationalisten. Daher drängte die Regierung darauf, Charles vor der Investitur ein Semester lang an das walisische College Aberystwyth zu schicken, um Sprache und Land kennenzulernen.

Das war nicht ungefährlich. Walisische Nationalisten hatten öffentliche Gebäude bombardiert, in Aberystwyth traten vier Studenten aus Protest gegen Charles' Ankunft in den Hungerstreik, andere versuchten, den Kopf einer Statue des vorherigen Prinzen von Wales abzusägen. Es gab direkte Drohungen gegen Prinz Charles, die Königin soll Wilson gesagt haben, sie fürchte um die Sicherheit ihres Sohnes.

Aber er fuhr. »Ich bin sicher, es ist das Beste, wenn man offen und mitfühlend mit den Menschen spricht«, schrieb er an einen Freund. Doch das Semester in Aberystwyth wurde keine einfache Zeit für ihn. Mit der ihm eigenen Unverstelltheit gestand er bei Semesterende in einem Interview, er habe den Eindruck gehabt, dass sich seine Kommilitonen wegen seiner Position von ihm fernhielten. »Nun, ich habe hier nicht viele Freunde gefunden [...] ich denke, dass mein Leben grundsätzlich und im Vergleich zum Leben anderer Menschen einsamer ist, so gesehen, war es für mich eine einsame Zeit.«

Am Tag der Investitur hatte sich das offizielle Großbritannien vollzählig in Caernarfon eingefunden; aber im Publikum saßen viele Polizisten, die BBC hatte vorsorglich Nachrufe auf den Prinzen schreiben und auch schon aufzeichnen lassen. Tatsächlich explodierte nicht allzu weit von Caernarfon entfernt ein Sprengsatz, aber die Zeremonie verlief planmäßig. Lord Snowdon, Ästhet der Familie, war für Bühnenbild und Design verantwortlich und hatte eine klar strukturierte Bühne mit schlichten Thronsesseln aus walisischem Schiefer und Plexiglas-Baldachin entworfen. Von ihm stammte auch die Idee, dass die Bevölkerung Klappstühle genau des Modells erwerben konnte, das für die Gäste vorgesehen war. Das spülte Geld in die Kassen und stellte finanzbewusste Regierungsmitglieder zufrieden.

Die Königin und Prinz Philip standen vor den Thronsesseln, als ihr nervöser Sohn in den Burghof geführt wurde. Er kniete vor seiner Mutter, sie setzte ihm die Krone auf, reichte ihm Zepter und Ring und legte ihm den hermelinbesetzten Mantel um. Dann legte er seine Hände in die ihren und schwor: »Ich, Charles, Prinz von Wales, bekenne mich als Euer Lehnsmann mit Leib und Leben und ganzer Seele; ich gelobe Euch Gehorsam und Treue im Kampf auf Leben oder Tod, gegen wen auch immer«, was einerseits an eine freudianische Hochzeit, andererseits an Kinderzimmerrituale erinnerte. Charles sagte später, die Art, wie seine Mutter den Mantel um ihn gelegt habe, hätte ihn daran erinnert, wie sie ihm früher, als er Kind war, die Kleider anzog, sogar der Gesichtsausdruck sei der gleiche gewesen.

Lord Snowdon hatte als Krone ein schlichtes Band aus reinem Gold vorgeschlagen, wurde aber überstimmt, zum Einsatz kam etwas, das an eine aufgedonnerte Theaterrequisite erinnerte. Aber die Investitur war ein Erfolg, sie wurde weltweit von etwa 500 Millionen Menschen am Fernseher mitverfolgt. Charles' Rede auf Walisisch fand Anerkennung, Premier Wilson strahlte.

Die Königin verriet später, es sei ihr und auch ihrem Sohn schwergefallen, bei der Generalprobe nicht zu kichern. Charles' Krone war etwas zu groß; als sie ihm diese auf den Kopf drückte, fühlte sie sich an einen Kerzenlöscher erinnert. Mutter und Sohn, die oft ein angespanntes Verhältnis hatten, verband ihr Sinn für das Komische und Absurde. Aber sie waren auch beide tief bewegt.

»Der für mich mit Abstand bewegendste und bedeutendste Moment kam, als ich meine Hände in Mummys Hände legte und schwor, auf Leben und Tod ihr Lehnsmann zu sein – großartige mittelalterliche, angemessene Worte, auch wenn sie in den alten Zeiten nie befolgt wurden.«

Die Zeremonie mochte seinem Vorgänger hohl und zynisch erschienen sein, Charles liebte sie und glaubte daran, einen Glauben, den er mit seiner Mutter teilte. Aber die Drohungen gegen ihren Sohn hatten sie offenbar schwer belastet, denn kaum in London, ging sie zu Bett und blieb dort sechs Tage. Alle Termine wurden abgesagt. Buckingham Palace nannte als Grund eine Erkältung, erst Jahrzehnte später kam heraus, dass es sich um eine schwere Stressreaktion handelte.

Charles' Verhältnis zu seinem Vater blieb schwierig. Er begehrte gegen ihn auf und folgte ihm doch in manchem: Er wurde Pilot und Polo-Spieler, er begann zu malen, wählte allerdings das Aquarell, während Philip starke Ölfarben vorzog.

Prinz Philip erklärte die Konflikte mit seinem Sohn einmal damit, dass er Pragmatiker, Charles Romantiker sei. Charles hörte ständig in sich hinein, was Prinz Philip demonstrativ unterließ. »Ich finde, das bringt nichts«, sagte er. Er liebte Diskussion, Widerwort und Gedankenaustausch, während Charles sich in der Begegnung mit Menschen, die nicht seiner Meinung sind, gern zurückzieht. Charles ist für plötzliche Zornesausbrüche bekannt, bei denen er seine Mitarbeiter abkanzelt, er reagiert sehr heftig auf Protokollverstöße und weiß sehr genau, was er wie will.

Ein Freund der Familie sagte dem Autor und Journalisten Andrew Marr, Philip sei ein poetischer und empfindsamer Mann, der sein Leben lang versucht habe, diese Sensibilität zu verbergen – dagegen sei Charles ein im Grunde recht erbarmungsloser Mensch, der sich sehr bemühe, genau das zu verbergen. Ein Verwandter erklärte Charles' enge Freundschaften mit Menschen aus der Generation seiner Eltern und seine Neigung zu älteren Frauen mit dem Satz: »Charles braucht einen Tröster.« Vielleicht braucht er nicht nur einen Tröster, sondern eine Stütze, einen Menschen, der ihn darin bestätigt, dass er einen wichtigen und guten Job macht, dass es nicht an ihm, sondern an der Welt liegt, wenn diese das nicht zu würdigen weiß.

Im Sommer seiner Investitur zum Prinzen von Wales schrieb er ein Märchen, mit dem er seine Brüder auf einer langen »Britannia«-Reise unterhalten wollte. Es hieß »Der alte Mann von Lochnagar« und erschien Jahre später leicht überarbeitet als Buch. Der mächtige Lochnagar ist Balmorals Hausberg, die Geschichte handelt von einem alten Mann, der allein in einer Grotte lebt und niemanden sehen will. Aber kaum bewegt er sich aus seiner Höhle hinaus, erlebt er eigenartige Dinge: Er versinkt in einem kleinen Waldsee und trifft einen schottischen Meeresgott, der auf dem Meeresgrund Auto fährt und zur Jagd geht, dann fliegt er in den Klauen eines Adlers über Schloss Balmoral. Der Alte bewegt sich aus der zivilisierten in eine andere, von Mythen- und Sagengestalten bevölkerte Welt, die Erzählung feiert die Flora und Fauna von Balmoral. Dann will der alte Mann nach London reisen und die Stadt sehen, von der alle sprechen, doch die Bahnlinie zwischen Aberdeen und London ist so tief verschneit, dass der Zug steckenbleibt und er den Plan aufgeben muss. Darüber ist er im Grunde froh, am liebsten ist er doch in seiner Grotte.

Charles hat gesagt, er habe unbewusst viel von sich in diesen alten Mann gelegt. Auch der erlebe die Welt als ungastlichen Ort, und wenn er zu Abenteuern aufbricht, scheint es oft, als wäre er im Grunde doch am liebsten zu Hause.

11

Prinzessinnen
in Zeiten des Wandels

Es machte einen großen Unterschied, ob man als Frau den Anfang oder das Ende der siebziger Jahre erlebte. Das geschlechterpolitische Terrain veränderte sich so rasant, dass die Landkarten ständig neu gezeichnet werden mussten, viele Frauen waren gezwungen, ihren Lebensplan immer wieder zu adjustieren, weil die Ideale, Erwartungen und Möglichkeiten, die Eltern, Lehrer und Pfarrer ihnen vermittelt hatten, gar nicht mehr galten. Ende der sechziger Jahre kam die Antibabypille auf den Markt, Ende der siebziger Jahre hatten acht von zehn jungen Frauen sie probiert. Anfang der Siebziger galt Sex vor der Ehe für eine Frau als verwerflich, zehn Jahre später war es ungewöhnlich, wenn sie in der Hochzeitsnacht noch Jungfrau war. Über weibliche Sexualität konnte laut und sehr konkret gesprochen werden. Germaine Greer veröffentlichte den Klassiker *Der weibliche Eunuch*, die freizügige Zeitschrift *Cosmopolitan* kam auf den Markt. Die Frauen strömten an die Universitäten und ins Arbeitsleben. Ihr Leben wurde freier, aber es war nicht weniger fordernd, denn die propagierten Ideale und Normen waren nicht selten widersprüchlich und verlangten von den Frauen Widersprüchliches. Frausein war in jenem Jahrzehnt schwierig, und das galt selbstverständlich auch für Prinzessinnen.

Während Philip in den siebziger Jahren etwas unauffälliger lebte als vorher, Charles Zeit bei der Marine verbrachte und

Andrew und Edward noch Kinder beziehungsweise Jugendliche waren, erlebten fast alle Frauen der erweiterten Königsfamilie tiefgreifende Veränderungen: die erste verlor ihren Mann und wurde Witwe, die zweite heiratete, bekam Kinder und machte eine aufsehenerregende Karriere, die dritte wurde geschieden. Die vierte klopfte leise an die Tür, wurde aber nicht eingelassen. Die letzte und zugleich älteste von ihnen starb.

Das war kurz vor Beginn des Jahrzehnts. 1967 erlebte Griechenland einen weiteren Militärputsch, den sogenannten Putsch der Obristen. Philip sorgte sich um seine Mutter Prinzessin Alice, die seit 1938 wieder in Athen lebte, wo sie einen Orden gegründet hatte. Während in den Straßen rundum geschossen wurde, schrieb die Vierundachtzigjährige stoisch an ihren Sohn: »Revolutionen und Kriege haben mich nie geschreckt, und das schreckt mich jetzt auch nicht.« Dennoch nahm sie Elizabeth' Einladung in den Buckingham Palace an und bezog dort zwei Räume.

Die beiden kleinen Windsors fanden ihre Großmutter zunächst furchteinflößend; eine in Habit gekleidete Fremde, die mit tiefer, selbstsicherer Stimme sprach und von morgens bis abends Zigaretten rauchte. Aus Angst wurde bald Faszination, Andrew und Edward besuchten sie häufig und spielten mit ihr Halma. Philip reagierte mitunter gereizt auf seine Mutter, die ihn weiterhin *Bubbykins* nannte, sein Kosename aus Kinderzeiten, was ihm nicht gefiel. Beide waren ebenso streitbar wie rechthaberisch und oft in heftige Diskussionen verwickelt. Danach gingen sie jedes Mal verärgert auseinander, die Familie stellte verblüfft fest, wie ähnlich sich Mutter und Sohn waren. Elizabeth, die sich mit halsstarrigen Mitgliedern der griechischen Königsfamilie auskannte, unterhielt sich gern mit ihrer intelligenten Schwiegermutter, die so viel erlebt hatte und auf so vielen Wissensgebieten bewandert war.

Aber sie siechte dahin und starb am 5. Dezember 1969 in Buckingham Palace. Philip, der mit neun Jahren von ihr getrennt worden war, sagte zu Cecil Beaton, das Leben seiner Mutter sei eine Abfolge von »Kriegen, Revolutionen, Trennungen und Tragödien« gewesen.

Im gleichen Jahr absolvierte ihre Enkeltochter Anne den ersten offiziellen Repräsentationstermin. An der Achtzehnjährigen schieden sich die Geister: Sie war extrovertiert und selbstsicher, was sie ausprobierte, gelang ihr meist auf Anhieb, sie verlor schnell die Geduld mit Menschen, die langsamer waren als sie. In alldem ähnelte sie ihrem Vater, der strahlte, wenn er sie sah. Ihr Elan gefiel ihm.

Anne war schon als Kind eine furchtlose Reiterin. Sie wurde Spitzensportlerin in einem Großbritannien, das immer noch »richtige Prinzessinnen« wollte. Ihre Mitschülerinnen im Internat Benenden fanden sie dominierend; Cecil Beaton, der sie als wenig kommunikative Fünfzehnjährige fotografiert hatte, bezeichnete sie in seinem Tagebuch als »herrisches, unattraktives Trampel«. Beim Fototermin hatte er ihr gesagt: »Ich weiß, dass du das hasst, aber lass mich Fotos machen, auf denen du in *diese* Richtung schaust und hasst und in die *andere* Richtung schaust und hasst. Mach schon, hasse einfach drauflos«. Später nannte er die Porträts abstoßend. Als Anne zum Fest der Royal Academy of Arts kam, wollte keiner der eingeschüchterten Jungen sie zum Tanzen auffordern, sie tanzte schließlich mit ihrem Leibwächter.

1968 schrieb eine Journalistin in *Women's Wear Daily*: »Arme Prinzessin Anne. Heute wird sie achtzehn und niemand findet sie hübsch. Wäre ich ihre Mutter, ich würde als Erstes dafür sorgen, dass sie abnimmt.« Im gleichen Jahr besuchte Anne eine Vorstellung des Musicals *Hair*, das für Skandale sorgte, weil die Schauspielerinnen und Schauspieler mehrfach nackt auftraten. Während der Aufführung sollten Zuschauer auf die Bühne kommen und mit dem Ensemble tanzen. Anne ließ sich das nicht zweimal sagen, im Hosenanzug mischte sie sich wild tanzend unter die Akteure. In der Presse tobten zwei Wochen lang hitzige Diskussionen darüber, was sich für die Tochter der Queen gehöre und was nicht.

Anne schien solche Kritik nicht zu verletzen, sondern nur darin zu bestätigen, ihren Weg zu gehen. In einem Interview sagte sie: »Ich bin ich. Ich bin ein Mensch, ich bin ein Individuum, und ich glaube, es ist für alle das Beste, wenn ich ich bin und nicht versuche, etwas zu sein, was ich nicht bin.« Sie meinte auch, dass die Erwartungen mit ihrem Geschlecht zu tun hatten: »Männer können ernster sein. Die dürfen das.«

Elizabeth' und Philips ältere Kinder entsprachen nicht dem Klischee von Prinz und Prinzessin: Während Philip seinen Sohn nicht verwegen genug fand, hatte seine Tochter Verwegenheit für zwei. 1970 und 1971 ging sie mit ihrer grenzenlosen Energie gleich mehrere Projekte an und engagierte sich royal, beruflich und romantisch.

1970 wurde sie Präsidentin des Kinderhilfswerks *Save the Children*, im folgenden Jahr reiste sie nach Kenia, um die Organisation beim Bau von Schulen für Waisenkinder zu unterstützen. Binnen kurzem packte sie, die sich selbst als Workaholic bezeichnet, immer mehr royale und wohltätige Verpflichtungen in ihren Zeitplan und konkurrierte mit ihrem Vater darum, wer pro Jahr die meisten Termine absolvierte.

Sie begann, als Reiterin von sich reden zu machen. Bei den Badminton Horse Trials, einem dreitägigen Wettbewerb im Vielseitigkeitsreiten, belegte sie Platz fünf, den Sieg trug ein Offizier namens Mark Phillips davon. Im Herbst 1971 gewann sie die Europameisterschaft im Military-Reiten; sie wurde in England ausgetragen und so erhielt Anne die Siegertrophäe aus der Hand ihrer Mutter.

Das gemeinsame Interesse von Mutter und Tochter für

Pferde war ein starkes Band zwischen ihnen. Die Königsfamilie und ihre Pferde haben eine sehr lange gemeinsame Tradition. Staatenlenker fahren nicht mehr mit Pferd und Wagen durch die Gegend, aber die Royals hielten an Pferden, Kaleschen und Landauern fest, als diese längst von Zügen und Automobilen abgelöst worden waren. Diese glanzvolle, aber völlig überholte Fortbewegungsart schafft eine altmodische Romantik und erinnert immer auch an die tiefen historischen Wurzeln der Monarchie. Eine Königin Elizabeth II. auf dem Pferd – zumal in Uniform – weckt Erinnerungen an ihre Vorgänger: Darstellungen von Heinrich V. bei der Schlacht von Agincourt oder von Elizabeth I., die vom Rücken eines Pferdes ihre berühmte Ansprache an das Heer hält, bevor es die Armada besiegt.

Aber es gibt auch persönliche Gründe, warum sich die Royals im Allgemeinen und Elizabeth im Besonderen gern in Ställen und Koppeln aufhalten und durch Landschaften reiten. Pferde sehen weder Rang noch Titel, ihnen ist es egal, wer man ist, sie wollen nur anständig behandelt werden. Eine Frau, die Jahrzehnt um Jahrzehnt erlebt, dass alle, denen sie begegnet, ihretwegen nervös, aufgeregt, albern oder unterwürfig werden, die weiß, dass jeder nach einer solchen Begegnung all seinen Bekannten davon erzählen wird, kommt äußerst selten in eine Situation, in der ihr Status keine Rolle spielt. Elizabeth selbst sagte einmal, Pferde seien die größten Gleichmacher der Welt.

Elizabeth ist fasziniert von Pferden. Und sie wurden für sie immer wichtiger, je älter sie wurde. Sie war eine engagierte Züchterin und stand bei Stutenbedeckungen neben der Box. Sie fachsimpelte gerne über Futter und Pflege und konnte stundenlang Pferde auf der Weide beobachten. Sie kann völlig in diese Welt eintauchen und alles andere vergessen. Sie ritt furchtlos und halsbrecherisch schnell – und immer ohne Helm. Das fand auch ihre Tochter Anne besorgniserregend.

Elizabeth wiederum ängstigte, dass die Autofahrerin Anne in Geschwindigkeitsbegrenzungen kaum mehr als eine unverbindliche Empfehlung sah.

Anne galt als widerspenstige junge Frau, außerdem ließen sich die meisten Männer ihrer Generation durch ihren königlichen Status einschüchtern. Einer der wenigen, die keine Angst vor ihr hatten, war Andrew Parker Bowles. Er war elf Jahre älter als sie, selbstsicher, weltgewandt und aufmerksam, sein Vater war ein geschätzter Freund der Queen. Auch Sohn Andrew wurde geschätzt – von einer langen Folge junger Frauen im Umkreis der Royals, des Hochadels und der Reitbegeisterten.

Anne und Andrew kamen sich 1970 beim Rennen von Ascot näher, sie sah in dieser Liaison vielleicht etwas mehr als der flatterhafte Andrew, aber beide wussten, dass das nicht von Dauer sein konnte – der Katholik Andrew kam als königlicher Ehepartner nicht in Frage. Außerdem unterhielt er seit Jahren eine On-off-Beziehung mit der Offizierstochter Camilla Shand. Die blonde Zweiundzwanzigjährige, lebensfroh, mit rauer Stimme und ansteckendem Lachen, wusste zu verbergen, dass es sie durchaus beunruhigte, nicht zu wissen, wo – und in wessen Begleitung – ihr Freund gerade war.

Im Sommer des Jahres 1970 machte Lucia Santa Cruz, in die sich Charles in Cambridge verliebt hatte, ihre Freundin Camilla mit Charles bekannt. Charles fühlte sich sofort zu Camilla hingezogen, fand sie natürlich und handfest. Sie mochte ihn auch, aber ihre Gefühle galten einem anderen. In diesem Sommer war im Freundeskreis der jungen Royals viel Fingerspitzengefühl vonnöten, wenn bei Festen gleichzeitig Andrew Parker Bowles, Camilla Shand und die königlichen Geschwister auftauchten. Alle wussten, dass Charles in Camilla verliebt war, und sie wussten, dass sowohl seine Schwester wie die Frau, die er begehrte, in Andrew verliebt waren.

Camilla Shand ist die Urenkelin von Alice Keppel, König Edwards VII. treue Geliebte, deren Verhältnis von 1898 bis zu seinem Tod im Jahr 1910 dauerte. Bei ihrem Kennenlernen soll Camilla zu Charles den inzwischen legendären Satz gesagt haben: »Wissen Sie, Sir, meine Urgroßmutter war die Geliebte Ihres Ururgroßvaters, also wie wär's?« Viele halten das allerdings für wenig wahrscheinlich, nicht nur, weil die Bemerkung zu vulgär, sondern auch, weil sie überflüssig gewesen wäre – Charles war mit den zurückliegenden Generationen des kleinen blaublütigen Kreises, dem sie alle angehörten, fraglos vertraut. Camilla fand Alice Keppel faszinierend, in ihrem Salon hing sogar ein Porträt von ihr. Andere, die bei Charles' und Camillas erster Begegnung dabei waren, sagen, nicht Camilla, sondern Lucia habe die Beziehung ihrer Ahnen erwähnt und sie habe auch gesagt: »Ihr solltet auf eure Gene aufpassen.«

Charles schien bei der unkomplizierten und sexuell erfahrenen Camilla aufatmen zu können, sie redete ungezwungen, rauchte Kette und hatte den Ruf, dass sie nach einem Ausritt, ohne zu duschen, direkt ins Kleid wechselte. Vielleicht sah Camilla in dem Verhältnis eine Möglichkeit, dem unsteten Andrew Parker Bowles zu zeigen, dass nicht nur er königliche Liebesaffären haben konnte. Vielleicht ging es aber auch um Gemeinsamkeiten, um beider Liebe zum Landleben zum Beispiel, oder um ihren Spaß an der Radio-Comedy-Show *The Goon Show*, aus der die Kosenamen *Fred* und *Gladys* stammen, die sie einander gaben.

Sie trafen sich unter anderem auf Dickie Mountbattens Landsitz Broadlands, den er seinem Großneffen zur Verfügung stellte. Für Mountbatten, damals Charles' wichtigster Ratgeber in Herzensdingen, war Camilla ein geeigneter Zeitvertreib, bis seine damals vierzehnjährige Enkelin Amanda Knatchbull alt genug war, um Charles als Ehekandidatin präsentiert zu werden. Auch in anderen Fragen versuchte er, Charles in bestimmte Richtungen zu schieben. Er fand, dass die Versöhnung der Königin mit den Windsors überfällig war, und sah in Charles den geeigneten Vermittler, denn der zeigte Mitgefühl mit dem alternden Ehepaar, dessen Fehde mit der eigenen Familie kein Ende zu nehmen schien. Mountbatten hoffte vermutlich auch, dass das Paar den jungen Prinzen ins Herz schließen und zum Erben ihres Vermögens und ihrer beträchtlichen Juwelensammlung machen würde; Werte, die sie nach Mountbattens Ansicht niemals außer Landes hätten bringen dürfen.

Als Charles 1971 seine Verwandten in Frankreich besuchte, war das Haus voller lärmender amerikanischer Gäste. In seinem Tagebuch notierte er, der Herzog habe ihm, eine Hand auf den Gehstock gestützt, in der anderen eine gewaltige Zigarre, von seiner schwierigen Kindheit erzählt und dass seine Mutter immer sehr hart zu ihm gewesen sei.

Wallis erschien ihm oberflächlich und ohne Wärme; sie »flatterte hierhin und dorthin wie eine eigenartige Fledermaus« und hatte so viele Liftings hinter sich, dass sie das Gesicht kaum bewegen konnte. »Alles – ihr Leben, die Menschen, die Stimmung – wirkte tragisch. Ich war erleichtert, nach einer Dreiviertelstunde fliehen und bei Nacht durch Paris fahren zu können.«

Wallis hatte nie im Ruf besonderer Herzlichkeit gestanden, aber was Charles als Oberflächlichkeit empfand, mochte noch andere Gründe gehabt haben. Sie litt an Arteriosklerose, auch Hirngefäße waren betroffen. Sie wirkte seit längerem verwirrt und desorientiert, ihr Erinnerungsvermögen ließ nach. Der Herzog äußerte schon 1970 die Befürchtung, seine Frau könne den Verstand verlieren.

Nicht lange nach Charles' Besuch erhielt Edward die Diagnose Kehlkopfkrebs, er wurde bettlägerig und verfiel schnell. Als Elizabeth und Philip im Mai 1972, im Rahmen eines Frankreichbesuchs, Edward einen unangekündigten Besuch abstatteten, wussten sie, dass er im Sterben lag. Trotz großer Gebrechlichkeit weigerte er sich, die Königin im Pyjama zu empfangen. Vor ihrer Ankunft ließ er sich in Hemd und Blazer kleiden und in den Salon bringen, wo er, in einem Sessel sitzend, seine Nichte erwartete – den Tropf unter der Kleidung und hinter einer Gardine verborgen.

Er war nahezu bewegungsunfähig, doch als die Königin den Raum betrat, erhob er sich unter ungeheuren Anstrengungen und beugte den Kopf. Sie führten ein kurzes Gespräch, dann bat Wallis zum Tee. Diese Einladung war grotesk, Elizabeth schien Gast zu sein in einer bemühten Kopie ihres eigenen Hofes: Die Diener trugen die gleiche Livree wie im Buckingham Palace, an prominenter Stelle stand eine rote Lederbox wie die, die sie selbst täglich bekam, nur trug diese die Aufschrift *THE KING*. An der Wand hing ein sehr großes Gemälde von Königin Mary.

Wallis' Hände zitterten stark, als sie mit dem Porzellan hantierte, das Gesicht blieb völlig starr; ein Anwesender beschrieb sie als »mumifizierte Version« eines Porträts, das hinter ihnen an der Wand hing und die Herzogin vor vierzig Jahren zeigte. Die Begegnung mit dem abgemagerten Onkel, der sie in Aussehen und Gebaren an ihren verstorbenen Vater erinnerte, erschütterte Elizabeth. Als sie ging, hatte sie Tränen in den Augen. Am 28. Mai 1972, neun Tage nach Elizabeth' Besuch und nur fünf Tage vor seinem fünfunddreißigsten Hochzeitstag, starb der Mann, der einmal König Edward VIII. gewesen war.

Der Tod sorgte im Buckingham Palace für Kopfzerbrechen: Wie groß – oder klein – musste die Bestattung eines abgedankten Königs sein? »Er war einmal eine Bedrohung gewesen«, sagte Elizabeth' Privatsekretär Martin Charteris später. »Die Königin wünschte einen kleinen Rahmen.« Der Leichnam wurde nach Großbritannien geflogen, und da er keinesfalls, wie George VI., in der Westminster Abbey aufgebahrt werden konnte, brachte man den Sarg in die St. George's Chapel von Schloss Windsor, wo er, inmitten hoher Kerzen und bewacht von Offizieren, stand. Sechzigtausend Trauernde kamen und schritten in der Kapelle am Sarg vorbei. Am Abend, als nur noch die Wachen da waren, begleiteten Dickie Mountbatten und Charles die Witwe in die Kapelle. Charles schrieb in sein Tagebuch: »Irgendwann entfernte sie sich von uns, stand ganz allein, eine zerbrechliche, kleine, große Gestalt, blickte unverwandt auf den Sarg, dann verneigte sie sich kurz [...] Immer wieder sagte sie: ›Er gab so viel für so wenig auf‹, und deutete dabei mit einer sonderbaren Grimasse auf sich selbst.«

Die Beisetzung fand am 3. Juni statt. Wallis war überaus aufgeregt und redete pausenlos, man vermutete, dass sie zu viele Medikamente genommen haben könnte. Sie war, wie immer, sehr elegant. Modeschöpfer Hubert de Givenchy und sein Team hatten fieberhaft an der pünktlichen Fertigstellung des schwarzen Mantels gearbeitet. Allerdings schien Wallis nicht genau zu wissen, wo sie war und was geschah. Elizabeth blieb in ihrer Nähe, legte ihr hin und wieder die Hand auf den Arm, achtete darauf, wohin sie ging und wohin sie sich setzte. Beim anschließenden Empfang lief Wallis umher und fragte, wo der Herzog sei. Ihre alte Widersacherin, die Königinmutter, sah sich das eine Zeitlang an, dann ging sie zu ihr und führte sie zu einem Sessel. »Ich weiß, wie Ihnen zumute ist«, sagte sie. »Ich habe das selbst durchgemacht.«

Der Herzog von Gloucester, letzter noch lebender Sohn von George V., war zu krank, um an der Beisetzungszeremonie teilnehmen zu können, verfolgte sie aber am Fernseher. Er konnte nicht mehr sprechen, aber ihm liefen die Tränen über die Wangen.

Danach führte Wallis ein isoliertes Leben. Jeden Abend betrat sie das unverändert gebliebene Schlafzimmer ihres Ehemannes und sagte: »Gute Nacht, David.« Dickie Mountbatten besuchte sie und versuchte beharrlich herauszufinden, was sie mit ihrem Vermögen zu tun gedachte, bis sie ihm eines Tages schrieb: »Es ist immer ein Vergnügen, Dich zu sehen, doch muss ich Dir sagen, dass ich immer furchtbar deprimiert bin, wenn Du wieder abreist, weil Du mich an Davids und an meinen Tod erinnerst, und ich wäre Dir dankbar, wenn Du darüber nicht mehr sprechen würdest.« Sie versank in Krankheit und Demenz, die letzten Jahre verbrachte sie bettlägerig und von Halluzinationen heimgesucht in einem abgedunkelten Zimmer. Nach ihrem Tod am 24. April 1986 zeigte sich, dass sie den Großteil ihres Vermögens dem Pariser Pasteur-Institut für medizinische Forschung vermacht hatte.

Bei ihrer Beisetzung in der St. George's Chapel stammten die meisten Blumenarrangements nicht von Freunden, sondern von Juwelieren und Modeschöpfern, deren Kundin sie gewesen war. Sie wurde neben ihrem Gatten beigesetzt, auf dessen Grabstein *H. R. H. Prince Edward* steht, während ihr der Titel »Königliche Hoheit« auch hier verwehrt blieb.

Mountbatten war es nicht gelungen, Charles zum Windsor-Erben zu machen, dafür behielt er Charles' Liebesleben weiterhin im Blick. In einem Brief riet er ihm, er solle sich »erst einmal die Hörner abstoßen und möglichst viele Liebschaften haben, bevor Du Dich bindest«, und dann ein junges, attraktives und liebeswertes Mädchen heiraten, »ehe dieses einen anderen gefunden hat, in den es sich verlieben könnte«.

Dieser Rat einer längst vergangenen Zeit klang aus dem Mund des Ehemanns der notorisch untreuen Edwina geradezu lächerlich. Doch Charles beherzigte ihn. Bevor er Camilla einen Heiratsantrag machte, wollte er 1973 einen achtmonatigen Marine-Einsatz in der Karibik absolvieren. Vielleicht fühlte er sich zu jung, vielleicht erinnerte er sich an das ungeschriebene, gleichwohl unerbittliche Gesetz, dass eine Frau mit »Vergangenheit« keine akzeptable Gefährtin für den briti-

schen Thronfolger sei. Vielleicht ahnte er, dass Camilla ablehnen würde, weil sie Andrew Parker Bowles wollte. Jedenfalls
war er auf See, als er von ihrer Verlobung erfuhr. Es traf ihn
hart. »Vermutlich«, schrieb er Dickie, »wird das Gefühl der
Leere vorübergehen.«

Keine zwei Monate später überraschte Anne alle mit der
Neuigkeit, sie habe sich mit Mark Phillips verlobt, dem Reiter,
der sie seinerzeit beim Wettkampf in Badminton geschlagen
hatte. Als sie erklären sollte, warum sie ein Paar geworden
waren, erwähnte sie sein Geschick mit Pferden und die Kör-
perkraft, die er im Umgang mit ihnen beweise. Der Antrag
geschah nach einem Wettkampf, bei dem beide enttäuschend
schlecht abgeschnitten hatten. »Ich glaube, der Gedanke kam
ihm erst in diesem Augenblick«, sagte sie später über den Tag
ihrer Verlobung.

Die Höflinge gingen davon aus, dass der gutaussehende,
aber wortkarge Captain die energiesprühende Anne recht
bald langweilen werde. Ihre Eltern, die sich bei keinem ihrer
Kinder in die Partnerwahl einmischten, hießen Mark Phillips
willkommen, obwohl sie über einen Schwiegersohn, der sofort
verstummte, wenn sich das Gespräch nicht mehr um Pferde
oder das Militär drehte, vielleicht nicht wirklich begeistert
waren. »Ich würde mich nicht wundern, wenn ihre Kinder
vier Beine haben sollten«, scherzte die Königin. Die Medien
stellten Mark als etwas dumm dar, eine Meinung, die Charles
insgeheim teilte. Das Volk aber war mit Annes Wahl zufrieden,
sie galt als volksnah. Mark war ein normaler junger Mann aus
einer respektablen Mittelschichtfamilie, der einen Adelstitel
ablehnte. Das Verlobungsinterview absolvierte er stotternd
und unverstellt, er gestand, im Umgang mit Mädchen nie besonders geschickt gewesen zu sein. Anne wurde gefragt, ob
sie auf ein Leben als Hausfrau vorbereitet sei, ob sie kochen
oder einen Knopf annähen könne. »Ich bin nicht total nutzlos«,

konterte sie. Und auf die Frage, wie sie für das Gelingen ihrer Ehe sorgen wolle, sagte sie knapp, »Sie muss gelingen, oder?«. Anne machte es den Journalisten und deren Leserschaft, die sich gern von Romantik verführen lassen wollten, wirklich nicht leicht.

Sie hätte eine kleine Hochzeit vorgezogen, aber die Königin bestand auf einer Trauung in der Westminster Abbey. Die erfahrenen königlichen Zeremonienmeister gingen mit der widerstrebenden Anne in den Clinch; Modefotograf Norman Parkinson, der unter anderem für *Vogue* und *Harper's Bazaar* arbeitete, hatte Anne anlässlich ihres 21. Geburtstags fotografiert und verblüffend weiche Porträts geschaffen, die ein Hauch vergangener Königsromantik umwehte. Jetzt engagierte man ihn wieder, er fotografierte die Verlobten in der Long Gallery von Schloss Windsor; Anne in bodenlangem Spitzenkleid und mit offenem Haar wirkte wie einem Märchenbuch entsprungen.

Am 14. November 1973, dem Tag der Hochzeit, fuhr sie in der gläsernen Kutsche zur Kirche; das voluminöse Kleid war von Porträts der Königin Elizabeth I. aus dem 16. Jahrhundert inspiriert. Fünfhundert Millionen Menschen saßen vor den Fernsehern, als Anne und Philip auf den Altar zuschritten. Er fragte sie leise, ob sie nervös sei, sie antwortete: »Nein. Selbstverständlich nicht.«

Wenig später geriet sie in eine Situation, in der sie Mut und Kaltblütigkeit bewies. Am Abend des 20. März 1974 fuhren Anne und Mark über die Mall Richtung Buckingham Palace, als ein Auto den königlichen Rolls-Royce von der Fahrbahn drängte und zum Halten zwang. Der Fahrer des Wagens stieg aus und feuerte mehrere Schüsse auf den Rolls-Royce ab, der Leibwächter stellte sich ihm entgegen und wurde angeschossen. Dann öffnete der Täter die hintere Tür des Rolls-Royce und befahl Anne, auszusteigen. Sie weigerte sich, Mark versuchte, sie mit seinem Körper zu schützen. Der Kidnapper befahl, bat, flehte schließlich, dass sie aussteigen solle. Anne sagte: »Not bloody likely.« Er versuchte, sie aus dem Auto zu zerren, dabei schoss er den Chauffeur und einen Polizisten an. Brian McConnell, Journalist des *Daily Mirror*, der dem Rolls-Royce im Taxi gefolgt war, rannte zu dem Kidnapper und sagte: »Mach keinen Unsinn, Junge, leg die Pistole weg.« Der schoss ihm in die Brust, McConnell brach zusammen. Als die Polizeisirenen näher kamen, sagte Anne zu dem Angreifer, der immer fahriger wurde: »Na los, das ist deine Chance.« Er rannte weg, wurde aber von einem Polizisten eingeholt. Der geistig verwirrte, sechsundzwanzigjährige Mann wollte die Prinzessin entführen und in einem eigens dafür angemieteten Haus festhalten, er hatte auch schon einen detaillierten Plan, wie er von der Königin Lösegeld fordern wollte. Er wurde zu lebenslanger Sicherheitsverwahrung in einer psychiatrischen Anstalt verurteilt.

Die Queen verlieh den vier Verletzten die Tapferkeitsmedaille. Bei der Verleihung im Buckingham Palace sagte sie, sie zeichne sie als Königin aus, danke ihnen aber als Mutter.

Als Brian McConnell nach dem Überfall in das St. George's-Hospital eingeliefert wurde, traf er dort auf seinen *Daily Mirror*-Kollegen Nick Davies. Der hatte sich auf dem Flur einen Arztkittel geschnappt, war unbemerkt in McConnells Zimmer spaziert — und bot den Lesern seiner Zeitung am folgenden Tag exklusiv alle Einzelheiten des dramatischen Entführungsversuchs.

Die Boulevardzeitungen führten untereinander einen erbarmungslosen Krieg. 1968 war der australische Pressezar Rupert Murdoch auf dem britischen Zeitungsmarkt aufgetaucht, hatte erst die Sonntagszeitung *News of the World*, dann die schwächelnde *The Sun* aufgekauft und attackierte mit beiden den Marktführer *Daily Mirror*. Eine gute Zeitungsmeldung war für Murdoch alles, was Auflage brachte, Seriosität und Informationswert waren nachrangig, wenn nicht gar völlig unerheblich, entscheidend war der Unterhaltungswert. Ab 1970 erwartete die *Sun*-Leser auf Seite drei täglich das Foto einer jungen Frau mit nacktem Oberkörper, nur ein Jahr später hatte die Zeitung die Auflage verdoppelt und ihre linke Vergangenheit weit hinter sich gelassen. Die Leser wollten Sex, Crime und Royals. Murdoch stammte aus Australien, wo man mit dem Haus Windsor weniger ehrfürchtig umging als in England. Er vertrat unbeugsam die Meinung, sie seien zu behandeln wie alle anderen. Obwohl er durchaus republikanische Neigungen hegte, waren ihm in diesem Fall die Auflagen seiner Zeitungen wichtiger als Prinzipien – und die machte man nicht mit königstreuer Ehrerbietung, sondern mit Skandalen. 1976 konnte die *Sun* einen jener royalen Knaller landen, der sie groß machte.

Die Ehe von Prinzessin Margaret und Lord Snowdon war fast am Ende, sie lebten praktisch getrennt und trafen einander »nur noch auf der Treppe, um uns anzufauchen«, wie Margaret später sagte. 1971 hatte die Presse von Tonys Verhältnis mit der jungen Aristokratin Lady Jacqueline Rufus erfahren, die auch als Model arbeitete. 1972 begann er eine weitere Affäre mit der vierzehn Jahre jüngeren Lucy Lindsay-Hogg. Margaret verbrachte zweimal jährlich einige Wochen ohne Tony auf ihrem Mustique-Anwesen, das sie *Le Jolies Eaux* getauft hatte. Aus London erhielt sie während dieser Aufenthalte nur eine Kopie des Kreuzworträtsels der *Times*, das ihre Mitarbeiter tagesaktuell faxten. Im Grunde machte sie nicht häufiger Ferien als die anderen Familienmitglieder, aber Artikel über eine Prinzessin, die sich aus dem Staub machte, um im Sarong unter Palmen zu wandeln und mit dem internationalen Jetset Cocktails zu kippen, verfehlten bei den Untertanen im nasskalten England nicht ihre Wirkung. Zu Margarets Gästen zählten Leute wie Mick und Bianca Jagger und Bryan Ferry; Mustique wurde zum Inbegriff des *hideaways* für dekadente Promis, die wie Luxushippies herumhüpften, während sich der normale Brite seinem Alltag stellen musste.

Margaret verärgerte nicht nur die Briten, sie laugte auch ihre Freunde aus, die kein Fest vor ihr zu verlassen wagten. Colin Tennant sprach schließlich laut aus, was er schon länger dachte: »Prinzessin Margaret braucht einen Mann.«

Und so beschaffte er ihr, dem sie bereits ihr Anwesen auf Mustique verdankte, einen Mann. Das Ehepaar Tennant lud Margaret 1973 auf ihren schottischen Familiensitz Glen ein, und weil sich eine ungerade Gästezahl nicht elegant um eine Dinnertafel platzieren ließ, baten sie einen jungen Adligen namens Roddy Llewellyn dazu. Er litt unter Depressionen, die zu zwei Suizidversuchen geführt hatten, war nach den obligatorischen Internatsjahren um die Welt gereist, hegte offenkundig keinerlei berufliche Pläne und hatte noch nie eine feste Beziehung gehabt. Zum Zeitpunkt der Glen-Einladung wohnte er in London mit einem Freund zusammen und jobbte als Gärtner. Der 25-jährige Llewellyn und die 45-jährige Prinzessin Margaret waren beide getrieben, einsam – und vom ersten Moment ihrer Begegnung an unzertrennlich. Sie machten, Hand in Hand, lange Spaziergänge und sangen Duette am Klavier der Tennants: »*The bells are ringing for me and my gal ...*«

Roddy erinnerte an Tony, auch seine Haare hatten einen rotblonden Schimmer, auch er stammte aus Wales. Tony mochte den Eindruck haben, durch eine jüngere Ausgabe seiner selbst ersetzt worden zu sein, jedenfalls machte ihn dieses Verhältnis eifersüchtiger, als er es bei Margarets vorherigen Liebhabern gewesen war. Dabei ähnelte Roddy Llewellyn im Wesen eher Peter Townsend als Lord Snowdon: Er war weder so interessant noch so kreativ und energisch wie Tony, er war auch kein schneller Denker, aber er floss über vor Zuwendung und Zärtlichkeit. Er sah Margaret quer durch einen Raum verliebt an, schickte ihr Zettel mit Beteuerungen, wie wunderbar sie sei. Colin Tennant sagte, Roddy sei vielleicht der einzige Mann gewesen, der Margaret anständig behandelt habe.

Nach einem völlig ungebundenen Leben schien er anfangs etwas überfordert durch eine enge Beziehung mit einer Frau, die verheiratet, königlich und weltberühmt war. Manchmal verschwand er ohne Vorwarnung, nicht lange nach ihrer Begegnung reiste er wochenlang durch die Türkei, ohne ihr das zu sagen.

Die verzweifelte Margaret nahm eine Überdosis Schlaftabletten. »Ich war von allem so erschöpft, ich wollte nur noch schlafen«, sagte sie später. Sie wachte wieder auf, saß aber stundenlang apathisch in ihren Räumen im Kensington Palace und klammerte sich an einen Brief, den Roddy ihr geschickt hatte. Die Hofdamen bewachten die Türen, damit Tony nicht unangemeldet hereinstürmen konnte. Die Königin nahm sie zu einem ruhigen Wochenende in Windsor Castle mit und fühlte sich, wie sie sagte, »wie eine Nachtschwester, die von der Tagesschwester übernimmt«.

Auch wenn für Margaret und Tony ihre Ehe unerträglich geworden war, die Königin war strikt gegen eine Scheidung. 1975 hatte der Hof erneut darum gebeten, die Apanage der Zivilliste zu erhöhen. Das Gesuch folgte unmittelbar auf die Ölkrise vom Herbst 1973, als die Organisation erdölexportierender Länder einen Ölboykott ausgerufen hatte, um die westliche Welt wegen ihrer Israel-Politik unter Druck zu setzen. Die britische Wirtschaft war schwer getroffen, wieder begann der Monarchiefeind Willie Hamilton, im Unterhaus auf die Mitglieder des Königshauses und deren kostspieligen Lebensstil einzudreschen. In dieser Lage wollte die Queen den Ruf des Hauses Windsor nicht noch mit einer Scheidung belasten – wobei sie auch an die möglichen Auswirkungen auf ihr fünfundzwanzigjähriges Thronjubiläum dachte, das 1977 anstand.

Sie verhielt sich ähnlich wie ihre Mutter, als der unglückliche Prinz Charles das Internat Gordonstoun verlassen wollte: Sie bot einem Familienmitglied Hilfe beim Durchhalten an und ließ zugleich keinen Zweifel daran, dass es dazu keine Alternative gab.

Die Folge war, dass die Trennung, als sie kam, einen größeren Eklat auslöste, als nötig gewesen wäre. Roddy und Margaret kamen schnell wieder zusammen, er übernachtete im Kensington Palace und flog mit ihr nach Mustique. Aber Colin Tennants Plan, die Insel mit dem Land-Geschenk an Margaret attraktiv zu machen, war fast zu gut aufgegangen. Mustique war inzwischen so beliebt, dass ein Überblick über die vielen Besucher unmöglich geworden war. Anfang 1976 buchte ein Brite eine Rundreise, er gab sich bei den Mitreisenden als Lehrer aus, in Wahrheit war er *News of the World*-Journalist auf der Suche nach Margarets Villa – im Februar prangte auf dem Titelblatt der Zeitung ein Foto von Margaret und Roddy, sie im Badeanzug, er mit nacktem Oberkörper, aufgenommen aus großer Distanz und offensichtlich ohne deren Wissen.

Tony zog sofort aus dem Kensington Palace aus. Margarets Privatsekretär Nigel Napier musste die Prinzessin in ihrer Villa anrufen, um ihr das mitzuteilen, fürchtete aber, dass das Telefon abgehört werden könne. Einer von Tonys drei Vornamen war »Robert«, also sagte er zur Prinzessin: »Ma'am, ich habe mit Robert gesprochen. Er hat die Kündigung eingereicht und verlässt das Haus noch in dieser Woche.« Margaret verstand die Nachricht erst, als er sie wiederholte, dann bedankte sie sich und sagte, das sei »vermutlich die beste Nachricht, die Sie mir je übermittelt haben«.

Aber Tonys sicherer Instinkt für die öffentliche Wirkung einer Geschichte ließ ihn auch beim Zusammenbruch seiner Ehe nicht im Stich. Er willigte ein, dass in der Bekanntmachung von Buckingham Palace nur von Trennung, nicht von Scheidung die Rede war, veröffentlichte aber eine eigene, offizielle Erklärung: »Ich bin selbstredend unendlich traurig darüber, dass es so weit gekommen ist, und möchte nur drei Dinge sagen. Zum einen bitte ich dringend um Verständnis für die Situation unserer beiden Kinder, zum zweiten wünsche ich Prinzessin Margaret für ihre Zukunft alles erdenklich Gute, zum dritten möchte ich untertänigst die Zuneigung, Bewunderung und den Respekt bekunden, die ich immer ihrer Schwester, ihrer Mutter, der ganze Familie entgegenbringen werde.«

Nachdem er sich zum würdevollen Opfer gemacht hatte, und, obwohl gedemütigt, Margaret und die Königsfamilie großmütig seiner Loyalität versicherte, konnte er sich ganz seiner Geliebten Lucy Lindsay-Hogg zuwenden. Die Königin wusste seine Kooperation und Rücksicht auf den Ruf der Familie zu schätzen, die Öffentlichkeit war auf seiner Seite. »Lord Snowdon«, sagte Margaret später, »war teuflisch gerissen.«

Trotz gegenteiliger Beteuerungen wurde die Ehe nach zweijähriger Trennung 1978 geschieden. Tony und Lucy Lindsay-Hogg heirateten wenig später und bekamen eine Tochter. Auch während dieser Ehe hatte er andere Beziehungen, das Verhältnis mit der Journalistin Ann Hills, das schon 1976 begonnen hatte, endete erst 1996 mit deren Suizid. In einem Abschiedsbrief an Tony beteuerte sie ihre Liebe zu ihm. Lucy verließ ihn aber erst vier Jahre später, als sie erfuhr, dass ihr siebzigjähriger Ehemann mit einer dreiunddreißig Jahre jüngeren Frau ein Kind hatte. Lucy sagte, ihrer Ansicht nach treibe Tony Menschen, die ihm nahestünden, an ihre Grenzen, weil er Zurückweisung fürchte und sie so teste. Sie sei sicher gewesen, ihn kurieren zu können, wisse nun aber, dass das niemandem gelingen werde.

Der zweite Earl of Snowdon und Lady Sarah Armstrong-Jones, Tony und Margarets Kinder, sind andere Wege gegangen: Sie leben ohne Skandale und sind beruflich erfolgreich – er als gesuchter Möbeldesigner und Vorsitzender des Auktionshauses Christie's, sie als Malerin. Sie hatten beide ein gutes Verhältnis zu ihren Eltern, die nach der Trennung einen angenehmen Umgang miteinander fanden. Tony fotografierte auch weiterhin Mitglieder des Königshauses, nach der Scheidung hörte man von ihm kein böses Wort mehr über Margaret.

All diese Geschichten – von Alice, Anne, Wallis, Camilla und Margaret – handeln auch von (echten oder potentiellen) Prinzessinnen, die versuchten, ein modernes Leben mit einer Rolle zu verbinden, die von ihnen längst Überholtes forderte. Alice, die mittellose Prinzessin, die im Exil und in medizinischen Einrichtungen lebte, fand ihre Rolle in der Gründung eines Nonnenordens. Wenn man Habit trägt, fällt der Verlust materiellen Wohlstands weniger auf, ein solches Leben ist kein Scheitern, sondern Berufung. Wallis fand für sich nie eine angemessene Rolle; nachdem der englische Hof sie verstoßen hatte, führte sie das Leben einer Berufskonsumentin. Camillas Lage unterschied sich zunächst nur unwesentlich von der, in der Wallis sich befunden hatte: Beide liebten einen jungen Mann, der ruheloser war als sie selbst – und zufällig auch britischer Thronerbe. Ausgerechnet ihre Lebenserfahrung, wegen der sich die Männer in sie verliebt hatten, machte eine offen gelebte Beziehung oder gar eine Ehe unmöglich – einer Frau, die in die Königsfamilie einheiratete, durfte keine andere amouröse Verbindung nachzuweisen sein.

Derartige Forderungen betrafen auch Prinzessin Margaret, was nicht nur an Tonys Taktieren lag. Nach Ansicht des Fotografen und Schriftstellers John Pearson waren die Briten von Margaret persönlich enttäuscht. Sie war ihr Vorbild gewesen, ihre entrückte Idealfrau, jetzt warfen sie ihr vor, diesem Ideal nicht zu entsprechen. In den lauten Diskussionen um die königlichen Finanzen, die in den siebziger Jahren geführt wurden, wurde nicht nur Margaret als Argument gegen eine Erhöhung angeführt, auch Annes teure und umstrittene Renovierung ihrer Stallungen sorgte für Unmut. Dass es ausgerechnet die beiden traf, lag zum einen daran, dass sich Philips Finanzen von denen der Königin nicht trennen ließen und Charles eigene Einkünfte hatte, weil sein Titel Herzog von Cornwall mit erheblichem Landbesitz einherging. Zum anderen aber werden Debatten über die Finanzierung der Royals tendenziell immer zu Debatten über die Moral ihrer weiblichen Mitglieder. Ihre Roben und Juwelen sahen viel kostspieliger als die Garderobe der Männer aus, und ihre möglichen Rollen in dieser stockkonservativen Institution sind historisch stark begrenzt. Beides macht sie sehr sichtbar, jeder kann sie begutachten, ihr Verhalten bewerten und die kämpferische Frage stellen: Und das sollen *wir* bezahlen?

Allerdings waren Margaret und Anne an den Kontroversen, in deren Mittelpunkt sie standen, keineswegs unschuldig. Annes ehrenamtliches Engagement und ihre Auftritte in Vertretung der Queen waren zwar über jede Kritik erhaben, aber viele mochten nicht, mit welcher Miene und mit welchem Benehmen sie ihre Aufgaben erledigte. In den sechziger und siebziger Jahren sollte die Königsfamilie nicht auf Distanz gehen, sondern sich mit Charakter und Gefühlen zeigen. Wenn aber die Öffentlichkeit, damals wie heute, von ihnen *mehr Menschlichkeit* verlangt, ist damit nur eine bestimmte Art von Menschlichkeit gemeint – nicht alles, was darunter verstanden werden könnte, ist auch akzeptabel. Attraktiv sind Aufrichtigkeit, Momente der Spontaneität, eine Spur Verletzlichkeit, Humor, das gelegentliche Aufscheinen von Unüberlegtheit und Unbeholfenheit. Das kommt gut an, weil es daran erinnert, dass sie Menschen sind und keine Maschinen. Aber menschliche Gefühle – Gereiztheit, Resignation, Hedonismus, Ungeduld – kann sich eine Prinzessin nicht erlauben. Die Royals sind einen Vertrag eingegangen, in der es eine Klausel gibt, die besagt, dass sie Menschen außerhalb des Hofes immer bescheiden und zugewandt zu begegnen haben – denn sie sind es, die Tag für Tag darüber befinden, ob die Royals ihren Job behalten sollen.

All das war in einer Zeit, als Großbritannien aus den Fugen zu geraten schien, besonders schwierig. Tiefgreifende gesellschaftliche Veränderungen wirkten auf die einen bedrohlich, auf andere befreiend, sicher war, dass sie auf längere Sicht unabwendbar waren. Auch andere Konflikte verschärften sich, Gewalt wurde zu einer ständigen Bedrohung. In dem bürgerkriegsähnlichen Konflikt in Nordirland starben immer mehr Iren, Terrorangriffe der IRA auf englischem Boden häuften sich. Der Hooliganismus unter Fußballfans nahm in einem Maße zu, dass der Besuch eines normalen Spiels, ein traditionelles Vergnügen der Arbeiterklasse, gefährlich wurde. Im Stadtbild und in den Medien wurden Einwanderer von den Westindischen Inseln und aus asiatischen Ländern immer präsenter, was zu einer Zunahme rassistischer Gewalttaten führte.

Die neue sexuelle Freiheit öffnete auch Türen zu den Schattenseiten der Sexualität. Im Kino häuften sich Darstellung von Sex und sexueller Gewalt, der Backlash ließ nicht lange auf sich warten. Besonders hart traf es den Film *Clockwork Orange*. Stanley Kubricks Meisterwerk jenes Jahrzehnts zeigt Gewaltexzesse und Vergewaltigungsszenen und wurde mit der Begründung aus den Kinos genommen, er stachele junge Menschen zu Gewalttaten an.

Als 1973 bekannt wurde, dass die führenden konservativen Politiker Lord Lambton und Lord Jellicoe zu Prostituierten gingen, mussten sie ihre Abgeordnetensitze räumen. Jeremy Thorpe, ehemaliger Führer der Liberalen Partei und achtzehn Jahre zuvor in der engeren Auswahl als Antony Armstrong-Jones' Trauzeuge, stand 1978 vor Gericht; er war angeklagt, den Mord an seinem Ex-Liebhaber geplant zu haben.

Auch wirtschaftlich waren die siebziger Jahre schwierig, die Lebenshaltungskosten stiegen, überall sah man destruktive Kräfte am Werk und niemand, am allerwenigsten die Politiker, schien ein Gegenmittel zu haben. Die Ölkrise von 1973 verschärfte die Lage, die Gewerkschaften waren so mächtig, dass sie die gesamte Gesellschaft jederzeit mit Streiks lahmlegen konnten. Wer eine Zeitung aufschlug, bekam angesichts panischer Überschriften und Artikel den Eindruck von einem Land am Abgrund; Medien und Bücher fragten immer aggressiver, ob das Land eine Zukunft habe und ob es überhaupt noch regierbar sei.

Nach langen Unterhaus-Verhandlungen wurde mit Harold Wilson und der neuen Führerin der Konservativen Partei, Margaret Thatcher, eine Budgeterhöhung für die Krone vereinbart. Die Regierung verpflichtete sich, die Zahlungen ab sofort der Inflation anzupassen, um solch demütigende Auseinandersetzungen künftig zu vermeiden. Doch inzwischen hatte sich in der Bevölkerung die Meinung verfestigt, dass die Königsfamilie in Zeiten, wo man selbst kaum über die Runden kam, unmäßige Ansprüche stellte. Ende 1976 wussten viele Briten nicht, dass im folgenden Jahr ein großes königliches Jubiläum anstand, wer es wusste und begrüßte, tat das häufig in der Hoffnung, dass es Touristen und deren Geld ins Land bringen werde. Bei einer Umfrage im Februar 1977 meinten 16,4 Prozent der Befragten, Großbritannien brauche keine Königin.

Angesichts dieser Situation hatte der Hof gedämpfte Erwartungen an das fünfundzwanzigjährige Thronjubiläum. Alles deutete auf Feierlichkeiten hin, an denen die Briten kein Interesse hatten und die folglich in peinlichem Gegensatz zu dem Anlass stehen würden, der begangen werden sollte: Elizabeth' Thronbesteigung von 1952.

Doch so kam es nicht.

12

Aufstand gegen die Krone

Im Jahr von Königin Elizabeth' silbernem Thronjubiläum war vielen ihrer Untertanen nicht zum Feiern zumute. Das Land glich einem ärmlichen, baufälligen Haus mit Schimmel im Keller, für ungeduldige junge Leute mit viel Energie und mageren Zukunftsaussichten war Abriss die einzige natürliche Konsequenz. Während der Hof sich allergrößte Mühe gab, vor dem Jubiläum das Nationalgefühl zu pushen, entstand eine Popkultur-Szene, die jede Art von Nationalgefühl scharf angriff.

Der britische Punk entstand im Umfeld der Boutique SEX in der avantgardistischen King's Road. Sie gehörte der Designerin Vivienne Westwood und ihrem Lebenspartner Malcolm McLaren, der auch die Band Sex Pistols managte. McLaren engagierte John Lydon, der zu den Kunden der Boutique gehörte, er nannte sich Johnny Rotten und wurde Sänger der Sex Pistols. Mit ihrem kompromisslosen Nihilismus und dem völligen Mangel an Respekt für alles, was gemeinhin als heilig galt, sorgte die Band bei vielen für Entsetzen – aber noch mehr waren fasziniert.

Ihre Musik war sehr laut und basierte eher auf apokalyptischem Konfrontationswillen als wirklichem Können; ihre Kleidung war zerrissen und löchrig und wurde durch sorgfältig platzierte Sicherheitsnadeln zusammengehalten; man trug mit Stolz, was früher einmal schambesetzte Zeichen der Armut waren, die Accessoires bedienten sich bei der Ästhetik sexueller Fetische und des Sadomasochismus.

Selbstverständlich nahmen Westwood, McLaren und die Sex Pistols auch die Monarchie im Allgemeinen und die Königin im Besonderen ins Visier. Die Punkmode kombinierte Kaputtes und Zerschlissenes mit Stilelementen der britischen Oberschicht und des Hofes: Internats- und Militäruniformen, Kleider der Königin und anderer weiblicher Royals. Zu Vivienne Westwoods wichtigsten Inspirationsquellen zählte der Modeschöpfer Norman Hartnell, dessen Entwürfe die Königin bei den bedeutendsten Zeremonien ihres Lebens getragen hatte: der Hochzeit und der Krönung.

McLaren und die Sex Pistols brachten kurz vor den Feierlichkeiten ihre neue Single »God Save The Queen« heraus, eine veränderte, stark rhythmisierte Version der Nationalhymne. Als Vertreter einer desillusionierten Generation und Klasse, die sich auf vielfache Weise verraten fühlte, attackierten sie die traditionellen, automatisch heruntergeleierten Huldigungen des Königshauses: »God save the queen ... The fascist regime ... she's not a human being ... and there's no future.« Die Plattenhülle zeigt eines von Cecil Beatons klassischen Königinnenporträts, Liedtitel und Bandname verdecken Augen und Mund, zu sehen ist eine Queen mit Augenbinde und Knebel. Das Cover wurde von Jamie Reid gestaltet, einem weiteren Künstler um Westwood und McLaren; es zählt zu einem der legendärsten der Musikgeschichte, ebenso ikonisch wie ikonoklastisch.

Johnny Rotten war ein völlig anderes Kaliber als seinerzeit Lord Altrincham, und seine Kritik war eine völlig andere. Aber die Reaktion auf die Sex Pistols war durchaus vergleichbar mit dem, was der vorsichtige Baron zwanzig Jahre zuvor erlebt hatte: Sie wurden von der Presse verdammt, auf der Straße körperlich angegriffen, die BBC sperrte sie sofort. Doch von der Single wurden Tag für Tag 150 000 Stück verkauft. Bei den Festlichkeiten am 7. Juni fuhr die Band in einem mit dem

Union Jack geschmückten Schiff die Themse hinunter, eine Parodie auf die Schiffsparade der Königin. Der PR-Gag war schon deshalb gelungen, weil McLaren, kaum hatte das Schiff am Kai angelegt, unter Handgreiflichkeiten verhaftet wurde.

Der Durchbruch der Punks war das popkulturelle Ereignis des Jahres. James Callaghans Regierung hatte keine Lust, in Krisenzeiten für die Monarchie viel Geld locker zu machen; Richard Crossman, der unermüdliche Kritiker der Monarchie, hatte die Politik verlassen und nutzte als Redakteur der Zeitschrift *The New Statesman* die Gelegenheit für eine Antijubiläums-Sondernummer. Die Aussichten für ein erfolgreiches Jubiläum waren also nicht die besten.

Aber in den Wochen und Monaten vor dem 7. Juni geriet etwas in Bewegung. In den Städten und Dörfern, wo am Jubiläumstag Straßenfeste stattfinden sollten, wurde geplant und Geld gesammelt, was vielleicht Vorfreude weckte. Möglicherweise erinnerte die breite Berichterstattung die Bürger an die lebenslange Beziehung, die sie zu dieser Frau und ihrer Familie hatten. Im Mai mochten sich nur noch 13,5 Prozent der Briten ihr Land ohne die Queen vorstellen. Am Tag vor der Fest-Parade bezogen die Ersten mit Klappstühlen, Thermoskannen und Decken an der Mall Stellung, um ganz vorne zu stehen, wenn die Kutschen und Reiter auf dem Weg zu St. Paul's vorbeizogen. Als der Umzug am Morgen begann, säumten eine Million hochgestimmte Menschen in Sechserreihen die Straße. Nach dem Gottesdienst gingen die Königin und Prinz Philip zu Fuß die Straße entlang und sprachen mit den Zuschauern, das »royal walkabout« war eine neue und direktere Art des Kontaktes mit dem Volk. Elizabeth schien erstaunt über die Menschenmenge. »Wir sind hier, weil wir Sie lieben«, sagte eine Frau zu ihr. »Das spüre ich«, antwortete Elizabeth, »und es bedeutet mir viel.«

Als die Königsfamilie auf den Balkon von Buckingham Palace hinaustrat, wurde sie von einer riesigen, jubelnden Menschenmenge empfangen. Das ganze Land feierte auf Straßen und in Gärten, man sang patriotische Lieder und schwelgte in Bier und Gemeinschaftsgefühl. Das Volksfest vom 7. Juni 1977 blieb vielen in bester Erinnerung.

Für den Historiker Philip Ziegler, der die Zustimmung der Briten zur Monarchie untersucht, folgten die Feiern von 1977 allen Befürchtungen zum Trotz einem vertrauten Muster: Nach anfänglichem Desinteresse steigt die Begeisterung, je näher der Termin heranrückt, auch wer zunächst nichts damit zu tun haben wollte, lässt sich mitreißen und feiert mit. Ziegler meint, dass es in Großbritannien nicht viele eingeschworene Antimonarchisten gibt, die meisten Gegner lehnten das Königshaus gar nicht vehement ab, es sei eher so, dass sie die Monarchie und alles, was dazugehört, für harmlos hielten und nicht ernst nähmen. Vor allem stehen sie auf verlorenem Posten gegenüber jenen, die die Monarchie wirklich lieben, und das erheblich entschiedener, als die Gegner sie ablehnen. Bei einem Ereignis wie dem Silberjubiläum, so Ziegler, wird die passive Mehrheit aktiv, sie feiert einen Tag oder auch eine Woche lang mit und kehrt dann zu ihrer freundlichen Distanziertheit zurück.

Was bleibt, ist dieses diffuse Wohlwollen gegenüber dem Königshaus, das die republikanische Minderheit seit Elizabeth' Thronbesteigung ebenso erstaunt wie frustriert. Die meisten Politiker äußern sich zu diesem Thema nicht laut, selbst wenn sie insgeheim eine Republik vorzögen, daher wirken die, die es tun, sehr humorlos und miesepetrig. Der Historiker Antony Taylor schreibt, die republikanische Seite habe seit den 1790er Jahren in Großbritannien keinen theoretischen Grundsatztext mehr vorgelegt, der ihre antimonarchistische Haltung stichhaltig untermauere. In Ermanglung einer solchen theoretischen Grundlage attackierten die Gegner der Monarchie nicht die Institution als solche, sondern konkrete Aspekte wie die Moral der Royals oder deren Umgang mit Geld, was zur Folge hatte, dass die Kritiker allzu häufig nicht als politische Opposition, sondern nur als puritanisch oder knauserig wahrgenommen wurden.

Die moderne Ehrerbietung gegenüber der Krone begann viel später als 1790. Über Jahrhunderte war der britische Monarch eine umstrittene Figur, der ständig in Streit mit Parlament, Kirche und Volk geraten konnte. Eines der wichtigsten Ereignisse der britischen Geschichte fand 1215 statt, als sich der mächtige englische Adel gegen König Johann Ohneland erhob und den widerstrebenden Monarchen zwang, die Magna Charta zu unterzeichnen. Die Magna Charta begrenzte die Macht des Königs bei der Rechtsprechung und dem Erheben von Steuern, auch er musste sich dem Gesetz beugen. Die Urkunde sicherte die Rechte freier Bürger und gab dem Adel mehr Einfluss, sie markiert den Beginn der konstitutionellen Monarchie.

Über dreihundert Jahre später sorgte ein weiterer eigensinniger König für Umwälzungen: Heinrich VIII. aus dem Hause Tudor. Er wollte die Scheidung von seiner Gemahlin, der spanischen Katharina von Aragon, weil diese ihm keinen Sohn gebar und weil er Anne Boleyn heiraten wollte, die sechzehn Jahre jünger war als Katharina. Da die katholische Kirche Scheidung nicht erlaubte, brach er mit Rom und gründete die anglikanische Kirche, was blutige Religionskonflikte nach sich zog, die mehrere Dynastien überschatteten. Anne, die ihm keinen Sohn, sondern eine Tochter schenkte, wurde wegen Ehebruchs verurteilt und endete auf dem Schafott; zwei von Heinrichs sechs Ehefrauen starben auf diese Weise. Aber Annes begabte Tochter, die das rote Haar und die Willensstärke ihres Vaters geerbt hatte, wurde zu einem der beliebtesten Monarchen Englands und genießt bis heute einen legendären Ruf: Elizabeth I.

Sie weigerte sich zu heiraten, weil eine Ehe England an ein anderes Land gebunden hätte. Unter ihrer Regentschaft besiegten die Engländer die spanische Armada, das Land erlebte eine kulturelle Blütezeit mit William Shakespeare als strahlendem Höhepunkt. Aber die religiösen Kämpfe dauerten an und 1587 ließ Elizabeth I. eine Verwandte hinrichten, die katholische Schottin Mary, auch bekannt als Maria Stuart, die Anspruch auf den englischen Thron erhoben hatte. Maria war die Enkelin einer Schwester von Heinrich VIII., da sie Heinrichs Scheidung nicht anerkannte, konnte der »Bastard« Elizabeth nicht die rechtmäßige Thronerbin sein. Doch als diese Elizabeth ohne Nachkommen starb, folgte ihr Marias Sohn als Jakob I. auf den englischen Thron. Da er bereits König von Schottland war, vereinte er Schottland und England und erklärte sich zum König von Großbritannien. In seiner Regierungszeit wurde zum ersten Mal die Flagge »Union Jack« gehisst.

Die Stuart-Herrschaft währte ein gutes Jahrhundert, es war eine turbulente Zeit. Zum einen neigten ihre Monarchen dem Katholizismus zu, zum anderen zeichnete sich die Familie durch einen Starrsinn aus, der einige von ihnen auch dann noch auf ihrem Standpunkt beharren ließ, wenn ihnen Exil oder Tod drohte.

Jakob I. war ein gebildeter Mann und ein Ästhet. Großbritannien verdankt ihm eine großartige Bibelübersetzung, die nach ihm benannte *King James Bible*, er bemühte sich um bessere Beziehungen zwischen England und den alten äußeren Feinden des Landes, im Landesinneren versuchte er zwischen Katholiken und den anglikanischen Puritanern zu vermitteln. Aber er war auch ein selbstherrlicher Monarch, der meinte, über dem Parlament zu stehen, und Unsummen für extravagante Geschenke ausgab, mit denen er junge Männer in seinem Umfeld erfreute. Die Folge waren ständige Fehden mit dem Parlament, das ihm das Recht absprach, einen solchen Lebensstil durch immer neue Steuern zu finanzieren.

Sein Sohn, König Karl I., war wie sein Vater sehr kunstinteressiert, verstand es aber noch besser, sich in Konflikte zu verstricken. Er führte teure Kriege, bevorzugte prunkvolle, kontinentale Formen der Religionsausübung und wollte in England und Schottland die gleiche Kirchenverfassung einführen. Um seinen Willen durchzusetzen, versuchte er die Parlamentarier schlichtweg zu übergehen, als ihm das nicht gelang, setzte er sie unter Druck und ließ sie festnehmen. Das führte zu einem Bürgerkrieg zwischen dem König und seinen Unterstützern auf der einen Seite und der überwiegenden Mehrheit der Parlamentarier auf der anderen Seite, deren Anführer, Männer wie die Puritaner John Pym und Oliver Cromwell, unversöhnliche Gegner der Krone waren. 1642 drang der König ins Unterhaus ein, um fünf Oppositionsführer verhaften zu lassen, die ihn kritisiert hatten; dieser Übergriff führte zu dem bis heute gültigen Gebot, das dem Monarchen den Zutritt zu Westminster Palace, dem Sitz des britischen Parlaments, untersagt. Königin Elizabeth II. darf das Gebäude nur für die Parlamentseröffnung betreten – und dann auch nur das House of Lords.

Im folgenden Bürgerkrieg führte Cromwell das Parlamentsheer siegreich gegen die Königlichen. Der Krieg hatte die Puritaner radikalisiert, sie waren zunächst in der Minderheit gewesen, hatten aber die Oberhand gewonnen und drängten nun auf eine radikale Wende: Karl wurde wegen Hochverrats angeklagt und zum Tode verurteilt. Er blieb bei dem Prozess unbeugsam, weigerte sich, das Gericht anzuerkennen, und bestieg am 30. Januar 1649 mit großer Ruhe das Schafott vor dem Whitehall-Palast, der damaligen Hauptresidenz der britischen Monarchen. Seine Selbstgewissheit und die Verachtung für seine Widersacher konnten den ramponierten Ruf des Königshauses ein wenig aufpolieren, obwohl dieses Verhalten und dieses Auftreten als absolutistisch regierender Monarch von Gottes Gnaden letztlich zu seiner Enthauptung geführt hatten. Er wurde in Windsor Castle beigesetzt, bei der Hinrichtung trug er ein aus hellblauer Seide gestricktes Hemd, das erhalten ist. Der Schriftsteller Gore Vidal behauptete, er habe Prinzessin Margaret bei einem Kostümfest kennengelernt, bei dem sie dieses blutgetränkte Hemd getragen habe. Sie habe es sich zu diesem Zweck aus dem Museum ausgeliehen.

Nach der Hinrichtung des Königs, der mehr Macht wollte, als ihm zukam, erklärte das Unterhaus England zur Republik. Neun Jahre lang regierte Cromwell das Land als Militärdiktator, er nannte sich »Lordprotektor von England, Schottland und Irland«, war in religiösen Dingen tolerant, aber nicht in sozialen. Er ließ Theater und Gaststätten schließen, bekämpfte Glücksspiele, Tierkämpfe und traditionelle Volksfeste. Am schlimmsten erging es den königstreuen Iren, deren Güter beschlagnahmt und englischen Aristokraten übertragen wurden. Cromwell starb 1658 an Malaria, 1661 wurde sein Leichnam exhumiert und er wurde posthum als Königsmörder hingerichtet.

Der Sohn des toten Königs, der ebenfalls Karl hieß, war bei der Hinrichtung seines Vaters achtzehn Jahre alt. Sein Versuch, die Krone zurückzuerobern, scheiterte an Cromwells Heer, und da er danach als Thronfolger seines Lebens nicht sicher sein konnte, lebte er in Frankreich und Spanien im Exil. Als Cromwell starb, war dessen republikanisches Herrschaftssystem noch nicht hinreichend gesichert, es tat sich eine Lücke auf, die der Thronerbe zu nutzen verstand. 1660 zog er unter dem Jubel der Bevölkerung in London ein. König Karl II. war, anders als seine Vorgänger, jovial, heiter und politisch geschmeidig, seine Neigungen zum Katholizismus pflegte er diskret, die zum anderen Geschlecht weniger diskret; er hatte mindestens zwölf Kinder, keines davon war legitim. Sein Nachfolger war sein jüngerer Bruder, Jakob II., der erheblich streitlustiger war als sein Vorgänger. Unter seiner Herrschaft flammten bald neue Konflikte auf, die die britische Monarchie unwiderruflich verändern sollten.

Siebzehn Jahre vor seiner Thronbesteigung war Jakob II. offen zum Katholizismus konvertiert. Das führte zu Aufständen, der Forderung, ihn aus der Thronfolge zu entfernen, und trieb eine tiefe Kluft zwischen die maßgeblichen Adelsfamilien des Landes. Daraus entstanden die dominierenden politischen Parteien Großbritanniens: Die »Whigs« meinten, das Parlament dürfe einen künftigen König, den es nicht wolle, ablehnen, die »Tories« verteidigten das Prinzip der Erbfolge als heilig und unantastbar. Jakob reagierte auf die Auseinandersetzungen mit Starrsinn und Misstrauen und besetzte mehrere wichtige Positionen mit katholischen Verbündeten. Die besorgten Parlamentsmitglieder konnten sich zunächst damit beruhigen, dass er zwei protestantische Töchter hatte, Maria und Anne. Die ältere, Maria, war zudem mit ihrem Vetter Wilhelm III. von Oranien verheiratet. Der ehrgeizige und kriegerisch gestimmte Statthalter der Vereinigten Niederlande war ein glühender Protestant, seine größten Widersacher waren König Ludwig XIV. und das katholische Frankreich. Dann kam die Neuigkeit, dass die Königin – die zweite, viel jüngere und erzkatholische Ehefrau des verwitweten Jakobs – schwanger war.

Kaum war die Schwangerschaft bekannt, streute die Gegenseite Gerüchte, sie sei vorgetäuscht. Sogar die Töchter des Königs trugen die Behauptung weiter, die Königin sei unter ihren Kleidern nur ausgepolstert. Dass sie 1688 tatsächlich einen Sohn zur Welt brachte, änderte daran nichts. Nun hieß es, man habe einen gesunden Neugeborenen aus dem Volke in einer Wärmepfanne in die Gemächer der Königin geschmuggelt und gebe ihn nun als Erbprinzen aus, damit die Katholiken den Thron behalten konnten. Folge der Verschwörungstheorie war, dass eine königliche Geburt künftig nur als legitim galt, wenn der Innenminister anwesend war, um sie zu bezeugen.

So verbrachte der damalige Innenminister Sir William Joynson-Hicks im April 1926 lange Nachtstunden neben dem Zimmer, in dem die spätere Königin Elizabeth II. geboren wurde. 1930 musste der ehemalige Textilarbeiter John Robert Clynes, der erst Labour-Führer und dann Innenminister in der Regierung Ramsay MacDonald wurde, Hals über Kopf nach Schottland reisen und dort vierzehn Tage lang auf das zweite Enkelkind des Königs warten – Prinzessin Margaret kam auf Schloss Glamis zur Welt, wo ihre Mutter Elizabeth aufgewachsen war. Die Regelung wurde erst 1948, bei Elizabeth' erster Schwangerschaft, abgeschafft – unter Protesten ihrer erzkonservativen Mutter.

Das Gerücht eines untergeschobenen Kindes kam allen zupass, die eine katholische Dynastie auf dem britischen Thron verhindern wollten. Wilhelm von Oranien erklärte, die vorgetäuschte Schwangerschaft sei ein Angriff auf ihn und seine Gemahlin, die rechtmäßige Thronerbin. König Jakobs Gegner witterten ihre Chance, Teile des Parlaments flehten Wilhelm in Briefen geradezu an, in England einzumarschieren. Als er 1688 englischen Boden betrat, schloss sich ihm neben den mächtigen Whig-Familien auch Jakobs Ratgeber Robert Spencer, zweiter Graf von Sunderland, an. Der war in dieser Epoche bedeutender Opportunisten dafür berühmt, dass er keinerlei politische Treue kannte: Erst hatte er versucht, Jakob aus der Thronfolge zu entfernen, dann verstand er es, als dieser doch König wurde, sich sein Vertrauen zu erschleichen, bei Wilhelms Einmarsch taxierte er die Gesamtsituation und wandte sich gegen den König.

Jakob wurde abgesetzt, Wilhelm und Maria teilten sich den Thron als König Wilhelm III. und Königin Maria II., mussten aber hinnehmen, dass ein mächtiges Parlament die königlichen Rechte weiter beschnitt; das Königspaar hätte niemals, wie der französische König Ludwig XIV., selbstherrlich sagen können: »Der Staat bin ich«.

Nach diesem *Glorreiche Revolution* genannten Umsturz wurde England zur konstitutionellen Monarchie. Die Macht ging vom König auf das Parlament über. Der britische Monarch konnte nur in dessen Abhängigkeit regieren, stand nicht über dem Gesetz und durfte nicht eigenmächtig Steuern erlassen, das Parlament übernahm die Kontrolle über das Militär. 1693 versammelten sich die bedeutendsten Whig-Familien auf Robert Spencers Landsitz Althorp. Alle Anwesenden gelobten König William III. Gefolgschaft, der im Gegenzug gelobte, alle wichtigen politischen Ämter mit Whigs zu besetzen. Die dort anwesenden Familien sollten das Land in den kommenden hundert Jahren faktisch regieren. Wilhelm blieb ein erfolgreicher Heerführer, 1690 vernichtete er bei der Schlacht von Boyne das katholische Heer, das Jakob II. in Irland aufgestellt hatte. Er erdrückte die irischen Katholiken durch so strenge Restriktionen, dass noch heute viele nordirische Katholiken mit Hass von ihm sprechen; die nordirischen Protestanten hingegen haben in dankbarer Erinnerung an den König von »Oranien« Orange zu ihrer Farbe erkoren.

Wilhelm und Maria, die 1694 starb, hatten keine Kinder, Thronfolgerin wurde Marias jüngere Schwester Anne. Im Gegensatz zu ihrer Schwester wurde Anne problemlos schwanger, aber sieben von siebzehn Schwangerschaften endeten vorzeitig, fünf Kinder kamen tot zur Welt. Nur eines der fünf lebend geborenen Kinder erreichte das Kleinkindalter, und auch Prinz Wilhelm starb, bevor seine Mutter 1702 Königin wurde. Nach seinem Tod beschloss das Parlament umgehend eine Neuordnung der Thronfolge, wieder spielte Robert Spencer eine entscheidende Rolle.

Der *Act of Settlement* schrieb die protestantische Thronfolge fest, künftig konnte kein Katholik englischer König werden, Mitglieder der Königsfamilie, die einen katholischen Partner heirateten, verloren ihr Anrecht auf den Thron. Das galt bis weit ins 20. Jahrhundert hinein und hätte beispielsweise eine Ehe zwischen Prinzessin Anne und ihrem zeitweiligen Geliebten, dem katholischen Andrew Parker Bowles, verhindert; erst seit 2015 führt die Heirat mit einem Katholiken nicht mehr zum Ausschluss aus der Thronfolge.

Da die Nachkommen der Stuart-Könige ausnahmslos Katholiken waren, mussten sehr, sehr viele Verwandte übersprungen werden, bis man schließlich bei Georg Ludwig von Hannover, einem Urenkel Jakobs I., landete und ihn zum britischen Thronerben ausrief. Das war der Beginn des Hauses Hannover, und wenn die Stuarts als die Streitsüchtigen in die Geschichte eingingen, erwarb sich die neue Dynastie schnell den Ruf der Lächerlichkeit. Einem Stuart trat man mit Waffen entgegen, die Hannoveraner wurden von der Presse, die im 18. Jahrhundert an Macht gewann, mit infamen Karikaturen aufgespießt.

Georg Ludwig erreichte 1714, nach Königin Annes Tod, mit seiner Geliebten London; seine Exfrau hatte er wegen Untreue auf das niedersächsische Schloss Ahlden verbannt. König George I., wie er von nun an hieß, hatte Hannover äußerst ungern verlassen, er umgab sich in London im Wesentlichen mit einem deutschsprachigen Hof und lebte in heftigem Streit mit dem Thronerben. Als dieser – George II. – den Thron bestieg, lebte er ähnlich wie sein Vater, war aber beim Volk etwas beliebter, weil er 1743 die britischen Truppen im Bündnis mit den Kurhannoveranern, Habsburg und Österreich gegen die Franzosen siegreich in die Schlacht bei Dettingen führte, eine der Schlachten des Österreichischen Erbfolgekrieges. Er war der letzte britische Monarch, der mit den Truppen aufs

Schlachtfeld zog, er soll seinen Soldaten vorangeritten und, mit schwerem deutschen Akzent, »Für Englands Ehre!« gerufen haben.

Sein Sohn George III., der erste in England geborene Monarch aus dem Haus Hannover, blieb nahezu sechzig Jahre lang auf dem Thron. Er war ein im Grunde freundlicher und pflichtbewusster Mann, der sich sehr für Landwirtschaft interessierte und unter dem Pseudonym Ralph Robinson sogar landwirtschaftliche Fachtexte publizierte. Aber er verhielt sich dem Parlament gegenüber durchaus eigensinnig und hatte kein Nachsehen mit königlichen Verwandten, die unter ihrem Stand heirateten. 1772 setzte er eine neue Ehegesetzgebung durch, nach der Angehörige des Königshauses vor dem 25. Lebensjahr nur mit Zustimmung des Monarchen heiraten durften. Das machte die Ehen einiger direkter Nachkommen ungültig, unter anderem auch die erste Ehe seines Sohnes, des damaligen Prinzen von Wales, der ebenfalls George hieß und in aller Heimlichkeit eine katholische Witwe geheiratet hatte. Das Gesetz war letztlich entscheidend dafür, dass Prinzessin Margaret und Peter Townsend nicht heiraten konnten.

Etwa ab 1788 zeigten sich bei George III. erste Zeichen geistiger Verwirrung, er begann, irrational zu handeln. Heutige Forscher vermuten die Stoffwechselerkrankung Porphyrie oder eine schwere bipolare Störung. Er wurde dement, erblindete, ertaubte und redete manchmal viele Stunden lang wirr.

Während seiner Regentschaft brach die Französische Revolution aus, König Ludwig XVI. und Königin Marie-Antoinette wurden hingerichtet. Am britischen Hof ging die Angst um, dass sich auch das britische Volk gegen den König und seine Familie erheben könnte. Es erwies sich als großer Vorteil, dass die Machtbefugnisse der britischen Monarchen viel stärker beschnitten waren als die des französischen Königs: Wer den Funken der Revolution in sich spürte, richtete seinen Zorn in erster Linie gegen das Parlament. Je tiefer Frankreich in Chaos und Terror versank, umso mehr wirkte der alternde George III. wie ein liebenswertes Symbol für die Nation. Zudem galt die britische Monarchie, als Folge des Aufstandes gegen den katholischen König Jakob II., als demokratisch. Wegen der vielen Kriege gegen Frankreich und Spanien sahen die Briten sich zunehmend als Bastion gegen alles Zentralistische und Katholische, als eine Gesellschaft, die viel stärker auf den Rechten des Individuums als auf Unterordnung unter eine ferne Obrigkeit basierte.

Doch unter seinen Angehörigen teilten nicht alle die Begeisterung für George III. Sein ältester Sohn George, Prinz von Wales, war anfangs ein gutaussehender, höflicher und charmanter junger Mann, eine Modeikone seiner Zeit, Vorbild für Londons elegante Männerwelt. Aber er führte ein in jeder Hinsicht exzessives Leben und zerstörte seine blendende Erscheinung durch übermäßiges Essen und Trinken, was ihn zur Zielscheibe von Hohn und Verachtung machte. Wenn er im Theater auftauchte, wurde er mitunter ausgepfiffen, Zeitungen karikierten ihn als schweineähnlich und versoffen. Als er wegen völlig zerrütteter Finanzen beim Parlament um Schuldenerlass bettelte, verlangten die Abgeordneten als Gegenleistung, dass er seine katholische Ehefrau aufgab und seine tadellos protestantische Cousine Caroline von Braunschweig-Wolfenbüttel ehelichte. Bei der ersten Begegnung der Verlobten war das Entsetzen auf beiden Seiten groß: Er war übergewichtig und hatte unreine Haut, sie roch streng und führte eine grobe Sprache. Der Prinz verlangte sofort nach Brandy, bei der Hochzeit, die nur drei Tage später, am 7. April 1795, stattfand, war er sturzbetrunken und verbrachte die Hochzeitsnacht schlafend unter dem Kamingitter. Danach ging sich das Paar aus dem Weg, auf den Tag neun Monate nach der Hochzeit kam ihr einziges Kind, Prinzessin Charlotte, zur Welt.

George war knapp zehn Jahre lang und unter strenger Aufsicht des Parlaments Prinzregent für seinen verwirrten Vater, die kurze Epoche zwischen ca. 1810 und 1820 wird als *Regency* bezeichnet. Da er seine Gemahlin nicht bei Hofe haben wollte, nutzte sie die Gelegenheit zu einer einjährigen Rundreise auf dem Kontinent, kehrte aber, als George 1820 König wurde, nach England zurück, um von ihrem königlichen Rang zu profitieren. George IV. hatte versucht, sie zu bezahlen, damit sie außer Landes blieb, er hatte das Parlament dazu bewegen wollen, die Ehe wegen Ehebruch aufzulösen und ihr den Königinnentitel abzuerkennen, alles vergeblich. Die Sympathien des Volkes, vor allem der Frauen, waren auf Carolines Seite, die Nachricht, dass es ihm nicht gelungen war, sie zu demütigen, wurde mit Begeisterung aufgenommen. 1819 veröffentlichte der Ökonom und Historiker John Wade ein weit verbreitetes und radikales Pamphlet mit dem Titel »The Black Book: Corruption Unmasked« (Das Schwarzbuch: Korruption demaskiert), in dem er prophezeite, dass das Volk den ganzen königlichen Pomp, die Prachtentfaltung, die Extravaganzen mit Hermelin und Kronen, absurd fänden, sie müssten nur mehr darüber erfahren.

Doch der Grund für die Verächtlichmachung des Königs war weniger Ausdruck einer Unzufriedenheit mit der Monarchie als mit dem konkreten Monarchen. Der Historiker David Cannadine schreibt, diese royale Generation sei wegen ihrer ungezügelten Vergnügungssucht und Unmoral beim Volk die unbeliebteste in der gesamten englischen Geschichte gewesen, obendrein lieferten sie sich peinliche Fehden. Die Thronanwärterin Prinzessin Charlotte aber wuchs zu einer schönen jungen Frau heran, sie war aufgeschlossen und engagierte sich stark in Fragen der Wohlfahrt und der Armenfürsorge. Sie schien weniger ihrer unpopulären Familie als dem Volk anzugehören, sie vertrat dessen Ideale und nicht die ihrer Vorfahren. Charlotte repräsentierte die Hoffnung auf einen Neuanfang – und auf eine würdevollere Monarchie. 1816 verliebte sie sich Hals über Kopf in den mittellosen deutschen Adligen Prinz Leopold von Sachsen-Coburg und Gotha. Die Bevölkerung feierte ihre Hochzeit als freudiges Ereignis. Wenn das junge Paar das Land bereiste, sammelten sich große Volksmengen, um einen Blick auf sie zu erhaschen.

Doch 1817 starb Charlotte einundzwanzigjährig im Kindbett, sie hatte fünfzig Stunden in Wehen gelegen, das Kind kam tot zur Welt. Die Bevölkerung war schockiert, nie zuvor war so um ein Mitglied des Königshauses getrauert worden, insbesondere nicht um jemanden aus dem Haus Hannover, denn während deren Regentschaft waren nicht Könige die Volkshelden, sondern Heerführer wie Lord Nelson und der Herzog von Wellington. »Prinzessin Charlottes Tod«, schrieb Lord Byron in Italien, »war selbst hier ein Schock und muss zu Hause einem Erdbeben gleich gewesen sein.« In den folgenden Jahren wurde der Prinzessin in zahllosen Büchern und Gedichten gehuldigt, sie wurde mit Schmuckstücken und Medaillen geehrt. Auch in der jetzigen britischen Königsfamilie gibt es eine Prinzessin Charlotte: Charlotte von Cambridge, Tochter von William und Catherine und Nummer vier in der Thronfolge. Sie wurde auf den Namen Charlotte Elizabeth Diana getauft, nach der Urgroßmutter und der Großmutter – und vielleicht nach dem einzigen Kind aus der desaströsen Ehe von George und Caroline von Braunschweig-Wolfenbüttel.

Da George III. seine Tochter und seinen nächsten Bruder überlebt hatte, folgte ihm sein Bruder William, drittältester Sohn von George III., auf den Thron, was diesen ebenso überraschte wie entzückte. Niemand hatte je einen Gedanken daran verschwendet, dass er König werden könnte. Man hatte ihn mit dreizehn Jahren zur See geschickt, wovon er die Sprache und den Humor eines Seemanns sowie die Angewohnheit behielt, in der Öffentlichkeit auszuspucken, auch in Situationen, wo dergleichen völlig unpassend war. König William IV. – oder »Silly Billy« – war gutmütig, wenn auch etwas eigen, und hatte ein großes Talent für gesellschaftliche Fettnäpfchen. Da keines seiner Kinder aus der Ehe mit der deutschen Prinzessin Adelheid von Sachsen-Meiningen überlebte und die zehn unehelichen Nachkommen mit seiner Mätresse Dorothea Jordan keinen Anspruch auf den Thron hatten, folgte ihm seine Nichte Prinzessin Victoria von Kent nach. Sie wurde 1837 mit gerade einmal achtzehn Jahren Königin, blieb 63 Jahre auf dem Thron und sollte einer ganzen Ära ihren Namen geben.

Victoria war sinnlich und so selbstsicher, dass sie sich sofort aktiv an der Politik beteiligte, sie bewerkstelligte es, dass Premierminister Lord Melbourne, ein Lebemann, der heftig mit ihr flirtete und der ihr offenbar gefiel, eine Amtsperiode länger bleiben konnte, als ihm streng genommen zustand. Aber bald gab es für sie nur noch Prinz Albert von Sachsen-Coburg und Gotha – sie waren verwandt, er war der Neffe, sie die Nichte des 1817 verwitweten Prinz Leopold von Sachsen-Coburg und Gotha. Albert und Victoria heirateten 1840 und hatten neun Kinder, die Ehe soll überaus glücklich gewesen sein. Er war ruhiger als seine temperamentvolle Gemahlin, sie bewunderte ihn und überließ ihm bei der Gestaltung der Monarchie gern die aktive Rolle, die er sich wünschte.

Aufgrund neuer Gesetze hatte sich die Zahl der Wahlberechtigten in Großbritannien drastisch erhöht. Albert war der Ansicht, das Königshaus könne nur überleben, wenn es sich stärker an die Mittelschicht wandte, die größer und mächtiger wurde. Das neue Haus Sachsen-Coburg-Gotha sollte – in scharfer Abgrenzung zu den verschwenderischen Hannoveranern – »die moralische Monarchie« werden, Vorbild und Identifikationsfigur für alle Bürger. Zeitungen und Zeitschriften brachten zuckersüß formulierte und romantisch illustrierte Geschichten über die liebenden Ehegatten und deren wachsende Kinderschar und erreichten damit immer breitere Schichten der Gesellschaft. Die Verbreitung der Fotografie eröffnete auch die Möglichkeit, Porträts der Königsfamilie zu kaufen und sie stolz auf Kaminsimsen und Kommoden neben die Bilder der eigenen Familie zu stellen; diese Tradition ist ungebrochen.

Mit den Jahren zeigte sich, dass ein Familienmitglied nicht in das moralische Glanzbild passte, und das war ausgerechnet Albert Edward, der älteste Sohn und somit Prinz von Wales.

Der Thronfolger studierte in Cambridge, als 1861 die Nachricht seine Eltern aufschreckte, er habe ein Verhältnis mit einer Schauspielerin, die er auch in seiner Wohnung empfange. Vater Albert fuhr nach Cambridge, um mit seinem Sohn ein ernstes Wort zu reden; auf der Reise steckte er sich mit Typhus an und starb wenig später. Victoria war außer sich vor Trauer, sie zog sich völlig aus der Öffentlichkeit zurück. Sie gab ihrem Sohn die Schuld an seinem Tod und verzieh ihm nie – heute nimmt man an, dass Prinz Albert an Magenkrebs oder Morbus Crohn starb.

Die Königin vergrub sich im schottischen Balmoral, das sie und Albert hatten bauen lassen, und nahm nur gelegentlich an der jährlichen Eröffnung des Parlaments teil. Mit der Zeit wurde ihr Balmoral auch wegen ihres schottischen Dieners John Brown lieb, mit dem sie möglicherweise ein Verhältnis hatte. Das jedenfalls behauptete man in London, wo man von der Königin nur noch als »Mrs. Brown« sprach. Victorias lähmende und andauernde Trauer führte zu starken antimonarchistischen Gefühlen. Die Bevölkerung fand, die Monarchin halte ihren Teil des Kontrakts mit ihren Untertanen nicht ein, wenn sie Ereignissen fernblieb, bei denen ihre Anwesenheit erwartet wurde. Bagehot bemerkte spitz, die Monarchie werde gegenwärtig »von einer pensionierten Witwe und einem arbeitslosen Jugendlichen« verwaltet. Aber er glaubte auch: »Je demokratischer wir werden, desto mehr erfreuen wir uns an staatlicher Show, die schon immer das Vulgäre in uns angesprochen hat.«

Zunächst aber wuchs die Zahl republikanischer Clubs. Während die Antipathien gegen König George IV. eher antimonarchistisch als republikanisch motiviert waren, gab es in den 1870er Jahren viele, darunter sogar einige führende liberale Parlamentsabgeordnete, die offen für eine andere Regierungsform plädierten.

Doch in Wahrheit gingen solche republikanischen Sympathien nur bei wenigen wirklich tief. Zehn Jahre nach dem Tod seines Vaters erkrankte der Prinz von Wales schwer an Typhus, und die Zeitungen, die zuverlässig über jeden Schritt der Königsfamilie berichteten, brachten umgehend besorgte Artikel. Nach kürzester Zeit war seine Krankheit das wichtigste Gesprächsthema und die meisten Briten warteten unruhig auf jede neue Nachricht. Robert Lacey bezeichnete das als Großbritanniens erste Erfahrung mit einem modernen Medienereignis, einem Ereignis also, das alle dank neuer Medien aus nächster Nähe und quasi in Echtzeit verfolgen konnten. Der Prinz erholte sich und Premierminister William Gladstone erkannte eine großartige Möglichkeit der Imagepflege: Er überzeugte die Königin, mit ihrem Sohn einen Dankgottesdienst in der St. Paul's Cathedral zu besuchen und dazu einige (sorgsam ausgewählte) Vertreter der Arbeiterschaft einzuladen. Mutter und Sohn, die im Privaten immer noch verfeindet waren, fuhren zusammen durch eine ungeheure Menschenmenge und betraten ein Gotteshaus, in das man fast dreizehntausend Besucher gestopft hatte. »Der Gottesdienst in St. Paul's«, schrieb Lacey, »demonstrierte eine ebenso banale wie tiefe Wahrheit über das menschliche Verhalten: Menschen brauchen jemanden, den sie lieben können.«

Das Land befand sich im Wandel. Die Urbanisierung schritt schnell voran, viele Menschen zogen vom Land in die

Städte und lebten dort unter viel beengteren und schmutzigeren Bedingungen als zuvor. Dank großer Veränderungen im Transport- und Kommmunikationswesen erreichten Nachrichten und Fotos vom Leben der Königsfamilie eine ständig wachsende Leserschaft. Die Königin holte in der Beliebtheitsskala auf, vielleicht sahen viele in ihr auch die Vergangenheit verkörpert, die einfacher und romantischer schien, als es die Gegenwart war; die Zeitungen stellten ihre unverschämten und satirischen Karikaturen ein. Das republikanische Murren verstummte abrupt. In ihrem letzten Lebensjahrzehnt brachte das Volk Königin Victoria große Zuneigung entgegen, die rundliche, grimmige kleine Dame war in gewisser Weise zur Großmutter der Nation geworden.

Das Wohlwollen war wiedererlangt, und Victorias umtriebiger Nachfolger Albert Edward ging daran, die Institution umzukrempeln. Er begründete die Ästhetik und die Traditionen der modernen Monarchie. Einige der Eigenschaften, mit denen er seine Eltern fast zur Verzweiflung getrieben hatte – die Kontaktfreudigkeit, der Exhibitionismus, die Fähigkeit, das Schöne und Gute im Leben zu genießen –, kamen ihm 1901 zustatten, als er neunundfünfzigjährig seiner Mutter auf den Thron folgte. Der Historiker David Cannadine bezeichnet die Vorstellung, wonach sich die britische Monarchie immer souverän auf die Inszenierung großer öffentlicher Spektakel verstanden habe, als Mythos. Bei den Hannoveranern fanden Krönungen, Kindstaufen und Beisetzungen im kleinen Kreise statt, nichts musste geprobt werden, die Zeremonien verliefen oft unbeholfen und fehlerhaft. Königin Victoria hatte für Theatralik nichts übrig und hasste es, wenn man sie zu öffentlichen Auftritten zwang.

Der neue König Edward VII. hingegen sah die jährliche Parlamentseröffnung, die seine Mutter gescheut hatte, als willkommene Gelegenheit zur Selbstdarstellung. Er fuhr, in Hermelin gehüllt, mit der goldenen Staatskutsche durch London, ließ sich auf dem Weg nach Whitehall vom Volk bejubeln, die Eröffnungsrede im Oberhaus hielt er mit erkennbarem Behagen. Die Monarchie schien sich nach außen zu öffnen und viele erlebten das als inkludierend. Auftritte und Zeremonien, von denen das Volk zuvor nur durch devote Hofberichterstatter erfahren hatte, wurden zu Volksfesten, alle konnten dabei sein und zusehen. Zwischen 1870 und 1914, so Cannadine, wurde die britische Krone »prächtig, öffentlich und populär«.

In der Frage, wie sich die Monarchie in demokratischeren Zeiten entwickeln würde, behielt nicht John Wade recht, sondern Walter Bagehot: Die Frage war nicht, ob das Volk solche Spektakel lächerlich fand. Es wollte einfach nur dabei sein. Labour-Politiker, die ererbte Privilegien und Vermögen prinzipiell bedenklich fanden, akzeptierten gern Einladungen in den Buckingham Palace, einen Titel, einen Sitz im Oberhaus. Eines der Hauptargumente der Monarchie-Kritiker lautet, allein der Fakt, dass ein Staatsoberhaupt in sein Amt hineingeboren werde, widerspreche den Regeln der Demokratie. Aber sooft man die königstreuen Briten auch befragt, immer nennen sie ausgerechnet die Demokratie als Grund, warum sie an König oder Königin festhalten wollen.

Das ist historisch gesehen nicht erstaunlich: Nahezu alle Dynastien und Königshäuser, die nach dem Ersten Weltkrieg fielen, wurden durch Diktaturen ersetzt, während das britische Königshaus seit dem Zweiten Weltkrieg unlösbar mit dem Kampf gegen den Nationalsozialismus verbunden wird. Ein unparteiisches Königshaus, das unterschiedslos für alle Bürger da ist, kann ausgleichend wirken und mitunter auch Politiker bremsen, die bei ihrem Ringen um die Macht bestimmte gesellschaftliche Gruppierungen zugunsten anderer übergehen. Der jährliche Demokratieindex der Wochenzeitung *The Economist* zeigt, dass 2018 sechs der zehn demokratischsten Staaten der Welt einen Monarchen als Staatsoberhaupt haben.

Die Beliebtheit des britischen Königshauses ist eng mit der Sicht des Volkes auf das aktuelle Großbritannien und die Frage verknüpft, wohin das Land steuert; allerdings steigen die Zustimmungswerte zu den Royals nicht automatisch, wenn es der Nation bessergeht. In den sechziger Jahren des 20. Jahrhunderts sahen viele mit Genugtuung, wie sich alte Gesellschaftsstrukturen auflösten und bislang benachteiligte soziale Gruppen mehr Anerkennung und neue Chancen bekamen. Das gemächliche, von Traditionen diktierte Leben im Buckingham Palace aber verlief weiterhin fern vom Optimismus und von der Ungeduld vieler junger Briten.

Die Veränderungen der siebziger Jahre waren nicht weniger radikal und das Gefühl von Auflösung genauso stark, nun aber war das vorherrschende Gefühl nicht Befreiung, sondern Bedrohung. Viele fürchteten, das Land sei nicht mehr regierbar, die Gesellschaft werde kollabieren. Vielleicht war das Jahrzehnt gerade darum eine gute Zeit für die Monarchie. Angesichts drohender Instabilität wirkte das Königshaus wie ein Garant für Stabilität und Sicherheit – wenigstens das blieb gleich. Der Autor D. C. Cooper schrieb 1970: »Wenn die Bürger eine behandschuhte Hand aus einer goldenen Kutsche winken sehen, sind sie überzeugt, dass es der Nation gutgeht, wie immer es sich in Wirklichkeit verhalten mag.«

Der schottische Journalist und Autor Tom Nairn meint, die Liebe der Briten für das Königliche behindere das Land in seinem Fortkommen. In dem Buch *The Enchanted Glass* von 1988 bezeichnet er die Monarchie als Zauberspiegel: Die Briten blicken hinein und was sie sehen, gefällt ihnen.

Das sah auch die hochdekorierte Schriftstellerin Hilary Mantel so, die 2013 in ihrem Essay »Royal Bodies« schrieb, viele Gefühle der Briten für die Herzogin von Cambridge, die damals seit zwei Jahren mit William verheiratet war, trügen deutliche Züge von Fiktion und Projektion. Mantel sagte, sie wisse nicht, ob und was Kate lese, Kate sei für ihre Rolle als zukünftige Königin gewählt worden, weil sie untadelig sei, weil sie keine Macken und keine Eigenarten habe. Mantel wurde mit wütenden Reaktionen überschüttet, Premierminister Cameron raunzte, im Gegensatz zu Mantel sei er der Ansicht, dass die Briten auf die Herzogin stolz sein könnten. Was bewies, dass er, wie die meisten anderen Kritiker, den umstrittenen Essay entweder nicht gelesen oder nicht verstanden hatte. Aber in dem Protestgeschrei hatten die wenigen Stimmen keine Chance, die darauf hinwiesen, dass es Mantel in ihrem Essay nicht darum ging, Kate persönlich anzugreifen, sondern ein Phänomen zu begreifen, dass jemand, der so fern und fremd ist, so sehr verehrt werden kann.

Mantel nähert sich der Herzogin mit jener unsentimentalen Empathie, die sie für viele königliche Frauen hegt. Es ist kein Widerspruch, Kate zu mögen und gleichzeitig Mantels Analyse zuzustimmen. Aber allein, dass sie sich der Frau von Prinz William *analytisch* näherte, wurde als feindseliger Akt verstanden. Das war offenkundig eine viel dramatischere Provokation als die oft vernichtende Kritik, die Redakteure der Regenbogenpresse seit Jahrzehnten an den Royals übten. Der Grund hierfür ist, dass deren Kritik der Beweis ihrer *Ehrfurcht* vor der Monarchie ist. Wenn Boulevardblätter das Verhalten der Royals anprangern, dann nur, weil diese nicht den strengen Kriterien genügen, nach denen *wahre* Königliche zu leben haben; keine Redaktion beabsichtigt, die Monarchie abzuschaffen oder die Gefühle, die das Volk für die Royals hegt, zu verletzen.

Solche Gefühle sind ebenso real wie paradox. Viele wollen die Monarchie behalten, weil sie einzelne Mitglieder der Königsfamilie mögen. Damit halten sie aber auch an der Erbmonarchie fest, für die es völlig unerheblich ist, ob ein Thronanwärter beliebt ist oder nicht. Aber eben weil die Royals nichts Besonderes leisten müssen, um ihre Stellung zu erlangen, und weil sie sich nahezu nie politisch äußern, kann man sich ihnen nahe fühlen. Sie repräsentieren weder intellektuelle Leistungen noch politische Positionen, mit denen sie sich auseinandersetzen müssten; man kann sie als normale Menschen imaginieren, die nur etwas luxuriöser leben. Studien haben ergeben, dass Unterschiede in Bildung und Beruf oft präziser erkannt und als einschneidender erlebt werden als Unterschiede in Vermögensverhältnissen. So werden die Mitglieder der Königsfamilie in der Fantasie zu Menschen wie du und ich, die sich einfach nur Mühe geben, ihr Leben so gut wie möglich auf die Reihe zu kriegen – auch wenn sie in einem materiellen Überfluss und umgeben von einer Ehrerbietung leben, die sich ein Außenstehender kaum vorstellen kann.

In der Konsequenz, so Nairn, kreidet man allen Kritikern an, etwas gleichzeitig zu Kleines und zu Großes anzugreifen. Einerseits attackieren sie Einzelpersonen, die das Volk als Söhne, Töchter, Ehepartner kennt, als Eltern, die sich um die Erziehung ihrer Kinder bemühen. Andererseits bespuckt die Kritik etwas Erhabenes und Heiliges: die Nation, das Anstandsgefühl. Als Anne 1974 dem Kidnapping-Versuch entgangen war, sprach die *Times* auf der Titelseite von einem Angriff auf den Grundgedanken von Großbritannien. Was noch zehn Jahren zuvor tief erschütternd gewesen wäre, müsse nun als Zeichen in einer von Aufruhr und Terrorismus geprägten Zeit verstanden werden: »Es gibt Menschen, die die Zivilisation hassen, die Feinde des inneren geistigen Wesens unseres nationalen Lebens. Sie hassen uns zutiefst, vor allem aber hassen sie alles Gute in uns.«

Diese Doppelgesichtigkeit kennzeichnet viele Hofberichte. Einerseits wird das Anderssein der Royals hervorgehoben: dass sie strenge, archaische Regeln befolgen müssen, wie sie bedient werden, wie untertänig man ihnen begegnet. In den neunziger Jahren wiederholten zahllose Artikel die Behauptung, Charles lasse sich abends von einem Diener die Zahncreme auf die Bürste drücken, tatsächlich brauchte er eine Zeitlang Hilfe, weil er sich beim Polospiel den Arm gebrochen hatte. Andererseits geht es ständig darum, dass sie *genau so sind wie wir* mit unseren Schwächen und Unarten, deshalb scheint es auch berichtenswert, wenn eine Prinzessin zugenommen hat und ein Prinz glatzköpfig wird. Bei dem einen geht es um das Menschliche und Banale, beim anderen um das Interesse an einer hochgezüchteten Spezies, den seltenen Vögeln im goldenen Käfig.

Nicht nur die echten Royals ziehen neugierige Blicke auf sich. Zu den größten britischen Exportschlagern zählen historische Fernsehdramen über das Inselreich, sei es *Downton Abbey*, seien es Serien um Agatha Christies Detektive Poirot und Miss Marple, Literaturverfilmungen wie *Wiedersehen mit Brideshead* von Evelyn Waugh oder *Stolz und Vorurteil* von Jane Austen und in den letzten Jahren selbstverständlich die überaus erfolgreiche Fernsehserie *The Crown*. Die Zuschauer bekommen Einblicke in den schönen Überfluss geschmackvoll dekorierter Häuser, erleben gehobene Manieren und die entspannte Handhabung tradierter, hochkomplizierter Codes des gesellschaftlichen Lebens, die man nur durch eine privilegierte Erziehung erwirbt. Auch das Vergnügen an solchen Erzählungen ist in gewisser Weise paradox. Man kann den Kopf über ein Gesellschaftssystem schütteln, das Menschen in Ober- und Unterschicht aufteilt und das festschreibt, und dennoch mit Genuss Menschen zusehen, die dieses Maß an kultiviertem Raffinement ebendiesem System verdanken und sich nie hätten aneignen können, wenn sie für ihren Lebensunterhalt hätten kämpfen müssen.

Die fiktionalen Oberschicht-Briten und die Royals der Medienberichte haben eine weitere Gemeinsamkeit: Dank eines Überflusses an Geld, Freizeit und malerischen Anwesen kann es in den Geschichten, deren Hauptpersonen sie sind, ausschließlich um Liebe, Missgunst, Begehren, Komplexe und Ehrgeiz gehen. Das mag in der dargebotenen Form durchaus relevant wirken, schließlich sind das Themen, die auch uns stark beschäftigen – während wir unseren prosaischen Alltagsgeschäften nachgehen.

Doch in Historienfilmen und Fernsehserien über die Royals geht es dem Anschein nach auch um Konflikte, die dem Zuschauer fremd sind. Die Personen leben nicht in einer Leistungsgesellschaft, sie werden in Rollen hineingeboren, die sie weder wollen noch verdient haben. Es stellt sich die Frage, wie sie mit diesem Schicksal umgehen sollen: ausbrechen oder, in aller Regel, hineinwachsen. Man muss werden, wer man ist. Zwei äußerst populäre Kinofilme über die neuere britische Königsfamilie, *The Queen* von 2006 und *The King's Speech* von 2010, zeigen, wie zwei Monarchen – Elizabeth II. und George VI. – in eine Krise geraten und ihre Rolle neu definieren müssen.

The King's Speech handelt von König George VI. und dessen Kampf gegen sein Stottern. Im Film überwindet er das Problem mit Hilfe des australischen Logopäden Lionel Logue und kann am Ende des Filmes fließend eine Radioansprache halten, mit der er das Volk zum Kampf gegen den Nationalsozialismus aufruft. Ich sah den Film 2011 in einem Londoner Kino. Als George am Ende ins Mikrophon sprach und über sich triumphiert, brach das Publikum in lauten Jubel aus und applaudierte. Der Kolumnist des *Economist* hingegen, der sich, nach dem Verfasser des Klassikers *The English Constitution*, Bagehot nennt, sah keinen Grund zum Jubeln. Der Film zeige, dass Ehrerbietung die angemessene Haltung gegenüber den Royals und anderen Vertretern der gesellschaftlichen Elite sei. Auf den ersten Blick vermittle *The King's Speech* einen anderen Eindruck, da der Film alle, die den Wert eines Menschen nach seiner Herkunft und Familie bemessen, als unsympathisch darstelle. Weil Logue die Therapiestunden locker gestalten will, besteht er darauf, den König mit seinem Rufnamen »Bertie« anzusprechen. Doch nachdem sein Patient seine innere Reise abgeschlossen hat, die ihn selbstsicherer, demütiger und bereit zum Kampf gegen das Dritte Reich machte, spricht der seinen Lehrer mit »mein Freund« an, während dieser ihn nun endlich »Eure Majestät« nennt. Bagehot schreibt:

»Die Botschaft könnte nicht deutlicher sein: Erst als der König bewiesen hat, dass er Logue in Sachen Menschlichkeit ebenbürtig ist, hat er sich dessen Ehrerbietung verdient. Triumphierende anschwellende Akkorde verraten, worauf es hinausläuft. Das ist der Moment konservativer Versöhnung: Gefeiert wird die zutiefst britische Doktrin eines meritokratischen Snobismus – die Überzeugung, dass Ehrerbietung dann angemessen ist, wenn man sie sich verdient hat.«

Genau dieser Konflikt – der Wunsch, Ehrerbietung zu zeigen, bei gleichzeitigem Zweifel, ob die handelnden Royals sie verdient haben – riss auf, als das Haus Windsor durch Dianas Tod in eine der größten Prüfungen seiner Geschichte gezwungen wurde.

Zwanzig Jahre zuvor stellte sich die öffentliche Meinung eindeutig gegen alle, die Monarchie und System in Frage stellten, gegen diese jungen, klapperdürren Künstler und Künstlerinnen mit grell gefärbtem Haar und ihrer schrillen Respektlosigkeit gegen alle und alles. Nichts deutet darauf hin, dass sich auch die Queen aufgeregt hat, jedenfalls ist nichts dergleichen nach außen gedrungen. Sie tat, was sie schon oft getan hatte: hielt sich zurück, wartete, ließ die Tür angelehnt. Mit der Zeit versöhnten sich Königin und Punk-Bewegung; nur Jamie Reid, der Künstler hinter dem Plattencover von »God Save the Queen«, wurde nicht milder, sein Blick auf die Institution, die er seinerzeit angriff, ist im Grunde unverändert. 2018 sagte er in einem Interview: »Dass ›God Save the Queen‹ auf Platz eins kam, bewies, dass es gegen das, was vorging, echten Widerstand gab. Aber die Leute an den Schalthebeln der Macht haben dafür gesorgt, dass so etwas nie wieder passiert. Sehen Sie sich die letzte königliche Hochzeit an. Die Berichterstattung durch die Medien war gottverdammtnochmal unfassbar. Es gibt immer noch Dissens, man hört nur nichts mehr davon.«

Aber das Verhältnis zwischen der Ästhetik des Punks und der Monarchie war seit jeher kompliziert. Wenn sich die Sex Pistols und Vivienne Westwood königlicher Insignien bedienten, war das ebenso sehr Besudelung wie Ehrung, es war weniger Ablehnung als Annektierung, es war das Aufpflanzen der anarchistischen Punk-Flagge im Herzen des Königshofes. Ebenso entschieden wie gegen die Monarchie grenzte sich Punk gegen die Rebellen ab, die ihnen vorausgegangen waren: die Rocker. Wo Rock das Authentische feierte, wollte Punk das Künstliche, das zweckfrei Nihilistische. Die zerrissenen Hosen und mit Sicherheitsnadeln zusammengehaltenen Kleider zeugten nicht von Gebrauch und Armut; keiner von denen, die so etwas trugen, war auch in der Nähe einer Kohlengrube gewesen. Sie zogen sich nicht so an, weil sie sich nichts Neues leisten konnten, was durchaus der Haltung entspricht, die die Royals zu ihrer Garderobe haben; auch bei deren Kleidung geht es um das, was sie symbolisiert, und nicht darum, ob sie das wahrhaftige Spiegelbild eigener Erfahrungen ist. Vivienne Westwood hat seither sowohl Prinzessin Eugenie als auch Camilla eingekleidet, ihr wurden im Buckingham Palace zwei königliche Orden verliehen, sie darf sich »Dame« nennen. Als sie 2006 im Schloss den Order of the British Empire entgegennahm, trug sie ein dramatisches graues Kleid mit langem, sehr weitem Rock. Nach der Zeremonie drehte sie im Schlosshof vor den Fotografen eine Pirouette, um zu zeigen, dass sie keine Unterwäsche trug. Niemand sollte glauben, dass sie ganz und gar gezähmt war. Und John Lyndon, der einmal Johnny Rotten hieß und inzwischen ein wohlhabender älterer Herr geworden war, beschwerte sich 2017 in einem Interview mit dem *Daily Telegraph*, dass Obdachlose auf sein Grundstück eingedrungen seien. Er sagte auch, wenn die Königin sterbe, werde er sie vermissen: »Es ist nicht ihre Schuld, dass sie in einem goldenen Käfig geboren wurde. [...] Kann ich mich nochmal verbessern? ›Ich werde sie vermissen‹ klingt etwas unheilvoll, das möchte ich nicht. Möge sie lange leben.«

13

Vernunft und Gefühl

Das große, verzauberte Lächeln, mit dem sie auf den Fotos aus ihrer Verlobungszeit zu Philip hochblickt, die Tränen nach dem Besuch beim sterbenden Herzog von Windsor, die offenkundige Überwältigung und Freude, als sich 1977 zu ihrem silbernen Jubiläumsjahr der Thronbesteigung eine so große Menschenmenge einfand. Die ganze Welt glaubt über die Gefühlslage von Königin Elizabeth Bescheid zu wissen. Schon früh hat sie gelernt, ihre Empfindungen unter allen Umständen zu verbergen.

Aber in den Jahrzehnten ihrer Regentschaft hat auch sie emotionale Höhen und Tiefen erlebt. 1975 starb ihr langjähriger Vertrauter Patrick Plunket, stellvertretender Master of the Household, mit einundfünfzig Jahren nach kurzem Krankenlager an Leberkrebs.

Plunket hatte Elizabeth' Alltag abwechslungsreicher und heiterer gemacht. Er organisierte ihr gesellschaftliches Leben, brachte sie mit Menschen zusammen, die sie unterhaltend und interessant fand, und er kümmerte sich um sie, ohne die Grenzen der königlichen Etikette zu verletzen. Wenn der aufmerksame Plunket sah, dass ein langer Termin sie ermüdete, leitete er das Ende ein; wenn sie bei einem Ball allein saß und einsam wirkte, forderte er sie zum Tanz auf. Er amüsierte sie mit Geschichtchen darüber, was hinter den Kulissen des Hofes passierte. Es heißt, er sei für sie wie ein Bruder gewesen, jemand, mit dem sie offen sprechen konnte. Sie besuchte ihn, sooft sie konnte, im Krankenhaus, sein früher Tod traf sie tief.

Ein Jahr nach seinem Tod war sie immer noch der Meinung, dass ihr Freund aus Kindertagen nicht zu ersetzen war. Sie beteiligte sich an der Finanzierung einer Gedenkstätte für ihn – eines kleinen Pavillons mit vier Säulen an einem Hügel im Park von Windsor Castle. Einige Stufen führen zu einer überdachten Bank, in eine weiße Mauer ist eine Plakette mit Plunkets Namen eingelassen. Hin und wieder saß sie dort und blickte in die Landschaft.

Elizabeth II. neigt nicht dazu, ihre Gefühle in Worte zu fassen – in der Öffentlichkeit nicht und oft auch im Familienkreis nicht. Sie verstummt oder zieht sich zurück; wenn die Emotionen hochkochen und die Welt eine Reaktion von ihr erwartet, wie beim Unglück von Aberfan oder nach Dianas Tod, versteinert sie nahezu. Als Patrick Plunket starb, erhielt seine Familie keinen Kondolenzbrief von der Königin, was diese auch nicht erwartete. Als aber Queen Mums Hunde 1989 einen ihrer Corgis töteten und ein Freund ihr brieflich kondolierte, antwortete Elizabeth mit einem sechsseitigen, gefühlvollen Brief, in dem sie unter anderem betonte, wie wichtig es sei, die Schuld nicht bei den anderen Hunden zu suchen.

Elizabeth hat Hunde von klein auf geliebt. Es scheinen die einzigen Wesen zu sein, die ihre Contenance ins Wanken bringen können.

Untrennbar mit ihr verbunden sind die Corgis mit ihren kurzen Beinen und großen Ohren. 1933, Elizabeth war sieben Jahre alt, schenkte George VI. seinen Töchtern den Corgi Dookie, den ersten eigenen Corgi, eine Hündin namens Susan, bekam sie von ihm zum achtzehnten Geburtstag. Susan wurde die Stammmutter fast aller Corgis, die die Queen über so viele Jahre begleiteten. Darunter waren auch einige »Dorgies«, eine Mischrasse, die auf die Begegnung zwischen einem Corgi der Queen mit einem Dackel ihrer Schwester Margaret zurückgehen soll. Es gab Zeiten, da besaß die Queen zwölf Hunde gleichzeitig, rasches Trippeln kleiner Hundepfoten war im Buckingham Palace das sicherste Zeichen, dass die Königin nahte. Diana beschrieb einmal, dass sie »wie ein bewegter Teppich vor ihr herwogten«.

Die Corgis wurden zu einem Symbol für die Queen. Elizabeth' Privatsekretär Martin Charteris sagte einmal, dass die Queen nicht den Verstand verliere, sei den Corgis zu verdanken.

Wenn einer der Hunde stirbt, bekommt er einen Grabstein mit Geburts- und Todesdatum, oft mit dem Zusatz, er sei ein treuer Gefährte, »a faithful companion«, gewesen. Wenn, wie bei der Queen, der eigene Stammbaum das Leben so entscheidend prägt, liegt ein Interesse für Hundezucht – und in ihrem Fall auch für Pferdezucht – vielleicht nahe. Die Königin hat sich so eingehend mit der Abstammung und der Kreuzung ihrer Hunde beschäftigt, dass es gelegentlich an Sammlermanie erinnert.

»Diese verdammten Hunde! Wozu brauchst du so viele?«, hatte Philip immer wieder moniert, aber auch der Tierpsychologe Roger Mugford sagte ihr 1984, sie habe zu viele Hunde. Kämpfe unter ihnen wurden häufiger, ihre Zahl musste schrumpfen. 2018 starb Willow, der letzte Corgi der Queen, sie trauerte sehr um ihn. Ein Palastangestellter sagte, sie habe um jeden ihrer Hunde getrauert, »aber der Tod von Willow traf sie besonders. Er war die letzte Verbindung zu ihren Eltern und stand für eine Faszination, die in ihrer Kindheit begann. Mit ihm endete eine Ära.« Obwohl es nach Willows Tod zunächst hieß, dass sie nach ihm keinen Hund mehr haben wolle, bekam sie Anfang 2021, wenige Wochen vor Prinz Philips Tod, wieder zwei Corgi-Welpen.

Wer seine Gefühle nicht mitteilen kann, macht es seiner Umgebung schwer, sie zu deuten und zu verstehen. Patrick Plunket kannte die Queen aus gemeinsamen Kindheitstagen, er hatte offenbar ein feines Gespür für ihr jeweiliges Befinden.

Aber ihre Kinder fanden die Kommunikation mit ihr nicht immer einfach, und es ist einem vertrauten Verhältnis vermutlich nicht zuträglich, wenn Tochter und Söhne bei der ersten Begegnung eines Tages grundsätzlich vor ihrer Mutter knicksen oder sich verbeugen müssen – auch wenn Elizabeth diese alte Regel geändert hatte und sie das erst im Erwachsenenalter tun mussten.

Während Charles die Distanz bedauerte, war die selbstständige Anne froh über den Erziehungsstil ihrer Eltern: »Wir durften eigene Wege gehen, wir wurden immer ermuntert, Probleme zu diskutieren und im Gespräch zu klären. Man muss Fehler machen dürfen, das haben sie immer akzeptiert.«

Die Ehe von Anne und Mark wirkte schon nach relativ kurzer Zeit nicht mehr glücklich. Er tat sich mit dem royalen Leben schwer, als Kavallerieoffizier liebte er Aktivität, stundenlanges Stillstehen bei königlichen Terminen war ihm unerträglich, was die durch und durch professionelle Anne nicht verstehen konnte. Sie war entschlusskräftig, wo er zögerte, es gefiel ihr nicht, dass er ihr alle wichtigen Entscheidungen überließ. Er konnte nicht damit umgehen, dass die Presse ihn als einfältig bezeichnete, und litt, wie seinerzeit der selbstsichere Antony Armstrong-Jones, darunter, dass seine königliche Gemahlin das Geld und die Macht hatte. Doch als er am 15. November 1977, dem Tag nach ihrem vierten Hochzeitstag, aus dem Londoner St.-Mary's-Krankenhaus die Königin anrief, war alles eitel Freude. Als Folge des Gesprächs kam die immer äußerst pünktliche Königin zehn Minuten zu spät zu einem offiziellen Vormittagstermin. »Bitte entschuldigen Sie die Verspätung«, sagte sie. »Ich habe gerade eine Nachricht aus dem Krankenhaus bekommen. Meine Tochter hat einen Sohn geboren, und ich bin jetzt Großmutter.«

Elizabeth' erstes Enkelkind, Peter Mark Andrew Phillips, trug als erstes königliches Enkelkind in fünfhundert Jahren keinen Adelstitel. Das soll Annes Wunsch gewesen sein, obwohl die Queen und die Queen Mother einen Titel angemessen gefunden hätten; auch die 1981 geborene Tochter Zara Anne Elizabeth war keine Prinzessin. Die Kinder würden eines Tages einen Beruf ergreifen müssen, und ihre Eltern meinten, dass ein Titel dabei eher Bürde als Nutzen sein würde. Außerdem war es Anne sehr wichtig, dass ihre Kinder nicht auf die Idee verfielen, sie seien besser als andere.

Das Verhältnis zwischen Anne und ihrer Mutter war harmonisch, was vielleicht auch an Annes Selbstständigkeit und Pragmatismus lag, Eigenschaften, die beide Eltern schätzten.

Das Verhältnis zwischen Mutter und Sohn blieb schwierig. Elizabeth hielt immer Kurs, Charles war unentschlossen, abwägend, er war voller Ehrfurcht vor seiner Mutter und wollte doch seinen eigenen Weg finden.

1974 lernte er den südafrikanischen Schriftsteller und Dokumentarfilmer Laurens van der Post kennen. Wie Charles beschäftigte auch er sich mit C. G. Jungs Lehre der Archetypen, mit Mythen und Symbolen, die Menschen über alle Zeiten und Kulturen hinweg verbinden. Er war, wie Charles, überzeugt, dass tiefe Einsichten nur bei Urvölkern und jenseits der modernen Zivilisation zu finden seien. Viele sahen in van der Post einen Scharlatan, seine Bücher über die Kalahari-Wüste fanden bei Fachleuten keine Beachtung. Aber für Charles wurde er zum Mentor.

Die Schulzeit in Australien und die Ruhe, die er dort fand, hatten Charles stark geprägt. Er las Bücher über den Raubbau an unserem Planeten, befasste sich mit Fragen der Nachhaltigkeit und entfernte sich immer weiter von dem Ideal eines Wirtschaftswachstums um jeden Preis. Er hatte ein offenes Ohr für van der Posts Ansicht, dass der Westen ein spirituelles Ödland und nur zu retten sei, wenn er sich der Natur sowie den Mythen und Lebensweisen der Urvölker öffne. Charles ließ sich von van der Posts Ehefrau Ingaret seine Träume deuten. Van der Post sagte zu Charles, da er die Krone vertrete, könne er die Menschen vom »Aberglauben des Intellekts« retten. Etwa um diese Zeit, so Biographin Sally Bedell Smith, begann Charles, seinen Instinkten als wichtigster Erkenntnisquelle zu vertrauen, parallel wuchs seine Skepsis gegenüber der Expertise und dem Fachwissen anderer, was ihm in seinem Leben noch viel Kritik einbringen sollte. Ende der siebziger Jahre begann er auch, angeregt durch seine Freundschaft mit der jungen Schauspielerin Zoe Sallis, an Reinkarnation zu glauben.

Anne nannte die Ideen ihres Bruders »mumbo-jumbo« − Humbug, die Konservativen im Buckingham Palace bezeichneten sie als »über die Maßen schwärmerisch«. Sie hielten auch nichts von Charles' Plan, den »Prince's Trust« zu gründen, was er dennoch 1976 tat. Diese gemeinnützige Organisation sollte sich um Jugendliche kümmern, die lange krank, benachteiligt aufgewachsen, obdachlos oder mit dem Gesetz in Konflikt gekommen waren, und ihnen helfen, ihr Leben zu meistern, Arbeit zu finden und etwas zum gesellschaftlichen Leben beizutragen. Die Stiftung, die er mit seinem Abschiedsgeld von der Navy finanzierte, wuchs rasch und nimmt ihn auch heute noch in Anspruch. Hinter dem Projekt stand von Anfang an Charles' aufrichtiger Wunsch, anderen zu helfen, vielleicht auch die Hoffnung, sein Image als arbeitsscheuer Playboy loszuwerden.

Damit kam er bei den Medien gut an. Die präsentierten ihn damals als Traummann in Marineuniform, immer in Begleitung einer attraktiven Frau, als Fallschirmspringer und Hubschrauberpilot, ein echter Kerl, der eines Tages eine auserwählte junge Frau zum glücklichsten Menschen der Welt machen würde. Seine Vertrauten wussten, dass das alles viel komplizierter war. Da ihm jeder Sinn für Zahlen fehlte, hatte er während der Ausbildung bei der Royal Navy sehr mit der Navigation zu kämpfen, und nicht alle attraktiven Frauen waren wirklich an einer Beziehung mit ihm interessiert. Im Märchen will jedes Mädchen einen Prinzen, in der Realität taxierten die in Frage kommenden blaublütigen jungen Frauen die Lage mit kühlem Blick und kamen zu dem Schluss, dass sie ihre eigenen, durchaus bedeutsamen Privilegien einem royalen Leben im ewigen Rampenlicht vorzogen. Der rührige Dickie Mountbatten hätte gern seine Enkeltochter Amanda Knatchbull als Prinzessin von Wales gesehen. Charles machte ihr 1977 einen halbherzigen Heiratsantrag, doch Amanda wusste, wie eingeschränkt ihr Leben an seiner Seite werden würde, und lehnte ab, was offenkundig weder sie noch Charles sehr tragisch nahmen. Charles verliebte sich schnell und wenn nichts daraus wurde, zog er weiter und verliebte sich gleich wieder. Doch die vielen flüchtigen Begegnungen und der wachsende Druck, eine Ehefrau zu finden, begannen ihn zu belasten, immer häufiger rettete er sich in die Zweisamkeit mit einer Frau, mit der er sich einmal sehr wohl gefühlt hatte: Camilla Parker Bowles.

Camilla war inzwischen Mutter zweier Kinder, Tom und Laura, ihren Ehemann Andrew hatte sie in der Ehe nie allein gehabt. Er nahm das Treuegelübde nicht sehr ernst und war wegen seiner Militärkarriere häufig unterwegs. Camilla und Charles, beide auf ihre Weise frustriert, fanden wieder zusammen. Wenn Camilla Freunde zu Besuch hatte, saß Charles manchmal mit den Kindern auf dem Fußboden vor dem Fernseher; Gäste, die Camilla zum Abendessen eingeladen hatte, sahen ihn in der Küche sitzen und darauf warten, dass sie sich verabschiedeten. Einer sagte, Charles habe gewirkt »wie ein frierendes Kind«.

Damals sollen sich die beiden ernsthaft ineinander verliebt haben. Bald setzten informierte Kreise die Königin davon in Kenntnis, dass ihr Sohn ein Verhältnis mit der Ehefrau eines Offizierskollegen habe. Daraufhin ließ sie Camillas Namen stillschweigend von der königlichen Gästeliste streichen.

Wenn sie ihre Missbilligung ausdrückte, geschah das oft indirekt, gleichwohl deutlich. In den siebziger Jahren erfüllten sie die Ehewünsche ihres Cousins Prinz Michael von Kent, Sohn des Herzogs von Kent und Enkel von George V., mit Sorge. Wieder ging es um Ehescheidung, das alte Gespenst der Familie. Michaels Erwählte war Marie-Christine Troubridge, geborene Freiin von Reibnitz. Sie war nicht nur Katholikin, sondern auch geschieden, der Vatikan hatte die Ehe annulliert. Michael erhielt zwar die königliche Einwilligung zur Heirat, verlor aber seinen Platz in der Thronfolge.

Die neue Prinzessin war alles andere als schüchtern. Sie war über 1,80 m groß, blond, fotogen, energisch und ehrgeizig, nun trug sie, als Gemahlin eines Enkels König Georges V., den Titel »Königliche Hoheit«. In der Königsfamilie war es tabu, mit dem eigenen Status hausieren zu gehen, Prinzessin Michael aber, wie sie nun hieß, spielte ihren neuen Status bei jeder sich bietenden Gelegenheit aus. Bei einem Weihnachtsbesuch auf Schloss Windsor beschwerte sie sich lautstark über die Räumlichkeiten, die man ihr und den Kindern zugeteilt hatte, und sie prahlte, dass sie blaublütiger sei als alle, die in jüngster Zeit in die Königsfamilie eingeheiratet hatten, Prinz Philip ausgenommen. Doch für die Familie war sie einfach »Prinzessin Pushy« oder »die Walküre«, Diana nannte sie nur »der Führer«.

Die geborene Marie-Christine Anna Agnes Hedwig Ida Baronesse von Reibnitz tritt als »Prinzessin Michael von Kent« auf, weil eine Frau als Prinzessin geboren sein muss, um den Titel *Prinzessin* vor ihren Vornamen setzen zu dürfen. Daher ist es im Grunde falsch, Diana als *Prinzessin Diana* zu bezeichnen, der richtige Titel lautete *Prinzessin von Wales*. Alice Montagu-Douglas-Scott, Gemahlin von Elizabeth' Onkel, dem Herzog von Gloucester, nannte sich als Witwe »Prinzessin Alice, Herzogin von Gloucester«. Was jenseits der Palastmauern kaum jemandem auffiel, wurde im Palast mit Bestürzung quittiert, da es bereits eine »Prinzessin Alice« gab: Prinzessin Alice, Gräfin von Athlone, eine Enkeltochter Königin Victorias. Und *diese* Prinzessin Alice beschwerte sich bei dem königlichen Biographen Theo Aronson darüber, dass die andere Alice nicht die Anständigkeit hatte, sich, wie es korrekt gewesen wäre, »Prinzessin Harry« zu nennen.

Die Frauen, die einmal Kate Middleton und Meghan Markle hießen, sind »Prinzessin William« beziehungsweise »Prinzessin Harry« und tragen deren Titel. Einem Prinzen wird in aller Regel bei seiner Hochzeit ein Herzogstitel verliehen, was William zum Herzog von Cambridge und Harry zum Herzog von Sussex machte. Somit bekommen ihre Ehefrauen einen Adelstitel, der nicht an den Vornamen ihres Mannes gebunden ist. Aber da Prinz Michael nie einen anderen Titel hatte – der Herzogstitel des Vaters ging auf seinen Bruder über – hat auch Prinzessin Michael nur den Titel, der mit dem Vornamen ihres Ehemannes verbunden ist.

Die Ausnahme von dieser Regel ist die Prinzessin von Wales, die aufgrund ihrer Ehe mit dem Thronerben in der Rangfolge über den Töchtern eines Monarchen steht. Für Camilla Parker Bowles gilt das allerdings nicht. Sie bekam bei der Hochzeit mit Charles zwar alle seine Titel, nennt sich aber »Herzogin von Cornwall« und nicht »Prinzessin von Wales«, da das noch immer stark mit der verstorbenen Diana assoziiert ist. In der Rangfolge der weiblichen Mitglieder des Königshauses setzte die Queen Camilla an Platz vier, hinter sich selbst und die königlich geborenen Prinzessinnen Anne und Alexandra, die Cousine der Queen.

Das Leben der Royals und somit das Hofprotokoll sind vertikal organisiert, was für Spannungen sorgen kann. Es steht immer außer Zweifel, wer in der Hierarchie über wem steht, und die Queen legt großen Wert darauf, dieses System zu erhalten.

Für sie gibt es einige unveränderliche, über Generationen tradierte Vorgaben, was das *Königliche* ausmacht, und wer Royal wird, ob durch Geburt oder Heirat, muss geschmeidig genug sein, sich diesen Vorgaben anzupassen.

Doch nicht nur Prinzessin Michael von Kent hatte völlig andere Vorstellungen von royaler Würde als die übrige Familie, auch Prinzessin Margaret machte keinen Hehl daraus, dass sie die Normen der Familie offenbar nicht bindend fand. Während Lord Snowdon 1978 Lucy Lindsay-Hogg heiratete und, zumindest dem äußeren Schein nach, in die Wohlanständigkeit einer neuen Ehe abtauchte, trotzten Margaret und Roddy den Konventionen und lebten offen als unverheiratetes Paar zusammen. Der rastlose Roddy wohnte in einem Haus aus dem 17. Jahrhundert in einer ländlichen Wohngemeinschaft, die vor allem aus jungen Aristokraten bestand, die hier auf die Konventionen ihrer Herkunft pfeifen konnten. Sie trugen Kaftane, werkelten im Küchengarten und hatten beste Kontakte zur Kulturelite. Helen Mirren kam häufig zu Besuch, und das tat auch Margaret, die sich von dem Gemeinschaftsgeist so mitreißen ließ, dass sie bei der Küchenarbeit half, mit allen zusammen sang und sich mit einem weiteren Besucher anfreundete: John Phillips von The Mamas and the Papas.

Roddy begleitete Margaret oft und auf deren Kosten nach Mustique. Das Leben dort war in gewisser Weise entgrenzt, Margaret trank über lange Zeit so viel, dass sie im Mai 1978 mit alkoholischer Hepatitis ins Krankenhaus eingeliefert werden musste. Roddy ließ sich von Reportern für Fotos bezahlen und versuchte, seine Nähe zu den Royals mit der Pop-Platte »Roddy« zu versilbern. Die Queen soll etwas in der Art gemurmelt haben, ihre Schwester benehme sich in dieser Beziehung »wie ein Gassenkind«.

Die Queen unternahm aber keine konkreten Schritte, bis Margaret 1980 im Luxushotel The Ritz ihren fünfzigsten Geburtstag nachfeiern wollte. Sie bestand darauf, Roddy zu dem geplanten Dinner mit vierzig Gästen einzuladen, die Queen signalisierte unmissverständlich, dass sie dann nicht kommen werde. Margaret lenkte ein, Roddy kam nach dem Dinner zur anschließenden großen Party.

Die Queen hatte – weil sie die Queen war – die Macht, ihren Willen durchzusetzen, bei dieser Gelegenheit tat sie es. »Ihre Majestät umwehte immer ein Hauch Vito Corleone«, schrieb Autor Craig Brown. Roddy bereitete ihr allerdings nicht mehr lange Kopfzerbrechen, zum Zeitpunkt des erwähnten Geburtstagsfestes hatte er sich schon in eine junge Schriftstellerin namens Tatiana Soskin verliebt, wenig später gestand er Margaret, es gebe in seinem Leben eine andere Frau, die er heiraten werde. Nach dem ersten Schock hakte Margaret ihn ab: »Ich hätte ihn mir sowieso nicht mehr lange leisten können«, sagte sie dem Klatschkolumnisten Nigel Dempster.

Den Geschichten dieser Jahre entnehmen wir, dass die Königin immer selbstsicherer und souveräner wurde, bei familiären Turbulenzen die Ruhe bewahrte, selten eingriff, aber Stellung bezog, wenn ihrer Meinung nach etwas auf dem Spiel stand. Dabei ging es oft um Pflichtbewusstsein, Engagement, Verantwortung für den Fortbestand der Institution, die sie von ihrem geliebten Vater übernommen hatte und die, wie ihre Mutter ihr immer wieder eingeschärft hatte, nahezu heilig war. Doch die größten Sorgen bereitete ihr in der zweiten Hälfte der siebziger Jahre nicht das Privatleben dieser oder jener Prinzessin, sondern der Umstand, dass Charles noch Junggeselle war. Mit siebenundzwanzig Jahren hatte er in einem Interview gesagt, er sehe dreißig als gutes Heiratsalter, und so tauchte rund um seinen dreißigsten Geburtstag im Jahr 1978 in den Medien ständig die Frage auf, wer die Erwählte sein würde. Einer, der das aufmerksam verfolgte, der sah, wie Charles anscheinend von einer zur anderen ging, während er in Wahrheit eine verheiratete und somit unerreichbare Frau liebte, war Onkel Dickie. Im Frühjahr 1979 ermahnte er Charles brieflich, er befinde sich »allmählich auf derselben schiefen Bahn, die das Leben deines Onkels David ruiniert und zu seiner schmachvollen Abdankung und seinem nichtigen Leben danach geführt hat«.

Wie so oft, verfehlten Onkel Dickies Worte ihre Wirkung nicht. Charles schrieb einem Freund: »Das ganze Gerede, dass ich egoistisch sei und von Jahr zu Jahr schlimmer werde, beginnt mir wirklich Sorgen zu machen. Man sagt mir, nur die Ehe könne mich kurieren – vielleicht stimmt es ja!«

14

Das Commonwealth

A m 27. August 1979 machte Dickie Mountbatten auf seinem Sommerlandsitz Schloss Classiebawn an der irischen Nordwestküste Ferien. In einem Shirt mit der Aufschrift *HMS Kelly*, der Name des Zerstörers, dessen Kapitän er während des Krieges gewesen war, versammelte er seine Familie zu einem Angelausflug: Tochter Patricia mit ihrem Ehemann John Knatchbull, deren vierzehnjährige Zwillingssöhne Timothy und Nicholas sowie Knatchbulls Mutter, Schiffsjunge war Paul Maxwell, ein Fünfzehnjähriger aus dem Ort. Sie liefen mit dem Familienboot *Shadow V.* aus und winkten Nachbarn zu, die ebenfalls auf dem Wasser waren. Der Himmel war klar, das Meer ruhig.

Dickie Mountbattens Leben war eng mit Englands Verhältnis zu den von London regierten Ländern verbunden, jenem gewaltigen Empire, das schließlich zu dem weniger fassbaren Commonwealth wurde. Für Elizabeth waren die Beziehungen zu diesen fernen und nicht so fernen Ländern, deren Königin sie war oder noch ist, seit jeher so wichtig, dass so mancher Premierminister staunte, wie engagiert sie sich für die Fortführung des engen Verhältnisses zu den Commonwealth-Ländern einsetzte. Das *Commonwealth of Nations* besteht aktuell aus vierundfünfzig Ländern, die meisten sind ehemalige Kolonien des britischen Empire. Elizabeth ist nicht nur Oberhaupt des Commonwealth, sechzehn Länder erkennen sie zugleich als Staatsoberhaupt an: das Vereinigte Königreich Großbritannien und Nordirland, Antigua und Barbuda, Australien, die Bahamas, Barbados, Belize, Grenada, Jamaika, Kanada, Neuseeland, Papua-Neuguinea, St. Kitts und Nevis, St. Lucia, St. Vincent und die Grenadinen, die Salomonen und Tuvalu. Die Beziehungen unterscheiden sich von Land zu Land und wurden mühsam ausgehandelt, als sich im Laufe der Regentschaften von George VI. und Elizabeth ein Land nach dem anderen vom Empire lossagte und das Verhältnis zu Großbritannien neu definierte. Einer der Geburtshelfer dieses Nationenbundes war Dickie Mountbatten.

England war Ende des 16. Jahrhunderts zur Seemacht aufgestiegen, aber es sollte noch lange dauern, bis die Briten im 19. Jahrhundert von einem Reich sprechen konnten, in dem die Sonne nie untergehe. Anfang des 20. Jahrhunderts lebte ein Drittel der Weltbevölkerung unter britischer Herrschaft.

Die Schöpfer dieses Imperiums hatten sehr unterschiedliche Interessen. Einige segelten Ende des 16., Anfang des 17. Jahrhunderts als Freibeuter in der Karibik und im Atlantik, wo sie spanische und niederländische Schiffe überfielen – mit dem Segen der britischen Regierung, die das als willkommene Hilfe im Wettlauf der konkurrierenden Großmächte sah, sich der neuen Welt zu bemächtigen. Verfolgte Puritaner suchten einen Ort, wo sie in Frieden ihren Glauben praktizieren konnten; Adlige, die als jüngere Söhne weder Grundbesitz noch Vermögen erben würden, wollten irgendwohin, wo sie es zu etwas bringen würden. Seit Ende des 18. Jahrhunderts verfrachtete die britische Regierung zahllose Strafgefangene von englischen Häfen aus nach Australien. Geschäftstüchtige Kaufleute sahen die Chance auf ein Vermögen, wenn sie sich an Gütern der neuen Welt bedienten und Schiffsladungen voll kostbarer Waren nach Hause schickten: Zucker und Tabak aus der Karibik, Seide und Tee aus den östlichen Kolonien. Sklavenhändler brachten im Laufe von zweihundertfünfzig Jahren etwa 3,4 Millionen Menschen über den Atlantik, die auf karibischen und amerikanischen Plantagen als Sklaven arbeiten mussten.

Beim Blick auf die neue Welt ging es im Grunde immer und vor allem um finanziellen Gewinn. Im 17. und 18. Jahrhundert regelten Gesetze, dass der Warenverkehr zwischen England und den Kolonien ausschließlich durch britische Schiffe zu geschehen hatte und die Kolonien nur mit Großbritannien und anderen britischen Kolonien Handel treiben durften. Aus diesem Grund rebellierten die Bürger der dreizehn Kolonien an der amerikanischen Nordostküste gegen das Mutterland, der Konflikt eskalierte und führte zum amerikanischen Unabhängigkeitskrieg, den die Briten verloren. Danach, ab 1783, wandten sie sich verstärkt den östlichen und südlichen Kolonien zu, diese Epoche gilt als »das zweite britische Empire«. Der überwiegende Teil von Indien, ein Flickenteppich aus Völkern und Kleinfürstentümern, wurde von Großbritannien nicht militärisch erobert, sondern *de facto* von der Britischen Ostindien-Kompanie besetzt, die mächtige Handelsgesellschaft schützte ihre Interessen durch ein eigenes Heer aus Diplomaten und Soldaten, das Anfang des 19. Jahrhunderts größer war als das britische. Ihre Verwaltung Indiens führte mit der Zeit aber zu so großen Konflikten, dass die britische Regierung 1858 die Kompanie und damit auch die Verwaltung Indiens übernahm, das zur Kronkolonie wurde. 1877 sorgte Premierminister Benjamin Disraeli dafür, dass Königin Victoria zur Kaiserin von Indien gekrönt wurde; er tat dies vor allem, um deren Gunst zu erlangen – Victoria war hingerissen. Sie begeisterte sich wirklich für alles Indische, aber es hat ihr vermutlich gefallen, dass sie damit im Rang nicht mehr hinter ihrer Tochter zurückstand, die mit dem Hohenzollern-Prinz Friedrich Wilhelm verheiratet war, dem Anwärter auf den deutschen Thron und künftigen Kaiser Friedrich III.

Die Begründung für das Empire legte man sich erst im

Nachhinein zurecht. Die viktorianische Ära war eine Mixtur aus moralischer Erweckung und Nationalstolz über Großbritanniens industriellen und wirtschaftlichen Aufschwung. Die zwingend wirkende Schlussfolgerung war, dass das Empire insbesondere den Kolonien, im Grunde aber der ganzen Welt nütze. Viele britische Kolonialbeamte waren in privaten Internaten auf Werte wie Aufopferung und Loyalität eingeschworen worden, sie sahen sich als Menschen, die ihre persönlichen Vorteile für die größere Sache und den Nutzen der »Eingeborenen« opferten. Lokale Unruhen, die es in den Kolonien ständig gab, wurden von den militärisch überlegenen Briten hart niedergeschlagen und konnten der Überzeugung der Kolonialbeamten, dass sie sich selbstlos zum Besten der Kolonien einsetzten, nichts anhaben.

Weil die Briten ihre Grundsätze von Rechtsstaat und Privateigentum mitbrachten und in den Kolonien auch umsetzten, sahen sie sich nicht nur als Eroberer, sondern als Befreier. Sie bauten Schulen, führten ein modernes Gesundheitssystem und neue Methoden der Polizeiarbeit ein, verboten brutale landesübliche Gebräuche wie die Verbrennung von Witwen auf dem Scheiterhaufen ihres verstorbenen Ehemannes. Das alles aber geschah unter der Maßgabe, dass die Bevölkerung weder über ihre eigenen Lebensbedingungen noch gar über Schritte zur Entwicklung ihres Landes mitbestimmen konnte: Einflussreiche Positionen – wie die eines Offiziers – blieben Einheimischen in aller Regel verwehrt. Für die britische Kolonialmacht waren die Völker der Welt hierarchisch geordnet und an der Spitze dieser Werthierarchie standen selbstredend die Briten. Als der Imperialist, Politiker und Unternehmer Cecil Rhodes seine Vorstellung einer nach »Rassen aufgeteilten Idealwelt« zu Papier brachte, schrieb er über die Briten: »Wir sind die erste Rasse der Welt, je größere Teile der Welt wir bewohnen, umso besser ist es für die Menschheit.« Lord Cromer, Generalkonsul von Ägypten, pflichtete ihm bei, für ihn bestand die Weltbevölkerung aus Briten und »Untertanenrassen«.

Viele Forscher brachen auf, um beispielsweise ihren Beitrag zur Entwicklung der Naturwissenschaften oder der Geographie zu leisten. Sie sahen sich als Pioniere im Dienste des Guten, was sie in den Augen ihrer britischen Mitbürger auch waren: Die Figur des heroischen Entdeckungsreisenden mit Tropenhelm, der sich durch Dschungel und Wüsten kämpfte, um die Grenzen menschlichen Wissens zu erweitern, wurde in der zweiten Hälfte des 19. Jahrhunderts außerordentlich populär. Finanzkräftige Institutionen förderten gefahrvolle Expeditionen, von denen sie sich neben Ruhm und Ehre auch dramatische Berichte in Zeitungen und Zeitschriften versprachen. Kehrte ein Abenteurer nicht lebend zurück, strahlte sein Stern umso heller. Der von Robert Scott zum Beispiel, dessen Südpol-Expedition für ihn und die ganze Mannschaft 1912 tödlich endete.

Für viele der ausgesandten Verwaltungsbeamten, Offiziere und Gouverneure waren die Kolonien düstere, unzivilisierte Landflecken, die man möglichst schnell anglisieren musste. Für andere waren sie das Paradies, friedlich, unberührt von Industrialisierung, Verschmutzung, Raubtierkapitalismus und Individualisierung, von all den Übeln, die Großbritannien so grundlegend verändert hatten; sie wollten eine naturnahe und vorindustrielle Unschuld schützen und die als negativ empfundenen Begleiterscheinungen einer modernen Zeit von ihren »Paradiesen« fernhalten. Manche betonten vor allem die Hierarchie der Ethnien, andere legten größten Wert auf die soziale Hierarchie.

Angehörige der britischen Oberschicht fühlten sich in der Gesellschaft indischer Fürsten, die nicht selten englische Eliteschulen besucht hatten, oft wohler als mit Angehörigen der Arbeiterklasse daheim. 1881 kamen der künftige König

Edward VII., damals noch Prinz von Wales, der hawaiische König Kalākaua und Edwards Schwager Friedrich Wilhelm, deutscher Kronprinz und künftiger Kaiser, bei einem Empfang zusammen. Edward meinte, da er und Friedrich nur Prinzen seien, habe der König den höchsten Rang. Das verärgerte den Kronprinzen, aber Edward sagte: »Entweder ist dieser Unmensch ein König oder ein ganz gewöhnlicher Schwarzer, im letzten Fall hat er hier nichts zu suchen.« Dieser Satz ist die idealtypische Verbindung von unverhohlenem Rassismus und der selbstverständlichen Akzeptanz, dass etwas an Kalākaua wichtiger war als seine Hautfarbe: Er war König.

Zu Beginn des 20. Jahrhunderts war das Empire so riesig und die militärische und diplomatische Personaldecke so dünn geworden, dass die Briten immer häufiger gezwungen waren, die Regierungs- und Verwaltungsaufgaben durch einheimische Häuptlinge und Könige ausführen zu lassen. Sie wurden mit großer Achtung behandelt, mussten aber in allen wichtigen Fragen den Vorgaben der britischen Berater folgen. Nach dem Ersten Weltkrieg, in dem übrigens jeder dritte Soldat des britischen Heeres nicht-britischer Herkunft war, wuchs der Einfluss der Briten im Mittleren Osten; im Grunde regierten sie dort durch Marionettenkönige. Zu jenem Zeitpunkt war das Empire zweigeteilt: Es gab die sogenannten *Dominions*, sich selbst verwaltende Siedlerstaaten, deren Regierungen das britische System im Wesentlichen kopierten und deren Urbevölkerung entweder vertrieben, ermordet oder marginalisiert worden war. Das waren Kanada, Australien, Neuseeland und Südafrika; anfangs wurde auch Irland zu den weitgehend autonomen Staaten gerechnet. Sie wurden in den Zwischenkriegsjahren weitgehend selbstständig, blieben aber unter der britischen Krone. Der Weg der anderen Kolonien in die Unabhängigkeit dauerte länger und gestaltete sich schwieriger. Aber als Elizabeth 1926 geboren wurde, waren noch viele kleine und große Staaten unter der Krone vereint. Als ihr Vater König wurde, wurde er auch Kaiser von Indien.

Der Zweite Weltkrieg veränderte alles. Großbritannien, siegreich, aber bankrott, konnte sich die Verwaltung eines Weltreiches nicht mehr leisten, außerdem wurde die Legitimität des Empires schon länger angezweifelt. Die moderne Arbeiterbewegung war nicht gewillt, die Ausbeutung der Arbeiter in anderen Teilen der Welt hinzunehmen. Die USA, von denen Großbritannien abhängig geworden war, missbilligte die britische Kontrolle über große Teile Asiens und Afrikas. Und in Indien erstarkte die Unabhängigkeitsbewegung unter Jawaharlal Nehrus Kongresspartei und der Friedensbewegung von Mahatma Gandhi, zur gleichen Zeit nahmen nationalistische Strömungen unter indischen Moslems zu. Die Wahrscheinlichkeit eines religiös motivierten Bürgerkrieges wuchs.

In dieser Situation ernannte Premierminister Clement Attlee 1947 Dickie Mountbatten zum erklärtermaßen letzten Vizekönig von Indien. Er beauftragte ihn, die Kolonialherrschaft über das »Kronjuwel des Empire« nach einhundertneunzig Jahren zu beenden und das Land so schnell wie irgend möglich in die Unabhängigkeit zu entlassen. Der Begriff »Commonwealth« war seit dem ausgehenden 19. Jahrhundert für das Verhältnis zwischen Großbritannien und den selbstständigeren Dominions in Gebrauch, gewann aber in der Zeit der indischen Unabhängigkeitsbestrebungen an Bedeutung. Die Hoffnung war, dass durch solch einen Zusammenschluss auch Indiens enge Bindung an England fortbestehen würde und die junge Nation nicht in den sowjetischen Einflussbereich geriet. Mountbattens vielleicht wichtigster Auftrag bestand darin, dafür zu sorgen, dass ein unabhängiges Indien am Ende auf der »richtigen« Seite stand.

Labour-Premier Attlee hatte Mountbatten gewählt, weil dieser einerseits bekanntermaßen mit der Agenda der Linken und dem wachsenden Nationalismus in den Kolonien sympathisierte, andererseits aus dem Hochadel stammte und mit der Königin verwandt war. Während des Empires bezeugten die Briten ihren Respekt vor einer Kolonie immer auf typisch britische Weise: Sie ernannten Angehörige aus dem eigenen Hochadel zu hohen Beamten oder Gouverneuren. Auch Mountbattens Ernennung war als Verbeugung vor Indiens Bedeutung gedacht; es spielte keine Rolle, dass er Indien kaum kannte und wenig über das Land wusste.

Es zeigte sich sehr bald, dass es unmöglich war, Indien in den bisherigen Grenzen zusammenzuhalten, die Teilung in einen moslemischen und einen säkularen Staat mit überwiegend hinduistischer Bevölkerung war unumgänglich. Die Verantwortung für die Grenzziehung zwischen den beiden künftigen Staaten übertrug man dem Juristen Cyril Radcliffe, der noch nie in Indien gewesen war. Dann verlegte Mountbatten das Datum der Unabhängigkeit von März 1948 auf August 1947, er hoffte, die Moslems und die Hindus dadurch zu einer schnelleren Einigung über das Grenzabkommen zwingen zu können. Doch die Ankündigung des Datums bewirkte das Gegenteil: Beide Parteien verzichteten auf weitere Verhandlungen über einen Kompromiss, weil der Tag der Unabhängigkeit kurz bevorstand und es unmöglich schien, die bestehenden Differenzen in der Kürze der Zeit auszuräumen. Dickie Mountbatten war zwar ein Mann rascher Entscheidungen, hier aber wurde er vermutlich von der Sorge über eine rasante Zunahme sektiererischer Gewalt angetrieben. Die Briten wollten das Land verlassen, bevor man ihnen die Schuld an einem Bürgerkrieg geben konnte.

Viele Historiker haben zu Mountbattens Unabhängigkeitsstrategie geforscht, ihr vernichtendes Urteil lautet, dass ihm die Wahrung der britischen Ehre wichtiger war als der Schutz der indischen Bevölkerung. Die Bekanntgabe des genauen

Grenzverlaufes zwischen Indien und dem neuen, moslemischen Staat Pakistan löste bei Hindus und Moslems, die im jeweils »falschen« Land gefangen waren, Panik aus. Etwa zwölf Millionen Menschen verließen ihre Heimat, um im jeweils anderen Land ein neues Zuhause zu suchen, dabei kam es auf beiden Seiten zu blutigen Massakern: Hindus griffen Moslems an, Moslems Hindus. Nach der Unabhängigkeitserklärung starben ein bis zwei Millionen Menschen bei Gewaltexzessen, Pogromen und Vergewaltigungen. Indien war schon vor der Teilung religiös so tief gespalten, dass es vermutlich in jedem Fall zu Gewaltausbrüchen gekommen wäre, aber rückblickend herrscht Einigkeit darüber, dass die überstürzt vorangetriebene Unabhängigkeit die Situation dramatisch verschärfte.

Mountbatten, der bei den Verhandlungen strikte Neutralität wahren musste, soll der indischen Seite zugeneigt gewesen sein. Er mochte Jawaharlal Nehru, der Indiens erster Premierminister werden sollte, Dickies Ehefrau Edwina und Nehru begannen während Mountbattens Zeit in Indien eine Liebesbeziehung, die viele Jahre andauern sollte und von der Mountbatten wusste. Er schrieb an seine Frau: »Ich bin froh, dass du erkannt hast, dass ich von der sehr besonderen Beziehung zwischen Jawaharlal und Dir Kenntnis habe. Ich habe sie immer nachempfinden können. Und das umso leichter, weil ich ihn bewundere und ihm sehr zugeneigt bin, außerdem gehört Eifersucht nicht zu den vielen Lastern, die Gott mir auferlegte.« Edwina Mountbatten starb 1960 und bekam, wie sie es gewünscht hatte, eine Seebestattung vor der Küste Südenglands. Nehru schickte zur Beisetzung eine indische Fregatte, die an der Stelle, wo der Sarg ins Meer versenkt worden war, einen Blumenkranz abwarf.

Indiens Unabhängigkeit läutete unwiderruflich das Ende des Empire ein, das damit über Nacht achtzig Prozent seiner Bevölkerung verlor. Danach konnte anderen Ländern die

Selbstständigkeit nicht mehr verwehrt werden. Indiens Loslösung hatte auch gravierende Konsequenzen für das Königshaus. Die an das Empire geknüpften Verpflichtungen gehörten seit Generationen zu den wichtigsten Aufgaben der Königsfamilie, bei jeder Reiseplanung galt die erste Überlegung den Kolonien. Die Forderung nach einem makellosen Auftreten der Kolonialbeamten wurde auch damit begründet, dass jeder Brite persönlich dafür verantwortlich war, dass die Kolonien nicht den Respekt für das Königshaus und das Empire verloren. König George VI. stemmte sich vehement gegen Indiens Unabhängigkeit, er war völlig überzeugt davon, dass die Inder ihn weiterhin als Kaiser wollten. »Ich habe immer gesagt, dass Indien regiert werden muss & dass das unsere politische Strategie sein muss«, notierte er 1942 in sein Tagebuch. Aber darüber entschied nicht er. Drei Tage nachdem Indien in die Unabhängigkeit entlassen worden war, unterzeichnete er ein Schreiben an seine Mutter, Königin Mary, nicht mehr mit »G. R. I.« – Georgius Rex Imperator – sondern mit »George R.«. Diese vermerkte auf der Umschlagrückseite: »Zum ersten Mal hat Bertie mir einen Brief geschrieben, in dem das I für Kaiser von Indien fehlt, sehr traurig.«

Elizabeth hatte schon als Kind gelernt, wie wichtig das Empire war, Sir Henry Marten hatte sie gelehrt, das *British Empire* als große, unlösbar miteinander verknüpfte Nationenfamilie zu sehen. Ihre erste Auslandsreise führte sie 1947 mit ihrer Familie nach Südafrika, in dem Gelöbnis, das sie dort feierlich in ein Radiomikrophon sprach, schwor sie, ihr Leben dem Empire zu widmen, nicht nur Großbritannien. Die Reise, bei der auch ihre Schwester dabei war, beeindruckte beide Prinzessinnen. Margaret erzählte später, dass sie sich vor dieser Reise vor schwarzen Menschen gefürchtet habe, aber die schwarze Kultur Südafrikas habe sie völlig bezaubert. Dass das überhaupt geschehen würde, war keineswegs selbstverständlich. Südafrikanische Regierungsstellen wollten beispielweise verhindern, dass es zwischen George VI. und den schwarzen Kriegsveteranen, die er mit Medaillen auszeichnen sollte, zu körperlichen Berührungen kam. Der König murmelte etwas von »Gestapo« und meinte damit die weißen Polizisten, die ihn von den anwesenden schwarzen Südafrikanern fernhalten wollten.

In Südafrika hatte es mehrere Kriege zwischen den Buren, den Nachfahren meist niederländischer Siedler, und den britischstämmigen Südafrikanern gegeben, zudem herrschten große Spannungen zwischen den weißen Machthabern und der unterdrückten schwarzen Bevölkerungsmehrheit. London wünschte eine Annäherung von Schwarzen und Weißen, George VI. wusste, dass er 1947 vor allem deswegen dorthin reisen sollte. Das machte ihn gereizt, weil er sich äußerst ungern für politische Manöver missbrauchen ließ, während die Königin − wie immer − professionell und entspannt blieb. Auf die Bemerkung eines feindseligen Buren, er werde den Briten den Sieg über die Buren niemals verzeihen, erwiderte sie mit ihrem strahlendsten Lächeln: »Das verstehe ich gut. So denken wir in Schottland auch.« Doch die Reise verfehlte ihr Ziel: Im Jahr nach der Reise kamen die Nationalisten an die Macht und verabschiedeten strenge Gesetze zur Segregation verschiedener Bevölkerungsgruppen, es folgte die lange Periode der Apartheid.

Im Laufe der fünfziger Jahre wurden mehrere afrikanische Länder unabhängig. Premierminister Macmillan erkannte, dass man die Kolonien aufgeben und sich nicht mehr auf das Empire, sondern den europäischen Markt konzentrieren musste. Im Januar 1960 begann er eine Rundreise durch das südliche Afrika, die mit einer Rede vor dem Parlament in Kapstadt schloss.

Diese Rede sollte als eine der wichtigsten seiner Amtszeit bestehen bleiben: »... am tiefsten hat mich, seit ich London vor einem Monat verlassen habe, die Kraft des afrikanischen Nationalbewusstseins beeindruckt. Es nimmt an verschiedenen Orten unterschiedliche Gestalt an, aber es ist überall. Der Wind der Veränderung weht durch diesen Kontinent. Ob wir es wollen oder nicht, das Anwachsen des Nationalbewusstseins ist eine politische Tatsache. Wir müssen dies als Tatsache akzeptieren und bei unserer nationalen Politik berücksichtigen.«

Das bedeutete konkret, dass die Loyalität der britischen Regierung in den Kolonien nicht mehr der führenden weißen Minderheit galt, sondern der schwarzen Bevölkerung und deren Forderung nach Unabhängigkeit. Die britische Bevölkerung stand keineswegs geschlossen hinter dieser Entscheidung. Viele Mitglieder der konservativen Partei sahen es als Pflicht der britischen Regierung, zu »den Ihren« zu halten, der eingeschworene Imperialist Winston Churchill war entsetzt. Aber Elizabeth II. ließ Macmillan über ihren Privatsekretär wissen, die Rede vom 3. Februar habe sie »sehr interessiert und auch sehr beeindruckt«. Das verdeutlichte, wie weit sich der Blick der vierunddreißigjährigen Monarchin auf das Commonwealth nicht nur von Churchill, sondern auch von ihren Eltern entfernt hatte; ihre Mutter war bis zu ihrem Tod überzeugt, Afrika sei vor die Hunde gegangen, nachdem die Briten so dumm waren, sich zurückzuziehen. Ihre Tochter hingegen hegte damals und hegt bis heute tiefe Sympathien für den schwarzen Nationalismus.

Einige der unabhängig gewordenen Staaten entschieden sich für das Commonwealth, weil sie Vorteile darin sahen, die Verbindung zu Großbritannien durch Handelsabkommen und Bildungsinstitutionen fortzuführen. Dabei spielte Elizabeth als überzeugende und informelle Botschafterin schon früh eine wichtige Rolle. 1960 sollte sie nach Ghana, die ehemalige »Gold Coast Colony« reisen, das 1957 als erste afrikanische Kolonie unabhängig geworden war. Dann aber musste sie den Besuch verschieben, weil sie mit Andrew schwanger war; Dr. Kwame Nkrumah, Ghanas enttäuschter Präsident, wurde als Erster außerhalb der Palastmauern in das Geheimnis eingeweiht.

Wie viele neue Staatsführer der ehemals britischen Kolonien, hatte Nkrumah in Großbritannien studiert und zwar an der London School of Economics. Bevor er Präsident wurde, war er Freiheitskämpfer gewesen, doch dann errichtete er binnen kurzer Zeit ein autoritäres Regime und ließ politische Gegner in Gefängnissen verschwinden. Vor dem angekündigten Besuch der Königin war er durch kommunistische Länder gereist und hatte in flammenden Reden den britischen Imperialismus angeprangert. Macmillan war in Sorge, dass Ghana das Commonwealth verlassen und sich dem Ostblock anschließen könnte. Er wollte die Amerikaner und John F. Kennedy dafür gewinnen, in den Bau des Staudamms am oberen Volta zu investieren, um Ghana als westlichen Alliierten zu behalten. Nkrumah selbst hatte ausdrücklich die Königin als Grund für den Verbleib im Commonwealth genannt. »Es wäre doch schlimm für das Mädchen, wenn wir das Commonwealth verließen«, sagte er zu seinem Sekretär.

Doch die Lage in Ghana war so brisant, dass vielen ein Staatsbesuch zu gefährlich schien. Elizabeth nannte das unsinnig und sagte zu Macmillan: »Ich mache mich doch lächerlich, wenn ich aus Angst Ghana nicht besuche und Chruschtschow dann hinfährt und mit Jubel empfangen wird.«

Im November 1961 holte sie die Reise zusammen mit Prinz Philip nach, in Ghana trafen sie den siebenjährigen Sohn des eingekerkerten Oppositionsführers Joe Appiah, Kwame Appiah, der heute ein namhafter Schriftsteller und Philosoph ist. Aber sie bemühte sich auch um die Beziehung zu Nkrumah. Wieder verglich sie in einer Rede das Commonwealth mit einer Familie: »Lassen Sie uns immer anerkennen, dass die Meinungen anderer Familienangehöriger auch dann ernsthaft und aufrichtig sind, wenn sie nicht mit den unseren übereinstimmen.« Am Abend tanzte sie mit Nkrumah, Fotos, die sie mit strahlendem Lachen zeigen, gingen um die Welt. Bei der südafrikanischen Zeitung *Die Oosterlig* sorgte es für große Verärgerung, mitansehen zu müssen, wie »das ehrwürdige Oberhaupt des einst so mächtigen britischen Empires mit schwarzen Eingeborenen des heidnischen Afrikas tanzt«. Ghanaische Zeitungen konterten, die Queen sei »der größte sozialistische Monarch der Weltgeschichte«. Macmillan rief Kennedy an und sagte: »Ich habe meine Königin riskiert. Jetzt sind Sie mit Ihrem Geld dran.« Der Volta-Staudamm wurde 1965 eingeweiht.

Es gab tiefe Konflikte zwischen den selbstständigen afrikanischen Staaten einerseits, Südafrika und Rhodesien, dem heutigen Simbabwe, andererseits, wo Nachkommen weißer Siedler an der Macht waren, die in ihren Ländern eine kleine Minorität bildeten. Diese Länder sollten der britischen Regierung noch jahrzehntelang Kopfschmerzen bereiten, wegen der innerafrikanischen Spannungen stand das Commonwealth ständig kurz vor der Auflösung.

1961 wurde die Südafrikanische Union zur Republik Südafrika, Elizabeth, die bei der Thronbesteigung auch Königin von Südafrika geworden war, war nicht mehr ihr Staatsoberhaupt. Das republikanische Südafrika wollte Mitglied des Commonwealth bleiben, Pretoria musste den Antrag nach massivem Widerstand der anderen afrikanischen Mitgliedsländer zurückziehen. Drei Jahre später wurde Nelson Mandela wegen Sabotage und der Planung des bewaffneten Kampfes zu lebenslanger Haft verurteilt.

Während man in Südafrika das Verhältnis zu Großbritannien mit dem Verhältnis zur Königsfamilie gleichsetzte, war das in Rhodesien anders. Die britische Regierung, seit Oktober 1964 eine Labour-Regierung unter Harold Wilson, knüpfte die

Unabhängigkeit des Landes an die Bedingung, dass das Mehr-heitswahlrecht eingeführt wurde. Eine von dem Farmer und ehemaligen RAF-Piloten Ian Smith angeführte weiße Minder-heit widersetzte sich, aber die Königin verehrten sie als Symbol des wahren Britentums, als dessen wahre Hüter sie sich selbst sahen. 1965 erklärte Rhodesien einseitig die Unabhängigkeit von Großbritannien, rief aber Elizabeth II. zur Königin von Rhodesien aus. Das eine vom anderen trennen zu wollen war sinnlos, denn Regierung und Krone in London waren sich völ-lig einig. Aber für die Abtrünnigen war das von großer sym-bolischer Bedeutung.

Auf Bitten von Wilson, der gern die Königsfamilie ein-spannte, wenn die Regierung in heiklen Angelegenheiten nicht weiterkam, ersuchte die Queen Smith dringend, sich mit der britischen Regierung um einen Kompromiss zu bemühen. Der Brief ging an die Grenze dessen, was einem britischen Monarchen erlaubt ist, und war so vorsichtig formuliert, dass Smith glaubte, ihn für seine eigene Agenda nutzen zu können: Bei einem Galadinner für Wilson, der den Brief überbracht hatte, las Smith das Schreiben laut vor und rühmte sich der Ehrbezeugung, die diese »fantastische Dame« ihm damit er-wiesen habe. Die Königin zierte weiterhin Briefmarken und Geldscheine, obwohl sie den Titel als Königin von Rhodesien nie angenommen und dem Militärregime des Landes unter-sagt hatte, sich »königlich« zu nennen. Aber weder der Gue-rillakrieg im Inneren noch wirtschaftliche Sanktionen von außen konnten die rhodesische Regierung ins Wanken bringen.

Die Nachbarländer, vor allem Sambia, wandten sich im-mer entschiedener gegen Rhodesien. Sambia war seit 1964 unabhängig, der rhodesische Bürgerkrieg drang über dessen Grenzen und machte das Land zu einem Sammelbecken der Anti-Smith-Kämpfer. Vor der Commonwealth-Konferenz von 1978 im sambischen Lusaka wuchsen die Spannungen, besonders brisant wurde es, als bekannt wurde, dass Smith mit schwarzen rhodesischen Politikern eine Vereinbarung getroffen hatte, auch schwarze Abgeordnete an der Nationalversammlung zu beteiligen. Für die schwarzen Staatsführer Afrikas war das inakzeptabel, die neue britische Premierministerin Margaret Thatcher hingegen wollte sich damit zufriedengeben. Sie hatte nicht die geringste Lust, eine Konferenz mit schwarzen Präsidenten zu besuchen, für die sie der Feind war, außerdem stellte sich angesichts der unsicheren Lage in Lusaka erneut die Frage, ob eine Reise der Königin zu verantworten war. Aber nachdem Heath die Königin 1971, ebenfalls wegen Sicherheitsbedenken, an der Teilnahme der Commonwealth-Konferenz gehindert hatte, war sie fest entschlossen, dieses Mal die Reise anzutreten. Es ging ihr auch darum, die Stellung ihrer Familie in den Ländern zu stärken, die nach ihrem Tod für Charles als ihren König stimmen mussten.

So entstand 1978 eine der äußerst seltenen Situationen, wo die Königin und ihr Premierminister (in diesem Fall ihre Premierministerin) Gegensätzliches wollten und die Königin sich durchsetzte. Denn als die Regierung Thatcher zögerte und unklare Signale aussandte, ging der Buckingham Palace in die Offensive. Dem *Daily Telegraph* wurde die Aussage zugespielt, die Königin habe mehrfach Länder besucht, die nicht gefahrlos seien. Beim jährlichen Gartenfest fiel auf, dass sie »*Wenn* wir nach Lusaka reisen« sagte, nicht »falls«. Schließlich kam vom Buckingham Palace die Verlautbarung, es sei »die feste Absicht« Ihrer Majestät, nach Afrika zu reisen. Und so landeten schließlich eine strahlende, bestens gelaunte Königin und eine wenig begeisterte Premierministerin in Lusaka. In ihrer Rede sagte die Königin, dass alle Menschen gleich seien, was als deutlicher Hieb gegen Rhodesien verstanden wurde, und sie führte mit jedem einzelnen Commonwealth-Führer ein privates Gespräch. Der Historiker Robert Lacey weist darauf hin, dass sie Sambias Präsidenten Kenneth Kaunda damals viel besser kannte, als Margaret Thatcher ihn kannte.

Doch auch Thatcher fand einen gemeinsamen Nenner mit Kenneth Kaunda, beide hatten Zwillinge, und sie tanzten auch miteinander. Thatcher verließ das Land als Befürworterin einer schwarzen Regierung in Rhodesien.

»Es war eine sehr erfolgreiche Konferenz und ich war froh, dass sie da war. Sie kannte alle«, sagte Thatcher später. Es war nicht selbstverständlich, dass die Königin in Lusaka ihre Premierministerin als Verbündete ansah. Elizabeth' Pflichten als britische Monarchin waren (und sind) von ihren Pflichten gegenüber den Commonwealth-Ländern völlig getrennt und unterliegen nicht der Zustimmung der britischen Regierung.

Sir Shridath Ramphal, der 1975 Generalsekretär des Commonwealth of Nations wurde, sagte, die Königin habe – im Gegensatz zu den erfahrenen Vertretern des britischen Außenministeriums – verstanden, »dass dies ein postkoloniales Commonwealth war«. Aber als man Privatsekretär Martin Charteris fragte, warum die Anwesenheit der Königin bei Konferenzen des Commonwealth so wichtig sei, sprach aus seinen Worten deutliche Herablassung: »Wenn sie da ist, verstehen Sie, benehmen sie sich. Das ist, als sei die Nanny da. Oder vielleicht eher die Mama.«

Die Annäherung zwischen Thatcher und den afrikanischen Führern war die Grundlage für das sogenannte Lancaster-House-Abkommen, das die britische Regierung, Ian Smith' Regierung und die »Zimbabwe African National Union – Patriotic Front« im Dezember 1979 in London unterzeichneten. Am 17. April 1980 wurde die ehemalige Kolonie zur Republik Simbabwe, Prinz Charles war bei der Unabhängigkeitszeremonie in Harare anwesend. Auftritte wie die in Ghana und in Sambia zeigen, dass Elizabeth II. in Angelegenheiten des Commonwealth allein durch ihre Anwesenheit den Ausgang politischer Prozesse beeinflussen konnte. Auch sie selbst ist der Ansicht, auf diesem Gebiet Wichtiges erreicht zu haben.

Sich für jeden noch so entlegenen Winkel des ehemaligen Empires zu interessieren wurde von der Pflicht, die es anfangs war, zu einem leidenschaftlichen Anliegen. Mit ihrer Krönung im Jahr 1953 wurde Elizabeth nicht nur Königin des Vereinigten Königreichs, sondern auch Kanadas, Australiens, Neuseelands, Südafrikas, Pakistans und Britisch-Ceylons, ihre Rolle musste (und muss) mit jedem Land einzeln geklärt werden. Die Einschränkungen, denen sie als Königin von Großbritannien unterliegt, gelten nicht für die anderen Länder, denen sie als Monarchin vorsteht, hier kann ihr die britische Regierung keinerlei Weisungen erteilen.

Betrachtet man ihre diplomatische Rolle in den sechziger und siebziger Jahren, so entsteht das Bild einer Monarchin, der es sehr wichtig war, den Präsidenten und Premierministern anderer Länder zuzuhören und ihre Sympathie für deren Wege der Nationenbildung zu bekunden. Sie verstand es, nicht nur mit Nkrumah in Ghana ein Vertrauensverhältnis aufzubauen, sondern auch mit Kaunda in Sambia und Jomo Kenyatta in Kenia. Elizabeth schätzt Direktheit und Entschlossenheit bei ihrem Gegenüber. Diese Eigenschaften hatten Afrikas Freiheitskämpfer in einem Maße, dass Elizabeth' Wille, an ihnen festzuhalten, ihr auch Kritik einbrachte.

Denn mit vielen unabhängig gewordenen Staaten lief es nicht gut. Sie waren im Wesentlichen Rohstoff- und Arbeitskräfte-Lieferanten für die Briten gewesen und verfügten kaum über eigene, starke Institutionen. Die oft willkürlich gezogenen Staatsgrenzen zwängten Stämme und Völker zusammen, die wenig Gemeinsamkeiten hatten, daher misslang in vielen Staaten der Übergang zur Demokratie. Nicht nur in Indien waren die Briten in erstaunlichem Tempo von einem eisernen Regime zu einer überstürzten Dekolonialisierung übergegangen. Aus britischer Sicht schien das eine kluge Taktik zu sein – indem man sich auf die Seite der jungen Staatsgründer stellte, konnte man vor der Welt das Gesicht wahren, mit den neuen Staaten gute Handelsbeziehungen weiterführen und im ehemaligen Empire einen gewissen Einfluss behalten. Aber auf längere Sicht erwies sich das nicht zuletzt in Afrika als verhängnisvolle Strategie. 1987 kam in Simbabwe der frühere Freiheitskämpfer Robert Mugabe nach einem langen Unabhängigkeitskampf an die Macht und errichtete ein diktatorisches Regime, das das Land in Armut stürzte.

Als Idi Amin 1971 in Uganda durch einen Putsch an die Macht kam, war man darüber in London nicht unbedingt traurig. Sein Vorgänger Milton Obote hatte die britische Entscheidung, weiterhin Waffen nach Südafrika zu liefern, scharf kritisiert, und da Amin ehemals Offizier im britischen Heer war, vermutete man in ihm noch einen Funken militärischer Loyalität. Doch schon bei seinem nächsten Besuch im Buckingham Palace vertraute er der Königin an, er plane in Tansania einzumarschieren, worüber sie umgehend das Außenministerium informierte. Amin wurde paranoider, Hunderttausende Ugander bezahlten die Diktatur mit dem Leben, viele starben auf grausamste Weise, indem sie beispielsweise aus Hubschraubern gestoßen oder Krokodilen vorgeworfen wurden. Achtzigtausend Ugander asiatischer Herkunft, die von den Briten ins Land geholt worden waren, dort als Kaufleute lebten und der Mittelschicht angehörten, sollten ausgewiesen werden, achtundzwanzigtausend siedelten auf Einladung von Premier Edward Heath nach Großbritannien über, was zu neuen, hitzig geführten Ausländerdebatten führte. Amin begeisterte sich für Schottland und dessen jahrhundertelangen Kampf gegen die englische Fremdherrschaft. 1975 bat er die Königin, für ihn eine Reise nach Schottland, Irland und Wales zu organisieren, er wolle dort »die Anführer der revolutionären Bewegungen treffen, die gegen die imperialistische Unterdrückung durch England kämpfen«. Ein andermal forderte er sie schriftlich auf, nach Kampala zu kommen, wenn sie »einen echten Mann« treffen wolle. Zu diesem Zeitpunkt schickte sie ihm vermutlich schon keine Weihnachtskarten mehr.

Geschichten wie die von Mugabe und Amin zeugen von der Bedeutung, die der Erhalt des Commonwealth für Großbritannien und die Krone hatte. Simbabwe wurde 2002 ausgeschlossen, aber die meisten Staatsführer konnten, so sie das wollten, ihre Länder zu Steuerparadiesen oder Menschenrechtshöllen – oder zu beidem – machen, ohne allzu schwere Sanktionen befürchten zu müssen. Die Briten wollten ihre Einflusssphäre unter allen Umständen möglichst groß halten, wobei sich im Laufe der Jahre allerdings zeigen sollte, dass es um diesen Einfluss oft nicht gut bestellt ist.

Aber der Glaube an diese Einflusssphäre lebte in der Bevölkerung weiter. Noch lange saßen britische Schulkinder im Unterricht vor Weltkarten, auf denen riesige rote Flächen die Gebiete des Empires markierten. Und noch lange nachdem die letzte Kolonie unabhängig geworden war, sangen sie:

Over the seas there are little brown children,
Fathers and mothers and babies dear.
They do not know there's a Father in Heaven
No one has told them that Christ is near.
Swift let the message go over the water
Telling the children that Christ is near.

Sie lasen weiterhin Bücher über kühne britische Entdecker in den Kolonien, besuchten offizielle Gebäude mit imposanten Statuen von Kolonialherren und farbenfrohen Fresken entlegener exotischer Länder, die einst unter der »Pax Britannica« – dem britischen Frieden – erblühten. 1972 strahlte die BBC eine anspruchsvolle Dokumentarreihe aus, die in einer Haltung kritischer Selbstprüfung die Unterdrückung anderer Völker sowie die vielen Entscheidungen beleuchtete, die von britischem Eigeninteresse bestimmt waren. Im Oberhaus kam es zu empörten Debatten, die Leserbriefspalten der Zeitungen quollen über vor wütenden Kommentaren. Man warf der BBC vor, den Patriotismus der Bevölkerung, und vor allem der jungen Leute, ausradieren zu wollen. Als genüge es nicht, dass Großbritannien das Empire verloren hatte, nun solle ihnen auch der Stolz genommen werden, einmal die Herren der Welt gewesen zu sein. Es gab Kommentare wie: »Ich begreife nicht, was die Serie will, außer, dass wir uns schämen sollen und dass unsere Kinder sich schämen sollen über eine Vergangenheit, die alles andere als ehrlos war.«

Viele empfanden eine Annäherung an Europa als Kniefall. Es hielt sich das Bewusstsein, dass eine andere Welt existiere, in der Großbritannien immer noch eine übergeordnete Position hatte. Und dass sich so viele ehemalige Kolonien aus freien Stücken dem Commonwealth angeschlossen hatten, bestätigte manche in der Überzeugung, dass das Empire im Grunde eine Partnerschaft in gegenseitigem Einverständnis gewesen sei. Bei einer Meinungsumfrage sechs Monate vor der Brexit-Abstimmung meinten dreiundvierzig Prozent der Befragten, das Empire sei eine gute Sache gewesen, nur neunzehn Prozent fanden das nicht. Vierundvierzig Prozent sagten, man könne auf das Empire stolz sein, zweiundzwanzig Prozent verneinten das. Wo es Nostalgie gibt, lassen sich Gefühle und Hoffnungen aktivieren, dass eine verlorene Welt zumindest bis zu einem gewissen Grad wiederauferstehen kann.

In den anderen Dominions verliefen die Loslösungsprozesse weniger problematisch als in den afrikanischen und asiatischen

Ländern. Aber in Kanada, Australien und Neuseeland litt das Verhältnis zur Krone, als mit sinkender Homogenität der Bevölkerung das Gefühl schwand, irgendwie auch Brite zu sein. In Kanada widersetzten sich vor allem die Franko-Kanadier und das katholische Québec. Als die Königin und Prinz Philip 1964 das Land bereisten, war die republikanische Stimmung bei den Québecern so stark, dass viele erklärtermaßen nur darum an Orte kamen, wo das Königspaar auftrat, um ihnen den Rücken zuzuwenden. Das wiederum schürte bei den englischsprachigen Kanadiern, die einer Königin jenseits des großen Teichs ansonsten eher indifferent gegenüberstanden, einen entschlossenen Monarchismus. Prinz Philip, der Kritik am Königshaus grundsätzlich schroff konterte, dachte vielleicht daran, als er 1969, bei einem weiteren Besuch des Landes, Tacheles redete:

Die Monarchie in Kanada hat historische Gründe, sie existiert, weil sie für das Land oder die Nation von Vorteil ist. Sollte eine Nation irgendwann beschließen, dass dieses System nicht mehr hinnehmbar ist, ist es an ihr, das zu verändern. Ich halte es für einen völligen Irrglauben, wenn man annimmt, die Monarchie existiere im Interesse des Monarchen – keinesfalls. Sie existiert im Interesse der Menschen: Wir kommen, um es einmal so zu sagen, nicht unserer Gesundheit wegen hierher. Uns fallen durchaus andere Möglichkeiten ein, uns zu amüsieren.

Die republikanische Stimmung in Kanada wurde nie stark genug, um die Monarchie zu beenden. Der heutige Premierminister Justin Trudeau, der »at Her Majesty's pleasure« dient, erinnert sich, wie er aus der Schule nach Hause laufen und sich umziehen musste, weil die Königin bei seinem Vater,

1 Mai 1926: Albert und
Elizabeth, Herzog und
Herzogin von York,
mit ihrer Erstgeborenen,
Prinzessin Elizabeth.
Zehn Jahre später wurden
sie König George VI.
und Königin Elizabeth,
ihre älteste Tochter
Thronerbin.

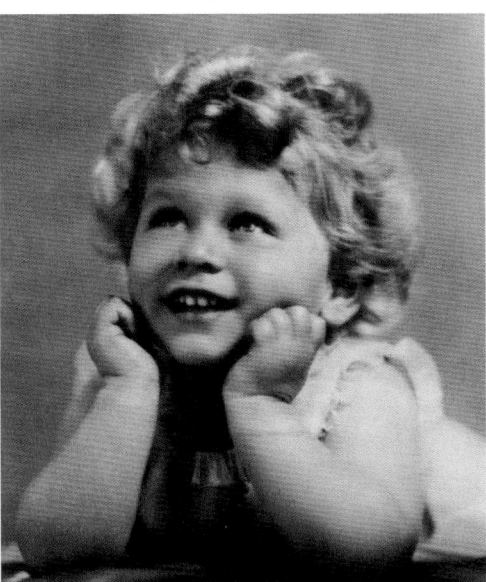

2 1928: Kinderporträt
von Prinzessin Elizabeth
von York, der späteren
Königin Elizabeth II.

3 1933: König George V.,
der Großvater von
Elizabeth II., bereitet
sich in Sandringham,
der königlichen Residenz
in Norfolk, auf eine
Radioansprache vor.

4 1936: König Edward VIII.
war Wallis Simpson ver-
fallen. 1936 dankte er ab,
um sie heiraten zu können.
Sie wurden Herzog und
Herzogin von Windsor.

5 11. Dezember 1936: König Edward VIII. verkündet in einer Radioansprache, dass er auf den Thron verzichten werde, um die Frau heiraten zu können, die er liebt.

6 5. Dezember 1937: Nach der Krönung zum König und zur Königin von Großbritannien zeigen sich König George VI. und Königin Elizabeth dem Volk. In der Mitte: Prinzessin Elizabeth, Königin Mary, die Witwe von König George V., sowie Prinzessin Margaret.

7　10. Oktober 1940: Prinzessin Elizabeth spricht zu Kindern in Großbritannien und im Empire, die vom Krieg betroffen sind, Prinzessin Margaret schaut zu.

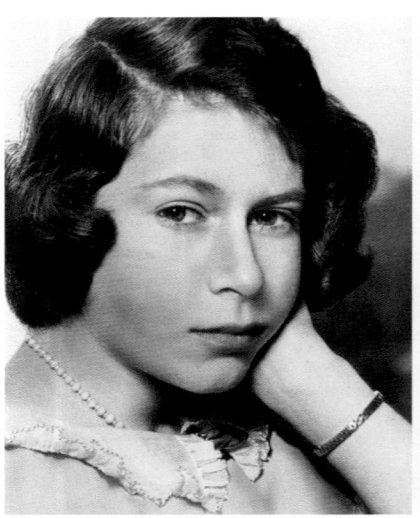

8　22. Juni 1940: Porträt der jungen Prinzessin Elizabeth, aufgenommen in Windsor Castle, wo sie und ihre Schwester die Kriegsjahre verbrachten.

9　21. April 1947: Anlässlich ihres 21. Geburtstags hält Prinzessin Elizabeth in Cape Town eine Radioansprache, in der sie gelobt, ihr Leben Großbritannien und dem britischen Empire zu widmen.

10 1946: Philip und Elizabeth auf Patricia Mountbattens Hochzeitsfest. Philip machte der Prinzessin in diesem Sommer einen Heiratsantrag, den sie annahm.

11 14. November 1947: Prinzessin Elizabeth und Philip, Herzog von Edinburgh, während ihrer Flitterwochen auf Broadlands, dem Anwesen der Mountbatten-Familie in Hampshire.

12 18. November 2007: Königin Elizabeth und der Herzog von Edinburgh kehren aus Anlass ihrer diamantenen Hochzeit nach Broadlands zurück und stellen das sechzig Jahre alte Motiv nach.

13 28. Februar 1947: Prinzessin Elizabeth spielt an Bord der HMS »Vanguard« mit der Mannschaft Fangen.

14 Februar 1952: Die Beisetzung von König George VI. (v.l.): Königin Elizabeth II., Königin Mary und Königin Elizabeth, Witwe von König George VI., die den offiziellen Titel Königinmutter erhielt.

15 Neujahrstag 1955: Prinzessin Margaret bei einem Pferderennen in Kingston, Jamaika.

16 1955: Peter Townsend und Prinzessin Margaret bei einer Südafrika-Reise.

7 1953: Königin Elizabeth und der Herzog von Edinburgh mit ihren beiden ältesten
indern, Prinz Charles und Prinzessin Anne, im schottischen Balmoral.

18 23. März 1950: Winston Churchill begrüßt die Prinzessin.
Der alternde Politiker war von der jungen Elizabeth fasziniert.

19 November 1961:
Königin Elizabeth II.
tanzt bei einem
umstrittenen Ghana-
Besuch mit Präsident
Kwame Nkrumah.

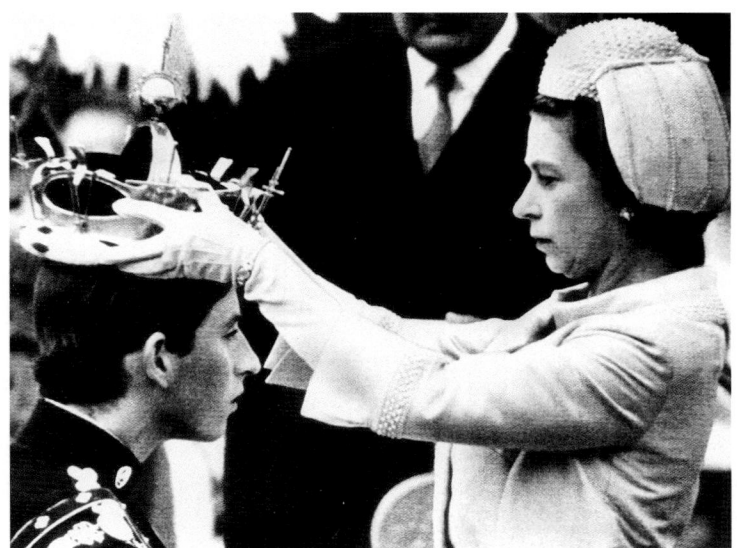

20 Juli 1969: Prinz Charles wird als Prinz von Wales ernannt.
Die Zeremonie wurde im Fernsehen übertragen.

21 August 1972: Elizabeth II. und ihre Familie in Balmoral, dem schottischen
Landsitz, den die Königin sehr schätzt. Von links: Prinz Philip, Königin
Elizabeth, Prinz Andrew, Prinz Edward, Prinzessin Anne und Prinz Charles.

22 April 1970: Prinzessin Margaret und Ehemann Antony Armstrong-Jones, Lord Snowden, bei einem Pferderennen in Badminton.

23 1980: Lady Diana Spencer und Camilla Parker Bowles auf der Pferderennbahn in Ludlow, wo Prinz Charles an einem Rennen teilnahm.

4 29. Juli 1981: Lady Diana Spencer heiratet
rinz Charles in der Londoner St. Paul's Cathedral.
Ian sprach damals von einer »Märchenhochzeit«.

25 August 1981: Prinz Charles
und Prinzessin Diana während
ihrer Flitterwochen in Balmoral.

26 November 1985: John Travolta und Prinzessin Diana bei ihrem berühmten Tanz im Weißen Haus. Im Hintergrund das Präsidentenpaar Nancy und Ronald Reagan.

27 17. September 1982: Prinz Andrew kehrt mit der HMS »Invincible« aus dem Falklandkrieg zurück. Am Hafen von Portsmouth wird er von Königin Elizabeth und Prinz Philip empfangen.

28 Juni 2013: Sophie Rhys-Jones, Gräfin von Wessex, und Prinz Edward,
Graf von Wessex, bei der »Trooping the Colour«-Zeremonie in London.

9 Juni 1987: Sarah, Herzogin von York, und Diana, Prinzessin von Wales,
beim Epsom Derby.

30 1985: Prinzessin Anne und Ehemann Mark Phillips.

31 Juni 1994: Prinzessin Diana in ihrem »Rachekleid« auf dem Weg in die Serpentine Gallery, am selben Abend gestand Charles öffentlich, untreu gewesen zu sein.

32 6. September 1997: Prinz Philip, Prinz William, Charles Graf Spencer, Prinz Harry und Prinz Charles folgen Dianas Sarg zur Westminster Abbey.

33 29. April 2011: Prinz William, Herzog von Cambridge, und Catherine, Herzogin von Cambridge, bei ihrer Hochzeit in der Westminster Abbey.

34 19. Mai 2018: Meghan, Herzogin von Sussex, und Ehemann Harry, Herzog von Sussex, verlassen nach der Trauung die St. George's Chapel auf Windsor Castle.

35 17. April 2021: Prinz Philip, Herzog von Edinburgh, wird in der St. George's Chapel auf Windsor Castle beigesetzt.

36 11. Juni 2021: Königin Elizabeth bei einer Veranstaltung während des G7-Gipfels in St Austell, Cornwall, England.

dem damaligen Premierminister Pierre Trudeau, zu Besuch war.

Der dreizehnjährige Andrew verbrachte auf Wunsch der Queen ein halbes Jahr als Austauschschüler in Kanada, zuvor hatte Charles eine Schule in Australien besucht, Edward später in Neuseeland. Neuseeland ist ein gutes Beispiel, dass es viele Gründe gibt, weshalb ein selbstständiger Staat die Verbindung zum britischen Thron weiterführen möchte. Bei Verhandlungen zwischen den regionalen Regierungen oder Minoritäten und der Regierung des Staates kann die Königin als Vermittlerin oder neutrale Gesprächspartnerin fungieren. Innerhalb der Māori-Gemeinschaft ist die Meinung zum Königshaus geteilt, aber viele offizielle Vertreter der Māori sahen und sehen in der britischen Monarchin eine Garantin ihrer Rechte gegenüber der neuseeländischen Regierung. Grund ist die Interpretation des Vertrages von Waitangi, einem Verfassungsdokument von 1840, das zusichert, dass »die Rechte und das Eigentum der Māori« zu schützen seien. Die Regierung in Wellington zeigte sich mitunter weniger entgegenkommend, Helen Clark, von 1999 bis 2008 Premierministerin und eiserne Republikanerin, nannte die Monarchie »absurd« und weigerte sich 2001, die zu einem Staatsbesuch eintreffende Königin am Flughafen zu empfangen.

Auch Australien ist inzwischen viel weniger britisch, eine Organisation nach der anderen hat das »Royal« aus ihrem Namen gestrichen. Als Gough Whitlam von der Australian Labor Party 1972 zum Premierminister gewählt wurde, ließ er verlauten, dass die Zeiten der Monarchie in seinem Heimatland ihrem Ende entgegengingen, es gab schon Pläne, in Australien auf das Absingen von »God Save the Queen« zu verzichten. Dann wurde Whitlam nach Windsor Castle eingeladen und brachte in einem gewaltigen Koffer sein Geschenk für die Königin mit: eine riesengroße Schaffelldecke.

Nach einem langen Bankett mit viel Wein wurde die Tischgesellschaft, so haben es mehrere Anwesende beschrieben, gesprächig und ein wenig albern. Die Queen scherzte, der Koffer sei so groß, dass sie vermutlich hineinpasse, Whitlam versuchte, sie in die Decke einzuhüllen. Privatsekretär Martin Charteris sagte später:

»Weder die Königin noch ich wussten, ob Whitlam die Absicht hatte, die Republik auszurufen. Aber an diesem Abend legte sie es auf ihn an. Sie saß vor ihm auf dem Fell, streichelte es, schwärmte, wie wunderbar es sei. Ganz gezielt hat sie ihre Weiblichkeit eingesetzt. Ich war sprachlos.« Und Whitlam erklärte später: »Nun, wenn das ihre Art ist, soll es mir recht sein.« Dem Elizabeth-Biographen Graham Turner sagte er, als er Elizabeth zum ersten Mal gegenüberstand, hätte er an eine andere erste Begegnung denken müssen, die zwischen Mark Anton und Kleopatra. Vielleicht wusste er nicht, dass Kleopatra die Unabhängigkeit ihres Reiches schützte, indem sie im Umgang mit mächtigen Männern ihre sexuelle Ausstrahlung strategisch einsetzte.

Doch 1975, als das australische Parlament in einer Regierungskrise handlungsunfähig schien, entließ der offizielle Repräsentant der Königin, Generalgouverneur Sir John Kerr, Premier Whitlam, ohne die Königin zuvor informiert zu haben. Das verfassungsrechtlich fragwürdige Vorgehen verspielte in der Bevölkerung viel Wohlwollen für die Krone und schwächte deren Stellung in Australien.

Als 1991 der Labour-Politiker Paul Keating australischer Premierminister wurde, versuchte die Queen, auch ihn zu charmieren, allerdings diskreter. Der Republikaner Keating wollte mit allem Britischen in Australien abschließen, auch sollten die Union-Jack-Kreuze aus der Flagge verschwinden. Die Initiative scheiterte zwar, doch wegen der Seifenopern, die die Königskinder aufführten, war die Monarchie in den neunziger Jahren ziemlich unpopulär. Bei ihrem Australien-Besuch im folgenden Jahr aber verblüffte Elizabeth Keating in einem vertraulichen Gespräch mit der Bemerkung, sie wisse, dass in Australien vierundfünfzig Nationalitäten lebten und es nur eine Frage der Zeit sei, wann sie überflüssig werde. Sie habe nur die Bitte an ihn, sie rechtzeitig zu informieren: »Sie lassen es mich wissen, nicht wahr?« Bei einer Abstimmung am 6. November 1999 war eine knappe Mehrheit für die Beibehaltung der Monarchie, was viele, nicht zuletzt die Windsor-Familie, überraschte. Das Ergebnis war eventuell auch darauf zurückzuführen, dass die vorgeschlagenen Alternativen wenig durchdacht und die Kandidaten für das Amt des Staatsoberhauptes samt und sonders unbeliebt waren.

Während Großbritannien in den siebziger Jahren frühere Kolonien hofieren und ehemalige Dominions bei Laune halten musste, brodelte es auch im eigenen Land. Elizabeth begegnete dem erstarkenden schottischen Nationalismus mit einer Deutlichkeit, die man von ihr nicht kannte und die daher für Aufsehen sorgte. 1977 sagte sie in ihrer Rede im Parlament anlässlich ihres silbernen Thronjubiläums:

»Ich kann nicht vergessen, dass ich zur Königin des Vereinigten Königreichs Großbritannien und Nordirland gekrönt wurde. Dieses Jubiläum ist vielleicht der richtige Zeitpunkt, um uns daran zu erinnern, welche Vorteile die Union, im eigenen Land und in unseren internationalen Beziehungen, den Bewohnern aller Teile dieses Vereinigten Königreichs beschert hat.«

Doch die größte Sorge galt nicht Schottland, sondern Irland, das seit Jahrhunderten und somit länger als jede andere ehemalige Kolonie unter britischer Oberherrschaft lebte. Es hatte den Widerstand gegen die Engländer mit Kriegen und Hungersnöten bezahlt, es gab zahllose Gründe, warum man den Feind in London sah. Die Engländer konnten zwar den irischen

Osteraufstand von 1916 brutal niederschlagen, aber sie wussten, dass sie das Land auch mit Gewalt nicht mehr lange würden halten können. 1921 bekam Irland den Dominion-Status mit einem hohen Maß innenpolitischer Eigenständigkeit. Da aber die mehrheitlich protestantische Bevölkerung der sechs nordirischen Grafschaften um ihre Rechte fürchtete, falls sie Teil des katholischen Irlands würde, wurde Irland geteilt. Der südliche Teil wurde 1949 zur Republik und trat aus dem Commonwealth aus, der nördliche Teil blieb bei London.

Die Konflikte zwischen Katholiken und Protestanten in Nordirland eskalierten rasch zu bürgerkriegsähnlichen Zuständen, so blieb es viele Jahrzehnte lang. Die Katholiken kämpften für die Vereinigung mit der Republik Irland, die Protestanten fürchteten – ähnlich wie die weißen Farmer in Rhodesien –, ohne die Unterstützung Englands allein einer aufgebrachten Mehrheit gegenüberzustehen, die in einem vereinten Irland katholisch wäre. Anfang der siebziger Jahre erreichten die als »The Troubles« bezeichneten Gewalthandlungen einen neuen Höhepunkt, in Belfast detonierten regelmäßig Bomben, Jahr für Jahr starben Hunderte von Menschen, die Belfaster waren so traumatisiert, dass der Journalist Kevin Myers sie »klinisch geisteskrank« nannte. Ab 1974 wählte die Provisorische Irisch-Republikanische Armee IRA für ihre Terrorakte englische Ziele, weil sie zu der Einsicht gelangt war, dass die Briten sich von irischen Leichen nicht genug beeindrucken ließen.

Das war die politische Lage, als Dickie Mountbatten und seine Familie im August 1979 zum Angeln aufbrachen. Sie hatten sich noch nicht weit vom Ufer entfernt, als ein Sprengsatz explodierte, den IRA-Terroristen im Boot versteckt hatten und der von Land per Fernzündung ausgelöst wurde. Mountbatten, sein vierzehnjähriger Enkelsohn Nicholas und der Schiffsjunge Paul Maxwell waren sofort tot. Die anderen Beteiligten wurden schwer verletzt, Lord Brabournes Mutter starb wenig später.

Die Königsfamilie machte in Balmoral Sommerferien und lud Nicholas' Zwillingsbruder Timothy dorthin ein. Seine Angehörigen waren noch im Krankenhaus, er kam mit seiner Schwester Amanda, jener Enkelin von Dickie Mountbatten, die er so gern mit Charles verkuppelt hätte. »Wir wollten uns mucksmäuschenstill auf unsere Zimmer schleichen«, berichtete er, »als die Königin den Korridor entlangkam. Sie wirkte wie eine Entenmutter, die ihre Küken um sich schart.« Die Geschwister bekamen Tee und etwas zu essen, dann begleitete die Königin sie in ihre Zimmer und begann, ihre Koffer auszupacken.

»Sie war fürsorglich, feinfühlig und intuitiv«, sagte er später. »Sie fragte mich nicht aus. Sie versteht es großartig, ihre Ohren wie Magnete einzusetzen und Menschen zum Reden zu bringen. Ich sprach mit ihr, wie ich es vorher nicht konnte, sagte Dinge, die andere nicht aus mir herausbekommen hatten.«

Der Anschlag machte Lord Mountbatten zum Märtyrer und verlieh seiner Beisetzung, die der selbstbewusste alte Mann schon Jahre zuvor in allen Einzelheiten geplant hatte, den Glanz des Heroischen. Er bekam das Staatsbegräbnis eines Volkshelden mit Soldaten und Ehrengarden aus mehreren Ländern; Mountbattens Pferd Dolly wurde mitgeführt, Mountbattens Stiefel steckten umgekehrt in den Steigbügeln. Die Beisetzung wurde im Fernsehen übertragen, Tausende Menschen standen am Straßenrand, als der Sarg in die Westminster Abbey gefahren wurde.

Paradoxerweise hatte die IRA das englische Establishment ins Herz treffen wollen und dafür jemanden gewählt, den sie schwerlich als ihren Feind bezeichnen konnten. Im Einklang mit seiner lange gehegten, romantischen Liebe für nationale

Unabhängigkeitskämpfer hatte Mountbatten die Iren und ihre schwierige Lage viel wohlwollender beurteilt als viele Briten. Einem irischen Diplomaten hatte er anvertraut, er sehe keine andere Lösung als Irlands Wiedervereinigung. Als Ruairí Ó Brádaigh, ehemals Führer der nationalistischen nordirischen Partei Sinn Fein, hörte, dass Mountbatten im Grunde ein Unterstützer gewesen war, kommentierte er das mit: »Ich wünschte, er hätte das öffentlich gesagt.«

David Cannadine schreibt: »Wie so oft, wählte die IRA das falsche Opfer: Sie glaubten, das letzte Symbol des Großen Britanniens ermordet zu haben, während sie in Wahrheit den wichtigsten Baumeister von Klein-England getötet hatten.«

In die Königsfamilie riss Mountbattens Tod eine gewaltige Lücke. Elizabeth, die sich hinter seinem Rücken mitunter ein wenig über die Eitelkeiten und ehrgeizigen Ziele ihres Schwiegeronkels mokierte, war tief getroffen. Prinzessin Margaret bezeichnete die Iren öffentlich als Schweine. Am härtesten traf es vermutlich Charles, der seinem »Großvater ehrenhalber« viele Jahre lang alle Kümmernisse und Sorgen anvertraut hatte. Er kam bleich und wie erstarrt zum Trauergottesdienst in die Kathedrale. Unmittelbar, nachdem er von dem Terrorakt erfahren hatte, schrieb er in sein Tagebuch:

»Viele Gefühle befallen mich – Verzweiflung, Unglaube, eine entsetzliche Taubheit, sofort gefolgt von dem wütenden, mächtigen Drang, dafür zu sorgen, dass mit der IRA etwas unternommen wird [...]. Ich habe einen Menschen verloren, der in meinem Leben etwas unendlich Besonderes war; der eine ungeheure Zuneigung zeigte; der mir unangenehme Dinge sagte, die ich nicht besonders gern hören wollte, der Lob aussprach, wo es angebracht war, genauso aber auch Kritik; bei dem ich wusste, das ich ihm alles anvertrauen konnte, und von dem ich die klügsten Hinweise und Ratschläge erhalten würde. Auf irgendeine außergewöhnliche Weise vereinte er in sich

Großvater, Großonkel, Vater, Bruder und Freund. Ich werde mein Leben lang dankbar sein für das Glück, dass ich ihn so lange behalten durfte.«

Als er im Juli 1980, kein Jahr nach dem Terroranschlag, zu einem Fest nach Sussex eingeladen wurde, war er immer noch von dem Verlust gezeichnet. Am Abend des Festes fand er sich, auf einem Heuballen sitzend, neben einer aschblonden jungen Frau wieder, die unverwandt zu ihm aufsah.

»Du hast bei der Beisetzung von Mountbatten so traurig gewirkt«, sagte sie. »Das war das Traurigste, was ich je gesehen habe. Mir hat das Herz geblutet. Ich habe deine Einsamkeit gespürt und gedacht, dass sich jemand um dich kümmern sollte.«

Charles wandte sich zu ihr hin und blickte in die großen Augen der neunzehnjährigen Lady Diana Spencer.

15

Eine Braut für den Thronfolger

Rückblickend wirkt die Entwicklung von Geschichten mit unglücklichem Ende oft zwingend. Wer die Geschichte der Hochzeit von Prinz Charles und Prinzessin Diana erzählt, kann nie ausblenden, was danach geschah: die bittere Trennung, die öffentlichen Fehden, der Unfalltod. Und es ist seit jeher ein beliebtes Spiel, am Beginn einer Geschichte nach Gründen zu suchen, warum sie so und nicht anders weiterging; wer die Verantwortung für das Desaster der Ehe bei Charles beziehungsweise Diana sieht, wird nach Belegen suchen, die den eigenen Standpunkt erhärten. Nach Erklärungen zu suchen, wie es zu dieser Verbindung kam und warum sie scheiterte, ist nicht nur in Großbritannien eine Art Volkssport.

Wer sich auf die Suche nach den Anfängen der meistdiskutierten, von zahllosen Skandalen begleiteten Scheidung der neunziger Jahre begibt, könnte am 1. Juni 1954 beginnen. An diesem Tag wurde, mit großem Pomp und in Anwesenheit der Königsfamilie, eine andere unglückliche Ehe geschlossen: Die achtzehnjährige Frances Burke Roche, Tochter von Maurice Roche, dem vierten Baron Fermoy, heiratete den dreißigjährigen Edward John »Johnnie« Spencer, Sohn des siebten Earl Spencer und Erbe des Landguts Althorp. Als die beiden sich bei einem Ball kennenlernten, war Spencer inoffiziell mit Lady Anne Coke verlobt, auch sie aus bester Familie. Doch Frances' ehrgeizige Mutter Ruth sah darin kein Hindernis, sie sorgte dafür, dass Johnnie bei verschiedenen gesellschaftlichen Ereignissen immer wieder auf Frances traf, die große, ausdrucksvolle Augen und viel Sinn für Humor hatte. Spencer bevorzugte sein Leben lang resolute Frauen, vielleicht um eigene Mängel zu kompensieren. Er machte Schluss mit Lady Anne, was diese offenbar recht gut verschmerzte, denn sie heiratete zwei Jahre später Prinzessin Margarets Freund Colin Tennant – das war die Hochzeit, bei der Antony Armstrong-Jones zu seiner Verbitterung den Dienstboteneingang benutzen musste.

Johnnies und Frances' Hochzeit gehörte zu den Society-Events des Jahres 1954. Er war hochgewachsen, gutaussehend und Erbe eines großen Anwesens, man munkelte, die junge Prinzessin Elizabeth und er hätten einmal auf bemerkenswert gutem Fuße miteinander gestanden, es habe einen flirtenden Briefwechsel gegeben und er hätte durchaus – wäre da nicht der alles überschattende Philip ... Solche Gerüchte erhöhten seine Attraktivität, und Frances war alles, was eine Braut dieser Gesellschaftsschicht sein musste: schön, vornehm, blutjung und offenkundig verliebt.

Ihre Mutter Lady Fermoy hatte schon den eigenen sozialen Aufstieg präzise geplant. Sie war als Ruth Gill zur Welt gekommen, der Vater war schottischer Offizier, sie hatte am Musikkonservatorium in Paris studiert und verdiente ihr Geld als Konzertpianistin. Irgendwann lernte sie den dreiundzwanzig Jahre älteren Francis Burke Roche kennen, Sohn von Baron Fermoy, und ließ sich von ihm hofieren. Doch dann traf sie Francis' Zwillingsbruder Maurice, der als Erstgeborener den Barontitel geerbt hatte. Ruth übertrug ihre Gefühle mit großer Geschmeidigkeit auf den älteren Bruder und heiratete ihn 1931.

Das Paar war mit König George VI. und seiner Gemahlin befreundet, als diese noch Herzog und Herzogin von York waren, und stand in der Abdankungskrise loyal zu ihnen. Die Herzogin von York und Lady Fermoy waren sich in ihrer Verdammung von Ehescheidungen generell und über die von Wallis

Simpson im Besonderen einig. Als George und Elizabeth zum britischen Königspaar wurden, bedeutete das auch für ihre Freunde, die Fermoys, einen sozialen Aufstieg, Ruth Fermoy gehörte ihr Leben lang zum engsten Kreis der Hofdamen um die spätere Queen Mother.

Johnnie Spencers Familie war schon 1461 reich genug, um dem König Geld leihen zu können. Einer der tüchtigsten Sprosse wurde von Henry VIII. geadelt und erbaute 1508 den Familienstammsitz Althorp. Aber das Verhältnis zur Krone wurde bald schwierig: Johnnie stammte in direkter Linie von Robert Spencer, Graf von Sunderland, ab; der mächtige Whig-Lord hatte führend dabei mitgewirkt, erst den katholischen König James II. aus dem Land zu vertreiben und dann, 1688, Wilhelm von Oranien auf den Thron zu hieven. 1693 zwang er den neuen König, den Großteil seiner Macht an die Whig zu übertragen, vorangegangen war ein Treffen der einflussreichsten Whig-Anführer just auf Althorp. Die Familie hatte auch maßgeblichen Einfluss auf die Wahl des ersten Königs aus dem Haus Hannover, der Protestant George I. wurde Monarch, weil alle anderen Thronanwärter katholisch waren. Wenn sich die Spencers vor dem König verneigten oder vor ihm knicksten, taten sie das als Untertanen, aber auch in dem Bewusstsein, dass er den Thron im Grunde ihnen verdankte. Sehr viel später, nach dem Scheitern der Ehe mit Charles, nannte Diana ihre Schwiegerfamilie »the Germans«.

Sowohl Diana als auch die Queen Mother waren königliche Bräute aus aristokratischen Familien, aber sie lebten ihre Rolle sehr verschieden. Niemand unterstützte die Monarchie loyaler als die Königinmutter, ihr Leben lang bemühte sie sich um deren Schutz, tat alles, damit die Institution, der sie durch Heirat angehörte, respektiert wurde und ungefährdet weiterexistieren konnte. Diana war schon früh eine Rebellin. Der Historiker Ben Pimlott führt als möglichen Grund für den

Unterschied zwischen ihnen an, dass die Königinmutter aus einer Tory-, Diana aus einer Whig-Familie stammte. Die Torys verstanden sich seit jeher als Unterstützer der Monarchie und Wahrer der Tradition, während die Whig die Monarchie kritisch sahen, sie wollten vor allem ihre eigene Unabhängigkeit und ihren Einfluss stärken. Sollte an diesen Traditionen etwas dran sein, passt es, dass sich die Whig-Braut entschieden wehrte, in Reih und Glied zu gehen.

Auch wenn Johnnie Spencer auf viele Generationen selbstbewusster Ahnen zurückblicken konnte, war er ein volksnaher Mann, der, was in dem klassenbewussten Großbritannien durchaus ungewöhnlich war, mit allen, die er traf, auf gleiche Weise sprach. Es war leicht, ihn zu mögen, leicht, ein Gespräch mit ihm zu führen. Sein Charme kaschierte die Tatsache, dass seine Militärkarriere stagnierte, weil seine Vorgesetzten ihn für etwas beschränkt hielten, außerdem war er sehr launisch. Lernen lag ihm nicht, er verstand sich nicht auf Geld und interessierte sich vor allem für die Jagd und die Amateurfotografie. Freunde der Familie meinten, Johnnie sei gehemmt, weil sein Vater Jack Spencer, der siebte Graf, ihn unterdrückt habe. Von diesem Erzsnob ist die Äußerung überliefert, er wolle in keinem Haus Gast sein, wo Fisch mit Fischbesteck gegessen werde, das sei »so Mittelschicht«. Vor allem aber war er ein Tyrann, der seine Kinder und seine Frau Cynthia Spencer schikanierte. Cynthias Langmut soll engelsgleich gewesen sein, sie widmete viel Zeit der wohltätigen Arbeit mit Bedürftigen in den Ortschaften um Althorp. Enkeltochter Diana liebte Cynthia; sie war bei ihrem Tod elf Jahre alt und sagte später, ihre Großmutter begleite sie bei allem, was sie tue, aus dem Jenseits.

Cynthias Schwiegertochter Frances war urban, extrovertiert und vielseitig interessiert. Sie und ihr Ehemann lebten sich schnell und unwiderruflich auseinander, das Leben in der konservativen, ländlichen Spencer-Familie machte Frances ruhelos. Das Paar bekam 1955 und 1957 zwei Töchter, Sarah und Jane, aber es fehlte ein männlicher Erbe, der Titel und Besitz übernehmen würde. Im Januar 1960 brachte Frances einen Sohn zur Welt, der sofort aus dem Raum getragen wurde, bevor sie ihn auch nur gesehen hatte. Sie blieb allein zurück, wusste nicht, was geschehen war, hörte vor der Tür gedämpfte Stimmen, darunter die ihrer Mutter und ihres Ehemannes. Später erfuhr sie, dass das Kind mit schweren Behinderungen zur Welt gekommen war und nur zehn Stunden lebte. Im Alter erzählte sie ihrem Biographen, wie furchtbar es gewesen sei, den toten Sohn weder sehen noch im Arm halten zu dürfen.

Sie war überzeugt, dass ihre Mutter und ihr Mann ihr die Schuld dafür gaben, dass sie keine Söhne gebar. Johnnie schickte sie nach London zu Fertilitätsspezialisten, sie sollten feststellen, was mit ihr nicht in Ordnung war. Als sie wieder schwanger wurde, wagte sie nicht, ihrem Mann davon zu erzählen. Diese Schwangerschaft endete mit einem Spontanabort, doch die nächste verlief normal, am 1. Juli 1961 wurde Diana Frances Spencer im Park House auf dem Gelände von Schloss Sandringham geboren, die Familie hatte das Anwesen von der britischen Monarchin angemietet. Die jüngste Spencer-Tochter hatte ihr Leben lang Schuldgefühle, weil sie kein Junge war. Sie wusste nur zu gut, dass sie nicht gezeugt worden wäre, wenn der Bruder überlebt hätte, und befürchtete, eine Enttäuschung für ihre Eltern zu sein.

1964 kam mit dem fünften Kind der ersehnte männliche Erbe, Charles Spencer. Aber die Ehe war zerrüttet. Das Paar schrie sich an, Diana erinnerte sich, dass ihr Vater ihre Mutter einmal ohrfeigte. Dann lernte Frances Peter Shand Kydd kennen, den schwerreichen Erben einer Tapetenfabrik, und wo Ehemann Johnnie unsicher, aufbrausend und ans Landleben gebunden war, war Peter gesellig, unterhaltsam und weltgewandt. Sie waren über beide Ohren verliebt, Frances wollte die Scheidung, um Peter zu heiraten. Johnnie war in dem Glauben erzogen, dass eine Ehe niemals und unter keinen Umständen auflösbar sei, hinzu kam, dass eine Scheidung alle Beteiligten gesellschaftlich schwer beschädigte. Es folgte ein langer und erbitterter Sorgerechtsstreit, am Ende kamen die vier Kinder zum Vater. Dabei spielte wohl eine Rolle, dass sich Lady Fermoy beim Prozess auf Johnnies Seite schlug und gegen ihre eigene Tochter aussagte.

Vielleicht wollte Ruth Fermoy, dass ihre Enkelkinder beim vornehmeren Elternteil aufwuchsen und mit dem Vater auf den Herrensitz Althorp umzogen. Vielleicht fand sie wirklich, dass ihre Tochter mit dem Wunsch nach Scheidung zu weit gegangen war. In ihrer Gesellschaftsschicht verursachte eine Affäre − sobald für Erben gesorgt war − höchstens ein diskretes Schulterzucken, eine Scheidung hingegen war ein Skandal. Ruth Fermoy kannte die Spielregeln: Ihr Ehemann Maurice hatte kurze und lange Nebenbeziehungen und vermutlich zwei außereheliche Kinder.

Für Diana war die Scheidung ihrer Eltern ein schwerer Schlag. Als Erwachsene erzählte sie, dass sie oft nicht schlafen konnte, weil sie sich nach der Mutter sehnte und den kleinen Bruder Charles weinen hörte. Die älteren Schwestern traf die Trennung weniger hart, weil sie schon auf dem Internat waren. Ruth Fermoy hatte nach der Scheidung einen schlichten Rat für ihre Enkelkinder: »Kopf hoch und Zähne zusammengebissen, meine kleinen Matrosen, auf hoher See passiert Schlimmeres.« Aber das Personal von Park House hatte den Eindruck, dass auch Ruth sehr unter dem Geschehen litt, sie wirkte zerstreut und unruhig und man sah sie oft mit einem Gesicht vorbeihasten, das verriet, dass sie geweint hatte.

Es wurde überhaupt viel geweint. Wenn die Kinder ihre Mutter in London besuchten, brach Frances manchmal im Moment des Wiedersehens in Tränen aus und sagte, der Gedanke sei unerträglich, dass sie sie so bald wieder verlassen würden. Als die neunjährige Diana bei einer Hochzeit Blumenmädchen sein sollte, musste sie sich zwischen zwei Kleidern entscheiden: Eines hatte sie vom Vater, das andere von der Mutter bekommen. Sie war starr vor Angst, einen der beiden zu verletzen, wenn sie das Geschenk des anderen wählte. Für die Gouvernante, die Johnnie anstellte, zeigten die Kinder weniger Mitgefühl: Sie steckten Nadeln in ihre Stuhlkissen und warfen ihre Kleider aus dem Fenster.

Aber die Zuneigung zu den Eltern, besonders zum Vater, war dauerhaft und stark. Gäste auf Althorp sahen, wie Diana ihrem Vater folgte und ihn fragte, ob sie ihm eine Tasse Tee oder ein Stück Kuchen holen könne. Sie stand oft vor seiner Kamera, posierte und schaute kokett unter dem Pony hervor; diesen Blick sollte die ganze Welt kennenlernen. Als sie alt genug war, um auf ein Internat geschickt zu werden, war sie verzweifelt, wenn sie nach einem Besuch auf Althorp zur Schule zurückmusste. »Wenn du mich liebst, kannst du mich nicht wegschicken«, schrie sie Johnnie an. »Ich war ohne Zweifel der Liebling meines Vaters«, sagte Diana zu Andrew Morton, der viele Jahre später ein Buch über sie schrieb. Sie war ein verwöhntes, aber gleichzeitig sehr unglückliches Kind. Die Rektorin des Internats West Heath schrieb in Dianas Beurteilung, sie sei lieb und fürsorglich, habe eine starke Persönlichkeit und setze oft durch, was sie wolle. Und sie erwähnte, dass Diana rachsüchtig sein könne.

Sarah, Jane und Charles Spencer waren gute Schüler, Diana nicht. Nun hatten exklusive Mädchenschulen der sechziger und siebziger Jahre nicht zum Ziel, ihre Schülerinnen auf eine Ausbildung und ein Berufsleben vorzubereiten. Von den Mädchen wurde eine schöne Handschrift und geschliffene Umgangsformen erwartet, sie sollten gut erzogen sein und adrett aussehen, das würde genügen, um sich dem Erwachsenenleben zu stellen. Dennoch wurden Dianas schlechte Noten ein Grund für schwere Minderwertigkeitskomplexe. 1977 und 1978 scheiterte sie zweimal am mittleren Schulabschluss; später bezeichnete sie sich im Scherz als *thick as a plank*, dumm wie Bohnenstroh.

Viele sahen darin die charmante Selbstironie einer jungen Frau mit Sinn für Humor. Aber Diana kam mit Druck schlecht zurecht, sie versuchte, sich auf jeweils nur eine Aufgabe zu konzentrieren. Und in den letzten West-Heath-Jahren passierte in ihrem Leben vieles, was sie ablenkte. 1975 starb der alte Jack Spencer, ihr Vater Johnnie wurde Earl Spencer, die Familie zog von Park House nach Althorp, Diana und ihre Schwestern durften »Lady« vor ihren Namen setzen. Diana war erst begeistert, rannte durch die Korridore von West Heath und rief: »Ich bin Lady Diana!« Aber Althorp, ein rechteckiger Kasten mit einhunderteinundzwanzig Zimmern, lag abgeschieden in einem riesigen Park, die Spencer-Kinder fanden sich nur schwer zurecht. Dann heiratete ihr Vater − ein Jahr nachdem er Graf geworden war − Raine, Lady Dartmouth, die sich gerade von einem Graf von Dartmouth hatte scheiden lassen.

Raine, die über eine enorme Haarpracht und noch mehr Energie verfügte, erfasste schnell, dass Johnnies Finanzen darniederlagen und das gesamte Anwesen umfassend renoviert werden musste. Sie machte sich an die Umgestaltung von Althorp und öffnete es für zahlende Besucher. Johnnies Kinder hassten Raine; wie viele Kinder des Hochadels waren sie dazu erzogen worden, die eigene Blaublütigkeit herunterzuspielen, und sie verachteten Raine für ihr schillerndes Auftreten und ihren Sinn für Public Relations, außerdem vereinnahmte sie den Vater, den sie bislang für sich gehabt hatten. Die Abneigung war so stark, dass Johnnie es 1976 nicht wagte, den Kindern von der bevorstehenden Heirat zu erzählen. Sie erfuhren es aus der Zeitung, nachdem sie stattgefunden hatte. »Wir waren nicht eingeladen«, sagte Sarah Spencer. »Wir waren angeblich nicht alt genug.« Diana übernahm für die Geschwister die Rolle der Rächerin, sie ging zum Vater, schlug ihm mitten ins Gesicht und sagte: »Das ist von uns allen, weil du uns so wehgetan hast.«

Schon während der Schulzeit zeigte Diana erste Anzeichen von Bulimie. Sie aß sehr viel und erbrach sich anschließend. Später sagte sie, Essen sei Umarmung und Trost gewesen, doch dann habe sie sich so über ihren gewölbten Bauch geschämt, dass sie alles wieder herausgewürgt habe. Sie soll von ihrer sehr idealisierten älteren Schwester beeinflusst gewesen sein, die elegante Sarah arbeitete für *Vogue* und hatte es verstanden, ihre Anorexie glamourös wirken zu lassen. Diana wurde weder die Bulimie noch ihr starkes Sauberkeitsbedürfnis jemals los, ihr Drang, in unpassenden Momenten Bügeleisen und Staubsauger hervorzuholen, sorgte bei ihren Freundinnen für Verwunderung. Und sie umgab sich weiterhin mit Stofftieren. Seit ihrer Kindheit reihte Diana am Fußende ihres Bettes Kuscheltiere auf, sie trösteten sie, wenn sie sich im Dunkeln fürchtete. Diana nannte sie sogar »meine Familie«, sie zogen mit ihr in die königlichen Paläste und bei ihren Reisen als Prinzessin von Wales hatte sie immer einen Teddybären im Gepäck.

Aus den Geschichten von Dianas Kindheit und Jugend entsteht das Bild eines jungen Mädchens, das überfordert war und unter Druck stand. Diana fühlte sich dafür verantwortlich, dass alles in ihrer Umgebung harmonisch war, war dabei aber so unsicher, dass sie sich schnell übergangen fühlte und darauf dann tief verletzt und wütend reagierte. Aber sie schaffte sich durchaus Freiräume, so stand sie manchmal in West Heath mitten in der Nacht auf und tanzte Ballett, hingebungsvoll und in aller Heimlichkeit. Sie verlor sich in den Romanen von Barbara Cartland, pastellfarbene Träume, in denen schöne, jungfräuliche und über die Maßen bescheidene junge Frauen in den Armen eines hochgewachsenen, tatkräftigen und bevorzugt adligen Mannes die ewige Liebe fanden. Das war im Grunde das Einzige, was die junge Lady Diana überhaupt las; die Tochter der geschätzten Autorin Barbara Cartland war pikanterweise Dianas Stiefmutter Raine, was deren Verhältnis aber nicht verbessern konnte.

Die Begegnung zwischen Charles und Diana auf dem Heuballen war nicht ihre erste. Die Geschwister Spencer hatten während ihrer dramatischen Kindheit und Jugend regelmäßig Kontakt mit der Königsfamilie, Diana hatte als Kind in Sandringham mit den Prinzen Andrew und Edward gespielt. Charles verbrachte im Herbst 1977 einmal ein Jagdwochenende auf Althorp, als er ein kurzes Verhältnis mit Sarah Spencer hatte. Deren kleine Schwester Diana war für ihn damals sicher kaum mehr als ein Kind, doch als er sich die Gemäldegalerie ansehen wollte, bat er sie und nicht Sarah um eine Führung – Diana, die sich ungelenk und übergewichtig fühlte, konnte kaum glauben, dass sie der großen Schwester vorgezogen wurde, die verärgerte Sarah offenbar auch nicht. Diana fuhr überglücklich zurück ins Internat und erzählte ihrer Klavierlehrerin, sie habe endlich den Richtigen gefunden.

Dass sie drei Jahre später wieder zusammentrafen, war kein reiner Zufall. Die Königinmutter wusste von Dickie Mountbattens Wunsch, Charles und Amanda Knatchbull zu verkuppeln, suchte nach Alternativen und wurde auf die taufrische Enkelin ihrer hochgeschätzten Hofdame aufmerksam. Der Wochenend-Einladung nach Sussex waren mehrere vorausgegangen, aber dieses Mal nahm Charles die kleine Schwester seiner ehemaligen Geliebten zum ersten Mal wirklich wahr. Er bot ihr gleich an, sie nach der Gesellschaft nach London mitzunehmen, was die vorsichtige Diana ablehnte.

Ab hier wird die Geschichte von Charles und Diana unterschiedlich interpretiert, je nachdem, auf welcher Seite die Sympathien liegen. Die eine Seite wird als unschuldig und passiv, die andere als draufgängerisch geschildert. Diana sagte später, Charles habe sich »auf sie geworfen«, während andere Gäste sagten, dass die blonde Diana es sehr offensichtlich auf den Prinzen abgesehen und gezielt mit ihm geflirtet habe. Vielleicht sahen die Gäste nur die Begeisterung einer sehr jungen Frau darüber, neben dem begehrtesten Junggesellen des Landes zu sitzen, für den sie seit Jahren schwärmte. Sie schien Pferde, Jagdgesellschaften, Wanderungen in Gummistiefeln zu lieben, alles, was auch er mochte. Als sich herausstellte, dass Diana weder Pferde noch Gummistiefel liebte und sich auf dem Land zu Tode langweilte, sahen viele von Charles' Freunden das als Beweis, dass sie ihn an jenem Wochenende des Jahres 1980 geradezu hintergangen hatte, indem sie sich, was bei verliebten jungen Frauen nicht selten vorkommt, seine Hobbys als die eigenen andichtete.

Damit machte sie bei der Königsfamilie einen guten Eindruck. Als Charles mit ihr nach Balmoral fuhr, trat sie dort wie eine bodenständige, ungekünstelte junge Frau auf, die ebenso gern wanderte wie die königliche Familie. Im Herbst sagte Charles zu Freunden, er glaube die Frau getroffen zu haben, die er heiraten werde.

Am Anfang ihrer Beziehung wohnte Diana mit zwei Freundinnen in einer Wohnung in Knightsbridge, die ihrer Mutter gehörte. Im Slang jener Zeit waren die drei *Sloane Ranger*s. So nannte man junge Frauen, die in der Nähe des exklusiven Sloane Square wohnten und einen sehr speziellen Stil und Jargon pflegten. Sie lehnten die steifen Institutionen und willkürlich wirkenden Rituale der etablierten Gesellschaft ab und entwickelten einen eigenen Umgangsstil, der sich durch absurden Humor und eine spöttische Distanz auszeichnete. Sie übernahmen gern kleine Jobs, als Putzfrau oder Kindermädchen, je unbedeutender, je lieber, als gehe es um den Beweis, dass Geld für sie keine Rolle spielte.

Die Sloane Rangers waren ebenso zeittypisch wie rückwärtsgewandt. Sie sahen sich als neue Triebe an einem alten Baum; viele waren als Kinder durch lange Flure an Porträts streng blickender Männer vorbeigelaufen, die gepuderte Perücken und denselben Nachnamen trugen wie sie selbst. Sie blickten etwas sentimental auf die Vergangenheit, auf geerbtes Porzellan und edwardianische Kinderbuchklassiker, nicht weil sie Geschichte studiert hätten, sondern weil sie von dieser Geschichte umgeben aufgewachsen waren, sie sahen Historisches eher verklärt als analytisch. Wie unter Adligen üblich, orientierten auch sie sich in ihrem Urteil über Menschen immer daran, aus welcher Familie jemand stammte: »Das zeigt ihr schlechtes Percy-Blut.« Oder wie Queen Mum später sagte, als es mit der Ehe des Prinzen von Wales bergab ging: »Die Spencer-Frauen waren immer sehr apart und schwierig.«

Eine Sloane Ranger kannte ihren Platz und ihre Aufgabe: Sie musste witzig und umgänglich sein und die eigenen Probleme herunterspielen. Daher war es eine absolute Katastrophe, wenn der Kühlschrank kaputtging, während ein dreimal gebrochener Arm dieser blöde Arm war und ein Autounfall eine dumme Unannehmlichkeit auf der Fahrt. Eine Sloane Ranger hatte, so Society-Autor Peter York, als Kind garantiert ein Pony gehabt und ebenso sicher niemals Proust gelesen. Sie war in mehrfacher Hinsicht die Nachfolgerin der früheren Debütantinnen, sie hatte, wie sie, bei Madame Vacani tanzen gelernt und schrieb gewissenhaft Dankeskarten. Sie trug Barbour und Laura Ashley, flache Schuhe, praktische, knielange Röcke mit Rüschenbluse oder Lammwollpullover, servierte Tee aus einer geerbten Silberkanne. Niemand erwartete, dass sie eine berufliche Karriere plante und sie kokettierte gern mit ihrem Mangel an Bildung.

Tatsächlich strebten in diesen Jahren nicht nur die jungen Leute aus der Mittelschicht, sondern auch immer mehr Adlige an die Universitäten und ins Arbeitsleben, die Sloane Rangers waren ein Auslaufmodell, aber Lady Diana Spencer war eine typische Vertreterin dieser Spezies. Eine Zeitlang arbeitete sie als Tanzlehrerin für Kinder, als ihr das zu anstrengend wurde, ging sie einfach nicht mehr hin. Sie war auch eine beliebte Reinemachefrau und Hilfskraft im Kindergarten und eine sehr geschätzte Babysitterin. Als sie mit dem Prinzen von Wales verlobt war, schrieb sie einer Sloane-Freundin: »Vorbei die Jif- und Staubtuch-Tage. Ach meine Liebe, werde ich sie jemals wiedersehen?«

Die Ahnungslosigkeit war nicht nur vorgetäuscht. Diana hatte wenig Lebenserfahrung und noch nie einen richtigen Freund gehabt, weil sie, so sagte sie später, irgendwie gewusst habe, dass sie »für das, was auf mich zukommen könnte, sehr anständig bleiben musste«. Diana deutet auch an, dass Begegnungen mit Männern ihrer eigenen Gesellschaftsschicht sie gelegentlich einschüchterten – dennoch schlug sie, wie schon früher, sofort zurück, wenn sie sich beleidigt fühlte. Als James Gilbey, einer ihrer Verehrer, sie einmal versetzte, kippte sie eine Eier-Mehl-Mischung über sein Auto.

Seit Jahren berichteten die Boulevardblätter in schrillen Tönen über jede junge Frau, die sie durch die Drehtür von Charles' Leben kommen und gehen sahen. Für James Whitaker, Hofreporter beim *Daily Mirror*, gehörte es offenbar zum Job, den Royals auf dem Balmoral-Gelände mit einem Feldstecher aufzulauern – so auch, als Diana dort mit Charles zu Besuch war. Sie wandte dem beobachtenden Whitaker den Rücken zu, so dass er ihr Gesicht nicht sehen konnte, statt sich neugierig umzudrehen und dabei ihre Identität zu lüften, beobachtete sie ihn mit Hilfe ihres Taschenspiegels. »Die ist schlau«, dachte er. »Die macht uns noch viel Ärger.« Doch es war nur eine Frage der Zeit, bis ihr Inkognito gelüftet wurde, am 8. September 1980 verkündete die *Sun* neben einem Foto von »Lady Diana«: »Er ist wieder verliebt.«

Diana war auf das Kommende völlig unvorbereitet. Anderthalb Wochen später machte die *Sun* mit dem Schnappschuss eines Fotografen auf, der unangemeldet im *Young England Kindergarten* aufgetaucht war, wo Diana arbeitete. Das berühmte Bild zeigt sie von Kindern umgeben und im grellen Gegenlicht, durch den Rock sieht man deutlich die Form ihrer Beine. Das Foto weckte große Aufmerksamkeit und heizte die Diana-Hysterie weiter an. Diana-Biographin Tina Brown schrieb: »Die britische Öffentlichkeit war auf Anhieb betört von dieser entzückenden Mischung weiblicher Attribute – Sittsamkeit, Sex und Kinderliebe.«

Von da an wichen ihr die Boulevardjournalisten nicht mehr von der Seite, sie folgten ihr bis zur Haustür, riefen rund um die Uhr bei ihr an. Die meisten erinnern sich an eine äußerst charmante Frau, die immer höflich und freundlich war und in die Kameraobjektive schaute, wie sie in Althorp zu ihrem fotografierenden Vater aufgeschaut hatte. Alle verliebten sich ein wenig in sie. Diana aber fühlte sich belagert. Und Charles hatte noch nicht zu erkennen gegeben, was er wollte.

Diana wollte, dass er um ihre Hand anhielt. Auch die Presse wollte, dass er um ihre Hand anhielt, und führte eine unermüdliche Kampagne zu Dianas Gunsten, damit die auflagenfördernde Romanze nicht endete. Die Familie wollte, dass er um ihre Hand anhielt, er sollte die unglückselige Camilla-Geschichte hinter sich lassen und mit der Produktion kleiner Windsors beginnen. Sogar Camilla Parker Bowles wollte, dass er um Dianas Hand anhielt, vielleicht dachte sie, wenn er schon um eine Ehe nicht umhinkam, sei die blutjunge, formbare Diana einer Rivalin mit mehr Willensstärke vorzuziehen. Charles selbst war im Zweifel, wurde aber offenkundig überstimmt. Hoffnungsfroh schrieb er an seine Freunde, Diana sei liebenswert und warmherzig, er sei sicher, dass er sich in sie verlieben könne.

Ausschlaggebend für die Verlobung war letztlich die Meldung des Boulevardblatts *Daily Mirror*, Charles habe im »Royal Train«, dem Hofzug der britischen Monarchen, die Nacht mit einer mysteriösen Blondine verbracht. Es wurde gemutmaßt, dass Lady Diana Spencer vielleicht doch nicht so sittsam war, wie es den Anschein hatte. Sie dementierte, sie sei an jenem Abend mit Freundinnen zu Hause gewesen, es blieb ungeklärt, ob die Besucherin Diana war oder Camilla – ob es sie überhaupt gab. Aber der Artikel führte 1980 zu einem hitzigen Zwist zwischen Buckingham Palace und der Presse, in dessen Verlauf sich Dianas Onkel aufgerufen sah, der Presse zu versichern, Diana habe »noch nie einen Liebhaber gehabt«, wobei niemand die Frage stellte, ob ein Onkel über Liebhaber seiner Nichte Bescheid wissen konnte oder sollte.

Prinz Philip ermahnte Charles in einem streng formulierten Brief, sich schnell zu entscheiden, es könne Dianas Ruf unwiderruflich beschädigen, wenn er sie zu lange im Ungewissen lasse und dann abserviere. Die jüngere Generation bei Hof soll sich über den Gedanken, dass eine Neunzehnjährige 1980 wegen einer gescheiterten Affäre auf ewig ruiniert sei, ziemlich amüsiert haben, Charles aber deutete Philips Hinweis, den dieser vielleicht nur als freundlichen Rat gemeint hatte, als Ultimatum. Er zeigte Freunden den Brief und regte sich darüber auf, dass sein Vater ihn bevormunde. 1981 schrieb er an einen Freund: »Ich wünsche mir so sehr, das Richtige für dieses Land und für meine Familie zu tun; aber manchmal entsetzt mich der Gedanke, ein Versprechen abzugeben, das ich dann vielleicht lebenslang bereuen werde.«

Schließlich rief Prinz Charles Lady Diana an und bat um ein Treffen in Windsor Castle. Am 6. Februar macht er ihr einen Antrag, sie nahm sofort an. Danach ging Charles zur Königin, um es ihr mitzuteilen, Diana fuhr in ihre Wohnung, um es ihren Freundinnen zu erzählen. Die schrien vor Begeisterung und feierten das Ereignis mit einer wilden Autotour durch London.

Am Tag vor der offiziellen Bekanntgabe zog Diana nach Clarence House, die Residenz der Königinmutter. Noch Jahre später klagte sie, dass niemand sie dort empfangen oder sich um sie gekümmert habe, als die Wellen über ihr zusammenschlugen. Das stimmte nicht ganz – am ersten Abend dinierten Charles und Diana mit der Königinmutter, die erfahrene Hofdame Lady Susan Hussey war eine von mehreren Angestellten, die sich in der ersten Zeit um sie kümmerten. Der Grund für Dianas Klage war, dass sie und ihre Gastgeber sehr unterschiedliche Vorstellungen davon hatten, was es heißt, sich um jemanden zu kümmern. Der Hof stellte Personal zur Verfügung, Diana fühlte sich dadurch weniger emotional umsorgt als vielmehr überwacht. Sie deutete die Umstände so, dass diese Anstrengungen nicht ihr, sondern der Monarchie galten, und Susan Hussey vor allem systemtreu war. Besser kam sie mit Charles' Privatsekretär Michael Colborne zurecht, der sie warnte: »Nach dem 29. Juli werden Sie sich in eine Zicke verwandeln. Wenn Sie sechs Regenschirme haben wollen, werden sie Ihnen gebracht. Wenn Sie wollen, dass Ihr Wagen vor der Tür steht, ist er da.«

Darüber aber, welche Rolle die neue Prinzessin haben sollte, hatte sich offenbar niemand Gedanken gemacht. Für Diana war der neue Alltag verwirrend, sie war enttäuscht. Der erste Tiefschlag kam beim Verlobungsinterview, als das junge Paar gefragt wurde, ob sie verliebt seien. »Natürlich«, antwortete Diana errötend, Charles aber ergänzte: »Was immer das bedeuten mag« – was die Braut ebenso zusammenzucken ließ wie die Fernsehzuschauer.

Wenig später brach Charles zu einer fünfwöchigen offiziellen Reise nach Australien und Neuseeland auf. Ohne ihn fühlte Diana sich im Palast noch isolierter und suchte schon bald

Kontakt zur Dienerschaft und zu den Köchen. Sie setzte sich zu ihnen in die Küche und plauderte, auch wenn die Angestellten sie vorsichtig darauf hinzuweisen versuchten, dass sich das nicht gehörte. Bis zur Verlobung musste sie Charles mit »Sir« ansprechen, während er sie »Diana« nannte – doch dass sie ihren Verlobten nun beim Vornamen nannte, schuf keine größere Nähe. Sie verschlang alle Artikel, die über sie erschienen, die anerkennenden Worte nach ihren Wimbledon- und Ascot-Besuchen oder dafür, dass sie schlanker geworden sei. Sie vermisste ihre Sloane-Ranger-Freundinnen, die jetzt lange im Vorhinein Termine machen und sich von einem Wachsoldaten über den Innenhof begleiten lassen mussten, wenn sie die Freundin besuchen wollten.

Und dann war da noch Camilla Parker Bowles. Camilla und Andrew Parker wurden ihr als Bekannte von Charles vorgestellt, aber Diana fiel schnell auf, wie viel Camilla über Charles wusste. Als sie ihren Verlobten zur Rede stellte, bestätigte er, dass Camilla einmal »eine intime Freundin« gewesen sei, jetzt aber gebe es für ihn nur noch sie, Diana, und ihre künftige Ehe. Das beruhigte Diana nicht. Es ist nicht bekannt, ob sie wusste, dass Charles und Camilla sich im Frühjahr 1980, wenige Monate vor der Begegnung mit Diana, beim Tanzen leidenschaftlich geküsst hatten, was Andrew Parker, der zusah, sarkastisch kommentierte. Dann fiel Diana auf, dass Camilla sie fragte, ob sie an Jagden teilnehme, was sie so deutete, dass Charles' Ex-Geliebte das Terrain sondierte, um Nischen für sich zu finden. Dann fand sie ein Armband mit den Initialen »GF«, was sie sofort als »Gladys« und »Fred« entschlüsselte, so nannten Charles und Camilla einander. Charles sagte, er mache allen engen Freunden vor seiner Hochzeit ein Geschenk, was allerdings die Sache nicht besser machte, und als er darauf bestand, Camilla das Armband persönlich zu überreichen, war Diana erst recht entsetzt.

Wenige Tage vor der Hochzeit traf Diana ihre Schwestern Sarah und Jane zum Mittagessen und sagte unvermittelt, sie wisse nicht, ob sie diese Heirat durchziehen könne. »Pech«, sagte Sarah, die Älteste der drei. »Dein Gesicht ist schon auf den Küchenhandtüchern, für einen Rückzieher ist es zu spät.«

Charles seinerseits war dem Vernehmen nach erschrocken darüber, wie blitzartig das vermeintlich bodenständige junge Mädchen zwischen Gefühlsextremen schwankte, dass sie weinte und sich verraten fühlte, sobald er sie allein ließ, auch wenn er das nur tat, um seinen Repräsentationspflichten nachzukommen, dass sie bei ihren Streitgesprächen über Camilla vor Wut ausrastete. Auch Michael Colborne machte sich Sorgen: »Ich war an seine Launen gewöhnt. Aber ihre Stimmungsumschwünge waren für eine Neunzehnjährige wirklich erschreckend.« Als Grund sah er völlige Verzweiflung.

Noch kurz zuvor hatten zwei Freunde Charles vor der Ehe mit Diana gewarnt. Sie meinten, Diana sei ein Teenager, der mehr in die Idee eines Prinzen als in Charles verliebt sei, außerdem hätten die beiden zu wenig Gemeinsames. Damals hatte er ihre Bedenken abgetan, später sagte er, er sei nicht glücklich gewesen, aber überzeugt, dass er seine Pflicht tue.

Diana hingegen hatte ihren Optimismus offenbar wiedergefunden. Der Butler der Königinmutter, William Tallon, erzählte, Diana sei am Vorabend der Hochzeit in sein Büro in Clarence House gekommen. Dort habe sie sich ein Fahrrad geschnappt, auf dem sie spontan herumfuhr, dabei wild klingelte und sang: »Morgen heirate ich den Prinzen von Wales. Morgen heirate ich den Prinzen von Wales.« Tallon sah sich das an und dachte, dass sie ein Kind war, ein kleines Mädchen.

Als sie am Abend in ihr Zimmer zurückkehrte, fand sie dort eine Karte von Charles: »Ich bin so stolz auf Dich, und wenn Du morgen in die Kathedrale kommst, werde ich am Altar stehen und auf Dich warten. Schau ihnen einfach in die Augen und zeig's ihnen.«

Das war der Auftakt zur Hochzeit des 20. Jahrhunderts, zwischen Charles, dem pflichtbewussten Prinzen mit übervollem Terminkalender, der sich aus Angst, seine Mutter zu enttäuschen und als nutzlos und verwöhnt zu gelten, unablässig beschäftigte, und Diana, die Angst hatte, verlassen zu werden, und nicht allein sein konnte; zwischen einem Mann, der sich für Literatur und Philosophie interessierte, und einer Frau, die für ernsthafte Lektüre viel zu rastlos war. Zwischen einem ehemaligen Playboy mit einer Neigung zu erwachsenen, sexuell erfahrenen Frauen und einem ahnungslosen Teenager, der seine Vorstellungen von Liebe aus zuckersüßen Kitschromanen bezog. Zwischen einem schwärmerischen Naturliebhaber und einer urbanen jungen Frau, die sich auf dem Land isoliert fühlte. Zwischen einem Junggesellen mit festen Gewohnheiten, der seine Dienerschaft ebenso warten ließ wie seine Freundinnen, und einer Braut, die erwartete, bedient und mit Rücksicht behandelt zu werden. Zwischen einem traditionsverhafteten Prinzen, der keine ebenbürtige Partnerschaft anstrebte, sondern selbstverständlich davon ausging, dass er in seiner Ehe die Hauptperson sein werde, und einem Kind der Achtziger, das nach und nach sein angeborenes Talent entdeckte, den Blick der Medien und die Kameraobjektive auf sich zu ziehen.

Und doch verkörperten sie das Bild vom Idealpaar, der Traumprinz des Königreichs und die fehlerfreie, bescheidene Kindergärtnerin aus gutem Haus, die von dem ganzen Tohuwabohu auf so entzückende Weise überwältigt schien. Im Rückblick wirkt das Ganze jedoch etwas unproportioniert, irgendwie falsch. Diana erbrach sich in den Wochen vor der Hochzeit immer häufiger und nahm ab, es versetzte sie in Panik, dass sie nach den Gepflogenheiten des Palastes drei schwere Mahlzeiten am Tag zu sich nehmen sollte, während die Zeitungen ihren Körper detailliert beschrieben.

Während die Braut schrumpfte, blähte sich alles andere auf. Charles wollte eine Trauung in St. Paul's, der gewaltigen Kathedrale des Baumeisters Christopher Wren aus dem 17. Jahrhundert. Das Interesse der Öffentlichkeit an der Hochzeit nahm manische Züge an, die Presse macht aus jeder Winzigkeit der bevorstehenden Feier eine große Meldung. Das Designer-Ehepaar David und Elizabeth Emanuel musste das Hochzeitskleid ständig enger nähen, weil Diana immer dünner wurde. Im Grunde war die ungeheuer stoffreiche Robe zu voluminös für die alte Kutsche, die Braut und Brautvater zur Kathedrale brachte. Und dann, am 29. Juli 1981 um zehn Minuten vor halb zwölf, öffnete sich der Schlag der Glaskutsche von 1881 und zu sehen war zunächst ein gewaltiger Seidenballon mit zehntausend aufgestickten Perlen, dann eine Taftschleppe von siebeneinhalb Metern Länge, die in nicht enden wollenden Kaskaden aus dem Wagen quoll. Siebenhundertfünfzig Millionen Menschen verfolgten weltweit am heimischen Fernseher, wie Lady Diana Spencer ihren Weg durch das Kirchenschiff begann. Da sie sich entschieden hatte, schleierumhüllt vor den Altar zu treten, war ihr Gesicht nur schwer auszumachen. BBC-Kommentator Tom Fleming schwärmte, der Schleier verleihe ihr etwas Geheimnisvolles.

Auf dem Weg zum Altar musste sie nicht nur die immense Stofffülle unter Kontrolle halten, sondern auch Johnnie Spencer stützen, der von einem schweren Schlaganfall gezeichnet war, den er zwei Jahre zuvor erlitten hatte. Später sagte Diana, sie habe auf dem Weg durch St. Paul's den Blick über die nahezu dreitausend Gäste schweifen lassen und nach einer bestimmten Person Ausschau gehalten. Dann sah sie eine Frau mit einem grauen Pillbox-Hütchen mit Schleier: Camilla Parker Bowles.

16

Die turbulenten achtziger Jahre

In den siebziger Jahren hatten viele Briten den Eindruck, dass es mit ihrem Land bergab ging, in den Achtzigern begann die Gesellschaft, in Gruppierungen zu zerfallen, die sich gegeneinander richteten. Das Land war in der Frage gespalten, ob sich die Welt vorwärts oder rückwärts bewegte, Spannungen nahmen zu. Es gab mehr Reichtum und mehr Elend, die Gebäude wurden höher und die Moral sank, Vermögen wuchsen im Takt mit der Arbeitslosigkeit, die Gesellschaft wurde einerseits aggressiver, andererseits vergnügungssüchtiger. 1981 hungerten sich nordirische Gefangene in britischen Gefängnissen zu Tode, drei Jahre später begannen 150 000 Grubenarbeiter einen verzweifelten Streik, der sich als aussichtslos erweisen sollte. London wurde zum Finanzzentrum, wo sich Geld ebenso vermehrte wie Kokain, an der Universität Oxford belebten Studenten eine *Bullington Club* genannte Vereinigung wieder, das war ein dekadenter Mittagsclub aus dem 18. Jahrhundert, dessen lange Tradition wohlhabenden jungen Männern lediglich als Vorwand diente, Restaurants zu zerlegen, die sie besuchten, und astronomische Mengen Rauschmittel zu konsumieren – gern auch öffentlich und aus schierem Vergnügen daran, den gängigen Vorurteilen zu entsprechen, wie junge Schnösel sich aufführen. Zu den vielen, die im Bullington Club mit Champagner anstießen, gehörten auch David Cameron und Boris Johnson.

Das Königshaus der achtziger Jahre war so stark wie seit Elizabeth' Thronbesteigung nicht mehr. Alle Familienangehörigen genossen Promi-Status, waren nationale Symbole und bekamen ganz selbstverständlich jeden Luxus, den sie wollten. Doch das war ein zweischneidiges Schwert. Ruhm war für die Königin und alle anderen Royals so wichtig geworden, dass sie auch wie Stars behandelt wurden. Das Interesse von Medien und Bürgern am Leben der Royals wurde immer größer – und immer distanzloser.

Es war auch eine gefahrvolle Zeit. Am 13. Juni 1981 fand die jährliche Militärparade *Trooping the Colour* statt, die offizielle Geburtstagsfeier der Königin. Sie ritt wie immer in der Parade mit, im Damensitz und auf der Stute Burmese, einem ihrer Lieblingspferde. Sie war auf der Mall, als der siebzehnjährige Marcus Sarjeant auf die Straße sprang und sechs Schüsse auf sie abfeuerte – es waren Platzpatronen aus einer Startpistole. Burmese machte einen Satz nach vorn, im sofort entstehenden Tumult blieb die Königin ruhig im Sattel sitzen, straffte die Zügel und klopfte ihrem Pferd beruhigend auf den Hals. Der Zwischenfall und die kaltblütige Königin lösten eine Woge monarchistischen und patriotischen Stolzes aus. Sarjeant war ein verwirrter Jugendlicher, der mit dieser Tat vor allem berühmt werden wollte, er verbüßte den überwiegenden Teil seiner Strafe in einer psychiatrischen Einrichtung. Dennoch wurde der Vorfall sofort politisiert. Geoffrey Levy schrieb im *Daily Express*, selbst der rote und Labour-hörige Teil der Bevölkerung sei von der Königin sicher beeindruckt, doch würden »diese nichtsnutzigen Republikaner vor der Furchtlosigkeit Ihrer Majestät natürlich niemals öffentlich den Hut ziehen, selbst aber in alle Richtungen davonrennen und in Deckung gehen, wenn jemand etwas, was aussah wie eine tödliche Handwaffe, auf sie gerichtet hätte«.

Im folgenden Jahr geriet die Königin erneut in Gefahr. Am Morgen des 9. Juli 1982 wurde sie wach, weil jemand die Tür ihres Schafzimmers öffnete und mit schweren Schritten ins

Zimmer kam. Sie wusste, dass ihr Kammerdiener gerade die Corgis ausführte, und sagte laut: »Es ist zu früh für Tee.« Der ungebetene Gast ging zum Fenster, zog die Gardinen auf und setzte sich auf ihr Bett. Im Tageslicht sah sie einen Fremden, der eine scharfkantige Glasscherbe in der blutenden Hand hielt. »Ich richtete mich zu voller königlicher Größe auf«, berichtete die 1,63 m große Königin, »und sagte, ›Verschwinden Sie!‹. Doch das tat er nicht.«

Der einunddreißigjährige Michael Fagan begann, der Königin von seinen Problemen zu erzählen. Er litt unter Schizophrenie und war gerade von seiner Frau verlassen worden. »Er fragte mich nach meinen Kindern, ich sagte, dass ich vier habe und nannte ihre Namen«, erzählte die Königin. »Dann sprachen wir über seine Kinder.«

Während des Gesprächs versuchte sie, Hilfe herbeizuholen. Sie drückte den Knopf, der im Korridor einen Alarm auslösen sollte, ohne dass etwas geschah, sie versuchte, die Zentrale im Buckingham Palace anzurufen, wo niemand abhob. Ein Kammermädchen, das in einem nahen Zimmer staubsaugte, hörte nichts, sie hatte die Türen geschlossen, um die Königin nicht zu stören. Als Fagan nach einer Zigarette fragte, sagte die Queen, dafür müssten sie in den Flur hinausgehen. Dort trafen sie auf das Kammermädchen, dem »*Bloody hell, Ma'am*, was macht der denn hier?« entfuhr. Man bot Fagan etwas zu trinken an, bevor die Polizei ihn abführte.

Elizabeth sagte, es sei völlig surreal gewesen. Sie habe keine Angst gehabt, Fagan habe mit ihr nur über das sprechen wollen, worüber alle mit ihr sprechen wollten, und sie habe ja Übung darin, sich mit Fremden zu unterhalten. Die Dienerschaft hörte sie wütend mit der Polizei telefonieren, danach begann sie ihren Arbeitstag, als sei nichts passiert. Fagan erklärte, er sei in die Königin verliebt und habe sich vor ihren Augen die Pulsader aufschneiden wollen. Er kam für sechs Monate in die

Psychiatrie, die Queen unterhielt später ihre Gäste damit, das verstörte Kammermädchen – samt schwerem Yorkshire-Dialekt – nachzumachen.

Der Zwischenfall warf ein grelles Licht auf die Sicherheitsmängel von Buckingham Palace, zumal bekannt wurde, dass Fagan schon einmal über eine Regenrinne eingestiegen und eine Stunde lang unbemerkt durch den Palast geirrt war. In welch großer Gefahr die Königin sich befand, wurde spätestens klar, als wenige Tage später im Zentrum von London zwei IRA-Bomben explodierten. Sie richteten sich gegen die königlichen Regimenter; unter den Soldaten, die auf dem Weg zum berühmtem Wachwechsel vor dem Buckingham Palace waren, gab es Tote und Verletzte.

Nachdem sich die erste Aufregung über Fagan gelegt hatte, wurden Fragen laut, wo eigentlich Philip war, als die Königin in Gefahr war. Sie hatten, wie sich herausstellte, nicht im selben Zimmer geschlafen, was sofort zu Unkenrufen über den Zustand der royalen Ehe führte. Doch die Erklärung war einfach: Philip musste für einen offiziellen Termin morgens um sechs Uhr aufbrechen und wollte seine Frau nicht wecken. Das war ein Glück, meinte die Königin, mit Philip wäre die Hölle los gewesen.

Die Royals waren immer wieder Ziel jugendlicher Täter wie Sarjeant und Fagan. Königin Victoria hat sechs Attentatsversuche überlebt, ausnahmslos alle, so ihr Biograph Robert Lacey, wurden von geistig verwirrten jungen Männern verübt, die sich wie heutige Stalker verhielten – auffallend oft wurde mit Platzpatronen geschossen. Königin Victoria nahm es gelassen: »Es lohnt sich, beschossen zu werden, weil man dann sieht, wie sehr man geliebt wird.«

Auch in anderen Situationen bewahrten Mitglieder der Königsfamilie die Ruhe, während die Menschen um sie herum panisch reagierten. Im Winter 1941 brach ein junger Mann in Windsor Castle ein und versteckte sich in den Räumen der damaligen Königin, der späteren Queen Mother, hinter einem Vorhang. Als sie den Raum betrat, sprang er hervor und umklammerte ihre Handgelenke. Sie blieb völlig ruhig und fragte ihn, was mit ihm sei. Er war, wie sich herausstellte, desertiert und seine Familie bei den deutschen Bombenangriffen auf London umgekommen. Sie hörte zu, bewegte sich dabei durch den Raum zur Klingel und rief um Hilfe. Er habe ihr leidgetan, sagte sie später. Im Januar 1994 feuerte in Sydney ein junger Mann zwei Platzpatronen auf Charles ab, der eine Rede zum australischen Nationalfeiertag halten sollte. Auf den Videoaufnahmen sieht man die Sicherheitsleute nach dem ersten Schuss losstürmen, Charles hingegen bleibt ruhig stehen, schaut zu und zupft sich mit einem leichten Lächeln die Manschetten zurecht. 2019 gab die Polizei bekannt, dass die geschätzte Zahl der Königshaus-Stalker so hoch sei wie nie zuvor, doch die Windsors lehnen es seit jeher ab, sich bei ihren öffentlichen Auftritten hinter allzu vielen und allzu sichtbaren Sicherheitsleuten zu verschanzen.

Der royale Stoizismus bewährte sich auch, als der Pilot eines Hubschraubers Charles und den anderen Passagieren mitteilte, er müsse wegen eines Motorenschadens notlanden. Während die meisten um ihr Leben fürchteten, bedauerte Charles, dass er bei einer Verspätung auf seine Gartenrunde verzichten müsse, die er vor der Ankunft der Dinnergäste gerne noch gemacht hätte. Ähnlich gelassen reagierte die Queen, als jemand in Belfast von einem Hochhaus einen Asphaltblock auf ihr Auto warf. Ihr Kommentar lautete, sie sitze in einem stabilen Auto.

Ein Grund für die königliche Kaltblütigkeit mag die Gewissheit sein, dass in solchen Situationen andere – nämlich die Personenschützer – aktiv werden müssen. Auch wurden die Royals dazu erzogen, in jeder Situation Ruhe, Sicherheit und Stabilität auszustrahlen und in Momenten der Unruhe ein

Anker zu sein. Die Geschichten solch stoischer Reaktionen in Momenten der Gefahr zeugen nicht nur von einem gewissen Fatalismus, sondern auch von einem tief verwurzelten Pflichtbewusstsein, mit dem die Royals aufgewachsen sind.

Das verbindet die Familie mit dem Militär. Beide Institutionen zeichnen sich durch Pflichtgefühl und Patriotismus aus, beide sind hierarchisch strukturiert. Für die Männer der Königsfamilie galt das Militär lange als einzig respektable Berufswahl, dieser und jener mag den Wechsel von der königlichen zur militärischen Hierarchie, in der er keine exponierte Position innehatte, sogar als Befreiung erlebt haben.

Die Verbindung geht auf eine Zeit zurück, als der König an der Spitze seines Heeres in den Krieg zog, Elizabeth II. ist formale Oberbefehlshaberin der Streitkräfte. Wenn die Königsfamilie den Gefahren für Leib und Leben nicht ausweicht, gleicht das einem Kontrakt: Die Soldaten sind bereit, für den König beziehungsweise die Königin zu sterben – sie leisten ihren Eid ausschließlich auf den Monarchen –, im Gegenzug stellt die Familie des Monarchen ihre Männer zur Verfügung. Die Regimenter begehen den Geburtstag der Königin mit *Trooping the Colour*, sie selbst übernimmt beim *Remembrance Day*, der alljährlich am 11. November an die Gefallenen des Ersten Weltkriegs erinnert, die Rolle der Zeremonienmeisterin. Alle Männer des engsten Familienkreises haben hohe militärische Ehrengrade. Elizabeth' Söhne waren bei der Marine. Andrew gefiel das so gut, dass er sich, anders als seine Brüder, gegen ein Universitätsstudium und für die Militärlaufbahn entschied. 1980 qualifizierte er sich als Hubschrauberpilot – und landete mitten im Kriegsgeschehen.

Die Falklandinseln im südlichen Atlantik waren seit ihrer Eroberung im Jahr 1833 ein wichtiger britischer Außenposten. Davor gehörten sie zu Argentinien, das weiterhin Anspruch auf die Inseln erhob, die dort *Islas Malvinas* heißen. Als 1981 der argentinische Militärdiktator Leopoldo Galtieri an die Macht kam, wollte er sein Volk mit Hilfe eines äußeren Feindes einen und erklärte, er werde die Inseln rückerobern. Am 2. April 1982 besetzte er die Inseln offenbar in dem Glauben, dass sich die Briten um diesen kargen und entlegenen Archipel nicht weiter kümmern würden. Aber er hatte es mit Margaret Thatcher zu tun, und die reagierte zum einen extrem empfindlich auf die allergeringste Kränkung alles Britischen und vertraute zum anderen blind auf ihren inneren moralischen Kompass. Drei Tage nach der argentinischen Invasion stachen in Portsmouth die ersten Schiffe mit Soldaten in See, unter ihnen befand sich auch der zweiundzwanzigjährige Andrew.

Das war keineswegs selbstverständlich. Da ein Royal für den Gegner ein besonders attraktives Ziel ist, kann er bei einem Kriegseinsatz auch seine Kameraden unnötig gefährden. Darüber gab es hinter den Kulissen des Verteidigungsministeriums hitzige Diskussionen, während Prinz Philip verärgert darauf wartete, dass man dort endlich die, wie er meinte, richtige Entscheidung fällte.

»Er wusste, was ich durchmachte und wie entscheidend der Einsatz für mich war«, sagte Andrew dazu. »Als Berufssoldat kann man nicht zu Hause bleiben, das hätte meine Glaubwürdigkeit zerstört. Das wusste auch die Königin.« Kurz vor Auslaufen der Flotte veröffentlichte Buckingham Palace folgende Verlautbarung: »Prinz Andrew ist aktiver Offizier und für Ihre Majestät steht außer Zweifel, dass er am Einsatz teilnehmen sollte.«

Argentinien kapitulierte nach vierundsiebzig Tagen, im Krieg starben 648 argentinische und 258 britische Soldaten. Hinter den scheinbar niedrigen Opferzahlen verbergen sich Geschichten von Matrosen, die in die Luft gesprengt wurden, in brennenden Schiffen gefangen waren, auf ihre Hände blickten und sahen, wie sich das Fleisch von den Knochen löste. So etwas erlebte Prinz Andrew nicht, aber er verfolgte aus seinem Hubschrauber den Untergang des Versorgungsschiffs »Atlantic Conveyor« und war an der Rettung der Mannschaft beteiligt. Als er nach Kampfhandlungen in Port Stanley landete, sagte jemand zu ihm: »Das ist sicher eine Erfahrung, die Sie keinesfalls missen möchten«, worauf Andrew antwortete: »Ich hätte sie gemieden, wenn es irgend möglich gewesen wäre, wie jeder, der seine fünf Sinne beisammenhat.« Später sagte er, er sei als Junge in den Krieg gezogen und als Mann zurückgekehrt.

Nichts deutet darauf hin, dass die Königin und ihre Familie den Falklandkrieg und Margaret Thatchers Entscheidungen nicht unterstützt hätten. Der ehemalige Außenminister David Owen, der 1981 die Labour-Partei verlassen und die Social Democratic Party gegründet hatte, meinte, nach Aussagen von Thatcher habe sich Großbritannien nach der Suezkrise durch diesen Sieg von seinem ramponierten Ruf befreien können. Aber die Monarchin hielt sich in dem Krieg völlig im Hintergrund. Das Gesicht des Krieges war Margaret Thatcher, sie stand auf dem Podium und nahm die Parade ab, als die zurückgekehrten Falklandsoldaten durch London zogen. Der Falklandkrieg beendete die argentinische Militärjunta und führte in Großbritannien zu Begeisterungswellen für eine Premierministerin, die vor dem Krieg kurz davor stand, einer der unbeliebtesten Regierungschefs aller Zeiten zu werden. Der militärische Sieg bereitete den Grund für den souveränen Sieg, den die Torys im folgenden Jahr bei den Wahlen errangen.

Wenn viele die Königin dennoch mit dem Falklandkrieg verbanden, dann vor allem, weil auch sie und Prinz Philip – als Eltern eines Kriegsteilnehmers – ohne sichere Informationen unruhig zu Hause warten mussten. Als sie mit Anne in Portsmouth am Kai standen, um den heimkehrenden Andrew zu empfangen, wurde das von einem ungeheuren Presseaufgebot begleitet. Die Königin trocknete eine Träne, aber Andrew schien bester Laune, er näherte sich seiner wartenden Mutter mit einer Rose zwischen den Zähnen. Mit seinen dunklen Augenbrauen, den großen Augen und dem energischen Kinn galt er als »der Gutaussehende« unter den Prinzen, nun, nach dem Falklandkrieg, war er auch noch Kriegsheld. In den folgenden Jahren konnte er – auch was Frauen anging – so ungefähr machen, was er wollte.

Er war umschwärmt und so selbstsicher, dass er vor einem abendlichen Date in der Küche des Buckingham Palace schon mal für das Frühstück zwei Portionen *bacon and eggs* bestellte. Anders als sein Bruder Charles, der Geliebte aus der eigenen sozialen Schicht wählte und diskret in seine Wohnung einlud, war Andrew ebenso unvoreingenommen wie unvorsichtig. Es gab viele Fotos von ihm mit mehr oder weniger bekleideten Models und Schauspielerinnen, einmal stolperte er in Sandringham vor einem Fenster, hinter dem die Königin ihre Korrespondenz erledigte, mit der Gärtnerstochter aus den Büschen, beide derangiert und kichernd. Elizabeth tat, als sehe sie das nicht, und arbeitete stoisch weiter. Aber die Boulevardblätter berichteten regelmäßig über *Randy Andy* – den geilen Andy.

Nur eines dieser Verhältnisse war von Dauer, und es war berüchtigt. Andrew hatte sich in Koo Stark verliebt, Model, Schauspielerin und Tochter eines amerikanischen Filmproduzenten. Sie war vier Jahre älter als er und sehr welterfahren, was für einen jungen Mann, der sein bisheriges Leben in strengen Institutionen wie der schottischen Privatschule Gordonstoun und der Marine verbracht hatte, vermutlich sehr aufregend war. Nach einiger Zeit nahm er sie mit nach Balmoral. Die Königsfamilie mochte sie, aber dummerweise hatte Koo 1976 in einem Film namens »Emily«, einer Mischung aus Softporno und Kunstfilm, die Hauptrolle gespielt. Sie war in einer erotischen Szene mit einer anderen Frau zu sehen, was mit den Sittlichkeitsvorstellungen des Königshauses im Allgemeinen und denen von Prinz Philip im Besonderen unvereinbar war. Der Druck auf das Paar wurde zu groß, sie trennten sich.

Seine nächste Beziehung – die seine große Liebe werden sollte – wurde von seiner Schwägerin Diana eingefädelt. Auf ihre Veranlassung wurde Sarah Ferguson, eine entfernte Verwandte und Sloane-Ranger-Freundin aus Londoner Tagen, 1985 zur Ascot-Woche eingeladen und bei einem Mittagessen auf Schloss Windsor neben Andrew gesetzt. In einem Interview anlässlich ihrer Verlobung erzählte das Paar, was dann geschah: Andrew überredete Sarah, von den angebotenen Profiteroles zu nehmen, obwohl sie gerade Diät hielt, doch als er an der Reihe war, lehnte er dankend ab. »Da knuffte sie mich«, sagte er. »So fing es an.«

Sarah war die jüngere der beiden Töchter von Major Ronald Ferguson, Philips Polotrainer, dessen Kinder und Fergusons Töchter hatten manchmal miteinander gespielt, wenn die Väter mit den Pferden beschäftigt waren. »Sie haben sich am Polofeld kennengelernt«, sagte Sarahs Mutter Susie später. »Aber wer tut das nicht?«

Sarah war weder reich noch adlig wie Diana, aber ihre Familie war durchaus wohlhabend und sie hatte adlige Vorfahren. Der ausschweifende König Charles II. war – über nicht weniger als drei illegitime Kinder – ebenso ein Ahne von Diana Spencer wie von Sarah Ferguson. Sarah war gesprächig, lebhaft, burschikos, ein Wirbelwind mit feuerrotem Haar, als Springreiterin gewann sie einen Preis nach dem anderen. Aber in der vermeintlich so offenherzigen Sarah ging viel vor, was sie nicht zeigte. Lange versuchte sie durch Fröhlichkeit etwas gegen die niedergeschlagene Stimmung in ihrem Elternhaus zu tun, denn die Beziehung ihrer Eltern zerfiel wegen der zahllosen Verhältnisse ihres Vaters. Als ihre Mutter Susie sich in den Polospieler Hector Barrantes verliebte und mit ihm nach Argentinien zog, fühlte sich die damals fünfzehnjährige Sarah verlassen und wie eine Versagerin. Sie habe sich selbst, sagte sie, als Kind immer mehr verachtet und mit Essen getröstet, am wichtigsten war es ihr, bei allen beliebt zu sein.

Sarah und Diana hatten viele Gemeinsamkeiten. Ihre Mütter stammten aus derselben Generation und waren sogar Schulfreundinnen gewesen, beide hielten sie den Erwartungen und Regeln der britischen Oberschicht nicht stand, sie brachen schließlich aus und gingen eigene Wege, die eine in Argentinien, die andere auf einer schottischen Insel. Die Biographie von Dianas Mutter Frances zeichnet das Bild einer Frau, die sich immer mehr darüber empörte, dass sich alles um die Söhne drehte, dass ihr Bruder wichtiger war als sie und ihr Sohn wichtiger als ihre Töchter, die es leid war, sich wie eine Zuchtstute zu fühlen, die man in ihrer Box angebunden hatte. Susie Fergusons Töchter empfanden ihre Mutter lange Zeit als nicht sehr warmherzig, aber auch das gehört zur Geschichte einer Frau, für die die ehrbare Fassade offenbar so unerträglich wurde, dass sie auf einen anderen Kontinent flüchtete. Zurück blieben Töchter, die es als ihre Aufgabe ansahen, den verwirrten und unbeholfenen Vätern zu helfen, ihr Zuhause zusammenzuhalten, und die sich fragten, ob sie das alles nicht hätten verhindern können.

Sarah Ferguson zeigte ihr soziales Talent, als sie für eine Londoner Kunstgalerie und zwei PR-Agenturen arbeitete. Einer ihrer Chefs beschrieb sie als geborene Verkäuferin, die sich an alle Kunden und deren Wünsche erinnert habe. Sie hatte eine Beziehung mit dem Formel-1-Mogul Paddy McNally, und litt unter dieser, denn der wollte nur eine unverbindliche Liebelei mit der jungen Sarah, ihr ging es um Heirat. Just in dieser Zeit traf sie bei einem Mittagessen mit dem Sohn der Königin zusammen.

Auch Andrew war ein geselliger Mensch. Die Dienerschaft nannte ihn »Kind der Liebe«, ein ersehnter und recht verhätschelter Junge, der sich viel herausnahm. Als Schüler kam er in Gordonstoun viel besser zurecht als sein Bruder Charles, allerdings auch, weil die Schule in der Zwischenzeit ihr Reglement etwas gelockert hatte. Seine Mitschüler waren von ihm nicht begeistert: Sie haben ihn als selbstgefälligen Jungen in Erinnerung, der über die eigenen Witze lachte und sie hin und wieder an seine königliche Herkunft erinnerte. Einige Bekannte vermuteten Unsicherheit hinter der prahlerischen Fassade, er sei ein Außenseiter gewesen, der nie wirklich begriffen habe, wie man sich einfügt oder anderen ebenbürtig begegnet. Im Umgang mit den Hofangestellten war er formeller und barscher als seine Geschwister.

Sein Verhältnis zu Charles, der einmal mit ihm gespielt und ihm Märchen vorgelesen hatte, verlor mit den Jahren seine Unbekümmertheit. Als die Brüder erwachsen waren, beneidete der ältere den jüngeren um sein gutes Aussehen und seine Beliebtheit, dem jüngeren machte es zu schaffen, dass er nur an zweiter Stelle der Thronfolge stand. Trotz seines turbulenten Liebeslebens sehnte er sich im Grunde nach Ruhe und Häuslichkeit, er trank keinen Alkohol und ging am liebsten früh zu Bett.

Andrew vereinte drei der aufregendsten Pluspunkte, die ein Mann für eine Frau haben konnte – er sah gut aus, war ein Royal und ein Kriegsheld –, aber *spannend* war er nicht, und er wusste auch nicht, wie man mit Menschen, die man nicht schon seit Geburt kannte, wirkliche Nähe aufbaute. Am Beginn der Beziehung mit Sarah, als alles noch vage war, staunte er, dass man so viele Freundinnen und Freunde haben konnte wie sie. Das Party-Girl brachte Bewegung in sein Leben.

Sarah war beunruhigt, weil sie, wie sie sehr wohl wusste, nicht aussah wie die Models und Schauspielerinnen, mit denen Andrew zusammen gewesen war, außerdem wurde sie nicht richtig klug aus ihm, der es, wie eine ihrer Freundinnen sagte,

»als Angehöriger der Königsfamilie nicht gewohnt war, seine Gefühle zu zeigen«.

Aber Andrew war Sarah völlig verfallen, auch seine Familie war begeistert. Als das Paar im Februar 1986 Freunde im äußerst romantischen Floors Castle in Schottland besuchte, ging Andrew kurz vor Mitternacht auf die Knie und machte ihr einen Heiratsantrag. Die immer noch unsichere Sarah glaubte ihm nicht: »Morgen früh wachst du auf und sagst mir, dass das nur ein Witz war.« Andrew wiederholte den Antrag am folgenden Tag. Die Königin freute sich über eine Schwiegertochter, die souverän mit Pferden und Hunden umzugehen verstand, die Presse freute sich über ein Paar, das verliebter und körperlich enger auftrat als das bei Charles und Diana je der Fall gewesen war. Aus Sarah Ferguson wurde die volksnahe »Fergie«, beim Verlobungsinterview legte sie spontan eine Hand auf Andrews Arm, blickte dann in die Kamera und murmelte »sorry«, als habe sie es einfach nicht lassen können.

Sie heirateten am 23. Juli 1986 in Westminster Abbey. Vor der Zeremonie verlieh die Königin Andrew den Titel Herzog von York, der traditionelle Titel der zweitgeborenen Königssöhne, den auch ihr Vater und ihr Großvater trugen. Als Sarah und Andrew auf dem Balkon standen, begann das Publikum lauthals den Hochzeitskuss einzufordern. Andrew hielt die Hand ans Ohr, als versuche er die Rufe zu verstehen, dann wandten sie sich einander zu und küssten sich lange. Viel länger als das seinerzeit Diana und Charles taten, der von seinem Bruder damals erst dazu aufgefordert werden musste. Das bewies nicht nur ihre körperliche Anziehung, sondern auch, dass beide ein komödiantisches Talent hatten und stärker als andere Royals bereit waren, mit dem Publikum in einen spielerischen Dialog zu treten.

Die Hochzeit war eine willkommene Ablenkung von einem innenpolitischen Problem, mit dem die Königin konfrontiert war. Nur drei Tage zuvor hatte die *Sunday Times* mit einem Artikel über angebliche Konflikte zwischen der Königin und der Premierministerin aufgemacht und eine lange Liste vermeintlicher Streitthemen genannt: Die Königin stimme der Forderung der Commonwealth-Länder zu, Südafrika wegen seiner Apartheid-Politik mit internationalen Wirtschaftssanktionen zu belegen, während Thatcher dadurch britische Handelsinteressen gefährdet sähe. Die Königin habe die Maßnahmen zur Beilegung des Bergarbeiterstreiks von 1983/84 als zu hart, Thatchers Entscheidung, den Amerikanern Anfang 1986 britische Militärbasen zum Angriff auf Libyen zur Verfügung zu stellen, als unangemessen empfunden. Grundlegender noch sei die Sorge der Königin um das Sozialgefüge der britischen Gesellschaft, ihrer Meinung nach lasse die Regierung jede Fürsorge und jedes Verständnis für die Schwachen vermissen – sie sei »gefühllos, konfrontativ und sozial entzweiend«; Thatcher aber stehe auf dem Standpunkt, wer sozial und ökonomisch nicht Schritt halten könne, müsse einfach mehr Initiative zeigen und sich mehr Mühe geben. Alles in allem, so die *Sunday Times*, vertrete die Königin in politischen Fragen oft eine Position links der Mitte und kämpfe für deren Umsetzung. Diese Aussagen seien, so die Zeitung, zuverlässigen Stellen im Buckingham Palace zur Prüfung vorgelegt und von diesen bestätigt worden.

Die Bestürzung war groß. Die Königin rief umgehend Thatcher an und beteuerte, dass nichts davon wahr sei. In der folgenden Diskussion wurde oft erwähnt, dass sich die Königin seit Jahrzehnten betont neutral verhalte und ihre politischen Ansichten nicht einmal mit ihren engsten Mitarbeitern bespreche, die kolportierten Äußerungen seien folglich wenig glaubwürdig. Schnell wurde klar, dass der erwähnte Informant Michael Shea war, der angesehene Pressesprecher der Queen. Er bestritt die Behauptungen des Artikels und sagte, seine allgemein formulierten Antworten auf Suggestivfragen der Redaktion seien verdreht worden; überdies habe das Manuskript, das ihm vor der Veröffentlichung vorgelegt worden sei, nicht dem publizierten Artikel entsprochen. Aber es hielten sich Gerüchte, er habe sich verleiten lassen, zu viel zu sagen, er glaube die Königin besser zu kennen, als es tatsächlich der Fall war. Zudem ähnelten die zitierten Ansichten verdächtig den seinen.

Der Hof dementierte. Der Inhalt des Artikels beruhe nicht auf Informationen seines Pressesprechers.

Aber die *Sunday Times* blieb dabei. Der Buckingham Palace arbeite gegen die Regierung, vor allem, weil man Thatchers politische Richtung als Bedrohung für das Commonwealth sehe. Die Zeitung, so ihr Redakteur Andrew Neil, wolle nur deutlich machen, woher sie ihre Informationen habe, um nicht in die Fronten zwischen Buckingham Palace und Downing Street zu geraten.

Diese Konfrontation hatte sich über längere Zeit angedeutet. Weder die Königin noch die Premierministerin hatten einen geschmeidigen Umgang mit der historisch neuen Situation gefunden, dass zwei Frauen an der Spitze des Landes standen. Schon die Weihnachtsansprache der Queen von 1983 hatte erkennen lassen, dass die eine die Welt anders sah als die andere.

»Der Unterschied zwischen den ärmeren und den reicheren Ländern ist trotz aller erreichten Fortschritte weiterhin das größte Problem der Welt. Wir werden diese Lücke erst schließen können, wenn wir weniger über Nationalismus und mehr über wechselseitige Abhängigkeiten hören. Zu den wichtigsten Zielen des Commonwealth gehört ein wirksamer Beitrag zur wirtschaftlichen Gleichstellung der Nationen.«

Die Ansprache kam anderthalb Jahre nach dem Falklandkrieg, als kriegsbegeisterte britische Zeitungen jede Kritik an der Regierung als Verrat gebrandmarkt hatten. Der Gedanke, dass reiche Nationen eine Verantwortung für arme hatten oder reiche Menschen eine Verantwortung für arme, lief allem zuwider, wofür diese Regierung stand. Die konservative Presse äußerte denn auch scharfe Kritik an der Königin und sah sich in dem Verdacht bestätigt, dass ihre Loyalität den Führern des Commonwealth gegenüber womöglich größer sein könnte als die ihrer eigenen Regierung gegenüber.

Der *Sunday Times*-Artikel von 1986 schürte diese Kritik. Selbst der keineswegs Thatcher-nahe *Guardian* nannte es bedenklich, dass der Buckingham Palace versuche, gegen eine vom Volk gewählte Regierung Stimmung zu machen. Sir Shridath Ramphal hingegen, Generalsekretär des Commonwealth of Nations, schien zufrieden: »Wir wussten, dass das, was in der *Sunday Times* stand und Michael Shea der Presse gesagt hatte, die Wahrheit war. Es musste gesagt werden.« Auch in konservativen Kreisen war man sich sicher, dass kein Missverständnis vorlag und man im Buckingham Palace gezielt gegen sie zu arbeiten versuchte – wovon die Konservativen im Übrigen schon lange überzeugt waren.

Die Regierung und der *Greater London Council*, Londons oberste Verwaltungsbehörde, lagen seit mehreren Jahren im Streit. Die *Sun* und andere Zeitungen attackierten deren politisch weit links stehenden Leiter Ken Livingstone, weil er für die Rechte Homosexueller eintrat und meinte, die Briten sollten die Beweggründe der IRA-Bewegung verstehen. Er sagte auch, die Thatcher-Regierung wolle *Greater London Council* abschaffen, weil sich die Behörde für eine zentrale Verwaltung der Stadt und Maßnahmen gegen die wachsende Arbeitslosigkeit einsetze. 1984 fragte der *Council* beim Buckingham Palace an, ob ein Royal aus der zweiten Reihe bei der Einweihung des neuen Sturmflutsperrwerks Thames Barrier anwesend sein könne. Die Antwort lautete, dass die Königin gern selbst käme, um die Anlage mit Ken Livingstone zu eröffnen, was dessen

Unterstützer ebenso überraschte wie seine konservativen Widersacher.

Konservativ und *königstreu* war in England lange eins, doch die *Sunday Times*-Affäre und einige weitere Vorkommnisse stellten diese traditionelle Verknüpfung auf die Probe. Es entstand ein neuer Konservatismus, der nicht mehr zwingend mit dem Königshaus konform war, viele Konservative bezweifelten, dass das Königshaus noch ihren Glauben an Patriotismus und klassische Werte teilte, sie sahen ideologische Trennlinien. Jahre später fragte ein Journalist Margaret Thatcher direkt, ob der Buckingham Palace damals versucht habe, ihre Macht zu schwächen. Thatcher sagte, sie wisse es mit Sicherheit: »Das Problem ist, dass die Königin mit ihrer Einstellung eigentlich sozialdemokratisch wählen müsste.«

Dann sickerte durch, dass Charles eine Zeitlang seine Redemanuskripte an den damaligen Führer der Sozialdemokratischen Partei David Owen geschickt und um seine Meinung gebeten hatte. Owen erläuterte später, Charles habe nicht verstanden, »dass er seine Meinung nicht äußern durfte. Ich sagte, ›Sehr schön, ich stimme mit allem überein, aber da Sie nun mal nicht der Premierminister sind, dürfen Sie das nicht sagen.‹« Er war sehr erleichtert, als er keine Briefe mehr von Charles bekam.

Wenige Monate nach dem *Sunday Times*-Skandal schied Michael Shea stillschweigend aus dem Amt aus. Für ein Buch, das 2012 erschien, interviewte der Historiker Ben Pimlott Menschen, die in den Thatcher-Jahren zum engeren Kreis der Königin zählten, und zog aus diesen Gesprächen eigene und eindeutige Schlüsse: »Hier eine gehobene Augenbraue, da ein abrupt beendetes Gespräch oder der Ausdruck von Sorge um eine Bevölkerungsgruppe, die Mrs. Thatcher für unbedeutend hielt – all das erzeugte bei denen, die mit der Königin sprachen, das Gefühl, [...] dass die Enthüllungen der *Sunday Times* vielleicht keine *Enthüllungen*, aber von der Wahrheit nicht weit entfernt waren.« Die Debatte führte zwar dazu, dass die Integrität der Königin in Zweifel gezogen wurde, doch sie erreichte ein anderes, übergeordnetes Ziel: Die Führer des Commonwealth waren überzeugt, dass die Königin auf ihrer Seite war, die Organisation hielt stand.

Das wachsende Konfliktniveau im Großbritannien der achtziger Jahre kam zumindest einer Berufsgruppe zupass: Den Komikern. Rowan Atkinson, Mel Smith und Griff Rhys Jones, Jennifer Saunders und Dawn French, Stephen Fry und Hugh Laurie – sie alle machten sich mit einem distanzierten Blick auf ihr Heimatland und dessen Kurs einen Namen. Klarere Fronten führten zu härterer Satire: Sitcoms wie *Yes Minister* und später *Yes, Prime Minister* waren ungeheuer beliebte Parodien auf das Treiben hinter Regierungskulissen und auf einen politischen Alltag, dessen Pragmatismus ans Absurde grenzte. Die Fernsehshow *Spitting Image* stellte bekannte Persönlichkeiten des öffentlichen Lebens durch Latexpuppen dar, die Puppen waren in sorgfältiger Handarbeit hergestellt, die Show karikierte alle und verschonte niemanden, auch die Königsfamilie nicht: Königin Elizabeth trat plappernd, leicht verrückt und mit riesigem Mund auf; da der Eindruck entstanden war, dass sie und die Premierministerin keine ideologischen Seelenverwandten waren, stand hinter der Queen hin und wieder eine Lenin-Büste. Philip gab den mürrischen *pater familias* mit langer und spitzer Nase, Charles den murmelnden Hippie mit Riesenohren, der von Diana schikaniert wird. Queen Mum schaut oft vorbei, unter dem Arm eine Flasche Gin.

Das ging aber offenbar einen Schritt zu weit, die Mutter der Königin war inzwischen die geliebte Großmutter der Nation und als solche von satirischen Spitzen bislang verschont geblieben. Als durchsickerte, dass auch sie eine *Spitting Image*-Puppe bekommen werde, kam es, wie nicht anders zu erwarten, zu heftigen Solidaritätsbekundungen: *Sunday People* ließ bekannte und unbekannte Briten beteuern, sie fänden die Puppe abstoßend, *Daily Express* rief zum Boykott auf. *Spitting Image* sendete den geplanten, milden Sketch nicht, in dem sie zum ersten Mal auftreten sollte, aber ganz am Ende der Folge steckte die Queen-Mum-Puppe kurz den Kopf durch die Tür und sagte: »Wie schade, ich hatte mich so darauf gefreut.« So schlugen sie all denen ein Schnippchen, die die Sendung aus Protest nicht angesehen hatten, was allerdings, wie sich zeigte, eine Minderheit war: die umstrittene Folge hatte 11,4 Millionen Zuschauer.

Aber die Reaktion zeigte exemplarisch die Richtung, die die Presseberichte über die Windsor-Familie nun einschlugen: Boulevardzeitungen begannen oder schürten Diskussionen über die Royals. Die Gazetten machten sich zum Richter darüber, was royales Verhalten war und was nicht; immer häufiger kritisierten sie die Royals, Anforderungen nicht gerecht zu werden, die man sich überhaupt erst in den Redaktionen ausgedacht hatte.

Das traf besonders Philip. Er war seit Jahrzehnten für seinen recht unkalkulierbaren Humor bekannt, den er bei offiziellen Anlässen zeigte. Manchmal schien der ehemalige Marineoffizier damit auch etwas gegen seine eigene Langeweile unternehmen zu wollen, schließlich konnte, wie er einmal sagte, »jeder verdammte Idiot irgendwo einen Kranz niederlegen«. Als er 1959 Singapur besuchte, das gerade selbstständig geworden war, bemerkte er: »Ich selbst habe kaum Erfahrung mit Selbstständigkeit. Sie werden nicht viele Menschen treffen, die so gelenkt werden wie ich.« Er hatte schon mehrfach für Verwunderung gesorgt und räumte bereitwillig ein, dass er sich mit seinen Scherzen oft auf dünnem Eis bewege und mitunter auch einbreche.

Im Herbst 1986 kamen die Königin und Prinz Philip nach China, es war der erste Besuch eines britischen Staatsoberhauptes auf dem chinesischen Festland, nachdem ein Abkommen den nahezu einhundertfünfzig Jahre dauernden Streit um Hongkong beendet hatte. Es handelte sich also um ein bedeutsames historisches Ereignis. Dreißig Jahre früher hätte ein Schwarm britischer Journalisten das Paar begleitet und ergebene Berichte nach Hause geschickt, jetzt aber interessierten fein austarierte diplomatische Reden nicht mehr. Eine aufgekratzte und erwartungsvolle Stimmung machte sich breit, als der Prinz, der als umweltbewusst bekannt war, in der Nähe der Großstadt Xi'an ein Industriegebiet besichtigte und statt des üblichen, nichtssagenden Lobs Besorgnis äußerte, dass die angrenzende Natur samt dem See durch den Qualm aus den Fabrikschloten Schaden nehmen könnten.

Das Journalistenkorps hatte sich aufgeteilt, Prinz Philip wurde von einem *Times*-Journalisten begleitet, der seine Notizen später mit den Kollegen teilen würde. Er hatte unter anderem vermerkt, dass Philip schottische Austauschstudenten warnte, sie könnten »slitty-eyed«, also schlitzäugig, werden, wenn sie noch länger im Land blieben. Der *Times*-Journalist dachte sich nicht viel dabei, aber die Boulevardjournalisten, denen er das vorlas, begriffen sofort, welches Geschenk der alternde Prinz ihnen mit diesem angestaubten Scherz gemacht hatte. Der Journalist der *Sun* rief, kaum war er eines Telefons habhaft geworden, Philips Gesprächspartner an und ließ sich das Zitat bestätigen. Es landete auf der Titelseite der *Sun* und danach drehte sich die Berichterstattung nicht mehr um die chinesisch-britischen Beziehungen, sondern um den vermeintlichen Rassismus des Prinzgemahls. Die chinesische Regierung fand übrigens die Artikel der britischen Presse viel beleidigender als Philips Äußerungen. Diese Episode ist typisch für eine weitere Veränderung in den Redaktionen: Inzwischen besuchen Journalisten königliche Termine vor allem in der Hoffnung, über einen Fauxpas der Royals berichten zu können.

Philip lieferte viel Material. Viele Gesprächspartner lachten über seine Scherze und erwiderten sie munter. Es war ganz offensichtlich, dass er, der sich immer zurücknehmen musste, hin und wieder die Monotonie der Routine unterbrechen und zeigen wollte, dass er sich ganz sicher keinen Maulkorb verpassen lassen würde.

Aber gelegentlich hagelte es von allen Seiten scharfe Kritik, so, als er im Gespräch mit einer Frau, die bei einem Brand zwei Kinder verloren hatte, über den Rauchmelder in seinem Badezimmer klagte, der angehe, sobald er die Wanne volllaufen lasse.

Weniger Aufmerksamkeit bekam Philip für sein Engagement in Sachen Umweltschutz und Nachhaltigkeit. In den siebziger Jahren ließ er auf einem Gebäude in Sandringham eine der ersten Solaranlagen Großbritanniens installieren. Nachdem er sich in China über die qualmenden Schlote geäußert hatte, hielt er wenig später bei einem internationalen Pädagogenkongress in der Schweiz einen Vortrag zum Thema. Ein strenger und recht pessimistischer Philip warnte, dass es bei allen Diskussionen um Natur viel zu sehr darum gehe, was den Menschen diene, und dass sich nicht die Natur entwickeln müsse, um das Ökosystem des Planeten zu bewahren, sondern der Mensch. Er prangerte die »frenetische« Förderung fossiler Brennstoffe an, den Raubbau am Regenwald und die Unfähigkeit zu begreifen, welche Folgen die Ausrottung von Tierarten und die Störung des ökologischen Gleichgewichts haben werden. In China hätten solch offene Worte vermutlich größere diplomatische Verstimmungen nach sich gezogen als der flapsige Kommentar unter den Edinburgher Studenten.

Philip mag den Journalisten mitunter Anlass gegeben haben, Verstöße gegen ein würdevoll-königliches Auftreten zu rügen, doch seine Kinder lieferten ganz andere Steilvorlagen. Der konkurrenzlos peinlichste Auftritt fand 1987 statt und geht auf das Konto von Prinz Edward.

Er, der mit seiner Rolle als Prinz schon von Kind an nicht zurechtkam, begeisterte sich, wie viele schüchterne Jugendliche, für Theater und Fernsehen und interessierte sich, wie sein Bruder Charles, für Kunst und Geisteswissenschaften. Manche fanden es ein wenig verdächtig, wie mühelos er in Cambridge das akademische Auswahlverfahren durchlief, jedenfalls studierte er dort Geschichte und spielte auch Theater.

Anschließend begann er eine fünfjährige Ausbildung bei den Royal Marines, die er nach vier Monaten wieder abbrach, weil er für eine militärische Karriere völlig ungeeignet war. Die Medien nannten ihn feige und mutmaßten, er sei schwul. Das Gerücht hielt sich so hartnäckig, dass Freunde der Königin vorsichtig bei Edwards Rektoren nachfragten und erfuhren, dass Edward ebenso regelmäßig wie diskret Freundinnen hatte.

Statt Marineoffizier wurde Edward Assistent in der Produktionsgesellschaft des Musical-Königs Andrew Lloyd Webber. Er arbeitete als Edward Windsor an »Cats« und »Phantom der Oper« mit, anfangs versorgte er das Team mit Kaffee und Sandwiches. Schwierig wurde es erst, als er in der Hierarchie aufstieg.

In den achtziger Jahren wurde alles, was bislang seriös und würdevoll gewesen war, durch einen knallbunten Spaßfilter gejagt, selbst Spitzenpolitiker meinten, in Fernsehshows bei schrillen Kinderspielen gegeneinander antreten zu müssen. In diesem Klima kam Edward die Idee einer Sonderausgabe der beliebten Unterhaltungssendung »It's A Knock Out«, die in etwa dem deutschen Fernsehhit »Spiel ohne Grenzen« der 1960er und 1970er Jahre entsprach. Bei »It's A Royal Knock Out« würden er und seine Geschwister Promi-Mannschaften durch lustige Aufgaben führen, die auch einen gewissen Körpereinsatz verlangten, und dabei Geld für gemeinnützige Organisationen sammeln, die sie unterstützten. Andrew und Fergie sagten sofort zu, die zögerliche Anne ließ sich überzeugen,

Charles und Diana lehnten strikt ab. Im Buckingham Palace schrillten die Alarmglocken, doch als Königin Elizabeth davon erfuhr, waren die Vorbereitungen so weit vorangeschritten, dass Edward keinen Rückzieher mehr machen konnte, außerdem war er von der Presse wegen seines Marineaustritts schon ausgiebig gedemütigt worden. Wie bei vielen Gelegenheiten zuvor, waren leitende Hofangestellte auch hier zutiefst frustriert, dass die Monarchin ihre Kinder nicht durch ein Machtwort von einer absehbaren Dummheit abzuhalten versuchte.

»It's A Royal Knock Out« wurde am 19. Juni 1987 ausgestrahlt. Schauplatz war eine Art Burghof in ironisch gemeintem schrillen Tudor-Stil gehalten, Showmaster war Rowan Atkinson. Anne, Andrew, Fergie und Edward trugen grellfarbene Umhänge, zu den Mannschaften gehörten Stars wie Michael Palin, John Cleese, John Travolta und Gary Lineker. Zwei Programmstunden lang robbten sie durch Matsch und balancierten über rollende Baumstämme, die Royals feuerten lautstark an, irgendwann bewarfen sich Herzog und Herzogin von York mit Lebensmitteln aus Kunststoff. Dem Publikum verschlug es die Sprache. Bei der anschließenden Pressekonferenz fragte Edward freudestrahlend: »Und, wie hat es Ihnen gefallen?« Als er begriff, dass sich die Journalisten mit einer höflichen Antwort schwertaten und einige sogar ein Lachen unterdrückten, stürmte er aus dem Raum.

Dabei passte »It's A Royal Knock Out« im Grunde hervorragend in die achtziger Jahre. Die Welt wurde zu einer Gameshow, der Zeitgeist verlangte bombastische Premieren und glitzernde Unterhaltungsprogramme vor jauchzendem Studiopublikum. Doch »It's A Royal Knock Out« blieb — auch wenn über eine Millionen Pfund gespendet wurden — als eklatante Fehlentscheidung in Erinnerung.

Die Königskinder in ihren lächerlichen Tudorkostümen hatten ihre Würde für etwas geopfert, das es nicht wert war.

17

»Wir waren zu dritt
in dieser Ehe«

Kurz vor der Hochzeit schrieb Charles an einen Freund:
»Ich habe das große Glück, dass ein so besonderer Mensch
wie Diana mich offenbar so sehr liebt. Und es bestärkt mich
auch und macht mich stolz, dass in dieser Angelegenheit
alle so froh und begeistert sind, dass Diana von so vielen
bewundert und gemocht wird.«
Nach zwei Tagen auf Dickie Mountbattens Landgut Broadlands gingen die Jungvermählten an Bord der »Britannia«, wo
eine 277-köpfige Mannschaft sie erwartete. Von den zweiwö-
chigen Flitterwochen im Mittelmeer schrieb Charles:
»Ich kann nur sagen, dass die Ehe sehr lustig ist, und es ist
ganz unglaublich schön, zusammen auf der ›Britannia‹ zu
sein. Diana schwirrt herum und plaudert mit den Matrosen
und den Köchen in der Kombüse, während ich, tief versunken in den Genuss eines Buches von Laurens van der Post,
wie ein Eremit auf dem Vorderdeck sitze.«

Zwei Briefe eines Mannes, der ein Idyll schildern möchte
und damit scheitert. Im ersten Brief verwechselt er Liebe mit
Dankbarkeit, im zweiten beschreibt er zwei Menschen, die in
verschiedene Richtungen streben. Charles hatte früh versucht,
Diana für die Bücher des von ihm bewunderten Laurens van
der Post zu begeistern. Doch die junge Braut ließ sich nicht
mitreißen.

In der Hochzeitsnacht begegneten sich ein Mann, der an selbstsichere, sexuell erfahrene Frauen gewöhnt war, und eine äußerst nervöse Jungfrau. Später sprachen beide von einer Enttäuschung. Dianas Bulimie wurde schlimmer, sie erbrach sich bis zu vier Mal am Tag.

Dann bemerkte sie, dass Charles Manschettenknöpfe mit zwei ineinander verschlungenen »C« trug. Er sagte, dass sie ein Geschenk von Camilla seien, und reagierte überrascht, als Diana sich darüber empörte. Er beteuerte standhaft, dass die Beziehung zu Camilla beendet sei und er sich nur noch für seine Ehe interessiere, insgeheim aber fürchtete er, sich in dem unbekümmerten jungen Mädchen, das er glaubte gefunden zu haben, getäuscht zu haben. Voll gegenseitigem Misstrauen besuchte das Paar im Spätsommer die Königsfamilie in Balmoral.

Die Königin hatte wieder einmal zu einem Dinner eine Schar grauhaariger Gäste um sich versammelt. Man sah es ihr an, die frisch gebackene Prinzessin hätte die Runde am liebsten verlassen, aber daran war nicht zu denken. Sie wurde mürrisch und verstummte. Als die Queen zu einem ihrer Gäste sagte, es erstaune sie, dass ihre neue Schwiegertochter ständig schmolle, antwortete der vorsichtig: »Schauen Sie sich um, Ma'am. Alle am Tisch sind so viel älter als sie.«

Diana begann zu rebellieren. Einmal erschien sie nicht zum Abendessen und als die Queen Charles schickte, um sie zu holen, kam er kleinlaut mit der Nachricht zurück, sie wolle nicht.

Die Königsfamilie zeigte sich überrascht von der Launenhaftigkeit ihres Neuzugangs, schließlich war Diana ein gut erzogenes Adelsfräulein. Aber Johnnie Spencer, geschieden, unglücklich und alkoholkrank, hatte sich kaum um die Erziehung seiner Kinder gekümmert, wenn man davon absieht, dass er ihnen einschärfte, nach Besuchen und Abendesseneinladungen immer höfliche, handgeschriebene Dankesbriefe zu schicken, was Diana bis zu ihrem Lebensende gewissenhaft tat. Diana und ihre Geschwister waren auf Althorp frei gewesen und konnten in der Regel tun, was sie wollten. Den Geselligkeiten ihrer Stiefmutter Raine blieben sie aus Prinzip fern. Diana begegnete sowohl Raine wie den Kindermädchen mit ausgeprägtem Widerstandsgeist und blieb auch als Erwachsene widersprüchlich: Sie wollte nichts mehr, als den Erwartungen ihrer Schwiegerfamilie und des Volkes zu entsprechen, und sie wollte nichts weniger, als sich den Regeln anderer zu unterwerfen.

Die Unterschiede zwischen den Eheleute wurden immer offensichtlicher. Er liebte das Polospiel und die Jagd, sie verabscheute den »Blutsport« und hatte Angst vor Pferden, weil sie als Kind vom Pferd gefallen war. Er suchte Erkenntnis in Büchern und intensiven Zweiergesprächen, sie fand Intellektuelle, die fachliche und abstrakte Themen diskutierten, einschüchternd, wurde aber lebhaft und gesprächig, sobald sie mit einem Gegenüber, dem sie sich ebenbürtig fühlte, über Beziehungen und Gefühle sprechen konnte. Das Ehepaar hatte auch gute Stunden, sie konnten beispielsweise schallend miteinander lachen. Charles legte ihr kleine Geschenke und zärtliche Nachrichten unter das Kopfkissen, was Diana liebte.

Geplant waren zwei Wohnsitze: eine Wohnung im Londoner Kensington Palace und eine zweite im stattlichen Besitz Highgrove in Gloucestershire. Kensington Palace, im Park Kensington Gardens gelegen, ist ein 1689 erbautes, weitläufiges Backsteinschloss, das in viele Wohnungen aufgeteilt wurde, die Bewohner sind Angehörige der königlichen Familie und andere Menschen im Umkreis des Hofes, die aufgrund ihrer Verbindung zur Familie Anspruch auf eine standesgemäße Unterbringung haben. In der Familie hieß der Palast flapsig »aunt heap«, Tantenhalde, da viele betagte Prinzessinnen ihre letzten Lebensjahre dort verbrachten.

In diesem Mini-Kosmos bezogen Charles und Diana die Wohnungen 8 und 9, vierundzwanzig Zimmer auf drei Etagen. Eine von Dianas kleinen Widerstandshandlungen war die Wahl des Innenarchitekten Dudley Poplak. Er bediente nicht das Traditionelle und Majestätische der etablierten Namen, die für die Familie die selbstverständlichere Wahl gewesen wären, seine Ästhetik war näher an den Pastelltönen der achtziger Jahre. Poplak hellte Charles' dunklen, schweren Junggesellenstil mit gedämpften, femininen Farben auf, wählte Details in Blau und Gelb, rosa Sofas und Cretonne-Kissen. Im Vorraum lag ein grüngrauer Läufer mit dem prominent eingewebten Wappen des Prinzen von Wales, drei Federn in einer Krone. Viele Besucher fanden die Eckwohnung an der Nordseite des Palastkomplexes eng und dunkel, Gäste mit einem distanzierteren Blick spotteten, das Interieur erinnere an Chicagoer Hotels. Zudem herrschte eine bemerkenswerte Dichte an Porzellanfiguren und Duftkerzen.

Das große Bett des Paares zierte bei Tag eine Stofftier-Parade; Dianas Sammlung aus Kindertagen stand neben Charles' altem Teddybär, der ihm früher einmal, als er ein einsames Kind war, allabendlich von seinem Kammerdiener ins Bett gelegt worden war. Wie Diana reiste auch Charles immer mit seinem Teddybären, es sei denn, er inspizierte Truppenteile. Auf ein Foto in seinem Arbeitszimmer, das ihn mit seinem Vater zeigt, hatte er selbst geschrieben: »Ich wurde nicht geboren, um den Fußstapfen meines Vaters zu folgen.« Es war, als hätten der Thronerbe und seine medienumschwärmte Ehefrau den Kindern, die sie einmal waren, ein Zuhause gegeben.

Diana engagierte Poplak auch für Highgrove, Charles' neu erworbenes neoklassizistisches Haus in Gloucestershire südwestlich von London. Der Prinz liebte Haus und Anwesen, er wollte dort einen großen Garten anlegen, der Ausdruck seines Denkens und seiner Philosophie werden sollte. Es war einer der wenigen Aufenthaltsorte, die nicht seinen Eltern gehörten, wo er die Natur genießen und Zeit mit seinen »Pferdeleuten« verbringen konnte, jenen Freunden aus der englischen High Society, die sich wie er für Polo und die Jagd interessierten. Diana hingegen fand Highgrove im Vergleich zu Althorp ärmlich, es förderte ihre Begeisterung nicht, dass Camilla und Andrew Parker Bowles nur eine kurze Autofahrt entfernt in Bolehyde Manor wohnten, einem stattlichen Herrenhaus aus dem 17. Jahrhundert.

Während die meisten Menschen ihre Freundschaften aktiv pflegen müssen, muss ein Royal das selten tun, denn die Menschen in seinem privaten Umkreis haben ein großes Interesse am Erhalt der Freundschaft, ganz unabhängig davon, wie er oder sie sich benehmen. Sagt er etwas Nachdenkliches, nicken alle andächtig, erzählt er Vertrauliches, sind sie ganz Ohr, erzählt er einen Witz, lachen sie. Außenstehende mögen es bedenklich finden, in welchem Maße ihnen nach dem Mund geredet wird, für die Royals ist das Alltag. Diana, die Charles in seinen unglücklichen und einsamen Cheam- und Gordonstoun-Jahren nicht kannte, fand ihn im Umgang mit anderen Menschen oft naiv. Sie meinte auch, er bekomme ein ungesundes Maß an Aufmerksamkeit, und sie hatte Angst, dass sein alter Freundeskreis auf Camillas Seite stand und konspirativ geheime Treffen der beiden ermöglichte. Dianas Einfluss führte dazu, dass sich Charles und viele Freunde aus dem »Highgrove-Kreis« seltener sahen. Sie wurden von der Gästeliste gestrichen und bekamen keine Weihnachtskarten mehr. Das war einerseits ein schwer zu verdauender Prestigeverlust, andererseits aber waren viele wirklich persönlich verletzt, von ihrem sensiblen Freund abgeschnitten zu sein, der in Briefen ausführlich über seine Gedanken und Gefühle sprach, den sie über Jahre unterstützt und aufgemuntert hatten. Die Prinzessin schuf sich in kurzer Zeit viele Feinde.

Es verblüffte Diana, dass ihr Mann offenbar nicht bemerkte, wie viele Dinge des täglichen Lebens ihm abgenommen wurden. Und mit wie viel Snobismus er die Dienste des Personals in Anspruch nahm, weil es dafür ja schließlich bezahlt würde. Butler Paul Burrell, der Diana bald geradezu anbeten sollte, schilderte in seinem Buch *Im Dienste meiner Königin*, wie unduldsam Charles reagierte, wenn er Angestellte rief und sie nicht sofort kamen, wie sie über die teppichbelegten Flure rannten, um nicht seinen Unmut auf sich zu ziehen. Als Burrell einmal an Diana vorbeihastete, rief sie ihm hinterher: »Schneller, Paul, schneller. Für mich laufen Sie nie so schnell.«

Zur Bestürzung seines Kammerdieners bekam Diana Charles dazu, seine rahmengenähten Schnürschuhe von John Lobb zugunsten modischer Slipper aufzugeben. Sie überraschte ihn mit Kaschmirpullovern in hellen Farben, Geschenke, die Intimität, aber auch ein gewisses Besitzverhältnis signalisierten: Wenn ein Mann dir in einem Kleidungsstück entgegenkommt, das du für ihn ausgesucht hast, ist er in gewisser Weise ein von dir erschaffenes Geschöpf. Auch ihren späteren Liebhabern schenkte Diana Kaschmirpullover.

Am 21. Juni 1982, vorbildliche elf Monate nach der Hochzeit, kam ihr Erstgeborener, William Arthur Philip Louis, zur Welt. In den sechzehn Stunden der Geburt hatten sich vor dem Krankenhaus St. Mary's Hunderte von Menschen versammelt, als Charles vor die Tür trat, um sie zu begrüßen, jubelten sie ihm zu und stimmten »For He's A Jolly Good Fellow« an. Als er gefragt wurde, ob das Baby ihm ähnele, sagte er lächelnd, »Nein, zu seinem Glück nicht.« Seine Mutter soll sich ähnlich geäußert haben, als sie ihr Enkelkind zum ersten Mal sah: »Gott sei Dank hat er nicht die Ohren seines Vaters.«

Als Charles zur Ruhe kam, tat er, was er immer tat, wenn ihn etwas stark bewegte: Er beschrieb das Erlebte in langen Briefen an seine Freunde: »Die Ankunft unseres kleinen Sohnes war ein erstaunliches Erlebnis, ich hätte nie gedacht, dass es mir so viel bedeuten würde«, schrieb er an Patricia Mountbatten. »Ich bin ja SO dankbar, dass ich die ganze Zeit an Dianas Seite sein konnte, denn ich fühlte mich zutiefst in den Geburtsvorgang einbezogen, und die Belohnung kam, als ich das kleine Wesen sah, das UNS gehört, obwohl es auch allen anderen zu gehören schien.« Doch am Tag von Dianas und Williams Heimkehr aus der Klinik war er zum Polo-Spielen im Windsor-Park, und als eine junge Zuschauerin fragte, was Diana davon halte, dass er hier und nicht zu Hause sei, antwortete er unbekümmert: »Ach, das macht ihr nichts aus.«

Bei den Namen ihrer Kinder – William und Henry – setzte sich Diana durch; Charles' Favoriten Arthur und Albert wurden der jeweils zweite Name. Diana und Charles wollten als Eltern nahbarer und zärtlicher sein, als ihre eigenen Eltern es gewesen waren. Wenn William weinte, rannte Diana durch die Flure von Kensington Palace. Sie überschüttete ihn und später auch Harry mit Küssen und Liebkosungen, da sie selbst, wie sie meinte, als Kind zu wenig geküsst und liebkost worden war. Charles trotzte seinen Sekretären und strich in den ersten Monaten nach der Geburt nahezu alle Termine. Er kam gut damit zurecht, William die Windeln zu wechseln, ihn zu baden und zu füttern. Später beschrieb er, wie Diana und er die ersten Krabbelversuche ihres Sohnes verfolgten und »vor lauter Freude nicht aufhören konnten zu lachen«.

Einen Monat nach Williams Geburt geriet Diana in eine schwere Wochenbettdepression. Sie wachte eines Morgens auf und hatte das Gefühl, nicht aufstehen zu können. Die Boulevardblätter hatten lange genug über ihre Mutterfreuden geschwärmt, nun griffen sie Diana wegen ihrer Gewichtszunahme an. »Ihre Formen waren, vorsichtig formuliert, üppig«, schrieb der *Mirror* nach einem ihrer öffentlichen Auftritte. Von Bulimie und Schaflosigkeit geplagt, begann sie auffallend abzunehmen. Wenn Charles nicht zur angekündigten Zeit zu Hause war, bekam sie Panikanfälle, weil sie absolut sicher war, dass ihm etwas Schreckliches zugestoßen sein musste.

Sie hatten furchtbare Auseinandersetzungen. Ihre Stimmen gellten durch die Räume, Spiegel und Fenster gingen zu Bruch. Diana war mit der Erwartung in die Ehe gegangen, dass Liebe absolute Hingabe bedeutete, und lebte in ständiger Angst, verlassen zu werden. Als Kind hatte sie ihren Vater angeschrien, dass er sie unmöglich lieben könne, wenn er sie wegschicke, nun reagierte sie ähnlich verzweifelt, wenn Charles sie verließ, um seinen zahlreichen Verpflichtungen nachzukommen. Er wiederum stammte aus einer Familie, in der man Gefühlsäußerungen missbilligte, nicht nur in der Öffentlichkeit, sondern auch im Privaten. Bei den langen Mahlzeiten drehten sich die Gespräche um Unverfängliches wie das Essen, Pferde und Hunde. Weder in der Familie noch in den Internaten hatte man ihm beigebracht, wie er seine Ehefrau hätte trösten können. Dianas tränenreiche Vorwürfe, ob wegen Camilla oder weil sie sich isoliert fühlte, blieben ihm unverständlich und berührten ihn unangenehm. Er war ratlos, sie empfand ihn als abweisend; sie war einsam, er fand sie egozentrisch. Diana konnte stundenlang tief verzweifelt einfach nur dasitzen, den Kopf auf den Knien. Freunde von Charles trauten ihren Ohren kaum, als sie ihm in ihrem Beisein Vorwürfe machte, weil er lesen und malen wollte. Er verstand nicht, warum sie sich nicht eigene Hobbys zulegte, sie verstand nicht, warum er ihr weder Geborgenheit gab noch sie unterstützte, wo sie das doch offensichtlich brauchte.

Wer auf Dianas Seite stand, sagte später, Charles' Verhalten sei der Grund für den Niedergang der Ehe gewesen, wer auf Charles' Seite stand, gab ihr die Schuld. Selbstverständlich machten die Vorgeschichte der beiden und der Druck einer unablässigen Medienbeobachtung alles schwieriger.

Im Oktober 1981, keine drei Monate nach der Hochzeit, bat Charles Diana darum, sich um professionelle Hilfe zu bemühen. Sie weigerte sich, denn in ihrer Gesellschaftsschicht galten Depressionen und andere psychische Leiden als äußerst dubios, da war es nur ein kleiner Schritt zum Etikett »verrückt«. Sie konsultierte Ärzte, verschwieg aber ihre Bulimie und nahm das verschriebene Valium nicht, weil sie darin den Versuch sah, sie zu kontrollieren. Später sagte sie, dem Hof und den Ärzten sei es nur darum gegangen, sich abends mit der Gewissheit schlafen zu legen, dass die Prinzessin von Wales keinem ein Messer in den Leib ramme.

Sie behauptete auch, sie habe ihren ersten Suizidversuch im dritten Monat der Schwangerschaft mit William unternommen. Sie habe eine Schreibtischschublade aufgebrochen, dort die liebevolle Korrespondenz zwischen Charles und Camilla Parker Bowles gefunden und sich daraufhin in Sandringham die Treppe hinuntergestürzt. Sie sei vor den Füßen der Königin gelandet, Charles habe sie abgewimmelt und sei reiten gegangen. Der Augenzeugenbericht eines Dieners, der insgeheim auf der Lohnliste der *Sun* stand, klang anders, danach war Diana auf der Treppe gestolpert und einige Stufen hinuntergerutscht, Charles sei bei ihr geblieben, bis ein Arzt kam und sicherstellte, dass Mutter und Kind wohlauf waren.

Im Herbst 1982 begann Diana, sich mit Küchenmessern und Glasscherben zu verletzten, manchmal im Beisein ihres Mannes. Sie erklärte die Selbstverletzungen mit einem unerträglichen inneren Schmerz und dem Wunsch, »dass andere den Schmerz und die Angst in meinem Kopf verstehen«. Sie glaubte, es sei Charles egal, er sagte später, es habe ihn zutiefst besorgt. Aber er hatte Angst, dass die Probleme an die Öffentlichkeit dringen könnten, es gab auch kaum jemanden, dem er sich hätte anvertrauen können. Als er Freunden zu erzählen begann, was hinter verschlossenen Türen vor sich ging, sahen sich viele in der schlechten Meinung bestätigt, die sie von Diana hatten, seit sie von ihr hinausgedrängt worden waren. Sie rieten Charles zu mehr Härte, dazu, sich weniger um Dianas Launen zu scheren, ihr zu sagen, sie möge sich zusammenreißen. Wieder war Rücksicht auf die Pflichten und das große Ganze wichtiger als Rücksicht darauf, welche Voraussetzungen jemand zur Bewältigung des Alltags mitbrachte.

Eine Ahnung davon, was im Argen lag, bekam die Öffentlichkeit am 13. November 1983 beim jährlichen *Festival of Remembrance* in der Royal Albert Hall. Das Paar hatte sich gestritten, Diana wollte nicht mitgehen. Nachdem Charles aufgebrochen war, überlegte sie es sich anders und kam nach der Königin in die Royal Albert Hall, was ein eklatanter Protokollbruch war. Rasch wurde ein Stuhl für sie herbeigeholt, das Ehepaar zankte vor peinlich berührten Anwesenden weiter.

Diana mochte sich von ihrem Mann vernachlässigt fühlen, die Briten liebten sie bereits und das mit einer Heftigkeit, die die Royals bislang nicht erlebt hatten. Der erste gemeinsame öffentliche Auftritt fand in diesem Herbst statt, Charles hatte bereits eine Therapie vorgeschlagen. Sie reisten nach Wales und wurden überall von jubelnden Menschenmengen erwartet. Wenn sie aus dem Auto stiegen, Charles auf der einen, Diana auf der anderen Seite, hörte der Prinz laute Rufe: »Ach je, sie ist auf der anderen Seite!« Und er sagte: »Entschuldigung, sie kommt gleich hierher.« Während die anderen Royals Distanz zur Menge wahrten, trat Diana spontan und herzlich auf, sie hatte mit Kindern gearbeitet und fand es selbstverständlich, sie hochzuheben und zu umarmen. Sie sprach immer direkt, fast schelmisch, zu einem einarmigen Kriegsveteranen sagte sie: »Sie haben sicher viel Spaß, wenn Sie in der Badewanne nach der Seife jagen.«

Aber die Menschen in ihrem unmittelbaren Umfeld sahen, wie erschöpft und ängstlich sie immer wieder wirken konnte. Charles war anfangs stolz auf seine erfolgreiche Frau, aber irgendwann beobachtete ein Schlossangestellter, wie er bei einem öffentlichen Termin in den Kies trat und murmelte: »Mich wollen sie nicht sehen.« Niemand wollte ihn fotografieren, alles dreht sich um sie, die seit Kindertagen vor Johnnie Spencers Kamera posiert hatte und jetzt genau so, wie sie damals zum Vater aufgeschaut hatte, in die Objektive der Pressefotografen blickte. Charles hielt lange Reden, über die die Zeitungen kein Wort berichteten. Das wiederholte sich bei ihrer ausgedehnten Australien- und Neuseeland-Reise, auf die das Paar, gegen alle royalen Gepflogenheiten, den kleinen William mitnahm. Die Menschen strömten in solchen Mengen zusammen, dass die Polizei besorgt war. Die Reaktionen auf ihr Erscheinen wurde mit der Beatlemania verglichen, aber immer war es Diana, mit der alle reden wollten.

Diana stahl ihrem Mann die Show. Das verletzte ihn und sie sah das, aber sie konnte nichts daran ändern. Sie wollte seine Nähe, aber dass sie so eindeutig vorgezogen wurde, entfernte ihn von ihr. 1995 sprach sie in dem legendären, schonungslosen BBC-Interview über die Australien-Reise: »Wenn Sie ein Mann sind, ein stolzer Mann wie mein Ehemann, dann trifft es Sie, wenn Sie das vier Wochen lang Tag für Tag erleben.«

Charles war aus dem Schatten einer Frau — seiner Mutter — in den einer anderen — seiner Ehefrau — geraten. Die Berühmtheit eines Prinzen von Wales gründet *per definitionem* nicht auf einer Leistung, die er erbracht hat und vorzeigen kann. Was ihn aufrecht hält, ist, dass das Volk ihn will. Die Australienreise zeigte, dass jetzt jemand anderes ein sehr persönliches Band zur Menschenmenge flocht, das mit der Zeit zu einem dicken Tau wurde. Aber die immense Aufmerksamkeit löste bei

Diana lange Zeit Unsicherheit und Lampenfieber aus. Manchmal brach sie zwischen zwei Auftritten weinend zusammen, konnte nicht aus dem Auto steigen. Charles redete beruhigend auf sie ein, bis sie es schließlich schaffte. In Briefen aus Australien sprachen beide warmherzig davon, was für ein gutes Team sie seien. Und die Australier, die vor dem Besuch mit einer Republik geliebäugelt und kurz vor einer Meuterei gestanden hatten, wollten auf den royalen Zauber nun doch nicht verzichten.

Die Königinmutter rühmte Dianas Einsatz, aber im Großen und Ganzen wuchs in den ersten Jahren Dianas Verwunderung und Enttäuschung darüber, dass die Königsfamilie sie nicht deutlicher unterstützte und lobte, wo doch der Stern der Monarchie mit jedem ihrer Auftritte heller strahlte. Nun sahen sich die übrigen Familienmitglieder allerdings als Rädchen im königlichen Getriebe, man machte kein Aufheben davon, wenn man seine Pflichten und Aufgaben erfüllte. Für Diana ging es um persönlichen Einsatz, es waren Auftritte, die man gut oder schlecht absolvieren konnte und die von den Akteuren viel verlangten. Dafür wollte sie Anerkennung.

Das Volk sah Diana als Royal, aber auch als eine von ihnen. Sie war eine explosive Mischung aus Verletzlichkeit und Glamour, Authentischem und Abgehobenem, aus Jugend und Status, und diese Mischung löste ebenso Bewunderung wie Beschützerinstinkte aus. In den Redaktionen war schnell klar, dass ein Diana-Foto auf dem Titel die Verkaufszahlen um mehr als zehn Prozent steigerte.

Das war vor allem für die Boulevardpresse wichtig, da diese sich nicht auf Abonnenten stützen konnte, dummerweise gab es nicht ständig Neues zu berichten. Das ließ sich beheben, indem man Gegensätze und Widersprüche konstruierte: Erst pries man einen der Royals als elegant, schön und mitfühlend, nur um ihn oder sie dann dafür zu kritisieren, gegen die Etikette verstoßen zu haben, arrogant und unverschämt gewesen zu sein oder, am schlimmsten, die Königin in Verlegenheit gebracht zu haben. Diese Strategie zur Hebung der Verkaufszahlen traf alle Familienmitglieder, aber niemanden so hart wie Diana.

Hinzu kam, dass sich in der Fiktion wie im Journalismus das Narrativ der Seifenoper etabliert hatte. Seit 1978 beziehungsweise 1981 liefen im Fernsehen die amerikanischen Serien *Dallas* und *Denver Clan*. Sie erzählten die hochdramatischen und überaus wechselvollen Geschichten zweier Millionärsfamilien, hatten Anfang der achtziger Jahre mehrere Hundertmillionen Zuschauer und wurden zu einem weltweit beherrschenden medialen Phänomen. In der Folge näherten sich die Erzählkurven dieses Seifenoper-Universums und die der Medienberichterstattung an, die Höhepunkte mussten dicht aufeinander folgen. Das Motiv des *Catfights*, das aus der Rivalität der konkurrierenden Denver-Figuren Krystle und Alexis Carrington entstanden war, wurde zur medialen Vorlage für erfundene Zerwürfnisse zwischen Diana und Prinzessin Anne oder Diana und der Königin, in die kleinste Geste wurde immense Bedeutung hineininterpretiert. Um über Diana und die Familie berichten zu können, brauchten die Zeitungen Vorwände, also konstruierten sie Neuigkeiten und überraschende Wendungen. Zeitungsmogul Murdoch machte keinen Hehl daraus, dass er Boulevardblätter zur Unterhaltungs- und nicht zur Nachrichtenbranche zählte. Bald näherten sich Journalisten nicht nur den Freunden und Angestellten von Prominenten, sondern auch denen der Royals und boten exorbitante Honorare für pikante Insider-Geschichten.

Die Mitglieder der Königsfamilie hielten traditionell zu den Medien so viel Distanz wie irgend möglich, aber Diana verschlang jedes Wort, das über sie geschrieben wurde; von Nigel Dempster, dem Klatschkolumnisten der *Daily Mail*, las sie alles. Daher konnte ihr seine Andeutung nicht entgangen sein, dass Charles' enge, verheiratete »Freundinnen« Camilla Parker Bowles und Dale Tryon sie, Diana, als königliche Braut »gebilligt« hätten. Sie war entsetzt, die Frauen, die in Charles' Leben früher eine Rolle gespielt hatten, waren eine Bedrohung für sie. Die Boulevardfotografen bemerkten bald, dass Charles' Ehefrau mit ihnen kommunizierte; während die Mitglieder der Königsfamilie beim Betreten eines Raumes so taten, als bemerkten sie die Wand der Fotografen gar nicht, blieb die Prinzessin stehen, blickte kurz zurück oder richtete ihre Frisur, um sicherzugehen, dass sie gute Fotos bekamen. Als sie, im fünften Monat schwanger mit William, ohne ihr Wissen im Bikini fotografiert wurde, bezeichnete die Königin das als »schwarzen Tag für den britischen Journalismus«. Diana hingegen flüsterte dem Fotografen später zu, sie habe nichts dagegen einzuwenden gehabt.

Und sie stahl nicht nur Charles die Show. Am Tag nach der Parlamentseröffnung im November 1984 berichtete die Presse sehr knapp über die Rede Ihrer Majestät und ausführlich über die neue Frisur, die Diana bei diesem Ereignis trug. Prinzessin Margaret, die Diana mochte und die verstand, wie exponiert sie lebte, sagte danach zur Königin: »Wie kann sie es wagen, dich derart zum Narren zu machen?«

Besonders deutlich wurde die Situation bei Charles' und Dianas Washington-Besuch im November 1985, als Präsident Ronald Reagan und Ehefrau Nancy zum Staatsbankett ins Weiße Haus baten. Am Vortag hatte Diana den Redakteur des *Daily Express* gefragt, ob Joan Collins' Hochzeit sie von den Titelseiten verdrängt habe. Am Abend ergriff sie die Initiative. Nancy Reagan ging auf den ebenfalls eingeladenen John Travolta zu und sagte ihm, die Prinzessin habe den Wunsch geäußert, später mit ihm zu tanzen. Travolta, der mit einem völlig anderen Tanzstil Weltkarriere gemacht hatte, wurde nervös und versuchte, sich an die Tanzschule seiner Jugendjahre zu erinnern. Schließlich wurde er zur Prinzessin geführt, er bat um den Tanz, in einem Kreis von Zuschauern schwebte das Paar zu »You're The One That I Want« aus *Grease* allein über die Tanzfläche. Am nächsten Tag ging ein Foto von Diana im figurbetonten dunkelblauen Samtkleid um die Welt, die von Travolta umhergewirbelt wird. Hier begegneten sich Stars aus zwei Welten, die so vorher noch nicht zusammengetroffen waren: Hollywood und Royalty.

Dempster hatte Diana schon drei Jahr zuvor als »verwöhntes Monster« bezeichnet, das, er bezog sich auf »informierte Kreise«, ihren Mann von seinen Freunden isoliert habe. Aber den Zeitungsredaktionen, die den Lesern geben mussten, was sie haben wollten, war schnell klar, dass sie weiterhin das Märchen wollten, das sie im Fernsehen gesehen hatten, an das sie glaubten und an dem sie hingen. Christopher Hitchens, Journalist und Schriftsteller mit republikanischen Neigungen, beobachtete Diana und Charles auf einem Empfang der britischen Botschaft in Washington, sie kamen ihm vor wie ein Paar, das gerade »einen richtig hässlichen, sinnlosen Streit« gehabt hatte. Charles schien den ganzen Abend als Prüfung zu betrachten, »Diana wirkte krank und unglücklich, sie war sehr dünn, blass und ohne jede Aura. [...] Das eherne Grundprinzip der Promi-Berichterstattung aber lautet, dass dein Ruf bestimmt, wie dein Tun beurteilt wird – niemals umgekehrt. Mit anderen Worten: Wenn du eine strahlende Prinzessin bist, werden sie genau das schreiben, egal, wie du aussiehst, was du tust oder sagst.«

Unmittelbar vor der Washington-Reise hatte Tina Brown, damals Redakteurin bei *Vanity Fair*, über Probleme des Ehepaars Wales berichtet. Sie schrieb, dass sie unablässig stritten und das Personal nötigten, für eine der beiden Seiten Partei zu ergreifen, so dass Kammerdiener und Sekretäre das sinkende

Schiff in Scharen verließen. In den vier Ehejahren hatten vierzig Angestellte gekündigt. Brown wurde sofort von Presse-Kollegen beschuldigt, dass das Spekulation sei und dass sie Grenzen verletze, aber ihr Text nahm im Grunde die Geschichte voraus, die bald alles in den Schatten stellen sollte, was aus dem Hause Windsor nach draußen sickerte.

Diana sagte später, nach dem 15. September 1984 sei ihre Ehe nicht mehr zu retten gewesen. An diesem Tag kam Henry Charles Albert David, Prinz Harry, zur Welt. Vor der Geburt ihres zweiten Kindes ging es Charles und Diana noch einmal fast so gut miteinander wie in den Monaten, als sie sich auf Williams Geburt freuten. Aber Prinz Charles hatte sich ein Mädchen gewünscht und sagte, so Diana, nach Harrys Geburt als Erstes »o Gott, ein Junge, und er hat auch noch rote Haare«. In diesem Moment sei in ihr eine Tür zugefallen. Nun kann Charles' Bemerkung – je nach Betonung – ebenso Ablehnung wie Begeisterung ausgedrückt haben, aber als Charles davon erzählte, klang er traurig: »Ich sah ihn an und dachte, ›Mein armer Kleiner. Warum habe ich dieses Kind in die Welt gesetzt?‹«

Und doch wollte Diana ihrem Mann weiterhin gefallen. Designer Jasper Conran erzählte, die dreiundzwanzigjährige Prinzessin, eine der populärsten und meistfotografierten Frauen der Welt, habe ihn schluchzend gebeten, sie »für meinen Mann sexy zu machen«.

Vielleicht stand dieser Wunsch hinter der Überraschung, die sie zu seinem siebenunddreißigsten Geburtstag plante, der mit einer Gala im Royal Opera House gefeiert wurde. Vor dem Ende des Festprogramms schlich sie sich aus der Königsloge und wechselte in ein knielanges Tanzkleid aus schimmernder Seide mit einem gewagt engen Oberteil. Zu Billy Joels »Uptown Girl« sprangen Diana und der mit ihr befreundete Tänzer Wayne Sleep auf die Bühne, in einem Tanzduett voller Clownereien machte Sleep, der keine 1,60 m groß war, der

Prinzessin, die fast 1,80 m groß war und hohe Absätze trug, den Hof. Das Publikum jubelte und applaudierte, sie bekamen acht Vorhänge. Aber Charles, der öffentliche Gefühlsduselei verabscheute, war schockiert und begegnete ihr danach mit versteinertem Gesicht. Wayne Sleep meinte später, der Prinz habe sich ausgeschlossen gefühlt, seine Ehefrau habe ihm eine Freude machen wollen, aber es war wie immer: Der Star war sie.

Zu diesem Zeitpunkt suchte Diana bereits bei anderen Männern Trost. Einer war ihr persönlicher Leibwächter Barry Mannakee, der rasch dem »red carpet fever« erlegen war.

Das Fieber des roten Teppichs stellt sich ein, wenn Personenschützer, die mit ihren Klienten eng zusammenleben, persönliche Gefühle für sie entwickeln und am Ende glauben, selbst zu der Gesellschaftsschicht zu gehören, in der sie sich beruflich bewegen. Wenn sie Royals zu einer Gala begleiten, sind sie gekleidet wie sie, sie sitzen im selben Auto und unterhalten sich auf der Fahrt mit ihnen. Personenschützer müssen integer sein und wissen, dass sie nicht sind, was sie bei diesen Aufträgen zu sein scheinen; sie tun vieles, was auch die Freunde ihrer Arbeitgeber tun, aber sie gehören nicht dazu, ihre Rolle ist eine völlig andere. Das hatte Manakee, ein groß gewachsener, starker Mann mit freundlichem Wesen, offenbar vergessen. Bald klammerte Diana sich vor öffentlichen Auftritten weinend an ihn, sie flirtete mit ihm, bevor sie aus dem Auto stieg: »Barry, wie sehe ich aus?« »Fantastisch, das wissen Sie doch.« Sie habe, sagte sie später, immer nach ihm Ausschau gehalten und sei nur froh gewesen, wenn er in ihrer Nähe war. Sie habe sich verzweifelt nach seiner Bestätigung gesehnt. Er schenkte ihr Stofftiere und wurde in teuren Kaschmirpullovern gesichtet. Wenn Mannakee Dienst hatte, nahm sie auch für mehrtägige Reisen gern den königlichen Zug statt des schnelleren Flugzeugs, was ihr Stab mit vielsagenden Blicken quittierte.

Bald gestand Mannakee seinen Kollegen in Highgrove, er sorge sich wegen seiner Familie und seines Jobs. Es behagte ihm nicht, wie Diana ihn vereinnahmte. Sie träumte davon, mit ihm durchzubrennen und mit ihm zusammenzuwohnen. Doch sein Unbehagen war von kurzer Dauer: Als man sie in einer Umarmung ertappte, wurde er sofort versetzt, er starb 1987 bei einem Motorradunfall. Diana sagte später ihrem Sprachtrainer Peter Settelen, der Unfall sei mit Sicherheit von jemand arrangiert worden, der ihr nicht wohlwolle, vom britischen Secret Service, beispielsweise, weil sie Mannakee so viel über sich selbst und die Königsfamilie erzählt habe. Die Untersuchungen zur Unfallursache ergaben jedoch zweifelsfrei, dass eine unerfahrene siebzehnjährige Autofahrerin ohne anzuhalten aus einer Seitenstraße gefahren und mit dem Motorrad zusammengestoßen war, auf dessen Soziussitz Mannakee saß.

1986 lernte Diana auf einer Cocktailparty James Hewitt kennen. Er war Hauptmann bei einem Regiment der Königlichen Kavallerie, hatte rotblondes Haar, war hochgewachsen, gutaussehend und verfügte über jene Gewandtheit und Zuvorkommenheit, die man sich in vielen Jahren auf Privatschulen und der Militärakademie Sandhurst fast zwangsläufig aneignet; außerdem hatte Diana eine Schwäche für Männer in Uniform. Bald bat sie ihn um private Reitstunden, er solle ihr helfen, ihre Angst vor Pferden zu überwinden. Hewitt fand Diana sehr dünn, sie habe angestrengt gewirkt, ihre Haut, schrieb er später, schien gleichsam zu groß für ihren Körper. Mit diesen Reitstunden begann ein Verhältnis, das fünf Jahre dauern sollte. Hewitt las William und Harry Gute-Nacht-Geschichte vor, er brachte seinen Labrador mit, damit die Kinder mit ihm spielen konnten; Diana und er machten – unter Polizeischutz – Ausflüge und besuchten seine Mutter in Devon. Es waren Splitter eines normalen Lebens auf sehr schwankendem Grund.

Hewitt sah es als seine Aufgabe, Diana zu helfen. Sie schien ihm durch ständige Zurückweisung tief verstört, er glaubte, dass es ihm gelungen war, einige ihrer inneren Verknotungen zu lösen. Er schickte ihr Liebesgedichte und überhäufte sie mit Lob. »Sie war glücklich mit ihm«, sagte ihre Hofdame Anne Beckwith-Smith, »und das war sie nicht oft.«

Hewitt war ein sexuell selbstgewisser Mann und völlig selbstverständlich antiintellektuell – von ihm ging nicht die Bedrohung aus, die Diana durch den gebildeten und belesenen Charles empfand. Mit der Zeit fühlte er sich sicher genug, um ihr zu erzählen, dass er mehr Geld brauche, unter anderem für ein neues Auto. Simone Simmons, Dianas Heilpraktikerin und Freundin, hielt ihn für einen Gigolo, aber Diana war verliebt, bald trug auch er teure Kaschmirpullover. Aber wie die Pullover-Träger Prinz Charles und Barry Mannakee erlebte auch Hewitt sie bald als fordernde Geliebte, die ihn ständig um sich haben wollte, die viele Male am Tag, häufiger, als ihm lieb war, mit ihm telefonieren musste; auch er konnte ihren jähen Stimmungsumschwüngen nicht folgen. Als sie seine Taschen zu durchsuchen begann, wie sie schon Charles' Taschen und Schreibtischschubladen durchforstet hatte, fand sie mehrere Zettel mit Telefonnummern und begriff, dass sie nicht die einzige Frau war, um deren innere Verknotungen Hewitt sich kümmerte.

Als sich das Verhältnis abkühlte, nannte Diana ihn »etwa so spannend wie ein Strickmuster«, ihren Freundinnen gegenüber wählte sie viel drastischere Worte, als er 1994 mit der Autorin Anna Pasternak ein Buch mit intimen Details der Beziehung veröffentlichte. Knapp zehn Jahre später versuchte er, die Briefe, die sie ihm geschrieben hatte, für zehn Millionen Pfund zu verkaufen.

Aber 1986 spielte er abends mit Dianas Leibwächter Poker, bevor er sich mit Diana zurückzog, während ein anderer Leibwächter Charles zum Haus von Camilla Parker Bowles und wieder zurück begleitete. Charles wusste von Dianas Verhältnis mit Hewitt. Es scheint ihn nicht besonders aufgebracht zu haben, seine frühere Besorgnis um Diana war demonstrativer Gleichgültigkeit gewichen.

Die Dienerschaft wusste, dass beide andere Partner hatten; Charles versuchte nicht mehr, zu seiner Frau durchzudringen. »Ich komme mir vor wie in einer Art Käfig, gehe darin hin und her und sehne mich nach Freiheit«, schrieb er an einen Freund. »Wie schrecklich doch Inkompatibilität ist, und wie schrecklich destruktiv sie sein kann für die Spieler in diesem außerordentlichen Drama. Es hat alle Ingredienzien einer griechischen Tragödie.« Er werde künftig viel Hilfe von seinen Freunden brauchen: »Und ich schäme mich dafür.«

Charles und seine Freunde sagten übereinstimmend, dass er erst 1986 zu Camilla zurückfand. Eine gemeinsame Freundin habe Charles und Camilla eingeladen, weil sich der Freundeskreis um Charles sorgte. Camilla habe ihn gerettet.

Es ist natürlich klug, die Wiederaufnahme der Beziehung auf das Jahr zu datieren, in dem beide Ehepartner ihre eigenen Wege gingen. Einige Journalisten meinten, dem nachgehen zu müssen, und kamen zu dem Ergebnis, dass Charles und Camilla früher, vielleicht schon 1983, wieder zusammenfanden. Die befremdlich anmutenden Dispute, wer sich als Erster in ein fremdes Bett legte, folgten der Logik der Medien und des Kaffeeklatsches, wonach es bei Ehegeschichten immer einen eindeutigen Schurken geben muss, der (die) einen arglosen Partner vernachlässigt und verrät. Das galt besonders für ein Land wie Großbritannien, wo Ehen bis weit in das 20. Jahrhundert hinein nur nach dem Schuldprinzip geschieden werden konnten und die Regenbogenpresse sich immer unverhohlener als Moralapostel aufführte. Da es ein weltumspannendes Interesse an der Ehe des Prinzen und der Prinzessin von Wales gab, wurde auch weltweit über die Schuldfrage spekuliert. Wer vom Ehepaar Wales erzählen möchte, gerät folglich unausweichlich in eine moralische Diskussion über eine Geschichte, die auf verschiedene und emotional sehr aufgeladene Weise erzählt wurde und immer noch erzählt wird.

Die Version von Charles' Freundeskreis handelt von einem sensiblen Mann, der ein junges Mädchen heiratete, das freundlich und unverstellt zu sein schien, sich dann aber als instabil und herrisch erwies, als ein eifersüchtiges und vermutlich psychisch gestörtes Biest, das ihn völlig vereinnahmen wollte, ihn mit ihrer Eifersucht auf eine frühere Geliebte verfolgte, die er wirklich hinter sich lassen wollte.

Die Version der Diana-Seite handelt von einer unschuldigen, verliebten jungen Frau, die eine Ehe einging, an die sie glaubte, die aber, was alle außer ihr wussten, auf einer Lüge basierte. Während sie meinte, die große Liebe gefunden zu haben, sollte sie in Wahrheit nur die Erben einer mächtigen Dynastie gebären und passiv und gehorsam neben einem zynischen Mann stehen, der für sein Liebesleben von Anfang an eine andere hatte. Diese Version ist weit verbreitet, weil Dianas Sicht der Dinge ein viel größeres Publikum ansprach und viele Diana glaubwürdiger fanden als Charles.

Es gibt eine dritte Version: Danach gingen sie diese Ehe aus Berechnung ein, weil es für beide etwas zu gewinnen gab: Er sicherte die Erbfolge, sie wurde königliche Hoheit. Nicht nur der Hofreporter der *Daily Mail* James Whitaker hält das für die wahrscheinlichste Variante, wie offenbar auch der Erzbischof von Canterbury, Robert Runcie, der das Paar in der St. Paul's Cathedral getraut hatte. Charles, sagte er, habe auf ihn vor der Trauung deprimiert gewirkt, Diana habe ihren Bräutigam voll Ehrfurcht angehimmelt. Runcie hielt das für eine arrangierte Ehe, über die Camilla-Geschichte sagte er: »Aber ja, wir wussten davon.«

Eine mögliche vierte Version handelt von einem Mann, der eine verheiratete Frau mit zwei Kindern liebt und weiß, dass er sein Verhältnis mit ihr beenden muss, weil er damit seine Familie unglücklich macht; und von einem Mädchen, das süß und anständig und sehr in ihn verliebt zu sein scheint, was bei seiner Familie Hoffnungen weckt. Er sieht eine Lösung und denkt, das werde schon gut gehen, zumal ihm der andere Weg versperrt ist. Aber die junge Frau, also die vielversprechende Lösung, merkt schnell, dass er immer etwas abwesend ist, und vergeht vor Unsicherheit. In dieser Version der Geschichte handelt keiner der beiden kaltherzig, sie sind einfach aufgrund mangelnder Informationen zu falschen Schlüssen gekommen, haben die Bedürfnisse des anderen nicht verstanden und sind deshalb in eine für beide schmerzliche Situation geraten.

Im März 1988 machte das Paar Urlaub im Schweizer Winterparadies Klosters. Charles war zusammen mit anderen Skilaufen, als sich ein Schneebrett löste, seine Freunde Patti Palmer-Tomkinson und Hugh Lindsay wurden von einer Lawine erfasst, Lindsay, ein enger Freund von Charles und Diana, starb. Charles blieb unverletzt, er grub die schwer verletzte Palmer-Tomkinson mit den Händen aus dem Schnee, um dann Schlagzeilen wie diese lesen zu müssen: »Charles verursacht Todeslawine«.

Bilder, die Diana mit den Söhnen zeigten, kommentierte die *Daily Mail* mit: »Charles, der abwesende königliche Vater«, gefolgt von der Frage: »Warum kann er nicht die gleiche Wärme, Einfühlsamkeit und Nähe zeigen, die Diana so oft öffentlich für ihre Söhne zeigt?« 1991 wurde William von einem Golfball getroffen und musste ins Krankenhaus; Diana verbrachte den Abend an seinem Bett, während Charles Termine wahrnahm, für die er sein Erscheinen zugesagt hatte – er hätte die *Sun*-Überschrift ahnen können: »Was für ein Vater bist du?«, während *Today* mit einem Foto von Diana aufmachte: »Das erschöpfte Gesicht einer liebenden Mutter«. Charles reagierte auf solche Schlagzeilen mit immer bissigeren Bemerkungen. Bei einem Besuch der Golfstaaten fragte ein saudischer Prinz Diana nach ihren Plänen für den Aufenthalt. Ihr offizielles Programm war vollgepackt und vielseitig, aber bevor sie antworten konnte, sagte Charles: »Einkaufen, Liebes, nicht wahr?«

Aber niemand hat je bestritten, dass beide, Charles ebenso wie Diana, liebevolle, aufmerksame Eltern waren, wobei Diana die Erziehung der Kinder bestimmte. Da sie felsenfest überzeugt war, dass mangelnder Körperkontakt schade, berührte und umarmte sie ihre Söhne häufig. Wenn die Jungen aus dem Internat nach Hause kamen, klebte sie Zettel an ihre Zimmertüren: »Ich liebe William und Harry«. Charles las seinen Söhnen abends vor und lehrte sie bei den gemeinsamen Schottland-Aufenthalten die Freude an der Natur. Sie besaßen nicht nur mehrere Ponys, sondern auch einen Miniaturjaguar für 30 000 Pfund, mit dem sie in Highgrove herumfahren konnten.

Diana wollte, dass ihre materiell privilegierten Söhnen etwas vom Leben normaler Kinder mitbekamen, darum ging sie mit ihnen zu McDonald's und ins Kino, abends saßen sie zusammen vor dem Fernseher. Als sie mit ihnen das Warenhaus Selfridge's besuchte, um den Weihnachtsmann zu treffen, mussten sie wie alle anderen Kinder anstehen. Sie nahm sie zu Centerpoint mit, einer Organisation für junge Obdachlose, damit sie Menschen kennenlernten, die auf der Straße lebten, und mit ihnen sprachen. Sie bestand darauf, dass sie hinter sich aufräumten, und achtete darauf, dass sie nicht zu viele Süßigkeiten bekamen; für das Einhalten von Regeln und guten Manieren waren allerdings vor allem die Kindermädchen zuständig, was es den Eltern erlaubte, nachgiebiger zu sein. Die Jungen besuchten, zumindest aus königlicher Sicht, normale Schulen: Mrs. Jane Mynors's Nursery School und später Wetherby School. Diana fuhr sie meist selbst zur Schule und begrüßte die anderen Eltern, unter denen sich nervöse Unruhe breitmachte, sobald die Prinzessin, oft in Jeans, auftauchte. Nach der Trennung gingen sowohl Diana wie Charles zuverlässig zu den Elternabenden; zu gegebener Zeit sprach Diana mit jedem ihrer Söhne über Sexualität.

Beide Jungen hatten mit Schwierigkeiten zu kämpfen. Harry fiel Lesen und Schreiben schwer, weil er etwas legasthenisch war, William hingegen war ein guter Schüler, er konnte die Gäste unweigerlich zum Lachen bringen, indem er die Stimme seines Vaters nachahmte. Die Eltern fanden es beunruhigend, dass William nicht nur im Rang über dem Bruder stand, sondern auch selbstsicherer und kompetenter war. Er war ein fürsorglicher großer Bruder, konnte aber trampeln, brüllen und mit seinem Essen um sich werfen, um Aufmerksamkeit zu bekommen. Der Streit ihrer Eltern prägte beide und sie mussten mit ständig neuen Kindermädchen klarkommen, die plötzlich da waren, mit ihnen spielten und ihr Vertrauen gewannen, nur um dann wieder zu verschwinden. Diana war eine launische Arbeitgeberin, viele Angestellte wurden Knall auf Fall gefeuert und hatten keine Ahnung, warum.

Je schlechter die Ehe wurde, umso wichtiger wurden die Söhne für Diana. Sie misstraute offenbar Kindermädchen, von denen sie annahm, dass sie den Jungen näher waren als sie selbst. Wenn William einer Nanny häufiger nachlief als seiner Mutter, bekam sie wenig später die Kündigung. Dennoch blieben William und Harry mit einigen Kindermädchen in Verbindung. Barbara Barnes, auch sie von Diana gekündigt, wurde zu Williams Hochzeit eingeladen.

Diana versuchte zu verhindern, dass William zum bevorzugten Sohn wurde. Ihr war aufgefallen, dass Königinmutter, Königin und Prinz Philip die Jungen ungleich behandelten. Queen Mum war mit dem Älteren nachsichtiger, Elizabeth und Philip hingegen strenger, aber immer ging es mehr um den Jungen, der König werden sollte, als um den, der eine Art Ersatzkönig war. Mit der Zeit war Diana felsenfest überzeugt, dass die Windsor-Familie etwas Kaltes und Böses ausstrahlte, vor dem sie ihre Kinder schützen musste.

1989, bei einem Geburtstagsfest von Camillas Schwester Annabel, versuchte Diana ein letztes Mal, ihre Ehe zu retten. Sie erzählte, sie habe Camilla beiseitegenommen, nachdem sie sah, wie diese mit Charles abseits ins Gespräch vertieft war, und zu ihr gesagt: »Es tut mir leid, dass ich im Weg bin, das bin ich ja offensichtlich. Es muss die Hölle für Sie und Charles sein, aber ich weiß, was zwischen Ihnen vorgeht. Behandeln Sie mich nicht wie einen Idioten.« Der Personenschützer sagte später, Diana habe Charles auf der Heimfahrt mehrfach gefragt, ob er wisse, wie demütigend sein Verhalten sei, und wie er ihr so etwas antun könne. Aber es war zu spät, das Zerwürfnis zu tief. Als Charles 1990 bei einem Polokampf vom Pferd fiel und sich den Arm brach, kam als Erste Camilla Parker Bowles zu ihm ins Krankenhaus. Diana bot an, nach Highgrove zu kommen, um ihn zu pflegen, er lehnte ab, das war jetzt Camillas Aufgabe. Vielleicht ging Diana auf Konfrontationskurs, weil sie zu oft erlebt hatte, dass es in dieser Ehe keine Annäherung mehr gab und nichts zu retten war. Es wäre nicht das erste Mal gewesen, dass sie auf schwierige familiäre Situationen mit Eskalation reagierte: 1989 hatte sie bei der Hochzeit ihres Bruders Charles ihre Stiefmutter Raine mit Absicht so geschubst, dass sie mehrere Treppenstufen hinabstürzte, und gerufen: »Wir haben dich immer gehasst. Du hast unsere Familie zerstört.«

Je schlechter es um die Ehe stand, umso stärker engagierte sie sich in der Wohltätigkeitsarbeit. Die Zeitungen stellten sie zunehmend als oberflächliche Turbo-Shopperin dar, sie wusste, dass sie dem etwas entgegensetzen musste. Sie wurde zum Inbegriff der karitativ wirkenden Prinzessin, womit sie sich in eine lange Tradition stellte. Kranke und Bedürftige zu Hause aufzusuchen gehört seit Jahrhunderten zu den Kernaufgaben der Royals, und sie war mit dem Verlust der politischen Macht noch wichtiger geworden. In den Weltkriegen zeigten der König und seine Angehörigen durch ihre Besuche in zerbombten Stadtteilen, dass sie von den Entbehrungen des Volkes wussten und diese niemals vergessen würden. Auch heute gelten die meisten öffentlichen Termine, die Angehörige des Königshauses wahrnehmen, wohltätigen Zwecken. Früher führten Könige ihre Soldaten in die Schlacht, ihre Nachkommen werden von einem Tross Assistenten und Journalisten durch Krankenhausflure begleitet. So tun sie Sinnvolles und können das zeigen, ohne direkte politische Signale auszusenden. Der Historiker David Cannadine schreibt:

»Schon lange wetteifern so viele Wohlfahrtsorganisationen um eine königliche Schirmherrschaft, dass die Aufgabe auf die gesamte Großfamilie verteilt werden muss, daher kann jeder, so weitläufig er mit dem Monarchen verwandt sein mag, für sich in Anspruch nehmen, eine für die Gemeinschaft nützliche und wichtige Aufgabe zu erfüllen. Zudem weisen die Wertvorstellungen der philanthropischen Wohltätigkeit beruhigende Parallelen zur monarchischen Grundhaltung auf: amateurhaft und unakademisch, zurückhaltend gegenüber Experten und Berufskundigen, misstrauisch gegenüber Politikern und staatlichen Eingriffen, mehr an ›Charakter‹ interessiert als an Umständen, individuellen Fallgeschichten gegenüber aufgeschlossener als den zugrundeliegenden sozialen, ökonomischen oder kulturellen Kräften.«

Der Journalist Christopher Hitchens wurde noch schärfer: »Wurde Frau Ceaușescu je an anderen Orten als Kindergärten fotografiert? So macht man das, das weiß jeder, der auch nur einen Deut von politischer Manipulation versteht.«

Im Laufe der achtziger Jahre wurde die karitative Arbeit glamouröser. In Londons hoher Promidichte waren die Royals die unangefochtenen Stars; wer sie zu einem Galadinner locken wollte, erreichte das am ehesten mit einer Wohltätigkeitsveranstaltung. Die Regierung Thatcher unterstützte Privatinitiativen auf diesem Gebiet und scheute staatliche Wohlfahrtsmaßnahmen, beides schuf gute Voraussetzungen für Events, die spendenfreudige Gäste am Ende des Abends selbstzufrieden nach Hause entließen. Diana, die Glamour und Nächstenliebe verband, wurde zur Inkarnation dieses Trends.

Das Londoner Middlesex Hospital richtete 1987 eine Spezialabteilung für Aids-Kranke ein und fragte bei Hofe an, ob Prinz Charles zur Eröffnung kommen könne. Daraus wurde nichts, vielleicht scheute man die zu enge Assoziierung des Thronerben mit der stigmatisierenden Krankheit, die damals als »Schwulenpest« bezeichnet wurde. Buckingham Palace schlug stattdessen Prinzessin Diana vor. Sie kam und gab einem Aids-Kranken die Hand, ohne Handschuhe zu tragen. Es war zwar bekannt, dass HIV nicht durch solche Berührungen übertragen wird, aber Angst und Falschinformationen waren damals weit verbreitet, Politiker taten ihr Möglichstes, das ganze Thema weiträumig zu meiden. Das Foto der händeschüttelnden Diana ging um die Welt, die sowieso über jeden ihrer Schritte auf dem Laufenden gehalten wurde, und bewies, dass ein solcher Körperkontakt ungefährlich war.

Diana wusste durchaus, dass sie für einen an sich geringen Einsatz ein Übermaß an Anerkennung erhielt. Prinzessin Anne, die sich unermüdlich für die Nichtregierungsorganisation Save the Children einsetzte, die lange und strapaziöse Reisen auf sich nahm, um afrikanische Flüchtlingslager zu besuchen, wurde in diesen Jahren ebenfalls populärer. Aber sie wurde nie so euphorisch gefeiert, was wohl auch daran lag, dass sie Dinge sagte wie: »Den Gedanken, dass diese Kinder von völlig Fremden« getätschelt und umarmt werden, finde ich unglaublich.« Diana misstraute den Huldigungen, die sie erhielt – und nach denen sie sich so sehnte. Sie wusste, dass sie nur irgendwo auftauchen musste, und schon wurde sie als Heilige betrachtet.

Wer sie bei solchen Terminen erlebte, berichtete von ihrer besonderen Gabe, Menschen nahe zu sein, mit einigen der kranken und gefährdeten Kinder, die sie traf, hielt sie auch später noch Kontakt. Bei einem Wohltätigkeitsdinner für die britische Hilfsorganisation Barnardo's, die sich um benachteiligte Kinder kümmert, saßen Diana und Sylvester Stallone an einem Tisch mit Tracy, einem sehr kranken kleinen Mädchen. Diana achtete die ganze Zeit darauf, dass das Kind in das Gespräch einbezogen wurde. Irgendwann sagte sie zu Stallone: »Tracy und ich haben beschlossen, Sie zu fragen, ob Sie im Moment verheiratet sind?«

Dianas Privatsekretär Patrick Jephson interpretierte ihr Engagement als Mischung aus aufrichtiger Fürsorge und perfider Taktik. Sie habe Termine bevorzugt, die auf Pressefotos viel hermachten oder zeitlich mit Terminen kollidierten, die Charles oder andere Vertreter des Königshauses wahrnahmen, weil sie wusste, dass sie diese dann aus den Zeitungsspalten verdrängen würde. Laut Jephson inszenierte sie sich gezielt als warmherzigen und konstanten Gegenpol zur abgehobenen Königsfamilie.

Etwa um diese Zeit begann sie, den Medien vermehrt Informationen zuzuspielen. Die Presse behauptete immer häufiger, Charles verbringe viel Zeit mit einer »besonderen Freundin«, im Juni 1991 meldete die *Daily Mail*, Charles wolle nicht zum dreißigsten Geburtstag seiner Ehefrau erscheinen. Wütend erklärten Freunde, er habe ein Geburtstagsfest für sie organisieren wollen, aber sie habe abgelehnt. Als 1992 ihr Vater Johnnie Spencer starb, teilte Diana Charles unmissverständlich mit, sie wolle ihn bei der Beerdigung nicht dabeihaben. Sie sei zu keinen Zugeständnissen mehr bereit und dulde nicht, dass der Tod ihres Vaters zur Wahrung der Fassade missbraucht werde. Charles kam dennoch im eigenen Hubschrauber und saß in der Kirche neben ihr. Die Zeitungen fragten streng, warum er nicht mir ihr im Auto gefahren sei, um sie zu trösten.

Journalisten hörten von Charles' Freunden immer häufiger, dass die Prinzessin instabil, vielleicht krank sei, man könne sich nicht auf das verlassen, was sie sage. Erwähnt wurde Dianas Onkel, der sich das Leben genommen hatte, vielleicht gab es in der Familie eine Neigung zu geistiger Verwirrtheit. Diana wusste von den Gerüchten und fürchtete eine Diffamierungskampagne mit dem Ziel, sie für verrückt zu erklären. Die Auseinandersetzungen nahmen Formen eines Guerillakrieges an, bei dem den Kontrahenten jedes Mittel erlaubt schien, weil sie den Gegner für stärker hielten, als sie selbst es waren. Auf Charles' Seite sah man mit Entsetzen, dass Diana nur den kleinen Finger heben musste, um von der Presse bejubelt zu werden, und die Leserschaft nicht von dem Glauben abzubringen war, dass Diana als aufopfernde Mutter und Menschenfreundin nichts falsch machen konnte. Der Schauspieler Stephen Fry, ein Freund von Charles, sprach von Dianas »furchteinflößendem Rekrutierungstalent«, man gewinne den Eindruck, dass sie ausnahmslos jeden auf ihre Seite ziehen könne.

Diana und ihr Freundeskreis hingegen waren der Meinung, dass sie einer mächtigen Institution ausgeliefert war, die sie als Bedrohung empfand und die alles zu tun gewillt war, um ein Fortbestehen zu sichern. Diana glaubte, William vor dem schädlichen Einfluss der Windsors schützen zu müssen; sie fühlte sich betrogen, alle sollten wissen, dass ihre Ehe auf einer Lüge basierte. Sie sah sich mit dem Rücken zur Wand, denn sie war mit einem Mann verheiratet, der offenbar nicht beabsichtigte, weiterhin ihr Ehemann zu sein, die Ehe aber andererseits nicht beenden konnte. Sie musste aufpassen, damit man ihr nicht die Schuld für den unausweichlich erscheinenden Bruch gab. Eine Astrologin, mit der sie sich damals beriet, sagte, Diana sei auf Rache aus gewesen. Und die Zeit drängte.

Diana wusste, dass die *Sun* den Mitschnitt eines kompromittierenden Telefonats zwischen ihr und dem Autoverkäufer James Gilbey besaß. Er hatte ihr offenbar verziehen, dass sie einmal im Zorn eine Eier-Mehl-Mischung über seinen Alfa Romeo gekippt hatte, denn auf dem Band nannte er sie dreiundfünfzig Mal *darling*, das intime Gespräch schien die Gerüchte über eine Affäre zu bestätigen.

Im Sommer 1991 wurde dem Journalist Andrew Morton die Einladung zugespielt, in einer diskret gelegenen Arbeiterkneipe einen engen Freund Dianas zu treffen. Er erzählte ihm von ihrer Bulimie und den Selbstverletzungen, davon, wie unglücklich die Ehe sei – und fragte ihn, ob er darüber ein Buch schreiben wolle. Er begann, mit Dianas Billigung, enge Freunde und Freundinnen zu interviewen, auch Diana selbst äußerte sich, indem sie Tonbänder besprach und aus dem Kensington Palace schmuggeln ließ. Dieser Umweg war nötig, damit sie später wahrheitsgemäß sagen konnte, dass sie Morton niemals getroffen habe.

Diana war noch lange in Charles verliebt, lange, nachdem die Affäre mit James Hewitt vorbei war, lange, nachdem sie begonnen hatte, Charles mit allen ihr zur Verfügung stehenden Mitteln zu bekämpfen. Jahre nach der Trennung sprach Privatsekretär Mark Bolland Charles auf den Pullover an, den er trug, und Charles antwortete: »Den hat Diana für mich gekauft. In solchen Dingen hatte sie einen sehr guten Geschmack.« Manche erinnerten sich, wie eng und versunken sie in der Anfangszeit ihrer Beziehung miteinander tanzten. Wie sie jungverheiratet die schottischen Highland Games besuchten und wie das Orchester »God Save The Queen« intonierte. Wie Charles sich zu Diana hinüberbeugte und sagte, »Hörst du, sie spielen unser

Lied«, wie sie dann in Lachen ausbrachen und die Queen sie streng ansah.

Als die Trennung offiziell war, sagte ein trauriger Charles zu einer Freundin von Queen Mother: »Egal, was geredet wird — als wir geheiratet haben, waren wir sehr verliebt.«

18

Elizabeth' furchtbares Jahr

A ls Königin Elizabeth II. zehn Jahre alt war, veränderte sich ihr Leben grundlegend. Verwandte hasteten blass und weinend durch die Korridore, in der vertrauten Personengalerie musste eine gewaltige Rochade vorgenommen werden: Onkel David war plötzlich fort, Elizabeth zog mit ihrer Familie in den Buckingham Palace, ihre Eltern hatten mehr zu tun, die Miene ihres Vaters wurde starrer, seine Wutanfälle häuften sich. Es war ein Drama und wenn es eine langfristige Lehre gab, dann offenbar die, dass die Monarchie eine spröde Institution ist, die man hegen und schützen muss; wer diese große, fordernde Aufgabe übernimmt, kann an ihr zerbrechen, wie auch Elizabeth' Vater König George VI. daran zerbrechen sollte. Und die Monarchie wird scheitern, wenn jene, die sie erhalten sollen, ihre Pflichten vernachlässigen, ihren egoistischen Impulsen folgen, die eigenen Bedürfnisse an erste Stelle setzen, wie König Edward VIII. es getan hatte – wegen einer Frau, die ihre Treueschwüre und Verpflichtungen auch nicht ernst nahm: die zweimal geschiedene Wallis Simpson.

Sich seiner königlichen Berufung zu verweigern oder eine Ehe zu beenden sind aus diesem Blickwinkel nur zwei Seiten einer Medaille: Selbstsüchtige Handlungen, die die Stabilität des ganzen Systems gefährden, denn wenn solche Gelöbnisse nichts mehr bedeuteten, ist jeder Schwur bedeutungslos und auf niemanden Verlass.

Elizabeth hat ihr Leben der Weiterführung der vom Vater ererbten Aufgaben gewidmet. Er seinerseits hatte sie unter

Ängsten übernommen, nur, um das Vertrauen seines Landes in die Monarchie wiederzugewinnen, das Onkel David leichtsinnig aufs Spiel gesetzt hatte. Daher ist Elizabeth so pflichtbewusst und diszipliniert, darum scheut sie umfassende Neuerungen, darum lehnt sie Ehescheidungen ab, obwohl sie auf anderen Gebieten, beispielsweise der Geopolitik, sehr fortschrittlich denken kann.

1992 trennten sich drei ihrer vier Kinder von ihren Ehepartnern, Schloss Windsor, das sie mit einer glücklichen Kindheit verband, wurde durch ein Großfeuer verwüstet. 1992 ist allen im Umkreis der Königin als das schlimmste Jahr ihrer Regentschaft in Erinnerung geblieben, ein Gefühl des Niedergangs griff um sich. Elizabeth ahnte lange nicht, wie es wirklich um die Ehen ihrer Kinder stand, sie hielt an dem Glauben fest, dass sie ihre Krisen bewältigen würden. Ende 1992 hatte sie nicht nur diesen Glauben verloren, sie hatte auch Gründe für die Befürchtung, dass das Jahr alles zerstört haben könnte, was ihr Vater und sie mit so viel Einsatz aufgebaut hatten.

Es begann schon im Januar, als ein Pressekorps auf einem Flug von Miami mit großem Interesse mitverfolgte, wie Ihre Königliche Hoheit Sarah, Herzogin von York, allgemein Fergie genannt, in der ersten Sitzreihe fast kollabierte. Sie kippte große Mengen Champagner, warf mit Erdnüssen um sich und musste sich tief über die Papiertüte beugen. Wenige Tage zuvor hatte ein Fensterputzer in der Londoner Wohnung des amerikanischen Ölmilliardärs Steve Wyatt einen Umschlag mit Fotos gefunden, die Wyatt und eine leichtbekleidete Herzogin von York bei einem Marokko-Urlaub zeigten, auf einem legt Wyatt den Arm um Fergies unbekleidete dreijähriger Tochter Beatrice. Der Fensterputzer begriff, dass er bares Geld in den Händen hielt, wenig später erschienen die Bilder erst in der *Daily Mail* und dann weltweit. Fergie war auf dem Heimflug nach London, um Andrew und die Königin zu treffen.

Ursprünglich war Elizabeth von Fergie begeistert gewesen und hatte sich mit ihr besser verstanden als mit der zwanzigjährigen Diana, die so viel Bestätigung und Zuwendung brauchte, aber in eine Familie eingeheiratet hatte, in der man, sobald die Pflicht rief, selbstverständlich allen persönlichen Abneigungen, Krankheiten und sonstigen Misslichkeiten trotzte, nach Hut und Handschuhen griff und die Manege betrat. Die Familie fand sie munter und mitteilsam, Diana hingegen mürrisch und launisch.

Auch die Presse hatte den royalen Neuzugang hocherfreut zur Kenntnis genommen, Fergie war genau nach ihrem Geschmack: Das sommersprossige Nachbarmädchen als Gegenpol zur eleganten Diana – eine muntere, etwas ungelenke Prinzessin als Alternative zur Empfindlichen und Abgehobenen. Diana zeigte den Fotografen ihre großen Rehaugen, Fergie zog Clown-Grimassen. Diana war von einem Schloss in ein anderes umgezogen, mit Fergie konnte man auf ein Bier in den Pub gehen. Anfangs wurde Fergie als »frischer Wind« bezeichnet, aber nach den Gesetzen der Klatschpresse musste auf Anerkennung immer Kritik folgen – und da wurde man bei Fergie rasch fündig.

Es begann damit, dass die Queen dem Paar kurz nach der Hochzeit den Landsitz Sunninghill Park unweit von Windsor Park schenkte. Andrew und Sarah errichteten für etwa 3,5 Millionen Pfund ein Luxushaus mit zwölf Schlafzimmern und ebenso vielen Bädern. Wortkünstler der Presse tauften das riesige Anwesen »South York«, weil es an die Ewing-Ranch Southfork aus der Seifenoper *Dallas* erinnerte. Fergie liebte auffallende, bunte Kleider, und während die Königsfamilie demonstrativ britisch kaufte, bevorzugte Fergie internationale Luxuslabels.

Dabei blieb sie die Krämerseele, die für ihren königlichen Status einen möglichst hohen Gegenwert herausholen wollte.

Sie feilschte mit Designern um Rabatte, es sei, wie sie sagte, Werbung für sie, wenn jemand aus der Königsfamilie ihre Entwürfe trage. Fergie unternahm so viele Gratisreisen, dass die Presse sie »Freebie Fergie« – Gratis-Fergie – taufte, und während sowohl ihre Schwiegereltern als auch die bald neunzigjährige Königinmutter zahlreiche königliche Termine absolvierten, hielt sich Fergie lieber am Strand oder auf einer Skipiste auf. Für einen Besuch des Boulevardblatts *Hello!* im fertiggestellten Sunninghill Park kassierte sie 200 000 Pfund, die Fotos der 42-Seiten-Reportage zeigten nicht nur sie und Andrew, sondern auch die Töchter Beatrice und Eugenie. Wieder wurde die Frage laut, ob es Aufgabe des britischen Steuerzahlers sei, einen solchen Lebensstil zu finanzieren – auch wenn die Königin das Haus aus ihrem Privatvermögen bezahlt hatte.

Andrew musste mit seinem Marinesold auskommen, bei Kosten, die darüber hinausgingen, sprang seine Mutter ein. Aber Fergie lebte über ihre Verhältnisse und hatte bald hohe Schulden. Sie veröffentlichte ein Kinderbuch über einen Hubschrauber, das verdächtig viele Parallelen zu einem Kinderbuch aus den sechziger Jahren aufwies; einige Jahre später zierte ihr Name den Umschlag eines Buches über Königin Victoria. Als durchsickerte, dass es größtenteils von Benita Stoney, der Nichte des Schlossbibliothekars, geschrieben worden war, kannte der Spott keine Grenzen. Die Herzogin zielte auf maximalen Ertrag bei minimalem Einsatz und gab sich gern fleißiger, als sie es war.

Andrew war als Marineoffizier viel unterwegs. Wenn er zu Hause war, sank er meist aufs Sofa und griff nach der Fernbedienung. Fergie litt einerseits unter Langeweile, andererseits unter einem Gefühl der Unzulänglichkeit, wenn sie allein war, wurde sie rastlos und verfiel in düstere Gedanken. Sie musste Pressekommentare über ihren Kleidungsstil und ihre Gewichtszunahme sowie demütigende Überschriften wie

»Fat Frumpy Fergie« oder »The Duchess of Pork« über sich ergehen lassen. In der Berichterstattung über die königliche Familie zog sie im Vergleich mit Diana immer den Kürzeren. Ihre demonstrative Albernheit verlor schnell an Reiz. Bei Lunch-Einladungen rief Fergie den Anwesenden, die keinen königlichen Status hatten, »knicksen, knicksen, knicksen« zu, zusammen mit ihrem geliebten Vater Ronald Ferguson veranstaltete sie ausufernde Feste und hielt auch dann noch eisern zu ihm, als Paparazzi ihn beim Verlassen eines »Massagesalons« fotografierten, der sexuelle Dienste anbot. All das war dem Renommee der Königsfamilie wenig zuträglich.

Die Höflinge, die seit Jahrzehnten über Tradition und Etikette der Monarchie wachten, begegneten Fergie bald mit souveräner Verachtung. Martin Charteris, Privatsekretär der Königin, äußerte in einem Dokumentarfilm den vernichtenden Satz: »Die Herzogin von York hat nicht das Zeug zur königlichen Prinzessin, weder in dieser Zeit noch in irgendeiner anderen«, im *Spectator* wurde er noch deutlicher: »Ich habe nur gesagt, was alle dachten. Die Herzogin von York ist einfach eine vulgäre Person. Vulgär, vulgär, vulgär, mehr ist dazu nicht zu sagen.«

Der abwesende Ehemann, die feindseligen Höflinge und die eigenen Minderwertigkeitskomplexe machten Fergie zur leichten Beute für verführerische Ablenkungen. 1990, sie war mit ihrer zweiten Tochter Eugenie schwanger, lernte sie Steve Wyatt kennen. Manche fanden dessen Texas-Charme aufdringlich, aber ihr gefiel er, und sie fingen ein Verhältnis an, das bald wenig diskret ausgelebt wurde. Als die Marokko-Fotos erschienen, tobte Andrew vor allem wegen der Bilder seiner unbekleideten Tochter Beatrice. Nach der Veröffentlichung informierte das Ehepaar York die Königin darüber, dass sie sich trennen wollten, diese schlug in der Hoffnung, die Ehe noch zu retten war, eine mehrmonatige Pause vor. Einem Freund vertraute sie an, dass sie das alles kaum glauben könne. »Ich verstehe meine Kinder nicht«, sagte sie, und über Sarah: »Sie hat nicht einmal *versucht*, die Frau eines Marineoffiziers zu sein.«

Diana verfolgte das Drama um Andrew und Fergie sehr genau. Anfangs sah sie in Fergie eine Verbündete, die von ihrer neuen Familie ebenso überfordert war wie sie selbst. Sie bezeichneten sich vergnügt als Revolutionäre, die den Hof aus seiner Verkrustung befreien würden. Fergie hatte einen großen Verschleiß an alternativen Beratern, Heilpraktikern, Wahrsagerinnen und Astrologen. Sie brachte sie auch mit Diana zusammen, die Prinzessinnen diskutierten über deren Vorhersagen, vor allem, als ihre Ehen immer brüchiger wurden – und ihre Zukunft immer unsicherer.

Allerdings, sagte Diana zu Andrew Morton, seien sie auch aufeinander neidisch gewesen, das habe die Freundschaft schwierig gemacht. Nach und nach verschob sich die Machtbalance: Als die aggressiven Artikel über Fergie zunahmen, erkannte die medienbewusste Diana, dass ihr eine allzu große Nähe zu Fergie schaden könnte, sie rückte langsam von ihr ab. Und sie verfolgte, so Patrick Jephson, sehr aufmerksam den langsamen Niedergang von Andrews und Fergies Ehe. Vielleicht um deren Fehler zu vermeiden, sollte es auch bei ihr zum Äußersten kommen – zum öffentlichen Scheitern ihrer eigenen Ehe. Morton meinte, sie habe Fergie vor allem als nützliches »Versuchskaninchen« gesehen, aus deren Erfahrung sich Lehren ziehen ließen. Hof, Presse und Öffentlichkeit gaben Fergie die Schuld an den Skandalen und der Trennung, Diana zog ihre Schlüsse. Das sollte ihr nicht passieren.

Andrew Morton, der gerade an seinem Buch über Diana arbeitete, wusste, wie besorgt sie war, dass ihre eigenen Seitensprünge bekannt werden könnten. Im März 1992 deutete die Klatschautorin Lady Colin Campbell in einem neuen Buch über Diana an, dass sie Liebhaber gehabt habe, außerdem habe sie ihrem Ehemann das Leben schwergemacht und nicht er ihr. Diana war bestürzt und steuerte sofort gegen, indem sie Morton wissen ließ, dass Andrew und Fergie kurz vor der Trennung standen. So brachte *Daily Mail* als erste Zeitung die größte royale Neuigkeit des Jahres, Buckingham Palace musste die Trennung früher als beabsichtigt bestätigen, das alles verdrängte Lady Colin Campbell und ihr Buch schnell aus den Schlagzeilen. Fergie ahnte, dass Diana dahintersteckte, weil die Meldung von Journalisten kam, mit denen sie guten Kontakt hatte. Bei Hofe aber vermutete man in Fergie die undichte Stelle und misstraute ihr noch mehr.

Im Gegensatz zu Fergie verstand es Diana, zum richtigen Zeitpunkt die richtigen Signale auszusenden. Sie wahrte etwas Rätselhaftes. Fergie war ein offenes Buch, Diana musste man deuten.

Die Königin war Diana anfangs viel wohlgesinnter, als diese ahnte. Sie war ein Star nach den Kriterien der neuen Zeit und konnte dazu beitragen, mit ihrem Glamour die Monarchie von dem Image zu befreien, gesetzt, verstaubt und ewig in Tweed gekleidet zu sein. Diese Gefühle nahmen in dem Maße ab, wie sich zeigte, dass Dianas Strahlen nicht auf die anderen Familienmitglieder überging, diese nur steifer und altmodischer aussehen ließ. Als das Wales-Paar begann, seinen Rosenkrieg in den Medien auszutragen, war immer häufiger von der »dysfunktionalen« königlichen Familie die Rede. Aber Elizabeth und Philip waren weit davon entfernt, Diana die Schuld an den Problemen zuzuschieben. Da Charles sich ihnen nicht anvertraute, ahnten sie nicht, wie unüberwindbar die Kluft zwischen ihm und Diana geworden war, aber sie wussten, wie schwierig ihr Ältester sein konnte, und hatten daher ein gewisses Mitgefühl mit der Frau, die jeden Tag mit ihm leben musste. Wie so oft, war die Königin überfordert, als es darum ging, hochkomplizierte emotionale Knoten aufzudröseln und im Gespräch zu klären. Dafür fehlte ihr der Wille und die Fähigkeit. Diana erzählte, sie habe ihrer Schwiegermutter geschildert, wie unglücklich sie sei, diese habe nur gesagt: »Ich weiß nicht, was du von mir erwartest. Charles ist hoffnungslos.«

Anne und Mark Phillips lebten seit mehreren Jahren praktisch getrennt, 1985 bekam die Kunstlehrerin Heather Tonkin eine Tochter, sechs Jahre später bestätigte ein DNA-Test Mark Phillips' Vaterschaft. Anfang der neunziger Jahre kursierten alte Gerüchte über außereheliche Beziehungen des Paares, Anne hatte angeblich ein Verhältnis mit ihrem Leibwächter Peter Cross, der seit Ende der siebziger Jahre für die Familie arbeitete.

Möglicherweise hätten Anne und Mark sich dennoch für den bislang üblichen Weg entschieden, verheiratet zu bleiben und getrennte Leben zu führen, doch dann plauderte Prinzessin Michael von Kent die Probleme aus.

Prinzessin Michael, geborene Marie-Christine von Reibnitz, über deren Adelsdünkel sich die Royals mokierten, war ein wandelnder Skandal: Sie hatte problematische Vorfahren, peinliche Plagiatsaffären und ein Verhältnis mit einem texanischen Millionär, das bekannt wurde, als sie – nur mäßig getarnt mit einer roten Perücke – 1985 seine Wohnung betrat. Ihr Vater hatte sich lange als Opfer des Nationalsozialismus ausgegeben, bis 1985 bekannt wurde, dass er SS-Obersturmbannführer und mit Hermann Göring befreundet gewesen war. Seine Tochter war ebenso überrascht wie der Rest der Welt, die Öffentlichkeit litt mit ihr, als sie bei einem Fernseh-Interview ihr Entsetzen schilderte, in ihrem Alter – sie war fast vierzig – etwas so Schreckliches über ein Elternteil erfahren zu müssen.

Sie schrieb Sachbücher über Prinzessinnen und königliche Mätressen und wurde des groben Plagiats bezichtigt; das kostete sie viele Sympathien, der Verlag musste mehrere Autoren finanziell entschädigen, während sie selbst ihren ungeordneten Arbeitsunterlagen die Schuld gab. Die große Aufregung über ihren Ehebruch erstaunte sie: »Warum greift man mich an?«, fragte sie den Politiker und Journalisten Woodrow Wyatt. »Prinz Philip hatte viele Affären, und Prinzessin Anne mindestens fünf.«

Wyatt erklärte ihr, dass die wahre Hierarchie eine andere sei: Die Presse knöpfe sich lieber entfernte Verwandte vor, da die Bevölkerung für die Mitglieder der Kernfamilie die größere Sympathie hege. Die Ereignisse der folgenden Jahre, in denen erst der Thronerbe und dann die gesamte Monarchie härter denn je kritisiert wurden, mögen Wyatts Analyse relativiert haben, doch auf lange Sicht hat sie sich als zutreffend erwiesen: Die populäreren Familienmitglieder mögen kritisiert werden, aber weil sie seit Jahrzehnten in Familien- und Repräsentationszusammenhängen in der Öffentlichkeit stehen, meinen die Briten, sie gut zu kennen, und sind bereit, ihnen vieles zu verzeihen.

So überrascht es nicht, dass Anne den Wirbel um ihre gescheiterte Ehe recht unbeschadet überstand; sie gehörte zum engsten Familienkreis, war in der Öffentlichkeit niemals peinlich aufgefallen und hatte sich überdies durch Fleiß und Disziplin viel Wohlwollen erworben.

Im April 1989 wurden der *Sun* vier handgeschriebene Briefe zugespielt. Sie stammten von dem vierunddreißigjährigen Tim Laurence, Stallmeister bei Hofe, gutaussehend, von stoischer Ruhe, sie waren an Anne gerichtet und von einer solchen Innigkeit, dass das Verhältnis zwischen dem Angestellten der Königin und deren Tochter nicht rein beruflich sein konnte. Die *Sun* druckte die Briefe nicht, sondern übergab sie der Polizei, berichtete aber groß darüber, dass man anständig gehandelt und die Königin vor einer öffentlichen Demütigung bewahrt habe. Buckingham Palace bestätigte, dass die Briefe von Laurence stammten, Mark Phillips tobte vor Wut. Das Paar trennte sich 1989 und wurde im April 1992 geschieden. Das zog weitere Artikel über gescheiterte royale Ehen nach sich, doch der Zenit des Dramas war überschritten. Schon einen Monat nach der Scheidung begleitete Tim Laurence Prinzessin Anne zu offiziellen Anlässen, im Dezember 1992 heirateten sie. »Er kann jedenfalls Martinis mixen«, soll die Königinmutter gesagt haben, als sie von Laurence' Beförderung vom Stallmeister zum Schwiegersohn erfuhr. Im Fall von Charles und Diana stand sie entschieden auf der Seite ihres Enkelsohns, Diana wurde stillschweigend als Fehlgriff abgehakt, ihr Name in Clarence House nicht mehr erwähnt. Die Königinmutter war von Hofdamen umgeben, die mit untreuen Ehemännern lebten und dennoch, unverdrossen und verbissen, die Fassade aufrechthielten. Keine von ihnen sah einen Grund, warum die Prinzessin von Wales das anders handhaben sollte.

Der größte Skandal stand noch aus. Im Sommer 1992 verkündeten alle Titelseiten das Erscheinen von Mortons Buch *Diana: Ihre wahre Geschichte*. Es hatte Vorveröffentlichungen gegeben, die erste am 7. Juni 1992 in der *Sunday Times*, die Überschrift in Riesenlettern: »Diane von gefühllosem Charles zu fünf Selbstmordversuchen getrieben«. Damit begann die Artikelflut über einen kalten, abweisenden Ehemann und eine lieblose, überkritische Schwiegerfamilie, die tatenlos zusahen, wie Diana einsam, deprimiert, essgestört und selbstverletzend wurde.

Die Familie der Königin war empört. Robert Fellowes, Ehemann von Dianas Schwester Jane und Privatsekretär der Königin, stellte seine Schwägerin wegen des Buches zur Rede, sie gab ihm ihr Wort, nichts damit zu tun zu haben. Das versicherte Fellowes daraufhin im Namen der Familie nicht nur gegenüber den Medien, sondern auch gegenüber dem Beschwerdeausschuss der Presse. Das machte das Buch zu einer gravierenden Grenzverletzung, da es die Prinzessin gegen ihren Willen bloßstellte. Zugleich wurde aber den Freunden und Freundinnen, die mit Morton über Diana gesprochen hatten, unterstellt, streng Privates preisgegeben und ihre Freundin verraten zu haben. Hinter den Kulissen forderten sie von Diana, sich unmissverständlich vor sie zu stellen.

Das tat sie auf ihre Weise. Sie stattete ihrer Freundin Carolyn Bartholomew, die zu Mortons Informanten gehörte, einen Besuch ab. Ein Fotograf, der über das Treffen informiert worden war, machte Bilder, die festhielten, wie herzlich Diana ihre Freundin begrüßte. Damit war zweifelsfrei bewiesen, dass sie den Inhalt des Buches guthieß. In seinem Buch *Diana: Story of a Princess* bezeichnete der Journalist und Autor Tim Clayton den Moment, als der Fotograf auf den Auslöser drückte, als »den Wendepunkt in ihrem Leben. Das war eine offene Widerstandshandlung. Danach gab es kein Zurück.« Fellowes begriff, dass er hintergangen und zu einer Falschdarstellung verleitet worden war. Er reicht seine Kündigung ein, die die Königin nicht akzeptierte. Das Verhältnis zwischen Diana und der Familie ihrer Schwester blieb gestört.

Diana: Ihre wahre Geschichte war eine Sensation. Die Buchhandlungen wurden gestürmt. Der Wahrheitsgehalt der geschilderten Episoden wurde untersucht, für einiges – wie den Selbstmordversuch auf der Treppe und die einsame Nacht vor der Verlobung – fanden sich Augenzeugen, die die Geschichten anders darstellten. Aber für viele spielte das keine Rolle, sie hörten den Schrei hinter den Worten, fühlten sich angesprochen von der lodernden weiblichen Wut, die seit einem Jahr, zehn Jahren, tausend Jahren als vom Teufel besessen, überspannt, hysterisch, wahnsinnig, persönlichkeitsgestört abgetan worden war; fühlten mit der mythischen Medea, die auf einem von feuerspeienden Drachen gezogenen Wagen kam und Tod und Verderben auf alle herabbeschwor, die sich gegen sie gewandt hatten. Das Buch war *emotional* wahr, es war die

Geschichte einer gescheiterten Ehe, erzählt von einer, die nicht mehr vertuschen wollte und konnte, dass die Geschichte von der heilen Fassade Betrug war.

Für große Teile der Öffentlichkeit besiegelte das Buch die Version der unterdrückten und hintergangenen Prinzessin. Der britische Presserat, der die Zeitungen zunächst wegen Verletzung der Privatsphäre scharf gerügt hatte, musste einräumen, dass sich das Privatleben der Prinzessin nicht schützen ließ, wenn sie es selbst in die Öffentlichkeit trug.

Nach Erscheinen des Buches scharte sich die Königsfamilie eng und solidarisch um Charles, das tat auch Margaret, die bis dahin viel Sympathie und Mitgefühl für Diana empfunden hatte. Beide wussten sie, wie es war, als unziemliche und grenzüberschreitende Prinzessin verunglimpft zu werden, als eine, die der Institution nicht würdig sei. Margaret hatte Diana lange verteidigt, aber mit dem Buch musste auch sie sich entscheiden, ob ihre Loyalität Diana oder der königlichen Familie galt – und das war für Margaret natürlich keine Frage.

In den Jahren, als die Jüngeren so viel Trubel verursachten, lebte Margaret allein und zurückgezogen in der Kensington Palace-Wohnung, die sie einmal mit Tony geteilt hatte. Roddy Llewellyn, ihr ehemaliger Liebhaber, wurde oft bei Arbeiten in ihrem Garten gesehen. Ihr Sohn David, Viscount Linley in Erwartung des Grafentitels, den er eines Tages von seinem Vater erben würde, fiel dem Personal durch einiges Imponiergehabe auf, wenn er sich beispielsweise mit seinem blankgewienerten Sportwagen zeigte. Andererseits genoss er Respekt, weil er sich zielsicher und mit großem persönlichen Einsatz den Ruf eines exklusiven Schreiners und Möbeldesigners erwarb, in einer Familie, die für solche Berufswege nicht bekannt ist. Tochter Sarah war eine freundliche und unaffektierte Kunststudentin in Secondhand-Klamotten, die Malerin wurde. Beide heirateten in den Jahren, in denen Elizabeth' Kinder auf ihre

Scheidungen zusteuerten, und führen intakte, undramatische Ehen.

Margaret akzeptierte weiterhin gern Einladungen, die royale Traditionalisten meist ablehnten. Sie hatte eine kleine Gastrolle in dem Hörspiel »The Archers« und war Gast der Radiosendung »Desert Island Discs«, in der Prominente ihre Musikauswahl für die einsame Insel vorstellten. Die frühere Jazz-Liebhaberin Margaret war gesetzter geworden, sie wählte Kirchen- und nationale Volkslieder, außerdem Brahms und Tschaikowskis »Schwanensee«. Nachdrücklich bejahte sie die Frage, ob sie versuchen würde, von der Insel zu fliehen, für die sie die Musik ausgewählt hatte: »Ich liebe das Leben zu sehr, um dauerhaft auf einer einsamen Insel zu stranden.«

Sie war immer noch nicht gern allein. An Tagen ohne Verpflichtungen begannen die Geselligkeiten manchmal schon zum Lunch, abends unterhielt sie Gäste mit kleinen Vorführungen, sang die alten Lieder und hämmerte auf den Flügel ein, Whiskeyglas und Zigaretten in Reichweite – sie rauchte sechzig Zigaretten am Tag. Aber wenn die Gäste gegangen waren, wurde sie melancholisch. Bitter sagte sie zu ihren Bediensteten, dass ihr Leben ganz anders hätte verlaufen können, sie rief Freunde an und klagte ihnen mit alkoholverschleierter Stimme ihr Leid.

Im Juni 1992 empfing sie im Kensington Palace einen betagten Besucher, er war groß, schlank, grauhaarig und ging ein wenig gebeugt, aber die Augen waren immer noch strahlend blau: Peter Townsend. Er lebte mit Marie-Luce und den drei Kindern in Paris und besuchte in London ein Treffen der Palast-Mitarbeiter, die die Königsfamilie 1947 nach Südafrika begleitet hatten. Margaret lud ihn und einige Freunde zum Lunch ein, nach Aussagen der Gäste war die einundsechzigjährige Margaret vor seiner Ankunft nervös. Aber Townsend war charmant wie immer, die Unterhaltung verlief so mühelos und angeregt, als seien seit der letzten Begegnung nicht vierunddreißig Jahre vergangen.

Wie die beiden das Wiedersehen erlebten, ist nicht bekannt. Aber selbstverständlich dachten alle Anwesenden an die Zeit der Trennung. Damals hatte der Radiojournalist George Sokolsky im Brustton der Überzeugung verkündet, das Volk werde »Margaret lieben, nicht nur, weil sie auf den Mann verzichtet hat, den sie liebt, sondern weil sie ihr persönliches Glück dem Erhalt jener Lebensführung geopfert hat, zu deren Schutz sich ihre Familie verpflichtet hat«.

Drei Jahre nach dem Lunch bei Margaret blickte Townsend in einem Gespräch mit der *Times* auf sein Leben zurück und klang melancholisch. Die Ideale, für die Margaret und er sich geopfert hatten, galten nichts mehr, die jüngere Generation achte die Würde des Königshauses nicht. »Margarets Entscheidung war mit Sicherheit richtig. Wir waren ein Vorbild, aber das alles gilt nun nichts mehr.« Zwei Monate später starb er, achtzigjährig, an Magenkrebs.

Die Liebesgeschichte, die fast vierzig Jahre zurücklag, warf auch ein Licht auf die Anforderungen der Gegenwart. Vielleicht lag es an Margarets Verzicht, dass sich die Königin so wenig in die Lebensentscheidungen ihrer Kinder einmischte. Margarets Ehe war durch schwergängige, konservative Institutionen und nicht verhandelbare Richtlinien darüber verhindert worden, was einem Mitglied der königlichen Familie erlaubt sei. Vielleicht hätte es, wenn die Townsend-Sache seinerzeit anders gehandhabt worden wäre, weder die schwierige Ehe mit Armstrong-Jones noch Margarets ausschweifendes Leben und die respektlose Medienhetze gegeben. Vielleicht war Elizabeth' Haltung ihren Kindern gegenüber eine jener Kurskorrekturen, die ein Mensch im Lauf eines langen Lebens macht – er trifft eine Entscheidung, die sich als falsch erweist, und wählt dann im nächsten, ähnlich gelagerten Fall einen anderen Weg. Und vielleicht kritisiert sie die Wahl ihrer Kinder nicht, weil sie ihrer Schwester gegenüber immer Schuldgefühle hatte.

Elizabeth war mit Walter Bagehot und seiner Warnung groß geworden, dass zu tiefe Einblicke in Privates die Magie des Königshauses zerstören, weil es sich damit auf die Alltagsebene begebe. Nun hatte die jüngere Generation, Kinder wie Schwiegerkinder, die Fenster aufgerissen und alle Lücken und Risse dem Licht preisgegeben. Eine Hofdame der Königinmutter seufzte – vermutlich stellvertretend für viele geschichtsbewusste Höflinge:»Dianas – und Sarah Fergusons – großes Problem war, dass beide völlig ungeschult waren. Sie hatten beide keine Ahnung, was eine konstitutionelle Monarchie bedeutet. Sie glaubten, dass sich alles um eine endlose Flut kostenloser Geschenke, um romantische Prinzen auf Pferden, um Jubel und Applaus von allen Seiten dreht. Sie hatten ganz offenbar nicht den geringsten Schimmer.«

Im August druckte der *Daily Mirror* Fotos von einem weiteren Fergie-Urlaub, dieses Mal in Südfrankreich. Sie zeigten die barbusige Herzogin auf einer Sonnenliege, ein glatzköpfiger Mann – John Bryan, den sie als ihren Finanzberater bezeichnete – lutschte an ihren Fußzehen. Als die Zeitung erschien, waren Fergie und Andrew gerade in Balmoral, Andrews Geschwister starrten im Frühstücksraum ungläubig auf die erschütternde Titelseite, blätterten hastig um, als ihr Bruder kam und sagten kein Wort. Die Queen bat ihre Schwiegertochter nach dem Frühstück zum Gespräch. Elizabeth' Zorn traf in aller Regel Menschen, die ihre Hunde schlecht behandelten oder das Commonwealth herabsetzten, aber an diesem Tag war sie, wie Fergie in ihrer Autobiographie schreibt, außer sich vor Wut.

Vier Tage später folgte der nächste Schock: die *Sun* veröffentlichte unter der Überschrift»Mein Leben ist eine Qual«

Dianas Unterhaltung mit James Gilbey. Die Leser konnten eine Telefonnummer anrufen und – für sechsunddreißig Pence die Minute – Zeugen eines Gesprächs werden, das Diana und Gilbey, der sich als ihr Liebhaber geoutet hatte, miteinander führten; er nannte sie *Squidgy*, Tintenfischchen, und immer wieder »Darling«, sie äußerte ihre Sorge, dass sie schwanger werden könnte. Es verursachte beträchtliches Aufsehen, dass die Prinzessin von Wales mit einem anderen Mann ein brisant erotisches Gespräch führte, sie wirkte bei dem Flirt zwar ein wenig geistesabwesend, war aber sehr vehement in der Verurteilung ihrer Schwiegerfamilie. Darauf kam sie mehrfach zurück, einmal sagte sie: »Und das nach allem, was ich für diese verfluchte Familie – *this fucking family* – getan habe.«

Am Vormittag des 20. November gingen Handwerker, die im Nordost-Flügel von Schloss Windsor in der Privatkapelle arbeiteten, in die Mittagspause, ohne die Scheinwerfer auszumachen. Einer setzte einen Vorhang in Brand, bald loderten die Flammen durch angrenzende Säle und fraßen sich von Raum zu Raum. Andrew, der als einziges Familienmitglied in Windsor war, kam aus einem anderen Flügel herbeigelaufen und half beim Organisieren von Freiwilligen, die Gemälde und unschätzbare Kunstgegenstände von Hand zu Hand reichten und in Sicherheit brachten. Die Königin reiste sofort von Buckingham Palace an und rettete eigenhändig einige Gemälde aus ihrer Wohnung. Vor dem Hintergrund des brennenden Schlosses hielt Andrew eine spontane Pressekonferenz und sagte, seine Mutter sei »entsetzt und erschüttert«. Als die Feuerwehr den Brand unter Kontrolle hatte, waren neun Repräsentationssäle sowie etwa einhundert weitere Räume schwer beschädigt oder völlig zerstört.

Als die Königin abends in den Buckingham Palace zurückkehrte, suchten ihre Mitarbeiter angesichts des Verlustes nach Worten des Trostes, während sie selbst vor allem über Praktisches sprach: »Wirklich ärgerlich ist, dass ich die Stimme verloren habe. Ich bin erkältet, der Rauch hat das wirklich sehr verschlimmert.« Allen Versuchen, Mitgefühl auszudrücken, begegnete sie mit einem knappen: »Es ist furchtbar, aber wir konnten die Gemälde retten.«

Aber die Zerstörungen bewegten sie vermutlich mehr, als sie erkennen ließ. Sie hatte sich auf Schloss Windsor immer besonders wohl gefühlt, es war das Heim ihrer Kindheit und sie hatte die prägenden Kriegsjahre dort verbracht. Der Brand wirkte zudem wie eine handfeste Metapher für die vielen Krisen des (fast) vergangenen Jahres: Altes und Unschätzbares war zu Bruch gegangen und Kräften zum Opfer gefallen, die außer Kontrolle geraten konnten, weil jemand unvorsichtig gewesen war und nicht aufgepasst hatte. Etwas, das unter immensen Anstrengungen und über Jahrhunderte hinweg errichtet worden war, konnte binnen Stunden verschwinden. Elizabeth machte einen mehrtägigen Besuch bei ihrer Mutter, anschließend bedankte sie sich bei ihr und schrieb, nur darum sei sie »nach diesen furchtbaren Tagen bei Verstand geblieben«.

Der Anblick der sechsundsechzigjährigen Königin, die blass und sichtbar erschöpft in Kopftuch und Regenmantel durch das Schloss ging und sich einen Überblick über die Schäden verschaffte, weckte sofort Mitleid. Doch als der Staatssekretär des Departements für das Nationale Erbe, der Konservative Peter Brooke, ankündigte, dass der Staat die Wiederaufbaukosten übernehmen werde, da das Schloss wegen der unschätzbaren Kunstschätze nicht versichert gewesen sei, drehte die Stimmung augenblicklich. Jetzt zeigte sich die tiefe Verärgerung über eine Familie, die seit Jahren offenbar wenig anderes tat, als sich zu streiten, extravagante Marotten ihrer Verwandten an die Medien durchzustechen und mit ihren außerehelichen Affären teure Ferienreisen zu unternehmen; man sah sie als Clan, der offenbar in einem Paralleluniversum lebte, wo sie nur ihren Launen gehorchten und keinen Gedanken an das verschwenden mussten, was normale Menschen unablässig beschäftigte: Geld verdienen, ihr Versicherungsprämien zahlen. Journalisten und die von ihnen befragten Passanten waren sich einig: Der auf dreißig bis vierzig Millionen Pfund veranschlagte Wiederaufbau sollte keinesfalls vom Steuerzahler finanziert werden. Spätestens jetzt zeigte sich, wie stark das Ansehen des Königshauses durch die Entgleisungen der jüngeren Royals gelitten hatte.

Vier Tage nach dem Schlossbrand hielt die Königin eine Rede aus Anlass ihres vierzigsten Thronjubiläums, die mehr enthielt als die gängigen und erwartbaren Floskeln von Dienen und Dankbarkeit. Mit noch heiserer Stimme sagte Elizabeth:

»1992 ist kein Jahr, auf das ich mit ungeteilter Freude zurückblicke. Er hat sich, um einen mitfühlenden Korrespondenten zu zitieren, als ›annus horribilis‹ erwiesen.« Ein seltenes Eingeständnis vom Oberhaupt einer Familie, deren Mantra lange Zeit lautete: »never complain, never explain« – nie klagen, nie erklären. Es war ein Eingeständnis, dass die vorangegangenen Jahre fordernd gewesen waren, und auch das Folgende war erstaunlich:

»Manchmal frage ich mich, wie spätere Generationen die Ereignisse dieses turbulenten Jahres beurteilen werden. Ich vermute, dass die Geschichte etwas milder darauf blicken wird, als einige der heutigen Kommentatoren es tun. Abstand [...] kann dem Urteil eine zusätzliche Dimension verleihen, ihm Mäßigung und Mitgefühl – sogar Weisheit – beimischen, die in den Reaktionen jener fehlen, deren Aufgabe darin besteht, umgehend zu allen großen und kleinen Ereignissen Stellung zu nehmen.

Es steht selbstverständlich außer Zweifel, dass die Menschen und Institutionen, die Teil des öffentlichen Lebens sind, von Kritik profitieren. Keine Institution – ob Kommune, Monarchie, was auch immer – sollte glauben, sie könne dem prüfenden Blick derer entgehen, die ihr Loyalität und Unterstützung geben, ganz zu schweigen von denen, die dies nicht tun.

Aber wir sind alle Teil unserer nationalen Gesellschaft und die Kontrolle des einen über den anderen Teil wäre nicht weniger wirkungsvoll, wenn dies mit ein wenig Freundlichkeit, Humor und Verständnis geschähe.«

Die Rede erregte Aufsehen und wurde als Ausdruck tiefer Verletzungen gedeutet, als Eingeständnis der Schwierigkeiten und Akzeptanz der vorgebrachten Kritik. Aber rückblickend ist das Auffallendste vielleicht eher die Kampfeslust. Die Botschaft ist in höfliche Formulierungen verpackt, aber die Rednerin fühlt sich ungerecht behandelt und meint, dass man sie und die von ihr repräsentierten Institutionen zu hart, zu kategorisch und ohne jedes Interesse daran kritisiert hat, wie sich die Geschehnisse aus ihrer Sicht darstellten.

Denn natürlich mieden die Medien, die der Königsfamilie jetzt Maßlosigkeit vorwarfen, den kritischen Blick auf ihre eigene Rolle bei deren Demontage, berichteten sie doch konsequent nur über Frivolitäten und praktisch nie über deren Arbeit.

Hof und Regierung begriffen sehr schnell, dass die Briten eine allein vom Steuerzahler finanzierte Schlossrestaurierung keinesfalls hinnehmen würden. Man öffnete Buckingham Palace für Führungen, die Eintrittsgelder flossen in den Wiederaufbau, die Königin steuerte Mittel aus ihrem Privatvermögen bei. Und es wurde bekannt gegeben, dass sie und Charles aus freien Stücken angeboten hatten, ihre Privateinkünfte zu versteuern.

Dieser Schritt war schon lange geplant. 1992 befand sich Buckingham Palace mitten in einem langjährigen, einschneidenden Reformprozess, der 1984 mit der Ernennung von David Ogilvy, achter Graf von Airlie, zum *Lord Chamberlain* begann. Ogilvy war mit zwei sehr unterschiedlichen Welten vertraut. Er war Aristokrat, er und die Königin waren gleichaltrig und hatten als Kinder miteinander gespielt, er war der Schwager von Elizabeth' Cousine Prinzessin Alexandra von Kent. Aber er hatte auch dreiundzwanzig Jahre lang engagiert und sehr erfolgreich in der Londoner City als Bankier gearbeitet.

Als er seine Stelle des ranghöchsten Beamten am Hofe antrat, fand er ein Maß an Schlendrian vor, das ihm den Atem verschlug. Die Budgets waren vage definiert und wurden ständig überzogen, alle gaben mehr Geld aus, als sie hatten, Datenverarbeitung war völlig unbekannt. Zentrale Posten waren mit Menschen besetzt, die ihre Rolle weniger beruflich als gesellschaftlich definierten; sie waren tadellos gekleidet und hochgebildet, fanden es aber durchaus normal, um zehn zur Arbeit zu kommen und sich um zwölf den ersten Drink zu genehmigen. Tradition und Überlieferung bestimmten alles, man benutzte Laken und Bratpfannen aus der Zeit Königin Victorias. Die Angestellten nahmen, nach einer strengen Palasthierarchie geordnet, die Mahlzeiten in fünf getrennten Speisesälen ein: Fahrer, Kammermädchen, Postleute und Angestellte auf ähnlichem Niveau aßen in einem Raum mit Plastikstühlen und Linoleumboden, nach zwanzig Beschäftigungsjahren rückten sie in einen Raum mit Teppich und gepolsterten Stühlen auf. Dem folgten zwei weitere Säle, im fünften klirrten Silberbesteck und Kristall, dort dinierten die adligen Hofdamen der Königin und die Privatsekretäre mit ausgewählten Weinen und Blick auf die Gemälde der königlichen Kunstsammlung.

Ogilvy und sein Mitarbeiterstab listeten auf 1400 Seiten alle erforderlichen Verbesserungen und Beschränkungen auf, die Königin stimmte zu, der erste Schritt war die Ordnung der Finanzen. Viele konkrete Aufgaben für den Bestand der Monarchie wie die Instandhaltung der königlichen Residenzen unterstanden direkt dem Departement für das Nationale Erbe, auch das war ein Grund für die phlegmatische Arbeitseinstellung der Hofangestellten. Ogilvy wollte aus dem Hof ein professionell geführtes Unternehmen machen, das sich im Wesentlichen selbst verwaltete und vom Staat möglichst unabhängig war. Er kürzte die Budgets um ein Drittel, wandelte die königliche Kunstsammlung in eine unabhängige Stiftung um und handelte mit der Regierung ein Abkommen für die Dauer von jeweils zehn Jahren aus. Danach wurden die Beträge der Zivilliste automatisch durch einen Inflationsausgleich angehoben, so dass die Königin nicht jedes Jahr mit der Krone in der Hand vorsprechen und um mehr Geld bitten musste. Im Gegenzug würden sie und Prinz Charles künftig alle Einkünfte aus ihrem Grundbesitz versteuern, Elizabeth trug die öffentlichen Ausgaben für alle Mitglieder der Königsfamilie, auch für die öffentlichen Verpflichtungen von Prinzessin Margaret, Prinzessin Anne, Prinz Andrew und Prinz Edward. Nur Prinz Philip und die Königinmutter erhielten Beträge aus der Zivilliste. Schließlich wurden sogar die Speisesäle zu einer modernen Kantine zusammengelegt, mit täglichem Büfett und Bildern aus Philips Karikaturensammlung an den Wänden.

All diese Änderungen geschahen auf Initiative von Ogilvy und des Buckingham Palace, die Regierung Major hatte nicht darum gebeten. Wäre die umfassende Reform früher durchgeführt und vor allem öffentlich gemacht worden, hätte das dem Volk vor Augen geführt, dass die Institution um ihren Modernisierungsbedarf wusste, und es hätte das vermutlich gewürdigt. Doch die Bekanntgabe, dass die Königin künftig Steuern zahlen werde, war ursprünglich erst für Februar 1993 geplant. Wegen der Aufregung um die Baukosten musste Major das Unterhaus schon wenige Tage nach dem Windsor-Brand über die Neustrukturierung der königlichen Finanzen informieren; und so stand Elizabeth als Monarchin da, die nur auf Privilegien verzichtete, weil Volk und Medien sie dazu gezwungen hatten.

Zwei Wochen später, am 9. Dezember 1992, gab Major im Unterhaus die offizielle Trennung des Thronfolgerpaares bekannt: »Ihre Königlichen Hoheiten haben nicht die Absicht, sich scheiden zu lassen, und ihre verfassungsmäßigen Positionen bleiben unberührt. Diese Entscheidung wurde einvernehmlich getroffen.«

Diana war am Vortag zu William und Harry ins Internat gefahren, hatte gebeten, sie allein sprechen zu dürfen, und ihnen erklärt, dass ihre Eltern künftig nicht mehr zusammen wohnen würden. William weinte, Harry nicht. Er sagte: »Ich hoffe, es geht euch jetzt besser.« Schon damals schien er seine Gefühle nicht zeigen zu wollen, er fragte nur, so erzählte er es seiner Biographin Angela Levin, ob er etwas tun könne, damit die Eltern wieder glücklich würden.

Im Februar 1992, bevor das Jahr zum »Schreckensjahr« wurde, hatte die BBC aus Anlass von Elizabeth' vierzigjährigem Thronjubiläum den neuen Dokumentarfilm *Elizabeth R* ausgestrahlt, der Aufnahmen der Königin von Mitte 1990 bis Ende 1991 zeigte. Der Regisseur Edward Mirzoeff umschiffte sorgsam alle Fehden in der Familie und zeigte die Königin als viel reisende und unermüdlich arbeitende nationale Ikone: Sie schreitet lächelnd durch einen Wald flatternder Union Jacks, plaudert mit Senioren, prägt sich die Vornamen der mit Blumensträußen wartenden Kinder ein, enthüllt, zumindest wirkt es so, einige hundert Plaketten. Sie und ihr Privatsekretär Robert Fellowes legen jedes ihrer Worte zum Irak-Krieg auf die

politische Goldwaage, sie äußert routiniert und mit wirkungs-
vollem Pokergesicht wohlüberlegte Scherze. Wer sie arbeiten
sieht, bekommt den Eindruck, dass ihr der Alltag anderer Menschen durchaus ein Rätsel sein mag, der Alltag der Monarchin
aber allen ein Rätsel ist: Sie bewegt sich schnell und zielsicher
durch goldgetäfelte Korridore, zeigt einen sicheren und selbstverständlichen Umgang mit den unschätzbaren Kostbarkei-
ten des Buckingham Palace. Sie nimmt eine Erstausgabe von
J. M. Baries' *Peter Pan* in die Hand, berichtet, dass sie den Verfasser als Kind kennengelernt und er ihr abenteuerliche Geschichten erzählt habe. Sie hat eine lebhafte Mimik und spricht
viel. Als der ehemalige Premierminister Edward Heath auf
einem Empfang zum amerikanischen Außenminister James
Baker sagt, eine Bagdad-Reise sei nicht sicher, er sei selbst un-
längst dort gewesen, unterbricht ihn die Königin mit den Worten: »Aber Sie sind nicht mehr unabkömmlich.« Das kann, wer
will, als Erinnerung daran verstehen, dass er die Königin 1971
aus Sicherheitsbedenken nicht zur Commonwealth-Konferenz
der Regierungschefs nach Singapur fahren ließ.

Doch an dem ständigen Lächeln und der Sprechstimme, die
immer klingt, als sei sie auch ihr selbst etwas zu hoch, fällt
etwas besonders auf: Sie ist weniger Fackel als Dynamo; man
spürt ihre Anstrengung – hier arbeitet ein erfahrener Profi.
Das wird besonders in den wenigen Szenen deutlich, in denen
Prinzessin Diana zu sehen ist: Die Königin spricht laut und viel,
dann kommt ihre Schwiegertochter ins Bild und unterhält sich
mit den Gästen ganz leise, fast intim.

»Wir hatten viele großartige Dialogszenen mit ihr«, sagte
Mirzoeff, »und haben alle rausgeworfen. Beim Schneiden war
schnell klar, dass Diana alle Blicke auf sich zieht, sobald sie
auftaucht. Das war nicht, was wir wollten.«

Nach den Aufnahmen bat der Regisseur um ein Gespräch
mit der Königin, er wollte es als Kommentarspur zum Film

einsetzen. Sie stimmte zu. Ganz am Ende des Filmes scheint zum ersten und einzigen Mal eine gewisse Sorge auf, dass die jüngere Generation zu sehr in ihre eigenen Intrigen verstrickt sein könnte, um zu verstehen, dass sie sich um den Familienbetrieb – die Firma – kümmern muss. Sie sagt:

»Wenn man ein Leben führt, wie es früher üblich war, lebt man sehr stark durch Tradition und Kontinuität. Für mich gehört es zum Traurigsten überhaupt, dass die Menschen den Beruf, den sie haben, nicht mehr lebenslang ausüben. Sie probieren ständig etwas Neues aus. Ich hingegen weiß genau, was ich in zwei Monaten tun werde, ich weiß auch schon einiges über das kommende Jahr. Ich denke, das finden die jüngeren Familienmitglieder schwierig – die Reglementierung, die darin steckt.«

19

Die Sprache der royalen Kleider

Nur wenige Anlässe konnten die Königin dazu bewegen, Balmoral und das geliebte schottische Hochland zu verlassen, wenn sie dort in Ferien war oder, wie sie es selbst nannte, »ein bisschen Winterschlaf« hielt. Prinz Andrews Rückkehr aus dem Falklandkrieg war ein solcher Anlass. Und im September 1993 die Beisetzung von Margaret »Bobo« MacDonald, die siebenundsechzig Jahre lang im Dienste Ihrer Majestät gewesen war, erst als Kindermädchen, dann als Ankleidedame. Sie war mit neunundachtzig Jahren in ihrer Wohnung im Buckingham Palace gestorben.

»Bobo« soll das erste Wort der kleinen Elizabeth gewesen sein. Die junge, rothaarige MacDonald war, wie ihre Schwester Ruby, Dienstmädchen bei dem Herzog und der Herzogin von York. Die Töchter eines Eisenbahners aus Inverness waren in einem Häuschen neben den Bahngleisen aufgewachsen, mit Bobo kam das Prinzip der Sparsamkeit in den herzoglichen Haushalt. Sie brachte den Prinzessinnen bei, dass man gebrauchtes Geschenkpapier nicht wegwarf, sondern ordentlich faltete und wiederverwendete. Solange Elizabeth noch Kind war, schliefen sie und Bobo im selben Zimmer. 1952 begleitete George VI. seine Tochter, die nach Kenia reiste, zum Flughafen. Er war inzwischen so geschwächt, dass er befürchtete, seine Tochter nicht wiederzusehen; da soll er zu der kleinen Frau, die Elizabeth auf der Reise begleitete, gesagt haben: »Passen Sie für mich auf die Prinzessin auf, Bobo.« Bobo blieb am Hof, heiratete nicht, bekam keine Kinder. Als Elizabeth Königin wurde und in den Buckingham Palace umzog, war es Bobo, die ihr morgens Earl-Grey-Tee und Butterkekse brachte. Sie nannte sie weiterhin »my little lady« und Bobo durfte sie – ein Privileg der engsten Familie – auch in der Öffentlichkeit mit ihrem Kosenamen »Lilibet« ansprechen.

Die Freundschaft zwischen der Königin und Bobo war von Vertrauen und Vertrautheit geprägt. Sie war auch Elizabeth' Augen und Ohren bei Hof, denn sie bekam alles mit. Sie sprachen vertraulich über Intrigen, Romanzen, Konflikte und andere Neuigkeiten aus dem Dorf, das der Palast im Grunde ist. Bobo hatte einen robusten Humor, war eine begeisterte Tänzerin, temperamentvoll und willensstark. Beim Stab, auch bei Angestellten mit höherer Stellung und höherem Rang als sie, war sie gefürchtet, denn wenn sie mit etwas unzufrieden war, beschwerte sie sich. In Bobos Wohnung im Buckingham Palace servierten livrierte Diener die Mahlzeiten, auf der »Britannia« hatte sie eine eigene Kabine.

Für Prinz Philip gehörte Bobo zu dem Bollwerk älterer Frauen, auf das er nach seiner Heirat traf: Elizabeth telefonierte täglich mit ihrer Mutter, mit Bobo sogar zweimal am Tag, morgens und abends. Nicht einmal im Badezimmer war er mit seiner eigenen Frau ungestört, da Bobo als ihre Ankleidefrau jeden Moment hereinkommen konnte. »Sie muss für ihn die Hölle gewesen sein«, sagte Philips Freund Mike Parker. »Bobo war *immer da*.«

Bobo prägte maßgeblich den Kleidungsstil einer Königin, die so wenig modeinteressiert war, dass sie zu ihrer eigenen Hochzeit das erste Mal Schuhe mit hohen Absätzen trug. Der Modeschöpfer Norman Hartnell, den Elizabeth quasi von ihrer Mutter übernommen hatte, sagte, sie habe Anproben als Teil ihrer offiziellen Pflichten akzeptiert, »aber man hatte nicht den Eindruck, dass sie sich für Kleider interessierte, einen neuen Stil finden oder wenigstens der Mode folgen wollte.

[…] Es schien, als sei Prinzessin Elizabeth in rustikalem Tweed oder eher schlichten Kleidungsstücken am glücklichsten und als werde sich daran nichts ändern.« Doch wie die folgenden Generationen royaler Frauen achtete auch Elizabeth darauf, hin und wieder in Londoner Konfektionsgeschäften einzukaufen, vor allem das Modehaus Horrockses konnte sich über sehr viele neue Kundinnen freuen, als der Name der berühmtesten bekannt wurde.

Mit der Zeit fand die junge Königin einen eigenen Stil: Hartnell, der paillettenbesetzte und aufwendig bestickte Abendkleider liebte, wurde ihr bevorzugter Modeschöpfer für Galas und Zeremonien. Seine Entwürfe waren so kompliziert, dass sie nicht kopiert werden konnten, die von dem etwas jüngeren Hardy Amies entworfene Tagesgarderobe war schlichter und klar strukturiert. Seine weichen, knielangen Kleider erfüllten alle die in dieser Hinsicht unverhandelbare Forderung der Monarchin: Sie mussten praktisch sein und sie durften sie bei der Arbeit nicht behindern; Elizabeth wollte sie anziehen und nicht mehr darüber nachdenken, was sie trug.

»Die Königin möchte immer passend zum jeweiligen Anlass gekleidet sein, sie trifft meist eine Menge Menschen aus der Mittelschicht, auf die sie einen sympathischen Eindruck machen möchte«, sagte Amies Jahrzehnte später. »Sehr schicke Kleider haben immer etwas Kühles und Starres, so etwas will sie vermeiden.«

An Hüten zeigte sie mehr Interesse als an Kleidern, weil das Hutmacher-Handwerk sie faszinierte, aber auch, weil sie selten Hüte fand, die ihr gefielen. »Mit Hut sehe ich aus wie ein Schaf«, seufzte sie.

Bobo stellte die jeweiligen Ensembles zusammen und legte sie für Elizabeth heraus, sie machte den Modeschöpfern auch klar, dass sie für die Kleider verantwortlich sein mochten, Accessoires wie Schuhe, Hüte und Handtaschen aber ihre Domäne seien. Sie führte die großen, schwarzen, kantigen Handtaschen ein, denn sie waren praktisch und nicht zu teuer. Bobos schwarze Vierecke sollten Elizabeth' Erkennungszeichen werden und Modedesigner an den Rand des Nervenzusammenbruchs treiben, denn sie ruinierten ihre Kreationen. Angeblich schenkten einige von ihnen der Queen immer wieder Handtaschen aus ihrem Haus zu Weihnachten, was aber ganz vergeblich war.

Elizabeth teilte Bobos Sinn für Sparsamkeit; sie fragte die Modeschöpfer immer nach den Kosten, Extravaganz schätzte sie nicht. Auf Aufnahmen, die Bobo und Elizabeth zusammen zeigen, fällt auf, wie sehr sie sich gleichen: Beide tragen mehrreihige Perlenketten, das ergraute Haar ist ähnlich frisiert, als sei die Königin Bobos Lebenswerk, erschaffen nach ihrem Bilde. Die Frisuren der royalen Frauen vor und nach Elizabeth sind oft bewundert und kopiert worden; doch diese spezielle, im Grunde wenig kleidsame Fasson mit aus der Stirn gekämmten Haaren, damit das Gesicht frei bleibt, trugen im Grunde nur sie: die Ankleidedame und ihre Königin.

Auch wenn Elizabeth' Kleidung praktisch, bequem und nicht zu teuer sein durfte, so spielte sie doch gern mit symbolischen Gesten. Beim Krönungsgewand musste Hartnell die vier Blumen-Embleme des Vereinten Königreiches sowie der Commonwealth-Länder berücksichtigen. Für Wales hätte er gern das neuere Nationalsymbol, die Narzisse, gewählt, wurde aber entschieden darauf hingewiesen, dass nur der traditionelle Lauch akzeptabel sei. Er lenkte ein, seine Stickerinnen fertigten den schönstmöglichen hellgrünen Lauch. Obwohl Designer wie Hartnell und Amies viele Jahre lang mit der Königin zusammenarbeiteten, blieben die Anproben förmlich. Sie durften sich weder setzen noch ihr den Rücken zukehren, brauchten sie zum Abstecken Nadeln, die auf einem Tisch hinter ihnen lagen, mussten sie rückwärtsgehen. Einmal schob die

Königin dem betagten Hartnell allerdings rasch einen Stuhl hin, weil ihm plötzlich schwindelig geworden war.

Es ist eine lange Sitte, dass die Monarchen mit ihrer Garderobe den Gastgebern eines anderen Landes eine Reverenz erweisen. In Irland trug die Königin grün, als der König von Thailand ihr einen Orden verlieh, ließ sie ein farblich zur Schärpe passendes Kleid anfertigen. Stickereien auf ihren Kleidern zeigen nationale Symbole der verschiedenen Länder, eine Frucht, eine Blume, ein Tier. Mitunter werden die Perlen oder Pailletten danach von den Kleidern wieder abgetrennt und für andere Stickereien wiederverwendet.

Die Planung eines Ensembles für einen bestimmten Anlass ist immer ein Balanceakt: Ist die Garderobe nicht formell und aufwendig genug, gilt das als Nachlässigkeit, ist sie zu aufwendig, ist das Luxus auf Kosten des Steuerzahlers. Königinmutter Elizabeth war sich der Botschaften, die sie mit ihrer Garderobe aussandte, sehr bewusst und achtete nicht zuletzt in den Kriegsjahren auf Akkuratesse, wenn sie mit dem König in Londoner Stadtteilen Menschen besuchte, die vor den Trümmern ihrer Existenz standen. Kritik, sie sei zu herausgeputzt gekleidet, konterte sie damals wie später mit den Worten: »Sie erwarten das von mir; sie haben meinetwegen viel Mühe auf sich genommen.«

Die Kreise, in denen sie sich bewegte, zunächst als Lady Elizabeth Bowes-Lyon, später als Herzogin von York, schrieben für jeden Anlass eine rigide und detaillierte Kleiderordnung vor. Frauen der Oberschicht verbrachten einen großen Teil des Tages damit, sich umzuziehen. Für ein Wochenende auf dem Land brauchte eine Lady pro Tag mindestens drei Ensembles: eines zum Frühstück, eines zum Tee und eines zum Abendessen. Und nirgends waren die Regeln strikter als bei den Royals: »Damen, die bei Hofe vorgestellt werden, müssen lange Abendkleider mit an der Schulter befestigter Schleppe tragen,

auf dem Kopf einen weißen Schleier mit Straußenfedern ...
Von der Ferse gemessen, darf die Schleppe maximal achtzehn
Zoll lang sein ... Drei kleine Federn, eine etwas länger als die
anderen, müssen zu einem Prinz-von-Wales-Federbusch arrangiert sein, die Federn sitzen links von der Kopfmitte. Die
erlaubte Länge des Schleiers beträgt maximal 45 Zoll. Farbige
Federn sind nicht, schwarze Federn nur im Falle von Trauer
erlaubt. Handschuhe sind obligatorisch.«

König George V. achtete streng darauf, dass alle in seinem
Umfeld immer korrekt gekleidet waren, Uniformen und Orden mussten nach Vorschrift getragen werden, von seinem ältesten Sohn, dem späterem Edward VIII., erwartete er, dass
er auch dann im Frack kam, wenn sie zu zweit dinierten.
Der Prinz von Wales lehnte sich gegen die tradierten Vorschriften auf, er trug groß karierte Anzüge und ging ohne
Spazierstock aus. Aber nach Edwards Rücktritt war der neue
König, George VI., in diesen Fragen fast so streng, wie es sein
Vater gewesen war. Auch Elizabeth ist hinsichtlich des *dress
code* eher pedantisch als unbekümmert, hier bewiesen Vater
und Tochter die gleiche konservative Haltung wie auf anderen Gebieten: Es ist ihre Aufgabe, die Traditionen der Krone
zu bewahren und weiterzuführen, sie mögen fast jede Macht
verloren haben, aber in Fragen der höfischen Kleiderordnung
sind sie die unangefochtene Autorität, und sie leben in der
Überzeugung, dass etwas unwiderruflich zu Bruch ginge,
wenn sie nicht mehr auf der Einhaltung bestimmter höfischer
Standards bestünden. Und so sorgt es mitunter für Staunen,
dass Angehörige des Königshauses in Gefahrenmomenten die
Ruhe bewahren, sich aber wegen eines falsch angehefteten Or-
dens aufregen. »Wie langweilig diese Königsfamilie ist«, sagte
Margot Asquith, Gattin von Herbert Henry Asquith, der 1908
Premierminister wurde. »Sie interessiert sich nur für Knöpfe
und dergleichen.«

Elizabeth, Gemahlin von George VI. und Königin an seiner Seite, hielt streng an der überlieferten Kleiderordnung fest. Laut Crawfie, die ihre zuckersüße Prinzessinnen-Schilderung hier und da mit einigen Spritzern Zitronensaft versieht, war nichts an ihrer Arbeitgeberin »beunruhigend *fashionable*«. Auf die Frage, was die Herzogin von York zur Förderung der britischen Mode im Ausland tun könne, antwortete Wallis Simpson eisig: »Zu Hause bleiben.« Aber Elizabeth achtete als Herzogin und vor allem als Königin sehr darauf, sich durch einen konventionellen und vertrauenerweckenden Stil von der eleganten Wallis abzugrenzen, die allein schon dadurch exotisch, fremd und gefährlich wirkte, dass sie in Paris lebte und immer die neueste Mode trug. Elizabeth bevorzugte als Königin und später als Königinmutter Chiffon und Seide, blumenbesetzte Hüte und helle Pastelltöne, die Ausschnitte waren groß genug, um den vielreihigen Perlenketten, die sie immer trug, genug Raum zu geben; im Alter absolvierte sie Ascot und *Trooping the Colour* wie ein wandelnder Fliederbusch. Sie achtete zeitlebens auf Etikette und erwartete bis zu ihrem Tod, dass Damen zu Dinnerpartys in Birkhall, ihrem Haus unweit des Buckingham Palace, im langen Abendkleid mit Diadem und Juwelen erschienen.

Während sich Tochter Elizabeth immer für das Konventionelle entschied, war die jüngere Tochter wagemutiger. Wenn Margaret sich beim Besuch von Nachtclubs und Hotelbars fotografieren ließ, lag der Nerzmantel über ihrer Schulter, die Brillanten darunter glitzerten, und die Zigarette steckte in einem Mundstück, das von Mal zu Mal länger wurde. Beide Schwestern waren von kleiner Statur, die 50er-Jahre-Kleider mit schmaler Taille und weitem Rock kleideten sie hervorragend. Margarets bevorzugter Designer war Christian Dior, der mit seinem *New Look* diese Silhouette geschaffen hatte. Sie bestellte bei ihm ein Kleid nach dem anderen und wurde kritisiert, französische statt britische Mode zu tragen, aber zahllose junge Frauen, die auch von Dior träumten, kopierten ihren Stil. *The Picture Post* schrieb 1953 über Margaret: »Egal, was sie trägt, es macht immer Schlagzeilen.« Auf Jamaika entstand 1955 ein inzwischen legendäres Foto, es ist an Glamour nicht zu toppen: Sie trägt einen kleinen Strohhut, ein hochmodisches Kleid mit Tupfen, eine große Schmetterlings-Sonnenbrille und dazu einen so unbeteiligten Gesichtsausdruck, als bemerke sie die bewundernden Blicke gar nicht, die ihr gelten.

Die sechziger Jahre waren für die Schwestern eine modisch schwierige Zeit. Die gerade geschnittenen Kleider sahen an anderen Frauen besser aus, die kürzeren Röcke passten nicht zu den Vorstellungen von königlicher Sittsamkeit. Margaret trug sie dennoch und auch Elizabeth' Rocksäume wanderten ein wenig nach oben. Prinzessin Anne trug eine Zeitlang Miniröcke und eine hochtoupierte Farah-Diba-Frisur, Margaret folgte auf Mustique mit langen Kaftans, schwerem Ohrgehänge und riesigen Sonnenbrillen dem angesagten Boheme-Trend. Doch sie war zu alt, um für die jungen, vorwärtsstürmenden Britinnen zur Trendsetterin zu werden, und Anne war als *role model* ungeeignet.

Während die Frauen der Königsfamilie weiterhin in ihren konventionellen Kleidern auftraten, machten in England neue Designerinnen mit gewagten Entwürfen Furore. Mary Quant mit ihren Miniröcken und Vivienne Westwood mit ihren Nieten und provozierenden T-Shirts machten Mode für die Jungen und Rebellierenden, nicht für das Establishment. Alexander McQueens völlig andersartige, geradezu brutal avantgardistische Mode am Anfang seiner Karriere war für die Windsors viel zu extrem. Er sollte nicht mehr erleben, dass sein Modehaus mit der neuen Chefdesignerin Sarah Burton 2011 den Auftrag für Kate Middletons Brautkleid erhielt.

Die von der Königsfamilie bevorzugten Designer kamen meist aus der Tradition der robusten Outdoor-Kleidung und warmen Wollsachen, für die die Britischen Inseln bekannt sind, sie arbeiteten immer solide, aber selten aufregend. Die Queen und Bobo schätzten Bewährtes und waren an neuen Namen nicht interessiert; ein Trend war vor allem etwas, dem man widerstehen musste. Mit Blick auf die ausladenden Schulterpolster der achtziger Jahre sagte Elizabeth: »Ach, das ist etwas für Miss [Joan] Collins, aber weniger für mich.« Womit sie recht hatte. Wer jeden Modetrend mitmacht, wirkt im Rückblick oft lächerlich, mit Aufnahmen von modischen Verirrungen möchte man sich nicht in Geschichtsbüchern wiederfinden. Nach und nach wurde sie selbstsicherer, und als in Modezeitschriften ein blau-weißes Kleid kritisiert wurde, das sie 1983 bei einer USA-Reise trug, sagte sie nur: »Wie albern. Das Kleid ist völlig in Ordnung.«

Erst mit der schillernden Außenseiterin Prinzessin Diana betrat eine Frau die Bühne, die in der Öffentlichkeit ein brennendes Interesse für royale Mode entfachte. Das lag natürlich daran, dass die junge Braut sofort zum Star wurde, vor allem aber kleidete Diana sich ausdrucksstark. Sie hielt sich an die gängigen, königlichen Reverenzen – so trug sie in Saudi-Arabien ein weißes Kleid mit goldenem Falkenmuster, da der Falke das Symbol der saudischen Königsfamilie ist –, aber im Gegensatz zu den Kleidern und Abendroben der Königin, die an Uniformen erinnerten, war Dianas Stil deutlich individueller. Jedes Ensemble war Teil einer Entwicklung, einer Etappe auf ihrer Identitätssuche – und wurde irgendwann auch Teil einer ausgeklügelten Kommunikationsstrategie.

Das zeigte sich schon in ihrer ersten, noch unsicheren Phase als Mitglied der königlichen Familie. Im März 1981 absolvierte sie ihren ersten offiziellen Auftritt als Charles' Verlobte, das Paar besuchte ein Wohltätigkeitskonzert für das Royal Opera House. Bei dem Designerpaar Elizabeth und David Emanuel, das auch ihr Hochzeitskleid entwerfen sollte, hatte sie sich ein enges, schwarzes, schulterfreies und tief dekolletiertes Kleid ausgesucht. Niemand hatte ihr gesagt, dass Mitglieder der Königsfamilie nur Schwarz tragen, wenn sie in Trauer sind oder an Beisetzungen und Gedenkveranstaltungen teilnehmen, und sie wusste offenbar nicht, dass man tiefe Dekolletés unbedingt meiden sollte, wenn abzusehen war, dass man beim Aussteigen aus einem Auto oder auf einer Treppe von oben fotografiert werden würde, da Ausschnitte aus diesem Blickwinkel erheblich tiefere Einblicke gewähren. Die Prinzessin war so ungeheuer sexy, dass die Medien sich überschlugen. Aber Diana sollte Andrew Morton erzählen, sie sei verängstigt gewesen und Charles habe sie noch auf der Veranstaltung dafür kritisiert, gegen die Hofetikette verstoßen zu haben. »Ich fand es in Ordnung, junge Mädchen in meinem Alter trugen solche Kleider«, sagte sie. »Schwarz war für mich die coolste Farbe, die man mit neunzehn tragen konnte. Es war ein richtig erwachsenes Kleid.« Auch Fürstin Gracia Patricia von Monaco war an diesem Abend anwesend. Die beiden trafen in der Damentoilette aufeinander und Diana erzählte ihr, wie sehr sie sich jetzt und mit Blick auf die Zukunft unter Druck fühle. »Keine Sorge«, sagte die Fürstin, »das wird noch viel schlimmer.«

Aber wie Tina Brown in ihrer Diana-Biographie schreibt, ließ gerade ihre offenkundige Unerfahrenheit das schwarze Kleid nicht als den Fauxpas erscheinen, der es war: »Für die britische Öffentlichkeit war Diana einfach ein Teenager, der auf gewinnende Weise seine Entschlossenheit demonstrierte, kein Kind mehr zu sein, sondern eine verführerische erwachsene Frau. Diese so offenkundige Absicht machte Diana verletzlich, nicht vulgär.«Aber die Aufregung um das Emanuel-Kleid war ein erster Hinweis auf Kommendes. Wie so vieles an Diana, luden auch ihre Kleider zu Interpretationen ein. Sie wirkten wie der Schlüssel zu einer komplizierten Seele. Elizabeth' Kleidung sagte etwas über den jeweiligen Anlass; Dianas Kleidung etwas über ihre Trägerin aus.

Das Interesse an Diana war groß. Denn für viele junge Leute verkörperte sie das Märchen vom Aschenputtel. Jedes Mädchen konnte sich in der Kindergärtnerin sehen, die zur Prinzessin wird, und sich vorstellen, wie es wäre, plötzlich ein Leben mit Bällen und Empfängen und Abendroben zu führen. Zudem trug Diana als Prinzessin tatsächlich ständig Kleider, die so aussahen, wie kleine Mädchen sich Prinzessinnenkleider vorstellen. Sie waren romantisch, nostalgisch, fast wie Verkleidungen – mit Rüschen, Spitzen und weiten Röcken. Das entsprach durchaus dem damaligen Trend, so interpretierten die glitzernden Achtziger die Mode des viktorianischen Zeitalters. Auf uns wirken diese Kleider heute wie Kostüme aus einem Andrew-Lloyd-Webber-Musical.

Diana trug starke Farben und sehr große Kragen, mit denen sie oft wie ein Kind, manchmal fast wie ein Clown aussah. Ihre Mutter machte sie mit Anna Harvey, der Moderedakteurin der britischen *Vogue*, bekannt, die wenig später zu einer der führenden Stimmen der britischen Modewelt wurde. Um diese Zeit traf Diana auch Jasper Conran, Bruce Oldfield und Catherine Walker, die mehrere Jahre lang für sie entwarfen. So entstand nach mehrjährigem Vortasten langsam jener Stil, der sie nicht nur für die Öffentlichkeit, sondern auch unter Mode-Insidern zur Trendsetterin machte: Die tellerflachen, geometrischen Hüte, denen britische Modistinnen ihr wirtschaftliches Überleben verdankten; die weißen Kleider und Blusen mit Punkten und Tupfen. Manche meinten, sie kleide sich zu konservativ. Aber das Protokoll verlangt korrekte, den Körper bedeckende Kleidung. Diana hielt sich strikt an die Vorschriften, mit einer Ausnahme: Sie trug selten Handschuhe, weil sie bei der Begegnung mit Menschen den direkten Kontakt wollte.

1986 trug sie ein Smaragdcollier, das ihr die Königin geschenkt hatte, als Stirnband, das ließ sie wie Superhero im Galadress aussehen und löste einen kurzen, aber heftigen Trend aus. Hin und wieder versuchte sie etwas, das sie und ihre Designer dann wieder verwarfen; das waren zu weite Jacken, zu breite Revers oder zu große Karos. Aber sie wurde stilsicherer und diskutierte bald mit Jasper Conran darüber, welche Signale sie mit welcher Kleidung aussenden würde.

Sie war eine weltberühmte Frau, die begriffen hatte, dass jedes ihrer Kleidungsstücke kommentiert und interpretiert wurde, und die diese Reaktionen nun bewusst lenken wollte. Aus der verschreckten jungen Prinzessin in einem unangemessenen Kleid war eine royale Akteurin geworden, die sich einer großen und ergebenen Fangemeinde vor den Palastmauern sicher war. Es begann eine Phase, die ihr den Namen »Dynasty Diana« eintrug – »Dynasty« ist der Originaltitel der amerikanischen TV-Serie, die in Deutschland *Denver Clan* hieß. Es waren die Jahre mit breiten Schulterpolstern, Pailletten, metallschimmernden Stoffen und tiefen Rückenausschnitten; Jahre, in denen Amazonen wie Naomi Campbell und Cindy Crawford mit glänzendem Haar und hartem Blick zu Supermodels wurden. Diana, hochgewachsen und immer durchtrainierter, entsprach diesem Mode- und Körperideal perfekt.

Die Trennung von Charles brachte neue Freiheiten. Die Kleider wurden kürzer, waren weniger britisch, hatten mehr Sexappeal. Der Italiener Gianni Versace mit seinem betont glamourösen Stil überhäufte Diana mit Kleidern, die sie gern annahm. Er riet ihr auch, die Haare noch kürzer zu tragen und ihren Look noch gradliniger und auch kompromissloser zu gestalten. Valentino, Armani und Moschino boten ihr Kleider an. Als sie noch zum Königshaus gehörte, waren die Rechnungen prompt beglichen worden, wenn ein Modehaus die Rechnungsstellung vergaß, kam ein Anruf aus dem Palast und erinnerte an den ausstehenden Betrag. Jetzt wurde das großzügiger gehandhabt.

Das berühmteste Diana-Kleid wurde als »Rache-Kleid« oder »Fuck-You-Dress« bekannt: Das schwarze Etuikleid der Designerin Christina Stambolian, das sie am 29. Juni 1994 zum Sommerfest des Magazins *Vanity Fair* trug. Es war der Abend, an dem der Fernsehsender ITV das Interview mit Prinz Charles und seinem Geständnis sendete, dass er Diana mit Camilla Parker Bowles betrogen hatte. Diana sorgte mit dem Kleid dafür, dass die Titelseiten des nächsten Tages ihr und nicht dem Mann gehörten, von dem sie getrennt lebte. Die *Sun* schrieb: »The Thrilla He Left To Woo Camilla« (Diesen Thriller verließ er für Camilla). Dianas Kleid zeigte viel Schulter und viel Bein, dazu trug sie schwarze High Heels von Manolo Blahnik und knallrot lackierte Fingernägel. Es war in jedem Detail das absolute Gegenteil zu dem Brautkleid, das sie dreizehn Jahr zuvor getragen hatte. Das war weiß, weich, voluminös, ausufernd, eine Wolke, die es hierhin und dorthin wehen konnte. Das Rachekleid war eng, schwarz, sexy und zielgerichtet. Diana wollte damit etwas Bestimmtes erreichen und es gelang.

Und doch näherte sie sich in diesem Jahr wieder stärker dem konventionell royalen Stil an. Die Modejournalistin Georgina Howell meinte, weil Dianas Status innerhalb der Königsfamilie in jener Zeit an Eindeutigkeit verlor, habe sie mit ihrer Garderobe gezeigt, dass man sie als Mutter des künftigen Königs nicht übergehen könne. Ausgerechnet ihr Sohn William schlug vor, sie solle ihre alten Kleider versteigern lassen. Sie gingen zusammen ihre Garderobe durch, neunundsiebzig Kleider erlösten bei Christie's in New York zwei Millionen Dollar für Wohltätigkeitsorganisationen, die Diana unterstützte. Den höchsten Preis erzielte die Robe, in der sie mit John Travolta tanzte: 222 500 Dollar.

Doch die Diana der letzten Jahre ist für viele die erwachsene Frau in schmalen Jeans, weißer Bluse und dunklem Blazer, gelassen und pragmatisch. Der Schein trog, hinter dem Stil lag nicht die innere Ruhe, die man erwartet hätte, sie blieb bis zu ihrem Lebensende eine Getriebene. Aber ihr Outfit ließ ihre zahllosen Fans glauben, dass der Unterschied zwischen ihnen und ihr nicht allzu groß war.

Auch die roten Fingernägel, mit denen sie 1994 beim *Vanity Fair*-Fest auftauchte, signalisierten ihre neue Unabhängigkeit. Weibliche Royals tragen neutralen Nagellack. Die Königin schwört auf das helle Rosé »Ballet Slippers« von Essie; sie folgt der strikten Etikette für Tag- und Abendgarderobe, wonach Röcke knielang oder länger sein müssen, transparente Strumpfhosen nackten Beinen vorzuziehen sind und bei offiziellen Terminen eine Kopfbedeckung zu tragen ist – bis 18 Uhr ein Hut, danach, bei festlichen Anlässen, ein Diadem.

Die Garderobe der Männer sorgte und sorgt für weniger Gesprächsstoff als die der Frauen, da die Variationsbreite kleiner ist. Die einzige Ausnahme war, wie erwähnt, Edward VIII., der als Prinz von Wales ein modischer Trendsetter war. Wer von den männlichen Royals beim Militär gedient hat, und das haben praktisch alle, trägt bei Veranstaltungen wie *Trooping the Colour* und *Remembrance Day* Uniform, wobei sie, da sie mehrere hohe militärische Ehrentitel tragen, unter verschiedenen Uniformen wählen können. Prinz Charles trug bei seiner ersten Hochzeit Uniform, das taten später auch William und Harry. Einige, wie beispielsweise Harry, tragen Orden, die sie für einen Kriegseinsatz erhalten haben, die meisten Auszeichnungen aber wurden ihnen von der Königin für »Verdienste um die Monarchie« verliehen.

Die jungen Prinzen gehen an die Grenze der bisher gültigen Hofetikette, wenn sie informelle Termine in Jeans wahrnehmen. Eine derart legere Kleidung hätte sich eine Generation früher noch kein Mitglied des Hofes erlaubt, Charles trägt entweder Uniform oder Maßanzüge aus der Savile Row, wo er unter dem Namen »Charles Smith« geführt wird.

In dem kleinen Spielraum, der ihm bleibt, grenzt Charles sich fast demonstrativ von seinem Vater ab: Wo Philip eine streng maskuline Linie, Einreiher und steife, weiße Einstecktücher bevorzugte, wählte der Sohn oft Zweireiher mit buntgemusterten Tüchern. Philip hat nie einen Hehl daraus gemacht, dass er seinen Erstgeborenen auf diesem Gebiet nicht männlich genug fand; als Philip zum Geburtstag einmal drei Paar Handschuhe bekam, braune, schwarze und brombeerfarbene, meinte er vor allen Anwesenden, die brombeerfarbenen könne er an den Prinzen von Wales weitergeben.

Auch die Kinderkleidung gehorcht den Konventionen. Wenn man Williams Sohn George nur in kurzen Hosen sieht, befolgt die Familie die alte Regel von Privatschulen und Adelsfamilien, wonach Jungen erst mit acht oder neun Jahren alt genug sind, um lange Hosen zu tragen. Als Kate auf dem Weg zu Prinzessin Charlottes Taufe einen hochrädrigen Kinderwagen vor sich herschob und William den Sohn in kurzen Hosen an der Hand führte, wirkten sie wie eine Familie aus einer anderen Zeit.

Bei der Herstellung der royalen Garderobe müssen viele praktische Dinge berücksichtigt werden: In Kleider- und Rocksäume werden kleine Gewichte eingenäht, damit sie nicht hochfliegen, die Vorderseiten, wo Medaillen, Broschen und Orden angeheftet werden, sind mit einer zweiten Stofflage verstärkt. Die Hüte müssen so klein sein, dass man damit mühelos aus einem Auto aussteigen kann, die Krempe darf das Gesicht nicht verdecken. Die Stoffe müssen bei warmen Temperaturen atmen, langes Sitzen ohne Knittern überstehen und so dicht gewirkt oder gefüttert sein, dass sich im Gegenlicht die königlichen Beine und Hüften nicht abzeichnen. Auf Reisen führen

Royals immer Trauerkleidung mit, um im Falle eines Todesfall oder eines nationalen Unglück gewappnet zu sein.

Bevor sie 2018 Prinz Harry heiratete und Herzogin von Sussex wurde, zeigte Meghan Markle nicht das geringste Interesse für Tradition und Etikette. Sie trug auch nach der Hochzeit noch schwarze Kleider und schwarzen Nagellack und 2018 bei *Trooping the Colour* ein Kleid, das nach Ansicht der Traditionalisten viel zu viel Schulter zeigte. Schon bevor sie und ihr Mann sich 2020 von einem Leben als Fulltime-Royals zurückzogen, fiel auf, dass sie sich neben ihrer neuen königlichen Identität eine andere bewahren wollte. Sie integrierte in ihre Repräsentationsgarderobe Elemente ihres alten Stils, Business-Look, Mantelkleider und Blazer, gerne doppelreihig und mit markanten Knöpfen. Ihr Spielraum war größer als der ihrer Schwägerin, die voraussichtlich einmal Königin sein wird.

Sowohl Kate als auch Meghan folgten Elizabeth' Vorbild und versahen ihre Brautkleider mit traditionellen Emblemen. Im Schleier von Meghans Givenchy-Kreation waren gestickte Blumen aus allen Ländern des Commonwealth. Kates schlicht geschnittenes Brautkleid mit weitem Rock, spitzenbedeckten Schultern und Spitzenärmeln, das als Triumph des Modehauses Alexander McQueen gefeiert wird, hatte Spitzenapplikationen, die Rosen für England, Disteln für Schottland, Kleeblätter für Irland und Narzissen für Wales zeigten.

Für ihren ersten Auftritt als Herzogin von Cambridge wählte Kate ein Kleid, das sich deutlich von den bisher üblichen königlichen Abendroben unterschied – die zartrosa Kreation stammte von Jenny Packham, einer ihrer Lieblingsdesignerinnen, der Stoff wirkte, als sei er von Säure zerfressen. Im Großen und Ganzen aber bewegt sie sich im Rahmen der Vorgaben, trägt klassische, einfarbige Kleider und Mäntel, oft in diplomatisch relevanten Farbkombinationen, wie der weiße Mantel und der rote Hut bei einem Kanada-Besuch.

2018 trugen die Teilnehmerinnen der British Academy Film Awards aus Protest gegen Ungleichheit und sexuelle Übergriffe in der Filmbranche Schwarz. Kate aber erschien, zur Enttäuschung einiger, in einem schlichten, dunkelgrünen Kleid und befolgte damit nicht nur die Palast-Regel, dass die Farbe Schwarz der Trauer vorbehalten ist, sondern auch das Gebot, dass Mitglieder des Königshauses in politischen Fragen neutral bleiben müssen. Allerdings hatte sie ihr Kleid mit einem schwarzen Samtband um die erhöhte Taille versehen.

Kate tritt klassisch feminin auf, Meghan bevorzugte gerade geschnittene, locker sitzende Kleidung. Beide kombinierten regelmäßig Haute Couture mit preisgünstiger Konfektion, und lösten damit einen Run auf die großen Modeketten aus, das entsprechende Teil war binnen Minuten ausverkauft. Weder Diana noch Fergie haben das getan, es ist ein völlig neues Phänomen, dass alle das gleiche Kleid kaufen und tragen können, in dem die Herzogin bei ihrem letzten Auftritt zu sehen war. Der Journalist Andrew Morton sieht darin eine bislang unbekannte Kopf-bis-Fuß-Kommerzialisierung der Prinzessinnen. Die Internet-Modeseite *Lyst* hat nachgerechnet, dass die trendigere Meghan mehr Umsatz brachte als Kate: Im Jahr nach ihrer Hochzeit steigerte sich das Interesse an einem von ihr getragenen Kleid um 216 Prozent, bei Kate waren es nur 119 Prozent.

Kate kleidet sich korrekt und geschmackvoll, oft in Pastellfarben, zeigt eine hyperfeminin schmale Taille und trägt gern weite Röcke, doppelreihige Mäntel mit blanken Knöpfen, was etwas Militärisches hat, es gibt an ihrem Aussehen nichts auszusetzen. Wo Dianas Garderobe ein Tagebuch war, ist die von Kate ein Bollwerk, sie gibt nichts preis. Die in Philadelphia ansässigen Modeblogger Tom Fitzgerald und Lorenzo Marquez vermuten, dass Kate stilistisch weniger ihrer Schwiegermutter Diana als vielmehr der Queen nacheifere, die ihre Kleidung ja selbst als Uniform bezeichnet.

2010 begann es bei einem Nordirland-Besuch der Königin plötzlich aus Eimern zu schütten. Sie und ihre Begleiter stellten sich unter ein Dach, aber als man ihr einen Stuhl anbot, lehnte die Vierundachtzigjährige ab: Ihre Kleidung – und damit sie – mussten die Form bewahren, denn wenn sie sich nun hinsetzte, wären die feuchten Kleider beim nächsten Programmpunkt, einem Mittagessen, zerknittert. »Ich stehe«, sagte sie.

2001 wurde Angela Kelly die Ankleidedame und Stylistin der Königin, sie ist für Garderobe und Schmuck verantwortlich und entwirft auch selbst Kleider für sie. Kelly stammt aus Liverpool, bevor sie in den Dienst der Königin trat, hatte sie unter anderem als Hausdame beim britischen Botschafter in Deutschland gearbeitet und dort die Ankleidedame von Queen Mum kennengelernt. Ihr Verhältnis zur Königin nahm bald freundschaftliche Züge an. Inzwischen wohnt sie im Buckingham Palace, damit sie der Königin auch kurzfristig zur Verfügung stehen kann. Kellys Königinnen-Outfits sind einfarbig und haben keine Muster, oft fährt sie an die Orte, wo Elizabeth auftreten wird, um sicherzugehen, dass sich die Kleidung vor dem jeweiligen Hintergrund gut abhebt. Wenn die Monarchin bei einem Termin Kinder trifft, wählt sie muntere Farben und einen Hut mit Details, die Kindern Spaß machen könnten. Sie findet auch neue Motive für den diplomatischen Aspekt der royalen Garderobe: Bei ihrem Dublin-Besuch von 2011 ehrte die Königin ihr Gastland durch ein Abendkleid mit zweitausend, von Hand applizierten Kleeblättern aus weißer Seide. Ein weiteres irisches Nationalsymbol, die Harfe, trug sie als Brosche.

In Sachen Garderobe und Nachhaltigkeit ist Elizabeth vorbildhaft. Sie trägt ihre Kleidung lange, gerne abgewandelt durch ein neues Detail. Und doch erlebte die Königin, dass sie auf ihre alten Tage unerwartet zur Modeikone wurde. Nachdem 2006 der Film *The Queen* mit Helen Mirren in der Hauptrolle in die Kinos gekommen war, wollten in den großen New

Yorker Warenhäusern auffallend viele Frauen eine Barbour-Jacke, wie Mirren sie trug, als sie durch die Landschaft um Balmoral stapfte. Danach befragt, sagten die Kundinnen, dass sie sich kleiden wollten wie die Queen.

Im Herbst 2006 erklärte der Modedesigner Christopher Bailey, Creative Director der britischen Luxusmarke Burberry, die neue Kollektion sei von der jungen Prinzessin Margaret inspiriert und ehre sie als Stilikone. So kam es, dass 2006 plötzlich sowohl die Queen als auch ihre verstorbene Schwester zur modischen Inspirationsquelle wurden — die alternde Königin mit ihrer praktischen Kleidung, die junge Margaret in Burberrys Interpretation ihres eigenen Looks. Beide Trends zeugen von einer Suche nach etwas, das gleichermaßen beständig wie exklusiv ist.

Burberry hatte lange große Image-Probleme, da sein charakteristisches, beigefarbenes Karomuster praktisch komplett von den sogenannten *chavs* gekapert worden war — *chavs* ist ein herabsetzendes Slang-Word für die unteren sozialen Schichten und den protzigen Stil, der mit ihnen assoziiert wird — sowie von Hooligans und den publicity-freudigen Frauen britischer Fußballspieler. Das typische Muster war so gewöhnlich geworden, dass sich die klassische Burberry-Kundschaft abwandte. Designer Bailey machte Burberry moderner und raffinierter, vielleicht wählte er Margaret als Vorbild, weil sie eine Eleganz verkörperte, die für Geld allein nicht zu haben ist.

Elizabeth trägt handgenähte Schuhe von Rayne mit stabilen, viereckigen Absätzen in moderater Höhe, in denen sie lange stehen kann. Sie schwört immer noch auf Handtaschen der Marke Launer, die ihre Preise dank dieser königlichen Empfehlung kräftig erhöhen konnte. Angeblich gibt sie ihren Mitarbeitern mit der Tasche Signale; trägt sie sie am linken Arm, ist alles in Ordnung, stellt sie sie auf den Boden, langweilt sie sich.

In der Tasche hat sie Lesebrille, Minzbonbons, einen Stift und ein aus der Zeitung ausgeschnittenes Kreuzworträtsel, Schminkspiegel, Lippenstift, einen Haken mit Saugnapf, um die Tasche an einen Tisch hängen zu können, mitunter einen zusammengefalteten Geldschein für die Kirchenkollekte. Nach dem Essen holt sie ungeniert den Spiegel hervor und zieht die Lippen nach. Als die Starfotografin Annie Leibovitz die Königin zu Porträtaufnahmen traf, stellte sie zu ihrer Verblüffung fest, dass Elizabeth sich selbst schminkte und dass nur einmal in der Woche ein Friseur zu ihr kam.

Der Wechsel von Bobo zu Angela Kelly zeigt, welche Veränderungen vor allem nach Lord Airlies Reformen in den achtziger und neunziger Jahren im Stab der Königin vorgenommen wurden: Früher wurden eingeschworene Monarchisten eingestellt, die bis zu ihrem Lebensende auf diesem Posten blieben. Jetzt holt Buckingham Palace Profis an den Hof, die langjährige Erfahrung mitbringen und vermutlich irgendwann, mit einem glänzenden Eintrag in ihrem Lebenslauf, zu einem gut dotierten Posten in der Privatwirtschaft weiterziehen. Aber durch Bobos Tod hatte die Königin eine ihrer engsten Vertrauten und eine zuverlässige Informantin für all die Dinge verloren, die in den königlichen Residenzen, aber auch jenseits der Palastmauern geschahen. Vielleicht hätte sie sonst das existentielle Drama, das auf sie zukam, vorhersehen und verhindern können.

20

Die Scheidung des Jahrhunderts

Wer seine eigene Geschichte so erzählen möchte, dass andere sie verstehen, muss dies nicht nur dramatisch und authentisch, sondern auch glaubwürdig tun, sie muss einen Nerv bei den Zuhörern treffen. Das getrennte Wales-Paar erzählte über die Gründe ihrer Trennung sehr unterschiedliche Geschichten und erlebte, dass die Welt auf sehr unterschiedlich Weise auf sie reagierte.

Diana durfte das Königshaus nach der Trennung nicht mehr im Ausland repräsentieren, das war die einzige Forderung, die Elizabeth im Trennungsprozess stellte. Doch sie organisierte mit ihrem Privatsekretär Patrick Jephson eine Art eigenständigen Hof, der es ihr erlaubte, sich auf der internationalen Arena als Star zu inszenieren.

Dianas Beliebtheitswerte stiegen nach der Scheidung und sie und Jephson hatten einen Plan: Die Prinzessin wollte nicht mehr bei Popkonzerten und anderen gesellschaftlichen Events abgelichtet werden, sie wollte sich künftig auf den seriösen Feldern Wohltätigkeit und Diplomatie bewegen. Würdig erscheinen. Seriosität ausstrahlen.

Im November 1992, unmittelbar vor der offiziellen Bekanntgabe der Trennung von Charles, reiste sie allein nach Paris und wurde wie eine Heldin empfangen. Präsident François Mitterrand gewährte ihr eine vierzigminütige Audienz und stand danach hochzufrieden im Blitzlichtregen neben der Prinzessin. Bei anderen Gelegenheiten traf sie Hillary Clinton und Henry Kissinger. Sie etablierte sich als humanitäre *Marke*, wer mit ihr arbeitete, erlebte sie als disziplinierte und entschlossene Vorgesetzte, effektiv und mit gutem Überblick.

Sie inszenierte ihre Auftritte sorgfältig und achtete stets darauf, vor den Fotografen eine gute Figur zu machen. Sie sorgte auch dafür, dass sie unter den Presseleuten enge Verbündete hatte. Einer war Richard Kay, Journalist bei der Tageszeitung *Daily Mail*, die vorwiegend von der unteren Mittelschicht gelesen wurde, Dianas wichtigstem Publikum. Mitunter hatten sie täglich Kontakt: Wenn Kay oder Andrew Morton schrieben, ihre Informationen stammten »aus dem Freundeskreis der Prinzessin«, bedeutete das oft, dass sie direkt von ihr kamen.

Die Verbindung zwischen Diana und der weiblichen Leserschaft wurde enger. Hatte sie früher Angst gehabt, vor Publikum zu sprechen, hielt sie jetzt immer häufiger Reden und wandte sich oft direkt an die Frauen. »Nun, meine Damen, wir alle wissen, wie Männer sein können«, sagte sie beispielsweise beim Besuch eines Frauenhauses, die anwesenden Frauen kicherten, die Leibwächter schauten an die Decke. Ein andermal sagte sie, es könne einer Frau viel Mut abverlangen, einzugestehen, dass sie es nicht mehr schaffe, wenn sich »die Welt verschließt und das Selbstvertrauen in einem Nebel aus Einsamkeit und Verzweiflung verschwindet«. In einer Rede über Frauen und psychische Gesundheit sprach sie über das »schreckliche Leid« von Frauen, die »an dem permanenten Druck zerbrechen, immer nur für andere da sein zu müssen«. Alle wussten, dass sie aus eigener Erfahrung sprach, Veranstalter kündigten sie an als »eine von uns, Ehefrau, Mutter, Tochter, die in ihrem Leben Schwierigkeiten erlebt hat und diese Erfahrungen tapfer nutzt, um andere zu trösten«.

Die Heilerin Simone Simmons, die Diana behandelte und zu ihrer Freundin wurde, sagte: »Ihre Verletzlichkeit traf einen Nerv, Diana wurde, ohne dass sie dies beabsichtigte, für Frauen in schwierigen Beziehungen zum Orientierungspunkt.

Sie sahen in Dianas Problemen die eigenen Probleme, es gab ihnen Stärke, dass Diana sich nicht hatte unterwerfen lassen, sondern aus alldem kampfbereit hervorgegangen war, voller Mut und mit erhobenem Kopf.« Jephson und Diana wussten, dass der Buckingham Palace sich von ihr distanzieren wollte. Prinz Charles' Mitarbeiterstab, der viel größer war als der von Diana, tat alles, um zu verhindern, dass sie ihn auch weiterhin ständig in den Schatten stellte, unter anderem strich man ihr das Anrecht auf die Nutzung des königlichen Wagenparks und des Flugdienstes. Diana und ihr Lager arbeiteten daran, sie so populär zu machen, dass jeder Angriff auf sie auf die Angreifer zurückfiel. Jephson wollte allerdings keine allzu tiefe Spaltung zwischen Hof und Diana; Charles war der künftige König, auf lange Sicht würde Diana den Kampf verlieren. Er wollte, dass man sie als gute Botschafterin schätzte und verehrte und nicht als Kontrahentin der Königsfamilie sah.

In der Zeit nach der Trennung erlitt Charles' Ansehen schweren Schaden. Am 17. Januar 1993 druckte der *Daily Mirror* die Transkription eines nächtlichen Telefongesprächs zwischen ihm und Camilla Parker Bowles, das angeblich schon 1989 und angeblich ganz zufällig von einem Funkamateur aufgefangen worden war. Es handelte sich um eine sehr vertraute, stark sexuell gefärbte Abendunterhaltung. Charles sagte, er würde gern in Camillas Höschen leben. »Was willst du sein, ein Slip?«, scherzte sie, er antwortete: »Oder wie wäre es mit einem Tampon.« Es war klar, dass sich die Leser diesen Satz merken würden.

Das, wie es künftig hieß, Camillagate-Gespräch verriet aber auch viel über die Dynamik der Beziehung. In der sechsminütigen Aufnahme bestätigt und ermutigt Camilla ihn ständig. Sie deutet an, dass zweifelsohne viele Frauen in ihn verliebt seien, sagt mit Nachdruck, dass er sich unterschätze. Sie rühmt seinen Intellekt und bittet, die Rede lesen zu dürfen, die er gerade schreibt: »Ich glaube, du hast dich mit zu viel Arbeit überanstrengt.« Charles sagt, er sei stolz auf sie. »Nun sei nicht dumm«, antwortet sie. »Ich habe nichts geleistet.« »Deine größte Leistung ist, mich zu lieben«, antwortet Charles, worauf sie sagt: »Ach Liebling, das ist einfacher, als von einem Stuhl zu fallen.« Charles widerspricht: »Du musst all diese unwürdigen, verletzenden und gefährlichen Dinge über dich ergehen lassen.« Camilla unterbricht: »Liebling, sei nicht dumm. Für dich ertrage ich, was immer es sein mag. Das ist Liebe. So stark ist Liebe. Gute Nacht.«

Das bewies, dass die Anschuldigungen in Andrew Mortons *Diana*-Buch zutrafen. Charles' Umfragewerte stürzten ab. Diana erfuhr auf diesem Wege, dass Freunde ihres Ehemannes, die zu ihrem gemeinsamen Bekanntenkreis zählten, an dem Ehebruch indirekt beteiligt gewesen waren, als sie die heimlichen Treffen des Paares gedeckt hatten. Freundinnen sagen, das habe Diana verletzt, denn sie habe Charles noch geliebt und unter der Trennung gelitten.

Sie war viel allein. Da sie und Charles sich das Sorgerecht teilten, sah sie die Kinder weniger als zuvor, als erst William und dann Harry ins Internat kamen, wurden die Treffen mit ihnen noch seltener. Es ist sehr interessant, wie unterschiedlich Dianas Verhältnis zu den Söhnen geschildert wird: Manche sprechen von drei Kindern, die sich begeistert miteinander verschworen haben, andere von drei Erwachsenen.

Die Söhne beschrieben ihre Mutter später als »ungezogenes Kind«, das mit ihnen auf Augenhöhe und immer auf ihrer Seite gewesen sei: In ihren Socken schmuggelte sie Süßigkeiten ins Internat und schickte William Postkarten mit gewagten Witzen, die er vor seinen Lehrern und Mitschülern verstecken musste. Viele Fotos zeigen Diana, William und Harry, die sich gerade über etwas Lustiges vor Lachen ausschütten. Andererseits bezeichnete sie William als ihren engsten Vertrauten, dem sie von ihren Problemen und den Männern erzählte, die sie traf. Sie wollte, dass er nicht aus den Zeitungen, sondern von ihr selbst erfuhr, was sie erlebte, mit der Folge, dass der Junge bald sehr viel Intimes aus dem Leben seiner Mutter wusste. Wenn sie im Badezimmer weinte, schob er Papiertaschentücher unter der Tür durch. Es ist bezeichnend, wie die Söhne zwanzig Jahre nach ihrem Tod über sie sprachen. In dem Dokumentarfilm *Diana, Our Mother* erzählte Harry, wie sehr ihm ihre Umarmungen fehlten und dass sie »uns mit ihrer Liebe fast erdrückte«. William lässt in einer Antwort erkennen, wie verantwortlich er sich für seine Mutter fühlte: »Wir konnten sie nicht beschützen.«

Nach Williams Wechsel auf das Internat war Harry oft allein mit seiner Mutter, sie lagen abends zusammen auf dem Sofa und sahen sich Filme an. Aber es prägte ihn auch, dass seine Eltern sich jahrelang anschrien, dass er auf den Titelseiten der Zeitungen lesen musste, was sie einander – wirklich oder angeblich – antaten. Seine Lehrer konstatierten mit Sorge, dass ihn die Schule wenig interessierte. 2017 sagte er über ihr Leben nach der Trennung: »Wir wurden wie Bälle zwischen ihnen hin- und hergeschoben, sahen unsere Mutter nie lange genug, sahen unseren Vater nie lange genug ... Ich habe als Kind nie gern mit meinen Eltern telefoniert. Wir haben viel zu viel am Telefon verhandelt und viel zu wenig direkt.«

Der sehr beschäftigte Prinz Charles hatte den Eindruck, dass William und Harry mehr Fürsorge brauchten, als er ihnen geben konnte. 1993 engagierte er Alexandra Legge-Bourke, die »Tiggy« genannt wurde, eine muntere Achtundzwanzigjährige, die sich, wie die Königsfamilie, für die Jagd und das Leben in der Natur begeisterte. Sie hatte bald ein enges Verhältnis zu den Jungen, so eng, dass sie ein bisschen übermütig sagte: »Ich gebe ihnen, was Jungs in diesem Alter brauchen, frische Luft, ein Gewehr und ein Pferd, während sie« – Diana – »ihnen einen Tennisschläger in die Hand drückt und sie im Kino mit einem Eimer Popcorn versorgt.« Diana glaubte, dass Legge-Bourke es darauf anlegte, nicht nur im Leben ihrer Söhne, sondern auch in dem ihres Ehemannes ihren Platz einzunehmen, und explodierte. Als sie hörte, dass Tiggy beim Gynäkologen war, ging sie davon aus, dass sie von Charles schwanger war und eine Abtreibung vornehmen ließ. Im Dezember 1995 ging Diana bei der Weihnachtsfeier für die Angestellten zu Tiggy und flüsterte ihr zu: »Es tut mir so leid wegen dem Baby.« Tiggy war entgeistert und drohte mit rechtlichen Schritten. Sir Robert Fellowes, Dianas Schwager, damals immer noch Privatsekretär der Königin, ging der Sache nach und schrieb Diana, Tiggy sei zum Zeitpunkt der angeblichen Abtreibung mit William und Harry zusammen gewesen. Darüber hinaus soll er seiner Schwägerin in einem persönlichen Brief seine Überzeugung mitgeteilt haben, »dass Du Dich völlig verrannt hast, das musst Du einsehen – bitte.«

Tiggy Legge-Bourke blieb in der Familie. Zur jährlichen Schulfeier in Eton, zu der die Eltern der Schüler und ehemalige Schüler kommen, lud William im Juni 1997 weder seinen Vater noch seine Mutter ein, aber Tiggy.

In Balmoral und Sandringham konnten die Jungen in der Natur sein und auf die Jagd gehen, was beide liebten. William hatte ein enges Verhältnis zu Prinz Philip, in den Eton-Jahren fuhr er oft nach Windsor Castle und machte mit dem Großvater lange Spaziergänge, bei denen sie sich unterhielten. Er kam mit Philips brüskem Ton offenbar besser zurecht als Diana oder auch Charles; später sagte er, er möge an seinem Großvater besonders, dass er immer direkt sei und immer sage, was er denke. Er führte auch lange Gespräche mit der Königin, die ihn früh auf seine späteren Aufgaben vorzubereiten begann. Diana hatte ihren Söhnen nichts zu bieten, was mit den weitläufigen königlichen Besitzungen hätte konkurrieren können. Sie befürchtete, dass die Windsors die Jungen immer stärker vereinnahmen würden, auch ihre eigene Mutter hatte ja das Sorgerecht für sie und ihre Geschwister an den Elternteil verloren, der wohlhabender und überdies blaublütiger war.

Sie bat ihren Bruder, der inzwischen Graf Spencer war und Althorp geerbt hatte, für sich und ihre Söhne Garden House, ein Gebäude auf dem Anwesen, als Landsitz nutzen zu dürfen. Er stimmte sofort zu. Diana begann enthusiastisch, die Umgestaltung von Garden House zu planen, als dem Bruder Zweifel kamen. Seine Schwester brauchte Personenschutz und sie war Gegenstand eines völlig distanzlosen Interesses von Presse und Öffentlichkeit, beides würde sein Leben und das seiner Familie sehr verändern, und seine drei Kinder könnten nicht unbeschwert aufwachsen. Er machte einen Rückzieher. Diana war tief verletzt, das Zerwürfnis zwischen den Geschwistern dauerte lange an.

Im November 1993 erreichte die Indiskretion der Presse einen neuen Tiefpunkt. Der *Sunday Mirror* druckte Fotos von Diana in knappster Sportkleidung beim Krafttraining. Die Aufnahmen hatte der Eigentümer des Sportstudios mit einer versteckten Kamera gemacht. Das hatte die dramatische Konsequenz, dass Diana am 3. Dezember mit Tränen in den Augen erklärte, sie wolle ein ruhiges Leben führen, werde sich daher weitgehend aus der Öffentlichkeit zurückziehen und auch ihr Engagement für die Wohltätigkeitsorganisation reduzieren, für die sie bisher gearbeitet hatte und deren Schirmherrin sie war. Es folgte ein Aufschrei, nicht zuletzt von den Organisationen, die langfristige Projekte mit ihr geplant hatten. Doch die Fotos und Dianas Reaktion hatten auch zur Folge, dass sie noch stärker als bisher als bedrängtes und gejagtes Opfer wahrgenommen wurde – und das nicht nur von der Presse. Sie hatte nämlich schon mit Richard Kay gesprochen und der servierte seinen *Daily Mail*-Lesern Dianas Entscheidung unter der Schlagzeile:»Charles trieb sie dazu«. Der konservative Parlamentsangehörige Terry Dicks war überzeugt:»Die königliche Mafia hat gewonnen«, der *Daily Star* stimmte ein:»Sie hat die Schlacht gegen die schweren Geschütze des Schlosses verloren ... Dort knirschte man mit den Zähnen, als sie den etablierten Royals das Rampenlicht streitig machte. Nun haben sie sie aus der Öffentlichkeit verbannt.«

Der Rückzug war von kurzer Dauer; die Arbeit empfand sie als sinnvoll und die Anerkennung war ihr zu wichtig. Doch im Januar 1993 wollte sie auf den ihr zustehenden Personenschutz verzichten, was, wie sich spätestens am Abend ihres Todes zeigen sollte, eine folgenschwere Entscheidung war. Ihre Begründung lautete, sie sei zum einen keine öffentliche Person mehr, zum anderen vermute sie, dass die Personenschützer sie in einem Maße ausspionierten, dass sie kein Privatleben mehr habe. Die Polizei warnte vor möglichen Konsequenzen, Personenschutz gehöre zu ihren Rechten, eine vierköpfige Schutz-Gruppe stehe weiterhin zu ihrer Verfügung. Doch die bekam wenig zu tun.

Da es nun weniger offizielle Anlässe und somit weniger Foto-Möglichkeiten gab, suchten die Fotografen nach anderen Gelegenheiten. Diana wollte ihr Leben kontrollieren, konnte aber ihre sagenhafte Berühmtheit nicht loswerden. Anfang der neunziger Jahre hatte sich das Nachrichtengeschehen globalisiert, und immer mehr Menschen gierten nach immer neuen Nachrichten. Dafür gab es aber nicht genügend Themen von weltumspannender Relevanz und zu wenige globale Stars. Wer zu diesen wenigen gehörte, wurde rund um die Uhr gejagt. Auf Platz eins dieser kurzen Liste stand Diana.

Die wachsende Nachfrage nach Prominentenfotos bescherte den Paparazzi immense Verdienstmöglichkeiten, sie mussten nur rücksichtslos genug sein – Dianas fehlender Personenschutz erleichterte ihnen ihren Job erheblich. Bislang war der direkte Zugang zu ihr durch eine Wand dunkler Uniformen versperrt gewesen – breitschultrige Polizisten, die den Fotografen ruhig erklärten, wo für sie Schluss war. Jetzt waren sie fort, die Fotografen konnten ihr Glück kaum fassen. Sie reagierten mit hektischer Verfolgung, zahlten Bestechungsgelder für Tipps über Dianas Aufenthaltsort, fuhren neben ihrem Auto her. Am lukrativsten waren Fotos einer wütenden oder weinenden Diana, also taten sie ihr Möglichstes, sie zu provozieren: Sie stellten sich ihr in den Weg, so dass sie sich an ihnen vorbeidrücken musste, versuchten, sie zum Stolpern zu bringen, beschimpften sie und riefen Obszönitäten wie »Schlampe!«, »Hure!«, »Zieh dich jetzt aus, wir müssen Geld verdienen«. Es gibt Aufnahmen, auf denen sie im Blitzlichtgewitter enthemmter Fotografen reglos und weinend auf der Straße steht.

Die Fotografen waren Freiberufler, daher war es schwierig, einen Arbeitgeber zu verklagen. Die Redaktionen verkündeten, sie billigten keinesfalls, dass die Prinzessin bedrängt werde, kauften aber die Bilder, die durch diese Schikanen entstanden waren. Die *Sun* verkaufte selbst mit einem nur kurzen Diana-Beitrag sechzigtausend Zeitungen mehr als an anderen Tagen. Ein Foto von Diana mit Einkaufstüte brachte zweitausend Pfund, aufdringlichere und gewagtere Motive wie Diana im Badeanzug zehntausend Pfund. Wie in seiner Ehe, gelang es Prinz Charles auch nach der Trennung nur mit Mühe, durch das Spektakel um seine Ehefrau zu dringen und sich bemerkbar zu machen.

Aber »Spektakel« gehören auch nicht zu den Aufgaben eines Thronerben. Er muss sich stets in der Gewalt haben, er muss in der Lage sein, mit gravierenden Einschränkungen seiner persönlichen Freiheit zu leben und die Zeit bis zur Übernahme des Amtes, das jedes Detail seines Lebens bestimmt, durchzustehen, ohne zu wissen, wann es so weit sein wird – ob es überhaupt jemals dazu kommen wird. Eine solche Existenz hat viele frustrierte Männer hervorgebracht.

George IV. war als Thronerbe ein verbitterter und ausschweifender Lebemann, aus dem ein wenig geachteter Monarch wurde. Victorias ältester Sohn Edward VII., ein geschätzter König, war bis zu seiner Krönung ein hemmungsloser Vielfraß und Säufer. Edward VIII. rebellierte heftig gegen alle Grenzen, die ihm als Prinz von Wales gesetzt waren, und entledigte sich der Königswürde, so schnell er konnte. Und der sensible, melancholische Charles bekannte schon früh, dass er diese Rolle als schwierig empfand. Erst wurde er in der Schule gemobbt, dann erwies sich die Wahl einer Ehefrau als hochkomplizierte, neurotische Angelegenheit, die damit endete, dass die Presse ihn beschimpfte und lächerlich machte.

Charles interessiert sich seit jeher für fremde Religionen und ein naturnahes Leben. Das steht für ihn im Widerspruch zum technologischen Fortschritt, der Vernunftgläubigkeit, zu all den Entwicklungen, die Aufklärung und industrielle Revolution vorangetrieben haben. Obwohl sich die Lebensbedingungen in den letzten zweihundert Jahren dramatisch verbessert haben, ist er offenbar überzeugt, dass das Leben früher reicher war. Er sieht sich als Rebell im Namen des Volkes, der Fachleuten und Lehrmeinungen verschiedener Disziplinen, seien es Architektur oder Medizin, entgegentritt. Er sorgt damit für große Verärgerung bei Experten, die sich mehrfach in öffentlichen Clinch mit ihm begeben haben.

1989 veröffentlichte er das Buch *A Vision of Britain*, das 1990 in Deutschland als *Die Zukunft unserer Städte – Eine ganz persönliche Auseinandersetzung mit der modernen Architektur* erschien. Das Buch sowie ein gleichnamiger Film waren Teil seines verbissenen Kampfes gegen die britische Architektenschaft, er prangert die modernen Wolkenkratzer als hässlich an und empfiehlt den Architekten, sich von den schönen Bauwer-

Fachleute, eine religiöse Weltsicht gegen ein wissenschaftliches, ein historisches Denken statt der Orientierung an aktuellen Trends und Anforderungen, die Priorisierung ökologischer Nachhaltigkeit gegenüber Profitdenken. Quelle von Weisheit und Ausgewogenheit ist die Natur, nicht die moderne Zivilisation. Dabei gehört es zu Charles' Widersprüchen, dass er zum Maßhalten ermahnt und zugleich viel luxuriöser lebt als seine Eltern. Paradox auch, dass ein Mann, der mit so rigiden Regeln aufgewachsen ist, das Flexible und Organische anstrebt – dabei aber viel strenger auf die Einhaltung des königlichen Protokolls pocht als viele seiner Verwandten. Erwähnenswert ist auch, dass er in Wort und Schrift »Balance« und »Harmonie« einfordert, während er mit seinen Unterlagen und Plänen notorisch chaotisch ist.

Die Zeit hat Charles, wenn nicht in allem, so doch in vielem, nicht immer in seinem Vorgehen, aber in der Sache recht gegeben. Die Welt ist ihm in Fragen der ökologischen Landwirtschaft und der globalen Erderwärmung gefolgt. Er und Al Gore, die immer noch befreundet sind, gehören zur angefeindeten Vorhut einer Bewegung, die erst viel später Anerkennung fand.

1993, nachdem ihre Trennung offiziell bekannt gegeben worden war, hatten er und Diana verschiedene Geschichten zu erzählen. Charles' schien aus einer anderen Zeit zu stammen, er wurde als Schwärmer und Hippie abgetan, er war jemand, den man leicht ins Lächerliche ziehen konnte. Dianas Geschichte der unterdrückten Frau hingegen, die zu Selbstvertrauen und Selbstsicherheit findet, traf in einer therapieorientierten Zeit auf offene Ohren. Dagegen kam Charles nicht an. Er wollte sich zu gesellschaftlichen Fragen äußern, wurde aber über seine Ehe definiert. Als sein Privatsekretär bei der *Daily Mail* anfragte, was man tun könne, damit die Redaktion die Sichtweise des Prinzen stärker berücksichtige, lautete die unsentimentale Antwort, er möge doch dem Prinzen von Wales nahebringen, »dass wir nie gegen ihn waren. Wir sind aus rein kommerzieller Entscheidung auf Dianas Seite … Diana verkauft Zeitungen, Charles nicht.«

In dieser Lage entschied Charles sich für eine Zusammenarbeit mit dem Journalisten Jonathan Dimbleby und gewährte ihm Zugang zu seiner gesamten Lebensgeschichte, zu Briefen und Tagebüchern. Das Material sollte die Grundlage für eine autorisierte Biographie und eine Fernsehdokumentation über Charles' Leben sein.

Dimblebys Film wurde am 29. Juni 1994 auf ITV gesendet. Charles sprach zweieinhalb Stunden über das, was ihn beschäftigte, über Natur und Geschichte. Aber die vierzehn Millionen Zuschauer warteten nur auf eines. Und dann kam es: Dimbleby fragte Charles nach der Hochzeit im Jahr 1981 und ob er damals die Absicht gehabt habe, seiner Frau treu zu sein. »Ja, natürlich«, sagte er. Um dann hinzuzufügen: »Bis unsere Ehe trotz beiderseitiger Bemühungen unheilbar zerrüttet war.« Dimbleby erwähnte umgehend den Namen Camilla Parker Bowles, wobei natürlich alle sowieso wussten, um wen es ging.

Damit erreichte der Mann, der nicht wollte, dass sein Denken und seine Ideen von seinem Privatleben überschattet wurden, dass dieses Privatleben in den folgenden Tagen alle Gespräche und Zeitungsartikel beherrschte. Seine Berater fragten sich, warum er die Frage nicht einfach unbeantwortet gelassen hatte. Tina Brown meint dazu: »Charles' Schwäche war schon immer, dass er ›verstanden‹ werden wollte; er glaubte, dass er dann auch automatisch geliebt wird.« Es war schlimm, nach dem Privatleben beurteilt zu werden, noch schlimmer aber war, sich nicht gegen die Unterstellung wehren zu können, niemals treu gewesen zu sein. Der Mann, der nicht begriffen hatte, dass er sich mit der Bemerkung über Dialoge mit Pflanzen lächerlich machte, glaubte seine Stellung zu verbessern, indem er der Bevölkerung nachvollziehbare Gründe für seine Untreue nannte.

In den ersten Umfragen waren die Meinungen geteilt, viele fanden, er habe mit seiner Ehrlichkeit das Richtige getan. Aber die Titelseiten kreuzigten ihn. »Nicht würdig zu regieren«, schrieb der *Daily Mirror*. Die Königin hatte das ganze Unterfangen kritisch gesehen und war zutiefst verärgert, als sie erfuhr, dass Charles dem Biographen Einblick in Staatsdokumente gewährt hatte, ohne sie zu konsultieren. Fremde riefen Andrew Parker Bowles in Ascot »Ernest Simpson« nach, so hieß Wallis Simpsons Ehemann. Parker Bowles reichte kurz nach dem Dokumentarfilm die Scheidung ein. Die Kirche reagierte unwirsch auf Charles' Bemerkung, er sähe seine künftige Aufgabe nicht als Verteidiger des einen (protestantischen) Glaubens, sondern eher als Verteidiger der Gläubigkeit. *Verteidiger des Glaubens* ist Teil des Titels des Monarchen, der auch Oberhaupt der anglikanischen Staatskirche ist, daher schien es, als würde Charles mit seiner Äußerung das Verhältnis des Monarchen zur Staatskirche in Frage stellen. Zu allem Überfluss tauchte Diana am Abend der TV-Ausstrahlung mit ihrem »Rache-Kleid« auf dem *Vanity Fair*-Fest auf.

Dimblebys Biographie erschien im November 1994. Darin schildert Charles seine Kindheit als unglücklich und schwierig, geprägt von einer distanzierten Mutter und einem fordernden Vater. Die Geschwister, die ihre Eltern anders erlebt hatten, waren empört, die Königin und Prinz Philip tief verletzt. Charles soll diese Aussage später bereut haben, sie stamme aus einer Krisenzeit, als ihm die Geschichte seines Lebens als Aneinanderreihung unbilliger Forderungen an ihn erschienen sei. Ob er die Beschreibung Dianas bereute, ist unbekannt, er sagte, sie sei anfangs warmherzig und charmant, aber auch nahezu schizophren gewesen, mit radikalen Stimmungsumschwüngen und aggressiven Ausfällen, die sie vor der Öffentlichkeit zu verbergen wusste. Das Buch erwähnt Dianas Eifersucht, lässt aber offen, ob sie begründet war. Stattdessen wird die Geschichte eines fürsorglichen Ehemannes erzählt, der wegen der extremen Verzweiflung seiner Ehefrau verwirrt und unglücklich war, aber auch enttäuscht darüber, dass sie kaum andere Interessen hatte, als Zeitungsberichte über sich selbst zu lesen. Dimbleby beschreibt eine Diana, die den Falklandkrieg nicht mochte, weil er sie aus den Schlagzeilen verdrängte. Charles schlug aus dem Dimbleby-Projekt zwar nicht den Nutzen, den er sich erhofft hatte, aber es schadete tatsächlich Dianas Ruf.

Ihrem guten Ruf schadete auch ein geheim gehaltenes Verhältnis mit Oliver Hoare, das 1993 begann und bis 1994 dauerte. Hoare war Kunsthändler mit Spezialgebiet islamische Kunst. Wie die meisten Männer, für die sie sich interessierte, hatte der Privatschulabsolvent neben tadellosen Manieren auch etwas Bohemeartiges, nicht ganz Berechenbares. Er war verheiratet und hatte zwei Kinder, gab aber erotischen Versuchungen nach, wenn sie sich ihm boten. Und das taten sie häufig, denn Hoare war hochgewachsen, dunkelhaarig, gutaussehend, weltgewandt, kultiviert und charmant. Eines war er allerdings nicht: reich. Er und seine Galerie hingen am Geld seiner Ehefrau, der Erbin eines französischen Ölimperiums. Dennoch träumte Diana davon, dass Hoare mit ihr ein neues Leben anfangen würde.

Dianas Freundin Elsa Bowker meinte, Hoare habe ihr inneres Strahlen gesehen und ihr Selbstvertrauen gestärkt. »Aber es war nie genug. Diana hatte viele wunderbare Eigenschaften, aber sie war extrem vereinnahmend. Es schreckte die Männer ab, dass sie sie besitzen wollte.« Simone Simmons hatte eine ähnliche Erklärung für Dianas Beziehungsmuster: »Weil sie so jäh vom Schulmädchen zur Prinzessin wurde, konnte sie nicht lernen, dass es bei zwischenmenschlichen Beziehungen immer um Kompromisse geht.«

Diana, gestresst von Trennung, Umzug und den sie belagernden Fotografen, erzählte ihren Freundinnen, dass sie sich nach der Stimme ihres Geliebten, seinem Rat und Trost sehne. Sie rief ihn bis zu zwanzig Mal am Tag an. Wenn er oder seine Frau abhoben, wurde nach einer kurzen Stille aufgelegt. Nach einiger Zeit meldete Frau Hoare die Anrufe der Polizei, Scotland Yards Nachforschungen ergaben, dass sie von privaten Anschlüssen im Kensington Palace und aus Telefonzellen in dessen direkter Umgebung kamen. Diana wurde enttarnt und angewiesen, das sofort einzustellen. Bestürzt erzählte sie einer Freundin, sie habe Hoare vermutlich drei- bis vierhundert Mal angerufen.

Und sie hatte allen Grund zur Beunruhigung. Im Juni 1994 wurde sie im vertrauten Gespräch mit ihrem Lieblingsfotografen Richard Kay – in dessen Auto – fotografiert, was die Frage aufwarf, ob sie wirklich Schutz vor den Medien erwarten könne, wenn sie sie selbst für ihre Zwecke einspannte. Der Presse wurden ihre Rechnungen für Kleidung, Make-up, Friseure und Kosmetikerinnen zugespielt, sie beliefen sich auf jährlich 160 000 Pfund, als Quelle wurde das Büro von Prinz Charles vermutet. Im August 1994, zwischen Charles' TV-Dokumentation und der Veröffentlichung seiner Biographie, brachte die Boulevardzeitung *News of the World* die Geschichte der Hoare-Anrufe. Im Herbst 1994 veröffentlichte Dianas Ex-Liebhaber James Hewitt, den sie für Hoare abserviert hatte, mit der Autorin Anna Pasternak das Buch *Princess in Love*, die klischee-triefende Version ihres Verhältnisses maßte sich schamloserweise an, die Geschichte auch aus Dianas Sicht zu erzählen. Pasternak zeichnet sie als verklemmte Frau, die durch einen liebevollen und aufmerksamen Geliebten befreit wurde, es werden Szenen beschrieben, wie Hewitt Diana an der Hand nimmt und ins Schlafzimmer führt. Die Boulevardpresse zerriss den illoyalen Hewitt in der Luft, zitierte aber gern Einzelheiten aus dem Buch. In der Summe schürten all diese Geschichten Zweifel an Dianas Version, dass sie immer nur Opfer der Medien und ihrer Ehe war.

Die Auffassung, dass sie psychisch labil sei, zog Kreise. Charles' Umfeld war schon lange überzeugt, dass sie unter einer Borderline-Persönlichkeitsstörung litt, die sich in mangelnder emotionaler Stabilität und Impulskontrolle, in Stimmungsschwankungen und einem erratischen und fordernden Verhalten in zwischenmenschlichen Beziehungen äußert. Die Gerüchte sickerten an die Presse durch, auch Dianas Bruder erwähnte in Briefen an sie ihre Bulimie und ihre psychische Verfasstheit:»Ich habe Angst um Dich. Ich weiß, dass Täuschung und Manipulation Teil der Krankheit sind ... Ich hoffe innig, dass du eine angemessene und einfühlsame Behandlung für deine psychischen Probleme findest.« In diesem Herbst kam eine weitere Affäre mit einem verheirateten Mann ans Licht, der Rugbystar Will Carling, Informantin der Medien war seine betrogene Ehefrau.

Diana wurde isolierter und ängstlicher. Sie glaubte, man wolle sie als verrückt abstempeln, um sie auszuschalten und auf lange Sicht von ihren Kindern fernzuhalten. Sie und ihr Stab kokettierten bereits seit geraumer Zeit mit ihrer Launenhaftigkeit, manchmal sagte sie zu ihren Angestellten:»Festhalten, Jungs, hier kommt eine Stimmungsschwankung!« Doch nun erlebten viele dieser Angestellten, dass Diana sich erst immer distanzierter verhielt und sie dann ohne Erklärung entließ; das war für jene, die jahrelang für sie gearbeitet hatten, ebenso verwirrend wie verletzend.

Auch in ihrem Freundeskreis gab es dramatische Veränderungen. Diana bereute das Morton-Buch inzwischen und rückte von den Freundinnen und Freunden ab, die mit dem Autor gesprochen hatten; Richard Kay schrieb in der *Daily Mail*, sie fühle sich von ihnen verraten, und das, obwohl sie sie ursprünglich um Mitwirkung gebeten hatte. Sie brachte ihre Freunde nicht mehr zusammen und traf sie nur noch einzeln, die Geschichten, die sie ihnen erzählte, variierten, jeder hörte eine andere Version. Neue Bekannte überschüttete sie erst mit viel Aufmerksamkeit, machte ihnen kleine Geschenke und führte lange Telefongespräche mit ihnen, nur um sie dann unvermittelt fallenzulassen. Langjährige Freundinnen und Freunde wurden mit Eiseskälte bestraft, wenn sie telefonisch nicht so oft verfügbar waren, wie sie es wollte, oder anderer Meinung waren als sie.

Ihre Freundin Vivienne Parry sagte: »Es gab keinen in ihrem Freundeskreis, mit dem sie nicht irgendwann einmal gebrochen hat. Das lag vermutlich daran, dass sie sich im Zusammensein mit Menschen, die ihr nahestanden, selbst als schwierig empfand, vor allem, wenn sie anfingen, sie zu kritisieren.« Misstrauisch wurde sie auch gegenüber ihren engsten Bediensteten, ihre Wohnung im Kensington Palace ließ sie nach Abhörgeräten absuchen.

Paul Burrell, ihr Butler und enger Vertrauter, sah die Säuberungen unter dem Personal mit Sorge. Auch sein eigenes Arbeitsverhältnis endete mit tiefem gegenseitigen Misstrauen, er schrieb ein Buch über die Prinzessin, das seine Verbitterung zum Ausdruck bringt. Er schreibt, Diana habe die Leute weggeschickt, sobald sie zu viel von ihr wussten und sie ihnen kein neues Bild mehr von sich präsentieren konnte. Aber sie lebte tatsächlich in großer Verunsicherung – einerseits hatte sie ein immenses Bedürfnis, mit anderen zu reden und sich ihnen anzuvertrauen, andererseits verschaffte sie allen, denen sie sich öffnete, eine potentielle Einkommensquelle. Irgendwann erfuhr sie, dass Simone Simmons, mit der sie eine enge, vertrauensvolle Freundschaft verband, regelmäßig Informationen über sie an die Medien verkaufte. Ihr engster Stab und andere Angestellte hatten sie an Orten, die sie besuchte, heimlich fotografiert und verraten. Alle – vom Mann auf der Straße bis zum

Erzbischof von Canterbury – hatten ihre Ehe öffentlich seziert. Sie bewegte sich in äußerst schwierigem Fahrwasser.

Mit weniger Verpflichtungen und weniger Freunden hatte sie mehr freie Zeit. Die füllte sie mit immer häufigeren Besuchen bei Wahrsagerinnen, Astrologen, Heilerinnen, Aromatherapeuten und Akupunkteuren. Mitunter hatte sie mehrere Therapiestunden am Tag. Konnte die eine nicht helfen, lief sie zur nächsten.

Wie ihr Ehemann war auch sie offenkundig auf der Suche nach einem erlösenden Wort, einem Seelenpflaster, das die inneren Wunden heilen konnte. »Wir suchten beide nach einer Erklärung für das ständige Chaos, den Schmerz und das Drama des Lebens«, schrieb Freundin Cosima Somerset, die mit Diana das Interesse fürs Wahrsagen teilte. Andere hatten den Eindruck, dass die unterschiedlichen Behandlungen sie immer verwirrter und frustrierter machten und dass viele mehr darum bemüht waren, ihr nach dem Mund zu reden, als ihr zu helfen.

Der BBC-Journalist Martin Bashir versuchte Mitte der 90er Jahre, sie für ein längeres Gespräch im Fernsehmagazin »Panorama« zu gewinnen. Da Diana einen ausgeprägten Sinn für theatralische Auftritte hatte, gefiel ihr die Idee eines gewaltigen Rundumschlages gegen all ihre Widersacher.

Alle, mit denen sie sich besprach, rieten ihr ab: Tue es nicht. Filmproduzent David Puttnam, mit dem sie befreundet war, warnte: »Das sieht nach Rache aus, das ist nicht attraktiv. Deine Macht besteht darin, dass du das jederzeit tun *könntest*. Sobald du es getan hast, hast du diesen Handlungsspielraum verloren.«

Aber Diana vertraute ihren Instinkten, zog den Stift aus der Handgranate und warf sie der Königsfamilie in den Schoß. Am 20. November 1995 saßen fünfzehn Millionen Briten vor dem Fernsehapparat und sahen die Prinzessin von Wales vor einer

Kamera, die in ihre Kensington Palace-Wohnung geschmuggelt worden war. Schlicht gekleidet und die Augen mit schwarzem Kajal wie Kriegsbemalung breit umrandet, berichtete sie in allen Einzelheiten über Selbstverletzung und Wochenbettdepression, die Bulimie, die schlimmer wurde, als sie von der Untreue ihres Mannes erfuhr. In der Anfangszeit habe ihr in der Königsfamilie niemand geholfen, niemand habe sie ermutigt. Sie schilderte die Welt der Royals als Maschinerie, die ihre Zerstörung anstrebe, weil sie sich von ihrem Herzen und nicht vom Kopf leiten lasse, weil sie eine starke Frau sei, die sich nicht wegschieben lasse. Ihre gut vorbereiteten Antworten waren vernichtend und blieben im Gedächtnis, nicht zuletzt der inzwischen legendäre Satz: »Wir waren zu dritt in dieser Ehe, es war also etwas eng«.

Bashirs Frage, ob sie mit James Hewitt ein Verhältnis gehabt habe, sollte Schwülstiges über Untreue entlocken, doch in der Antwort ging es weniger um verbotenes Begehren als um zerstörte romantische Träume: »Ja, ich habe ihn angehimmelt. Ja, ich war verliebt. Aber ich bin schwer enttäuscht worden.« Mit Blick auf ihre Feinde bei Hofe sagte sie, man wisse dort, dass sie sich nicht still davonmachen werde, und sehe das als Problem. »Ich werde bis zum Schluss kämpfen«, sagte sie vage drohend. Sie glaubte nicht daran, dass sie einmal Königin werden würde, wollte aber gern »die Königin der Herzen« sein; eine nicht gerade subtile Andeutung auf das distanzierte Verhältnis, das ihre Schwiegerfamilie angeblich zu dem Volk hatte, dem sie selbst so nah war.

Aber am meisten empörte diese Familie vermutlich, dass sie Charles' Eignung als König in Zweifel zog und meinte, ihr ältester Sohn solle der Königin direkt auf den Thron folgen: »Weil ich seinen Charakter kenne, glaube ich, dass ihn der Top-Job, wie ich ihn nenne, ungeheuer stark einschränken würde, ich weiß nicht, ob er sich dem anpassen könnte.«

Der dreizehnjährige William war bestürzt, dass seine Mutter seinen Vater herabsetzte. Und die Königin hatte endgültig genug. Kurz nach dem Interview erhielt Diana einen handgeschriebenen Brief von Elizabeth, in dem sie sie bat, »im besten Interesse des Landes« einer schnellen Scheidung zuzustimmen.

Diana wollte aber keine Scheidung, im Gegenteil: Sie wollte Mitglied der Königsfamilie und Charles' Gemahlin bleiben. Unter diesem Aspekt war das »Panorama«-Interview eine wahre Kamikaze-Aktion gewesen. Seit Jahren beschuldigte sie Charles' Familie öffentlich, an ihrem Unglück schuld zu sein. Nun hatte sie ihr schwerstes Geschütz aufgefahren und nicht nur das aktuelle Königshaus, sondern sein Fundament, das Prinzip der Erbmonarchie, angegriffen. Kein Wunder, dass das Schloss jede Verbindung möglichst umgehend kappen wollte.

Warum also hatte sie dem Gespräch zugestimmt?

Weil sie Anschuldigungen, sie sei instabil, vorgreifen und alle in Verruf bringen wollte, die solche Gerüchte in die Welt setzten. Sie wollte zu ihren Fans und vor allem den Frauen sprechen, direkt, ohne Umwege. Sie wollte wieder die Oberhand bekommen, nachdem vernichtende Zeitungsartikel sie in die Defensive gedrängt hatten. Möglicherweise war es für sie völlig inakzeptabel, dass es eine offiziell akzeptierte Version der Ehe und ihres Scheiterns gab, die von der ihren abwich. Niemand sollte anzweifeln können, dass das alles nur geschehen konnte, weil sie in eine dysfunktionale Ehe gelockt worden war, weil man sie, als sie es nicht mehr ertrug, in die Kälte hinausstieß, wo sie, wäre es nach ihren mächtigen Widersachern gegangen, verkümmern, verschwinden und vor allem aufhören sollte, ihnen im Wege zu sein. Die Königsfamilie und Charles' Freunde mochten sich empören, Dianas loyale Anhänger sahen das völlig anders: Sie liebten jedes Wort. Sie liebten sie.

Diana schwang ihre Opferrolle wie ein Kampfschwert. Sie dachte, vielleicht nicht ganz zu Unrecht, dass es ein Ringen darum war, wem in diesem Drama mehr Unrecht zugefügt worden war. Vielleicht begriff sie nicht, welchen Schaden sie ihrer Schwiegerfamilie zufügen konnte und wie verraten diese sich von ihr fühlte. Die Wucht, die ihre in den Medien ausgebreitete qualvolle Geschichte entwickelte, war ungeheuerlich. Und das umso mehr, weil auch der Verursacher ihres Leids ausgedeutet werden konnte.

Die Situation spitzte sich zu, weil das Interesse an Charles und Diana zu jenem Zeitpunkt nahezu manische Züge angenommen hatte, während die Komplexität dieser Beziehung kaum auf adäquate Weise dargestellt werden konnte. Im Mittelpunkt standen zwei Menschen, die sich seit früher Kindheit unverstanden fühlten, und eine Medienstrategie, die alles, was zwischen den Zerstrittenen geschah, auf Biegen und Brechen als epischen Krieg mit Helden und Schurken darstellen wollte – was wiederum bei den Hauptpersonen das Gefühl stärkte, falsch verstanden worden zu sein und den eigenen Standpunkt noch einmal erklären zu müssen. Die Terminologie für niedriges Selbstwertgefühl und psychisches Leid war in die Alltagssprache eingeflossen, dieses Vokabular existierte auch auf der Ebene von Kommerz und Regenbogenpresse. Die Königsfamilie konnte hier nicht mithalten. Diana gewann den Kampf um die Deutungshoheit, aber es war ein teuer erkaufter Sieg. Einer ihrer Freunde nannte das Interview »einen brillanten Suizid-Abschiedsbrief«.

Diana soll geschluchzt haben, als sie die Scheidungs-Aufforderung der Königin erhielt, aber bis die Scheidungsverhandlungen begannen, waren die Tränen schon lange getrocknet.

Wieder fungierte Fergie als eine Art Testlauf. Der Herzog und die Herzogin von York waren im Mai 1996 geschieden worden, Fergie hatte dem feindlich gesinnten Buckingham

Palace wenig entgegenzusetzen gehabt. Die Königin bewilligte ihr eine halbe Million Pfund für den Kauf eines Hauses. Das Haus musste aber auf die Töchter Beatrice und Eugenie eingetragen werden, für die die Königin auch einen Fonds einrichtete. Fergie erhielt einen niedrigen monatlichen Unterhalt von Andrew sowie einmalig 350 000 Pfund von der Königin. Das war viel Geld, über das Fergie frei verfügen konnte, aber es reichte überhaupt nicht, denn sie hatte mehrere Millionen Pfund Schulden. Nun war sie eine geschiedene Herzogin und Mutter zweier Prinzessinnen, hatte aber kein eigenes Einkommen, um einen dieser Stellung angemessenen Lebensstil finanzieren zu können. So stürzte sie sich in den folgenden Jahren in eine Reihe finanzieller Abenteuer, sie veröffentlichte nicht nur Kochbücher und Diätbücher mit Titeln wie *Dining with the Duchess* und *Dieting with the Duchess*, sondern auch enthüllende Memoiren über ihre Jahre mit der Windsor-Familie.

Diana war in einer viel stärkeren Position und das wusste sie. Charles wollte die Scheidung, sie nicht. Zum Schluss setzte sie fast alle ihre Forderungen durch: Sie behielt den Prinzessinnentitel sowie die Wohnung im Kensington Palace, sie bekam eine Abfindung in Höhe von siebzehn Millionen Pfund, die sich Charles von seiner Mutter leihen musste. Zudem bekam sie pro Jahr vierhunderttausend Pfund für ihr Büro, aber sie verlor den Titel *Königliche Hoheit*.

Wer »Königliche Hoheit« ist, gehört zum engsten Kreis der Königsfamilie. Wie schon bei Wallis Simpson, fürchtete die Königsfamilie auch bei Diana, dass eine unbezähmbare Frau den Titel in neue Beziehungen und Familienkonstellationen mitnehmen könnte. Für die Königin war die geschiedene Diana keine enge Angehörige mehr, aber da sie die Mutter des künftigen Königs von Großbritannien war und blieb, würde man ihr selbstverständlich stets mit Respekt begegnen. Diana wollte den Titel *Königliche Hoheit* keinesfalls verlieren, schon allein um nicht vor »niederen« Royals knicksen zu müssen. Prinzessin Michael von Kent, deren Verhältnis zur Prinzessin von Wales in den Jahren der Nachbarschaft im Kensington Palace keineswegs herzlich war, schrieb umgehend an Diana, vor ihr müsse sie nicht knicksen. Und Prinz William beruhigte seine Mutter: »Mach dir keine Sorgen, Mummy. Du kriegst ihn wieder, wenn ich König bin.«

Niemand weiß, was die Königin über all das wirklich dachte. Das Morton-Buch und das »Panorama«-Interview hatten sie zutiefst empört, aber was die Eheprobleme anging, soll sie weiterhin eine gewisse Sympathie für Diana empfunden haben. »Was immer geschieht«, soll sie laut Burrell gesagt haben, »nichts kann etwas daran ändern, dass du Williams und Harrys Mutter bist.« Sie lud Diana über Weihnachten nach Sandringham ein, die es dort aber nicht lange aushielt und frühzeitig abreiste. »Ich weiß nicht, was das ist. Sie hasst uns. Sie möchte nicht mit uns zusammen sein. Das ist so traurig. So muss es doch nicht sein«, soll die ratlose Monarchin einem Gast gegenüber erwähnt haben.

Am 28. August 1996 wurden der Prinz und die Prinzessin von Wales offiziell geschieden. Diana reagierte sich ab, indem sie ihr Prince-of-Wales-Porzellan in eine Mülltüte kippte und mit einem Hammer darauf losging. Sie reduzierte die Zahl der Einrichtungen, mit denen sie zusammenarbeitete, von etwa einhundert auf sechs, Verpflichtungen, die sie noch wahrnahm, plante sie auch weiterhin so, dass sie mit den Terminen des Exmannes kollidierten, damit sie ihm die Show stehlen konnte.

Wenn Diana und Charles so verbissen um die Geschichte ihrer Ehe kämpften, dann nicht nur, weil es um persönlichen Stolz oder Rachegelüste ging. Charles vertrat eine Institution, die um ihren Anachronismus wusste, sie bezog ihre Existenzberechtigung in hohem Maße aus dem Glanz, den ein Vertreter des Königshauses einem Ereignis oder einem zu ehrenden Individuum verleihen konnte. Wenn es attraktiver wurde, eine Adlige einzuladen, die behauptete, das Königshaus habe sie abgewiesen und verstoßen, dann hatte die Krone ein gravierendes Problem.

Diana wusste, dass es mit der Scheidung allein nicht getan war – sie musste mit genügend Geld und intaktem Ruf gehen, um unabhängig vom Buckingham Palace einen angemessenen Lebensstil finanzieren und ihren Söhnen ein ebenbürtiger Elternteil sein zu können.

Aber wegen ihrer Obsession mit echten und eingebildeten Feinden konnte sie die neugewonnene Freiheit nicht genießen; sie blieb misstrauisch und auf mögliche Angriffe gefasst, behandelte Freunde und Ratgeber oft brüsk und abweisend.

Doch dann besuchte sie im September 1995 im Londoner Royal Brompton Hospital einen kranken Freund. Dabei begegnete ihr der drei Jahre ältere, britisch-pakistanische Herzchirurg Hasnat Khan, ein schweigsamer, sehr auf seine Arbeit konzentrierter Mann. Diana war sofort von ihm eingenommen, der Freund wurde immer häufiger von ihr besucht und Khan schon bald auf Diana aufmerksam.

Sie begannen in aller Heimlichkeit eine Liebesbeziehung. Wenn er arbeitete, fuhr sie in seine kleine, unaufgeräumte Wohnung, wo sie putzte und Ordnung schaffte. Sie rief Freunde an und erzählte, sie stehe gerade verkleidet in einer Supermarktschlange und kaufe für ein Abendessen mit Hasnat ein.

Khan war anders als die properen Eliteschüler. Er trug verwaschene T-Shirts und aß Fast Food, was ihm einen kleinen Bauch beschert hatte, er war sechsunddreißig Jahre alt, seine Wangen waren schon ein wenig schlaff. Er verdiente nicht viel, nahm aber ihre teuren Geschenke nicht an.

Diana war beeindruckt von seiner Ruhe, seiner Warmherzigkeit, seinem Engagement für eine lebensrettende Arbeit. »Hasnat ist der Einzige, der mich nie verraten würde«, sagte

sie. Das hat er tatsächlich nie getan, über ihre Beziehung hat
er sich erst viele Jahre nach deren Ende und äußerst knapp geäußert. »Ich weiß nicht, wie sie in anderen Beziehungen war«,
sagte er. »Mich hat sie gut beschützt.«

Doch Khan entstammte einer konservativen muslimischen
Mittelschichtfamilie, die erwartete, dass er eine Muslimin
aus entsprechender Familie heiratete. Diana besuchte in aller
Heimlichkeit seine Familie in Jhelum, nördlich von Lahore,
wo sie einen guten Eindruck hinterließ, was aber an deren Haltung nichts änderte. Khan legte großen Wert auf seine Privatsphäre, er wollte kein Leben im Rampenlicht, was Diana natürlich wusste. Als das Verhältnis im November 1996 bekannt
wurde, dementierte sie und nannte die Gerüchte in einem
Artikel, den der zuverlässige Richard Kay verfasst hatte, völlig absurd. Doch dass sie ihn auf diese Weise verleugnete, soll
Hasnat verletzt haben, es dauerte einige Wochen, bis das Paar
wieder zusammenkam.

In der Anfangszeit der Beziehung mit Khan fand sie über
das Rote Kreuz eine Herzenssache, für die sie sich engagieren
wollte: ein weltweites Verbot von Landminen. Im Januar 1997
fuhr sie in das vom Bürgerkrieg zerrissene Angola. Das Land
hatte etwa elf Millionen Einwohner, die Zahl der Landminen,
die unentdeckt im Erdreich lagen, war erheblich höher. Schät-
zungen zufolge waren bereits 70 000 Menschen auf eine Mine
getreten. Städte und Dörfer wimmelten von Menschen, denen
ein Arm oder ein Bein fehlte. In den Krankenhäusern lagen
Patienten mit Verletzungen, die, wie Journalisten in Dianas
Begleitung schrieben, kaum anzuschauen waren, aber Diana wich dem nicht aus. Sie bestand auf dem Besuch der Stadt
Cuito, die inmitten von Minenfeldern lag. Dort ging sie, unter
dem Klicken zahlloser Fotoapparate, mit Visier und Schutz-
weste langsam und allein durch ein nur halb geräumtes Minenfeld. Weil einige Fotografen mit ihren Bildern nicht zu-

frieden waren, drehte sie um und ging denselben Weg noch einmal. Diese Aktion war nicht ungefährlich und trug dazu bei, dass über die Situation in Angola, die bislang kaum durch die Nachrichtenflut gedrungen war, weltweit in den Zeitungen berichtet wurde. Diana wollte außerdem mehr Aufmerksamkeit für die Minenopfer und die Probleme, mit denen sie durch fehlende – oder nicht passende – Prothesen konfrontiert waren. Es empörte sie, dass jemand, der etwas so Furchtbares hatte erleiden müssen, obendrein eine schlecht sitzende Prothese bekam.

Dianas Engagement in Angola war auch darum eine bedeutsame Nachricht, weil hier eine – wenn auch geschiedene – Angehörige des Königshauses für etwas stritt, das offen im Widerstreit zur britischen Regierungspolitik stand. John Major wollte sich nicht für ein internationales Verbot von Landminen einsetzen, solange es dazu keine multilaterale Einigung gab. Wenn Diana offen für ein solches Verbot eintrat, unterstützte sie damit indirekt Tony Blairs Labour-Opposition, die das ebenfalls tat. Konservative Parlamentsabgeordnete reagierten wütend, Lord Howe, Staatssekretär im Verteidigungsministerium, bezeichnete Diana in den Medien als »tickende Zeitbombe«. Diana konterte:»Mein Interesse gilt den Menschen, nicht der Politik.« In dieser Sache war ihr Instinkt, der sie gelegentlich Dinge tun ließ, die sie später bereute, richtig. Ihr Gang durch das Minenfeld war ebenso einschneidend wie seinerzeit der Handschlag mit einem Aids-Patienten. Und die Botschaft auch dieses Mal klar: Wir müssen unsere Angst ablegen, wenn wir etwas erreichen wollen.

Kenneth Rutherford, Gründer der Organisation Landmine Survivors Network, sagte, es sei Dianas Verdienst, dass die Debatte um Landminen von einem politischen zu einem humanitären Thema wurde. Der amerikanische Botschafter in London erklärte, die Prinzessin habe einen uneingeschränkten

PR-Sieg über die Regierung Major erlangt. Das Inkrafttreten des Ottawa-Abkommens erlebte sie nicht mehr – das »Übereinkommen über das Verbot des Einsatzes, der Lagerung, der Herstellung und der Weitergabe von Antipersonenminen und über deren Vernichtung« wurde drei Wochen nach ihrem Tod vorgelegt und von bislang 164 Ländern unterzeichnet.

Aus den Parlamentswahlen von 1997 ging Tony Blair als strahlender Sieger hervor, der neue Premierminister präsentierte seine New Labour als jung, dynamisch und zukunftsorientiert, Diana sah er als natürliche Verbündete. Auch sie war abenteuerlustig, wollte dem Alten den Rücken kehren und forderte eine neue Offenheit.

Sie lernten sich kennen, bevor er ins Amt kam, und verstanden sich gut. Gelegentlich rief sie ihn an und gab ihm Tipps für den Umgang mit den Medien. Auch er erlebte ihre faszinierende und gleichzeitig einschüchternde Ausstrahlung. »Sie kannte ihre Wirkung und wusste um ihre Fähigkeit, andere für sich einzunehmen, und nutzte sie meistens auch dazu, Gutes zu tun«, schrieb er in seiner Autobiographie. »Allerdings hatten ihre Gefühle auch etwas Unbeherrschtes, was bedeutete, dass es durchaus gefährlich werden konnte, wenn Ärger oder Groll mit ins Spiel kamen.«

Von ihm stammt auch einer der scharfsinnigsten Kommentare zu Dianas taktischem Umgang mit der Presse: »In Wirklichkeit hat man, wenn man im vollen Scheinwerferlicht der Medien steht, keine andere Wahl, als sich mit ihnen zu arrangieren, zu versuchen, ihre Sichtweise nach den eigenen Vorstellungen zu formen und eine andere, wenig schmeichelhafte und oft unfaire Darstellung zu verhindern. Anders ausgedrückt, manchmal öffnet man sich den Medien tatsächlich freiwillig, doch in anderen Fällen – wie bei Diana – bleibt einem keine andere Wahl: Entweder füttert man die Bestie, oder sie frisst einen auf.«

Trotz ihres großen Talents, Allianzen zu schmieden, konnte sie Hasnat Khan nicht halten. Im Sommer 1997 zeigte er Anzeichen von Erschöpfung. Er erhielt rassistische Briefe, die Presse spürte Ex-Freundinnen auf, weil sie hoffte, in seiner Vergangenheit Unappetitliches zu finden, auch ihm wurde zu viel, was schon Dianas frühere Liebhaber schlecht ertrugen: Sein Klinik-Pager piepte ständig, das Telefon klingelte rund um die Uhr. Außerdem dachte er an seine Zukunft. »Meine größte Sorge beim Gedanken an eine Ehe war, dass mein Leben zur Hölle werden könnte, weil sie eben die war, die sie war«, sagte er nach ihrem Tod. Er würde kein normales Leben führen können, sollten er und Diana Kinder bekommen, würde er mit ihnen niemals irgendwo ungestört ganz normale Dinge unternehmen können.

Diana merkte, dass Hasnat sich von ihr entfernte, gleichzeitig erfuhr sie, dass Charles auf Highgrove ein Fest zu Camillas Fünfzigstem plante. »Es wäre doch lustig, wenn ich im Badeanzug aus der Geburtstagstorte spränge«, sagte sie zu einer Freundin. Aber als sie die Koffer packte, um in Südfrankreich auf Einladung von Mohamed Al-Fayed in dessen Luxusvilla Ferien zu machen, weinte sie.

Der ägyptische Geschäftsmann war in London berüchtigt: Für sein astronomisch großes Vermögen, seine schmutzigen Taktiken und eine grobe Sprache, aber auch für seine Verehrung, ja Liebe für alles Britische. Er hatte bereits eine britische Institution wie das Kaufhaus Harrods gekauft und war äußerst erbost darüber, dass man ihm die britische Staatsbürgerschaft verweigerte, weil er den Behörden falsche Angaben gemacht hatte. Er sah in der erzbritischen Trophäe Diana eine mögliche Alliierte und umwarb sie. Als sich im Sommer 1997 die Beziehung zu Khan löste und sie wieder einmal vor der Frage stand, wohin sie mit William und Harry reisen konnte, akzeptierte sie Al-Fayeds Angebot, sein Anwesen in St. Tropez zu nutzen.

Daraufhin rief dieser seinen Sohn Dodi an und forderte ihn auf, seine Freundin Kelly Fisher in Paris zu verlassen, sofort nach St. Tropez zu reisen und der Prinzessin von Wales den Hof zu machen. Die britischen Zeitungen überschlugen sich, weil die Prinzessin von einem dubiosen Typen wie Al-Fayed Geschenke und Gefälligkeiten annahm, der Ton wurde noch schriller, als sie wenig später Mohamed Al-Fayeds Yacht bestieg und mit Dodi auf Kreuzfahrt ging.

Der 42-jährige Dodi war finanziell völlig von seinem Vater abhängig, einige wenige Versuche von Berufstätigkeit waren gescheitert. Der Vater kam für seine Luxuswohnungen, seinen Kokain-Verbrauch sowie die Geschenke auf, mit denen Dodi seine Freunde überhäufte, und er beglich die enormen Schulden, die sein Sohn immer wieder anhäufte. Der wusste also, was zu tun war, wenn sein Vater mit dem Finger schnipste. Aber der große Junge mit dem Imponiergehabe war im Grunde schüchtern. Er vermisste seine früh verstorbene Mutter und fühlte sich von den Befehlen des Vaters gedemütigt. Er war, wie Diana, Freunden gegenüber großzügig, aber in deren Gegenwart auch unsicher. Wie sie hatte er das Schlafzimmer voller Teddybären. Und er war, wie sie, dafür bekannt, dass er warmherzig war und gut zuhören konnte.

Die königliche Diana aus altem Adel fand Dodis ungezügelten Konsum und seine teuren Geschenke eher befremdlich als imponierend. Aber als müßiger Playboy hatte er viel Zeit für all das, was sich die Prinzessin so sehr wünschte: uneingeschränkte Aufmerksamkeit und Fürsorge, ständige Anwesenheit. Wenn ihr Liebhaber Khan ihre Beziehung nicht öffentlich leben wollte, wollte Dodi nichts lieber als das. Dass sie so schnell zueinander fanden, hatte mehrere Gründe, der wichtigste hieß vermutlich Dr. Hasnat Khan. In Dianas Freundeskreis herrschte Einigkeit, dass sie sich vor allem auf die Affäre einließ, um nach Khans Rückzug wieder die Oberhand zu gewinnen.

Diese Vermutung wurde durch ein Foto bekräftigt, auf dem Diana Dodi küsst. Es wurde vor Sardinien von einem Fotografen gemacht, der vorher einen Tipp für den günstigsten Standort erhalten hatte. Richard Kay zitierte seine bekanntermaßen gut informierte Quelle, dass Dodi Dianas erste »ernste Beziehung« seit der Scheidung sei. Das richtete sich ebenso an Charles wie an Hasnat Khan. Aber in Telefonaten mit Freunden ließ sie durchblicken, dass sie Dodi und dieses nutzlose Yachtleben langsam leid sei.

Hasnat reagierte tatsächlich auf Dianas unerwartete Verbindung zu Vater und Sohn Al-Fayed, er versuchte, sie am 30. August anzurufen, aber sie nahm den Anruf nicht entgegen. Am Abend landete Mohamed Al-Fayeds Privatflugzeug auf dem kleinen Pariser Flugplatz Le Bourget. An Bord waren Dodi und Diana.

21

Der Tod im Tunnel

E s gibt historische Ereignisse, bei denen alle wissen, wann und wie sie davon erfuhren. Ein solches Ereignis war Prinzessin Dianas Tod in der Nacht vom 31. August 1997. Jedermann begriff, dass damit die Geschichte, die man seit sechzehn Jahren verfolgte, eine ebenso dramatische wie unerwartete Wendung genommen hatte. Während Dianas Lebensdrama für sie und ihre Familie äußerst ernst war, hatte es für viele Menschen trotz (oder wegen) der riesigen Überschriften und der Paparazzi einen großen Unterhaltungswert gehabt, es war etwas Frivoles, worüber man beim Abendessen, bei einem Glas Wein oder Bier moralisieren konnte, ohne sich weiter Gedanken darüber zu machen. Jetzt war die Seifenoper zur Tragödie geworden, jeder Moment vor Dianas Tod im Pariser Krankenhaus La Pitié-Salpêtrière musste auf den Prüfstand. Plötzlich war viel Schuld zu verteilen.

Dianas und Dodis Paris-Reise haftete von Anfang an etwas Bedrückendes und Unheilvolles an. Die demonstrative Romantik war bereits einer angespannten Stimmung gewichen. Ende August ist Paris drückend heiß und von Touristen überlaufen, viele Pariser sind in ihre Häuser auf dem Land geflüchtet. Dodi fuhr erst mit der Prinzessin in die ehemalige Pariser Stadtvilla des Herzogs und der Herzogin von Windsor, denn der Eigentümer des viereckigen Kastens im Bois de Boulogne war nun Mohamed Al-Fayed. Aber das gesamte Mobiliar war zur Auktion geschickt worden, und die gespenstisch leere Villa

Windsor schien daran zu erinnern, wie unendlich sinnlos ein Leben werden kann, wenn die britische Königsfamilie einen verstoßen hat. Diana verließ die Villa nach einer knappen halben Stunde und nannte das Haus widerwärtig. Am selben Tag rief sie in Balmoral an, wo die Familie Sommerferien machte. Sie wollte mit William und Harry sprechen, aber die Buben waren in einem Alter, wo Gespräche mit der Mutter nicht das Wichtigste sind. Viele Jahre später erzählten sie, wie sehr sie der Gedanke an das kurze Telefongespräch schmerze, bei dem sie, zwei ungeduldige Jungs, kaum etwas sagten und eigentlich nur zu den Dingen zurückwollten, mit denen sie vor dem Anruf beschäftigt waren.

»Harry und ich hatten es furchtbar eilig, tschüss und auf bald zu sagen und wieder loszurennen«, erinnerte sich Prinz William. »Und wenn ich gewusst hätte, was danach kam, wäre ich nicht so blasiert gewesen. Der Gedanke an dieses Telefongespräch war schwer zu ertragen.« Das galt auch für Prinz Harry: »Ich werde mein Leben lang bereuen, dass dieses Gespräch so kurz war.«

Diana und Dodi hatten nirgends Ruhe. Es war ein warmer Sommerabend, seine Wohnung unweit der Champs Élysées war von Paparazzi belagert. Als sie zum Abendessen in das Restaurant Chez Benoît fuhren, umringten Fotografen auf Motorrädern und Vespas den Wagen. Diana kannte das, ihr Begleiter fühlte sich so bedrängt, dass er unter Stress sprunghafte Entscheidungen zu fällen begann.

Erst beschloss er, stattdessen im Ritz zu dinieren, dem konventionellen Luxushotel an der Place Vendôme mit Wänden in Weiß und Blattgold, dicken Teppichen und schmalen Türen, bei denen jedes Kommen und Gehen leicht zu überwachen war. Da das Hotel seinem Vater gehörte, glaubte Dodi, dass es dort ruhiger sein werde, doch auch hier mussten sie sich vom Wagen durch ein Heer von Fotografen zur Eingangstür kämpfen.

Dodis Leibwächter Trevor Rees-Jones sagte später, Diana habe Tränen in den Augen gehabt.

Nach dem Abendessen in der Präsidentensuite wollte Dodi die Paparazzi täuschen: Vor dem Hoteleingang sollte ein Auto für ihn und Diana vorfahren, einsteigen sollten aber nur die Leibwächter, während er und Diana durch einen Hintereingang zu einer dort wartenden, schwarzen Mercedes-Limousine gehen würden. Den Leibwächtern, die ihre Schutzpersonen niemals aus den Augen lassen dürfen, gefiel das nicht. Als Kompromiss stieg Rees-Jones zu Dodi und Diana in den Mercedes.

Henri Paul, Sicherheitchef des Hotels, sollte fahren. Rees-Jones hatte Paul am Abend in der Hotelbar gesehen, wo er etwas trank, das wie gelber Fruchtsaft aussah, tatsächlich aber, wie die Barrechnungen zeigten, hochprozentiger Pastis war – und es war nicht der erste an diesem Abend. Unterdessen hatten die Fotografen vor dem Gebäude mitbekommen, dass etwas vor sich ging, einige hatten den Hintereingang gefunden und informierten ihre Kollegen über das Ablenkungsmanöver. Henri Paul fuhr mit quietschenden Reifen los, Rees-Jones saß auf dem Beifahrersitz, Dodi und Diana im Fond. Keiner der Insassen war angeschnallt. Bald fuhr der Wagen mit 110 Stundenkilometern durch eine 50-er-Zone, dicht gefolgt von den Fotografen. An der Tunneleinfahrt unter der Place d'Alma war der Mercedes mit geschätzten 118 bis 155 Stundenkilometern viel zu schnell für die Kurve am Tunneleingang. Paul verlor die Kontrolle über den Wagen, drei Minuten nach Verlassen des Hotels prallt er mit 109 km/h gegen den dreizehnten Brückenpfeiler des Tunnels.

Der Wagen schleuderte herum und kam entgegengesetzt zur Fahrtrichtung zum Stehen. Die Hupe war von Pauls Oberkörper festgeklemmt, sie dröhnte, als sich die Fotografen dem Wrack näherten. Sofort setzte das Blitzlichtgewitter ein. Trevor Rees-Jones wurde durch den Airbag am Beifahrersitz gerettet, hatte aber schwerste Verletzungen. Henri Paul und Dodi Al-Fayed waren sofort tot. Dodis Jeans waren aufgerissen und sein Unterleib entblößt, ein Fotograf bedeckte die Genitalien mit einer Fußmatte. Diana lag am Boden des Wagens. Ihr Bein war verdreht, der rechte Arm mehrfach gebrochen und in einem unnatürlichen Winkel. Das Gesicht aber war ruhig und fast unverletzt, sie hatte die Augen geschlossen und atmete ruhig, jemand hörte sie sagen:»Mein Gott, was ist passiert?«

Sie lag im Sterben. Ihr Herz hatte sich von der linken auf die rechte Seite verschoben, Blut lief in den Brustkorb, was ihr Herz sowie den rechten Lungenflügel zusammendrückte, eine Lungenvene war gerissen. Als der Notarztwagen kam, musste er fast eine Stunde warten, bis Diana aus dem Auto geschnitten und in die Pitié-Salpêtrière gebracht werden konnte. Dort bemühten sich die Ärzte zwei Stunden lang vergeblich um ihr Leben. Um vier Uhr morgens wurde sie für tot erklärt.

Unmittelbar danach klingelte in Balmoral das Telefon. Die Königin und Prinz Charles waren bereits von dem Unfall unterrichtet worden, aber die Todesnachricht war ein tiefer Schock.»Die ganze Welt wird völlig überschnappen«, sagte Charles zu seinem Privatsekretär,»und alle werden mir die Schuld geben.«

Aufgewühlt ging Charles lange durch den Park von Balmoral, bevor er William weckte, um ihm zu sagen, was geschehen war. Der Sohn brach in Tränen aus, sie umarmten einander. William sagte, dieser Schmerz sei wie kein anderer:»Es ist, als würde ein Erdbeben dein Haus und dein Leben erschüttern. Das Denken ist völlig zerrissen. Dauerte lange, bis ich es wirklich begriffen hatte … Jemanden zu verlieren, der einem so nahesteht, ist verheerend, vor allem in diesem Alter. Man weiß nicht, wo man ist, was man tut, was überhaupt passiert. In diesem Alter ist es schwierig, sich mitzuteilen und die eigenen Gefühle zu verstehen. Es ist sehr kompliziert.«

Dann weckten Charles und William zusammen Harry. Das war für die Brüder eine viel gravierendere Nachricht als die Scheidung der Eltern, aber auch nun zeigte Harry keine großen Reaktionen. Später sagte er, er habe es nicht begriffen. Dann sprachen die Jungen mit der Königin und Prinz Philip; der Vater hielt ihre Hände, eine Umarmung von den Großeltern gab es nicht.

Für Königin Elizabeth waren Alltagsroutinen und streng vorgegebene Abläufe immer ein Seil gewesen, an dem sie sich in Krisen festhalten konnte. Dieses Mal gelang ihr das nicht. Diana war kein offizielles Mitglied der Familie mehr, es existierte kein Protokoll für den Fall ihres Todes und so sah die Königin auch keine Veranlassung, die Verstorbene in eine der königlichen Residenzen oder Kapellen überführen zu lassen, wie es bei einem Mitglied der Kernfamilie selbstverständlich gewesen wäre. Ihrer Ansicht nach war dieser Todesfall eine Privatsache, ein normales Bestattungsunternehmen sollte sich dessen annehmen, alles Weitere war Sache der Spencer-Familie. Charles und die Söhne lehnten sich entschieden dagegen auf, sie wollten Diana als vollwertiges Familienmitglied behandelt wissen. Aber Charles musste sogar um die Genehmigung kämpfen, in einem Flugzeug der Royal Air Force nach Paris fliegen zu können und Diana nach Großbritannien zurückzuholen. Ein Hofbeamter gab dem Gespräch die Wendung, als er mit aller Schärfe fragte: »Ma'am, soll sie in einem Lieferwagen von Harrods abtransportiert werden?«

In Balmoral wurden Fernseher weggeräumt, um die Jungen nicht noch mehr zu belasten, Elizabeth und Charles behielten ihre Geräte, um der Berichterstattung folgen zu können. Balmoral selbst liegt sehr abgeschieden in den schottischen Highlands, nun wurde es praktisch abgeriegelt. Dem Gedanken folgend, dass man sich in harten Zeiten am besten an Bewährtes hält, fragte man die Jungen wenige Stunden nach der Nachricht vom Tod ihrer Mutter, ob sie zum Gottesdienst in der örtlichen Kirche mitkommen wollten. Sie willigten ein, vor allem aus Pflichtgefühl. Harry sagte später, das sei das Letzte gewesen, was er gewollt habe. Vor der Kirche hatte sich eine kleine Menschenmenge versammelt. Der Pfarrer war, wie sich zeigte, angewiesen worden, einen normalen Gottesdienst abzuhalten, also hielt er die vorbereitete Predigt samt einiger lauer Scherze. Diana wurde mit keiner Silbe erwähnt. Irgendwann wandte sich Harry an Tiggy und fragte: »Ist es wahr, dass Mummy tot ist?«

Am Nachmittag flog Charles mit Dianas Schwestern Sarah und Jane nach Paris. Im Krankenhaus konnte er Diana sehen, das unverletzte Gesicht verriet nichts von ihren immensen inneren Verletzungen. Sie trug ein schlichtes schwarzes Kleid, das der Gattin des britischen Botschafters in Frankreich gehörte, die die gleiche Kleidergröße hatte. Als Charles den Raum verließ, wirkte er zutiefst erschüttert. Später sagte er, das sei der schrecklichste Moment seines Lebens gewesen: »Ich konnte nur an das junge Mädchen denken, das ich einst getroffen hatte, nicht an die Frau, die sie wurde, und nicht an die Probleme, die wir hatten. Ich weinte um sie – und ich weinte um unsere Söhne.«

Während sich die Familie in Balmoral abkapselte, erwachte Großbritannien an diesem Sonntagmorgen und war erschüttert. Der Nachrichtensprecher der BBC weinte unverhohlen. Journalisten und Fotografen wurden auf offener Straße beschimpft, man rief ihnen »Mörder« hinterher und »Endlich zufrieden?«. Graf Spencer, der sich wie seine Schwester hervorragend auf öffentliche Schuldzuweisungen verstand, sagte: »Ich habe immer damit gerechnet, dass die Presse sie eines Tages töten wird.« Premierminister Blair maß mit seinen empfindsamen Fingern den Puls des Volkes und sagte auf dem Weg zum sonntäglichen Kirchgang mit gebrochener Stimme zur Presse:

»Ich empfinde wie alle heute im Land – ich bin zutiefst bestürzt. [...] Unsere Nation befindet sich im Schockzustand und empfindet tiefe Trauer angesichts dieses Schmerzes [...] nicht nur in Großbritannien, nein, auf der ganzen Welt, werden die Menschen sie in bester Erinnerung behalten. Ich werde oft an sie denken, wie sie sich um die Kranken, die Sterbenden, die Kinder und Bedürftigen kümmerte. Wie sie uns allen mit nur einem Blick oder einer Geste, die so viel mehr sagte als Worte, ihr tiefes Mitgefühl und ihre Menschlichkeit zeigte. [...] Sie war die Prinzessin des Volkes, und das wird sie bleiben, so wird sie für immer in unserem Herzen und in unserem Gedächtnis weiterleben.«

Die Wendung »Prinzessin des Volkes« stammte aus Anthony Holdens Diana-Biographie, Blairs Pressesprecher Alastair Campbell, Mitautor der Rede, hatte sie dort geklaut. Die Königsfamilie war darüber wenig begeistert. Wenn Diana »des Volkes« war, bedeutete das zwingend, dass es andere gab, die das nicht waren. Aber die knappe Pressemeldung des Königshauses zeigte nur allzu deutlich, wer die passenderen Worte gefunden hatte. Am Dienstag strömten stündlich etwa sechstausend Menschen nach London, Fremde umarmten einander, weinten und erzählten sich ihre Lebensgeschichten, teilten Proviant und mitgebrachte Kekse. Einige hatten Klappstühle dabei. Vor dem Buckingham Palace und dem Kensington Palace wuchsen Berge von Blumen und Stofftieren, Gedichten und Grüßen. »Du hast mich weinen gelehrt«, stand auf einem Zettel. »Liebe Diana, *DANKE*, dass du uns wie Menschen und nicht wie Kriminelle behandelt hast«, stand auf einem, der von Insassen des Dartmoor-Gefängnisses stammte. Kranke und deren Angehörige schrieben an Zeitungen und schilderten ihre Erlebnisse mit Diana. Das Wichtigste, was sie ihnen gegeben habe, hieß es oft, sei ihre volle und ungeteilte Aufmerksamkeit gewesen.

In der Schlange vor den Kondolenzbüchern standen Junge und Alte, Frauen und Männer. Darunter viele Homosexuelle und ethnische Minoritäten, überrepräsentiert waren Frauen, die untere Mittelschicht sowie Leser der *Daily Mail.* Wer fehlte? Wie Matthew Engel im *Guardian* schrieb: »Nur wer extrem beschäftigt und extrem sophisticated war.«

Ein Jahr nach Dianas Tod erschien ein Buch mit 1600 Texten und Gedichten, die damals geschrieben wurden, in vielen taucht das Motiv der körperlichen Berührung auf. Diana konnte in entspannten Unterhaltungen sehr schlagfertig sein, war aber im Grunde schüchtern und fand jahrelang nur schwer die richtigen Worte, wenn von ihr eine Rede oder ein Appell erwartet wurde. Ihre Stärken waren das Visuelle und das Körperliche. Die Fotos von ihr – die Arme um ihre Söhne gelegt, ein fester Händedruck mit einem Aids-Patienten, der anklagende Blick in Martin Bashirs Kamera – sprachen eine deutliche Sprache und erreichten alle, die dafür empfänglich waren. Körperkontakt, Festhalten und Umarmen waren ihr wichtig und standen in sehr deutlichem Kontrast zu der vornehmen Distanz, die königliche Hüte und Handschuhe signalisierten.

Dianas enorme Wucht hatte etwas Emotionales, Physisches, fundamental Un-Intellektuelles. Feministische Autorinnen blieben in ihrer Meinung gespalten; viele sahen in ihr eine Frau, deren Status im Wesentlichen darauf beruhte, dass sie die Ehefrau eines wichtigen Mannes und die Mutter von Prinzen war, sie sahen in ihr keine Verbündete. Andere sahen in ihr die Frau, die um Anerkennung für diese Art Frauenleben kämpfte, wobei es auch um Fragen wie die ging, was eine Ehefrau und Mutter eigentlich verkörperte. Es hieß, Diana habe besonders jene Frauen stärken wollen, die sich immerzu den Erwartungen von Partnern, Kindern, Schwiegereltern und der Gesellschaft beugten und irgendwann ausgelaugt waren von der Anstrengung, andere froh zu machen. »Dianas Geschichte ist eine Bewegung, die von der Ohnmacht zur Macht führt, vom Unterdrücken des Schmerzes bis zu dem Moment, wo man ihn ausdrücken kann«, schrieb Adam Nicolson im *Sunday Telegraph Magazine*. »In dieser Zeit ging es allgemein um die Suche nach Selbstwertgefühl, um den Kampf gegen eine Selbstverachtung, die sich über Jahre verfestigt hatte, um das Streben nach Wahrhaftigkeit und Sinn.«

Vor allem im linken politischen Spektrum tat man sich sehr schwer damit, Diana als vergöttertes Idol des Volkes zu akzeptieren. Lady Diana Spencer war mit einer Schar Dienstboten aufgewachsen und musste ihren Finanzberater fragen, wie man ein Auto tankt. Sie heiratete in die Königsfamilie ein, bevor sie finanziell unabhängig geworden war, sie hatte, wie allerdings fast jeder in dieser Familie, keine Ahnung davon, was etwas kostete. Ihre Rechnungen wurden von anderen bezahlt.

Doch die Meinung, dass Diana nicht als Repräsentantin der Unterdrückten gelten *dürfe*, übersieht wesentliche Gründe, warum sie intuitiv als solche empfunden wurde. Es geht um eine besondere Form der Verehrung für eine Fünfte Kolonne der glamourös Schönen und Reichen; jene, die mit Stars und Staatenlenkern verkehren, dich aber über deren Schulter hinweg anschauen und dir zuzwinkern; die das Leben der High Society kennen, aber offenbar eine andere Gesellschaft, nämlich deine, vorziehen.

Das ist in Großbritannien besonders ungewöhnlich, weil Großbritannien eine Klassengesellschaft ist, in der jeder Mensch sofort aufgrund von Akzent und Sprechweise auf einer sozialen Achse verortet wird. Außerdem liegt eine ungeheure Kraft in der Botschaft, dass ein Mensch gerade durch das interessant und einzigartig wird, womit er zu kämpfen hat oder wofür er sich schämt. Dass man zum eingeweihten Vertrauten einer der berühmtesten und begehrtesten Frauen der Welt wird, weil man Zurückweisung erlebt hat. Diana fasste das in einen ihrer berühmtesten Sätze, den sie vermutlich ebenso aufrichtig meinte wie populistisch treffsicher formulierte: »Ich bin viel näher bei den Menschen unten als bei denen oben.«

Hinzu kommt, dass jedes »wir« ein »sie« impliziert, jene anderen, die man arrogant, gefühllos nennen kann, die nicht verstehen. In der Begegnung mit Todkranken und mit Opfern von Landminen äußerte sich Dianas Mitgefühl spontan und unterschiedslos, aber es erstreckte sich nicht auf ihre Stiefmutter Raine, nicht auf Charles, als der Ehekrieg am schlimmsten tobte, nicht auf Tiggy Legge-Bourke oder die vielen anderen Mitarbeiter, denen sie misstraute und mit fadenscheinigen Begründungen kündigte.

All diese Erzählungen spitzten sich in den Wochen nach Dianas Tod zu, niemand war jemals so menschlich wie sie, während sie zugleich als übermenschlich, fast göttlich dargestellt wurde. Am Schloss entstanden kleine Altäre, es fielen Begriffe wie »Märtyrerin« und »Heilige«. Aber Märtyrerinnen sterben nicht bei Autounfällen, sie sterben im Dienste einer höheren Sache und weil heimtückische Widersacher sie am Erreichen ihrer Ideale oder Ziele hindern. Das Reden von Diana als Heiliger beförderte das Bild einer Frau, die nicht in einem Autowrack gestorben, sondern im Kampf gefallen war. Zahlreiche Zettel und Karten erwähnten ein vages »sie«, *sie*, die – anders als die Verfasser dieser Zeilen – die Tote niemals wirklich verstanden oder wirklich geschätzt hatten. Gelegentlich wurde das »sie« doch präzisiert: »Du warst die Rose in einer Familie von Dornen.«

Wenige Tage nach dem Unfall wurde bekannt, dass Henri Paul nicht nur dreimal so viel Alkohol im Blut hatte wie in Frankreich zulässig, sondern auch rezeptpflichtige Antidepressiva genommen hatte. Überaus erleichtert sprachen sich die

Zeitungsredaktionen sofort von jeder Schuld frei und machten sich auf die Suche nach den wahren Schuldigen. Zwei Familien boten sich an: Die Fayed-Familie, die es trotz ihres unsäglichen Reichtums nicht fertiggebracht hatte, der Prinzessin einen nüchternen und zuverlässigen Chauffeur zu besorgen – und die Windsor-Familie. Das war ergiebiges Material für eine trauernde Leserschaft, die ihre unverbrüchliche Loyalität mit der Prinzessin beweisen, aber auch verdrängen wollte, wie sehr sie selbst an Dianas Verfolgung beteiligt gewesen war – sei es als gierige Medienkonsumenten oder im Chor jener, die Diana für ihren Lebensstil verurteilt hatten.

Kurz vor ihrem Tod hatte nicht nur das linke, sondern auch das rechte politische Lager Diana kritisiert. Von rechts hieß es, sie habe mit ihrem Engagement für die Abschaffung der Landminen gegen die Interessen der Regierung und des Landes verstoßen, die Linken verhöhnten sie als Vertreterin einer schillernden und hirnlosen Promiszene, als Luxuskonsumentin, die bei der Beisetzung des Modedesigners Gianni Versace den weinenden Elton John in den Arm nahm. Man empörte sich über die Fotos, die sie auf Al-Fayeds Luxusyacht mit einem weiteren Loverboy zeigten. Immer weniger Briten wollten sich Martin Amis' Erkenntnis anschließen, dass »die Paparazzi die High-Tech-Hunde des Ruhms sind. Aber wir müssen eingestehen, dass wir sie in diesen Tunnel geschickt haben, um unsere rätselhaften Bedürfnisse zu stillen.«

Die Briten fanden in der Trauer zusammen, die Königsfamilie blieb abwesend. Die Menschen, die vor St. James's Palace in der Schlange standen, um sich in eines der Kondolenzbücher einzutragen, bemerkten, dass auf Buckingham Palace keine Fahne auf Halbmast wehte. Alle Fahnen der Stadt standen auf Halbmast, doch der Fahnenmast auf dem Schloss war leer. Das wurde als eine letzte Schmähung der Prinzessin gedeutet.

Die Fahne des Königshauses, die Royal Standard, wehte grundsätzlich nur und wirklich *nur* dann auf dem Palast, wenn das Staatsoberhaupt anwesend war, und konnte niemals auf Halbmast wehen, weil in der Sekunde des Todes eines Herrschers der designierte Nachfolger an seine Stelle tritt. Doch für die trauernden Briten verwies der leere Mast auf eine Familie, der die lebende Prinzessin egal gewesen war und die sich auch um die tote Prinzessin nicht scherte. Der Regierungssprecher Alastair Campbell ging durch die Menge, um die Stimmung einzufangen, und konnte Blair berichten, dass die Luft vor Aggression knistere.

Eine Flagge, die nicht auf Halbmast wehte, eine Familie, die nicht in London war: Das waren Beweise für eine Königin und eine Familie, die zu überheblich oder emotional zu beschädigt war, um an der Trauer des Volkes teilzunehmen. Das schien alles zu bestätigen, was Diana gesagt hatte. Der *Daily Mirror* forderte, »Ihr Volk leidet – Ma'am, sprechen Sie zu uns!«, der *Daily Express*, »Zeigen Sie Ihre Anteilnahme!«, *The Independent* schrieb, »Wenn die Royals nur wagen würden, mit dem Volk zu weinen«, *The Sun*, »Wo ist die Königin, wenn das Land sie braucht« und weiter: »Der Zorn der Menschen wächst mit jeder Stunde, die das Schloss leer steht, sie empfinden das als Beleidigung der Prinzessin des Volkes.« Zur Sicherheit richtete die Zeitung eine Hotline ein, die Leser anrufen konnten, um ihre Empörung auszudrücken – was etwa vierzigtausend taten. Es gab nur eine akzeptierte Art der Trauer: Sie musste für jedermann zu erkennen und konkret erlebbar sein, Tränen mussten fließen und das in Gegenwart anderer. Benommenheit oder Ratlosigkeit waren ebenso unakzeptabel wie Trauern hinter geschlossenen Türen. Gefühle nicht zu zeigen war gleichbedeutend damit, keine zu haben. Während die Königsfamilie in Balmoral war, ging Tony Blair zu den Trauenden, sprach mit ihnen, umarmte sie.

Das alles geschah in einem nahezu monothematischen, luftdicht abgeschotteten Medienraum. In den Tagen nach dem Unfall gab es praktisch keine anderen Nachrichten. Kaum jemand bekam mit, dass Mutter Teresa nur fünf Tage nach Diana starb, in Nachrichten und Gesprächen ging es immer nur um die tote Prinzessin.

Manche Briten erkannten ihr Land nicht wieder, aber nur wenige thematisierten das. Einer war der Journalist und Schriftsteller Christopher Hitchens. Er nannte Diana im US-amerikanischen Fernsehen verzogen und verantwortungslos und übte auch scharfe Kritik an der Presse-Berichterstattung: »Wir hörten keinen einzigen objektiven Reporter sagen, dass ›große Menschenmengen tief um Diana trauern‹. Wir hörten immer nur, dass *wir alle* trauern. Dagegen habe ich protestiert, denn ich habe nicht getrauert und kannte auch niemanden, der das tat.« Sofort riefen wütende Zuschauer an und beschimpften ihn. Aber Prinzessin Margaret saß in ihrer Wohnung im Kensington Palace, klagte über den Gestank faulender Blumen und sagte, Diana habe offenbar alle genauso hysterisch gemacht, wie sie es zum Zeitpunkt ihres Todes selbst gewesen sei.

Der Kampf um die Fahne wurde zu einer Frage des Prinzips, für beide Seiten. Der Hof fand es hanebüchen, ein Reglement, das mit den Trauerfeierlichkeiten nichts zu tun hatte, nur darum zu ändern, weil man missverstanden wurde und zum Nachgeben genötigt werden sollte. Wichtig war auch hier wieder der dezidierte Unwille der Queen, sich anzubiedern. Sie war immer noch die Frau, die in jungen Jahren aus dem Redetext, dass sie sich »sehr freue« in Kingston upon Hull zu sein, das Wort »sehr« strich. Eine Flagge auf Halbmast wäre genau das, wogegen sie sich immer gewehrt hatte: verlogenes Getue. Die empörten Trauernden aber sahen dies als starrsinnige Weigerung, ihrer kleinen, berechtigten Forderung nachzukommen: Warum konnte sie der Prinzessin und allen, die sie liebten, nicht einmal diese kleine Geste gewähren?

In Balmoral dauerte es sehr lange, bis die Fahnenfrage nicht mehr als eine Banalität abgetan wurde. Man war vollauf mit der Planung der Beisetzung sowie der Sorge um William und Harry beschäftigt. Tiggy Legge-Bourke war die ganze Zeit bei ihnen, Annes Kinder Peter und Zara, die den Jungen nahestanden, wurden nach Balmoral geholt, um ihnen Gesellschaft zu leisten.

Philip kümmerte sich sehr um seine Enkelsöhne, ging mit ihnen auf die Jagd und machte Wanderungen, er stand auch mit Tony Blair und Alastair Campbell in Verbindung, die den Eindruck hatten, dass sie nicht nur für ihre Regierung, sondern auch für das Königshaus planen mussten. Campbell vermerkte in seinem Tagebuch, Philip klinge am Telefon alt und verletzt, es belaste ihn sehr, dass man ihn und seine Familie als gefühllos darstelle. Aber hin und wieder knallte es in der Leitung zwischen Balmoral und London, beispielsweise bei der Frage, welche Rolle die Söhne bei der Beisetzung spielen sollten, zu der sich ein Mitglied der Spencer-Familie bereits etwas zu dezidiert geäußert hatte. »Hört auf, uns zu sagen, was wir mit den Jungen machen sollen!«, brüllte Prinz Philip in den Hörer. »Sie haben ihre Mutter verloren! Ihr redet über sie, als wären sie eine Ware. Habt ihr überhaupt eine Vorstellung, was sie gerade durchmachen?« Da sprach auch der Mann, der als Kind erleben musste, wie seine eigene Mutter plötzlich verschwand.

Außerdem, fuhr er fort, müssten sie jetzt William suchen, der weggelaufen und irgendwo in den Bergen sei. William reagierte auf die Nachricht vom Tod seiner Mutter mit einem Wutausbruch gegen die Presse, danach reagierte er mit instinktiver Verweigerung, sobald jemand für die Beisetzung etwas vorschlug, was seiner Meinung nach für die Medien und nicht für seine Mutter geschah. Jahre später lobte er seine

Großeltern dafür, dass es ihnen gelungen sei, ihn und Harry abzuschirmen.

»Für unsere Großmutter waren es sicher sehr schwierige Entscheidungen. Sie war einerseits unsere Großmutter und andererseits die Königin, sie war zwischen diesen beiden Rollen zerrissen. Und sie wollte auch unseren Vater schützen. Sie räumte alle Zeitungen weg, damit wir nicht erfuhren, was passierte ... es war, um ehrlich zu sein, ein Glück, dass wir damals allein trauern und uns sammeln konnten, dass wir diesen Ort hatten, der von allem weit entfernt war.«

Tony Blair befand sich in direkter Opposition zu den rigiden Hofbeamten, weil er überzeugt war, dass sie mit ihrem Pochen auf Traditionen großen Schaden anrichteten. Der Hof wollte einer Frau, die viele als Bedrohung empfunden hatten, unter keinen Umständen eine Ehrerbietung jenseits des Üblichen gewähren. Man hatte weder für Winston Churchill noch für den aufopferungsvollen König George VI. halbmast geflaggt und sollte das nun für eine Prinzessin einführen, die fast das ganze Schiff versenkt hätte? Der Volkszorn über den leeren Mast wurde als kurzfristiges Medienspektakel abgetan. Die Königsfamilie und die Sprecher des Hofes begriffen weder, wie tief die Empörung ging, noch, welche Figur sie selbst machten. Die Stimmung in London brodelte und wurde fast revolutionär. Blair hatte den Eindruck, dass Gespräche mit der Königin nicht weiterführten, und entschied sich für den Weg über Charles.

Premierminister und Thronfolger waren sich einig, dass die Familie nach London kommen und die Königin in einer Ansprache zeigen musste, dass sie die landesweite Trauer teilte. Laut Alastair Campbell machte Blair in einem Telefonat mit Balmoral deutlich, wie wichtig es sei, dass die Königsfamilie ihre Verletzlichkeit zeige und dass auch sie starke und echte Gefühle habe. Blair betonte sein Verständnis, wie verletzend es für die Königin sein müsse, wenn in Zweifel gezogen werde, dass sie in dieser Situation aus anderen als ehrbaren Motiven handele.

Elizabeth machte eine komplette Kehrtwendung. Die ganze Familie fuhr nach London. Auf Buckingham Palace wurde der Union Jack auf halbmast gehisst. William und Charles durften dasselbe Flugzeug nehmen, was normalerweise strikt verboten ist. Direkte Thronerben müssen in unterschiedlichen Maschinen fliegen.

Am Freitag besichtigten die Königin und Prinz Philip vor dem Buckingham Palace das aufgeschichtete Blumenmeer und sprachen mit den Menschen. Die Blumen am Schlosszaun türmten sich fast zwei Meter hoch; der süßliche Duft war überwältigend, das Geräusch des Zellophans um die vielen tausend Sträuße füllte die Luft mit leisem Knistern. Wer nahe genug stand, nahm an der Königin unübliche Anzeichen von Unsicherheit wahr – ein ungewohnter Gesichtsausdruck, eine zögerliche Frage an einen Mitarbeiter –, als wisse sie nicht, wie man sie empfangen würde. Aber als sie und ihr Gemahl vor der Menge standen, schien die Stimmung augenblicklich zu drehen: Mama war wieder zu Hause.

Wer in den Anschuldigungen gegen die Königin die Vorboten eines republikanischen Erwachens sah, hatte die Situation offenbar fehlinterpretiert. Sie waren möglicherweise viel eher der Ausdruck einer tiefen Enttäuschung, dass die Königsfamilie, mit der man doch so eng verbunden war, ihren Teil des Vertrages nicht einhalten wollte. Die Bevölkerung hielt ihre Vorstellungen davon, was und wie die Monarchie in Zeiten von Diana sein sollte, für so verbreitet, ja für selbstverständlich, dass sich ihrer Ansicht nach die Königin, wenn sie diese Auffassung nicht teilte, irren musste. Selbst in den Tagen, als Meuterei in der Luft lag, sagten drei Viertel der Briten, dass sie die Monarchie jeder anderen Staatsform vorzögen. Ben Pimlott meinte, der Aufruhr zeige zwar die Zerbrechlichkeit der Monarchie, bestätige aber auch nachdrücklich, wie tief die von den Royals repräsentierten Ideale im Denken vieler verankert seien.

Als die Königin umherging, die Blumen betrachtete und Karten las, brach spontaner Applaus aus. Ein elfjähriges Mädchen reichte ihr einen Rosenstrauß. »Soll ich ihn für dich niederlegen?«, fragte die Königin. »Nein, Eure Majestät«, antwortete das Kind, »der ist für Sie.«

Im Umfeld der Königin wussten alle, dass sie sich im Fernsehen *live* an das Volk wenden und über die Ereignisse sprechen musste. Elizabeth, die, von den traditionellen Weihnachtsansprachen abgesehen, fast nie im Fernsehen redet, gab auch hier nach. Man legte ihr einen von Robert Fellowes verfassten Redeentwurf vor und fragte sie, ob sie das so sagen könne. »Absolut«, antwortete sie. »Ich stehe hinter jedem Wort.« Punkt achtzehn Uhr sahen die Briten ihre schwarz gekleidete Königin:

»Seit der schrecklichen Nachricht des vergangenen Sonntags erleben wir überall in Großbritannien und auf der ganzen Welt überwältigende Bekundungen von Trauer über Dianas Tod. Wir alle versuchen auf unsere Weise, das zu meistern. Es ist nicht einfach, dieses Gefühl von Verlust auszudrücken, denn auf den ersten Schock folgen andere Gefühle: Unglaube, Unverständnis, Zorn, die Sorge um die Hinterbliebenen. In den letzten Tagen haben wir alle diese Gefühle erlebt. Was ich jetzt zu Ihnen sage, als Ihre Königin und als Großmutter, sage ich von Herzen. Als Erstes möchte ich Diana meinen Respekt zollen. Sie war ein außergewöhnlicher und talentierter Mensch. In guten wie in schlechten Zeiten hat sie nie ihre Fähigkeit eingebüßt, zu lächeln und zu lachen und andere durch ihre Wärme und Freundlichkeit zu inspirieren. Ich habe sie bewundert und respektiert für ihre Energie und ihren Einsatz für andere und besonders für ihre Hingabe an ihre beiden Jungen. Diese Woche haben wir alle versucht, William und Harry in

Balmoral dabei zu helfen, mit dem schrecklichen Verlust fertig zu werden, den sie und auch wir erlitten haben. Niemand, der Diana kannte, wird sie je vergessen. Millionen von Menschen, die sie nie getroffen haben, aber das Gefühl hatten, dass sie sie kannten, werden sie in Erinnerung behalten.«

Kaum jemand bemerkte das winzige Aufbäumen von Widerstand in der Versöhnungsrede: Die Andeutung, dass viele Trauernde Diana nicht gekannt hatten, dass die Forderung, Gefühle öffentlich, spontan und unzweideutig zu zeigen, als unangemessen empfunden wurde. Sie sagte nicht, dass sie ihre schwierige Schwiegertochter geliebt habe. Elizabeth war nach wie vor nicht *sehr* froh, in Kingston zu sein.

Die Worte »als Großmutter« stammten von Alastair Campbell, der die Rede vor der Übertragung las. Und gerade daran sollten sich später die meisten erinnern, es trug sehr dazu bei, dass das Mitgefühl für die Familie größer wurde. In der Monatszeitschrift *Prospect* bezeichnete der Schriftsteller Michael Ignatieff die Ansprüche an sie als zynisch: »Nicht das Volk verlangte, dass sich die Königin widerstrebend einen Nachruf auf ihre ehemalige Schwiegertochter abpresste. Die Presse hat sie dazu gezwungen, denn die kämpfte darum, ihren Ruf zu retten, und hoffte, sich so in Sicherheit zu bringen.«

Aber die Emotionen waren immer noch am Siedepunkt, das spürten auch die beiden Prinzen, als sie mit ihrem Vater vor das Schloss kamen, um die trauernden Menschen zu begrüßen und die Berge von Blumen zu betrachten. Harry erzählte, einige Menschen, mit denen er sprach, hätten ihn gepackt und an sich gezogen. »Das alles war für uns recht – schockierend. Die Leute schrien, die Leute weinten, ihre Hände waren nass von den Tränen, die sie sich abgewischt hatten, bevor sie mir die Hand schüttelten.« Er fragte sich, warum so viele Menschen, die seine Mutter nie getroffen hatten, mehr Gefühle zeigten, als er selbst spürte.

Dianas Mutter Frances Shand Kydd hatte auf der schottischen Isle of Seil, wo sie wohnte, vom Tod ihrer Tochter erfahren. Es hatte sie sehr verletzt, dass sie nicht gebeten worden war, mit Charles und ihren beiden älteren Töchtern nach Paris zu fliegen und Dianas Leichnam nach Großbritannien zu holen, umso mehr empörte es sie nun, nicht zur Planung der Beisetzung hinzugezogen zu werden. Hinzu kam, dass die Königin ihr weder kondoliert noch ein Gespräch über die beiden Jungen gesucht hatte, deren Großmütter sie beide waren. Frances dachte an ihren Sohn, der unmittelbar nach der Geburt starb und den man ihr weggenommen hatte, bevor sie ihn im Arm halten konnte. Sie sagte, sie empfinde es als bittere Ironie des Schicksals, dass sie aus völlig unterschiedlichen Gründen zwei Kinder zu Grabe tragen musste, die sie nach ihrem Tod weder sehen noch berühren oder im Arm halten durfte. Es belastete sie auch, dass sie den Streit mit ihrer Tochter vor deren Tod nicht mehr hatte beilegen können, während sich Diana mit ihrer Stiefmutter Raine ausgesöhnt hatte. Frances, geschieden und auf Seil isoliert, hatte Diana mehrfach und mitunter recht alkoholisiert angerufen und die Beziehung zu Hasnat Khan kritisiert, weil Khan Moslem war. Diana war wütend, zu einer Versöhnung kam es nicht mehr.

In der königlichen Kapelle im St. James's Palace saß Frances lange neben Dianas Sarg, an einem der Abende ging sie zu den Trauernden vor dem Kensington Palace, um mit ihnen über ihre Tochter zu sprechen und einige der dort abgelegten Karten zu lesen. Dianas Geschwister führten seit dem Unfall intensive Diskussionen mit dem Buckingham Palace.

Ihr Bruder Charles Spencer wollte hinter dem Sarg gehen. Doch die Tradition verlangt, dass bei einer königlichen Beisetzung die Männer der Königsfamilie dem Sarg folgen, und das beanspruchte Prinz Charles auch für sich und seine Söhne. Bei den Vorbereitungen wurden Befürchtungen geäußert, dass sich die Menge gegen den Prinzen wenden oder ihn sogar angreifen könnte, falls die Jungen ihn nicht – fast wie ein Schutzschild – begleiteten. Aber William und Harry wollten nicht. Prinz Philip konnte sie umstimmen, indem er zu bedenken gab, dass sie eines Tages bereuen könnten, nicht mitgegangen zu sein: »Wenn ich gehe«, sagte er zu William, »gehst du dann mit mir?«

Am Samstag, dem 6. September 1997, verließ Dianas Sarg bei strahlendem Sonnenschein den Kensington Palace. Er stand auf einer offenen Lafette, die von sechs dunkelbraunen Pferden gezogen wurde, war in die königliche Standarte gehüllt und mit Lilien und Rosen bedeckt. In einem einzelnen kleinen Rosengesteck steckte eine Karte, auf der in Harrys kindlicher Handschrift *Mummy* stand.

Viele Zuschauer warteten seit Stunden, sie hörten den nahenden Trauerzug, bevor sie ihn sahen, weil er von Rufen und Schluchzen begleitet war. Der Zug passierte Buckingham Palace, wo Königin Elizabeth mit den anderen Familienangehörigen wartete. Als der Sarg vorüberzog, neigte die Königin kurz, aber erkennbar den Kopf.

Wo die Mall die Marlborough Road kreuzt, schlossen sich Graf Spencer und die Prinzen Philip, Charles, William und Harry dem Trauerzug an. Die Zuschauer riefen den Jungen Ermutigungen und Segenswünsche zu. Prinz Philip, der außen ging, sprach leise über die historischen Wahrzeichen, an denen sie vorüberkamen, damit sie an etwas anderes denken konnten und nicht zusammenbrachen. Und sie bewahrten Haltung. Sie gingen langsam, mit geballten Fäusten.

William erzählte später, ein starker Selbsterhaltungstrieb habe ihn davor bewahrt, in Tränen auszubrechen: »Ich fühlte mich mit diesen ungeheuren Gefühlsausbrüchen rundum sowieso unwohl. Ich bin sehr introvertiert, das war nicht einfach. Da war ein solcher Lärm, so viel Weinen, so viele Klagen, aus der Menge wurden uns Dinge zugeworfen, Menschen wurden ohnmächtig.«

Zwanzig Jahre nach der Beisetzung führte die Journalistin Angela Levin ein Gespräch mit Prinz Harry, bei dem er kein Blatt vor den Mund nahm:»Als unsere Mutter starb, waren William und ich fünfzehn und zwölf, ich musste sehr lange hinter ihrem Sarg hergehen. Kein Kind sollte in so jungen Jahren seine Mutter verlieren und dann erleben müssen, dass Tausende von Menschen seine Trauer mitansehen und viele Millionen auf der ganzen Welt das im Fernsehen mitverfolgen können. Ich glaube, dass man ein Kind niemals, egal unter welchen Umständen, um so etwas bitten darf. Ich glaube, dass das heute unmöglich wäre.«

Die Trauergemeinde in Westminster Abbey war eine buntgemischte Schar, die Dianas facettenreiches Leben widerspiegelte. Idealisten und Freiwillige repräsentierten die vielen Hilfsorganisationen, für die Diana gearbeitet hatte; Vertreter des Jetsets, Leute wie Steven Spielberg, Tom Hanks, Nicole Kidman und Tom Cruise, waren von der anderen Seite des Atlantiks gekommen, Freundinnen, die sie getröstet hatte und von denen sie getröstet worden war. Hasnat Khan saß allein, er trug eine Sonnenbrille.

Elton John setzte sich an den Flügel und sang mit Tränen in den Augen »Candle in the Wind«: Er hatte das ursprünglich Marilyn Monroe gewidmete Lied für Diana umgeschrieben, der Text war, anders als der zarte, realitätsnahe Marilyn-Text, eine Huldigung mit Verweisen auf Himmelreich und Vaterland. Die Single wurde 33 Millionen Mal verkauft. Weniger Aufmerksamkeit bekam ein Kirchenlied, das Diana ursprünglich für ihre Hochzeit mit Charles ausgewählt hatte: »»I Vow to Thee, My Country«. Das galt seinerzeit als eigentümliche Wahl, da es in dem Lied eher um ein tief empfundenes, patriotisches Opfer für das Vaterland als um andere Arten der Liebe geht. Als die Ehe scheiterte, bekam das Lied eine düstere Bedeutung: Für viele, auch für Diana selbst, war sie das Opferlamm, das einem Thronerben den Anschein von Wohlanständigkeit verliehen hatte; nur mit der richtigen Ehefrau konnte er die Aufgabe erfüllen, die ihm qua Geburt auferlegt war. *The love that never falters, the love that pays the price, The love that makes undaunted the final sacrifice*, heißt es in dieser viktorianischen Hymne. Elton John sang in seiner umgedichteten Ballade: *You were the grace that placed itself where lives were torn apart ... You called out to our country, and you whispered to those in pain ...* Eingeblendet wurde das Bild einer flackernden Kerze, die der Wind zu löschen droht.

Im Kontext dieser besonderen Situation erzählten die Lieder zwei verschiedene Geschichten über beengte Frauenleben und die Unmöglichkeit, so zu leben, wie man möchte. Das eine handelt von Pflicht, Aufopferung und der Bereitschaft, die eigenen Wünsche zugunsten höherer Ideale zurückzustellen. Das andere erzählt von dem modernen Gefängnis ›Berühmtheit‹, die dazu führt, dass man von den Menschen vergöttert wird und zugleich von ihnen entfernt ist, von dem hohen psychischen Druck, den diese Berühmtheit mit sich bringt und der es schwierig macht, anderen Menschen auf Augenhöhe zu begegnen. Es ist verständlich, warum Diana sich mit Monroe verbunden fühlte.

Königliche Beisetzungen in imposanten Kirchen, mit marschierenden Soldaten und strengem Protokoll demonstrieren Ernsthaftigkeit, aber auch Stabilität und Kontinuität. Im Vergleich dazu war Dianas Beisetzung fast eine Feier des Zerbrechlichen, des Kampfes gegen inneren und äußeren Druck. Es wurde nicht verheimlicht, dass in dem Sarg am Altar ein unglücklicher und suchender Mensch lag; am allerwenigsten von Dianas Bruder. Charles Spencer bestieg die Kanzel und pries seine Schwes-

ter als Kämpferin für die Unterdrückten. Sie habe sich der
»Gemeinde der Abgewiesenen« eng verbunden gefühlt, weil
sie selbst so gelitten habe, sie habe unermüdlich Gutes getan,
um dem Gefühl der eigenen Wertlosigkeit zu entkommen. Er
zeichnete sie als kindlich und intuitiv, als eine Frau, die nicht
verstehen konnte, warum die Presse sie attackierte, wo sie doch
in einer Welt, die wahrer Güte misstraue, ja sie bedrohlich finde, nur das Beste wollte. »Sie war nach der antiken Jagdgöttin
benannt und zum Schluss der meistgejagte Mensch von allen«,
sagte er mit Hinweis auf die Jagdgöttin Diana, die römische
Entsprechung der griechischen Artemis, die oft mit Pfeil und
Bogen abgebildet wird.

Nach einer Woche, in der einflussreiche Institutionen und
Familien sich in dem Bemühen überboten hatten, dem jeweils
anderen die Schuld für Dianas unglückliches Leben und ihren
Tod zuzuschieben, wäre ihre Beisetzung gut ohne Feindbilder
ausgekommen. Aber der Earl, ein ebenso streitbarer Spencer,
wie Diana es gewesen war, sah keinen Grund für Milde. Wie
seine Schwester hatte auch er ein sicheres Gespür für die große Bühne und die einmalige Chance, eine grobe und wütende Suada abzuliefern. Er sagte mit klarer Anspielung auf die
Scheidungsvereinbarung, die Diana den Titel »Königliche Hoheit« nahm, sie habe »keinen Titel gebraucht«, um ihre ganz
persönliche Ausstrahlung zu entfalten. Dann gelobte er feierlich, dass »wir, deine Blutsverwandten«, William und Harry
vor einem Schicksal wie dem ihrer Mutter beschützen würden.

»Ich gelobe feierlich, dass wir, deine Blutsverwandten, alles
in unserer Macht Stehende tun werden, um diese beiden außer-
gewöhnlichen jungen Männer auch weiterhin so fantasie- und
liebevoll zu erziehen wie du es getan hast, damit sie nicht von
Pflichtgefühl und Tradition durchdrungen sind, sondern sich
frei entfalten können, wie du es gewünscht hättest. Wir haben
tiefen Respekt für das Erbe, in das sie hineingeboren wurden,

und werden sie in ihrer königlichen Rolle immer respektieren und bestärken, aber wir wissen, so wie du es wusstest, dass sie möglichst viele Seiten des Lebens erfahren müssen, um geistig und emotional für die vor ihnen liegenden Jahre gewappnet zu sein.«

Als er über seine Schwester sprach, kämpfte er mit den Tränen, nach der Rede wurde in der Kirche und davor spontan applaudiert. Die erwachsenen Mitglieder der königlichen Familie rührten sich nicht. Wieder kollidierten zwei Welten. Der Monarch trägt zwar den höchsten Titel und nimmt Ehrbezeugungen entgegen, kann aber dem Aristokraten nicht imponieren. Der hat seinen eigenen Titel, seine eigene Geschichte, ist sich seiner Position ebenso sicher wie die Königsfamilie, die in nicht sehr ferner Vergangenheit ins Land geholt wurde, um es zu regieren. In diesem modernen, medialen Megaspektakel findet sich ein ferner Widerhall des Feudalismus.

Spencers Rede erwähnt alles, was Journalisten ein ums andere Mal auf die Frage gehört hatten, warum Diana so wichtig gewesen sei. »Es machte sie perfekt, dass sie nicht perfekt war«, war eine Antwort. »Sie war auf der globalen Bühne die einzige prominente Frau, die ihre Gefühle zeigte«, eine andere.

Als Diana und Charles heirateten, sprach der Erzbischof Robert Runcie von »dem Stoff, aus dem Märchen sind«. Einige Jahre später war das zur »königlichen Seifenoper« geworden, und am Beisetzungstag beschwor Earl Spencer römische Sagen. Märchen, Seifenoper, Sagen und Mythen – mit diesen Begriffen sollte Dianas Geschichte künftig erzählt werden.

Die Medienforscherin Christine Geraghty meinte, Dianas Geschichte erinnere nicht nur wegen der Tränen und der grellen Schlagzeilen an eine Seifenoper. Sie sei vielmehr eine nachhaltige Erzählung und schaffe eine »interpretierende Gemeinschaft«, insbesondere unter Frauen, die in Gefühls- und Liebesdingen ähnlich kommunizierten und sich, zumindest in manchen Aspekten, mit Dianas Geschichte identifizierten. Zudem sei die Geschichte von Ehe und Scheidung von einer Regenbogenpresse erzählt worden, für die es nur starke, klare und eindeutige Gefühle gebe und die der Dramaturgie einer Seifenoper folge. So hatte Diana viele weibliche Dolmetscher, die sich in deren Aufbegehren wiedererkannten. Sie war ein strahlender Avatar, auf den sich sehr viel projizieren ließ. In Martin Amis' Worten: »Diana war ein Spiegel, keine Lampe. [...] Man sah sie an und sah sein eigenes, durchschnittliches Menschsein, aber in Neonschrift.« Viele, die um die Prinzessin weinten, trauerten womöglich ebenso sehr um sich selbst.

»Märchen« war das Wort, mit dem Dianas Leben am häufigsten beschrieben wurde: Ein junges, liebes, bescheidenes Mädchen wird von einem Prinzen entdeckt und in eine Welt kostbarer Roben, vergoldeter Kutsche, buckelnder Diener und ewiger Liebe entführt. Aber wo das Märchen endete, begann eine andere Geschichte, dem ersten Eindruck folgte ein zweiter und ein dritter, hier hätte Aschenbrödels bisheriges Leben ohne allzu viel Knirschen mit ihrem neuen verknüpft werden müssen. Die Kluft zwischen Fassade und Realität wuchs, und als die Kombattanten in diesem Ehekrieg immer miesere Methoden anwandten, wurde die schönste Geschichte des Jahrzehnts zur schmuddeligsten und hässlichsten. Und so tröpfelten sie ans Tageslicht, die Berichte über unglückliche Kindheit, Essstörung, Selbstverletzung, unvereinbare sexuelle Erwartungen und Spiegel, die in Anfällen von Wut und Frustration zerschlagen wurden. In gewisser Weise waren auch das Märchen, allerdings nicht die blankgeschrubbten Kinderbuchfassungen, sondern die ursprünglichen Volksmärchen des Mittelalters, wo der Wahnsinn nie weit entfernt ist, alle Menschen dunkle Geheimnisse verbergen und Totenschädel so zahlreich sind wie Rosen. In ihrem Essay »The princess myth« über Diana erinnert die Schriftstellerin Hilary Mantel daran, dass es in

Märchen um »Kindsmord geht, Kannibalismus, Hunger, Entstellung, verzweifelte Menschenwesen, die in Tiere verwandelt, von Bannsprüchen versteinert oder lebend in Dornen eingeschlossen wurden. Das in einen Käfig eingesperrte Kind wird mit Milch genährt und von der Hexe prüfend betastet, ob es schon dick genug ist.«

Erst aus diesem Blickwinkel werden Märchen wirklich interessant. Dann handeln sie nicht vom Lohn für Passivität oder von strahlender Tugend, sondern schildern tiefe Bedürfnisse und uneingestandene Aggressivität; es geht um Ungeheuer, denen man sich stellen muss, und um das Ungeheuer, in das man, falls die Umstände danach sind, selbst verwandelt werden könnte.

Wie die Märchen verliert auch Dianas Geschichte ihre Faszination nicht und wird weiterhin erzählt. Mal wird sie aufopfernd, mal egoistisch dargestellt, sie ist Medienopfer und Medienmanipulatorin, liebevoll und abweisend, strategisch und selbstzerstörerisch, romantisch und zynisch. Sie provoziert sofortige Reaktionen und doch wird immer noch niemand wirklich klug aus ihr. Viele meinen, sie persönlich gekannt zu haben, doch sie bleibt ein Rätsel.

Nach dem Trauergottesdienst wurde der Sarg von der Westminster Abbey zum Familienanwesen Althorp gebracht und auf einer kleinen Insel beigesetzt, die nicht öffentlich zugänglich ist. Dort weinte Harry zum ersten Mal. Zwanzig Jahre nach dem Unglück von Paris sprach er über den Tod seiner Mutter. Er habe, sagte er, seither nicht mehr oft geweint, aber in ihm sei noch viel unverarbeitete Trauer.

Nach und nach legten sich die Turbulenzen, die Dianas Tod ausgelöst hatten, aber die aufrührerische Stimmung jener Tage hatte Elizabeth und Philip verwirrt und auch verstört. In der Rede, die sie im November jenes Jahres anlässlich ihrer Goldenen Hochzeit hielt, klang die Queen nachdenklich. Sie sprach darüber, dass die Botschaft der Bevölkerung für die königliche Familie mitunter schwierig zu lesen sei, »kann sie doch verdunkelt sein durch Ehrerbietung, Rhetorik und die widerstreitenden Strömungen in der öffentlichen Meinung. Aber lesen müssen wir sie.«

Den Worten folgten Taten; es gab kleine, aber deutliche Modernisierungsschritte. Die Queen wurde in Burger-Lokale und Einkaufszentren geschickt; sie hielt in Schulen und Altersheime nicht mehr Abstand zu den Besuchten, sondern setzte sich zu ihnen, sprach mit ihnen, sie nahm teil und nicht zuletzt: Sie ließ sich dabei fotografieren. Vorbild für all das war Diana.

Nach Dianas Tod prognostizierten einige Zeitungen, dass der Geist seiner Exfrau Charles auf ewig verfolgen werde. Die *Sunday Times* glaubte, er werde wie Edward VIII. zwischen Krone und Geliebter wählen müssen, der *Observer* sah die Monarchie in ihren Grundfesten erschüttert und Charles so geschwächt, dass er keinesfalls König werden könne.

Der Mann der Stunde war ein anderer Charles gewesen – Charles Spencer.

Doch der verstand sich, auch darin seiner Schwester ähnlich, besser darauf, die Gunst des funkelnden Moments zu nutzen, als weitsichtig und nüchtern zu planen. Er hatte den Windsors vorgeworfen, Diana kein Zuhause gegeben, sie abgewiesen und betrogen, sich nicht um sie gekümmert zu haben. Doch bald sickerte durch, dass er selbst nicht viel besser war als der von ihm verdammte Prinz von Wales. Noch vor Jahresende war er von seiner Ehefrau Victoria Lockwood geschieden, die in einem langwierigen und bitteren Scheidungsverfahren ausgesagt hatte, der Earl habe sie mit mehreren Frauen betrogen, und das auch in einer Phase, als sie wegen Alkoholproblemen und einer Essstörung in einer Klinik war. 2002 musste er in einem Interview einräumen, zur Erziehung von William und Harry nicht viel beigetragen zu haben.

Doch nicht nur die Spencers und Windsors waren uneinig darüber, wem Diana gehörte und wer ihren tragischen Tod verschuldet hatte. Neben den beiden blaublütigen Familien gab es eine dritte Familie, die nicht zur britischen Elite gehörte, sondern die nach Großbritannien eingewandert war und es dort weit gebracht hatte: die Fayeds.

Als Prinz Charles und Dianas Schwestern das Pariser Krankenhaus betraten, um Diana zu sehen, stand Mohamed Al-Fayed in einem französischen Leichenhaus neben dem Leichnam seines ältesten Sohnes.»Ich konnte sehen, dass Dodi seinen Frieden gefunden hatte. Er sah wieder aus wie ein kleiner Junge. Einen Moment lang glaubte ich, seine Seele sei in seinen Körper zurückgekehrt, dass er wieder leben würde, doch seine Kopfverletzungen waren zu schwer.«

Al-Fayed klammerte sich an die romantische Geschichte von Dodi und Diana; in der Unteretage des Warenhauses Harrod's enthüllte er eine Goldstatue der beiden als Paar, er schuf und verbreitete Verschwörungstheorien. Danach war der Unfall von Paris kein Unfall, sondern ein Anschlag, die Prinzessin war vom britischen Geheimdienst ermordet worden, der mit der Windsor-Familie im Bunde gewesen sei: Sie habe Dianas Tod betrieben, weil sie von Dodi schwanger gewesen sei und die beiden heiraten wollten. Als Zeugin für diese Version zitierte er die tote Prinzessin selbst, die in Momenten tiefer Verunsicherung mitunter Ängste äußerte, man trachte ihr nach dem Leben. Fayeds Behauptungen erwiesen sich alle als gegenstandslos: Diana war, wie Blutproben bewiesen, nicht schwanger, dass der Mercedes in den Tunnel an der Place de l'Alma einfuhr, war eine spontane Entscheidung von Dodi und dem Chauffeur Henri Paul. 2008 durchleuchtete eine weitere gerichtliche Untersuchung erneut minutiös alle Details des Unfalls und auch Dianas Privatleben, das Ergebnis war, dass sie eindeutig bei einem Unfall ums Leben gekommen war.

Die Verschwörungsidee lebt vor allem in jenen Winkeln des Internets weiter, die Eliten generell mit Hass überziehen, und Mohamed Al-Fayed rückt nicht von der Behauptung eines Komplotts ab. Das ist auch das wütende Aufbegehren eines Mannes, der nichts unversucht ließ, um vom britischen Establishment akzeptiert zu werden, jedes Mal brüsk zurückgewiesen wurde und nun meint, die berühmteste britische Prinzessin für sich beanspruchen zu können: Sie gehört auch uns!

Viele sehen die Schuld für Dianas unglückliches Leben immer noch bei Charles und seiner Familie, aber Wut und Empörung haben sich gelegt. Kaum jemand nimmt Anstoß, wenn er und die Frau, die einmal Camilla Parker Bowles hieß, als Ehepaar in Kirchen und auf Palastbalkonen erscheinen. Während schon im Jahr nach Dianas Tod mehrere Gedenkveranstaltungen für sie wegen mangelnden Interesses abgesagt werden mussten, ist die Windsor-Familie immer noch da. Die Menge ruft und winkt ihr zu, sie winkt zurück.

Diana, die immer die Nähe anderer suchte, liegt allein und von allen Menschen abgeschirmt auf einem isolierten Inselchen in Norfolk.

22

Das Ringen mit den Medien

Am Silversterabend 1999 waren Premierminister Tony Blair, Königin Elizabeth, Prinz Philip, Prinzessin Anne und mehrere tausend weitere Besucher in Londons neuem Millennium Dome versammelt, um mit einer spektakulären Show den Übergang ins neue Jahrtausend zu feiern. Die Veranstaltung streute sehr viel Glanz und Glitter über eine etwas komplizierte Realität. *The Dome* war ein kostspieliges, umstrittenes Bauprojekt, das immer häufiger lächerlich gemacht wurde. Die Konzert- und Ausstellungshalle war offenbar als Ort futuristischer Feiern gedacht, wobei niemand sagen konnte, was damit genau gemeint sein könnte. *The Dome* wurde später in »O2-Arena« umbenannt.

Die riesige Halle war an jenem Abend nicht voll besetzt, unter anderem, weil eine der U-Bahnen ausgefallen war und mehrere tausend Gäste nicht ins Zentrum kommen konnten. Im Dome war es eiskalt, Alastair Campbell schrieb, Anne sei »granitfarben« gewesen. Tony Blair erkannte zu spät, dass die angekündigten Trapezartisten ohne Netz direkt über dem Kopf der Königin auftreten würden, der Gedanke, dass sie abstürzen und die Königin erschlagen könnten, machte ihn panisch. Direkt vor Mitternacht sollten sich alle Anwesenden an den Händen fassen und »Auld Lang Syne« singen, was die Konvention verletzte, dass die Königin nicht berührt werden darf. Blair und Ehefrau Cherie sangen mit einer Inbrunst, die an Verzweiflung denken ließ. Die Königin stand lange reglos da, als Blair ihr die Hand hinstreckte, ergriff sie sie zögerlich, mit erkennbarem Widerwillen, und ließ auch zu, dass Blair ihre Hände kurz im Takt schwang. Gegen Ende des Abends küsste Philip seine Gattin auf die Wange, vielleicht wollte er sie darüber hinwegtrösten, dass sie nicht sein konnte, wo sie am liebsten gewesen wäre, nämlich in Sandringham, im Schoße ihrer Familie, weit weg von der Großstadt. Blair sollte sich später mit Horror an die Veranstaltung erinnern, auf dem Heimweg sagte er zu seiner Frau, er danke seinem Gott, dass es solche Abende nur einmal in tausend Jahren gebe.

Die Feier war nicht so grandios, wie Optimisten es vorhergesagt hatten, andererseits verlief der Jahrtausendwechsel insgesamt nicht so katastrophal, wie von Pessimisten erwartet. Alle Befürchtungen, dass die Rechner den Übergang von 1999 auf 2000 nicht bewältigen und die Systeme von Banken, Regierungen und dem Militär zusammenbrechen würden, erwiesen sich als unbegründet. Als die Briten am Morgen des 1. Januar 2000 das Teewasser aufsetzten, sah die Welt nicht anders aus als am Vorabend. Das galt selbstverständlich auch für die Königsfamilie, doch sie nahm in den Jahren um den Jahrtausendwechsel einige wichtige Kurskorrekturen vor, die das Ende einer Ära und den Beginn einer neuen markierten.

In den angespannten internationalen Prozess, in den die Krone eingebunden war, schien etwas Ruhe eingekehrt zu sein, die Diskussion über Großbritanniens Verhältnis zu den rassendiskriminierenden Staaten Afrikas war größtenteils Geschichte. Kurz nachdem Nelson Mandela südafrikanischer Präsident geworden war und das Land in das Commonwealth zurückgeführt hatte, lud er die Queen zum Staatsbesuch ein. Das Land war noch sehr unruhig, aber wie schon bei früheren Gelegenheiten hörte Elizabeth auch hier nicht auf heimische Politiker, die sie von der Reise abhalten wollten – allen voran Außenminister Douglas Hurd. »Viele raten Herrn Mandela, niemand hilft ihm wirklich«, soll sie zu dem ehemaligen

Kapitän der »Britannia«, Robert Woodard, gesagt haben. »Er braucht konkrete Hilfe und er braucht Aufmerksamkeit.« Das Schiff ankerte im März 1995 in Cape Town, Elizabeth wurde am Kai von einem gewaltigen Presseaufgebot erwartet. Es war ihr erster Südafrika-Besuch seit 1947, es war damals ihre allererste Auslandsreise überhaupt, und sie hatte sich auf Anhieb in das Land verliebt. Mandela kam im folgenden Jahr zum Gegenbesuch nach London und ging mit der Queen in die Royal Albert Hall zu einem Konzert mit afrikanischer Musik. Er stand schon bald auf, klatschte und tanzte, und das Publikum staunte nicht schlecht, als auch die Königin aufstand und sich zur Musik wiegte. Es war eine wertvolle Allianz: Zu dieser Zeit war kein Staatsführer so geachtet wie Mandela, und er hatte schon als aufrührerischer Jurastudent verstanden, wie wichtig es war, den Kampf um die Rechte der schwarzen Bevölkerung mit dem britischen Königshaus zu verknüpfen. Dennoch staunten ihre Begleiter und andere, die die beiden zusammen erlebten, wie vertraut sie schienen. Vielleicht spielte es eine Rolle, dass auch Mandela einem Königsgeschlecht entstammte und beide daran gewohnt waren, von glühenden Bewunderern umringt zu sein, sie begegneten einander als Ebenbürtige. Sie korrespondierten regelmäßig; sie nannte ihn »Nelson«, er nannte sie – als einziger Staatsführer neben Sambias Kenneth Kaunda – bei ihrem Vornamen. »Elizabeth«, konnte er sie freudestrahlend begrüßen, wenn sie sich lange nicht gesehen hatten, »Sie haben abgenommen!« Bei einem Bankett für Mandela hielt sie eine ihrer seltenen freien Reden und sprach von »diesem wunderbaren Mann«.

1998 hatten lange und schmerzhafte Verhandlungen in Nordirland mit dem Karfreitagsabkommen ihr Ende gefunden, das Ergebnis waren eine lokale Nationalversammlung und eine Regierung sowie ein fragiles Friedensabkommen zwischen den streitenden Parteien. Dank des Abkommens konnte Elizabeth

2002, im Jahr ihres goldenen Thronjubiläums, Nordirland besuchen. Sie war dem Land, wie seinerzeit Südafrika, viele Jahre aus politischen Gründen ferngeblieben, der letzte Besuch fand im Jahr des silbernen Thronjubiläums statt. Als sie zehn Jahre später, 2012, erneut in Nordirland war, konnte sie einem Treffen mit Martin McGuinness, damals stellvertretender Erster Minister und Innenminister der nordirischen Regierung, nicht aus dem Weg gehen. Das war eine große Herausforderung für sie, denn McGuinness war beim Attentat auf Dickie Mountbatten einer der IRA-Anführer gewesen. Im Vorjahr hatte die Königin Dublin besucht, hatte dort, was ihr viel Lob einbrachte, die Iren auf Gälisch begrüßt und in ihrer Rede von den Gewalttaten gesprochen, die »uns alle, viele von uns persönlich, getroffen haben« – es war das erste und letzte Mal, dass sie den Mord an Mountbatten öffentlich erwähnte.

Allgemein herrschte ein Gefühl von Modernisierung, Versöhnung und Offenheit, als schaffe man mit großer Sorgfalt ein neues, größeres »Wir«. In den ersten Jahren des neuen Jahrtausends begann die Königin, häufiger von Großbritannien als einem Land mit vielen Kulturen und Religionen zu sprechen. Bei der Parlamentsrede anlässlich ihres goldenen Thronjubiläums sagte sie, die Briten seien stolz auf »unsere Tradition der Fairness und Toleranz – die Festigung unserer vielfältigen, multikulturellen und multireligiösen Gesellschaft, eine bedeutende Entwicklung seit 1952, haben wir bemerkenswert friedlich und mit großem Wohlwollen erreicht«. Zum ersten Mal betrat sie eine Moschee auf britischem Boden, ein jüdisches Museum, einen Sikh-Tempel sowie einen hinduistischen Tempel, Familienmitglieder besuchten Jainas und Buddhisten.

Es schien, als könne regionale und kulturelle Vielfalt zum Fundament einer neuen, erstrebenswerten britischen Identität werden. 1996 machte der Film *Trainspotting*, der in

Edinburghs raueren Ecken spielt, international Furore. Zadie Smith, Tochter einer jamaikanischen Mutter und eines englischen Vaters, eroberte 2000 mit ihrem Debütroman *Zähne zeigen* die Literaturwelt. Plötzlich waren die Briten in allem Trendsetter: Bands wie Blur, Pulp und Oasis, die beiden letzten aus den Industriestädten Sheffield und Manchester, schufen den wichtigen Britpop, Damien Hirst sägte Kühe mitten durch und wurde zum Star der Kunstszene, Modedesigner wie John Galliano, Alexander McQueen und Stella McCartney übernahmen als Chefdesigner führende französische Modehäuser, die mürrische Elfe Kate Moss lief in deren Kreationen über die wichtigsten Catwalks der Welt.

Der kalte Krieg war vorbei, der Krieg gegen den Terror hatte noch nicht begonnen, London war eine große Spielwiese. Die meisten Künstler übten politische Abstinenz; das kulturelle Großbritannien schien nach achtzehn Jahren mit einer harten konservativen Partei und einer angestaubten Labour-Partei erschöpft und wollte sich offenbar dem eigenen kreativen Universum widmen. Frontmann Jarvis Cocker von Pulp, die vielleicht politisch engagierteste der großen Bands, kam mit säuerlichen Beschreibungen der Friktionen in dem unverändert klassengeteilten Land. In »Cocaine Socialism« beschuldigte er Tony Blair, ohne ihn namentlich zu nennen, sich bei Musikern und Kulturschaffenden einschmeicheln und deren Erfolge und Haltungen für Labour vereinnahmen zu wollen: »*Do you want a line of this? Are you a socialist?*« Blair hatte sich gezielt um größere und sichtbare Nähe zu Cocker und Leuten wie Noel Gallagher von Oasis bemüht, der sich unversehens mit einem Sektglas in der Hand in 10 Downing Street wiederfand. Allerdings waren viele der neuen britischen Stars mindestens so publicity-bewusst wie Blair, sie wollten bekannt werden und drängten bereitwillig aus der kulturellen Peripherie in den Mainstream.

Die Briten konnten freier als früher aus einem breit gefächerten kulturellen Angebot wählen, bislang starre Grenzen verwischten. Die Mittelschicht begeisterte sich für den Fußball der Arbeiterschicht, Jamie Oliver brachte Rabauken das Kochen bei, Erwachsene verschlangen *Harry Potter*, und es florierten Männermagazine, die ihre Leser in Sachen Mode und Lifestyle berieten. Der stets verzagte Hof sorgte sich, dass die Jüngeren die Monarchie irrelevant finden könnten, und zeigte bei jeder sich bietenden Gelegenheit, dass er alle Gruppen des modernen Großbritanniens wahrnahm und inkludierte. Die Königsfamilie wurde, zumindest im weiteren Kreis, ein wenig vielfältiger, als Lady Davina Windsor, Tochter des Herzogs von Gloucester und die Großnichte von König George VI., den Neuseeländer Gary Lewis, einen Maori, heiratete.

Auch die Queen wagte sich kulturell ein wenig vor. 2001 ließ sie sich von Lucian Freud malen, der Enkel von Sigmund Freud malte auf unbehagliche Weise realistisch und war für seine ungeschönten Porträts bekannt. Er wollte die Queen vor einer einfachen, beigefarbenen Studiowand und in einem blauen Kleid malen. Dann aber habe er, heißt es, Zweifel bekommen, ob sein berühmtes Modell noch erkennbar sein würde, und bat sie, das berühmte »Staatsdiadem« aufzusetzen, das sie auf dem Briefmarken-Porträt trägt. Da auch Freud ein Pferdenarr war, sprachen die beiden viel über Vierbeiner, Jockeys und Trainer, was den Fortgang der Arbeit verzögerte. Doch als das kleine Porträt, kleiner als ein DIN-A-4 Blatt, der Öffentlichkeit vorgestellt wurde, gab es sofort starke Reaktionen. Freuds Gemälde ist ohne Zweifel das umstrittenste aller Porträts der Königin, es zeigt sie verbissen, fast männlich, die Lippen sind zusammengekniffen, der Blick, der den Betrachter trifft, ist dunkel und hart. Fast alle britischen Zeitungen meinten die Queen in Schutz nehmen zu müssen, und zeigten sich verärgert; *Sun*-Fotograf Arthur Edwards, der die Royals seit Jahrzehnten fotografierte, forderte, man solle Freud in den Tower werfen. Andere sahen in dem Porträt eine Frau, die vor allem Strenge und Zähigkeit ausstrahlte, ein Porträt, das ungeschönt zeigte, dass die alternde Queen viele Kämpfe ausgefochten hatte.

Ältere Porträts wie die von Pietro Annigoni aus den fünfziger Jahren präsentieren Elizabeth jung, schön, schlank und von femininer Mystik umstrahlt, in Roben vergangener Epochen, den Blick verträumt in die Ewigkeit gerichtet. Freuds Elizabeth gleicht einer Kriegsheimkehrerin. Sie selbst hat sich weder zu diesem noch zu irgendeinem anderen Porträt je geäußert, aber Sir Hugh Roberts, Leiter der königlichen Kunstsammlungen, beeilte sich zu beteuern, Freuds Porträt sei »ein bemerkenswertes Werk« und »eine wunderbare Erweiterung der Sammlung königlicher Porträts« in der Royal Collection.

Das Staatsdiadem, das Elizabeth auf Freuds Bild trägt, ist für eine Frau ungewöhnlich groß, weil es für den verschwenderischen König George IV., also einen Mann, angefertigt worden war. Als Freud es malte, war es seit fast zwei Jahrhunderten fester Bestandteil von Gemälden mit royalen Motiven, man sieht es auf romantischen Porträts von Königin Victoria, imposanten Porträts von Königin Mary, ikonischen Porträts von Königin Elizabeth II. Die Roben auf den Gemälden sind lange überholt, die ehemals jungen Gesichter unter dem charakteristischen Diamantenkreuz gealtert und die meisten Abgebildeten verstorben, doch das Diadem ist unverändert und wird weiterhin getragen – wie es auch die Rolle und Funktion der Frau weiterhin gibt, die es tragen darf. Als Freud das Angebot bekam, die Queen zu porträtieren, war er seit Jahrzehnten einer der renommiertesten britischen Maler und als solcher nicht mehr umstritten. Aber das Gemälde wirkte noch radikaler, weil dieses eine Detail des Motivs so bekannt und so etabliert war, weil man es seit bald zweihundert Jahren kannte – und weil dieses Porträt, das eine neue, keineswegs ehrerbietige, dafür aber ernsthafte und seriöse Erkundung war, auf einen Blick offenlegte, wie viel sich verändert hatte.

Als Elizabeth Jahre später eine Ausstellung mit Freuds Werken besuchte, darunter auch seine expliziten und grotesken Bilder nackter Menschen, sagte sie, sie müsse sich mit Umsicht durch die Ausstellung bewegen, um nicht »zwischen zwei dieser gewaltigen Schenkel« fotografiert zu werden. Der Kurator fragte, ob Freud nicht auch sie gemalt habe. »Ja«, antwortete sie. »Aber nicht so.«

Dianas Tod hatte dem Hof schlagende Argumente an die Hand gegeben, die Zudringlichkeiten der Medien abzuwehren. 1999 wurde mit den großen Tageszeitungen eine Vereinbarung geschlossen: Wenn sie die Prinzen William und Harry für die Dauer ihres Schulbesuchs und ihrer Ausbildung unbehelligt ließen, würde der Hof akkreditierten Fotografen und Journalisten regelmäßig die Möglichkeit einräumen, sie zu treffen. Den Medien blieb im Grunde keine andere Wahl, als dem zuzustimmen – sie befürchteten, anderenfalls den »William-Bonus« zu verlieren, denn über William wollten alle berichten. Er war nach Dianas Tod das populärste Mitglied der Königsfamilie, ähnelte ihr in Aussehen, Benehmen und auch darin, wie er unter dem Pony hervorlugte. Bald schon kamen Scharen junger Mädchen, um ihn zu sehen, kaum war er da, brachen sie in Geschrei und Geheule aus. Sein Bild hing rund um den Globus in Teenager-Zimmern neben Filmstars und Boy Groups, die Mädchenidole jener Zeit waren empfindsame, langhaarige Männer wie Kurt Cobain, Leonardo DiCaprio und Jared Leto, der Prinz mit den großen Augen und der tragischen Lebensgeschichte passte gut dazu. Als er 1998, gut ein halbes Jahr nach Dianas Tod, in Vancouver mit Vater und Bruder aus dem Flugzeug stieg, erwartete ihn eine Horde junger Mädchen, die sich kreischend und weinend gegen die Polizeiabsperrungen warfen. William lächelte und winkte, aber anwesende Reporter bemerkten, dass der Fünfzehnjährige Tränen in den Augen hatte, und als die Familie die Menschenmenge hinter sich gelassen hatte, ließ er seinen Gefühlen freien Lauf und sagte, er habe von alldem genug – sein Vater musste ihn vorsichtig dazu überreden, weiter am offiziellen Programm teilzunehmen.

Aber William lernte schnell, auf Verlangen den ausgeglichenen und würdigen Prinzen zu geben. Als Charles und seine Söhne 2003 beim Skilaufen in Klosters fotografiert wurden, fing ein Mikrophon Charles' Bemerkung auf, er hasse die Presse und die Notwendigkeit, sich ihr zu stellen. Da war es William, der seinen Vater beruhigte und sagte, man müsse jetzt lächeln und es hinter sich bringen. Sein Umfeld fand es bemerkenswert, wie schnell er nach dem Tod seiner Mutter Fuß fasste und wie gut er funktionierte. Als Alastair Campbell ihn Jahre später fragte, ob er getrauert habe, sagte William: »Vermutlich nicht richtig. Ich befand mich jahrelang in einem Schockzustand. Manche mögen das eigenartig finden, sie denken, dass ein Schock kommt, dass er einen trifft und man dann, nach einer Stunde oder zwei, vielleicht nach einem Tag oder zwei, darüber hinweg ist. Nicht, wenn es so einschneidend ist, wenn man etwas so Wichtiges, so Zentrales im Leben verliert, ich glaube, dann hält der Schock viele Jahre an.«

Je älter er wurde, umso argwöhnischer, vorsichtiger und entschiedener wurde er; er wusste, wie er die Dinge haben wollte, und wählte genau aus, mit wem er sich umgab. Sein Bruder reagierte anders und viel extrovertierter. Kurz nach Dianas Tod wurde Harry dreizehn, Dianas Schwester Sarah besuchte ihn im Internat und brachte ihm eine Playstation, die Diana in Paris als Geburtstagsgeschenk für ihn gekauft hatte. In den nächsten Schulferien, die er mit Diana hätte verbringen sollen, nahm ihn der Vater mit auf eine offizielle Reise nach Südafrika, wo er nicht nur Nelson Mandela, sondern auch die Spice Girls traf. Auf Fotos, die ihn mit den damals größten britischen Popstars zeigen, grinst er halb hingerissen, halb verlegen, Charles bekam Pluspunkte als Vater. Aber alle, die mit Harry zusammen waren, sahen, wie sehr er zu kämpfen hatte. Als Teenager trank er immer mehr; 1999, im Urlaub mit seinem Vater, endete ein regelrechtes Besäufnis damit, dass der nicht einmal Fünfzehnjährige in den Armen der treuen Nanny Tiggy Legge-Bourke lag und schluchzte. Aber von Diana sprach er selten.

»Es war wohl ein klassischer Fall von: Denk nicht an deine Mutter, denk nicht an die Trauer und den Schmerz, die damit verbunden sind, das bringt sie nicht zurück und macht dich nur noch trauriger.«

Harry war nie ein guter Schüler gewesen und wurde ein Jahr zurückgestuft, bevor er seinem Bruder nach Eton folgen konnte. Da rebellierte er, die steife Schuluniform mit Jackett und gestreiften Hosen gefiel ihm nicht, am Unterricht war er völlig desinteressiert. Als am Ende des Schuljahrs die Bewertungen der Schüler öffentlich ausgehängt wurden, konnte jeder sehen, dass er einer der Klassenletzten war. Er war so jähzornig, dass man seine Mitschüler davor warnte, ihn zu provozieren, dennoch geriet er oft in Prügeleien. Wer an seiner Zimmertür vorüberging, wusste, dass ihm dort der süßliche Geruch von Haschisch begegnen würde. Weil sein Vater so viele Repräsentationspflichten hatte, verbrachte er die Ferien oft allein in Highgrove, wo er mit Freunden, die ebenfalls ihre Grenzen austesteten, in einem schwarz gestrichenen Kellerraum feiern, trinken und rauchen konnte.

Seit Dianas Beziehung mit James Hewitt bekannt geworden war, kursierten Gerüchte, dass er Harrys Vater sei, weil beide rote Haare haben. Das Gerede legte sich auch dann nicht, als mit den Jahren seine Ähnlichkeit mit der Familie seines Vaters und vor allem mit Großvater Philip immer offenkundiger wurde. Die Haarfarbe ist vermutlich ein Erbe der Spencer, sowohl

Dianas Großmutter Ruth Fermoy als auch Dianas Schwestern sind rothaarig. Aber das alles war so belastend, dass Charles 1998, vor Beginn des neuen Schuljahrs, mit Harry ein Vieraugengespräch darüber führte, dass keinerlei Zweifel daran bestehe, dass er und nicht Hewitt sein Vater sei. Harry sagte nichts, hörte aber aufmerksam zu.

Unter dem Aspekt der Öffentlichkeitsarbeit waren die für seine Söhne schmerzlichen Jahre gute Jahre für Charles. Er war ihnen nach dem Tod der Mutter nähergekommen, seine Vaterqualitäten wurden nicht mehr in Frage gestellt, bei Terminen stahl ihm seine ehemalige Gattin nicht mehr die Show. Charles war zwar oft unterwegs, aber er war auch ein liebevoller Vater, als seine Söhne alt genug waren, um Interviews zu geben, sprachen sie immer voller Zuneigung über ihn. In seinem allerersten Interview als Einundzwanzigjähriger bezeichnete William seinen Vater als Vorbild, der ihn unter anderem in Fragen des Umweltschutzes und der Nachhaltigkeit stark beeinflusse: »Er tut so viel Gutes. Ich wünschte, die Menschen würden das deutlicher erkennen, er hatte es nicht leicht und hat doch durchgehalten und ist immer sehr positiv. Ich wünschte, die Menschen würden ihm eine Chance geben.«

1998, im Jahr nach Dianas Tod, lernten die Jungen Camilla kennen. Der Anlass war das bevorstehende Fest zu Charles' fünfzigstem Geburtstag, bei dem sie ihr begegnen würden. William und Camilla führten ein ruhiges Gespräch miteinander, Camilla soll danach gesagt haben, nun brauche sie wirklich einen Gin Tonic. Harry traf sie einige Wochen später.

Camilla und Elizabeth begegneten sich – zum ersten Mal seit den achtziger Jahren – im Jahr 2000 persönlich; es war eine vorsichtige Annäherung, Charles hatte Mutter und Freundin zu einem Empfang auf seinen Landsitz Highgrove eingeladen. Die Queen lächelte, Camilla knickste, das war alles. Das

Ziel war »Anerkennung, nicht Akzeptanz«, wie ein Höfling es formulierte. Elizabeth gefiel das Doppelleben ihres Sohnes nicht und sie missbilligte die Dramen, die sich daraus ergaben. Sie soll einmal gesagt haben, sie wünschte, Camilla würde verschwinden und Charles in Ruhe lassen. Nun aber sah sie, dass Camilla mit ihr mehr gemein hatte als nur einen perfekten Reitersitz. Denn in den Jahren des Dreieckdramas zwischen Charles, Diana und Camilla hatte Camilla als Einzige nie dem Wunsch nachgegeben, sich zu verteidigen, etwas richtigzustellen oder ihre Seite der Geschichte zu erzählen.

Dabei wurde erheblicher Druck auf sie ausgeübt. Nach dem Erscheinen von *Diana: Ihre wahre Geschichte* belagerten Reporter ihr Haus, sie musste bei Freundinnen Unterschlupf suchen. Wenn sie im Supermarkt an der Kasse stand, kam es vor, dass ein Fremder zu ihr sagte: »Und wer bezahlt das? Die Steuerzahler?« Camillas Beziehung zu ihren Angehörigen und Freunden war eng und herzlich, vielleicht hielt sie darum der öffentlichen Meinung besser stand als Charles und Diana. Ein Freund sagte: »Camilla jammert nie.« Sie versuchte, das alles mit Humor zu nehmen. Als sie hörte, dass Diana sie »Rottweiler« nannte, meldete sie sich eine Zeitlang am Telefon mit »Hier ist der Rottweiler«. Außerdem hielt sie insgeheim einen strategischen Kontakt zu den Medien, und das, obwohl diese unablässig unvorteilhafte Bilder von ihr druckten. Bevor Stuart Higgins Chefredakteur der *Sun* wurde, war Camilla etwa ein Jahrzehnt lang seine anonyme Quelle. Er rief sie beispielsweise an, damit sie Gerüchte über diese und jene Royals bestätigte (oder auch nicht). Er sah in ihr eine wertvolle Informantin, ohne auch nur zu ahnen, welch zentrale Rolle Camilla in diesem Familiendrama spielte. Später äußerte er die Vermutung, dass der gegenseitige Nutzen viel größer war, als er gedacht hatte. Camilla wusste nämlich so immer, was die Presse über sie und den Prinzen von Wales wusste oder vermutete.

Dianas Tod machte die Frage, ob die beiden jemals heiraten würden, viel komplizierter. Charles und Camilla hatten wieder zusammengefunden, in gewisser Weise hatte Diana sie mit der sensationellen Enthüllung ihres Verhältnisses zu einer Schicksalsgemeinschaft gemacht. Nach dem Bekanntwerden der Beziehung waren sie in den Augen der Welt ein Paar, und durch Camillas Scheidung bekam die Beziehung einen weiteren, überaus prosaischen Aspekt: Sie hatte plötzlich kein Geld mehr. Der Ausgleich, der ihr bei der Scheidungsvereinbarung zugesprochen wurde, reichte zum Kauf eines Hauses, nicht aber, um den gewohnten Lebensstil weiterführen zu können, und sie war weder dazu erzogen noch dazu ausgebildet, durch Berufstätigkeit Geld zu verdienen. Charles finanzierte sie, man könnte auch sagen: sie wurde wie die Mätresse einer vergangenen Ära ausgehalten. Er bestritt den Haushalt, finanzierte einen kleinen Mitarbeiterstab und überwies ihr mit der Zeit immer höhere Summen – einmal 180 000 Pfund in einem Jahr. Bald war allen klar, dass der würdevollste Weg aus diesem Dilemma die Heirat wäre.

Begleiter auf diesem Weg war der PR-Berater Mark Bolland, der seit 1996 für Charles arbeitete. Er war ebenso mit Camilla wie mit Rebekah Wade befreundet, Redakteurin der Boulevardzeitung *News of the World* und enge Vertraute von Robert Murdoch. Bolland war einer der besten Spindoktoren in einer Zeit, als der Berufsstand so gefragt war, dass sich die Mitglieder von Tony Blairs Regierung den Kommunikationsberatern fast unterordnen mussten. Die Art der Präsentation eines Ereignisses wurde fast wichtiger als das Ereignis selbst.

Bolland ging daran, Charles' Image aufzupolieren. Das war an sich keine undankbare Aufgabe, denn die Geschichte von Charles und Camilla ließ sich problemlos als Geschichte von Romeo und Julia im fortgeschrittenen Alter erzählen: Zwei Menschen, die eigentlich zusammengehörten, aber nicht zusammenkommen durften – die andere heirateten und einander nie vergessen konnten. Das war Bollands Story. Dabei ging er ziemlich weit. Er kontrollierte den Zugang der Journalisten zu Prinz William und saß somit auf einer der kostbarsten Medien-Rohwaren der Welt; er konnte Informationen über ihn gegen positive Berichte über Camilla tauschen. Er versprach exklusive Geschichten gegen die Zusicherung, dass nichts über die jungen Prinzen und ihre ausschweifenden Feiern in die Zeitungen kam. Nachdem William und Camilla sich zum ersten Mal getroffen hatten, spielte Bolland die Information der Presse zu und bestätigte bereitwillig einige Details. Das verklärte eine Beziehung, die zu diesem Zeitpunkt alles andere als unproblematisch war, und die Berichte über das Treffen empörten William. Er fühlte sich in einem Spiel benutzt, das dazu diente, ebenjenen Medien zu gefallen, die er für den Tod seiner Mutter verantwortlich machte. Er und Harry nannten Bolland bald nur noch »Lord Blackadder«.

Charles' Familie wäre es wohl am liebsten gewesen, wenn er Camilla aufgegeben hätte. Das Paar wusste nicht, ob es jemals würde heiraten können. Als Bolland Camilla fragte, womit sie rechne, erzählte sie, einige ihrer Freunde seien unglücklich allein, andere unglücklich verheiratet, wieder andere hätten unter ihrem Stand geheiratet und fühlten sich in ihren früheren Kreisen nicht mehr willkommen: »Und dann bin da ich. Ich kann eigentlich nicht klagen und tue es auch nicht. Ich bin vermutlich glücklicher als sie alle, obwohl alles so kompliziert ist.« Bolland fügte hinzu: »Es gab Zeiten, da war ihr größtes Ziel, einmal zusammen mit Charles ins Theater gehen zu können.«

Bollands Plan glückte. Charles' Beliebtheitswerte stiegen. Im Januar 1999 traten er und Camilla zum ersten Mal offiziell als Paar auf: Als Camillas Schwester Annabel im Londoner Hotel Ritz ihren fünfzigsten Geburtstag feierte, gingen sie vor dem Hotel durch ein Blitzlichtgewitter von Pressefotografen, die beizeiten informiert worden waren.

Doch ganz unabhängig von allen PR-Offensiven, ungeachtet aller pragmatischer und praktischer Gründe, zusammenzubleiben, trotz Geldproblemen und dem vermutlich erniedrigenden Aushandeln, wer was bezahlen sollte, wirkten Charles und Camilla als Paar so stimmig, wie es bei Charles und Diana niemals der Fall gewesen war. Ihm gefiel nicht, dass sie rauchte, sie verdrehte die Augen bei der Aussicht auf einen weiteren Abend mit klassischer Musik. Aber sie lachten zusammen. Sie schwitzten und waren Feuer und Flamme, wenn sie bei Fuchsjagden im selben Feld ritten. Sie brauchte weniger Bestätigung als Diana und fand es selbstverständlich, sich ständig um ihn zu kümmern. Eine der Freundinnen, bei denen sie eine Zeitlang wohnte, staunte, wie häufig Charles anrief. »Mich würde es wahnsinnig machen, wenn jemand mich unentwegt anriefe«, sagte sie. »Aber entweder es macht einen verrückt oder man liebt es. Sie liebte es offenbar, dass er so abhängig von ihr war.« Martin Charteris, ehemaliger Privatsekretär der Queen, meinte lakonisch: »Selbstverständlich ist sie die Liebe seines Lebens.«

Bolland nahm jede Chance wahr, Charles' Ansehen in den Augen der Briten zu heben. Charles und sein Büro fürchteten seit längerem, dass Harrys erheblicher Alkohol- und Cannabiskonsum in den Medien landen würde. 2001 und 2002 hatte *News of the World* genügend Beweise für einen mehrseitigen Artikel gesammelt. In einem späteren Interview sagte Bolland, er habe sich zur Zusammenarbeit entschlossen und der Zeitung die rührende Geschichte erzählt, dass Charles mit seinem Sohn lange, besorgte Gespräche über dessen ungesunden Lebensstil geführt habe, sogar mit ihm in die Featherstone Lodge, ein Rehabilitationszentrum für Drogen- und Alkoholabhängige im Südlondoner Stadtteil Peckham, gefahren sei, um ihm die

Folgen von Drogenmissbrauch vor Augen zu führen. So konnte Bollard den Boulevardstoff, der Harry und die Familie ausliefern sollte, zur berührenden Erzählung über einen Vater machen, der für seinen Sohn Verantwortung übernimmt. In dem erwähnten Interview räumte Bolland auch ein, dass der Ablauf der geschilderten Ereignisse *de facto* anders war: Harry hatte Featherstone nicht mit seinem Vater, sondern mit einem Berater besucht, und zwar bevor Charles von Harrys Drogenproblemen wusste. Der Hofbiograph Robert Lacey kommentierte die damalige Strategie von Charles' Büro wie folgt:

»Die größte Ironie ist, dass Charles nun ebenso image-manipulierend geworden war, wie Diana es war, er war als königlicher Informant und Medienmanipulator *par excellence* in die Fußstapfen seiner Exfrau getreten.«

Solche Geschichten säten allerdings auch in Harry Keime des Misstrauens. In den folgenden Jahren hatte er immer häufiger den Eindruck, dass es dem Stab seines Vaters mehr um den Schutz des Thronfolgers Prinz William ging als um ihn, obwohl der große Bruder mit der Zeit selbst zum Partylöwen mit beträchtlichem Alkoholkonsum wurde.

Auch die Queen hatte Gründe, die Strategie von Charles' Medienteam abzulehnen. 1998 wurde gemunkelt, dass Charles insgeheim die Abdankung seiner Mutter begrüßen würde. Der Prinz von Wales, der gerade in Bulgarien weilte, erhielt einen Anruf seiner wütenden Mutter, bei dem er energisch bestritt, etwas Derartiges gegenüber den Medien geäußert zu haben. Ursprung des Gerüchts waren vermutlich Äußerungen des Thronfolgers, es sei für ihn frustrierend, dass sein Leben ein einziges langes Warten sei und er etwas zu tun finden müsse, bis er die Aufgabe übernehmen könne, für die er geboren worden war. Viele erwachsene Thronerben haben Ähnliches gesagt, historisch waren solche Gefühle oft Anlass für Spannungen zwischen einem Monarchen und seinem Nachfolger.

Im privaten Kreis soll Charles allerdings wirklich gesagt haben, er wolle lieber früher als später König werden, und auch die rhetorische Frage aufgeworfen haben, warum seine Mutter nicht einfach abdanke. Elizabeth' Cousine Margaret Rhodes meinte, die Königin würde sicher ihren Platz räumen, falls sie dement werden oder einen Schlaganfall erleiden sollte. Doch selbst dann müsse sie nicht abdanken, vielmehr werde Charles nach dem »Regency Act« von 1937 bis zu ihrem Tod Prinzregent sein. 2003 erörterte Elizabeth das Thema mit dem Erzbischof George Carey und versicherte, sie werde »weitermachen bis zum Schluss«.

Alles in allem schien Bollands und Charles' Strategie ein Nullsummenspiel mit dem Ziel zu sein, Charles als das würdigste und verlässlichste Mitglied seiner Familie darzustellen. Das trübte das Verhältnis zwischen ihm und seinen Brüdern, die immer häufiger Artikel lesen mussten, die sie mit dem großen Bruder verglichen und dabei in ein schlechtes Licht stellten.

Prinz Edward, der immer noch einen Beruf außerhalb des Hofes anstrebte, hatte 1993 die TV-Produktionsfirma Ardent gegründet. Auffallend viele Ardent-Produktionen handelten von der Königsfamilie und der Geschichte der britischen Monarchie, was ihm den Vorwurf einbrachte, sein blaues Blut auszunutzen. 2001 filmte ein Ardent-Kamerateam Prinz William an der schottischen Universität St. Andrews, wo er seit kurzem studierte. Damit verstieß ausgerechnet der Onkel des Thronfolgers gegen das Verbot medialer Bildstrecken, an das andere Medien sich hielten. Die Reaktionen ließen nicht lange auf sich warten, unter anderen wurde gemeldet, Prinz Charles habe Williams' wegen vor Wut getobt. Die Verantwortung für den Übergriff lag allein bei der Produktionsfirma, aber Charles äußerte den Unmut gegen seinen Bruder bemerkenswerterweise nicht im Familienkreis und hinter verschlossenen

Türen, sondern in den Medien. Das war eine bewusste Entscheidung, er nutzte eine weitere Gelegenheit, um sich als engagierter und schützender Vater zu präsentieren.

Prinz Edward erntete auch ohne Zutun seines Bruders Kritik. 1999 heiratet er, fünfunddreißigjährig, Sophie Rhys-Jones und wurde am Tag der Hochzeit zum Earl of Wessex ernannt. Er erhielt keinen Herzogstitel, weil er nach dem Tod seiner Eltern den Titel seines Vaters erben und Herzog von Edinburgh werden würde. Der Titel steht an sich dem ältesten Sohn zu, aber als König Charles III. kann Charles nicht gleichzeitig einen Adelstitel tragen.

Sophie wurde in der freudig-erregten Stimmung vor der Hochzeit als Mittelschicht-Ausgabe von Diana präsentiert. Die Tochter eines Autoreifen-Händlers und einer Sekretärin war Geschäftsführerin eines von ihr mitgegründeten PR-Unternehmens. Sie wirkte wie der geerdete Gegenpol zu den überspannten Oberschichtstöchtern, die immer die Drama Queen gaben, als sie sagte, dass sie nach der Hochzeit weiterarbeiten wolle, traf das überwiegend auf Anerkennung. Die Braut brachte auch für ein gutes Verhältnis zu ihrer Schwiegermutter einiges mit: Sie war mit Pferden und dem Landleben vertraut, respektierte die Monarchie als Institution, war umgänglich und unkompliziert. Aber kaum zwei Jahre nach der Hochzeit geriet auch Sophie in Turbulenzen, weil sie zu laut und zu öffentlich zu viel gesagt hatte, und das weniger aus naiver Offenherzigkeit als aus Geschäftsinteresse.

Der *News of the World*-Journalist Mazher Mahmood hatte sich bei einem Termin mit Sophie als arabischer Geschäftsmann ausgegeben und das Gespräch heimlich mitgeschnitten. Daraus wurden lange Artikel mit ausführlichen Zitaten aller herabsetzenden Bemerkungen, die Sophie über die Queen, die Queen Mother, Charles und Camilla gemacht hatte. Als die Zeitung nach einer unglaublichen Medienschlacht die ungekürzte Aufnahme des Gesprächs veröffentlichen musste, zeigte sich, dass mehrere der veröffentlichten Äußerungen so nicht gefallen waren – Sophie sprach herzlich über Prinz Charles, sie befürworte eine Ehe mit Camilla, was aber, wie sie hinzufügte, zu Lebzeiten von Queen Mother schwierig sei. Dennoch war sie sehr indiskret. Sie äußerte sich herablassend über einige Politiker, darunter Tony Blair und seine Frau Cherie, das Ehepaar verstehe nichts vom Landleben, in der königlichen Familie werde Blair »Präsident« genannt (»denn dafür hält er sich«). Und sie betonte nachdrücklich die Vorteile für ein Unternehmen, eine PR-Firma mit Verbindungen zum Königshaus zu engagieren.

Um ihren beschädigten Ruf zu retten, gab Sophie *News of the World* später ein Interview, in dem sie wieder Dinge sagte, die im Buckingham Palace für Entsetzen sorgten. Unter anderem ging sie bereitwillig auf Gerüchte über Edwards sexuelle Orientierung ein, was zu der Schlagzeile: »Mein Edward ist nicht schwul« führte. Im März 2002 wurde bekannt gegeben, dass das Ehepaar Wessex seine Berufe aufgebe, um Fulltime-Royals zu werden und die alternde Queen zu entlasten.

Sophie gewann viel verlorene Sympathie zurück, als sie mit schwierigen und auch gefährlichen Schwangerschaften zu kämpfen hatte: Im Dezember 2001 musste sie wegen einer Bauchhöhlenschwangerschaft operiert werden, zwei Jahre später wurde sie durch Kaiserschnitt entbunden, weil eine Ablösung der Plazenta Mutter und Kind akut gefährdeten. Die Tochter Lady Louise Windsor kam mit einer Augenfehlstellung zur Welt, die zehn Jahre später operativ behoben wurde. 2007 bekam das Paar einen Sohn, James, Viscount Severn.

Edward und Sophie lehnten für ihre Kinder die Anrede *Königliche Hoheit* ab, weil sie glaubten, dass deren Leben ohne dieses »HRH« – *His/Her Royal Highness* – einfacher sein werde. Louise und James sind auch die ersten Enkelkinder der Königin, die den neuen Nachnamen Mountbatten-Windsor bekamen, wobei Louise fast ausschließlich »Windsor« benutzt. Die Königin bekam immer mehr Enkelkinder und trug auch weiterhin Verantwortung für die Nachkommen der Geschwister ihres Vaters. Sie hatte väterlicherseits fünf lebende Cousins und Cousinen, von denen drei – Prinz Richard, Herzog von Gloucester, Prinz Edward, Herzog von Kent, sowie dessen jüngerer Bruder, Prinz Michael von Kent – königliche Wohnungen im Kensington Palace hatten. Sie alle kreuzten korrekt gekleidet zu Familientreffen auf, übernahmen königliche Aufgaben und verhielten sich ansonsten mucksmäuschenstill, vor allem, wenn wieder einmal die Frage erörtert wurde, wie viele Angehörige der Königin eigentlich von ihrem Geld – und dem des Steuerzahlers – lebten. Beim familiären Weihnachtsfest konnte die Queen mit sechsunddreißig Angehörigen rechnen, zu den *Trooping the Colour*-Paraden kamen sie so zahlreich, dass sie selbst dicht gedrängt auf dem Palastbalkon kaum Platz fanden. »Wir sind einfach zu viele«, sagte Elizabeth mit einem Blick in die Runde.

Eine Antwort auf die Frage, wer zur königlichen Kernfamilie zählte und wer als »Königliche Hoheit« ein Anrecht auf den sehr teuren Personenschutz hatte, wurde drängender. Reformer bei Hofe wollten den Titel auf die Kinder der Monarchin und die direkten Nachkommen des Thronerben begrenzen. Das sorgte bei Prinz Andrew für erhebliche Unruhe, er sah nicht nur sich selbst ganz selbstverständlich als Königliche Hoheit, er hatte auch zwei Töchter, die diesen Titel trugen und alle damit verbundenen Vorteile und Sicherheitsmaßnahmen genossen. Natürlich wusste Andrew, dass der entschiedenste Befürworter einer Verschlankung der königlichen Familie sein Bruder Charles war. Er würde mit den Jahren immer mehr Einfluss bekommen und eines Tages das alleinige Sagen haben. Und Charles, auch das wusste Andrew, sah es nicht als ausgemacht, dass die Prinzessinnen Beatrice und Eugenie letztlich vom Steuerzahler finanzierte und von der Polizei geschützte Royals sein mussten. Prinz Andrews Leben als geschiedener Mann war nicht ohne Probleme. 1997 hatte die Queen ihn zu einem Krisengespräch über Fergie einbestellt. Deren Schulden beliefen sich auf mehr als fünf Millionen Pfund und sie schrieb angeblich, um an Geld zu kommen, gerade ein sehr indiskretes Buch über ihr Leben. Das Buch ließ sich nicht mehr verhindern, *My Story* kam 1997 auf den Markt. Darin berichtet eine abwechselnd selbstverachtende und defensive Fergie nicht nur über eigene Komplexe und Zusammenbrüche, sondern auch, dass ältliche Höflinge sie angeblich permanent torpediert hätten, weil sie sie für unwürdig hielten, königliche Herzogin zu sein. Aber auch die Einnahmen aus dem Buch konnten ihre finanziellen Probleme nicht lösen, schließlich musste Andrew seiner Ex-Frau aus der Schuldenklemme helfen.

2001 wurde er zum britischen Handelsgesandten ernannt, seine Aufgabe war es, britische Unternehmen im Wettbewerb um lukrative Aufträge zu unterstützen. Die Unternehmen, mit denen er arbeitete, waren zufrieden, diese Prise royalen Glitters war im Kontakt mit internationalen Geschäftsleuten zweifellos hilfreich. Auch Andrew gefiel der Job; sehr vergnügt flog er in Jets und Helikoptern hierhin und dorthin, häufte immense, aus Steuergeldern finanzierte Reisespesen an, und so dauerte es nicht lange, bis die Medien ihn »Air Miles Andy« tauften. Gravierender waren die Vorwürfe, er pflege allzu enge Verbindungen zu Leuten mit sehr viel Geld und sehr schlechtem Leumund, etwa zum steinreichen Schwiegersohn von Tunesiens Diktator Zine el-Abidine Ben Ali oder zum ebenso vermögenden Sohn von Libyens Diktator Muammar al-Gaddafi, die Rede war auch von nordafrikanischen Waffenhändlern und kasachischen Oligarchen. Man warf ihm vor, er habe mit Männern Vereinbarungen getroffen, die durch Korruption und andere schmutzige Methoden zu großen Vermögen gekommen waren, und von ihnen auch Vermittlungshonorare erhalten. Libby Purves schrieb in *The Times*, Prinz Andrew lasse sich offenkundig durch enormen Reichtum und große Machtfülle leicht beeindrucken. Zudem sei er ausgesprochen resistent gegen Kritik und Beratung.

»Andrew ist stur«, sagte ein kritischer Freund zu *Vanity Fair*. »Er begeht aus Übermut Dummheiten, um zu zeigen, dass er sich das erlauben kann. [...] Er glaubt, dass er immer mit allem durchkommt. Er ist ein angebeteter zweiter Sohn. Seine Mutter, die Queen, hat ihn verzogen, sie zieht ihn ihren anderen Kindern vor und verzeiht ihm alles.«

Ein Hofangestellter erzählte der *Daily Mail*, Andrew schaue grundsätzlich bei seiner Mutter vorbei, wenn er im Buckingham Palace sei: »Er begrüßt sie immer auf die gleiche Weise – er verbeugt sich tief, küsst ihr die Hand, dann küsst er sie auf beide Wangen. Ein kleines Ritual, das sie liebt. Glauben Sie mir, er kann nichts falsch machen.« Seit den neunziger Jahren war Andrew eng mit dem amerikanischen Investmentbanker und Milliardär Jeffrey Epstein befreundet. Er hielt ihm auch die Treue, als er sich wegen Menschenhandels und des sexuellen Missbrauchs junger Frauen vor Gericht verantworten musste und schuldig gesprochen wurde, eine Minderjährige zur Prostitution gezwungen zu haben. Ein Bekannter von Andrew und Epstein sagte, dank Epstein habe Andrew zum ersten Mal im Leben Jeans getragen, Epstein habe ihm gezeigt, wie man entspannt. Epstein half ihm auch bei der Verringerung und Restrukturierung von Fergies Schulden, für die Andrew sich verantwortlich fühlte. »Andrew war vor allem mit Jeffrey zusammen, um Geld für Sarah Ferguson zu bekommen.«

Denn Sarah war im Grunde nie verschwunden. Obwohl sie in der Königsfamilie *persona non grata* und zum Gegenstand von Prinz Philips unversöhnlichem Zorn geworden war, wohnte sie weiterhin mit Andrew in Sunninghill. Andrew zog 2004 in die Royal Lodge im Windsor-Park, eine andere königliche Residenz, vier Jahre später wohnte auch Sarah dort. In den Jahren nach der Scheidung wurde Andrew ständig mit anderen Frauen gesehen, oft Models, oft jünger als seine Ex-Frau, aber nichts war von Dauer. In Hofkreisen fragte man sich, ob Fergie vielleicht jede dieser Verbindungen sabotierte – und ob Andrew das vielleicht gar nicht so schlimm fand. Colin Burgess, einer der Adjutanten von Queen Mother, meinte, dem etwas steifen Andrew fehle Fergies Freundlichkeit und Wärme. »Ich glaube, er hat die Trennung nie verwunden. Er liebt sie immer noch sehr. Sie ist der Spaß, der seinem Leben fehlt.« Und das habe ihm auch Queen Mum bestätigt: »Wissen Sie, Andrew liebt sie so sehr.«

Die Königinmutter führte ein Leben mit offiziellen Terminen und viel Geselligkeit. Aber nach ihrem neunzigsten Geburtstag ließen ihre Kräfte deutlich nach, sie hatte beidseitige Hüftoperationen und sah immer schlechter. Elizabeth versuchte sie zu mehr Ruhe zu bewegen, aber sie war, wie ihr Biograph Hugo Vickers schreibt, ganz grundsätzlich keine Befürworterin des Ruhestandes, ihre These sei gewesen, dass man entweder lebe oder tot sei, und solange man lebe, mache man seinen Job. Diese Haltung galt nicht nur für sie selbst, sondern ihren gesamten Stab, so dass ihre hochbetagten Höflinge und Hofdamen praktisch blieben, bis sie bei der Arbeit tot umfielen. Ruth Fermoy war schon 1993 gestorben, sie plagte bis zu ihrem Tod das schlechte Gewissen. Kurz vor ihrem Tod gestand sie Charles' Biographen Jonathan Dimbleby, und es klang fast wie eine Beichte, sie sei im Grunde gegen die Ehe zwischen Charles und Diana gewesen, habe aber keine Möglichkeit gesehen, die bevorstehende Hochzeit abzuwenden. »Hätte ich zu ihm gesagt, ›Sie begehen einen sehr großen Fehler‹, hätte er dem vermutlich kein Gehör geschenkt, weil er gedrängt wurde.«

Die vertrauten Menschen, in deren Kreis die Königinmutter gelebt hatte, wurden weniger. Am 4. August 2000, ihrem einhundertsten Geburtstag, servierte Reg Wilcox ihr den Morgentee und überreichte das Geschenk des Stabes; er war ihr langjähriger Diener und der Lebenspartner von William Tallon, der an fortgeschrittener Leukämie litt. Wilcox verließ an diesem Morgen Queen Mums Zimmer, kollabierte vor der Tür und starb wenige Tage später.

Sie war durch die anstehenden Geburtstagsfeierlichkeiten zunächst beunruhigt. Sie sollte von Clarence House die Mall entlang zum Buckingham Palace fahren und hatte eine für sie ganz untypische Angst, dass die Kutsche durch menschenleere Straßen fahren würde. Charles reichte ihr den Arm und sagte: »Also los, Granny, denk daran, dass Hitler dich die gefährlichste Frau Europas nannte.« Vor der Tür wartete eine ansehnliche Menschenmenge auf sie: Vierzigtausend Menschen wollten eine Frau ehren, die länger gelebt hatte als sie alle und die in der Öffentlichkeit stand, solange sie zurückdenken konnten. Aus Anlass dieses Geburtstags gab es einen Umzug, der auf vielerlei Weise das Jahrhundert thematisierte, das Queen Mum erlebt hatte, mit Frauen in edwardianischen *Cul de Paris*-Kleidern, Jitterbug tanzenden Paaren und Punkrockern.

Die Parade und die Menschenmenge feierten nicht nur eine sehr alte Dame, sondern auch eine sehr alte Institution mit tiefen historischen Wurzeln. Diese Vergangenheit rückte durch die Jubilarin wieder ein wenig näher. Sie erinnerte als ehemalige Kaiserin von Indien an die Ära, als England eine weltumspannende Macht war, die von Hitler gefürchtete Frau ließ an die heroischen Jahre denken, als das Land Europas letzte Bastion gegen das Dritte Reich war. Grundsätzlich gesprochen möchte die Monarchie das Volk in einem Moment einen, der es über die Niederungen des Alltags erhebt und das Tempo verlangsamt: Es soll nicht mehr an »die Achtziger« oder »die Neunziger« denken, nicht mehr an die kurzen Perioden zwischen zwei oder drei Wahlen, in denen dieser oder jener Premierminister war, sondern an die langen Zeitabschnitte, die sich an einer royalen Persönlichkeit orientierten. Bevor man begann, Geschichte in Zehnjahresschritte aufzuteilen, wurden Epochen nach den Herrschern benannt, man sprach von georgianischen Möbeln, edwardianischen Häusern, dem viktorianischen Zeitalter. So hatte dieser einhundertste Geburtstag eine ähnliche Wirkung wie das Staatsdiadem auf Lucian Freuds Porträt: Beides regte dazu an, eher in Jahrhunderten als in Jahrzehnten zu denken.

Dem Geburtstagskind war es sehr wichtig, an ihrem Ehrentag stark zu wirken, mehrfach winkte sie William Tallon weg, der ihr den Arm zur Stütze bot. Tatsächlich aber war sie schon seit mehreren Jahren sehr schwach. Vom Personal wurde sie einmal dabei beobachtet, wie sie desorientiert allein, lächelnd und winkend durch die Räume von Clarence House ging.

Doch ihr Lebenshunger war ungebrochen. Als Prinz William zum Studium nach Norden an die Universität St. Andrews aufbrach, sagte sie, er solle sie einladen, falls es dort gute Feste gebe. Bei der letzten Verleihung des Hosenbandordens, an der sie teilnahm, ging sie am Arm von Prinz Charles durch die St. George's Chapel in Windsor Castle, die Grablege der britischen Königsfamilie. Sie blickte zur Gruft hinüber, in der ihr Ehemann seit 1952 ruht, und fragte Charles: »Werde ich dort beigesetzt?«,»Ja«, antwortete ihr Enkelsohn etwas nervös. Sie sah zu ihm hoch und sagte:»Gut, aber noch nicht so bald.«

Auch mit Prinzessin Margaret ging es gesundheitlich bergab. Schon in den achtziger Jahren war ihr ein Lungenflügel entfernt worden, sie litt unter Migräneanfällen und Depressionen. 1999 stand sie in ihrem Haus auf Mustique unter der Dusche, der Temperaturregler war alt und unzuverlässig. Sie drehte vermutlich den falschen Hahn auf, aus dem ihr kochend heißes Wasser über die Füße schoss. Ihre Angestellten sahen Dampf unter der Tür hervorquellen und holten sie heraus, aber die Füße waren so schwer verletzt, dass sie nie mehr richtig gehen konnte.

Als das Unglück geschah, hatte sie bereits den ersten von mehreren Schlaganfällen erlitten, die sie halbseitig lähmen und auf einem Auge blind machen sollten. Sie konnte nicht mehr lesen oder schreiben, saß unglücklich in ihren Räumen, meist allein, manchmal in Gesellschaft einer Freundin, die ihr vorlas. Sie war auf den Rollstuhl angewiesen und wirkte oft abwesend und erschöpft, aufgrund von Medikamenten war ihr Gesicht aufgedunsen, sie wollte nicht mehr von Männern gesehen werden.

Nach einem weiteren Schlaganfall starb sie am 9. Februar 2002 mit einundsiebzig Jahren, ihre Kinder waren bei ihr. Für Elizabeth war ihr Tod ein schwerer Schlag, während ihre Mutter Queen Mum die Nachricht gelassen aufnahm, sie sagte, der Tod sei sicher als Erlösung gekommen.

Sowohl Lord Snowdon als auch Roddy Llewellyn waren bei der Beisetzung. Llewellyn versuchte, mit dem früheren Rivalen ins Gespräch zu kommen, Tony aber, der keine Kränkung je vergaß, wies ihn brüsk ab. In der Zeit vor Margarets Tod war sein Leben sukzessive auseinandergefallen. Er hatte eine dramatische Scheidung hinter sich und trank zu viel, er idealisierte das stürmische Leben mit Margaret immer mehr, hob die Frau, mit der er sich schrille Wortgefechte geliefert hatte, überschwänglich lobend in den Himmel. Er starb fünfzehn Jahre später, bis zu seinem letzten Tag stand ihr Porträt auf seinem Schreibtisch.

In der Zeit vor ihrem Tod hatte Margaret gesagt, sie wolle zu »ihrem Vater gehen« und eingeäschert werden, damit die Urne in der Gruft von St. George's Chapel neben dem Sarg des Vaters beigesetzt werden konnte, den sie so geliebt, der sie so bewundert hatte. Ihr Wunsch erfüllte sich auf den Tag genau fünfzig Jahre nach der Beisetzung ihres Vaters, König George VI.

Als man Margarets Sarg aus der Kirche trug, weinte die Königin, Queen Mother nicht. Sie war im Rollstuhl in die Kapelle gekommen; als der Sarg an ihr vorbeigetragen wurde, kämpfte sie sich aus dem Rollstuhl auf die Beine. »Diese Willensstärke hatte etwas Kraftvolles, fast Dämonisches«, schrieb Hugo Vickers, der in ihrer Miene vor allem Triumph zu erkennen meinte. »All ihre Kraft ging in die physische Anstrengung, anwesend zu sein, um Gefühle für die tote Tochter zu zeigen, reichte sie nicht mehr aus.«

Sechs Wochen später erreichte die Queen auf einem Ausritt in Windsor die Nachricht, sie möge umgehend zu ihrer Mutter kommen. Sie hielt sich in der Royal Lodge im Windsor Great Park auf, als ihre Tochter in Reitkleidung das Zimmer betrat, saß sie im Morgenmantel am Kamin. Die beiden führten ein kurzes, leises Gespräch, dann verlor Queen Mother das Bewusstsein. Sie starb am Nachmittag, 101 Jahre alt.

Sie wurde in Westminster Hall aufgebahrt, vier Tage lang defilierten etwa 200000 Menschen am Sarg vorbei. Sowohl Königin Elizabeth als auch Charles äußerten sich nach ihrem Tod öffentlich; Charles sagte, er habe sich lange vor dem Tod der Großmutter gefürchtet: »Sie war alles für mich. Ich habe sie schon als Kind vergöttert ... Sie war die magischste Großmutter, die man haben kann.« Die Königin dankte in einer kurzen Fernsehansprache für das lange Leben ihrer Mutter und die vielen Beileidsbekundungen. Am 9. April wurde die Frau, die einmal Königin Elizabeth gewesen war, in einer Prozession von Westminster Abbey nach Windsor Castle gebracht.

Als der Sarg zur Aufbahrung in die Westminster Hall überführt wurde, säumten etwa eine Million Menschen die Straßen, um ihr die letzte Ehre zu erweisen. Auf dem Sarg, der in ihre Standarte gehüllt war, standen die Krone, die sie 1937 bei ihrer Krönung getragen hatte, sowie eine schlichte Karte mit den Worten *In loving memory, Lilibet.* Elizabeth Bowes-Lyon wurde in Windsor Castle an der Seite ihres Gatten zur letzten Ruhe gebettet, den sie um fünfzig Jahre überlebt hatte.

Im folgenden November nahm die Queen im Gedenkgarten bei Westminster Abbey an einer Gedenkzeremonie für die Gefallenen der Kriege teil. Bei der Schweigeminute am Ende der Zeremonie bemerkten Besucher, dass ihr Tränen über die Wangen liefen.

Ihre Mutter und ihre Schwester hatten ihr nähergestanden als die eigenen Kinder. Jahrzehntelang hatte sie in langen Telefongesprächen jedes Detail ihres Lebens erfahren und kommentiert, jetzt waren beide binnen nicht einmal zwei Monaten verstorben. Ihr Vertrauter »Porchie«, Earl von Carnarvon, mit dem sie die Leidenschaft für Rennpferde teilte, hatte wenige Stunden nach dem Anschlag auf das New Yorker World Trade Center am 11. September 2001 einen Herzinfarkt erlitten und war sofort tot. Elizabeth' Leben war voller Trauer.

Sie und Philip waren einander wieder nähergekommen, nachdem sie 1992, dem *annus horribile*, einen Volkszorn erlebt hatten, den sie beide im Grunde nicht verstanden. Vielleicht hatte die Erfahrung Beschützerinstinkte oder das Bedürfnis geweckt, in einer manchmal schwer verständlichen Welt zusammenzustehen.

Elizabeth war lange Jahre von meinungsstarken Frauen umgeben gewesen: ihrer Mutter, ihrer Schwester und von Bobo MacDonald, der früheren Nanny und späteren Vertrauten der Königin – an ihnen musste Philip vorbei, um zu seiner Frau zu kommen. Nun wurden die Eheleute stärker als früher zum Bezugspunkt füreinander, wenn sie getrennt waren, telefonierten sie täglich. Philip wurde fürsorglicher und rücksichtsvoller, wenn Elizabeth bis spätabends Verpflichtungen hatte, blieb er auf und wartete auf sie. »Sie strahlt immer noch, wenn er den Raum betritt«, sagte ein Hofangestellter. »Sie wird weicher, unbeschwerter und glücklicher.« Elizabeth schien hin und wieder von einem anderen Leben zu träumen, einem Leben nur mit Philip. Sie sprach sehnsuchtsvoll von einem Tal in Bowland, einer dünn besiedelten Moorlandschaft mit niedrigen Bergen, Burgen und alten Kirchen in Lancashire im Nordwesten Englands. An einen solchen Ort, sagte sie einem Freund, »könnten Philip und ich uns zurückziehen und den Ruhestand verbringen«.

Einige Zeit nach Queen Mums Tod fiel manchen im Umfeld der Queen auf, dass sie eine neue Energie zu haben schien. Robert Salisbury, ehemals Leiter des Oberhauses, behauptete sogar, sie sei nach dem Tod ihrer Mutter aufgeblüht. Sie wurde wärmer, heiterer, gleichsam unbeschwerter, der Tod der Mutter war ein tiefer Schmerz, aber auch eine Befreiung.

Elizabeth hatte in ihrem Leben schwierige Entscheidungen fällen müssen, bei denen die Meinung ihrer Mutter für sie wichtig, ja entscheidend war. Ein Beispiel war die unversöhnliche Distanz zu Edward und seiner Ehefrau Wallis, denen die Queen vielleicht mit mehr Nachsicht begegnet wäre. »Wichtig ist Mummy«, hörte ein Hofbeamter sie sagen. »Wir dürfen nichts tun, was Mummys Gefühle verletzt.«

Als die unbeirrbare Königin der Kriegsjahre war die alte Königin Elizabeth überdies eine Gestalt, die viele verehrten und der sie mit Ehrerbietung begegneten. Literarisch gebildete Gäste bei Hofe, die die Queen als Gesprächspartnerin facettenarm und etwas anstrengend fanden, waren fasziniert von ihrer charmanten und belesenen Mutter. Für den vergötterten Vater George VI., dessen Erbe und hohes Ansehen Elizabeth mit ganzem Herzen pflegte, war seine Gemahlin die wunderbarste Frau der Welt. In Elizabeth' ersten Regentschaftsjahren arbeitete James Pope-Hennessy an einer Biographie über Königin Mary und konnte mit Queen Mother und ihrer Tochter sprechen. Die Queen, schrieb er, sei angespannt und unruhig gewesen, sie habe nervös geredet und ihn an eine stramm gespannte Stahlfeder denken lassen. Die Königinmutter hingegen beschrieb er als weiblicher, sie habe ruhig zugehört und den Eindruck zu vermitteln gewusst, an einfach allem interessiert zu sein. Die Tochter musste sich um alles bemühen, was der Mutter offenbar leichtfiel.

Die junge Monarchin wusste schon lange, dass Menschen auf sie anders reagierten als auf ihre Mutter. Als die Königinmutter starb, hatte sie einen geliebten Elternteil verloren, eine Vertraute und Ratgeberin, aber auch jemanden, der sie bewertete, mit dem sie sich verglich und mit dem sie auch bis zu einem gewissen Grad konkurrierte. Sie war aufgerückt. Im Alter von sechsundsiebzig Jahren, neunundvierzig Jahre nach ihrer Thronbesteigung, war sie endlich *die Königin*.

23

»Ich werde eines Tages König sein«

Queen Mother wurde im August 1900 in ein sorgenfreies Leben hineingeboren – unter anderem, weil ihr Vater, Claude Bowes-Lyon, neben seinem Titel Graf von Strathmore auch die Kohlegruben in Englands Nordosten geerbt hatte, die im Familienbesitz waren. Diese nordenglischen Bergwerke waren um die Wende vom 19. zum 20. Jahrhundert eine äußerst lukrative Wachstumsindustrie.

Einer der Kumpels in den Schächten der Familie Strathmore war John Harrison. Er fristete in der Grubenstadt Hetton-le-Hole ein ärmliches Dasein und als er in den Schützengräben des Ersten Weltkriegs fiel, war seine Witwe Jane mit sechs Kindern allein. Sie wollte, dass mindestens eines der Kinder eine Ausbildung bekam und nicht in die Grube musste, wo viele Männer schon in jungen Jahren von Unglück oder Krankheit getroffen wurden. Der jüngste Sohn Thomas erlernte das Schreinerhandwerk, heiratete und zog mit seiner Frau in den Süden, verarmte aber in den schweren Jahren nach dem Zweiten Weltkrieg. Ihr einziges Kind, Dorothy, war ehrgeizig, sie arbeitete in einem Geschäft für Damenkonfektion und achtete sehr auf ihre Kleidung. Sie heiratete den Lastwagenfahrer Ronald Goldsmith, einen freundlichen, sanftmütigen Mann aus ähnlich kleinen Verhältnissen wie sie selbst, doch sie bestärkte ihn darin, eine eigene Baufirma zu gründen. Beide arbeiteten sehr hart und als Dorothy 1954 schwanger wurde, begann sie sofort auf einen Kinderwagen der Marke Silver Cross zu sparen – den auch die königliche Familie benutzte. Ihre Schwiegereltern nannten sie spöttisch »Lady Dorothy«, weil sie sich so unverhohlen um den sozialen Aufstieg bemühte.

Sie bekam eine Tochter, Carole, der sie, wie zuvor ihrem Mann, immer wieder einschärfte, dass sie fleißig sein und finanzielle Chancen ergreifen müsse. Carole war keine ungewöhnlich gute Schülerin, aber sie war, wie ein Lehrer sich erinnerte, aufgeweckt, gut gekleidet und sehr wohlerzogen. Sie verließ mit sechzehn die Schule und wurde Stewardess bei der British Overseas Airways Corporation (BOAC), dem Vorläufer der British Airways. Das war in den siebziger Jahren ein sehr begehrter Beruf und ein Türöffner zur internationalen und exklusiven Welt. In dunkelblauer Uniform mit rotweißem Schal tat sie ihren Dienst in den Flugzeugen, die damals nur sehr wenige Briten von innen kannten. Carole Goldsmith war glamourös geworden.

Bei der Arbeit lernte sie Michael Middleton kennen, der bei British Airways Dispatcher war. Er stammte aus einer wohlhabenden Juristen- und Kaufmannsfamilie, in Leeds waren zwei Straßen nach seinem Großvater benannt und Michael hatte eine Boarding School besucht. Nach ihrer Hochzeit waren sie nicht wohlhabend, hatten aber ein gutes Auskommen. Sie bekamen drei Kinder, und weil Carole für deren Geburtstagsfeiern kein schönes Dekorationsmaterial finden konnte, erkannte sie eine Marktlücke und nutzte sie: Sie und Michael gründeten das Versandunternehmen »Party Pieces«, wo Eltern alles bestellen konnten, was sie für Kinderfeste brauchten. Die Firma war so erfolgreich, dass die Middletons bald bei British Airways kündigten und mit ihrer Firma aus der heimischen Garage in größere Räume umziehen konnten; sie setzten auch schon früh auf den Internet-Verkauf. Carole erwies sich rasch als die geborene Geschäftsfrau, sie verhandelte ebenso hart wie unsentimental und war nach wenigen Jahren Millionärin. Daher konnten die Kinder, Catherine und Philippa, die Kate und Pippa genannt wurden, sowie James auf teure Privatschulen geschickt werden, wo sie unter anderem das Englisch der Oberschicht lernten.

Die Familie Middleton hatte einen engen Zusammenhalt, die Großeltern wohnten in der Nähe und nahmen am Leben der Kinder teil, der Großvater väterlicherseits baute ihnen im Garten ein Seeräuberschiff, seine Leidenschaft für das Fotografieren war vielleicht der Grund für Kates Interesse an Fotografie.

Als Schülerin brillierte Kate in allen Sportarten, sie war diszipliniert und gehorsam, hatte einen ausgeprägten Sinn für das Visuelle und eine wunderschöne Handschrift. Als die jüngere Pippa auf dieselbe Schule kam, sahen die Lehrer schnell die Unterschiede zwischen den beiden: Pippa gelang alles, ob im Sport oder beim Lernen, sofort und mühelos, während Kate sich mehr anstrengen musste. Pippa war extrovertiert und lebhaft, Kate zurückhaltender, aber unkompliziert; nie beleidigt, wenn sie bei Schulaufführungen keine große Rolle bekam, nie neidisch, wenn ihre Schwester mehr Aufmerksamkeit erhielt. Überhaupt wirkten die Middletons wie eine Musterfamilie: Die Kinder hübsch, gepflegt und höflich, von enthusiastischen Eltern liebevoll umsorgt. Das alles war indes das Ergebnis von Caroles starkem und beharrlichem Willen. Sie leitete »Party Pieces«, füllte das Haus mit großen Blumensträußen und arrangierte üppige Familienessen, vor allem aber kümmerte sie sich um die Ausbildung und die Zukunft der Kinder. Eine Freundin sagte, Carole könne nicht untätig herumsitzen, ihr Lebensmotto, das sie auch an ihre Kinder weitergegeben habe, sei: »Be prepared.« Michael kam aus finanziell stabilen Verhältnissen, während ihre eigenen Eltern noch Armut erlebt hatten. Carole arbeitete auch darum so viel, um sich und ihre Kinder davor zu schützen.

Kate war ein hochgewachsener, ungelenker Teenager mit

ausgeprägtem Sinn für Wettbewerb. Sozial war sie sehr unschuldig, vielleicht etwas naiv, sie sprach selten über Jungen. Mit dreizehn kam sie auf die exklusive Privatschule Downe House und geriet in eine intrigante, harte Mädchenwelt, viele Schülerinnern gründeten ihr Selbstvertrauen auf die Titel und den Landbesitz ihrer Familie. Kate fand sich nicht zurecht, fühlte sich einsam und wurde gemobbt. Ihre Eltern nahmen sie mitten im Schuljahr von der Schule, sie wechselte auf die Privatschule Marlborough, wo sie dünn, bleich, gehemmt und ohne das Selbstvertrauen ankam, das sie einmal hatte. Der Star der Familie war Pippa, die Jungen liefen ihr nach, und sie interessierte sich für sie.

Aber in dem Sommer, als sie sechzehn wurde, geschah eine Veränderung mit Kate, nach den Ferien waren Figur und Ausstrahlung erwachsener geworden. Seither erwähnt jeder, der ihr begegnet, als Erstes ihre aufsehenerregende Schönheit, die langen Beine, das dichte, glänzende Haar. Kate schien zu viel Aufmerksamkeit allerdings bedrängend zu finden, während ihre Freundinnen anfingen, Alkohol zu trinken, herumzuknutschen und mit Jungen zu schlafen, flirtete Kate nicht und wurde auch selten auf Partys gesehen. Wenn sich der erste, überwältigende Eindruck gelegt hatte, fanden manche, sie sei ein wenig jung für ihr Alter. Sie hatte sich vom Mobbing erholt und schien mehr mit sich im Gleichgewicht, sicher im Urteil, nicht mehr so schüchtern, eher reserviert. Sie war eine gute Schülerin und wollte mit zwei Freundinnen nach Edinburgh gehen, einen Studienplatz hatte sie schon. Doch es kam anders.

Im Sommer 2000 wurde bekannt, dass William sich nach zwei Freisemestern an der Universität St. Andrews einschreiben würde. Sie liegt recht abgelegen an der schottischen Ostküste, die Anreise ist umständlich, die Wahl war auch mit der Hoffnung verbunden, dass William dort, weit weg von Journalisten, eine halbwegs normale Studienzeit haben werde. Die

Zahl der Bewerbungen um einen Studienplatz stieg sofort um 44 Prozent, die meisten stammten von jungen Frauen. Die Neuigkeit von Williams Universitätswechsel hatte kaum die Runde gemacht, als Kate sich gegen Edinburgh entschied. Stattdessen verbrachte sie ein Jahr in Florenz und in Chile und bewarb sich dann um einen Platz in St. Andrews. Sie hatte William 1999 persönlich kennengelernt, vorgestellt von aufgeregten Freundinnen, die zu seinem weiteren Bekanntenkreis gehörten. Matthew Bell vom konservativen Magazin *The Spectator* kolportiert gern das Gerücht, dass Carole die treibende Kraft hinter dem Universitätswechsel gewesen sei, weil Kate dort die Chance haben würde, Prinz William zu treffen.

Carole sprach oft darüber, wie stolz sie auf ihre tüchtigen und schönen Töchter war, in der Geschichte von Kate und William, die ja Züge eines Märchens hat, kann man ihr leicht die Rolle der ehrgeizigen Mutter zuschreiben. Aber kein Außenstehender weiß, wie es zu dieser Entscheidung kam, sicher ist nur, dass in Großbritannien sozialer Aufstieg und soziale Herkunft sehr eng verknüpft sind und es von großem Vorteil ist, die Schulen und Universitäten der Oberschicht zu besuchen. Das wird umso wichtiger, je mehr junge und gut ausgebildete Briten um die wirklich wichtigen Jobs konkurrieren. Beziehungen helfen, eine Tür zu öffnen oder ein Praktikum zu bekommen, Mitschüler und Kommilitonen werden zu Steigbügelhaltern. Britische Eltern suchen, wenn sie irgend können, die Schulen ihrer Kinder danach aus.

Im Herbst 2001 begannen also sowohl Kate als auch William in St. Andrews zu studieren. William hatte im Jahr zuvor mit einem britischen Regiment im Dschungel von Belize trainiert, mehrere afrikanische Länder bereist und als »Mr. Brian Woods« einen Monat auf der Insel Rodrigues im Indischen Ozean verbracht. Außerdem war er mit der Hilfsorganisation Raleigh International im kargen südchilenischen Patagonien gewesen und hatte in dem abgelegenen Dorf Tortel freiwillige Aufbauarbeit geleistet. Er gab Kindern Englischunterricht, baute Gehwege, putzte Toiletten, teilte das ärmliche Leben der Bevölkerung, bibberte im kalten Zelt und benutzte die Gemeinschaftsdusche, der schnell das warme Wasser ausging. Die Zeitungen brachten Fotos eines geerdeten Prinzen, mit denen Prinz Charles' Presseabteilung sehr zufrieden war. William hatte dort die Chance, sich in einer ganz anderen Art von Gemeinschaft zu erproben, zu seinem Freiwilligenteam gehörten auch ehemalige Problemkinder und Menschen mit Suchtproblemen. Am Ende der zehn Wochen sagte er, das sei für ihn eine einzigartige und wertvolle Erfahrung gewesen. »Ihr habt alle großes Glück«, sagte er einmal am Lagerfeuer zu den anderen. »Ich kann nicht wählen, was ich später machen werde. Ich werde eines Tages König sein, aber im Moment interessiert mich das nicht sehr.«

Der Wunsch nach Normalität, den William und Harry immer wieder äußerten, war aufrichtig; er war auch Ausdruck ihrer Frustration über eine unersättliche Presse und den eigenen eingeschränkten Handlungsspielraum. Gleichwohl unternahmen sie nur gelegentliche Safaris in diese so ersehnte Normalität und nutzten ansonsten alle Vorteile ihrer privilegierten Stellung. Sie liebten hochelitäre Sportarten wie Polo und die Fuchsjagd. Sie feierten mit wohlhabenden Freunden in den exklusivsten Londoner Clubs, wo sie nicht selten Rechnungen von mehreren tausend Pfund beglichen, bevor sie in den frühen Morgenstunden nach Hause chauffiert wurden, um später von einem Butler geweckt zu werden, der sich verneigte, die Vorhänge aufzog, das Radio anmachte und ein Tablett mit Kaffee und Keksen bereitstellte.

Die Brüder waren schon als Teenager von Mädchen umlagert, es boten sich zahllose romantische und erotische Möglichkeiten, die beide nutzten, Harry begeistert und unverhohlen, der vorsichtige William ergriff lieber selbst die Initiative. Dass er aber bei einem Interview anlässlich seines einundzwanzigsten Geburtstags sagte, es komme nicht oft vor, dass ihm ein Mädchen gefalle und er ihr, sorgte bei Freunden für Augenrollen. Sie erlebten ständig, dass William bei Festen von begeisterten jungen Frauen umringt in der Küche stand und Hof hielt.

Trotz der harten Monate in Südamerika war St. Andrews für William ein Schock. Der Ort war klein, bot kaum Abwechslung, William fühlte sich angegafft und wurde noch misstrauischer. Zwischen 1999 und 2002 erschienen nicht weniger als vier Enthüllungsbücher über seine Eltern, zu jedem der Autoren hatte er als Kind ein Vertrauensverhältnis gehabt – Dianas ehemaliger Liebhaber James Hewitt, ihr Privatsekretär Patrick Jephson, ihr Leibwächter Ken Wharfe und ihr Butler Paul Burrell.

Das Leben in der Königsfamilie ähnelt in gewisser Weise dem Militär. Es gibt eine klare Rangordnung und es wird von jedem erwartet, sich dem gemeinsamen Ziel unterzuordnen: Man muss die Monarchie stärken oder zumindest alles unterlassen, was sie schwächen könnte. Zugleich war William unter schwierigen Bedingungen aufgewachsen, ständig umgeben von erbittertem Streit, konfrontiert mit Medien, die keine Grenzen mehr respektierten und ständig neue Familiengeheimnisse veröffentlichten. Er war ein wichtiger Teil dieses royalen Systems, auch von ihm wurde erwartet, dass er sich, wie alle in der Familie, für das übergeordnete Ziel einsetzte, aber er hatte aus seinen chaotischen Kindheitsjahren die Lehre gezogen, dass er über sein Leben so viel Kontrolle wie irgend möglich behalten musste. Die Berater seines Vaters konnten ihm nicht einfach Anweisungen geben, sie mussten sie erklären und mit ihm aushandeln. In St. Andrews ließ er kaum jemanden an sich heran, er zog die Baseballkappe tief ins Gesicht und ging zügig, ohne sich umzusehen, damit kein Fremder ihn ansprach. Wer seine Freundschaft suchte, wurde auf die Probe gestellt: Er erzählte gleichsam beiläufig etwas über sich, jedem etwas anderes, sobald etwas davon in den Medien auftauchte, wurde der oder die Betreffende fallengelassen. Er war sehr wachsam, schützte sich und schien Enttäuschungen vorwegzunehmen. In einem Interview zu Studienbeginn sagte er:»Ich merke schnell, wenn jemand sich bei mir einschmeicheln und mich ausnutzen will. Dann wende ich mich ab. Ich bin nicht dumm.«

Ein Kommilitone sagte, junge Frauen, vor allem Amerikanerinnen, seien ihm»wie Schafe«überallhin gefolgt. Dennoch lebte William auf eine Weise unbehelligt, die er später nur noch selten erlebte. Es entstand ein strenger Verhaltenskodex, schon die Erwähnung von William war tabu und wurde als Hinweis gewertet, dass man St. Andrews nur gewählt hatte, um den künftigen König kennenzulernen.

Auf Kate wurde William selbst aufmerksam und holte sie in seinen Kreis. Beide lebten gesund und diszipliniert, sie frühstückten nicht Eier mit Speck, sondern Obst und Müsli, liefen Ski und spielten Tennis, auch sie war im Jahr vor dem Studienbeginn mit Raleigh International in Chile gewesen. Bald sah man die beiden in vertrautem Gespräch. Kate, in Jeans, sportlich und fast ungeschminkt, war ziemlich das Gegenteil der Frauen, die sich unbedingt bemerkbar machen wollten. Sie waren befreundet, wenn er eine Vorlesung nicht besuchen konnte, teilte sie ihre Notizen mit ihm. Beide hatten andere Beziehungen, aber gemeinsame Bekannte meinten, es habe Kate nicht gefallen, wenn er zu viel mit anderen Studentinnen sprach. Als William, frustriert von der Abgeschiedenheit Schottlands und dem Studium der Kunstgeschichte, das ihn nicht zu begeistern vermochte, die Universität verlassen wollte, gehörte Kate zu den Freunden, die ihn überredeten, zu bleiben und stattdessen Geographie zu studieren. Zu Beginn des zweiten Jahres fragte William Kate und zwei weitere Freunde, ob sie mit ihm eine Wohngemeinschaft gründen wollten. Die Wohnung wirkte wie eine normale Studenten-WG, aber das Haus hatte Panzerglasfenster, eine sprengsichere Eingangstür und Polizeibewachung. Wie Harry trug auch William immer einen elektronischen Chip, damit er lokalisiert werden konnte, falls er in Gefahr geraten oder entführt werden sollte. Im Frühjahr 2002 fand an der Uni eine »Don't Walk« genannte Modenschau statt. Es war eine Wohltätigkeitsveranstaltung, William hatte für einen Platz in der ersten Reihe zweihundert Pfund bezahlt, Kate war eines der Models. Zu ihren Outfits gehörte ein durchsichtiger schwarzer Rock mit Strickjacke, doch kurz bevor sie auf den Laufsteg ging, beschloss sie, die Jacke wegzulassen. Sie zog den Rock bis unter die Achseln und trug ihn als schulterfreies Minikleid über einem schwarzen Bikini. Da sagte William zu seinem Sitznachbarn den inzwischen berühmten Satz »Kate's hot«. Am Abend standen sie lange eng zusammen, irgendwann beugte er sich vor und küsste sie.

Wenige Tage später starb seine Urgroßmutter. Als William nach Queen Mums Beisetzung nach Schottland zurückkam, wurden er und Kate ein Paar, was lange niemand bemerkte, weil sie sich in der Öffentlichkeit nie berührten. In der WG führten sie ein nahezu normales Leben, blieben abends oft zu Hause und sahen Filme, William liebte banale, aber für ihn ungewöhnliche Dinge wie das Einkaufen im örtlichen Supermarkt. Kate organisierte die Mahlzeiten und die Hausarbeit, morgens machte sie für William Frühstück. Sie war immer loyal und diskret, er konnte sicher sein, dass sie nichts weitertrug. »Im Grunde kann er nicht ohne sie leben«, sagte ein gemeinsamer Freund.

Es war eine Beziehung, in der sie sich weitgehend nach ihm richtete, auf seinen Argwohn und sein Sicherheitsbedürfnis Rücksicht nahm. Seine Freunde wurden ihre Freunde, ihr eigener Freundeskreis verlor an Bedeutung. 2004 fuhr sie mit ihm und seiner Familie in den alljährlichen Skiurlaub nach Klosters, die *Sun* titelte »Finally … Wills Gets a Girl« – und so war es. Doch Freunden fiel auf, dass es mit den beiden nicht spannungsfrei lief, sie schienen sich ständig voneinander zu entfernen und wieder anzunähern. Das Verhältnis war nicht ebenbürtig: sie wollte nur ihn und wusste, dass er jederzeit eine andere finden konnte. Als jemand zu ihr sagte, sie habe Glück, Williams Freundin zu sein, antwortete sie mit Nachdruck: »Er hat Glück, mich zur Freundin zu haben.« Doch während sie sich offenbar festgelegt hatte, besuchte er Londoner Clubs, wo er mit anderen Frauen redete und flirtete, häufig Töchter aus Adelsfamilien mit ellenlangen Stammbäumen und komplizierten Nachnamen. Von solchen Mädchen war Kate als Schülerin in Downe House gemobbt worden, zudem war das genau die Art Frau, die William nach Ansicht vieler Freunde heiraten sollte und auch heiraten würde.

Für die britische Oberschicht ist Grundbesitz seit jeher die einzig wirklich akzeptable Form von Reichtum, wer es als Unternehmer zu etwas gebracht hat, ist und bleibt suspekt. Und die Lebensgeschichte von Kates Mutter schien besonders suspekt. In Williams Kreisen fanden es manche witzig, sich Stewardessen-Anweisungen zuzuflüstern, wenn Kate den Raum betrat, sie mokierten sich über eine Gesellschaftsschicht, die »toilet« und nicht »lavatory« sagte, und verbannten Kate und ihre Familie damit in eine niedere soziale Klasse. In einem Artikel über die englische Sprache in der Tageszeitung *The Guardian* wurde eine Leserin zitiert: »Es wäre mir lieber, meine Kinder sagten ›fuck‹ als ›toilet‹.«

Nachdem William im Freundeskreis schon länger angedeutet hatte, dass er das Leben in einer Beziehung als einengend empfinde, bat er Kate vor den Semesterferien um eine Pause.

Er fuhr mit Freunden nach Griechenland, sie mit Freundinnen nach Frankreich, wo sie zu viel Weißwein trank, über William sprach und darüber, wie sehr sie ihn vermisse. Schon im Oktober waren sie wieder zusammen, aber das Muster sollte sich wiederholen. Im Grunde suchten beide Normalität und Beständigkeit, aber Kate kam aus einem stabilen Elternhaus, Nähe und ein geregeltes Leben machten ihr keine Angst, während der Sohn von Eltern, die sich erst unter Druck zusammengetan und dann verbittert getrennt hatten, vor allem sah, was schiefgehen konnte. Sie war sich sicher, er war nervös und fürchtete, die falsche Entscheidung zu treffen. In den Winterferien 2005, als Charles sich etwas zu laut über nervende Journalisten geäußert hatte, verlor William auf ganz untypische Art die Nerven, als ein Journalist der *Sun* ihn fragte, ob er nicht bald heiraten wolle:»Hören Sie, ich bin gerade einmal zweiundzwanzig. Ich bin zu jung zum Heiraten. Ich möchte nicht heiraten, bevor ich mindestens achtundzwanzig bin, eher dreißig.« Wenn die Geschichte von Kate und William erzählt wird, gilt diese Bemerkung als Beweis seiner damaligen Ambivalenz. Der Biograph Robert Jobson hingegen meint, er habe mit seinem strategischen Verhältnis zu den Medien deren Spekulationen über eine Heirat durchkreuzen wollen, da sie dem Druck zu ähneln begannen, der seinerzeit die überstürzte Verlobung seiner Eltern befördert hatte.

Wenn man Interviews mit dem jungen Prinz William liest oder sieht, verrät kaum etwas seine tiefen Ressentiments gegen die Medien. Er handhabt alle Situationen souverän, wirkt aufrichtig, aber beherrscht, scherzt, aber bleibt bescheiden. Er begann früh, alle Veröffentlichungen über sich zu lesen, um etwas über seine Wirkung zu lernen. Bald zeigte sich seine Eigenständigkeit, wie in einem Gespräch aus Anlass seines einundzwanzigsten Geburtstags mit dem Journalisten Peter Archer, der ihn fragte, ob er König werden wolle.

»Das ist keine Frage des Wollens, ich wurde da hineingeboren, es ist meine Pflicht. Wollen ist nicht das richtige Wort ... Es ist eine wichtige Rolle, ich nehme das nicht auf die leichte Schulter. Es geht darum, Menschen zu helfen, um Hingabe und Loyalität, Eigenschaften, die ich hoffentlich habe – ich weiß, dass ich sie habe. Manchmal werde ich deswegen etwas unruhig, aber eigentlich mache ich mir keine großen Sorgen ... Öffentlich spreche ich eigentlich nie darüber. Das ist nichts, worüber man mit jedem spricht. Ich denke viel darüber nach, aber es sind meine eigenen, ganz persönlichen Gedanken.«

William und Harry stellten fest, dass die Redaktion von *News of the World* immer wieder sehr private Dinge über sie wusste, die nur von engen Freunden und Mitarbeitern stammen konnten. William wählte aus Angst vor Indiskretion seine Freunde sowieso extrem vorsichtig aus und hätte es am liebsten gesehen, wenn sie neben ihm gar keine anderen Freunde gehabt hätten, nun begann er, selbst die engsten Freunde zu verdächtigen. Kate soll Pressespitzel so gefürchtet haben, dass sie William im Gespräch mit ihren Freundinnen und Freunden kaum noch erwähnte.

Doch dann kam heraus, dass sich Journalisten in die Telefone der Prinzen gehackt und deren Anrufbeantworter abgehört hatten. Clive Goodman, Hofreporter der Zeitung, und der Privatdetektiv Glenn Mulcaire wurden vor Gericht gestellt und zu Gefängnisstrafen verurteilt. 2011 flog auf, dass das Murdoch-Boulevardblatt weit über einhundert Prominente und Politiker abgehört hatte. Diesen Skandal überlebte die Zeitung nicht.

Das Konkurrenzblatt *Daily Mirror* ging andere Wege. Die Zeitung brachte am 19. November 2003 den ersten von mehreren, reich bebilderten Artikeln ihres Reporters Ryan Perry, der sich im Buckingham Palace als Diener beworben hatte und ohne eingehende Überprüfung seiner Referenzen eingestellt worden war. Die Artikel erschienen nur Tage vor einem Staatsbesuch des amerikanischen Präsidenten George W. Bush. Es waren große Demonstrationen geplant, weil viele Briten Bushs Vorhaben, in den Irak einzumarschieren, ebenso ablehnten wie Tony Blairs Entschluss, sich dem anzuschließen. Der *Daily Mirror* begründete Perrys Betrug damit, man habe auf die prekäre Sicherheitslage im Schloss hinweisen wollen, wegen der königlichen Familie, aber auch wegen des US-Präsidenten, der dort übernachten sollte. Perry erhielt 2003 für den Bericht die Auszeichnung »Coup des Jahres«, doch in Wahrheit, das wussten Redaktion wie Leserschaft, ging es natürlich nur um eine Frage: Wie leben die Royals *wirklich*? So war der Aufmacher des ersten Tages denn auch ein heimlich geschossenes Foto von Elizabeth' und Philips Frühstückstisch, das eine merkwürdige Mischung aus Luxus und Schäbigkeit offenbarte. Auf einem mit Porzellan und Silberbesteck gedeckten Tisch stehen unter anderem drei präzise ausgerichtete Frischhaltedosen mit Müslimischungen sowie ein uraltes kleines Radio. Beleuchtet wird der Tisch von einer billigen Bürolampe, die offenbar aus den siebziger Jahren stammte.

Perry berichtete von einer Monarchin, die abends, wenn Philip Termine wahrnahm, oft allein war und Bücher über Pferde las, Fotos in Alben einklebte oder fernsah, auf einem Tablett vor sich das Abendessen. Dabei sah sie nicht gerade Spitzen-Produktionen der Kulturredaktionen, sie mochte eine Sendung, die private Schmalfilme von Zuschauern zeigte, sie sah gern die beliebte Seifenoper *EastEnders*, die im Londoner East End spielt, und *The Bill*, eine seit 1983 wöchentlich ausgestrahlte Polizeiserie. Die Queen sagte zu Perry, *The Bill* gefalle ihr gar nicht, aber sie könne einfach nicht aufhören, es zu sehen.

So volksnah sie in Perrys Artikel wirken mochte, in einer anderen, erhitzt geführten öffentlichen Debatte jener Zeit vertrat sie einen exponierten Minderheitenstandpunkt. Zu Tony Blairs Wahlkampfversprechen gehört das Verbot der Fuchsjagden, bei denen eine berittene Jagdgesellschaft einen Fuchs von einer Hundemeute hetzen lässt und der Meute querfeldein folgt, am Ende wird der Fuchs getötet. Blair räumte später ein, dass er nicht vorhergesehen hatte, welchen Sturm das auslösen würde: Was ihm als sichere Nummer erschien, wurde zum wütenden Schlagabtausch zwischen urbanen Wählern, die die Füchse vor einem grausamen Tod bewahren wollten, und einer Landbevölkerung, die verbissen Widerstand leistete. Für sie war das Verbot ein Angriff auf ihre Lebensweise, angezettelt von elitären Großstädtern, die vom Leben auf dem Land keine Ahnung hatten. Später sickerte durch, die Königin habe gegen den Gesetzesentwurf Vorbehalte gehabt und Blair das mitgeteilt. Sie argumentierte unter anderem, die Fuchsjagd gelte zu Unrecht als Zeitvertreib des Establishments, tatsächlich nähmen ganze Dorfgemeinschaften daran teil. Am lautesten protestierte Charles, der, wie seine Söhne und wie Camilla, Fuchsjagden liebte. Sie wurden 2004 verboten, daran musste sich auch die Königsfamilie halten.

Mehr Erfolg hatte Charles mit seinem Protest gegen neue EU-Regeln im Bereich alternativer Medizin. Blair setzte deren Umsetzung für sechs Jahre aus, ungewiss ist, ob das Charles' Verdienst war – Blair beschwerte sich jedenfalls bei Alastair Campbell darüber, dass der lästige Thronfolger geradezu antiwissenschaftliche Standpunkte vertrete. Dann wurde bekannt, dass Charles mehrere Ministerien schon seit den siebziger Jahren brieflich mit Ratschlägen und Warnungen bombardierte, intern hießen die Schreiben »Black Spider Memos«, weil Charles Anrede und Unterschrift mit schwarzem Filzstift von Hand schrieb und seine Schrift an Spinnen denken ließ.

Charles begann in jenen Jahren auch, Camillas unklaren Status zu verändern. Anlass für konkrete Schritte war vermutlich eine Hochzeit im engen Freundeskreis des Paares. Im Herbst 2004 heiratete der Sohn der van Cutsems, Charles würde in der Kirche mit der Königsfamilie in der ersten Reihe sitzen, Camilla die Kirche nach ihm betreten und in einer der hinteren Reihen Platz nehmen müssen.

Er soll gesagt haben, dass er Camilla »solchem Unsinn und solchen Demütigungen« nicht mehr aussetzen werde; beide lehnten die Einladung ab. Als das Paar im Dezember in Birkhall war, dem Anwesen bei Balmoral, das Charles von Queen Mum geerbt hatte, ging Charles auf die Knie und bat Camilla – mit einem Ring, der Queen Mum gehört hatte –, ihn zu heiraten. Wochen später sagte sie auf die Frage, wie es ihr gehe, sie bekomme gerade wieder Boden unter die Füße. Um jene nicht zu brüskieren, die sich Diana noch eng verbunden fühlten, gab man bekannt, dass Camilla eines Tages nicht Königin, sondern ›Princess Consort‹ (»Prinzessingemahlin«) werde. Da beide geschieden waren und Camillas Ehemann noch lebte, konnten sie nicht kirchlich, sondern nur standesamtlich getraut werden, erhielten aber bei einem Gottesdienst den kirchlichen Segen. William und Harry veröffentlichten eine Erklärung, wonach sie sich für ihren Vater und Camilla sehr freuten und ihnen für die Zukunft alles Gute wünschten.

An einem kühlen Vormittag des 9. April 2005 hatte sich vor den Stufen der St. George's Chapel in Windsor eine kleine, aber begeisterte Menschenmenge versammelt, die das Paar nach der Segnung durch den Erzbischof von Canterbury empfing. Camilla trug einen schmalen, blaugrauen Mantel und einen Hut mit vergoldeten Federn, den sie bei Böen festhalten musste; sie lächelte, war aber, wie sie einräumte, sehr nervös. Charles fasste ihre Hand und flüsterte ihr zu: »Du machst das gut.«

Am Abend lud die Queen zu einem Bankett mit über siebenhundert Gästen in Windsor Castle, in ihrer Tischrede sprach sie davon, wie belastend und anstrengend die Zeit für ihren

Sohn gewesen sei. Tatsächlich war es auch für sie selbst und für Philip ein langer und mühevoller Weg bis zu der Einsicht gewesen, dass die Legalisierung der Beziehung für alle das Beste war. In ihrer Rede verglich Elizabeth das Brautpaar mit Rennpferden, die ein besonders forderndes Hindernisrennen absolviert hatten: »Sie haben schwierige Sprünge hinter sich [...] und viele schreckliche Hürden. Aber jetzt sind sie auf dem Absattelplatz der Gewinner. Mein Sohn ist im Ziel mit der Frau, die er liebt.«

Das war nicht mehr die Queen, der vorgeworfen wurde, keine Gefühle zu zeigen. Die nationale Stimmung hatte gedreht. Der Al-Qaida-Anschlag vom 11. September 2001 auf die USA, die Entscheidung Großbritanniens, mit den Amerikanern im Irak einzumarschieren, der Londoner Terroranschlag vom 7. Juli 2005, bei dem sich vier Selbstmordattentäter in U-Bahnen und einem Bus in die Luft sprengten – all das führte zu dem beklemmenden Eindruck, dass das Land und seine Bürger von einem nicht greifbaren Feind angegriffen und unterwandert wurde. Bei dem Anschlag vom 7. Juli starben sechsundfünfzig Menschen. Die Briten besannen sich auf ihren Stoizismus während des *Blitz*, der deutschen Luftangriffe im Zweiten Weltkrieg, und in den Jahren der ständigen Bedrohung durch die IRA, gingen ungerührt weiter in die Innenstadt, in die Busse, zur Arbeit, in die Pubs. Elizabeth, Charles und Camilla besuchten am nachfolgenden Tag Verletzte im Royal London Hospital im Stadtteil Whitechapel, von dort kommentierte die Queen, die noch wenige Jahre zuvor keinesfalls ohne Redemanuskript sprechen wollte, die Anschläge:

»Ich möchte den Menschen in unserer Hauptstadt meine Bewunderung für ihre ruhige Entschlossenheit aussprechen, nach den gestrigen Ereignissen ihr normales Leben wiederaufzunehmen. Das ist die Antwort auf diese ungeheuerliche Tat. Wir sind in Großbritannien leider nur allzu vertraut mit

Terrorakten, und Angehörige meiner Generation, besonders in diesem Teil von London, wissen, dass wir das schon einmal erlebt haben.«

Es war sehr ungewöhnlich für sie, sich mit so kurzem Vorlauf und in einer vergleichsweise exponierten Situation *live* zu äußern, anwesende Journalisten hatten den Eindruck, dass sie eine ungeheure Wut zurückhielt. Ihre unerschütterliche Gemütsruhe hatte sie gelegentlich von ihren Untertanen entfernt, jetzt wurde sie dafür bewundert und es wirkte einigend.

Im folgenden Jahr kam der sehr erfolgreiche Spielfilm *The Queen* mit Helen Mirren in der Hauptrolle in die Kinos, der diesen Charakterzug auf empathische Weise thematisierte. Er verteidigt das Zögern der Königin nach dem Unglück von Paris nicht, zeigt sie aber als zugewandt und pflichtbewusst. Die empörten Trauernden auf den Straßen empfanden sie als kalt, doch der Film zeigt sie als eine Frau, die sich im Affekt falsch entscheidet und auf neue, unverständliche Forderungen mit Ratlosigkeit und Schmerz reagiert.

Tony Blair, dargestellt von Michael Sheen, nimmt in dem Film nahezu eine Heldenrolle ein, er begreift, wie sich die Situation für die Königin darstellt, und nimmt sie entschieden in Schutz; Charles hingegen wirkt etwas opportunistisch, er distanziert sich von seiner Mutter und sucht die Nähe zur Regierung, weil das für seinen Ruf besser ist.

Als Tony Blair zur ersten Audienz nach dem Filmstart in den Buckingham Palace kam, empfing ihn die Queen mit den Worten: »Ich höre, es gibt einen neuen Film.« Als Blair das bejahte, sagte sie: »Sie sollen wissen, dass ich ihn mir nicht ansehen werde.« Sie hatte ihr Leben lang ihre Privatsphäre geschützt und musste nun erleben, dass ausgerechnet diese Zurückhaltung anderen den Raum gab, eine andere Version dieser Elizabeth II. zu erschaffen und dann zu behaupten, dass sie »in Wahrheit« so sei. Aber sie war doch neugierig und ließ sich den Film von einem Verwandten beschreiben. Persönliche Bekannte der Queen fanden Helen Mirrens Darstellung im Großen und Ganzen sehr befriedigend, einige kritisierten, der Film zeige nur die ernste und kontrollierte Seite der Königin und nicht den heiteren Menschen, der sie im Privaten oft sei. Falls dies eine bewusste Entscheidung von Regisseur Stephen Frears und Drehbuchautor Peter Morgan war, dann mit dem paradoxen Ergebnis, dass der Film einen Blick hinter die Kulissen versprach und doch nur die ernste, professionelle Seite der Königin zeigte, also die Seite, die die Bevölkerung kannte. Aber vielleicht wäre der Film, hätte er ein deutlich anderes Bild der Monarchin gezeigt, beim Publikum nicht so gut angekommen.

Mirren hat bei ihrer Rollenvorbereitung festgestellt, dass Elizabeth einen »schnellen inneren Beat« habe. Die Schauspielerin, die Klassensystem und Monarchie sehr kritisch sah, bewunderte die Königin im Laufe der Arbeit immer mehr; sie wurde zwar keine Monarchistin, bezeichnete sich aber schließlich als *queenist*.

»Das Großartige an der Rolle der Queen ist, dass es keine Eitelkeiten gibt, kein ›Was denken die über mich?‹. Da ist nur, ›Ich bin die Königin, Sie müssen mich nehmen, wie ich bin, etwas anderes gibt es nicht.‹ Die absolute Verweigerung, sich einzuschmeicheln, zu bezaubern, zu manipulieren.«

Im Februar 2007 erhielt Mirren den Oscar als beste Hauptdarstellerin, in ihrer Dankesrede sagte sie: »Elizabeth Windsor bewahrt seit mehr als fünfzig Jahren ihre Würde, ihr Pflichtgefühl und ihre Frisur. Mit beiden Beinen fest auf dem Boden, den Hut auf dem Kopf, die Handtasche am Arm hat sie sehr, sehr viele Stürme überstanden, ich verneige mich vor ihrem Mut und ihrer Beständigkeit.«

Mirren wurde später in den Buckingham Palace und auch nach Ascot eingeladen, was sie als Beweis wertet, dass die Königin ihre, Mirrens, Arbeit nicht ablehnte. Aber *The Queen* wurde mit keinem Wort erwähnt, die Königin und die Schauspielerin sprachen über Pferde.

Elizabeth' und Philips Kräfte ließen nach, aber andere Gleichaltrige alterten schneller als sie. Im Oktober 2005 besuchte das Paar die Feierlichkeiten zu Margaret Thatchers achtzigstem Geburtstag. Thatcher, die ein halbes Jahr älter war als die Queen, hatte mehrere Schlaganfälle erlitten und befand sich zudem im Anfangsstadium einer Demenzerkrankung, was der ehemaligen eisernen Lady etwas fast Kindliches gab. Als Elizabeth sich ihr näherte, fragte Thatcher: »Ist es in Ordnung, wenn ich sie berühre?« Sie streckte die Hand aus und Elizabeth hielt sie fest, so dass Thatcher sich beim Knicksen auf sie stützen konnte. Dann führte die Queen ihre ehemalige Premierministerin an der Hand an den sechshundertfünfzig Gästen vorbei, die sich im Bankettsaal des Luxushotels Mandarin Oriental versammelt hatten.

Mit den Jahren mussten sich auch Elizabeth' Enkelsöhne William und Harry auf die Aufgabe vorbereiten, die Institution Monarchie zu verwalten. In St. Andrews hatten William und Kate ein gemeinsames Leben mit ähnlichem Tagesablauf geführt, sie hatten Vorlesungen besucht und für Prüfungen gelernt. Nach den Abschlussexamina im Jahr 2005 wurden die Unterschiede deutlicher. William besuchte jetzt die Militärakademie Sandhurst, er und Kate würden viel getrennt sein. Pressefotos zeigten immer häufiger einen William, der Kate offen umarmte und küsste, Buckingham Palace bereitete sich auf die Verlobung vor und begann, die Kalender nach einem geeigneten Hochzeitstermin zu durchforsten.

Doch nichts geschah. Kate bezog die Wohnung ihrer Eltern in London, bemühte sich um eine Stelle in einer Kunstgalerie, wollte eine Firma für Kinderkleidung gründen. Beides misslang. William war fort und sie wurde von Paparazzi verfolgt. Charles' Büro riet ihr, den Journalisten entgegenzulächeln, aber nicht mit ihnen zu sprechen. Im Herbst 2006 wurde sie Accessoire-Einkäuferin bei der Modekette Jigsaw, deren Gründer mit ihren Eltern befreundet waren. Ein Teilzeitjob, der es ihr ermöglichte, William zu treffen, wenn sein strenger Dienstplan es zuließ. Laut Angela Levin, Autorin mehrerer Bücher über die Prinzen, gab und gibt William in der Beziehung den Ton an.

Aber er schien ihr zu entgleiten; er spürte den Druck der Erwartung von Hof und Medien, die Verlobung bald bekannt zu geben, doch er scheute davor zurück. Kate feierte im Januar 2007 – blass, angestrengt und von Hunderten Journalisten verfolgt – ihren fünfundzwanzigsten Geburtstag. Sie erlebte alle Nachteile eines Lebens als (Fast)-Royal, hatte aber weder dessen Schutz noch dessen Sicherheiten. William war von Sandhurst zur Royal Air Force gewechselt und weit von London entfernt stationiert, wenn er in die Stadt kam, war er auffallend häufig nicht bei ihr, sondern in Nachtclubs wie *Mahiki* und *Boujis*, wo er, wie Fotos zeigten, mit attraktiven Frauen zusammensaß und tanzte. Als Kate ihn zur Rede stellte und sagte, dass dieses Leben für sie zu schwierig sei, machte er Schluss.

Die verletzte Kate erhielt von unerwarteter Seite Trost: Prinz Philip schrieb ihr, er sei sicher, dass sie und William wieder zusammenkämen. Sie entschied sich, den Umstand zu nutzen, dass so viele Zeitungen und Illustrierten sie so gern auf der Titelseite haben wollten, lieh sich von ihrer Schwester Pippa ein Kleid – kürzer und enger als alles, was sie sonst trug – und ging aus. Sie war der umschwärmte Mittelpunkt des Abends, in allen Zeitungen erschienen Fotos von ihr. Nach wenigen Wochen waren sie insgeheim wieder zusammen, auf einem Fest soll er Kate »wie ein herrenloses Hündchen« gefolgt sein. Bald waren sie auch offiziell wieder ein Paar.

William war im nordenglischen Yorkshire bei der RAF stationiert, die Wochenenden verbrachte er mit Kate in London.

Wenn er kam, ließ sie für ihn das Badewasser ein und bereitete das Abendessen zu. Ihr Freundeskreis fand, dass das Paar so glücklich und gelöst wirkte wie nie zuvor; sie schienen die Gedanken des anderen zu lesen, er führte ihre Sätze zu Ende, sie verstand intuitiv seine Körpersprache. Und er mochte die Middleton-Familie, deren Normalität, die langen gemeinsamen Mahlzeiten mit Gesprächen und Wein, dass er mit allen den Tisch abräumte. Dennoch waren nicht nur Kate, sondern auch Buckingham Palace überrascht, als William im September 2008 erklärte, er werde bei der RAF eine Pilotenausbildung für Rettungshubschrauber machen und erwäge, das zu seinem Beruf zu machen. Das bedeutete weitere Jahre beim Militär in entlegenen Gegenden, das bedeutete, dass es vermutlich noch lange dauern würde, bis er sesshaft werden konnte. Und es bedeutete auch, dass er keine weiteren königlichen Verpflichtungen übernehmen und damit seine Großeltern entlasten konnte, was er nach Ansicht vieler Höflinge schon längst hätte tun sollen.

William schien sich ebenso entschieden gegen eine Heirat wie gegen ein Leben als Vollzeit-Royal zu stemmen, beides würde ihn vieler Alternativen berauben: Sagte er ja zu Kate, gab es keine anderen Frauen mehr; sagte er ja zu mehr Verpflichtungen als Thronfolger, endeten damit alle anderen Entfaltungsmöglichkeiten, von denen er als künftiger König sowieso nicht viele hatte.

Kate, von der Presse demütigend »Waity Katie« getauft, gab ihren Job bei Jigsaw auf, um noch mehr Zeit für William zu haben, der aber oft fort war. Sie dachte daran, Fotografin zu werden, nach Paris oder New York umzuziehen, sie kuratierte eine Ausstellung mit Bildern des Fotografen Alistair Morrison, der sie ermutigte, ihr Talent ernst zu nehmen und professionelle Fotografin zu werden. Weil sie sich nicht vorwerfen lassen wollte, ihre Beziehungen zum Königshaus zu versilbern, scheute sie die allzu große Nähe zu bekannten Marken oder Firmen; Carole Middleton befürchtete, ihre Tochter investiere zu viel in eine Beziehung mit ungewisser Zukunft. Bald warf man Kate vor, dass sie keinem Beruf nachging, die bildschönen Middleton-Schwestern tauchten auf glamourösen Promi-Festen auf, das Gesellschaftsmagazin *Tatler* nannte sie »die Glyzinien-Schwestern«, denn sie seien »überaus dekorativ, furchtbar wohlduftend und verfügen über ein enormes Klettervermögen«.

Elizabeth und Philip waren von Kate begeistert, die vorherrschende Meinung bei Hofe war, dass sie auf William einen guten Einfluss hatte. Die Queen stellte ihnen eines der kleineren Häuser bei Balmoral zur Verfügung, wo sie allein sein konnten, und sie lud Kate auf Schloss Windsor ein, ein Hofbeamter bezeichnete ihr Verhältnis als »zugewandt und entspannt«.

»Die Königin hat keine Ahnung, was Kate eigentlich tut«, sagte jemand aus ihrem nahen Umfeld zur *Daily Mail.* »Insgeheim ist sie besorgt wegen der möglichen Folgen, wenn William ihr einen Antrag machen sollte – und Kate dann immer noch keine feste Stelle hat. Sie sind zwar noch nicht verlobt, aber es sieht doch sehr danach aus, dass Kate eines Tages eine königliche Braut sein wird, und die Königin ist der Ansicht, dass sie erwerbstätig sein sollte. Sie glaubt an eine moderne Monarchie und ist der festen Überzeugung, dass die Royals mit gutem Beispiel vorangehen sollten.«

Kate begann schließlich im Familienunternehmen zu arbeiten, wo sie seit ihren Teenagerjahren mitgeholfen hatte. Ein Geschäftspartner von »Party Pieces« sagte, sie sei eine talentierte Unternehmerin mit einem sicheren Gespür, das an ihre Mutter erinnerte: »Sie hat einen klaren Blick für Profit und ist sehr eigensinnig.« Auf Anraten des Hofes begann sie auch, sich in karitativen Organisationen zu engagieren. Dennoch galt Kate immer noch als lächelndes Party-Girl.

Aber auch Prinz William hatte nicht den besten Ruf. Schon länger wurde ihm vorgeworfen, sich zu große Freiheiten herauszunehmen. Im April 2008 beendete er seine Ausbildung zum Hubschrauberpiloten, wenig später flog er mit einem Chinook-Hubschrauber der RAF zum Junggesellenabschied seines Vetters Peter Phillips auf die Isle of Wight und machte auf dem Hinweg eine Zwischenlandung in London, um Harry abzuholen. Die Geschichte landete in der Presse und das Verteidigungsministerium musste einräumen, dass die Spritztour den Steuerzahler knapp neuntausend Pfund gekostet hatte. Journalisten recherchierten weiter und fanden heraus, dass es weitere Eskapaden dieser Art gegeben hatte, einmal war er zur großen Freude der Middletons mit dem Hubschrauber in deren Garten gelandet. Die RAF-Regeln sehen vor, dass alle neu ausgebildeten Piloten Übungsflüge absolvieren müssen, Williams Flüge waren von seinen Vorgesetzten genehmigt worden. Aber es machte keinen guten Eindruck.

William wurde Extravaganz vorgeworfen, aber er engagierte sich auch für notleidende Menschen. Von seiner Mutter hatte er die Schirmherrschaft für Centrepoint übernommen, diese Organisation für junge Wohnsitzlose hatte er schon als Kind mit Diana und Harry besucht. Als die Organisatoren der Wohltätigkeitskampagne »Remember on Mother's Day«, die Menschen nach dem Verlust naher Angehöriger beisteht, ihn um Unterstützung baten, sagte er sofort zu und hielt eine unerwartet persönliche Rede: »Der Verlust eines nahen Angehörigen gehört zu den schlimmsten Erfahrungen, die man machen kann. Es scheint keine große Sache zu sein, nie mehr im Leben ›Mama‹ sagen zu können. Für viele, auch für mich, ist das nur noch ein Wort – es ist bedeutungslos und hat nur noch mit Erinnerung zu tun. Ich kann mich dieser Kampagne aus ganzem Herzen anschließen. Auch ich habe an einem Tag wie Muttertag die Leere gefühlt und fühle sie immer noch.« Im

Dezember 2009 übernachtete er – inkognito – mit einem Vertreter von Centrepoint und einem Leibwächter bei vier Grad minus auf der Straße, zuvor hatte er Gespräche mit einigen Obdachlosen geführt. Niemand erkannte den Thronfolger. Danach sagte er, Erfahrungen wie diese gäben ihm mehr als Termine, für die er Anzug tragen müsse. Da war sie wieder, die Beteuerung, die auch von seiner Mutter hätte stammen können: Das Leben an der Spitze ist nicht besonders erstrebenswert, Ehrlichkeit und Authentizität findet man bei denen, die es schwer haben.

In Herbst dieses Jahres war die *Daily Mail* an Regierungsdokumente gelangt, wonach die Queen einen erheblichen Teil ihrer Aufgaben an William übertragen wolle, und sah das als Hinweis darauf, dass William als »Schattenkönig« aufgebaut werden sollte. Das kurbelte selbstverständlich die Diskussion neu an, ob William seiner Großmutter direkt folgen, die Krone eine Generation überspringen könne oder gar solle.

Williams Pressesprecher wies die Vorstellung eines »Schattenkönigs« sofort scharf zurück, aber William konnte ein Leben als Thronerbe mit allen seinen Verpflichtungen offenbar nicht länger hinausschieben. Im Jahr zuvor hatte die Queen, oft in Begleitung von Philip, vierhundert öffentliche Auftritte absolviert, ein derart dichtes Programm war zwei Menschen in den Achtzigern nicht mehr zuzumuten. »Die Königin hat mit Charles und William zwei Stellvertreter«, sagte ein Sprecher des Hofes. »Und sie möchte beide heranziehen.«

2010 wurde William nach Australien und Neuseeland geschickt, es war die erste Reise, bei der er seine Großmutter repräsentierte. Dabei erwies er sich als der geborene Diplomat: er war ruhig und zugewandt, absolvierte die endlos wirkenden *walkabouts* herzlich und lächelnd. Als eine Frau, die bei einem Waldbrand ihr Zuhause verloren hatte, ihn erst mit *William* ansprach und sich dann bestürzt entschuldigte, weil sie den

Titel vergessen hatte, legte er ihr lächelnd die Hand auf den Arm und sagt:»Denken Sie gar nicht daran, William ist völlig in Ordnung.« Die entzückten Journalisten in seiner Begleitung meldeten nach Hause, wie sehr er seiner Mutter gleiche.

Die britische Monarchie war jetzt in der Lage, die Institution mit drei Erwachsenen – der Monarchin und zwei Generationen Thronfolger – repräsentieren und in die Zukunft führen zu können. Charles ging bei seinen Auftritten oft an die Grenzen dessen, was sich ein künftiger König erlauben durfte. Während er ständig irgendwelche Kontroversen auszufechten schien, vertrat William eher die Linie der Queen. Für ihn sprach neben seiner Jugend und Frische auch die Tatsache, dass er Dianas Sohn war, er wurde überall von großen Menschenmengen empfangen, mehr als bei Auftritten von Charles und Camilla. Bei verschiedenen Meinungsumfragen zu Beginn des neuen Jahrhunderts waren über die Hälfte aller Briten stets der gleichen Ansicht: die Krone solle nach dem Ableben der Queen direkt an Prinz William gehen. Das ist eine widersprüchliche Haltung: Die Befragten wollen eine Erbmonarchie, es sei denn, der in Frage stehende Thronfolger gefällt ihnen nicht. Charles, der schon wieder von einem populäreren Familienmitglied an die Wand gespielt zu werden drohte, soll über jede Andeutung in diese Richtung tief verletzt gewesen sein. William reagierte wütend auf Unterstellungen, er wolle seinen Vater ausbooten. Aber eine Institution unter Druck kann es sich nicht erlauben, solche Signale zu ignorieren. Die Monarchie war auf breite Zustimmung angewiesen, das Volk sollte keinesfalls vergessen, dass William eines Tages ihr strahlender König sein würde. Die Hofjournalistin Margaret Holder meinte, William sei »alles, worum die Königin gebetet hat«, es sei kein Zufall, dass man ihn stärker ins Rampenlicht schieben wolle.

Den letzten Lebensabschnitt, bevor er unwiderruflich zur öffentlichen Person wurde, verbrachte William an einem Ort, der entlegener kaum sein könnte: Er arbeitete als Flight Lieutenant William Wales auf der Insel Anglesey vor der Küste von Wales, wo es Berge, lange Strände und Vogelkolonien gab. Kate kam erst zu Besuch und zog dann, von der Öffentlichkeit fast unbemerkt, zu ihm, sie lebten allein mit ihrem Cockerspaniel Lupo. Wenn William arbeitete, streifte Kate über die Insel und fotografierte die dramatische Landschaft. Eine Zeitlang lebten sie wie ein normales junges Paar, sie gingen in den Pub und ins Kino, die Einwohner schützten sie und gaben den Medien keinerlei Auskünfte über das Paar.

Im Oktober 2010 machten sie Urlaub in Kenia. Sie übernachteten in der abgelegenen und rustikalen Rutundu Lodge, die zwischen dem Rutundu-See und Mount Kenya lag — ein Ort in 3000 Meter Höhe und gut geeignet für Wanderungen und zum Forellenangeln. Bei der Abreise schrieb Kate ins Gästebuch:»Vielen Dank für 24 wundervolle Stunden! Leider keine Fische gefangen, aber schon der Versuch hat Spaß gemacht. Ich liebe Kaminfeuer und Kerzenlicht — so romantisch!« Das wichtigste Ereignis der vierundzwanzig Stunden blieb unerwähnt: Am Nachmittag des 20. Oktobers war William am Ufer des Sees auf die Knie gegangen, hatte den Verlobungsring seiner Mutter herausgeholt, den er drei Wochen lang im Rucksack mit sich herumgetragen hatte, und Kate gefragt, ob sie ihn heiraten wolle.

Zu diesem Zeitpunkt waren nur zwei Menschen eingeweiht: Am Tag vor der Abreise war er heimlich mit dem Motorrad in den Buckingham Palace gefahren, um bei seiner Großmutter Dianas Ring zu holen, und er hatte Harry gefragt, ob er einverstanden sei, dass Kate den Ring bekomme. Nachdem er Kate gefragt hatte, wurde deren Vater eingeweiht, weil William auf ganz altmodische Weise bei ihm um die Hand seiner Tochter anhielt.

Am 16. November 2010 wurde die Verlobung bekannt gegeben; Harry sagte, nun bekomme er eine Schwester, was er sich lange gewünscht habe, Charles bemerkte, sie hätten »wahrlich lange genug geübt«. Das Paar putzte sich für ein kurzes Interview heraus, Kate trug ein dunkelblaues Wickelkleid von Issa, das binnen Minuten in den Läden ausverkauft war. »Sie wirken beide so glücklich und entspannt«, sagte der Interviewer Tom Bradby aufmunternd zu einem Paar, das sehr offensichtlich alles andere als entspannt war: William rieb die Daumen aneinander, Kate presste nervös die Lippen zusammen, beide sprachen in leichtem Stakkato. Doch das Interview unterschied sich wohltuend von dem letzten Interview, bei dem der frisch verlobte Thronerbe Charles laut darüber nachgedacht hatte, was »verliebt sein« bedeute. Das Paar des Jahres 2010 hatte viele gemeinsame Interessen und Erfahrungen, mit ihren kleinen Scherzen meinten sie sich selbst genauso wie die Fernsehzuschauer. William sagte, sie hätten die Entscheidung der Verlobung mehr oder weniger gemeinsam getroffen, um dann doch noch einzuräumen, dass er der Zögerliche gewesen sei. Er habe so lange gewartet, sie sollte »falls nötig, in sich gehen und Abstand davon nehmen können, bevor alles zu viel für sie werden würde. Ich versuche aus der Vergangenheit zu lernen und wollte ihr die beste Möglichkeit geben, in Ruhe zu erleben, wie es auf der anderen Seite aussieht.«

William schien hier nicht nur unumwunden einzuräumen, dass die Verlobung seiner Eltern keine glückliche Entscheidung war. Nachdem er die Idee des Heiratens lange Zeit sehr ambivalent gesehen hatte, sagte er jetzt, man habe sich Zeit lassen müssen, denn *sie* sollte sich sicher sein. An dem ansonsten makellosen und sehr kontrollierten Interview fiel auf, dass Kate kein Geheimnis daraus machte, dass sie die Trennungen nicht gewollt hatte: »Ich war damals nicht glücklich darüber, aber es hat mich tatsächlich stärker gemacht, man lernt Dinge an sich kennen, von denen man vorher vielleicht noch nichts wusste. Ich glaube, wenn man jünger ist, kann man in einer Beziehung zu sehr aufgehen, im Nachhinein bin ich wirklich froh, dass ich eine Zeitlang allein war, auch wenn ich es damals nicht so sah.«

Der mediengewandte William sagte mehr als Kate, sie formulierte tastend und führte ihre Sätze nicht immer zu Ende. Als die Kameras ausgemacht wurden, lehnte sie sich zurück und seufzte:»Ich bin bei so etwas nicht gut.«

Das stimmte nicht. Sie war mit dem Medium Fernsehen zwar offenkundig unvertraut, war aber in den fordernden Jahren als Williams Freundin immer ruhig und vernünftig geblieben. Sie hatte die Aufmerksamkeit nicht gesucht, aber auf den immensen Druck nie unwirsch oder verärgert reagiert. Sie war immer diskret und fiel auch dann nicht der Versuchung anheim, über William oder seine Familie zu sprechen, als die Beziehung beendet schien. Ein Verwandter von Prinz William sagte, sie habe»in all diesen Jahren und ohne jede Schulung nicht einen Fehltritt begangen. Das ist wirklich bemerkenswert.«

In der hektischen Phase vor der Hochzeit blieben die beiden Hauptpersonen nüchtern und sehr darauf bedacht, nicht zu extravagant zu wirken. Sie sorgten dafür, dass mehr Freunde auf eine Gästeliste kamen, die anfangs fast ausschließlich aus Prominenten bestand; sie baten statt Hochzeitsgeschenken um Spenden für Hilfsorganisationen, sie bemühten sich um eine umweltfreundliche, schlichte Gestaltung der Trauung, indem sie beispielsweise Westminster Abbey mit einheimischen Blumen und Pflanzen und mehreren hohen Bäumen schmücken ließen, die nach der Zeremonie wieder eingepflanzt wurden. Die Middletons waren in die Planung einbezogen und übernahmen einen Teil der Kosten, den letzten Abend als ledige Frau verbrachte Kate nicht im Buckingham Palace, sondern mit ihrer Familie im Hotel The Goring. Es gab ein Fest vor dem großen Fest, Trauzeuge Harry blieb bis drei Uhr morgens in der Bar, am Ende sprang er von einem Hotelbalkon auf die Straße und verletzte sich am Knöchel.

Die Queen war in den Stunden vor der Trauung offenbar strahlender Laune, es heißt, sie habe vor Freude darüber, dass die Geschichte von William und Kate nun ein glückliches Ende fand, fast getänzelt. Prinz Harry war verkatert, Prinz William wirkte nervös, beim Betreten der Kirche rieb er unentwegt die Handflächen aneinander. In seine Uniform waren zusätzliche Stofflagen eingenäht worden, falls er zu stark schwitzten sollte. Am Morgen hatte seine Großmutter ihn zum Herzog von Cambridge, Graf von Strathearn und Baron Carrickfergus ernannt, wenige Stunden später gab Kate Middleton ihren Geburtsnamen auf und übernahm alle neuen Titel ihres Ehemanns. Sie selbst wirkte auf alle erstaunlich ruhig und selbstsicher. Als sie vor der Westminster Abbey aus der Limousine stieg, ging ein Raunen durch die Menschenmenge, TV-Kommentatoren seufzten beglückt: Kates Kleid von Alexander McQueen war eine klassische Märchenrobe mit schmaler Taille und weitem Rock, es erinnerte an das Kleid, in dem Grace Kelly Fürst Rainier von Monaco heiratete. Alle Entscheidungen der Braut wurden gelobt, nicht zuletzt die großzügige Geste, ihre Schwester und Trauzeugin Pippa ein so körperbetontes Kleid tragen zu lassen, dass das Internet wegen Pippas Po noch während der Trauung heiß lief.

Als Kate die Kathedrale betrat, drehte sich Harry, der neben William am Altar stand, um und sagte zu seinem aufgeregten Bruder:»Sie ist da! Warte nur, bis du sie siehst!«Als sie schließlich neben William stand, sah er sie an und sagte:»You look beautiful.«

Die Zeremonie ließ an eine Bemerkung der amerikanischen Zeitung *Boston Globe* denken:»Die englische Königsfamilie zieht Zeremonien durch wie das israelische Heer seine Kommandounternehmen.« Alle verhielten sich angemessen und würdevoll. Kate versprach in ihrem Ehegelöbnis nicht, dass sie ihrem Gatten gehorchen werde. Ihre verstorbene Schwiegermutter Diana hatte das als erste royale Braut in der Geschichte der britischen Monarchie unterlassen, Sarah Ferguson hingegen hatte an der alten Formulierung festgehalten.

Doch während Diana zur Rebellin wurde und das Haus Windsor auf nahezu allen Gebieten in Frage stellte, ist die professionelle Kate immer lächelnd und korrekt gekleidet zur Stelle und hat noch nie etwas gesagt oder getan, was nicht den Buchstaben der Hofgesetze entspräche. Aus naheliegenden Gründen werden die beiden ständig miteinander verglichen, seltener wird beleuchtet, wie überaus verschieden die beiden Frauen sind. Diana vertraute sich nahezu allen an, Kate hält den Mund. Was Diana fühlte und dachte, lag immer und überall offen zu Tage, Kate und William schützen ihr Privatleben mit eiserner Konsequenz. Während Diana Berührung und Körperkontakt suchte, ist Kate das zurückhaltende Mädchen von St. Andrews geblieben; Fremde spontan zu umarmen ist ihre Sache nicht.

Sie wird die erste britische Königin sein, die aus der britischen Mittelschicht stammt. Kate ist auch darum eine so gewissenhafte und korrekte Royal, weil sie schon als Kind mit den Regeln ihrer Schicht vertraut gemacht wurde. Wer Erfolg, auch finanziellen Erfolg, haben will, muss Korrektheit und Pflichtbewusstsein an den Tag legen. Natürlich wohnen nicht alle Mittelschichtfamilien in einer 4,5 Millionen-Pfund-Villa, nur wenige können ihren Kindern in London eine Wohnung kaufen. Aber die Middletons kennen auch ein anderes Leben und haben die Verbindung dazu nie verloren. Es ist nur schwer vorstellbar, dass Graf Spencer seiner Tochter Diana den gleichen Rat gegeben hätte wie Carole Middleton ihren Kindern: »Sei vorbereitet.«

Wer nach oben gekommen ist, weil er dem System gegeben hat, was es verlangt, verspürt keinen starken Wunsch nach Rebellion. Die Schwestern Kate und Pippa sind das Resultat der harten Arbeit vorheriger Generationen, aber sogar sie, beide disziplinierte und gute Schülerinnen, schafften den Sprung nach ganz oben durch die Männer, die sie heirateten. Pippa versuchte nach Kates und Williams Hochzeit mit wenig Erfolg, Bücher herauszugeben und Zeitungskolumnen zu schreiben, bevor sie den Hedgefond-Manager und Rennfahrer James Matthews heiratete.

Nach der Trauung fuhren William und Kate in einer offenen Kutsche durch Londons Straßen – der Urenkel des aristokratischen Grubenbesitzers Claude Bowes-Lyon und die Urenkelin des armen Vaters von sechs Kindern, der für ihn gearbeitet hatte. Kate beugte sich zu ihrem Ehemann und fragte ihn, wie einer der von den Medien engagierten Lippenleser erkannte: »Bist du glücklich?« Er antwortete: »Es war großartig, großartig. Ich bin so stolz, dass du meine Frau bist.«

24

Prinz wider Willen

Zwanzig Jahre, in denen ich nicht daran gedacht habe, und dann zwei völlig chaotische Jahre«, sagte der 32-jährige Prinz Harry 2017 in einem offenherzigen Interview.»Und ich ... ich konnte gar nicht sagen, was das war, ich wusste nicht, was mit mir los war. Ich dachte, dass das, naja, dass das irgendwie zum Erwachsenwerden gehört.«

Harry hatte in Eton zwei Klassen wegen schlechter Noten wiederholen müssen, nach dem Abschluss schien eine weitere akademische Ausbildung ausgeschlossen. Wie sein Bruder wollte er eine einjährige Auszeit nehmen, woraus fast zwei wurden. Da er weder eine Schule noch die Universität besuchte, sah sich die Presse von der Vereinbarung entbunden, ihn während der Ausbildung nicht zu behelligten. Und sein Benehmen machte den Boulevard-Reportern viel Freude. Er verbrachte die Nächte in exklusiven Clubs und verschlief die Vormittage, wurde sturzbetrunken und mit Nacktmodellen im Arm fotografiert, zeigte Journalisten und Fotografen den Mittelfinger. Als er etwas über den australischen Busch lernen und in Queensland auf einer Schaffarm arbeiten wollte, war die Farm so von Reportern umlagert, dass der wütende Harry das Haus kaum verließ. Was bei den Briten die Frage aufwarf, ob ihre Steuergelder hier gut angelegt waren.

Im Oktober 2004 versuchten die Leibwächter vor dem Nachtclub Pangaea in Piccadilly, einen sehr betrunkenen Harry in seine Limousine zu bugsieren, wobei sie von Fotografen umringt wurden. Harry fragte mehrfach, warum sie ihn nicht endlich in Ruhe ließen. Dann, erzählte ein Fotograf, sei er aus dem Auto gesprungen und habe ihm die Kamera ins Gesicht geknallt, zurück blieb eine geplatzte Unterlippe. Es war nicht die letzte körperliche Attacke auf Journalisten.

Im Januar veranstaltete ein Freund von William und Harry ein Kostümfest unter dem Motto »Kolonialmacht oder Eingeborene«. Das war an sich schon eine heikle Wahl, wenn auch offenbar nicht für die Königsfamilie, denn William hatte seinen einundzwanzigsten Geburtstag unter dem Motto »Meine afrikanische Farm« gefeiert, das Fest hatten Vater Charles und Großmutter Elizabeth für ihn organisiert. Harry wählte als Kostüm für den Abend eine Nazi-Wüstenuniform mit Hakenkreuzbinde. Ein Gast überließ der *Sun* ein Foto, das mit der Überschrift »Harry The Nazi« erschien. Die Reaktionen waren vernichtend. Michael Howard, Jude und Parteiführer der Konservativen, sagte, das Bild sei für viele sehr enttäuschend gewesen, er fände es angemessen, wenn Harry »uns jetzt ganz genau erzählt, wie sehr er das bereut«. Er entschuldigte sich, mehrere jüdische Organisationen in Großbritannien meinten, man solle die Entschuldigung akzeptieren. Das Schlimmste für Harry war vermutlich, dass einige, auch einflussreiche Politiker, ihn deswegen »nicht würdig« fanden, dem britischen Heer beizutreten, wovon Harry seit Jahren träumte.

Dennoch wurde ihm auch viel Wohlwollen entgegengebracht. Wer ihn in Schutz nehmen wollte, musste nur auf die Bilder des Zwölfjährigen verweisen, der dem Sarg seiner Mutter folgt. Auch in seinen ausschweifenden Jahren war er immer unverstellt und offenkundig ehrlich, was ihm viel Zuneigung bescherte – und weiterhin beschert. Wie seine Mutter fiel ihm der Umgang mit Kindern leicht, er fand sofort einen Draht zu ihnen; mit einem Baby im Arm wirkte der oft so zerrissene junge Mann völlig gelöst, mit kleinen Kindern konnte er gut spielen und herumalbern. 2004, mitten in der Aids-Epidemie, bereiste er den armen afrikanischen Staat Lesotho. Der Besuch bewegte ihn so sehr, dass er mit Lesothos Prinz Seeiso die Hilfsorganisation Sentebale gründete, um Aids zu bekämpfen und gefährdeten Kindern beizustehen.

»Er war mir schon sympathisch, bevor ich ihn kennenlernte«, sagte Seeiso, »denn ich bin wie er ein zweiter Sohn. Nummer zwei zu sein macht etwas mit dir und auch mit den Menschen und der Art, wie sie dich wahrnehmen. Ich wusste, wie es ist, an jemandem gemessen zu werden, der blitzsauber, leise, zurückhaltend und einfach perfekt ist. So wie Harrys Bruder William hat auch mein Bruder immer das Richtige getan und ich immer das Falsche.«

Die Organisation geriet in die Kritik, weil ein unverhältnismäßig großer Teil der Spenden, um die Harry inständig warb, offenbar nicht den betroffenen Kindern zugutekam, sondern in die Verwaltung floss. Aber Sentebale war der erste Schritt auf einem Weg, der Harry wichtig wurde: Er wollte das humanitäre Erbe seiner Mutter fortführen und Sorge dafür tragen, dass niemand zurückgelassen wurde. Er engagierte sich nicht nur im Kampf gegen Aids, sondern setzte auch Dianas Engagement gegen Landminen fort, immer wieder nannte er seine Mutter als seine Inspiration.

Während William im Aussehen seiner Mutter gleicht, schlägt Harry eher nach der väterlichen Seite, vor allem dem schmaläugigen Prinz Philip, aber im Wesen ähnelte er, wie sich bald zeigte, stark seiner Mutter. Er handelte wie sie, so offen und impulsiv, dass er es hinterher manchmal bereute. Wie sie tat er sich in der Schule schwer, verfügte aber über eine enorme emotionale Intelligenz. Er ließ sich oft von seinen Gefühlen mitreißen, war aufbrausend und konnte ungeheuer wütend werden, gewann aber schnell das Vertrauen anderer. Beide brachten sie Menschen zum Lachen, beide fällten Entscheidungen vor allem intuitiv. Und wie sie konnte er sich schnell verlieben.

Bei der Afrikareise von 2004 fand er zwei Lieben, die lange anhalten sollten. Die eine galt den Ländern Südafrikas, vor allem Botswana, wohin er immer wieder zurückkehrte. In Afrika zu sein, sagte er, bedeute »geerdet sein«. »Ich fühle mich hier mehr wie ich selbst als an irgendeinem anderen Ort auf der Welt. Ich wünschte, ich könnte mehr Zeit in Afrika verbringen. Hier habe ich ein intensives Gefühl völliger Entspannung und Normalität.«

Die zweite Liebe war Chelsy Davy, eine zwei Jahre jüngere, lebhafte Studentin, die an der Cape Town University Politik, Volkswirtschaft und Philosophie studierte, sie wollte Juristin werden. Sie stammte aus Simbabwe und Harrys Verbindung zu ihr war politisch etwas heikel: Ihr Vater war ein reicher Landbesitzer, der Großwildjagden organisierte. Bei Robert Mugabes groß angelegter Enteignung weißer Landbesitzer war es ihm gelungen, den überwiegenden Teil seines Besitzes zu behalten, es hieß, er stehe dem autoritären Machthaber näher, als ratsam sei, was ihm viel Kritik einbrachte. Aber für Harry war Chelsy eine Frau, die alles mochte, was er mochte, die in tollen Outfits Clubnächte durchtanzte, aber auch lange Touren durch die Wildnis liebte, ohne Komfort und in direktem Kontakt mit der Natur. Angeblich konnte sie mit bloßen Händen eine Schlange töten, sicher ist, dass sie als Kind eine Hyäne als Haustier hatte und eine Vorschule besuchte, wo Affen ihre Buntstifte stahlen. In einem Restaurant in Cape Town erlebte sie einmal einen bewaffneten Raubüberfall – für einen jungen Mann, der das Militär liebte und sein Leben lang körperliche Unerschrockenheit schätzte, gab es an Chelsy viel zu bewundern.

Seine königliche Herkunft imponierte ihr nur mäßig. Ab 2004 hatten die beiden eine leidenschaftliche, lebenssprühende und stürmische On-off-Beziehung; die auf Royals spezialisierten Journalisten zogen Vergleiche zu William und Kate, die im Gegensatz wie ein gesetztes Ehepaar wirkten, und fanden die Liaison des jüngeren Bruders entschieden spritziger. Doch die Entfernung London–Cape Town war belastend, Chelsy war oft ohne Harry, wurde aber ständig von Fotografen umzingelt, die ihr folgten und sogar ein Ortungsgerät an ihrem Auto anbrachten. »Es war so extrem distanzlos – so verrückt, furchterregend, beklemmend«, sagte sie später. »Wenn es richtig schlimm war, fand ich das sehr schwierig. Damit konnte ich nicht umgehen.«

Sie musste nicht nur vor Fotografen fliehen, sondern auch damit fertig werden, dass Zeitungsbilder ihren Freund mit anderen Frauen in Londoner Nachtclubs zeigten. Als Single ließ Harry nie etwas anbrennen, eine feste Beziehung war für ihn kein zwingender Grund, sich von anderen Frauen fernzuhalten. Nach Aussagen eines Freundes gab es in Harrys Leben eine Phase »in der er, höflich formuliert, das Leben eines Rockstars führte«.

Er wurde trotz der skandalösen Naziuniform-Eskapade in die Militärakademie Sandhurst aufgenommen, die einen Offizier aus ihm machen sollte. Die Männer der Königsfamilie wählten in der Regel die Marine, Harry wollte zum Heer. Vielleicht hatte es etwas mit den vielen Geschichten zu tun, die er als Kind von Offizier James Hewitt, Dianas Geliebtem, gehört hatte, er durfte auch mit seinen Waffen spielen. Als ein Journalist Harry fragte, ob er das Heer gewählt habe, weil es ihm »in den Genen« liege, und damit auf Gerüchte anspielte, dass Hewitt Harrys Vater sei, gab er eisig zurück: »Offenbar nicht, mein Vater war bei der Marine.«

In Sandhurst durchlief *Officer Cadet Windsor* die gleiche harte Ausbildung wie alle; der einzige Unterschied waren die Personenschützer, die sich immer irgendwo im Hintergrund aufhielten. Auf die falsche Art von Aufmerksamkeit reagierte Harry rabiat: Als bei einem Geländelauf ein *Daily Mirror*-Journalist in der Hoffnung auf ein Interview neben ihm herlief, raunzte Harry ihn rüde an; als ein Mitsoldat eine schnippische Bemerkung machte, kassierte er einen schnellen, harten Schlag in den Schritt, der allen anderen eine Warnung war. Diese militärische Ausbildung zum soldatischen Denken war hart, es gab weder Ablenkungen noch Fluchtmöglichkeiten. Die Rekruten sollten sich ausschließlich aufeinander konzentrieren, Laptops, Mobiltelefone, Fernsehen und Alkohol waren verboten, BBC der einzige Radiosender, Harry durfte nicht einmal ein Foto seiner Mutter aufstellen. Später erzählte er, dass er dort zum ersten Mal im Leben eine Toilettenbürste benutzt habe. Es war ein forderndes Leben, das er liebte. Der entwurzelte Prinz hatte eine Richtung und einen Ort gefunden, konkrete Aufgaben zügelten seine körperliche Unrast. Er wollte unbedingt mit seinen Kameraden in den Irak gehen. Es sei ausgeschlossen, sagte er im März 2006, dass er erst Sandhurst durchlaufe und dann zu Hause auf dem Hintern hocke, wenn »die Jungs da draußen für ihr Land kämpfen«.

Nicht alle teilten die Meinung, dass die britischen Soldaten bei dem Irakeinsatz »für ihr Land« kämpften. Tony Blair hatte sich in der Hoffnung auf mächtige Verbündete in eine enge Partnerschaft mit dem amerikanischen Präsidenten George W. Bush begeben, eine Entscheidung, die Blair politisch schwer beschädigte. Nach dem Terrorangriff der Al-Qaida vom 11. September 2001 griff Großbritannien mit den USA den Irak an, obwohl es für die Anschuldigung, Saddam Hussein besitze Massenvernichtungswaffen, keine Beweise gab. Der Krieg stürzte den Irak in eine Spirale von Chaos und Gewalt, doch Harry sah es als seine patriotische Pflicht, bei Einsätzen der britischen Armee dabei zu sein und mit den Soldaten zu kämpfen, denen er in enger Kameradschaft verbunden war.

Das brachte seine Vorgesetzten in ein Dilemma, das man vielleicht hätte vorhersehen können. Dass Prinz Harry Sandhurst gewählt hatte, war ein PR-Erfolg für die Akademie, aber sein Regiment führte sehr gefährliche Einsätze aus und war ständig Angriffen aus dem Hinterhalt ausgesetzt. Wenn Harry mit ihnen in den Irak ginge, würde dies alle gefährden – Abu Samir, Führer der sunnitischen Rebellengruppe »Gottes Rache«, sagte, man erwarte die Ankunft des jungen, gutaussehenden, verwöhnten Prinzen mit Ungeduld, »er wird zu seiner Großmutter zurückkehren, aber ohne Ohren«. Wie der britische Geheimdienst erfuhr, war die Gefangennahme des Prinzen bereits geplant und ein Heckenschütze mit seiner Tötung beauftragt. Als General Richard Dannatt, Oberkommandierender des britischen Heeres, Harrys Entsendung im Mai 2007 wegen der Gefahren ablehnte, tobte Harry vor Wut und betrank sich. Er erwog ernstlich, das Heer zu verlassen, die Presse stellte die vergiftete Frage, warum man ihn überhaupt eine so teure Ausbildung durchlaufen lasse, wenn er sie nicht nutzen könne.

Die Heeresleitung wollte Harry keinesfalls verlieren. Man hatte den Fehler erkannt und bot Harry eine Fortbildung an, die er akzeptierte, weil er damit in Afghanistan eingesetzt werden konnte. Allerdings wäre er auch dort eine Gefährdung für die Truppe gewesen, zumal davon auszugehen war, dass die britische Presse alles daransetzen würde, um seinen Aufenthaltsort zu erfahren. Am Ende bat Dannatt Vertreter der fünfundzwanzig einflussreichsten Medien zu einem Gespräch. Vereinbart wurde deren Stillschweigen über Harrys Einsatz und den Einsatzort, im Gegenzug konnten sie im Feld Interviews mit ihm machen, die sie allerdings erst nach seiner Rückkehr veröffentlichen durften. Ihnen wurden exklusive Fotos sowie die Möglichkeit zugesagt, mit seinen Familienangehörigen zu sprechen. Einer der anwesenden Journalisten sagte, der General habe »offensichtlich mit dem Rücken zur Wand gestanden. Er sagte mehr oder weniger deutlich, dass sie den jungen Mann, was immer es koste, in eine Konfliktzone entsenden mussten – auch wenn das hieße, dass man ihn nach nur einem Tag wieder herausholen müsse. Und sie wussten ehrlich gesagt nicht, ob eine Nachrichtensperre während seiner Stationierung funktionieren würde.«

Unterdessen wurde der verbitterte und frustrierte Harry ständig in Bars und Nachtclubs fotografiert, oft betrunken, oft mit irgendeiner leicht bekleideten jungen Frau im Arm, während die Kameraden seines Regiments im Irak ihr Leben riskierten.

Die Königin hatte am Beispiel ihres Sohnes Andrew gezeigt, dass ihrer Meinung nach königliche Armeeangehörige den gleichen Dienst versehen sollten wie ihre Kameraden und dass sie sein sollten, wo diese waren. Sie informierte Harry vom Beschluss des Verteidigungsministeriums, ihn nach Afghanistan zu entsenden. »Über solche Themen kann man immer gut mit ihr sprechen«, sagte er. »Für eine Großmutter weiß sie ungeheuer viel über das Militär, das gehört vermutlich zu ihrem Job.«

Am 14. Dezember 2007 verließ er Großbritannien unter größter Geheimhaltung, ein Hubschrauber brachte ihn in die afghanische Provinz Helmand, wo britische Soldaten einen zähen und harten Kampf gegen die Taliban führten. Nicht einmal der britische Botschafter in Kabul war über Harrys Ankunft informiert.

Trotz äußerst karger Lebensbedingungen war Harry in Helmand außerordentlich zufrieden; das Wichtigste für ihn sei, sagte er, »hier mit den Jungs zusammen zu sein, nicht in irgendeinem Raum mit einem Haufen Offiziere«. Hier könne er so normal leben, wie es für jemanden mit seinem Hintergrund überhaupt möglich sei.

Es mag paradox scheinen, dass er in einem Ausnahmezustand und einem Kriegsgebiet Normalität fand. Als Soldat war seine Handlungsfreiheit ebenso stark beschnitten wie als Prinz, doch in dieser Unfreiheit lag Ebenbürtigkeit, eine Gleichheit, die ein Royal kaum je erlebt. Und es waren körperlich anstrengende, sehr konkrete Gruppeneinsätze für einen jungen Mann, der sonst nur repräsentierte und im Anzug in einer Reihe mit anderen stand, um Hände zu schütteln. »Im Heer bringen sie dir bei, dass du ohne die Unterstützung anderer nirgendwo hinkommst«, sagte er. »Davon bin ich überzeugt.«

Harry war durchaus in Gefahr, einmal wurde sein Panzer beschossen. Er erwies sich als verantwortungsvoller und anteilnehmender Offizier, furchtlos an der Grenze zur Tollkühnheit, bemüht um Soldaten, denen es schlecht ging und die Heimweh hatten. Als James Wharton, ein homosexueller Kamerad, gemobbt wurde, griff Harry ein, er und Wharton wurden mit der Zeit enge Freunde. Zu Harrys Aufgaben gehörte, auf einem Monitor anhand von Wärmebildern und Bewegungsverfolgung mögliche Taliban-Krieger aufzuspüren, damit die Feinde aus der Luft angegriffen werden konnten. Im Funkverkehr war er »Widow Sex Seven«, von dem man nur wusste, dass er scherzen und flirten konnte und auffälliges Oberschicht-Englisch sprach.

Während sich die britischen Medien an ihre Abmachung mit dem Verteidigungsministerium hielten, unterlagen die internationalen Medien keinen derartigen Restriktionen. Nach zehn Wochen erschien die Nachricht von Harrys Afghanistanaufenthalt erst in einer australischen Zeitschrift, dann auf einer amerikanischen Internetseite. General Dannatt informierte die Königin, Harry müsse umgehend aus Afghanistan herausgeholt werden, sie bat ihn, ihren Enkelsohn sicher nach Hause bringen zu lassen. Wenig später landete ein Chinook-Hubschrauber in Harrys Lager, er hatte weniger als eine Stunde zum Packen und war verzweifelt, seine Kameraden verlassen zu müssen. Als er auf der RAF-Airbase Brize Norton in Oxfordshire landete, wurde er von William und Charles erwartet.

In dem Hubschrauber wurden auch drei schwerstverletzte Soldaten nach Großbritannien zurückgeflogen. Sie hatten Gliedmaßen verloren und waren während des Fluges nicht bei Bewusstsein. Dieses Erlebnis gab Harrys Leben eine neue Richtung, denn er fasste den Entschluss, sich für verletzte und invalide Veteranen einzusetzen. Es folgte ein mehrjähriges Engagement in verschiedenen Wohltätigkeitsorganisationen, die sich um Veteranen kümmern, bis er 2014 die Invictus Games gründete, eine Art Paralympics für kriegsversehrte Soldaten. Er mahnte immer und immer wieder, Großbritannien dürfe jene Männer nicht vergessen, die für den Rest ihre Lebens zu kämpfen hatten, weil sie an der Front gewesen waren, die psychisch oder physisch nie mehr die Menschen sein würden, die sie einmal waren, weil sie eine britische Uniform getragen hatten.

Er wollte an die Front zurück und ließ sich ein weiteres Mal umschulen, dieses Mal zum Hubschrauberpiloten, weil er in der Luft sicherer wäre – und erwies sich als Naturtalent. Er war zwar kein guter Schüler, aber ein begabter Zeichner und Sportler gewesen, am Steuerknüppel bewies er ein intuitives Gespür für das Visuelle und Konkrete, für Landschaft, Raum und Geographie, und er vertraute seinem Bauchgefühl. In einer zwanzigköpfigen Gruppe, die am Apache-Helikopter ausgebildet wurde, war er im Februar 2012 der beste Schütze. Gut sechs Monate später war er wieder in Afghanistan, nun im Feldlager Camp Bastion, auch das in Helmand.

Aber es war nicht das Gleiche wie zuvor. Camp Bastion war eine riesige Armeestadt mit über 14000 Menschen, Harry wurde angestarrt, man tuschelte über ihn. Die Lebensbedingungen waren besser, aber Harry erlebte lange Tage und viele Wartezeiten, was ihn rastlos machte. Nach zwanzig Wochen kehrte er nach Hause zurück; im Juni 2014 schied Captain Wales aus der Armee aus, engagierte sich aber weiterhin für Veteranen.

Der Afghanistan-Einsatz rückte seinen Ruf als verwöhnter Playboy zurecht, besonders konservative Briten mit Sinn für Tradition und Pflicht erkannten an, dass er sich den gleichen Prüfungen und Gefahren ausgesetzt hatte wie jeder normale Soldat. Aber es sorgte auch für Kontroversen, dass ein Enkelsohn der Königin einräumte, in einem Kriegseinsatz Menschen getötet zu haben, zumal viele Briten dagegen waren, dass ihr Land überhaupt an diesem Krieg teilnahm. Einige fanden es besonders empörend, dass er das Töten im Krieg mit Computerspielen verglich: »Es macht mir Freude, ich bin einer von denen, die gern Playstation und Xbox spielen. Ich denke schon, dass ich mit meinem Daumen ziemlich nützlich bin.«

Der Prinz stand zu dem, was er getan hatte, manchmal müsse man Leben nehmen, um Leben zu retten. Aber dass eine so exponierte Persönlichkeit wie er sich überhaupt auf diese Weise verteidigen musste, zeigte auch etwas anderes: Sechzig Jahre nach dem Ende des Zweiten Weltkrieges war *Krieg* den Briten fremd geworden. Sie wollten sich nicht mehr vorstellen, dass »ihre Jungs« Menschen angriffen, von denen sie nicht mit Sicherheit wussten, ob sie Freund oder Feind waren. Ein Volk, das von allen Kriegsschauplätzen weit entfernt war, empfand den Eifer und das Engagement, die Soldaten bei Kampfhandlungen empfinden können, als fremd und anstoßerregend.

Völlig unbeeindruckt von solchen Kontroversen waren die Scharen junger Frauen, die schlagartig und kollektiv zu dem Schluss gekommen waren, dass nicht mehr William, sondern Harry der attraktivste Mann der Königsfamilie sei. Bei einer offiziellen Reise nach New York wurde er 2010 von Fans empfangen, die Schilder mit »Marry Me, Harry« hochhielten. Zu Hause merkte man, dass er, sofern er sich bemühte, ein bemerkenswert freundlicher und charismatischer Botschafter der Krone war.

2012, im Jahr des diamantenen Thronjubiläums, war Elizabeth fünfundachtzig, Philip neunzig Jahre alt, beide hatten gesundheitliche Probleme. Sie waren noch im Vorjahr in Australien gewesen, danach hatte man beschlossen, dass sie keine Langstreckenflüge mehr antreten sollten. »Die Königin ist bemerkenswert fit«, sagte ein Hofbeamter. »Aber wenn sie offizielle Verpflichtungen wahrnimmt, weiß sie, dass es der Herzog als seine Pflicht erachtet, an ihrer Seite zu sein. Er ist nur schwer davon zu überzeugen, dass es völlig in Ordnung wäre, wenn einer seiner Söhne Ihre Majestät begleitete. Wenn der Herzog damit nicht einverstanden ist, bleibt nur die Alternative, dass Ihre Majestät weniger Termine absolviert und die jüngeren Familienmitglieder sie bei den anderen vertreten.«

Also reisten Mitglieder des Hauses Windsor in offizieller Mission durch die Welt und vertraten die Jubilarin im Commonwealth. Harry hatte gebeten, in die Karibik reisen zu dürfen, und wurde nach Jamaika, Belize und auf die Bahamas geschickt. Seine Spontaneität war seine Stärke, aber auch eine mögliche Schwäche, im Buckingham Palace verfolgte man die Reise mit einer gewissen Nervosität. Sie war schwierig, denn die Premierministerin von Jamaika, Portia Simpson Miller, war eine erklärte Republikanerin, für sie war die Unabhängigkeit ihres Landes erst vollendet, wenn es sich der Monarchie entledigt hatte. Die fünfundsechzigjährige Simpson Miller empfing Harry in Kingston, und die beiden, die zu flirten verstehen, schienen sofort hingerissen voneinander: Er ging lächelnd und mit ausgestreckten Händen auf sie zu, sie umarmte ihn und küsste ihn auf die Wange. Als sie Arm in Arm in die Villa Davon House spazierten, rief Harry den Journalisten zu: »Sie ist mein Date für heute Abend«, später wirbelten sie zusammen temperamentvoll über das Parkett. Simpson Miller sagte: »Wir sind in ihn verliebt.« Aufnahmen des Jamaika-Besuches zeigen einen gesprächigen und zu Albernheiten aufgelegten Prinzen, der den Weltklasse-Sprinter Usain Bolt bei einem Wettrennen »besiegte«, indem er den Star auf etwas hinter dessen Rücken hinwies und dann, als dieser sich umdrehte, über die Ziellinie rannte. Dieser strahlende Einsatz war umso wichtiger, als andere Familienmitglieder um diese Zeit keine gute Figur machten. 2010 ließ Fergie sich von Mazher Mahmood aufs Glatteis führen, der Journalist der *News of the World* war als »*the fake sheik*« bekannt und hatte einige Jahre zuvor schon Edwards Gattin Sophie hereingelegt. Nun luchste er als arabischer Geschäftsmann Fergie die Zusage ab, ihn mit ihrem Ex-Mann Prinz Andrew bekannt zu machen, der seit 2001 britischer Sonderbotschafter für Internationalen Handel und Investitionen war: »500 000 Pfund, wenn Sie können, für mich … und dann: offene Türen.« Sarah bat um Entschuldigung, Andrew bestritt, von dem Treffen gewusst zu haben, aber beider Ruf litt schwer darunter.

Doch damit nicht genug. 2008 war Andrews Freund, der Investmentbanker Jeffrey Epstein, verurteilt worden, eine Minderjährige zur Prostitution gezwungen zu haben. Das Urteil war auffallend milde, denn ihm wurde vorgeworfen, junge Mädchen vergewaltigt und wie Sexsklavinnen gehalten zu haben, um sie seinen reichen Geschäftsfreunden anbieten zu können. 2011 druckte *News of the World* ein brandneues Foto, das Epstein und Andrew ins Gespräch vertieft im Central Park zeigte.

Auch andere britische Royals ließen sich von den Reichen dieser Welt aushalten, sowohl Prinz Charles als auch Prinzessin Diana hatten sich von vermögenden Bekannten wie dem griechischen Milliardär John Latsis und dem Virgin-Gründer Richard Branson kostspielige Urlaube spendieren lassen. Aber das *News of the World*-Foto bewies, dass Andrew sich in keinster Weise von einem verurteilten Sexualstraftäter distanziert hatte. Keine Woche später wurde bekannt, dass eine der jungen

Frauen ausgesagt hatte, Epstein habe sie 2001, als sie siebzehn Jahre alt war, nach London geschickt, um Andrew Gesellschaft zu leisten, es existierte ein Foto, auf dem Andrew den Arm um ihre Taille gelegt hat. Ein ehemaliger Epstein-Angestellter sagte als Zeuge aus, Andrew habe an Epsteins ausschweifenden Pool-Partys teilgenommen und sich von Minderjährigen massieren lassen. Andrew bestritt alles, musste aber wegen der Kontakte zu Epstein sowie zu Söhnen von Milliardären, deren Vermögen aus dubiosen Quellen stammten, den Posten als Sonderbotschafter aufgeben.

Seine Mutter liebte ihn selbstverständlich weiterhin, und das tat auch Fergie. Im selben Jahr, als Andrew den Posten als Handelsbeauftragter verlor, veröffentlichte seine Exfrau das Buch *Finding Sarah: A Duchess's Journey to Finding herself*. Es basierte auf einer TV-Serie, die sie nach dem Scheich-Skandal mit Oprah Winfrey gemacht hatte, um sich zu verteidigen. Fergie tritt in dem Buch defensiv und voller Selbstverachtung auf, erklärt ihre fehlende Selbstkontrolle mit einer unglücklichen Kindheit und dem Wunsch, anderen eine Freude zu machen und ihnen nahe zu sein, das habe ihr Urteilsvermögen geschwächt. Einen Menschen aber spricht sie von allen Verfehlungen frei:

»Wenn Sie mich fragen, was für einen Mann ich suche, würde ich sagen: jemand, der gut aussieht, den man gern anschaut. Jemand mit Sinn für Humor, dem es nichts ausmacht, wenn die Kameras auf mich gerichtet sind. Jemand, der an altmodische Ritterlichkeit glaubt, selbstsicher, gebildet und sportlich ist. Jemand, der meine Ziele gutheißt und fördert. Jemand, der integer, ehrlich und ein Familienmensch ist. Jemand, der auch ein Freund ist und mich besser kennt als ich mich selbst. Jemand, von dem ich nicht getrennt sein will. [...] Wenn ich mir diese Liste, die Beschreibung meines Idealmannes ansehe, wird mir klar, dass ich Andrew beschrieben habe.«

Andrew und Sarah stolperten unter den zweifelnden Blicken der Öffentlichkeit weiter und blieben, als sich immer mehr Türen schlossen, einander verbunden, sei es, weil sie voneinander begeistert, sei es, weil sie voneinander abhängig waren. Aber Andrews Skandale schürten bei Bruder Charles Zweifel, ob die Yorks weiterhin zur Kernfamilie gehören und die Krone repräsentieren sollten. Je stärker sich die Mutter von ihren royalen Pflichten zurückzog, umso wichtiger wurde es für Charles, das Fundament für seine künftige Regentschaft zu legen. Überaus deutlich wurde das am 5. Juni 2012, dem Tag des diamantenen Thronjubiläums. Die Familie besuchte einen Dankgottesdienst in der St.-Pauls-Kathedrale, Prinz Philip fehlte, weil er mit einer Blaseninfektion im Krankenhaus lag. Der nächste Programmpunkt war, wie stets, das Winken vom Palastbalkon, begleitet vom Formationsflug der Royal Air Force. Doch als sich die Balkontüren öffneten, traten nur sechs Menschen heraus – die Königin, Charles, Camilla, William, Kate und Harry. Die anderen Kinder und Kindeskinder der Queen fehlten ebenso wie die zahllosen Cousins und Cousinen. Das war Charles' Entscheidung, er hatte ein Zeichen gesetzt, wie er den »harten Kern« der königlichen Familie definierte. Es heißt, Prinzessin Anne und Prinz Edward hätten die Änderungen verstanden und akzeptiert, Prinz Andrew aber sei wütend gewesen.

Charles' Leben verlief unterdessen in ruhigen Bahnen. Die Medien regten sich nur noch selten über ihn auf, seine moderne Familie funktionierte gut. Harry sagte sogar, Camilla stehe ihm und William sehr nah. »Sie ist keine böse Stiefmutter. Bemitleiden Sie nicht William und mich, bemitleiden Sie sie. Sie ist eine wunderbare Frau und hat unseren Vater sehr, sehr glücklich gemacht, nur darauf kommt es an. William und ich lieben sie über alles.«

In einem NBC-Interview hatte Charles schon 2010 durchblicken lassen, dass Camilla, wenn er König werde, möglicherweise doch Königin und nicht nur *Prinzessingemahlin* werden würde. Menschen in seinem direkten Umfeld erleben immer wieder, wie großzügig er alle bedenkt, die ihm nahestehen. Er kümmerte sich um William Tallon, den treuen Butler seiner Großmutter, als dieser nach einem angenehmen Leben in Clarence House plötzlich ein armer und einsamer Rentner war. Er unterstützte ihn finanziell, lud ihn mehrfach zum Tee ein und ging 2007 auch zu seiner Beisetzung. In Fragen der Umwelt und Nachhaltigkeit blieb er so streitbar wie eh und je; 2010 brachte er den Dokumentarfilm und das Buch *Harmonie* heraus, dessen erster Satz von kompromissloser Härte ist: »Das ist ein Aufruf zur Revolution. Die Erde ist in Gefahr. Sie wird nicht fertig mit all den Dingen, die wir ihr abverlangen. Sie verliert ihre Balance, und daran sind wir Menschen schuld.«

Er äußert sich weiterhin unumwunden politisch, es scheint, als wolle er die Freiheit, offen sprechen zu können, unbedingt nutzen, bevor sie weiter eingeschränkt wird – wobei ihm selbstverständlich alles, was er als Prinz von Wales sagt, ins Königsamt folgen wird. Dann wird er viele anlächeln müssen, die wissen, wie stark er ihre Ansichten und Ziele missbilligt. Als Prinz von Wales hat er Wladimir Putin kritisiert, bei einem chinesischen Staatsbesuch blieb er einem Bankett fern, damit wollte er ein Zeichen des Protests gegen die Verletzung der Menschenrechte in Tibet setzen. Als König wird er Despoten die blutbefleckte Hand schütteln müssen, wenn das Großbritanniens Interessen dient.

Charles übernimmt von seiner Mutter immer mehr Aufgaben, wohnt Gedenkveranstaltungen bei und nimmt im Buckingham Palace Ehrungen vor. Dabei wird deutlich, wie unterschiedlich Mutter und Sohn ihre zeremonielle Rolle gestalten. Charles ist persönlicher und spontaner, die Queen formeller und von eiserner Pünktlichkeit; er mag sich verplaudern, bis der Zeitplan ins Wanken gerät, Elizabeth achtet sehr darauf, dass alle Anwesenden gleich viel königliche Aufmerksamkeit erhalten. Schon als Kind hatte sie zu ihrer Großmutter Königin Mary gesagt, dass »wir die vielen nicht enttäuschen dürfen, die gekommen sind, um uns zu sehen«.

Wegen der zahllosen Medien-Aggressionen in den Jahren mit Diana hat er fast aufgehört, Zeitungen zu lesen, was seiner Mutter Sorgen machte. Die Erfahrungen jener Jahre haben ihn misstrauischer werden lassen, er legt nicht mehr so arglos offen, wer für ihn Freund oder Feind ist, und handelt eher verdeckt und strategisch.

Doch dass die unumstrittene Hauptperson nach wie vor seine Mutter ist, zeigte sich auch bei der Eröffnungsfeier der Olympischen Spiele in London am 27. Juli 2012. Künstlerischer Leiter der Feier war Regisseur Danny Boyle, der 1996 mit dem düsteren Spielfilm *Trainspotting* berühmt geworden war; doch sein Eröffnungsabend war nostalgisch und patriotisch und führte vor, was Großbritannien der Welt gegeben hatte: Popmusik, Kinderbuchklassiker, die Spice Girls.

Ein Film auf der großen Leinwand zeigte, wie James-Bond-Darsteller Daniel Craig im Buckingham Palace eine Treppe hochlief und in einen Salon gewiesen wurde, wo ihn die in Lachsrosa gekleidete Queen mit »Good evening, Mr. Bond« begrüßte. Sie bestiegen zusammen einen Hubschrauber und überflogen ein sonnendurchflutetes London. Hier endete der Film, am Abendhimmel über dem Stadion tauchte ein echter Hubschrauber auf. Heraus sprangen zwei Gestalten, ein Mann im James-Bond-Anzug und eine Frau in einem lachsrosa Kleid, über ihnen öffneten sich Fallschirme mit dem Union Jack. Dann kam die Königin, zusammen mit Prinz Philip, in ebendiesem rosafarbenen Kleid auf die Bühne und wurde mit stürmischem Jubel begrüßt. Weder ihre Kinder noch ihre Enkelkinder wussten etwas von dem Film. Danny Boyle erzählte später, man habe bei der Anfrage an den Buckingham Palace die Palast-Szene mit einem Double drehen wollen und sei über die Antwort, die Queen wolle selbst mitmachen, regelrecht schockiert gewesen.

Bei den folgenden Spielen standen William und Harry auf der Tribüne und feuerten ihre Cousine Zara Phillips, Annes Tochter, an. Sie gewann mit der Mannschaft die Silbermedaille im Geländereiten.

Doch an der engen Beziehung der Brüder sollte sich bald etwas ändern. Am 3. Dezember 2012 gab Buckingham Palace bekannt, dass Catherine, Herzogin von Cambridge, ihr erstes Kind erwartete. Die Verlautbarung geschah früher als bei königlichen Schwangerschaften üblich, weil Kate unter einer so schweren Form von Schwangerschaftsübelkeit litt, dass sie ins Krankenhaus eingewiesen werden musste. Es war eine historische Begebenheit: Nicht nur wurde ein Prinz oder eine Prinzessin erwartet, Königin Elizabeth hatte verfügt, dass Williams und Kates erstes Kind unabhängig von seinem Geschlecht Monarch oder Monarchin werden würde. Es ging also um den künftigen Thronerben – oder die Thronerbin. Im Sommer 2013 begann das »the Great Kate Wait« genannte Warten, das geradezu bizarre Formen annahm.

Lange vor dem vermuteten Geburtstermin postierten sich Fotografen und Journalisten mit Leitern und Teleobjektiven vor dem Lindo-Flügel des Londoner St. Mary's Hospital. Es war unglaublich heiß, das Kind kam nicht und so begannen die Journalisten, sich gegenseitig über die bevorstehende Geburt zu interviewen. Die werdende Urgroßmutter Elizabeth hoffte, das Kind werde sich beeilen, weil sie in Ferien fahren wollte. Am 22. Juli 2013, nach zweiwöchigem »Kate Wait«, kam Prinz George Alexander Louis von Cambridge zur Welt. Er blieb genau siebenundzwanzig Stunden lang eine nichtöffentliche Person, bevor ihn seine Eltern aus dem Krankenhaus trugen.

Das Kind war nach dem aufopferungsvollen Vater der Queen benannt, wobei es allerdings nicht so viele unbelastete Königsnamen gibt, unter denen William und Kate wählen konnten. »Edward« erinnerte auf unheilvolle Weise an Edward VIII., »James« an James II., der aus dem Land gejagt worden war, sowie seinen Sohn James III., um dessen Thronfolge es große Turbulenzen gab. »Richard« war nicht mehr benutzt worden, seit König Richard III. sich mit Intrigen gegen die eigene Familie den Thron erkämpft hatte, er ließ den eigenen Neffen gefangen nehmen und vermutlich ermorden. Aktuell gab es die Prinzen Charles, William und Henry, diese Namen kamen also auch nicht in Frage. Da blieb fast nur George.

Wie sich zeigte, ähnelte der kleine George aus dem Hause Windsor sehr seinem Vater und erinnerte somit auch an seine verstorbene Großmutter Diana. Zwei Jahre später kam Prinzessin Charlotte zur Welt, die eine geradezu unheimliche Ähnlichkeit mit der Queen hat. Damit hatten William und Kate der Monarchie geliefert, was sie am dringendsten brauchte: *an heir and a spare* – einen Thronerben und einen Ersatz für ihn. Die Kinder erschienen immer in pastellfarbenen, makellosen Kleidern, das Land hatte eine verantwortungsbewusste Bilderbuchfamilie, die bereit war, das Erbe fortzuführen.

Zwei Monate nach Charlottes Geburt verließ Harry die Armee und kehrte in ein Zivilleben zurück, das sich verändert hatte. Er und William hatten sich sehr nahegestanden, als Kate in die Familie kam, bildeten sie ein vertrautes Trio. Nun aber wurde William immer stärker vom Leben als Vater kleiner Kinder und von den Aufgaben eines Thronerben beansprucht. Viele von Harrys Freunden heirateten und gründeten eine Familie, Harry, der gern Kinder haben wollte, passte nicht mehr richtig dazu. Seine Beziehung zu der Schauspielerin Cressida Bonas war 2014 zerbrochen, weil sie, wie schon Chelsy Davy, erkannt hatte, wie anstrengend das Leben im royalen Rampenlicht war. Sie hatte allerdings auch einen Freund erlebt, dessen Verhältnis zu den Medien an Paranoia grenzte und der sich manchmal von Fotografen umringt fühlte, obwohl er es nicht war.

Freunden zufolge hatte Harry begonnen, Sonntagabende zu hassen, weil er dann allein war und »Einsamkeitsanfälle« hatte. Er engagierte sich weiter für die Invictus Games, beteiligte sich in Afrika am Kampf gegen das grausame Töten von Elefanten und Nashörnern und attackierte die illegalen Jäger scharf. Er marschierte im Rahmen einer Charity-Aktion zusammen mit Kriegsversehrten zum Südpol, er führte ein forderndes und abenteuerliches Leben. Obwohl er überall von Frauen umschwärmt wurde, begann er zu fürchten, dass er die so ersehnte eigene Familie nicht bekommen würde. Keine vierzehn Tage nach Charlottes Geburt sagte er in einem Interview, natürlich hätte er am liebsten sofort Kinder, doch da gebe es einen »Prozess, durch den man durchmuss«. Überhaupt wäre es schön, einen Menschen neben sich zu haben, mit dem er den Druck teilen könne.

Etwa um diese Zeit zog die Schauspielerin Meghan Markle von Los Angeles nach Toronto um, wo *Suits*, eine Hochglanz-TV-Serie über Anwälte in New York gedreht wurde, in der sie die Rolle der Rachel Zane bekommen hatte, einer selbstbewussten Anwaltsgehilfin in engen Röcken und Strickjäckchen. Nach vielen Jahren ohne Engagement hatte ihr die Serie eine gewisse Berühmtheit beschert. Sie und ihr Freund, der Sternekoch Cory Vitiello, waren ein bemerkenswert gutaussehendes Paar, sie hatten einen großen Freundeskreis, waren bekannt und gehörten zu den regelmäßigen und glamourösen Akteuren in Torontos Nachtleben. Sie wirkten allerdings voneinander nicht wirklich begeistert, außerdem dachte sie mehr als er an den nächsten Schritt, nämlich Ehe und Kinder. Ein knappes Jahr später war die Beziehung vorbei.

Rachel Meghan Markle wurde 1981 in Los Angeles geboren und fühlte sich als Kind ebenso besonders wie exponiert. Ihr Vater Thomas Markle war in Hollywood Lichtregisseur bei mehreren erfolgreichen TV-Serien, die Mutter Doria Ragland war Visagistin, Yogalehrerin und Sozialarbeiterin, ihre Vorfahren hatten als Sklaven auf Südstaaten-Plantagen gelebt. Als die Ehe geschieden wurde, war ihr einziges Kind Meghan zwei Jahre alt. Der Vater vergötterte sie. Mit einem Lotteriegewinn von 750 000 Dollar ermöglichte er ihr den Besuch der teuren katholischen Privatschule Immaculate Heart, er begann früh, sie zu fotografieren, und zeigte ihr, wie sie vor der Kamera gut aussah. Bei Schulaufführungen bekam sie oft die Hauptrolle, weil die Lehrer wussten, dass dann ihr Vater die Beleuchtung übernehmen würde. Thomas hatte aus einer früheren Ehe einen Sohn und eine Tochter, die fünfzehn beziehungsweise siebzehn Jahre älter waren als Meghan und es nicht ertrugen, dass ihr Vater seine jüngste Tochter vorzog. Wenn Freunde der Tochter Yvonne, die sich später Samantha nannte, zu Besuch kamen, sagte sie ihnen, ihre Stiefmutter Doria sei das »Hausmädchen«, weil sie schwarz war.

Meghan besuchte ihren Vater oft an seinem Arbeitsplatz und begann, sich für Showbusiness und das Rampenlicht zu begeistern. Sie nahm an einem Sommerlager der transreligiösen Organisation Agape International Spiritual Center teil, die besonderen Wert auf Meditation, Spiritualität und ein stabiles Selbstwertgefühl legt. Dort lernte Meghan zu meditieren und jeden Morgen Mantras zu rezitieren, die das Selbstbewusstsein stärken, beides hat sie bis heute beibehalten. Auch Doria war es sehr wichtig, dass ihre Tochter an sich glaubte und dass sie erreichen konnte, wonach sie im Leben strebte. Sie weckte Meghans Sinn für soziale Gerechtigkeit und erwartete von ihr, dass sie sich gegen Ungerechtigkeit engagierte, sie ging mit ihr auf Jamaika in Slumgebiete, weil sie sehen sollte, wie die weniger Privilegierten lebten. Als Neunjährige organisierte Meghan auf ihrem eigenen Schulhof eine Demonstration gegen den ersten Irak-Krieg. Als sie elf war, lief im Fernsehen ein Werbefilm des Reinigungsmittelgiganten Procter & Gamble, in dem eine Stimme sagte, »Frauen in ganz Amerika kämpfen mit fettigen Töpfen und Pfannen«. Meghan schrieb sofort an das Unternehmen sowie an Hillary Clinton und die berühmte feministische Anwältin Gloria Allred, nannte den Film sexistisch und verlangte, dass der Text geändert werde. Das tat Procter & Gamble tatsächlich, wenig später lautete der Text: »*Menschen* in ganz Amerika kämpfen mit fettigen Töpfen und Pfannen.«

Sie erlebte seit ihrer Kindheit, dass ihre Mutter rassistisch beleidigt wurde, manchmal hielt man sie für ihr Kindermädchen, weil Meghan sehr hellhäutig war. In Meghans Gegenwart fielen herablassende Bemerkungen gegen Afroamerikaner, weil man nicht wusste, dass ihre Mutter schwarz war, sie selbst wurde oft für eine Italienerin gehalten. Als Erwachsene schrieb sie in *Elle* über das Gefühl, sich für »eine Seite entscheiden zu müssen« und das nicht zu können. Einmal habe sie sich auf einem Fragebogen zum Ankreuzen für eines von zwei Kästchen entscheiden müssen, weil es keine weiteren Alternativen mehr gab. Als sie mit ihrem Vater darüber sprach, sagte er, sie solle künftig ihr eigenes Kästchen dazu malen. Zu Weihnachten kaufte ihr Vater einmal eine weiße und eine schwarze Barbie-Familie und setzte sie dann für Meghan zu einer Familie mit weißem Vater, schwarzer Mutter sowie einer weißen und einer schwarzen Tochter zusammen, damit sie ihre eigene Familie gespiegelt sah. Nach der Scheidung soll ihr Vater sehr auf Meghans Gesellschaft und Fürsorge angewiesen gewesen sein, was zu Problemen führte, als sie selbstständiger wurde und die ersten Jungenbekanntschaften machte.

Sie war eine gute und ehrgeizige Schülerin und besuchte als Erste der Familie eine Universität – sie studierte an der Northwestern University in Illinois Theaterwissenschaften und Internationale Beziehungen, zuvor hatte sie ein halbjähriges Praktikum an der amerikanischen Botschaft in Buenos Aires absolviert. Ihr Wunsch, Diplomatin zu werden, scheiterte am Auswahlverfahren des Außenministeriums.

Sie entschied sich für eine Schauspielkarriere, bekam aber kaum Engagements und hielt sich einige Jahre lang mit Kalligraphie über Wasser, bis sie einen festen Job bei der Glücksshow *Deal or no Deal* bekam. Sie war eines der »Koffer-Girls« – Nummer 24, um genau zu sein –, die lächelnd und in kurzen, tief dekolletierten Kleidchen den Teilnehmern die Koffer mit den Preisen zeigten. Schon damals war offensichtlich, so ihr Biograph Andrew Morton, dass sie nach Höherem strebte. Sie achtete streng auf ihr Aussehen und ihre Wirkung, es sollte keine albernen oder anzüglichen Fotos von ihr geben, die einmal gegen sie benutzt werden konnten.

Suits zeigt schöne Menschen in perfekt gestylten Büros mit unrealistisch geistreichen Dialogen, was, wie sich zeigte, genau das war, was amerikanische Fernsehzuschauer im Sommer 2011 sehen wollten. Es wurden immer mehr Folgen gedreht, Meghan nutzte *Suits* als Sprungbrett, um sich mit ihrem Livestyle-Blog »The Tig« und ihrer Arbeit für das Kinderhilfswerk World Vision weiter zu profilieren. Sie kämpfte unter anderem gegen das Stigma der Menstruation, das in vielen Ländern der Welt den Schulbesuch und die Lebensgestaltung junger Mädchen und Frauen einschränkt.

Wer sie kennenlernte, traf eine intelligente, verantwortungsbewusste und sozial engagierte Frau, die bald Tennisstar Serena Williams und Sophie Trudeau, die Frau des kanadischen Ministerpräsidenten, zu ihren Bekannten zählte. 2014 betrieb sie eine Blitzscheidung von dem gesprächigen, extrovertierten Filmproduzenten Trevor Engelson, mit dem sie zehn Jahre zusammen gewesen war, zwei davon verheiratet. Es soll ihn erstaunt haben, wie schnell seine Ehe vorbei war. Und er soll Meghan sehr enttäuscht haben, dass ihr Ehemann so wenig Interesse daran hatte, ihre Karriere zu fördern, und sie auch nicht mit Leuten bekannt machte, die ihr Engagements hätten beschaffen können.

Jeder, der sie einmal traf, erinnerte sich an sie, konnte sie leicht beschreiben und hatte eine eindeutige Meinung über sie. Sie wirkte intelligent, professionell, freundlich, hatte einen ausgeprägten Gerechtigkeitssinn. Aber manche erlebten, wie sie durch sie hindurchsah, eine Freundin von Meghan und Trevor sagte nach deren Scheidung, Meghan wähle ihre Freunde immer strategisch. Während sie in Toronto zur lokalen Berühmtheit wurde, ging ihr Vater mit seiner Firma Konkurs, seither wirft Samantha ihrer Halbschwester Meghan regelmäßig vor, dem Vater gegenüber kalt und undankbar zu sein. Samantha, die an Multipler Sklerose leidet und im Rollstuhl sitzt, wütet auf Twitter gegen Meghan, nennt sich selbst eine bessere und treuere Tochter als die Halbschwester, die seit ihrer Geburt Vaters Augenstern war. Nachdem Meghan Harry kennengelernt hatte, begann auch Thomas Markle, sie einerseits öffentlich zu beschimpfen und andererseits um mehr Kontakt anzuflehen. Er veröffentlichte Briefe, die sie ihm geschrieben hatte, und ließ sich für gestellte Paparazzi-Fotos bezahlen, auf denen er den Überraschten mimte, als er einen Anzug für Meghans Hochzeit kaufte. All das vertiefte die Kluft zwischen Vater und Tochter.

Vielleicht fand sie es schon als Teenager schwierig, dass ihr Vater sie an sich und seine Welt binden wollte. Vielleicht hatte sie seit jeher ein völlig anderes Tempo als ihre Umgebung. Sie war bei Veränderungen in ihrem Leben und den gesellschaftlichen Fragen, für die sie sich engagierte, immer sehr ungeduldig, hatte immer schon das nächste Ziel im Blick, hielt immer Ausschau nach neuen Menschen und neuen Chancen.

Am 23. Juni 2016 stimmten die Briten mit knapper Mehrheit für den Austritt aus der Europäischen Union. Wenige Wochen nach diesem tiefen historischen Einschnitt geschah etwas scheinbar völlig Nebensächliches: Prinz Harry hatte im exklusiven Londoner Privatclub 5 Hertford Street ein Blind Date. Er warf einen Blick auf die Unbekannte und begriff, dass er sich anstrengen musste, um ihrem Niveau zu entsprechen. Gemeinsame Freunde hatten mit bemerkenswerter Treffsicherheit vermutet, dass sie gut zueinander passen könnten. Meghan und Harry fanden mit den karitativen Organisationen, für die sie sich engagierten, ein gemeinsames Thema, eine Arbeit, zu der beide von ihren Müttern inspiriert worden waren. »Alle Sterne standen richtig«, sagte Harry über die erste Begegnung mit Meghan. Wo William Jahre brauchte, um sich endgültig für die Beziehung zu entscheiden, in der er überdies schon lange lebte, war sein Bruder nach wenigen Stunden völlig sicher, die Frau seines Lebens getroffen zu haben. Hofbiograph Robert Lacey glaubt, dass sie ihn stark an Diana erinnerte. Wie sie wirkte auch Meghan warmherzig, extrovertiert und impulsiv, es war ihr ein tiefes Anliegen, die Welt zu einem besseren Ort zu machen.

Harry öffnete sich für das, wovon sich die Briten gerade abgewandt hatten. Die Pro-Brexit-Debatte schürte oft mit unehrlichen Behauptungen die Angst vor einer urbanen und kosmopolitischen Elite, die angeblich keine Ahnung hatte, was das Volk wollte. Aber der Brexit war auch die Folge einer ganzen Reihe von rapiden Veränderungen, die vor allem ältere Engländer nicht nachvollziehen konnten. Sie wollten eine Vergangenheit zurück, in der ihr Land nicht nur ruhmvoll, sondern auch überschaubar und weniger fremdartig war. Seit in den neunziger Jahren die Chancen eines multikulturellen Großbritannien so optimistisch gesehen wurden, war viel passiert: Terrorangriffe von Islamisten, die nicht aus dem Ausland kamen, sondern im Land geboren und aufgewachsen waren, säten Zweifel am Erfolg der Integration von Zugewanderten. Von 1996 bis 2004 hatte sich die jährliche Zahl der Einwanderer von 225 000 auf fast eine halbe Million verdoppelt. Als 2004 acht mittel- und osteuropäische Länder Mitglied der EU wurden, strömten Arbeitskräfte aus diesen Ländern nach Großbritannien. Die meisten waren wenig qualifiziert, aber sehr arbeitswillig, Arbeitgeber zogen sie den britischen Mitbewerbern vor, die nach dem jahrelangen Besuch einer mittelmäßigen staatlichen Schule auch nicht besser qualifiziert waren.

Laut Mark Easton, innenpolitischer Redakteur der BBC, brachte es der Widerstand gegen die Zuwanderung in Folge der EU-Erweiterung mit sich, dass plötzlich auch Zuwanderer aus den ehemaligen Kolonien auf Misstrauen stießen, obwohl sie seit Jahrzehnten in Großbritannien lebten. Für sie war es nie einfach gewesen, systematische Diskriminierung und rassistisch motivierte Gewalt gehörten für viele Briten mit dunklerer Hautfarbe zum Alltag. Aber die pessimistische Grundstimmung der 2010-er Jahre erhöhte den Druck. Im Frühjahr 2018 versprach Theresa Mays Regierung härtere Maßnahmen gegen illegale Einwanderer. Arbeitgeber und Beschäftigte im Gesundheitswesen mussten von allen, die ihre Unterstützung oder einen Job haben wollten, Dokumente verlangen, die die Legalität ihres Aufenthalts bewiesen. Das betraf auch Briten aus karibischen Staaten, die eingereist waren, als ihre Heimatländer zum Empire gehörten und Großbritannien sie als Arbeitskräfte brauchte. Sie hatten nie angezweifelt, dass sie Briten waren, bis sie plötzlich als »nicht britisch genug« des Landes verwiesen werden sollten. Diese als *Windrush-Skandal* bekannt gewordenen Maßnahmen trieben einen tiefen Keil zwischen die britische Regierung und die ehemaligen Einwanderer.

Die Kluft zwischen jenen, die »Britischsein« offener, und jenen, die es strikter definieren wollten, wuchs. Jene, die das

Land von Fremden überrannt sahen, und jene, die die Minderheiten in Großbritannien immer noch unterdrückt sahen, drifteten auseinander – in dieser Atmosphäre lernte Harry Meghan kennen und verliebte sich in sie.

Kaum war ihre Beziehung im Herbst 2016 bekannt geworden, belagerten Journalisten nicht nur Meghans Wohnung in Toronto, sondern auch das Haus ihrer Mutter in Los Angeles. Die *Daily Mail* nannte Meghan »ein Mädchen aus dem falschen Stadtteil« und, mit Anleihen beim gleichnamigen Gangsta-Rap-Album, »praktisch *Straight Outta Compton*«; der *Daily Star* behauptete, sie stamme aus einem Stadtteil in Los Angeles mit hoher Kriminalitätsrate, blutiger Gewalt und Drogenproblemen – nichts davon traf auf die Mittelschicht-Gegend zu, in der die Privatschulabsolventin Meghan aufgewachsen war. Solche Reaktionen und die darin mitschwingenden Anspielungen veranlassten Harry zu dem überaus ungewöhnlichen Schritt einer Pressemeldung, in der er die Beziehung bestätigte und die Berichterstattung der Presse scharf angriff.

»In der vergangenen Woche wurde eine rote Linie überschritten. Seine [Harrys] Freundin Meghan Markle wurde Opfer einer Welle von Beschimpfungen und Belästigungen. Einiges davon war sehr unumwunden – die Hetzkampagne auf der Titelseite einer überregionalen Tageszeitung, die rassistischen Untertöne in Kommentaren, der unverblümte Sexismus und Rassismus der Social-Media-Trolle und einiger Kommentare im Web. [...] Prinz Harry ist sehr besorgt um Ms Markles Sicherheit und sehr enttäuscht, dass es ihm nicht möglich ist, sie zu beschützen. Es ist nicht richtig, dass Ms Markle nach einer wenige Monate dauernden Beziehung einem solchen Sturm ausgesetzt ist.« Manche, schrieb er weiter, sagten, das sei »eben der Preis, den sie zahlen müsse«, »so ist das Spiel eben« – dem widerspreche er scharf. Das sei kein Spiel. Es sei ihr Leben und das seine.

Noch wenige Jahre zuvor war Harry beschuldigt worden, Menschen anderer Herkunft und Hautfarbe herabsetzend zu begegnen – er hatte einen französischen Barkeeper »Frosch« und einen Armee-Kameraden, dessen Familie aus Pakistan eingewandert war, »unseren kleinen Paki-Freund« genannt. Aber die Begegnung mit Meghan und die Reaktionen auf ihre Beziehung veränderten seinen Blick. Er bedauerte in der Pressemeldung, Meghan nicht beschützen zu können, so wie er und William ihre Mutter nicht »beschützen« konnten. Aus den Worten dieses äußerst privilegierten Mannes spricht Machtlosigkeit, als stehe er allein gegen Kräfte, die ihm bereits mehrfach Frauen entrissen hatten, die ihm viel bedeuteten – nicht nur seine Mutter, sondern auch seine Freundinnen Chelsy und Cressida, die von der Presse gestalkt worden waren. Sie hatten sich auch wegen dieser ständigen Belagerung gegen eine Beziehung mit Harry entschieden.

Hier spricht auch ein Mann, der im Begriff ist, eine dunkle Lebensphase hinter sich zu lassen. Er arbeitete seit dem Frühjahr 2016 mit William und Kate an der Kampagne »Heads Together«, die mehr Aufmerksamkeit auf das Problem psychischer Leiden lenken und die Betroffenen ermuntern wollte, Hilfe zu suchen. William sagte, bei seinen Rettungseinsätzen als Hubschrauberpilot hätten ihn besonders die vielen Suizidversuche tief berührt. Für Harry war das Problem noch persönlicher, wie sich im April 2017 bei einem Gespräch mit der Journalistin Bryony Gordon zeigte.

Er begann das Gespräch mit der Bemerkung, er sei nervös. Er sprach schnell, die Stimme war brüchig, dann erzählte er, wie schlecht es ihm gegangen sei. Nach dem Verlust seiner Mutter mit zwölf Jahren habe er zwanzig Jahre lang alle Gefühle unterdrückt und das habe nicht nur für sein Privatleben, sondern auch für seine Arbeit gravierende Folgen gehabt. »Ich habe den Kopf in den Sand gesteckt und mich geweigert, an meine Mutter auch nur zu denken, was sollte das bringen. Davon kommt sie nicht zurück. [...] Ich glaube, ich stand mehr als einmal knapp vor dem völligen Zusammenbruch.« Wenn er eine Situation nicht verlassen konnte, habe er Panikanfälle bekommen, all »die Trauer und die Lügen« drohten zu viel zu werden. Vor drei Jahren habe er sich seinem Bruder anvertraut, der eine große Hilfe gewesen sei und ihm gesagt habe, dass das nicht normal sei, er müsse etwas unternehmen, mit jemandem reden. Eine Psychotherapie habe ihm geholfen, alles rauszulassen, was ihn bedrückt habe. Und er habe angefangen zu boxen, um diese Wut loszuwerden, die er immer mit sich herumgetragen habe. Er rate allen, mit jemandem über das zu sprechen, was sie belaste. Sie würden staunen, wie viel Unterstützung man bekomme und wie viele nur darauf warteten, dass man sich öffne. Alle sollten mit jemandem über das sprechen, was sie belastet.

Die Queen, die Diana ebenso wenig verstanden hat wie den Drang zu öffentlichen Gefühlsbekundungen, soll »Heads Together« und die Bereitschaft ihrer Enkelsöhne, derart entblößende Pressegespräche zu führen, mit Zurückhaltung und Skepsis gesehen haben, was nicht überrascht. Von anderen Seiten erfuhr Harry viel Lob und Unterstützung. Das Interview erinnerte an Diana, aber ohne die Rachegelüste und ohne, dass er mit dem Finger auf andere gedeutet hätte. Es war nur ein Bericht, was ihm gutgetan hatte, und eine dringende Aufforderung an andere, es ihm gleichzutun.

Am 27. November 2017 wurde die Verlobung von Prinz Harry und Meghan Markle offiziell bekannt gegeben. Das überraschte niemanden mehr, nachdem Meghan unter der Überschrift »Mad about Harry« die Titelseite der *Vanity Fair* geschmückt und in einem Interview kurz, aber offen über ihre Beziehung gesprochen hatte. Die vorherrschende Meinung war, dass der Hof das vorher abgesegnet hatte, auch wenn es ein solches Interview mit der Freundin eines Royals noch nie gab. Biographin Angela Levin aber ist der Sache nachgegangen und vertritt die Ansicht, dass Meghan die Initiative ergriffen und nicht um Erlaubnis gebeten habe. Sie habe damit die Formalisierung der Beziehung beschleunigen wollen, um nicht, wie Kate, jahrelang in einem undefinierten Zustand zu leben. Harry und Meghan gaben ein lockeres, plauderndes Verlobungsinterview, und während eine nervöse Kate Middleton bei *ihrem* Verlobungsgespräch immer zu William geschaut hatte, sagte Meghan mehr als Harry, der sie unentwegt verliebt anhimmelte.

Die Reaktionen auf Meghan waren von Anfang an weniger einheitlich als auf Kate. Meghans Selbstsicherheit und ihre klare Positionierung in den Wertefragen, die auch ihr junges Publikum bewegen, weckten Begeisterung. Aber die Hüter der Tradition versäumten keine Gelegenheit, auf Verstöße gegen Protokoll und Etikette hinzuweisen, sie spießten auch Kleinigkeiten auf, die sie anders machte als die Royals bisher.

In der Königsfamilie wirkte sie vom ersten Tag an entspannt, sie lächelte und schien an ihrem Verlobten ebenso viel Freude zu haben wie an dem royalen Leben, das zu ihm gehörte. Es mutete fast merkwürdig an, mit welcher Selbstverständlichkeit sie in diese Rolle schlüpfte – schließlich existiert zwischen der Öffentlichkeit und den Royals die stillschweigende Vereinbarung, dass sie immer ein wenig leiden und in Erfüllung ihrer Pflicht auf ein unbeschwertes Privatleben verzichten müssen und dass die Privilegien, die sie in überreichem Maße genießen, lediglich die Entschädigung für diese Opfer sind. Die Untertanen sollen, wenn sie ihre Königlichen und deren großen Wohlstand sehen, mit tiefer Überzeugung zu sich und anderen sagen können: »Mit denen würde ich nicht tauschen wollen.« Dass William und Harry mit einigen Seiten ihres royalen Lebens so unglücklich waren, hat zu ihrer Beliebtheit beigetragen; dass sie »eigentlich« lieber normal wären und leben würden wie all jene, die ihr Wissen über sie aus Zeitungen und aus dem Fernsehen beziehen, schafft eine imaginierte Gemeinschaft. Noch 2017 sagte Harry zum Entsetzen seiner Großmutter in einem Interview, er glaube nicht, dass es in der königlichen Familie irgendjemanden gäbe, der König oder Königin sein wolle.

Meghans Direktheit rief sofort Vergleiche mit Diana auf den Plan. Doch wer sich an diesem Spiel versuchte, musste bald aufgeben, denn obwohl auch Harry zunächst ihre Ähnlichkeiten sah, zeigte sich bald, wie verschieden sie waren. Weder Kate Middleton noch Meghan Markle erinnern im Entferntesten an die errötende Neunzehnjährige, die in einer Brautkleid-Wolke durch das Portal von St. Paul's schwebte und als Prinzessin herauskam. Dianas Schwiegertöchter sind, jede auf ihre Weise, stabiler, kontrollierter und selbstsicherer; Kate mit ihrer Diskretion und Zuverlässigkeit, Meghan mit ihrer Bühnenerfahrung und ihrem sicheren moralischen Kompass. Harrys Biographin Angela Levin meinte, bei ihr finde Harry die Mütterlichkeit, die er brauche.

Am 19. Mai 2018 durchschritt Meghan das Portal der St. George's Chapel in Windsor, um Harrys Ehefrau zu werden. Sie trug ein betont schlichtes Kleid von Givenchy, ging allein durch den Mittelgang, auf halber Strecke trat Prinz Charles neben sie und führte sie zum Altar. Thomas Markle war nicht gekommen, die Beziehung zu seiner Tochter war sehr schwierig geworden, offiziell hieß es, sein schlechter Gesundheitszustand habe die Reise aus den USA nicht zugelassen. Ihre Mutter Doria Ragland aber sah gerührt zu, als ihre Tochter Königliche Hoheit und Herzogin von Sussex wurde, Meghans Herkunft und ihr Leben nahmen in der Zeremonie einen deutlichen Platz ein. Der schwarze amerikanische Bischof Michael Curry sprach zu dem Paar, der Gospelchor »The Kingdom Choir« sang »Stand By Me«.

Als das Paar in den Sonnenschein von Windsor hinaustrat, zeigte sich erneut, dass weder William noch Harry eine Frau geheiratet hatten, die ihrer Mutter ähnelte. Ihre Wahl war vielmehr auf Frauen gefallen, die den Funken Diana, den jeder von ihnen in sich trug, am Glimmen halten würden.

25

Auf dem Weg in eine ungewisse Zukunft

Seit ihrer Kindheit mag Elizabeth II. große Puzzlespiele. Wenn sie in Sandringham ist, liegt auf einem großen runden Tisch oft ein Puzzle mit mehreren tausend Teilen, jedes Mal, wenn sie vorbeikommt, bleibt sie kurz stehen und legt ein paar Teile dazu. Dabei schaut sie nicht auf das Bild auf dem Karton, das wäre zu einfach. Der Labour-Politiker Richard Crossman beobachtete bei einem Sandringham-Besuch, wie sie, während sie sich mit ihren Gästen unterhielt, nach ein paar Puzzleteilchen griff und sie an ihren Platz legte. In einem Leben, in dem noch die kleinste Geste gedeutet wird und Konsequenzen haben kann, mag ein solches Puzzlespiel befreiend wirken: Es fesselt die Aufmerksamkeit, aber es geht nie um etwas Großes, weder um Leben und Tod noch um den Ruf oder den Erhalt der Monarchie. Es geht nur darum, aus dem Durcheinander von Puzzlesteinchen ein erkennbares Bild zu machen.

So fügt sich denn auch alles, was Elizabeth getan hat, zu etwas Größerem zusammen. Am Ende ihres Lebens entsteht aus all den Staatsbesuchen, Audienzen, Investituren und Gartengesellschaften das Bild einer verantwortungsvoll gewarteten und verwalteten Institution. 2019 wählten die Briten Elizabeth erneut zum beliebtesten Mitglied der Königsfamilie, nachdem im Vorjahr Prinz Harry die Nummer eins gewesen war (2020 wurde sie knapp von Kate geschlagen).

Immer noch reitet die Königin im Windsor Park aus. Dabei wird sie häufig von ihrer Schwiegertochter Sophie begleitet, beide begeistern sich für Geschichte und Militärgeschichte und sind oft in lebhaftem Gespräch zu sehen. Nach Elizabeth' Tod wird Sophie die neue Herzogin von Edinburgh sein, einen Titel haben, den Elizabeth in den glücklichen Jahren mit Philip auf Malta trug.

Sophies Anfangszeit als Mitglied der königlichen Familie war von einigen Skandalen begleitet, doch die Königin stand zu ihr. Auch Sohn Andrew gegenüber war sie lange Zeit unerschütterlich loyal. Dessen Ruf war schon recht ramponiert, als er im Herbst 2019 irreparablen Schaden nahm. Im August hatte sich Jeffrey Epstein in seiner New Yorker Gefängniszelle das Leben genommen, nachdem immer mehr Einzelheiten darüber bekannt geworden waren, wie der Finanzmann Minderjährige sexuell missbraucht und zur Prostitution angestiftet hatte. Mit großer Wahrscheinlichkeit stand ein strenges Gerichtsurteil gegen ihn kurz bevor.

Trotz Epsteins Suizid gingen die Untersuchungen weiter. Als Befragte behaupteten, Andrew bei Epstein gesehen zu haben, sagten einige Veranstalter ihre Termine mit Andrew ab, und als der Druck auf ihn zunahm, distanzierte er sich schließlich in einer ungewöhnlich deutlichen Pressemeldung von Epstein. Er hätte sich, schrieb er, anders verhalten sollen, allerdings habe er »in der kurzen Zeit, die ich mit ihm verbracht habe, niemals Verhaltensweisen der Art miterlebt oder vermutet, die später zu seiner Verhaftung und Verurteilung führten«. Und weiter: »Ich habe schon bei anderer Gelegenheit gesagt, dass es ein Fehler und ein Irrtum war, ihn 2010 nach seiner Freilassung wieder zu treffen, ich kann nur noch einmal mein Bedauern darüber ausdrücken, dass ich mich getäuscht habe, dass das, was ich über ihn zu wissen glaubte, nach dem, was wir heute wissen, offenbar nicht der wahre Mensch war.« Aber es gab nicht nur Zeugen, sondern auch einen Videoclip, der Andrew an der Wohnungstür des Milliardärs mit einer Frau zeigt, die zwar jung, aber älter als Epsteins Opfer ist. Dann sickerte durch, dass eine Frau namens Virginia Giuffre der BBC ein für Andrew potentiell vernichtendes Interview gegeben hatte. Giuffre hatte schon früher gesagt, Jeffrey Epstein habe sie seinen reichen und mächtigen Freunden, auch Andrew,»überlassen«, und der habe sie damals sexuell missbraucht. In dem BBC-Interview präzisierte sie, sie habe als Siebzehnjährige mit Andrew Sex gehabt, weil Epsteins Partnerin Ghislaine Maxwell ihr das befohlen habe. 2001 und 2002 sei es zu zwei weiteren sexuellen Begegnungen gekommen.

Als erste Reaktion auf die Anschuldigungen fuhr Andrew mit seiner Ex-Frau Sarah in Ferien, was zählebige Gerüchte bediente, das Paar plane, nach Prinz Philips Tod wieder zu heiraten. Sarah ging an die Presse und unterstützte Andrew, das tat auch die Königin, allerdings ohne Worte: Am Tag nach Epsteins Suizid fuhr sie in Balmoral in einem Auto, dessen riesige Scheiben zum Hineinschauen geradezu aufforderten, zum Gottesdienst, neben ihr saß, fast demonstrativ, Andrew.

Angesichts der drohenden Ausstrahlung des Giuffre-Interviews beschloss er, den Beschuldigungen zuvorzukommen und der BBC selbst ein Interview zu geben. Im November 2019 traf er die BBC-Journalistin Emily Maitlis zu einem überaus eigenartigen Gespräch, bei dem er auf keine der naheliegenden Fragen eine Antwort hatte. Nicht nur bestritt er jede sexuelle Beziehung zu Giuffre, er behauptete auch, er könne gar nicht mit ihr zusammen gewesen sein, weil er an dem fraglichen Abend in der Kleinstadt Woking in einer Pizzeria gewesen sei. Giuffres Behauptung, er habe geschwitzt, sei schon darum falsch, weil er aufgrund einer Traumatisierung im Falklandkrieg nicht mehr normal schwitze – im Handumdrehen war das Internet voller Fotos eines schwitzenden Andrew in

Sportbekleidung. Außerdem deutete er an, ein Foto, das ihn, im Arm die sehr junge Virginia Giuffre, zeigt, könne manipuliert worden sein. Aber am folgenschwersten war wohl, dass er die Gelegenheit nicht nutzte, um sein Mitgefühl mit den Opfern von Epsteins Mädchenhandel zu bekunden, sondern sogar sagte, er bereue seine Freundschaft mit dem Milliardär im Grunde nicht, denn dieser habe ihm fantastische Möglichkeiten eröffnet und ihn mit vielen interessanten Menschen bekannt gemacht.

Das Interview war nicht nur für Prinz Andrew, sondern für die gesamte Königsfamilie ein Desaster, denn es enthüllte nicht nur Uncharmantes über Andrew, es führte den Zuschauerinnen und Zuschauern auch vor Augen, welch verheerende Folgen ein derart privilegiertes Leben auf den Charakter eines Menschen generell haben konnte. Andrew stand von Geburt an im Fokus des Medieninteresses und reagierte dennoch auf direkte Fragen, die offenkundig weder harmlos noch schmeichelnd waren, mit einer eigenartigen Hilflosigkeit. Er hatte offenbar erheblich länger und sehr viel abgeschiedener in seinem royalen Kokon gelebt, als gut für ihn war. Die Autorin und Journalistin Helen Lewis vermutete in *The Atlantic*, dass er die Menschen in zwei Lager teile: Die einen waren zur Organisation seines Alltags da, sie verschmolzen quasi mit der Tapete und interessierten ihn nicht. Die anderen waren seine Freunde und ihm ebenbürtig, ihnen begegnete er mit Loyalität und Respekt. Andrew hatte in dem Gespräch sogar gesagt, er habe Epstein nicht früher aufgegeben, weil er, Andrew,»too honorable« sei. Das verriet einen Ehrencodex, der verlangt, dass man sich grundsätzlich nie von einem Freund distanziert, über den Vorwurf des Missbrauchs Minderjähriger durchaus hinwegsehen kann. Lewis führt ein solches Verhalten darauf zurück, dass er seit Geburt von Dienern und Angestellten umgeben war, die alles für ihn regelten.

Zumindest eine seiner Antworten war völlig glaubwürdig: Als Emily Maitlis zweifelnd fragte, ob man sich wirklich in Epsteins Haus habe aufhalten können, ohne mitzubekommen, dass dort Eigenartiges vor sich ging, antwortete er: »Menschen verhalten sich bei jemandem wie mir auf subtile Weise anders.« Mit anderen Worten: Für einen Royal ist alles immer ein wenig eigenartig. Alle Reaktionen sind leicht verschoben, die Menschen, denen man begegnet, sind alle etwas steif und unnatürlich. Mit seiner Antwort verriet er, dass das Leben als Royal für ihn unweigerlich zu einem Dasein als Außenseiter führt, und sie erklärt auch, warum Andrew sich überhaupt von Epsteins jovialem Entgegenkommen verführen ließ.

Diese Freundschaft besiegelte seinen Sturz. Wenige Tage nach dem Interview musste er alle offiziellen Aufgaben abgeben; künftig würde er die Königin ebenso wenig öffentlich vertreten wie die Organisationen, deren Schirmherr er gewesen war. Im Oktober 2018, als seine Tochter Eugenie Jack Brooksbank heiratete, hatte er sie noch als stolzer Vater zum Altar geführt, als Tochter Beatrice im Juli 2020, mitten in der Coronakrise, Edoardo Mozzi ehelichte, hätte man sie für eine Vollwaise halten können, denn das Hochzeitsbild zeigte neben dem Paar nur die Königin und Prinz Philip, die Eltern der Braut fehlten ebenso wie die des Bräutigams. Andrew war in Rekordtempo zur royalen Nicht-Person geworden.

Seither beteuert er seine Unschuld, hat aber bislang nichts vorgelegt, was seine Version untermauern würde. Er genießt zwar, anders als seine Mutter, keine Immunität, ist aber nicht verpflichtet, bei einer laufenden Untersuchung zu kooperieren. Doch trotz wiederholter Beteuerungen, er werde den US-Ermittlern auf jede erdenkliche Weise helfen, gab die Anklagebehörde im Sommer 2020 bekannt, man erlebe »den Prinzen nicht als kooperationswillig«.

Nun ruht die Zukunft der britischen Königsfamilie allerdings nicht auf dem guten Namen oder dem makellosen Ruf eines Prinz Andrew. In wenigen Jahren werden Charles der König und William der Thronerbe eines Landes sein, das sich über seinen weiteren Kurs offenbar nicht im Klaren ist. Einerseits gibt es das große und mächtige Großbritannien, das historische Weltreich, andererseits das kleine und gespaltene Großbritannien auf zwei kleinen Inseln, die ihrerseits aus vier kleinen Nationen bestehen. Die Geschichte von Königin Elizabeth' Regentschaft ist auch die Geschichte einer Monarchie, die sich in einem nahezu permanenten Zustand der Panik befand. Diese Monarchie identifizierte sich lange Zeit mit Britanniens ehemaliger Größe, blickt nun aber mit einem gewissen Unbehagen auf diese Vergangenheit, und die Furcht, zur Bedeutungslosigkeit zu schrumpfen, ist sehr groß.

2017 sprach der Historiker David Cannadine von einem Glaubwürdigkeitsproblem, wenn die Briten in einem Land, das keine Großmacht mehr sei, sich eine Monarchie aus den Zeiten der Großmacht leisten. Die ausgefeilten Zeremonien, die endlosen Reihen marschierender Regimenter bei *Trooping the Colour*, der unverändert tiefe Respekt für königliche Etikette: das alles sei romantisch, wirke aber etwas unangebracht − wie die Entscheidung der BBC, 2018 in einem Dokumentarfilm mit der Königin über die Krönung und die Kronjuwelen die Krone nicht von oben zu zeigen, da, wie es hieß, diese Perspektive Gott vorbehalten sei.

Seit dem Beginn der Brexit-Kampagne wurde spekuliert, wie die Queen dazu steht. Dazu gibt es, wie meist, nur Gerüchte und indirekte Hinweise. Ein Bericht des deutschen Botschafters Rüdiger Freiherr von Wechmar 1988 über seinen Abschiedsbesuch bei der Königin legt nahe, dass sie Großbritanniens EU-Mitgliedschaft unterstützte. Sie habe, so von Wechmar, »keinen Zweifel daran gelassen, dass die Zukunft Großbritanniens in Europa liege«, und »schmunzelnd« gesagt, die Briten seien

»immer noch ein reichlich insulares Volk«, viele könnten sich unter dem europäischen Binnenmarkt nichts vorstellen. Als der Botschafter erwähnte, dass es dazu gerade eine Aufklärungskampagne der britischen Regierung gebe, habe die Monarchin geantwortet: »Das wurde aber auch Zeit.«

The Sun hingegen behauptete, die Queen habe 2011 bei einer Zusammenkunft auf Schloss Windsor ihren Unmut über Brüssel geäußert, sie unterstütze den Brexit. Der Presserat Ipso rügte die Zeitung, für diese Behauptung keinerlei Grundlage zu haben, der Führer der proeuropäischen Liberaldemokraten Nick Clegg, zu dem sie das bei dem erwähnten Treffen gesagt haben soll, nannte den *Sun*-Artikel »nonsense«. Für einiges Aufsehen sorgte Robert Lacey, seit den siebziger Jahren seriöser Biograph der Königin, mit der Behauptung, sie habe bei einem Abendessen ihre Gäste gebeten, ihr drei gute Gründe für Großbritanniens Verbleib in der Europäischen Union zu nennen. Lacey deutete dies als Hinweis, dass sie die Brexit-Seite unterstütze.

Da ihr, wie man vermuten kann, vor allem die unverbrüchliche Loyalität zu den Ländern des Commonwealth am Herzen liegt, wäre es durchaus vorstellbar, dass sie an eine Zukunft ohne Europa und eine engere Zusammenarbeit mit den ehemaligen Kolonien glaubt. Bedenkt man aber, mit welchem Unbehagen sie bislang jeder Politik der Spaltung begegnete und wie entschieden sie alle britischen Nationen unter der Krone halten möchte, scheint es unwahrscheinlich, dass sie eine Politik befürwortet, die die Zerstrittenheit der Briten untereinander ebenso schürt wie die Unabhängigkeitswünsche der Schotten und der Nordiren. In den Reden der letzten Jahre hat sie wiederholt vor Spaltung gewarnt und politische Widersacher aufgefordert, einander mit Respekt zu begegnen, was sofort als Beweis dafür gedeutet wurde, dass ihr der polarisierende Ton der EU-Debatten missfiel.

Unter dem Lack makelloser Höflichkeit und lakonischer Schlagfertigkeit, die so viele Besucher des Landes begeistern, schwelen seit jeher erhebliche Aggressionen, die in dem harten und hämischen Geifern vieler britischer Presseerzeugnisse ebenso hervorbrechen wie in den mitunter tumultuösen Unterhaus-Debatten. Die Brexit-Debatte gab dieser lauernden Rage eine neue Arena, es deutet vieles darauf hin, dass Elizabeth dergleichen nicht schätzt. Sie hat siebzig Jahre die Arbeit der führenden Politiker ihres Landes mitverfolgt und soll sich, das jedenfalls behauptete die *Sunday Times*, frustriert über die Unfähigkeit der Politiker geäußert haben, das Land nach der Brexit-Abstimmung gut zu regieren.

Inwieweit sich die Royals in politischen Fragen positionieren dürfen, bleibt ein heikles Thema. Während die Königin fast immer betont zurückhaltend, Prinz Charles hingegen unzweideutig polemisch war, wählten Prinz William und Prinz Harry meist den Mittelweg. Allerdings wurden auch sie hin und wieder so deutlich, dass es Aufsehen erregte. Im Sommer 2019 besuchten William und Kate — mit Filmkameras im Schlepp — Cumbria im Nordwesten Englands. William fragte Schafhalter, ob ihnen der Brexit Sorgen bereite, sie antworteten, dass sie von EU-Subventionen und dem Export auf das europäische Festland abhängig seien und ein harter Brexit, also eine Trennung ohne Abkommen mit der EU, für sie eine Katastrophe wäre. Ein medienbewusster und erfahrener Royal wie Prinz William stellt solche Fragen nicht, ohne zu wissen, welche Antworten zu erwarten sind. Das Gespräch wurde als Hinweis gedeutet, dass er die Befürchtungen der Bauern zumindest nicht unsinnig fand.

Die größte mediale Aufregung aber verursachten Harry und Meghan. Britische Journalisten sahen sehr schnell, dass der Herzog und die Herzogin von Sussex nicht so bereitwillig nach ihrer Pfeife tanzten wie andere Familienmitglieder. Auch darum wurde Meghan nicht nur von der Presse, sondern auch von der Öffentlichkeit schärfer beleuchtet und härter kritisiert als Kate. Viele meinten, dass die beiden sich nicht aussuchen könnten, wann sie im Rampenlicht stehen wollten und wann nicht, sie könnten sich nicht nur die Rosinen ihres Royalty-Status herauspicken.

Der Ton verschärfte sich, als Meghans erste Schwangerschaft bekannt gegeben wurde, und bei Archie Harrison Mountbatten-Windsors Geburt am 6. Mai 2019 verlief alles anders als bei der Geburt der drei Kinder von William und Kate. Zum einen wollten Harry und Meghan ihr Neugeborenes nicht auf der Krankenhaustreppe der Öffentlichkeit präsentieren, was Harrys Eltern und Kate und William getan hatten und bei königlichen Geburten inzwischen als üblich galt. Meghan wählte für die Entbindung nicht das St. Mary's Hospital in Peddington, sondern das amerikanische Privatkrankenhaus Portland Hospital. Auch die Prinzessinnen Eugenie und Beatrice waren dort zur Welt gekommen, doch die Wahl eines Luxus-Krankenhauses, wo eine Geburt im Herbst 2020 etwa 8000 Euro kostete, galt als ungewöhnlich. Und als das Paar per Pressemeldung bekannt gab, dass die Wehen eingesetzt hätten, war Archie bereits seit mehreren Stunden auf der Welt.

Die *Sun* tobte vor Wut, so hinters Licht geführt worden zu sein. Wie im Nachrichtengeschäft generell, machen die sozialen Medien den traditionellen Medien auch in der Hofberichterstattung den Rang streitig, die Reaktionen auf die Geheimniskrämerei um den Geburtstermin offenbarten den verbissenen und rücksichtslosen Kampf der Presse um ihre Vormachtstellung. Als Harry und Meghan ihr Kind in der St. George's Hall auf Schloss Windsor zum ersten Mal der Welt zeigten, geschah auch das nach ihren Bedingungen. Ein später aufgenommenes Familienbild auf Instagram zeigte Meghans

Mutter Doria gleichberechtigt neben den royalen Urgroßeltern des Kindes, Königin Elizabeth und Prinz Philip.

Für eine weitere Kontroverse sorgte die Weigerung, die Namen von Archies Taufpaten öffentlich zu machen, was zu der eingeschlagenen Strategie passte, streng zu kontrollieren, welche Details ihres Familienlebens auf welche Weise öffentlich wurden, und darauf zu beharren, dass Entscheidungen, die sie für ihr Kind trafen, die Presse nichts angingen. Da aber Paten und Patinnen ihrem Patenkind mit Rat, Tat und eventuell finanzieller Unterstützung zur Seite stehen sollten, sorgte es für Unmut, dass die Öffentlichkeit nicht erfahren sollte, wer auf einen Spross der engsten Königsfamilie Einfluss ausüben könnte. Hierzu wurde auch in der Familie Kritik laut.

Nicht nur Harrys Freunde, auch William hatte mit Sorge verfolgt, in welch rasendem Tempo sich Harrys Beziehung zu Meghan entwickelte. William, der seinen Freundeskreis ebenso wie seine Freundin Kate auf harte Loyalitätsproben gestellt und jahrelang überlegt hatte, ob er sie wirklich heiraten wollte, fand es kopflos, wie schnell sich sein Bruder für eine Lebensgefährtin entschied. Auch sah er Meghan und ihre Neigung, in kürzester Zeit mit A-Promis wie Serena Williams und Sophie Trudeau enge Freundschaften zu schließen, mit großer Skepsis. Prinz Charles war von Meghan begeistert, als sie sich kennenlernten, er schätzte ihren Idealismus und ihre Nähe zum Showbusiness.

William war von seiner Großmutter eingebläut worden, dass es seine Aufgabe sei, die Monarchie zu verwalten, zu schützen, ihr makelloses Erscheinungsbild zu wahren, und als die Beziehung im Frühling 2017 sehr schnell sehr ernst wurde, witterte er Gefahr. Vermutlich verspürte er auch den Beschützerinstinkt des großen Bruders, und es schien ihm angezeigt, mit seinem Bruder zu sprechen, bevor es zu spät war. Jedenfalls riet er Harry, alles etwas ruhiger angehen zu lassen. »Nimm dir die Zeit, die du brauchst«, soll er gesagt haben, »um das Mädchen wirklich kennenzulernen.«

Diese Worte bewirkten das Gegenteil. Harry wurde wütend, ihm schien, dass es dem Bruder mehr um den Schutz der Monarchie als um sein, Harrys, Glück ging. Er wusste auch, und das trug nicht zur Entspannung der Lage bei, dass die allermeisten Hofangestellten fanden, die geschiedene Amerikanerin Meghan bringe erheblich mehr persönliche Vorgeschichte mit als für eine königliche Braut wünschenswert sei. Das Verhältnis zwischen den Brüdern bekam einen Knacks, der sich vor und nach der Hochzeit vertiefte. Die Boulevardpresse widmete sich allerdings mehr der angeblichen Feindschaft zwischen Kate und Meghan; doch obwohl sie in Temperament und Lebenserfahrung vermutlich zu verschieden waren, um sich eng anzufreunden, lag es nicht an ihnen, dass sich das Verhältnis zwischen den Paaren abkühlte. Es lag an ihren Ehemännern. Harry war verletzt, William soll befürchtet haben, dass sein beliebter Bruder ihn überschatten könnte, besonders seit er, William, sich im Äußeren der etwas gesetzteren Statur der Windsors annäherte und zudem von seiner Rolle als Familienvater absorbiert wurde. Harry hingegen verkörperte all das Energische, Unvorhersehbare und Spannende, das auch ihre gemeinsame Mutter hatte.

Während William sich, wie die Biographin Penny Junor schrieb, für ein ruhiges, normales Mittelschichtleben entschieden hat, ist Harry, so ein Freund der Brüder, »der perfekte Vollblut-Aristokrat des 18. Jahrhunderts«. Er sei »ebenso gespalten, wie sie es waren – er hat etwas von einem draufgängerischen Kavalleriekommandeur, der andere als Steigbügel benutzt, verfügt aber auch über diese echte Verbundenheit, die es damals gab, weil sie sich auf das Volk stützen konnten«.

Da die Öffentlichkeit über die Royals so vieles nicht weiß und so wenig über ihre Beweggründe erfährt, sucht sie, wenn

Konflikte entstehen, die Ursachen in Beziehungsproblemen und im Wettbewerb um öffentliche Aufmerksamkeit. Bei Harry und Meghan aber ging es ebenso um persönliche wie um politische Fragen. Entsprechend heftig war die Reaktion der Öffentlichkeit auf das Paar. Einerseits waren sie das populärste Paar des Königshauses, viele fanden sie lebendiger und moderner als William und Kate, andererseits waren sie viel härteren Medien-Attacken ausgesetzt als das strahlende Cambridge-Paar.

Im Sommer 2019 kam Meghan mit Sohn Archie zu einem Polospiel, an dem Harry beteiligt war. In bodenlangem Kleid, mit großer Sonnenbrille, offenen Haaren und dem Sohn auf dem Arm wirkte sie eher wie eine echte Tochter Kaliforniens als ein Mitglied der britischen Königsfamilie. Das Bild sorgte in den sozialen Medien für großen Wirbel, es hieß, die nachlässige Art, mit der sie ihr Kind halte, sei unverantwortlich (ein Vorwurf, dem Krankenschwestern und Ärztinnen widersprachen). Die allermeisten Kommentatoren schienen nur auf eine Gelegenheit gewartet zu haben, ihre Ablehnung und ihre Sorge zu formulieren, dass dieser royale Neuzugang die Institution und die damit einhergehende Verantwortung nicht ernst nehme. Dass sie nicht wirklich *eine von ihnen* sein konnte.

Etwa gleichzeitig fungierte Meghan als Gastredakteurin für die britische *Vogue*. Auf dem Cover der Ausgabe waren fünfzehn Frauen abgebildet, die die Herzogin bewunderte, jede sei »eine treibende Kraft« und werde die Welt verändern – dazu gehörten unter anderem die Schauspielerin und Trans-Aktivistin Laverne Cox, die frühere First Lady der USA, Michelle Obama, die Feministin und Schriftstellerin Chimamanda Ngozi Adichie und die Klima-Aktivistin Greta Thunberg. Diese Auswahl war eine eindeutige Stellungnahme zu einigen der umstrittensten Wertefragen des Jahres 2019. Die *Sun* warf der Herzogin vor, ihre »linkslastigen Freundinnen« aufs Cover gehievt zu haben, und nannte fünfzehn Britinnen, die ihrer Meinung nach die richtige Wahl gewesen wären, darunter Meghans Schwägerin Kate – die, daraus hatte *Sun* nie einen Hehl gemacht, ihr Darling war.

Als Harry bekannt gab, dass er und Meghan beschlossen hätten, wegen der Klimabelastung nicht mehr als zwei Kinder zu bekommen, fiel der Politiker Nigel Farage über ihn her: »Furchteinflößend!«, donnerte er bei einer konservativen politischen Konferenz. »Hier war Harry, dieser junge, tapfere, ungestüme, durch und durch männliche Mann, der sich in Schwierigkeiten manövrierte, in unpassenden Kostümen zu Junggesellenpartys ging, zu viel trank und ständig für Chaos sorgte. Dann ein tapferer britischer Offizier, der in Afghanistan seine Pflicht tat. Er war der beliebteste Royal der jüngeren Generation, den wir in den letzten einhundert Jahren hatten. Doch dann traf er Meghan Markle, seither geht es steil bergab ...«

Bezeichnenderweise vermisst Farage, Führer der Brexit-Partei, den früheren, unangepassten Harry, jenen Harry, der leichtfertig und psychisch schwer belastet war – aber das in Farages Augen Wichtigste überhaupt besaß: eine unkomplizierte und traditionelle Maskulinität, einen pflichtgeleiteten Patriotismus. Es bereitete Farage tiefes Unbehagen, dass sogar ein königlicher *lad* wie Harry so schnell so komplett verweichlicht und feminisiert werden konnte, nur weil der California-Hippie Meghan den Kühlschrank in seiner Wohnung mit Bio-Saft auffüllte und ihn zu Yoga- und Akupunktursitzungen mitgenommen hatte.

Die Reaktionen markieren die Bruchlinie in einem Streit, den man als modernen Kulturkrieg bezeichnen kann – ein nationalistisch orientierter Populismus attackiert eine angeblich realitätsferne urbane Elite, die nichts anderes tut, als sich moralisch über den Durchschnittsbürger zu erheben. Zu dieser

Elite gehören auch junge Aktivisten, die immer radikaler gegen die – so ihre Behauptung – systematische Benachteiligung von Frauen und Minoritäten kämpfen.

Meghan ist mütterlicherseits Afroamerikanerin, weltoffen, eine erklärte Feministin, die im Präsidentschaftswahlkampf 2016 Hillary Clinton gegen Donald Trump unterstützte und mehr als einmal mit wütenden und wertenden Begriffen die Ungerechtigkeiten der Welt angeprangert hat. Sie vermittelte sofort den Eindruck, dass sie weder einer bestimmten Nation noch einer bestimmten Tradition angehörte, junge und progressive Briten sahen in ihr ein dringend nötiges Update der Königsfamilie, während traditionsverbundene Royalisten sie ablehnten, ein neumodisches Königshaus mit so viel Action und fremdem Kram wollten sie nicht.

Eine solche Kritik zeigt, wie gefährlich es für die öffentlich finanzierten Royals ist, Stellung zu beziehen. Allerdings wird auch eine strikte Neutralität zum Problem, denn heute werden Personen des öffentlichen Lebens immer häufiger aufgefordert, ja gedrängt, sich in Wertedebatten klar zu positionieren. Meghan kommt aus einem Elternhaus und einer Promikultur, wo soziales Engagement als selbstverständlich gilt. Bevor sie Harry kennenlernte, machte diese Arbeit einen beträchtlichen Teil ihrer Karriere aus, man könnte durchaus sagen, dass sie im Sinne Dianas handelte.

Die britische Königsfamilie wird durch den sogenannten *Sovereign Grant* finanziert, der die frühere Zivilliste ersetzt und der Krone mehr Stabilität gegeben hat. Die Mittel dafür stammen aus dem *Crown Estate*, den ehemaligen royalen Besitztümern, die der völlig überschuldete König George III. 1760 dem Staat übertrug. Heute umfasst das Portfolio des *Crown Estate* nicht nur diese Ländereien, sondern auch ausgedehnten Immobilienbesitz. Er wird im Auftrag der Regierung verwaltet, die beträchtlichen Gewinne gehen direkt an den Schatzkanzler, der fünfundzwanzig Prozent der Erträge an die Königin überweist. Es ist eine raffinierte Regelung, denn so können treue Monarchisten behaupten, dass sich die Monarchie selbst finanziere, während die Gegenseite sagt, dass diese Besitzungen nicht Eigentum der Krone, sondern des Staates seien, der diese fünfundzwanzig Prozent – für das Jahr 2019/20 waren das immerhin 84,4 Millionen britische Pfund – für andere Zwecke verwenden solle.

Bei einer solchen Summe haben die Steuerzahler durchaus das Gefühl, Erwartungen und Vorschläge äußern zu können, was mit dem Geld geschehen soll. Der Eindruck, dass die Windsors mehr an ihr eigenes Wohl als an das der Institution denken, muss deshalb unbedingt vermieden werden.

Viele Royals kümmern sich mit großem Ernst und echtem Engagement um die karitativen Organisationen, deren Schirmherrschaft sie übernommen haben. Vor allem Harry und William waren immer sehr bemüht, in ihrer humanitären Arbeit gewissenhaft und authentisch zu sein. Das ändert nichts daran, dass ein königlicher Patron an der harten Arbeit, die die Angestellten oder Freiwilligen der Organisationen verrichten, weder teilnimmt noch teilnehmen kann und dass das große Lob, das er für seinen Einsatz bekommt, in keinem angemessenen Verhältnis dazu steht, was die Sache ihm abverlangt und eigentlich anderen gebührt. Sich das ständig vor Augen zu führen gehört zu der Kunst, Prinz oder Prinzessin zu sein. Es heißt, Königin Elizabeth sei als Monarchin auch darum so erfolgreich, weil sie immer gewusst habe, dass die zahllosen Bekundungen von Ehrerbietung und Respekt niemals ihr und ihren persönlichen Leistungen gelten.

Da gab es kein gutes Bild ab, dass Harry und Meghan sich lautstark in den Kampf gegen die Erderwärmung einschalteten und zugleich in Privatflugzeugen ihrer reichen Freunde von Land zu Land jetteten. Möglicherweise ging es bei diesen

Flügen nicht nur um den Wunsch des Paares, extravaganter zu leben, als sie sollten. Nach der Geburt ihres Sohnes haben die frischgebackenen Eltern vieles gesagt und getan, was den Schluss zulässt, dass ihnen ein Maß an Feindseligkeit entgegenschlug, das ihnen wirklich Angst machte. 2019 hatte die BBC enthüllt, dass britische Neonazis im Netz unter der Überschrift »Rassenverräter« ein Bild von Harry gepostet hatten, auf dem eine Waffe auf seinen Kopf gerichtet ist. Nach Archies Geburt teilte der BBC-Journalist Danny Barker auf Twitter ein altes Foto des Paares mit einem Schimpansen auf dem Arm und schrieb: »Das königliche Baby verlässt das Krankenhaus«. Baker wurde fristlos entlassen, aber dieser Tweet war kein isoliertes Ereignis. In den sozialen Medien wurde das Sussex-Paar mit rassistischen Kommentaren überzogen.

2016 sprach Harry bei seinem Angriff auf die Medien davon, wie frustrierend es für ihn sei, dass er seine Freundin nicht »beschützen« könne; jetzt hatte er auch ein Kind, das er beschützen musste. Zugleich schien es ihm und Meghan, als werde diese Hetze bei Hofe nicht wirklich ernst genommen, sie durften sich gegen vergiftete Presseartikel weder so oft noch so scharf wehren, wie sie es eigentlich wollten, weil die Kommunikationsabteilung des Buckingham Palace derartige Verunglimpfungen nicht kommentierte – und wenn sie es doch einmal tat, dann meist zugunsten der Familienmitglieder, die offenbar wichtiger waren: William, Kate und deren Kinder. Harry meinte, man opfere ihn schon wieder für seinen Bruder, der Hof nutzte seine und Meghans Popularität, wenn es passte, und verlange ansonsten, dass sie sich brav in die zweite Reihe stellten und schwiegen. Hinzu kam, dass der Hof wie ein Sieb leckte und die Presse dort mühelos anonyme Informanten fand, die der direkten und sehr amerikanischen Meghan vorwarfen, *bossy* zu sein.

Diese Unzufriedenheit begann, konkrete Formen anzunehmen. Am 21. Juli 2019 ließen Meghan und Harry den

Markennamen »Sussex Royal« schützen. Das Projekt war in Zusammenarbeit mit Meghans amerikanischer Agentur Sunshine Sachs entstanden, der Buckingham Palace wusste nichts davon. Als bekannt wurde, dass unter diesem Namen alles Mögliche von Kleidung bis zu verschiedenen Therapieangeboten vermarktet werden sollte, waren die Familie und deren Berater höchst irritiert. Als Meghan und Harry die Sommerferien nicht in Balmoral, sondern mit Elton John in Südfrankreich verbrachten, schien das nur ein weiterer Beweis dafür, dass ihnen Glamour und Promileben wichtiger waren als royale Pflichten.

Wie bei früheren Gelegenheiten dauerte es auch hier zu lange, bis im Schloss die Alarmsignale schrillten. Als die Königin und ihre engsten Mitarbeiter endlich begriffen hatten, wie unzufrieden Harry und Meghan waren, beschlossen sie nach langen Diskussionen, ihnen eine wichtige Rolle innerhalb des Commonwealth zu übertragen. Sie sollten eine Zeitlang im Ausland repräsentieren, das versprach auch eine Atempause von den invasiven Medien und dem angespannten Verhältnis der Brüder. Im Herbst 2019 fuhren Harry und Meghan für die Königin nach Südafrika, Botswana, Malawi und Angola.

Die Reise war zunächst ein großer Erfolg: das fotogene Paar strahlte mit Archie im Arm und hielt engagierte Reden, die gut ankamen, die Erschöpfung blieb hinter der makellosen Fassade unbemerkt. Am letzten Tag der Reise aber, in Südafrika, führten Meghan und Harry mit dem Journalisten Tom Bradby, einem persönlichen Freund der beiden, Gespräche für den Fernsehsender ITV. Auf seine Frage, wie es ihr gehe, antwortete Meghan mit angestrengter Stimme und tränenfeuchten Augen: »Vielen Dank, dass du fragst. Denn es fragen nicht so viele, wie es mir geht.« Auch Harry gab jede Zurückhaltung auf und bestätigte zum ersten Mal, dass er und William »verschiedene Wege« eingeschlagen hätten. Deutlich bewegt sprach er über sein Leben als erwachsener Royal, die Erinnerungen an seine Mutter und sein Verhältnis zu den Medien: »Jedes Mal, wenn ich ein Klicken höre, jedes Mal, wenn ich ein Blitzlicht sehe, katapultiert mich das direkt zurück. Ja, es erinnert mich an das, was in meinem Leben am schlimmsten war, nicht an das Beste.«

Aber das impulsive Sussex-Paar hätte für solche Enthüllungen keinen schlechteren Zeitpunkt wählen können: Wenn man reich und royal ist und die Welt an seinem Leid teilhaben lassen möchte, ist ein armes afrikanisches Land dafür kein klug gewählter Ort. Zur gleichen Zeit reichte das Paar gegen drei große Zeitungsgruppen, News International, Mirror Group und Associated Newspapers, Klage ein, weil Blätter der Gruppen angeblich die Privatsphäre und das Urheberrecht verletzt hatten. Die Königin oder der Buckingham Palace hatten den Klagen nicht zugestimmt, sie waren nicht einmal informiert worden.

Auch William war beunruhigt, er soll etwas in der Art gemurmelt haben, sein Bruder und seine Schwägerin seien gegenwärtig sehr verletzlich. Die innerfamiliären Beziehungen waren auf dem Nullpunkt angekommen, Meghan und Harry verbrachten die Weihnachtstage nicht mit der Verwandtschaft in Sandringham, sondern auf Vancouver Island an Kanadas Westküste. In einem Anwesen am Meer begannen sie, schon länger gehegte Gedanken in die Tat umzusetzen: Sie würden sich aus dem königlichen Leben zurückziehen und sich finanziell von der Apanage aus den Geldern des *Sovereign Grant* unabhängig machen, dies würde alle Verbindungen kappen, mit denen die Medien ihre aggressiven Übergriffe auf das Privatleben des Paares rechtfertigten. Meghans Agenten flogen aus Los Angeles ein, um bei der Planung des neuen Lebens als *Quasi-Royals* zu helfen. Das Paar bat nach den Weihnachtsferien um ein Treffen mit der Königin in London.

Ein solches Gespräch ließ sich vor dem 29. Januar nicht arrangieren. Das Sussex-Paar, das ungeduldig darauf wartete, seine Pläne umzusetzen, fühlte sich ein weiteres Mal abgeschoben. Dann wurde ihnen die Information zugespielt, die *Sun* wisse von den Rückzugsplänen und werde enthüllen, dass Meghan und Harry in Kanada bleiben wollten. Um dem zuvorzukommen, verkündete das Paar am 8. Januar per Pressemeldung, dass sie »als Senior-Mitglieder des Königshauses« zurücktreten, eine »progressive neue Rolle innerhalb dieser Institution« anstreben und dabei finanziell unabhängig werden wollten. Die Nachricht lief wie ein Blitz um die Welt, die Königsfamilie und Buckingham Palace waren tief schockiert. Prinz William tobte vor Wut, die Königin soll »erschüttert« gewesen sein.

Am 13. Januar, Meghan war nach Kanada zurückgekehrt, kam Harry in Sandringham endlich mit Großmutter, Vater und Bruder zu einem Krisentreffen zusammen, Meghan wurde von Kanada aus zugeschaltet. Charles versicherte, für ihn seien sein jüngerer Sohn und dessen Familie unverzichtbarer Teil der Zukunft der Monarchie. Die Königin äußerte viel Verständnis dafür, dass Meghan und Harry ihr gegenwärtiges Leben als sehr schwierig empfanden, in einem aber blieb sie unbeugsam: eine königliche Hybrid-Lösung sei ausgeschlossen. Wenn das Paar weiterhin die Krone repräsentieren wolle, müssten sie ihre unternehmerischen Tätigkeiten stark einschränken.

Dann begannen die Verhandlungen zwischen den Justitiaren des Buckingham Place und den amerikanischen Agenten der Sussexes. Diese rechneten mit Konfrontationen, wie sie sie aus Los Angeles kannten: Ein hartes Ringen zwischen zwei Parteien, die beide etwas haben wollten. Aber Buckingham Palace war empört, weil die Amerikaner als Erstes eine Liste von Forderungen und Erwartungen auf den Tisch legten, und wütend, weil Meghan und Harry mit den Ausstiegsplänen an die Öffentlichkeit gegangen waren, ohne zuvor die leitenden Hofangestellten oder die Königin davon in Kenntnis gesetzt zu haben. Man zeigte sich wenig entgegenkommend.

Das war nicht der einzige Unterschied zwischen einem Deal im Showbiz-Hollywood und einem Konflikt mit dem britischen Königshaus. Die Ausgangslage der Lager war keineswegs für alle gleich, weil sich die Monarchin und ihre Repräsentanten bei solchen Auseinandersetzungen am Ende immer durchsetzen. Einzig Prinzessin Diana war aus einem Streit mit dem Haus Windsor einigermaßen gut herausgekommen; sie konnte unter anderem darum eine bedeutende Abfindung aushandeln, weil sie der Gegenseite echte Angst davor eingejagt hatte, wie sie auf ein unbefriedigendes Angebot reagieren würde. Meghan und Harry hingegen verloren nahezu alles: Sie durften sich selbst nicht mehr »Königliche Hoheit«, ihr Unternehmen nicht »Sussex Royal« nennen, Harry büßte alle militärischen Ehrenränge ein, sie mussten die aus Steuergeldern finanzierte Renovierung ihres Wohnsitzes Frogmore Cottage in Höhe von 2,4 Millionen Pfund zurückerstatten. Letzteres hatte das Paar selbst angeboten, was in der wenig großmütig formulierten Verlautbarung des Buckingham Palace nahezu unterschlagen wurde. Nachdem alles abgewickelt war, lud Elizabeth ihren Enkel zum Lunch ein und versicherte ihm, dass er und Meghan jederzeit zurückkehren könnten. Das war ein relativ wohlfeiles Versprechen, nachdem die Repräsentanten der Königin alles getan hatten, um den beiden das Leben ohne Bindungen an das Königshaus möglichst schwer zu machen. »Ich habe mein ganzes Leben für diese Familie aufgegeben«, sagte eine mitgenommen wirkende Meghan im März zu einer Freundin. »Ich war bereit, alles Nötige zu tun. Aber jetzt sind wir hier. Das ist sehr traurig.« Man meint, ihre tote Schwiegermutter zu hören − »nach allem, was ich für diese verdammte Familie getan habe«. Aus diesen Äußerungen spricht die

Verbitterung von Frauen, die lernen mussten, dass das Haus Windsor immer zuallererst das eigene Überleben im Blick hat und dem alles unterordnet.

Meghan und Harry agierten in der Angelegenheit strategisch unklug, stachelten sich offenbar gegenseitig an und bestätigen einander in dem Gefühl, Opfer zu sein. »Sie liefen irgendwie zu hochtourig«, meinte ein Freund. Aber vielleicht hätte man sich im Buckingham Palace, auch wenn man am längeren Hebel saß, etwas kompromissbereiter zeigen sollen. Denn damit hat die Krone auch menschliche Ressourcen verschleudert, mit denen sie nicht allzu reich gesegnet ist.

Anfang März 2020 absolvierte Prinz Harry seinen letzten Termin als »working royal«, zwei Wochen später schloss Großbritannien aufgrund der Coronapandemie seine Grenzen. Ende März wurde Prinz Charles, wie sehr viele Briten, positiv auf Corona getestet. Er isolierte sich zusammen mit Camilla auf Birkhall in Schottland, erst später wurde bekannt, dass sich auch Prinz William infiziert hatte, man das aber zunächst nicht bekannt geben wollte.

Wenn eine britische Regierung in einer Krise ratlos schien, suchte die Bevölkerung in der Vergangenheit oft Rückhalt bei ihrer Monarchin. So auch jetzt. Während Premierminister Boris Johnson sich bald Vorwürfen über ein katastrophales Krisenmanagement ausgesetzt sah, bat die Königin die Briten in einer aufmunternden Fernsehansprache, den Prüfungen gefasst und mit guter Laune zu begegnen. Sie erinnerte daran, wie stoisch und loyal die Nation frühere Krisen ertragen hatte, und zeichnete damit ein Bild ihres Volkes, das diesem ebenso gut gefiel wie der Welt; sie stellte Verbindungen zum Zweiten Weltkrieg und ihrer ersten Radioansprache her, bei der sie sich zusammen mit Prinzessin Margaret an die Kinder gewandt hatte, die von ihren engsten Verwandten getrennt waren, und schloss mit den Worten »We'll meet again«, einer Zeile aus einem legendären Schlager der Kriegsjahre. Die Rede wurde vom Publikum und von Kommentatoren begeistert aufgenommen und deren Ausstrahlung war mit vierundzwanzig Millionen Fernsehzuschauern eine der meistgesehenen Fernsehsendungen des Jahres.

Aber das Fernsehen bescherte den Windsors auch neue Sorgen. Im Spätherbst 2020, als die britische Bevölkerung wegen der Pandemie zu Hause saß und wenig Abwechslung hatte, wurde die vierte Staffel der Netflix-Serie *The Crown* ausgestrahlt. Schon die drei vorherigen Staffeln waren nicht nur in Großbritannien überaus erfolgreich gewesen, wieder bestätigte sich die grenzenlose Neugier auf die Windsors und alles, was mit ihnen zu tun hatte. Aber die Handlung dieser Staffel lag näher an der Lebenszeit der Zuschauer als die vorherigen. Sie sahen Diana, Margaret Thatcher, jüngere Versionen von Prinz Charles und Camilla Parker Bowles verstrickt in die alten Intrigen und plötzlich wieder sehr lebendig. Vergessen geglaubte Parteinahmen flammten auf; konservative Kommentatoren sahen in der Serie eine Attacke gegen das Königshaus im Allgemeinen und Prinz Charles im Besonderen, Kulturminister Oliver Dowden meldete sich mit der verblüffenden Forderung zu Wort, die Serie müsse als Fiktion gekennzeichnet werden, was kaum jemand ernst nahm. Bedenklich aber war, dass die Kommentarfunktion des Twitter-Accounts von Clarence House, der Residenz von Charles und Camilla, abgeschaltet werden musste, weil Camilla mit einer Flut von Hetzkommentaren überzogen wurde. Viele Netflix-Zuschauer glaubten der von *The Crown* präsentierten Version der Ereignisse, andere erinnerten sich plötzlich daran, dass sie Camilla noch nie ausstehen konnten. Das alles konnte Prinz Charles' verschlankter Monarchie, die nach Harrys und Meghans Rückzug noch schlanker geworden war, durchaus schaden: Je weniger Familienmitglieder auf dem Palastbalkon stehen, umso wichtiger ist es, dass das Volk jedes einzelne sehen möchte.

Die Sussexes ersetzten das kurzlebige Unternehmen Sussex Royal durch die nach Sohn Archie benannte Neugründung Archewell und schließen seither große und vermutlich lukrative Verträge ab, darunter mit den Streaming-Giganten Spotify und Netflix. Sie beziehen als »non-working royals« in politischen Fragen eindeutig Stellung, engagieren sich im Kampf gegen Rassismus und für die Aktivitäten der Black-Lives-Matter-Bewegung. Sie schienen alle Verbindungen zum Buckingham Palace hinter sich gelassen zu haben, daher sorgte es für einige Überraschung, als sie am *Remembrance Sunday* im November 2020 allein (und mit einigen Fotografen) auf einen Friedhof in Los Angeles gingen und Blumen auf Gräber gefallener Commonwealth-Soldaten legten – Buckingham Palace hatte Harry nicht erlaubt, die Gefallenen zusammen mit seiner Familie am Kriegsdenkmal in London zu ehren. So vollzogen die beiden einsamen, schwarz gekleideten Gestalten die gleichen Ehrungen wie die Königsfamilie jenseits des Atlantiks. Dabei umgab sie eine Aura von Verbannung und Exil, die an das pseudoroyale Leben erinnerte, das der abgedankte Edward VIII. mit Gemahlin Wallis jahrzehntelang führte.

Im Dezember 2020 enthüllte Meghan in der *New York Times*, dass sie im Sommer eine Fehlgeburt erlitten hatte, was auf ein geteiltes Echo traf. Manche lobten ihren offenen Umgang mit einem tabuisierten Thema, andere regte es auf, dass sie etwas so Privates öffentlich machte, nachdem sie und Harry ihren Rückzug damit begründet hatten, ihr Familienleben schützen zu wollen, zu dem nun auch die im Juni 2021 geborene Tochter Lilibet gehört.

Am 7. März 2021 strahlte der US-Sender CBS ein Gespräch zwischen Harry, Meghan und der Talk-Legende Oprah Winfrey aus. Das Paar äußerte schwere Vorwürfe gegen das Königshaus – vor allem gegen die Palast-Verwaltung und deren Leitung, aber auch gegen die Familie. Sie hätten Rassismus erlebt; als Meghan mit Archie schwanger war, habe ein Familienmitglied sich besorgt darüber gezeigt, wie dunkel das Baby werden könnte; sie deuteten an, man habe Archie wegen seiner Hautfarbe den Titel eines Prinzen vorenthalten. Überdies habe die Institution jedes Detail ihres Lebens diktieren wollen, sie aber nicht gegen mediale Angriffe verteidigt und sie daran gehindert, nach professioneller Hilfe zu suchen, als Meghan mit Suizidgedanken kämpfte. Besonders wichtig schien ihr die Richtigstellung einer äußerst banal anmutenden Pressegeschichte, wonach sie während der Hochzeitsvorbereitungen ihre Schwägerin zum Weinen gebracht habe. In Wahrheit, so Meghan, habe Kate *sie* zum Weinen gebracht. Der Hof habe diese Geschichte nicht richtigstellen wollen, was sie und Harry in dem Gefühl bestätigt habe, dass man sie nicht unterstütze.

Das alles erinnerte an eine Geschichte, die die Welt schon gehört hatte: Eine junge Frau heiratet in die britische Königsfamilie ein, kämpft, um von ihr loszukommen, und gibt, als sie es geschafft hat, ein vernichtendes Interview über eine Institution, die sie zu Selbstmordgedanken getrieben hatte, sie kontrollieren, ruhig und folgsam halten wollte, statt sie zu schützen – darum ging es in Dianas Interview mit Martin Bashir von 1995. Der wesentliche Unterschied war natürlich, dass Ehemann Harry an Meghans Seite war und sie gemeinsam, wie seinerzeit Diana allein, gegen eines der strengsten Tabus verstießen, die der Hof kennt: Sie äußerten direkte Kritik an Prinz Charles und Prinz William, zwei Verwandten in direkter Thronfolge. Harry bezeichnete beide, Vater wie Bruder, als Gefangene der Institution.

Nicht alle Behauptungen waren glaubwürdig. Es kann nicht überraschen, dass sich in einer traditionell weißen und äußerst konservativen Institution wie dem Königshaus Leute finden, die etwas Rassistisches sagen. Äußerst befremdlich aber war, dass man Meghan daran gehindert haben soll, wegen ihrer Suizidgedanken professionelle Hilfe zu suchen, schließlich hatte Harry schon 2017 mit William und Kate die Initiative »Heads Together« ins Leben gerufen, die Menschen mit mentalen Problemen bei ihrer Suche nach Hilfe unterstützen wollte. Die Zeiten, als Mitglieder der britischen Königsfamilie psychische Erkrankungen vertuschen mussten, sind lange vorbei.

Der Grund dafür, dass Archie nicht qua Geburt Prinz wurde, ist nicht die Herkunft seiner Mutter. Schon 1917 hatte König George V. verfügt, dass nicht alle Enkelkinder des Monarchen automatisch Prinz bzw. Prinzessin würden, ausgenommen war der älteste Sohn des ältesten Sohns des Prinzen von Wales, da er direkter Thronerbe war. Königin Elizabeth revidierte das 2012, so dass neben Prinz George auch die nach ihm geborenen Geschwister den Titel eines Prinzen bzw. einer Prinzessin tragen können. Aber schon lange bevor Harry Meghan traf, war bekannt, dass Charles bestrebt war, den Kern der Königsfamilie restriktiv zu definieren und die Zahl der Prinzen, Prinzessinnen und Königlichen Hoheiten zu reduzieren.

Schon das »Panorama«-Interview mit Diana zeigte, dass es oft nicht darum geht, was wahr ist und was nicht, sondern darum, wem geglaubt wird. Dianas große und loyale Anhängerschaft identifizierte sich mit ihr und folgte ihr nahezu blind. Meghan hingegen gehörte dem Königshaus noch nicht lange an und hatte die Briten nicht auf ähnliche Weise an sich binden können wie Diana. Aber die Geschichte, dass ein seelenloser Apparat den rassistischen Druck gegen sie und Harry nicht verstehen konnte oder wollte und stattdessen versuchte, sie mundtot zu machen und einzuengen, kam beim jüngeren und moderneren Publikum gut an, und das vor allem in den USA. Die Briten reagierten gespalten, Harry und Meghan ginge es um Freiheit und Anerkennung, meinten die Jüngeren, die Älteren sahen das Interview als Verrat an der Königin, da redeten zwei junge Rebellen, die nicht begriffen, worin ihre Pflichten bestanden. Sie sahen es auch als Zeichen mangelnden Respekts, dass das Herzogspaar auf diese Weise an die Öffentlichkeit ging, während Prinz Philip schwer krank im Krankenhaus lag. Wieder bekam die Welt Einblicke in eines der explosivsten Spannungsfelder der britischen Monarchie: das Verhältnis zwischen Individuum und Institution und die Erwartung an das Individuum, sich der Institution völlig unterzuordnen.

Aber die ganze Affäre zeigte auch, dass man im Palast seit Dianas Tagen gewisse Dinge noch immer nicht begriffen hat: Intern mag es vor allem oder sogar ausschließlich um Hierarchien gehen, aber die Royals mit dem höchsten Rang sind nicht zwingend die, die am meisten Unterstützung brauchen. Harry war offenbar emotional fragil, Meghan dem überkritischen Blick der britischen Öffentlichkeit preisgegeben, weil sie mit ihrer Geschichte deutlich anders war als alle Royals vor ihr. Neue Strategien hätten solchen Aspekten mehr Gewicht beimessen können, doch der Palast konnte oder wollte nicht von der Auffassung abweichen, dass die Sussexes »nur« die royale Reservefamilie seien.

Aber möglicherweise geht Meghans und Harrys Kalkül nicht auf, auch Dianas Leben war ja nach ihrem radikalen Fernsehinterview schwieriger geworden. Das Herzogspaar will alle Bande zum königlichen Status kappen, der zugleich Grundlage ihres Ruhmes und ihrer Einkünfte ist. Ohne die Krone bekämen sie weder lukrative Verträge noch Fernsehauftritte mit Oprah Winfrey. Royals, die in der Vergangenheit am Windsor-Baum sägen wollten, sägten am Ende meist auch den Ast ab, auf dem sie selbst saßen.

Bei Oprah erwähnte Harry mehrfach Dianas Schicksal. Als wenig später in Großbritannien Muttertag gefeiert wurde, veröffentlichten William und Kate Karten, die ihre Kinder gemalt und an »Dear Granny Diana« gerichtet hatten. Da hieß es unter anderem: »Papa vermisst dich«. Dianas älterer Sohn wollte die Welt offenbar daran erinnern, dass sie auch *seine* Mutter war. Diana, die pflichtbewusste Prinzessin, Diana, die Außenseiterin und Revoltierende – gegeneinander in Stellung gebracht von dem Sohn, der bleiben, und dem Sohn, der fliehen will.

Während Harry und Meghan mit ständig neuen Ankündigungen, Geschäftsideen und enthüllenden Interviews für ständig neue Kontroversen sorgen, wirken Kate, William und inzwischen auch die drei Kinder auf geradezu aufsehenerregende Weise adrett und pflichtbewusst. Im Frühjahr 2019 gab es einen kleinen Sturm im Blätterwald, als britische Boulevardzeitungen berichteten, Kate habe sich mit ihrer engen Freundin Rose Hanbury überworfen, Grund für den Streit sei eine Affäre von William und Rose gewesen. Es gab keinerlei Beweise für diese Behauptung, sie geriet schnell wieder in Vergessenheit. Was blieb, waren unheilvolle Erinnerungen an die neunziger Jahre, der Gedanke, dass Williams Elterngeneration nicht zwingend die letzte bleiben muss, die sich in den Stricken ihres Privatlebens verheddert, und es keineswegs ausgemacht ist, dass die Generation von William und Harry ohne Verfehlungen bleiben wird.

Kate und William unterstützen weiterhin mehrere Hilfsorganisationen im Bereich mentale Gesundheit. Diese Arbeit ist ihnen fraglos eine Herzensangelegenheit. Aber wenn sie über Krankheiten und Befindlichkeiten sprechen, die Menschen die Kontrolle über ihr Leben verlieren lassen, wirken beide ungeheuer kontrolliert. Im Rahmen dieses Engagements hat Kate öffentlich darüber gesprochen, wie herausfordernd es für sie war, Mutter zu werden, sie habe Angst gehabt, nicht gut genug zu sein, an ihrer eigenen Urteilskraft gezweifelt. Auch über solche Probleme spricht sie knapp, beherrscht und ruhig, man hat nie den Eindruck, sie verrate ein Wort mehr, als sie will. Im Dezember 2020 machte das Paar eine dreitägige Zugreise durch Großbritannien, um Pflegepersonal, Ärzte und Ärztinnen für ihren Einsatz in der Coronakrise zu danken, die Reise endete auf Windsor bei Königin Elizabeth. Und da standen dann William und Kate, beide dunkel gekleidet, mit korrektem Abstand nebeneinander, während ein Korps der Heilsarmee Weihnachtslieder spielte. Das Paar machte den Eindruck einer disziplinierten kleinen Garde, die jederzeit zur Ablösung des altgedienten, pflichtbewussten Soldaten bereit war, der in einem roten Mantel ebenso Hauptperson wie Blickfang des Auftritts war: die Königin.

Da absolvierte sie ihre Termine schon seit einigen Jahren ohne Prinz Philip. Er war 2017 in den Ruhestand gegangen, hatte auch widerstrebend sein London-Taxi aufgegeben, mit dem er oft, die Taxifahrermütze tief ins Gesicht gezogen, auf dem Rücksitz ein Personenschützer, inkognito durch London gefahren war. Am Neujahrstag 2018 verursachte er bei Sandringham einen Unfall mit seinem Land Rover und musste durch das Seitenfenster befreit werden. In dem anderen Wagen saßen zwei Frauen und ein neun Monate altes Baby, eine der Frauen wurde leicht verletzt. Der Siebenundneunzigjährige gab seinen Führerschein zurück, danach sah man ihn immer seltener in der Öffentlichkeit. Er hielt sich meist in Wood Farm auf, einem kleinen Haus auf dem Gelände von Sandringham, wo er malte, las und ein insgesamt sehr ruhiges Leben führte, während die Königin weiterhin meist im Buckingham Palace war und ihre Aufgaben wahrnahm.

Bei einem Interview, das Philip als Neunzigjähriger gab, war er immer noch der verschlossene Mensch, der sich auf bemerkenswerte Weise ebenso entzog wie behauptete. Als er erfuhr, dass er zum Senior des Jahres gekürt worden war, sagte er: »Wofür? Ich bin ja nur alt geworden.« Auf die Frage, welche seiner unzähligen Aufgaben ihm am meisten Freude bereitet habe, verweigerte er die Antwort: »Der Kunde soll zufrieden sein, nicht ich.« Als ein zunehmend nervös wirkender Journalist erwähnte, dass Philip in sehr jungen Jahren in den Krieg geschickt worden war, konterte er: »Wie viele andere auch.« Er schien fest entschlossen, der Welt über sein Innenleben nicht mehr zu verraten als in den vielen Jahrzehnten zuvor.

Beim hundertsten Geburtstag seiner Schwiegermutter Queen Mum sagte er in einem Zeitungsinterview, er könne sich nicht vorstellen, selbst einhundert Jahre alt zu werden; er sagte sogar: »Ich kann mir nichts Schlimmeres vorstellen.« Es blieb ihm erspart: Er starb zwei Monate vor seinem hundertsten Geburtstag, am 9. April 2021, auf Windsor Castle. Er sei, wie seine Schwiegertochter Sophie sagte, friedlich gestorben, es war, »als habe ihn jemand bei der Hand genommen und dann ging er«.

Seine Kinder und Kindeskinder traten mit ihren Erinnerungen und Würdigungen an die Presse. Am wehmütigsten klang Prinzessin Anne, die Tochter, die dem streitbaren Philip so ähnlich war. »Man weiß, dass es geschehen wird, ist aber letztlich nicht vorbereitet«, sagte sie in einer schriftlichen Stellungnahme. »Mein Vater war mein Lehrer, mein Unterstützer und mein Kritiker. Es war immer mein größter Wunsch, seinem Beispiel eines gut gelebten Lebens und der Hingabe, mit der er diente, nachzueifern.«

Die Königin selbst äußerte sich selbstverständlich nicht. Vier Tage nach dem Tod ihres Gatten ging sie wieder ihrer Arbeit nach und gab eine Audienz, knapp fünf Wochen danach eröffnete sie, wie in jedem Jahr, die Sitzungsperiode des britischen Parlaments. Begleitet wurde sie von Charles und Camilla. Und doch ist das einsame Leben der Monarchin nun noch einsamer.

Aus Anlass ihres neunzigsten Geburtstags entstand 2016 ein Dokumentarfilm, in dem Charles die Rolle des Moderators und

Erzählers übernahm. Die Grundidee von *Elizabeth at 90* war, dass die Familie zusammen alte Filmaufnahmen anschaut, die vor vielen Jahrzehnten von Familienmitgliedern gedreht wurden, und diese kommentiert. Anne, die Charles von den Geschwistern am nächsten ist, machte bei dem Film mit, Andrew und Edward hingegen nicht.

Während die Bilder über eine große Leinwand gleiten, sitzt die Königin in einem Lehnstuhl neben ihrem ältesten Sohn. Sie sieht ihre Mutter als Kind mit den Geschwistern im eigenen Park in Schottland spielen und herumtoben, sie machen Unsinn und necken einander. Wir sehen deren Lebendigkeit und verstehen, warum es den gehemmten Herzog von York, den späteren König von Großbritannien, so ungeheuer erleichterte, seine eigene Familie verlassen und sich dieser anschließen zu können.

Die Königin betrachtet Kindheitsbilder von sich und Margaret, sie tragen die gleichen Kleider, spielen miteinander, drehen sich um die eigene Achse, singen und machen die zu den Liedern passenden Gesten. Elizabeth wirkt sicher, Margaret schaut immer, was ihre Schwester macht. Da sind sie und Philip, jung und glamourös, bei einem Galadinner; sie ist aufsehenerregend schön, ihr Lächeln strahlend und selbstsicher. Da sind ihre eigenen Kinder, erst klein, dann größer, sie lernen gehen und reiten.

Die Enkelkinder in Taufkleidern. In Schwarz-Weiß die Beisetzung ihres eigenen Vaters, dem Wagen mit seinem Sarg folgen die vier engsten männlichen Verwandten: Prinz Philip; der Herzog von Windsor, kurz aus dem Exil angereist, um der Beerdigung des Bruders beizuwohnen; der Herzog von Gloucester sowie Elizabeth' Cousin, der sechzehnjährige Herzog von Kent. Prinzessin Anne merkt an, es sei ein zweischneidiges Schwert, das am längsten amtierende Staatsoberhaupt in der Geschichte Großbritanniens zu sein: »Die Menschen vergessen, dass sie die am längsten amtierende Monarchin ist, weil ihr Vater so jung starb. Auf diesen Rekord hätte sie gern verzichtet.« Charles kommentiert, was er sieht. Elizabeth sagt wenig, bekommt aber immer mit, was mit den Hunden und Pferden passiert. Bei einer gewaltigen Kissenschlacht unter den Strathmore-Geschwistern schaut sie auf den verschreckten Hund, der in dem ganzen Durcheinander gefangen ist, und sagt: »Ich glaube nicht, dass der Corgi das lustig findet.«

In *Elizabeth at 90* ist Charles derjenige, der Kontakt sucht. Er wendet sich ständig an seine Mutter und lacht mehr als sie, während sie meist konzentriert auf die Leinwand schaut. Es ist bekannt, dass sie William nahesteht, sie lacht strahlend und entspannt, wenn Harry Unsinn macht oder den gelangweilten Gesichtsausdruck seiner Großmutter nachmacht. Mit Charles scheint es diese Gelöstheit immer noch nicht zu geben, auch wenn sich Mutter und Sohn im Laufe der Jahre nähergekommen sind. »Es ist keine ›traute‹ Beziehung, das war sie nie«, sagte Margaret Rhodes, die Cousine der Königin. »Sie lieben einander, aber diese Familie ist nicht darauf angelegt, traut zu sein.«

Charles, der ein Leben voller Möglichkeiten und Einschränkungen führt, neigt dazu, sich auf die Begrenzungen zu konzentrieren, die ihm ein Job auferlegt, den er nur während weniger Jahre seines Lebens ausüben wird. Einer seiner Biographen, Robert Jobson, schreibt, »Elizabeth II. ist sich der schlichten und für Charles schmerzlichen Tatsache bewusst, dass die Rolle, in die ihr ältester Sohn hineingeboren wurde, an ihm fast schon vorübergegangen ist«.

Der Kampf gegen den Klimawandel, den Charles sehr früh und sehr nachdrücklich aufgenommen hat, ist in eine neue Phase getreten. Die Revolution, die er 2010 in seinem Buch *Harmonie* forderte, wird jetzt weltweit von Schülern vorangetrieben, aber ihre natürliche Führungsfigur ist Greta Thunberg, nicht ein alter Mann im Anzug. Ein Mann, der in New York mit tränenfeuchten Augen einen Klimapreis entgegennimmt, danach erster Klasse nach England zurückfliegt und sich bei einem Freund beklagt, wie unbequem die Sitze seien und wie viel angenehmer ein Privatflugzeug wäre.

Die Aufmerksamkeit der Öffentlichkeit wird sich zunehmend Elizabeth' Urenkeln zuwenden, vor allem den Kindern der neuen, engsten Kernfamilie: Prinz George mit seinen großen Augen und dem blonden Pony, Prinzessin Charlotte mit dem Blick der Queen, Prinz Louis, bei dem die Boulevardblätter noch rätseln, wem er ähnlich sieht.

Wir alle durchlaufen verschiedene Lebensstadien, nehmen unterschiedliche Rollen ein und legen sie wieder ab; wir sind Kinder, die umsorgt werden, junge Menschen, die Halt suchen, Erwachsene, die für andere Verantwortung tragen, Alte, die immer stärker auf jene blicken, die folgen werden. Wer in westliche, kirchlich bestimmte Rituale eingebettet lebt, markiert dies durch Festtage, die den Übergang von der einen in die andere Rolle verdeutlichen: Da sind der Täufling und der Konfirmand, man wird älter und erlebt enge Familienangehörige bei solchen Zeremonien, eines Tages wird man vielleicht selbst getraut, trägt ein Kind zur Taufe, nimmt an weiteren Hochzeiten und immer mehr Beerdigungen teil, bis die eigene nicht mehr fern scheint.

Wenn man von der eigenen Familie und der unserer engsten Freunde absieht, gibt es nur eine Familie, der wir über Jahrzehnte auf diesem Weg folgen können, und das ist die Königsfamilie. Wir sehen die Royals aufwachsen, sehen, wie sie sich verändern und doch gleichbleiben, wie sie Partner finden und vielleicht wieder verlassen, es gibt Parallelen zu unserem eigenen Lebenslauf. Wir wissen noch, wie sie als Kinder waren. Anders als unsere persönlichen Jahrestage und Meilensteine

sind die royalen Hochzeiten und Begräbnisse Gemeinschafts-
erlebnisse, die wir mit zahllosen Menschen auf der ganzen
Welt teilen und erörtern können. Vielleicht sind solche Gefühle
der Verbundenheit der Grund, warum viele Menschen an der
kostspieligen und anachronistischen Institution festhalten, für
die es, wie sie selbst einräumen, doch nur emotionale und keine rationalen Gründe gibt. Verschwindet die Institution, verschwinden mit ihr langjährige Gefährten, Parallelgeschichten
zu unserem eigenen Leben.

Vielleicht ist dies das große Bild, das erst hervortritt, wenn
jedes der vielen tausend Teilchen an der richtigen Stelle liegt –
erst dann wird die wahre Funktion jedes einzelnen Pappstück-
chens erkennbar.

2007 ging Königin Elizabeth II., wie schon so oft, bei einem
Gartenfest im Buckingham Palace zwischen mehreren tausend
Gästen umher. Hin und wieder blieb sie stehen und plauderte
ein wenig, fragte ihre Gesprächspartner, woher sie gekommen,
ob sie weit angereist seien. Und dann fragte ein weiblicher
Gast die Königin:»Und Sie, was machen Sie?«

Tage später erzählte die Königin das einigen Freunden.
Und fügte hinzu:»Ich hatte keine Ahnung, was ich antworten
sollte.«

BIBLIOGRAPHIE

Um die Lektüre nicht unnötig zu belasten, wurde auf Fußnoten verzichtet. Die verwendete Literatur ist der Bibliographie zu entnehmen. Ursprünglich englischsprachige Zitate wurden aus dem Englischen übersetzt, bzw. aus deutschsprachigen Publikationen zitiert. Besonders hervorzuheben sind hier Sarah Bradford, *Elizabeth II. Ihre Majestät die Königin*, Tina Brown, *Diana. Die Biografie*, sowie Thomas Kielinger, *Elizabeth II*.

Alexandra von Jugoslawien: *Prince Philip – A Family Portrait*, Hodder and Stoughton, London, 1960. (Deutsch: *Mein Vetter Philip, der Herzog von Edinburgh*. Übers. von Irene Muehlon, Scherz, Bern, Stuttgart, Wien, 1960.)

Annas, George J., Michael A. Grodin, Sofia Gruskin & Stephen P. Marks (Hrsg.): *Perspectives on Health and Human Rights*, Psychology Press, Hove, 2005.

Annigoni, Pietro: *An Artist's Life – An Autobiography*, W. H. Allen, London, 1977.

Arbiter, Dickie: *On Duty With the Queen – My Time as a Buckingham Palace Press Secretary*, Blink Publishing, Dorking, 2014.

Aronson, Theo: *Princess Margaret – A Biography*, Regnery Pub, Washington, 1997.

– *Royal Family – Years of Transition*, Thistle Publishing, London, 2014.

– *Royal Subjects – A Biographer's Encounters*, Thistle Publishing, London, 2013.

Ascherson, Neal: »Boys Will Beat Boys«, *New York Review of Books*, 28. September 1978.

– »The Playing Fields«, *New York Review of Books*, 14. Mai 1964.

Bagehot, Walter: *The English Constitution*, Oxford University Press, Oxford, 2009. (Deutsch: *Die englische Verfassung*. Hrsg., eingel. und übers. von Klaus Streifthau. Luchterhand, Neuwied, Berlin, 1971.)

Baker, Rob: *Beautiful Idiots and Brilliant Lunatics – A Sideways Look at Twentieth-Century London*, Amberley, Stroud, 2015.

Beaton, Cecil: *The Unexpurgated Beaton – The Cecil Beaton Diaries as He Wrote Them*, Alfred A. Knopf, New York, 2003.

Bedell Smith, Sally: *Diana – In Search of Herself*, Random House, New York, 2000. (Deutsch: *Diana: auf der Suche nach sich selbst*. Übers. von Elisabeth Parada Schönleitner, Heyne, München, 2000.)

– *Elizabeth the Queen – The Woman Behind the Throne*, Penguin Books, London, 2012.

– *Charles – The Misunderstood Prince*, Penguin Books, London, 2017. (Deutsch: *Prinz Charles: ein außergewöhnliches Leben*. Übers. von Gina Beitscher, Lifestyle BusseSeewald, Stuttgart, 2019.)

Bell, Lynne, Arthur Bousfield & Garry Toffoli: *Queen and Consort*, The Dundurn Group, Toronto, 2007.

Bertin, Celia: *Marie Bonaparte – A Life*, Harcourt Brace, San Diego, 1982.

Blair, Tony: *A Journey*, Alfred A. Knopf, New York, 2010. (Deutsch: *Mein Weg*. Übers. von Norbert Juraschitz u. a., Bertelsmann, München, 2010.)

Bloch, Michael: *The Secret File of the Duke of Windsor – The Private Papers 1937-1972*, Harper & Row Publishers, New York, 1988.

Bloch, Michael (Hrsg.): *Wallis and Edward: Letters 1931-1937 – The Intimate Correspondence of the Duke and Duchess of Windsor*, Summit Books, New York, 1986.

Boothroyd, Basil: *Philip – An Informal Biography*, Longman, London, 1971.

Botham, Noel: *Margaret – The Last Real Princess*, John Blake, London, 2002.

Bradford, Sarah: *Diana*, Penguin Books, London, 2006.

– *Elizabeth – A Biography of Britain's Queen*, William Heinemann, London, 1996. (Deutsch: *Elizabeth II.: Ihre Majestät die Königin; die Biographie*. Übers. von Helmut Dierlamm u. a., Lübbe, Bergisch Gladbach 1996.)

– *Queen Elizabeth II – Her Life in Our Times*, Penguin 618 Books, London, 2011.

Brandreth, Gyles: *Charles and Camilla – Portrait of a Love Affair*, Arrow Books, London, 2005. (Deutsch: *Charles & Camilla: die Geschichte einer großen Liebe*. Übers. von Sabine Herting u. a., Krüger, Frankfurt am Main, 2006.)

– *Philip and Elizabeth – Portrait of a Marriage*, Century Books, London, 2004. (Deutsch: *Philip und Elizabeth: Porträt einer Ehe*. Übers. von Bernhard Jendricke u. a., DVA, München, 2005.)

Breese, Charlotte: *Hutch*, Bloomsbury, London, 2001 (E-Book).

Brendon, Piers: *Edward VIII. – The Uncrowned King*, Penguin Books, London, 2016.

Brendon, Piers & Philip Whitehead: *The Windsors – A Dynasty Revealed*, Hodder and Stoughton, London, 1994.

Brown, Craig: *Ma'am Darling: 99 Glimpses of Princess Margaret*, Harper Collins, London, 2017.

Brown, Gordon: *My Life, Our Times*, Vintage Books, New York, 2017.

Brown, Tina: *The Diana Chronicles*, Doubleday, New York, 2007. (Deutsch: *Diana: die Biographie*. Übers. von Sylvia Höfer u. a., Droemer, München 2007.)

– «The Mouse that Roared«, *Vanity Fair*, Oktober 1985.

Burrell, Paul: *A Royal Duty*, G. P. Putnam's Sons, New York, 2003. (Deutsch: *Im Dienste meiner Königin*. Übers. von Anke Kreutzer u. a., Droemer, München, 2003.)

Burgess, Colin: *Behind Palace Doors – My Years with the Queen Mother*, John Blake Publishing Ltd., London, 2007.

Cadbury, Deborah: *Princes at War – The British Royal Family's Private Battle in the Second World War*, Bloomsbury London, 2015.

Campbell, Alastair: *Diaries Volume Three – Power and Responsibility*, Random House, London, 2011.

– *Diaries Volume Two – Power and the People*, Random House, London, 2011.

Cannadine, David: *George V. – The Unexpected King*, Penguin Books, London, 2018.

– *History in our Time*, Penguin Books, London, 2000.

– »Masterpiece Theatre«, *The New York Review of Books*, 9. Mai 1985.

– *Ornamentalism – How the British Saw Their Empire*, Penguin Books, London, 2002.

– »What is He Supposed to Do?«, *London Review of Books*, 8. Dezember 1994.

Carter, Miranda: *Anthony Blunt – His Lives*, Farrar, Straus and Giroux, New York, 2001.

– *George, Nicholas and Wilhelm – Three Royal Cousins and the Road to World War I.*, Alfred A. Knopf, New York, 2010.

Castle, Barbara: *The Castle Diaries – 1964-1976*, Macmillan, London, 1990.

Cawthorne, Nigel: *Blond Ambition – The Rise and Rise of Boris Johnson*, Endeavour Press Ltd., London, 2015.

Charles, Prinz von Wales: *Harmony – A New Way of Looking at Our World*, Harper Collins, London, 2010. (Deutsch: *Harmonie: eine neue Sicht unserer Welt*. Übers. von Erika Ifang, Riemann, München 2010.)

Charles, Prinz von Wales: *The Old Man of Lochnagar*, Hamish Hamilton, London, 1986. (Deutsch: *Der Alte von Lochnagar* Übers. von Lionel v. dem Knesebeck, Blanvalet, München, 1981.)

Clarke, Peter: *Hope and Glory – Britain 1900-2000*, Penguin Books, London, 2004.

Clayton, Tim & Phil Craig: *Diana – Story of a Princess*, Atria Books, New York, 2001.

Courcy, Anne de: *Snowdon – The Biography*, Weidenfeld & Nicolson, London, 2008.

Courtney, Nicholas: *Princess Anne – A Biography*, Weidenfeld & Nicolson, London, 1986.

Coward, Rosalind: *Diana – The Portrait*, Andrews McMeel Publishing, Kansas City, 2004. (Deutsch: *Diana: das Porträt*. Übers. von Blanca Dahms u. a., Knesebeck, München, 2004

Crawford, Marion: *The Little Princesses*, Orion, London, 2003 [Originalausgabe 1950]. (Deutsch: *Die kleinen Prinzessinnen: Elisabeth und Margaret Rose*. Übers. von Magda H. Larsen, Scherz, Bern 1950.)

Dalrymple, William:«The Great Divide«, *The New Yorker*, 22. Juni 2015.

Dampier, Phil: *Diana: I'm Going to be Me – the People's Princess revealed in her own words*, Barzipan Publishing, Surbiton, 2017.

Davenport-Hines, Richard: *An English Affair – Sex, Class and Power in the Age of Profumo*, William Collins, London, 2013.

– *Enemies Within – Communists, the Cambridge Spies and the Making of Modern Britain*, William Collins, London, 2018.

Davies, Norman: *The Isles – A History*, Macmillan, London, 1999.

De-la-Noy, Michael: *The Queen Behind the Throne*, Hutchinson, London, 1994.

Dean, John: *H.R.H. Prince Philip – A Portrait by his Valet*. Robert Hale Ltd., London, 1954.

Dempster, Nigel: *H.R.H. The Princess Margaret – A Life Unfulfilled*, Quartet Books, London, 1981.

Dimbleby, Jonathan: *The Prince of Wales – A Biography*, Little, Brown and Company, London, 1994.

Dolby, Karen: *The Wicked Wit of Queen Elizabeth II*, Penguin Books, London, 2017.

Eade, Philip: *Prince Philip – The Turbulent Early Life of the Man Who Married Queen Elizabeth II*, Henry Holt and Company, New York, 2011.

Easton, Mark: *Britain etc. – The Way We Live and How We Got There*, Simon & Schuster, London, 2012.

Edwards, Anne: *Matriarch – Queen Mary and the House of Windsor*, Rowman & Littlefield, Lanham, 2015.

– *Royal Sisters – Queen Elizabeth II and Princess Margaret*, Rowman & Littlefield, Lanham, 2017.

Ellison, Sarah: »Diana's Impossible Dream«, *Vanity Fair*, 14. August 2013.

Ferguson, Sarah, Herzogin von York: *Finding Sarah – A Duchess's Journey to Find Herself*, Simon & Schuster Ltd., London, 2011.

Foot, Paul: »Labour and the Bouncers«, *London Review of Books*, 4. Juni 1987.

Fraser, Antonia (Hrsg.): *The Kings and Queens of England*, Phoenix Illustrated, London, 1997.

Ghose, Sankar: *Jawaharlal Nehru – A Biography*, Allied Publishers, New Delhi, 1993.

Gimson, Andrew: *Gimson's Prime Ministers*, Square Peg, London, 2018.

Graham, Caroline: *Camilla – Her True Story*, John Blake Publishing Ltd., London, 2001.

Gran, Sissel: »Vanskelige tider for hæinn Gunnar på Mo«, *Morgenbladet*, 29. Juni 2018.

Grange, Zelda la: *Good Morning, Mr Mandela*, Penguin Books, London, 2014. (Deutsch: *Good Morning, Mr. Mandela: Nelson Mandelas persönliche Assistentin erzählt*. Übers. von Ute Brammertz, btb Verlag, München, 2015.)

Hardman, Robert: *Our Queen*, Arrow Books, London, 2012.

– *Queen of the World*, Century Books, London, 2018.

Heald, Tim: *Princess Margaret – A Life Unravelled*, Weidenfeld & Nicolson, London, 2008.

– *The Duke – Portrait of Prince Philip*, Hodder & Stoughton, London, 1991.

Hicks, Pamela: *Daughter of Empire – Life as a Mountbatten*, Weidenfeld & Nicolson, London, 2013.

Hitchens, Christopher: *The Monarchy*, Chatto & Windus, London, 1990.

Hobsbawm, Eric & Terence Ranger (Hrsg.): *The Invention of Tradition*, Cambridge University Press, Cambridge, 2013.

Hoey, Brian: *Anne – The Private Princess Revealed*, CB Creative Books, London, 2013.

– *At Home with the Queen*, Harper Collins, London, 2003.
– *Snowdon – Public Figure, Private Man*, Sutton Publishing, Stroud, 2005.
Holden, Anthony: *Charles – Prince of Wales*, Weidenfeld & Nicolson, London, 1979. (Deutsch: *Charles: die Biographie*. Übers. v. Hedda Pänke, Berlin, Ullstein, 1990)
– *Charles at Fifty*, Random House, New York, 1998.
Howell, Georgina: *Diana – Her Life in Fashion*, Rizzoli, New York, 1998. (Deutsch: *Diana: ihr Stil, ihre Kleider, ihre Designer*. Übers. v. Jochen Schwarzer, München: Droemer Knaur 1998.)
Hutchins, Chris: *Harry – The People's Prince*, Neville Ness House, Richmond, 2014.
Jayne, Jessica: *Prince Andrew – The War Hero from Buckingham Palace*, Platinum Publishing, Hove, 2012.
Jenkins, Roy: *Churchill – A Biography*, Macmillan, London, 2018.
Jephson, Patrick: *Shadows of a Princess*, Harper Collins, London, 2017.
– *The Meghan Factor – A Royal Expert's Insight on America's New Princess – and How She Could Change the Windsor Dynasty Forever*, Post Hill Press, New York and Nashville, 2018.
Jobson, Robert: *Charles at Seventy – Thoughts, Hopes and Dreams*, John Blake, London, 2018.
– *Harry's War – The True Story of the Soldier Prince*, John Blake, London, 2008.
– *The Future Royal Family – William, Kate and the Modern Royals*, John Blake, London, 2015.
– *William and Kate – The Love Story*, John Blake, London, 2010.
Junor, Penny: *The Duchess – Camilla Parker Bowles and the Love Affair that Rocked the Crown*, Harper Collins, London, 2017.
– *All the Queen's Corgis – The Story of Elizabeth II & Her Most Faithful Companions*, Hodder & Stoughton, London, 2018.
– *Prince Harry – Brother Soldier Son Husband*, Hodder & Stoughton, London, 2018.
– *Prince William – Born to be King*, Hodder & Stoughton, London, 2012.
– *The Duchess – Camilla Parker Bowles and the Love Affair that Rocked the Crown*, Harper Collins, London, 2017.
– *The Firm – The Troubled Life of the House of Windsor*, Thomas Dunne Books, New York, 2005.
Kear, Adrian & Deborah Lynn Steinberg (Hrsg.) *Mourning Diana – Nation, Culture and the Performance of Grief*, Routledge, London, 2002.

Keay, Douglas: *Elizabeth II – Portrait of a Monarch*, Century, London, 1991.

Kelly, Angela: *Dressing the Queen*, Royal Collection Trust, London, 2017. (Deutsch: *Das trägt die Queen: so entsteht die Garderobe Ihrer Majestät.* Übers. v. Anne Emmert. München, Sandmann 2012.)

Kielinger, Thomas: *Elizabeth II. – Das Leben der Queen.* C. H. Beck, München 2011.

Klein, Edward: »The Trouble with Andrew«, *Vanity Fair*, 28. Juni 2011.

Klein, Michael: *Rise and Fall of the British Empire – From A Superpower to a Fragile Nation*, CreateSpace Independent Publishing Platform, Scotts Valley, 2016.

Knatchbull, Timothy: *From a Clear Blue Sky*, Hutchinson, London, 2009 (E-book).

Lacey, Robert: *Monarch – The Life and Reign of Elizabeth II*, The Free Press, New York, 2002.

Lacey, Robert: *Battle of Brothers – William, Harry and the Inside Story of a Family in Tumult*, Harper Collins, London, 2020.

Laird, Dorothy: *Queen Elizabeth. The Queen Mother*, Hodder and Stoughton Ltd., London, 1966.

Leaming, Barbara: *Jacqueline Bouvier Kennedy Onassis – The Untold Story*, Macmillan, London, 2014.

Levin, Angela: *Diana's Babies – Kate, William and the Repair of a Broken Family*, CreateSpace Independent Publishing Platform, Scotts Valley, 2015.

– *Harry: Conversations with the Prince*, Templar Publishing, London, 2018. (Deutsch: *Harry: Gespräche mit einem Prinzen*, Edel Books, Hamburg 2018)

Lewis, Helen: »What Jeffrey Epstein Offered Prince Andrew«, *The Atlantic*, 18. November 2019.

Longford, Elizabeth: *Elizabeth R*, Musson, Toronto, 1983.

Lyall, Sarah: *The Anglo Files – A Field Guide to the British*, W. W. Norton & Company, New York, 2009.

MacArthur, Brian: *Requiem: Diana, The Princess of Wales 1961-1997*, Pavilion Books, London, 1998.

MacCarthy, Fiona: *Last Curtsey – The End of the Debutantes*, Faber and Faber, London, 2007.

Maloney, Alison: *Bright Young Things – Life in the Roaring Twenties*, Virgin Books, London, 2012.

Mantel, Hilary: »Royal Bodies«, *London Review of Books*, 21. Februar 2013.

– «The Princess Myth«, *The Guardian*, 26. August 2017.

Marr, Andrew: *The Diamond Queen: Elizabeth II and her People*, Macmillan, London 2011.

– *The History of Modern Britain*, Macmillan, London, 2017.

Marwick, Arthur: *British Society since 1945*, Penguin Books, London, 2003.

Mayer, Catherine: *Charles – The Heart of a King*, Random House, New York, 2015. (Deutsch: *Charles: Mit dem Herzen eines Königs. Die Biografie*. Übers. v. Andreas Gressmann u. a., München, Heyne, 2015)

McDowell, Colin: *A Hundred Years of Royal Style*, Muller, Blond & White, London, 1985.

– *Diana Style*, St Martin's Press, New York, 2007. (Deutsch: *Dianastyle*. Übers. v. Antje Görnig und Stefanie Zeller. Köln, vgs Egmont, 2007.)

McSmith, Andy: *No Such Thing as Society – A History of Britain in the 1980s*, Constable, London, 2011.

The Metropolitan Police: »The Operation Paget inquiry report into the allegation of conspiracy to murder – Diana, Princess of Wales and Emad El-Din Mohamed Abdel Moneim Fayed«, 14. Dezember 2006.

Mortimer, Penelope: *Queen Mother*, André Deutsch Ltd., London, 1995.

Morton, Andrew: *Duchess*, Michael O'Mara Books Ltd., London, 1988.

– *Diana – Her True Story*, Michael O'Mara Books Ltd., London, 2017. (Deutsch: *Diana: ihre wahre Geschichte*, Berlin, Hamburg, Cora Verlag, 1992.)

– *Diana – In Pursuit of Love*, Michael O'Mara Books Ltd., London, 2013. (Deutsch: *Diana: sie suchte die Liebe*, übers. von Bernhard Kleinschmidt u. a., Droemer Knaur, München, 2004.)

– *Inside Kensington Palace*, Michael O'Mara Books Ltd., London, 1987.

– *Meghan – A Hollywood Princess*, Michael O'Mara Books Ltd., London, 2018. (Deutsch: *Meghan: von Hollywood in den Buckingham-Palast: ein modernes Märchen*, übers. von Heike Holtsch u. a., Heyne, München 2018.)

– *William & Catherine – A Royal Wedding*, St. Martin's Books, New York, 2011.

Mount, Ferdinand: »Too Obviously Cleverer«, *London Review of Books*, 8. September 2011.

Murphy, Deirdre & Cassie Davies Strodder: *Modern Royal Fashion – Seven Royal Women and their Style*, Historic Royal Palaces, Hampton Court Palace, 2015.

– *Monarchy and the End of Empire – The House of Windsor, the British Government and the Postwar Commonwealth*, Oxford University Press, Oxford, 2013.

Nairn, Tom: *The Enchanted Glass*, Radius, London, 1988.

Nicholl, Katie: *Harry – Life, Loss and Love*, Hachette, New York and Boston, 2018. (Deutsch: *Harry: ein Leben zwischen Liebe und Verlust*, übers. von Astrid Gravert u. a., HarperCollins, Hamburg, 2018.)

– *Kate – The Future Queen*, Weinstein Books, New York, 2013.

– *The Making of a Royal Romance: William, Kate and Harry – A Look Behind the Palace Walls*, Weinstein Books, New York, 2010.

Nicolson, Harold: *King George V. – His Life and Reign*, Constable & Co. Ltd., London, 1970.

Nicolson, Nigel: *The Queen & Us – The Second Elizabethan Age*, Weidenfeld & Nicolson, London, 2003.

Olechnowicz, Andrzej (Hrsg.): *The Monarchy and the British Nation – 1780 to the Present*, Cambridge University Press, Cambridge, 2007.

Otnes, Cele & Pauline Maclaran: *Royal Fever – The British Monarchy in Consumer Culture*, University of California Press, Oakland, 2015.

Palmer, Dean: *The Queen and Mrs Thatcher – An Inconvenient Relationship*, The History Press, Brimscombe Port Stroud, 2016.

Pasternak, Anna: *Princess in Love*, Dutton Adult, Boston, 1994.

Paterson, Michael: *The Private Life of Elizabeth II*, Robinson, London, 2018.

Paxman, Jeremy: *Empire*, Penguin Books, London, 2012.

– *On Royalty*, Penguin Books, London, 2007.

Pearson, John: *Blood Royal – The Story of the Spencers and the Royals*, Harper Collins, London, 1999. (Deutsch: Die Spencers: der Griff nach der Krone. Übers. v. Manfred und Ulrike Halbe-Bauer, München, Econ, 1999.)

– *The Selling of the Royal Family – The Mystique of The British Monarchy*, Simon and Schuster, New York, 1986.

Pimlott, Ben: *The Queen – Elizabeth II and the Monarchy*, Harper Collins, London, 2012.

Philip, Prince, Duke of Edinburgh: *Down to Earth*, William Collins Sons & Co. Ltd., Glasgow, 1988.

Philip, Prince, Duke of Edinburgh: *Prince Philip speaks – Selected speeches by His Royal Highness the Prince Philip, Duke of Edinburgh, K.G.*, 1956-1959, Collins, London and Glasgow, 1960.

Pope-Hennessy, James: *The Quest for Queen Mary*, Hodder & Stoughton, London, 2018.

Pugh, Martin: *Hurrah for Blackshirts! Fascists and Fascism in Britain Between the Wars*, Random House, London, 2013 (E-Book).

– *State and Society – A Social and Political History of Britain since 1870*, Bloomsbury, London, 2017.

Purnell, Sonia: *Just Boris – A Tale of Blond Ambition*, Aurum Press, London, 2012.

Quinn, Tom: *Backstairs Billy – The Life of William Tallon, The Queen Mother's Most Devoted Servant*, The Robson Press, London, 2016.

Raban, Jonathan: »Crashing the Party«, *New York Review of Books*, 25. September 2008.

Rees-Jones, Trevor: *The Bodyguard's Story – Diana, the Crash, and the Sole Survivor*, Warner Books, New York, 2000. (Deutsch: *Der Leibwächter. Was geschah wirklich, als Diana starb?*, Übers. v. Jeannette Böttcher u. a., Heyne, München, 2000.)

Rhodes, Margaret: *The Final Curtsey – A Royal Memoir by the Queen's Cousin*, Birlinn Ltd., Edinburgh and Umbria Press, London, 2012.

Richard, Keith: *Life*, Weidenfeld & Nicholson, London, 2010. (Deutsch: *Life*, übers. von Willi Winkler u. a., Heyne, München, 2010.)

Riddington, Max & Gavan Naden: *Frances – The Remarkable Story of Princess Diana's Mother*, Michael O'Mara Books, London, 2003.

Roberts, Andrew: *Eminent Churchillians*, Weidenfeld & Nicholson, London, 1994 (E-Book).

Sandbrook, Dominic: *Seasons in the Sun – The Battle for Britain, 1974-1979*, Penguin Books, London, 2012.

– *State of Emergency – The Way We Were: Britain 1970-1974*, Penguin Books, London, 2010.

Sarah, Herzogin von York: *My Story*, Simon & Schuster Ltd., London, 1997. (Deutsch: *Meine Geschichte*, übers. von Nikolaus Gatter, Bastei-Verlag Lübbe, Bergisch Gladbach 1996.)

Scobie, Omid und Carolyn Durand: *Finding Freedom – Harry and Meghan and the Making of a Modern Royal Family*, Harper Collins, London, 2020. (Deutsch: *Harry und Meghan: Auf der Suche nach Freiheit*. Übers. v. I. Romoschan. mvg Verlag, München 2020.)

Sebba, Anne: *That Woman – The Life of Wallis Simpson, Duchess of Windsor*, Weidenfeld & Nicolson, London, 2011. Seward, Ingrid: *The Queen's Speech – An Intimate Portrait of the Queen in Her Own Words*, Simon & Schuster, London, 2016.

Shawcross, William, *Counting One's Blessings – The Selected Letters of Queen Elizabeth the Queen Mother*, Farrar, Straus & Giroux, New York, 2012.

– *The Queen Mother – The Official Biography*, Vintage Books, New York, 2010.

Simmons, Simone & Ingrid Seward: *Diana – The Last Word*, Amazon Digital Services, Seattle, 2017.

Snell, Kate: *Diana – Her Last Love*, Andre Deutsch Ltd., London, 2013.

Starkey, David: *Monarchy – From the Middle Ages to Modernity*, Harper Collins, London, 2009.

Strong, Roy: *The Story of Britain – From the Romans to the Present Day*, Weidenfeld & Nicolson, London, 2018.

Tannen, Deborah: *Your Wearing That? – Understanding Mothers and Daughters in Conversation*, Random House, New York, 2006. (Deutsch: *Und so willst du rumlaufen?: Gespräche zwischen Müttern und Töchtern.* Übers. von Maren Klostermann, Goldmann, München 2006.)

Taylor, Antony: *Down with the Crown – British Anti-monarchism and Debates about Royalty since 1790*, Reaktion Books, London, 1999.

Thornton, Michael: *Royal Feud – The Queen Mother and the Duchess of Windsor*, Michael Joseph Ltd., London, 1985.

Tombs, Robert: *The English & Their History*, Penguin Books, London, 2015.

Townsend, Peter: *Time and Chance*, William Collins Sons & Co., Glasgow, 1979. (Deutsch: *Das Glück und die Zeit: meine Lebensgeschichte*, übers. von Ruprecht Rauch, Ullstein, Frankfurt/M, Berlin, Wien, 1979.)

Turner, Alwyn: *A Classless Society – Britain in the 1990s*, Aurum Press Ltd., London, 2013.

– *Rejoice! Rejoice! – Britain in the 1980s*, Aurum Press Ltd., London, 2013.

Turner, Graham: *Elizabeth – The Woman and the Queen*, Macmillan, London, 2002.

Tyrrel, Rebecca: *Camilla – An Intimate Portrait*, Short Books, London 2003.

Vickers, Hugo: *Alice – Princess Andrew of Greece*, St. Martin's Press, New York, 2013.

– *Elizabeth The Queen Mother*, Arrow Books, London, 2005.

Vidal, Gore: *Palimpsest*, Penguin Books, London, 1996. (Deutsch: *Palimpsest: Memoiren.* Über. v. Friedrich Griese. Hoffmann und Campe, Hamburg, 1996.)

Warwick, Christopher: *George and Marina – Duke and Duchess of Kent*, Albert Bridge Books, London, 2016 (E-Book).

–   *Princess Margaret – A Life of Contrasts*, André Deutsch Ltd., London, 2002.

Weisbrode, Kenneth: *Churchill and the King – The Wartime Alliance of Winston Churchill and George VI.*, Penguin Books, London, 2015.

Wharfe, Ken: *Diana – Closely Guarded Secret*, Michael O'Mara Books Ltd., London, 2002.

Wheeler-Bennett, John W.: *King George VI. – His Life and Reign*, Macmillan, London, 1958.

Whitaker, James & Christopher Wilson: *Diana vs. Charles – Royal Blood Feud*, Dutton, Boston, 1993. (Deutsch: *Charles gegen Diana: Szenen einer Ehe*. Übers. v. Hedwig Block und Thomas Hag, München, Heyne, 1993)

Wilson, A. N.: *Our Times*, Farrar, Straus & Giroux, New York, 2011.

–   *The Rise and Fall of the House of Windsor*, Sinclair-Stevenson, London, 1993. (Deutsch: *Aufstieg und Fall des Hauses Windsor*. Übers. v. Alice Villon-Lechner, Reinbek bei Hamburg, Rowohlt, 1995.)

Worley, Matthew: *No Future – Punk, Politics and British Youth Culture, 1976-1984*, Cambridge University Press, Cambridge, 2017.

Wyatt, Woodrow: *The Journals of Woodrow Wyatt – Volume 1*, Pan Books, London, 1999.

York, Peter & Ann Barr: *The Official Sloane Ranger Handbook – The First Guide to What Really Matters in Life*, Ebury Press, London, 1982.

Ziegler, Philip: *Crown & People*, Alfred A. Knopf, New York, 1978.

–   *Edward VIII.*, Alfred A. Knopf, New York, 1991.

–   *George VI.*, Penguin/ Random House, London, 2014.

–   *Mountbatten*, William Collins Sons & Co., Glasgow, 1986.

FILME

Royal Family (1969)
Elizabeth R (1992)
The Windsors: A Royal Family (1994)
Death of a Royal (2009)
Prince Philip at 90 (2011)
A Jubilee Tribute to the Queen by the Prince of Wales (2012)
Elizabeth at 90 (2016)
Diana Our Mother: Her Life and Legacy (2017)
The Coronation (2018)

Verschiedene Fernsehprogramme und Videoausschnitte

RADIOSENDUNGEN UND PODCASTS

Acast: »Happy Mum Happy Baby« med Catherine, Herzogin von Cambridge, 15. Februar 2020.
Archewell Audio: »2020 Holiday Special«, 29. Dezember 2020.
BBC: »Desert Island Discs« mit David Nott, 5. Juni 2016
BBC: »Desert Island Discs« mit Prinzessin Margaret, 23. Januar 1981
The Daily Telegraph: »Mad World« mit Prinz Harry, 16. April 2017

Verschiedene Radiosendungen und Aufnahmen

BILDNACHWEIS

PERSONENREGISTER

A

Adeane, Michael 173, 212

Albert, Prinz von Sachsen-Coburg-Gotha, Prinzgemahl von Victoria 16, 18 f., 27, 121 f., 239, 305 f., 411

Albert Victor, Prinz von Wales, »Eddy« 19 ff.

Alexandra, Königin, Prinzessin von Dänemark 18 f.

Alexandra, Prinzessin von Griechenland (verh. mit Peter II. von Jugoslawien) 77

Alexandra, Prinzessin von Kent, Lady Ogilvy 78 ff., 327, 456

Al-Fayed, Dodi 511-516, 540

Al-Fayed, Mohamed 510-513, 523, 540 f.

Altrincham, Lord John Grigg 132-137, 235, 290

Amies, Hardy 463 f.

Amin, Idi 349 f.

Amis, Martin 523, 537

Anderson, Eric 191

Anderson, Mabel 106

Andreas, Prinz von Griechenland 70-73

Andrew Albert Christian Edward, Prinz, Herzog von York 12, 152, 162, 221, 227 f., 266, 270, 343, 353, 370, 386-393, 402 f., 438-443, 451 f., 457, 461, 504, 562-565, 567, 612, 617 ff., 638-642, 666

Anne, Prinzessin 91, 104 ff., 124, 218, 227 f., 267-270, 276 ff., 284 f., 300, 312, 322 ff., 327, 388, 402 f., 417, 431, 444 ff., 457, 468, 526, 543, 619, 622, 665 f.

Anne Stuart, Königin 19, 122, 297, 299 f.

Annigoni, Pietro 15, 549

Antonioni, Michelangelo 218

Appiah, Joe 343

Appiah, Kwame 343

Archie Harrison Mountbatten-Windsor 645 f., 648, 652 f., 659 ff.

Armstrong, Louis 219

Armstrong-Jones, Antony, »Tony«, Lord Snowdon, Viscount Linley 139, 145, 215-218, 220-225, 227, 229-236, 260 f., 279-284, 286, 322, 328, 362, 448, 450, 568

Armstrong-Jones, David, Earl of Snowdon 229, 448

Armstrong-Jones, Lady Sarah 229, 233, 283, 448

Armstrong-Jones, Ronald 216

Armstrong-Jones, Susan 216 f.

Ashley, Edwina siehe Mountbatten, Edwina

Asquith, Herbert Henry 466

Asquith, Margot 466

Astor, Lord William Waldorf 153 ff.

Atkinson, Rowan 398, 403

Attlee, Clement 85, 337